民法概要

第十八版

詹森林、馮震宇、林誠二、陳榮傳、林秀雄　著

五南圖書出版公司 印行

作者簡介

詹森林

現職

　　司法院大法官

　　國立臺灣大學法律學系兼任教授

學歷

　　德國法蘭克福大學法學博士

研究專長

　　民法、消費者保護法、政府採購法、比較民法（德國法、中國法、歐盟法）

馮震宇

現職

　　國立政治大學法律學系兼任教授

學歷

　　美國康乃爾大學法律博士

研究專長

　　智慧財產權法（包括專利法、商標法、著作權法、營業秘密法）、公司法、證券交易法暨相關商事法規與實務、技術移轉、技術授權、談判與法律規劃、涉外法律與談判

林誠二

現 職

輔仁大學法律學系兼任教授

學 歷

美國伊利諾州立大學法學碩士

研 究 專 長

民法、民事法專題研究、國際貿易法、財產法專題研究

陳榮傳

現 職

國立臺北大學終身榮譽特聘教授

學 歷

國立政治大學法學博士、美國哈佛大學法學院、馬里蘭大學法學院、德國馬斯普蘭克研究所客座研究

研 究 專 長

民事財產法、國際私法、信託法、仲裁法

林秀雄

現 職

國立政治大學法律學系兼任教授

輔仁大學法律學院榮譽講座教授

學 歷

日本明治大學法學博士

研 究 專 長

身分法、國際私法、日文法學名著選讀

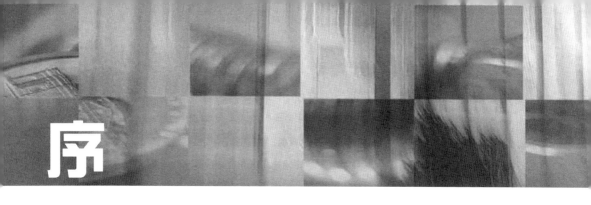

序

　　現代之法治國家，無不致力於各種法律規範之修訂及法理精神之探討，究其原因實係因為法律乃維繫社會秩序之最後防線。身處現代社會而不知法律，極易於不明其究之情形下，蒙受不白之損失。

　　民法與個人日常生活可說是關係最為密切，舉凡食、衣、住、行、育、樂等，均由一連串的各類型契約及當事人間之權利義務關係所構成。然而，社會不斷變遷，生活上形形色色的關係層出不窮，法律的修訂永遠比不上社會現實的轉變，所以，修習法律的要訣，不在背多少條文，而在習得其主要精神與義理。

　　本書雖為民法概論，但仍本此一要訣，在文字用語、組織編排、法條解說、舉例說明乃至比較分析，均力求理論與實務配合，使學習民法者能很快獲得正確觀念，建立體系，靈活適用，而經驗學習。

　　常言：「獨樂樂不如眾樂樂」，願借言為：「獨書書不如眾書書」。是本書以團隊精神，由五南圖書出版公司楊榮川先生力邀國內詹森林、馮震宇、陳榮傳及林秀雄等位民法教授，依個人專長所在，分編負責完成，以表集體著作，各施所長。

　　法諺云：「法律的生命不在邏輯，而是經驗」，願以此諺與諸學先進共勉之。

林誠二

序於臺北

1996年8月

目錄 CONTENTS

第一篇

緒　論

一、民法的基本概念

　　民法，顧名思義，係指民事關係的法律。法律，抽象而言，係行爲舉止的規範，具體而言，則爲權利義務的依據。民法，即爲民事關係上權利義務的依據。

　　許多學習法律的人，尤其是因學業上（如大專院校非法律系之學生）或考試上（如參加國家公務員或專門職業技術人員各級考試之考生）而「被迫」選修或自修法律者，經常以爲：法律即是條文，而學習法律即是背誦條文，頂多，再參考一般教科書或考試用書的說明，即可應付之。

　　其實，學習任何法律，最忌諱者，即盲目地背誦條文。強記條文，不僅適足抹煞學習法律的興趣，更忽視了法律的實用價值。所謂實用價值，係指法律的功用，在於以抽象的條文，應用在具體的案例中，以預防該案例之當事人發生糾紛，或解決其已發生的糾紛。由於一般的糾紛，莫不發生在日常生活中，故認識法律或學習法律，應由日常生活上的案例事實著手。學習與日常生活關係最密切的民法，尤應如此。爰舉下列實例，請讀者先以「直覺」或「正義之心」試行解答，再參照說明比較之。

　　某甲，17歲，就讀某專科學校，未經父母同意，逃學離家，並受僱於乙公司，擔任外務。某日，甲於騎機車辦理公司交辦事務時，闖越紅燈；適有丙無照駕駛向丁所借之汽車行經該地，煞車不及，撞上甲之機車，致甲、丙均受重傷，汽、機車亦受損。經該管車輛行車事故鑑定委員會鑑定結果，認定甲就車禍之發生應負全部過失責任，丙除無照駕駛外，並無任何違規行駛之情事。甲之父、母拒絕承認甲所訂立之僱傭契約，亦拒絕賠償丙之任何損失。

　　在上述案例中，學習民法的人所關心者爲：

1. 甲得否請求乙給付薪資？
2. 甲、丙得否互相請求賠償醫藥費、機車修理費、住院及休養期間減少之收入，及慰撫金等損失？
3. 丙就上開損失得否亦請求甲之父母及乙賠償？乙於賠償後，得否請求甲返還之，並於應給付甲之薪資中扣除？甲之父母於賠償後，得否請求甲返還之？
4. 丁得否請求甲、甲之父母及乙就其汽車所受損害，負賠償責任？丁應否賠償甲之前開損失？

　　就上述問題，民法設有相關規定，茲簡要說明之：

1. 甲得請求乙給付薪資之依據爲民法第482條，惟應以甲、乙間之僱傭契約有效成立爲前提。甲係17歲，乃限制行爲能力人（民12、13II），而其未經父母同意，於逃學離家後所訂立之僱傭契約，顯非純獲法律上之利益，亦非依其年齡及身分，日常生活所必需者，故該僱傭契約須經甲之父母之承認。始生效力（民77、79、1086）。依案例所示，甲之父母拒絕承認，則甲、乙間之僱傭契約確定自始無效，甲不得請求乙給付薪資。然而，該僱傭契約既屬無效，則甲所提供之勞務，即爲乙之不當得利，乙應負返還責任。由於勞務在性質上不能原狀返還：故乙應償還價額。此項價額，應爲通常情形下，受領該勞務所應支付之對價（民179、181但書）。

2. 甲騎機車闖越紅燈，導致丙身受重傷，係屬因過失而不法侵害丙之身體權及健康權，應依民法第184條第1項前段規定負侵權行爲之損害賠償責任。故丙得請求甲支付醫藥費、住院及休養期間減少之收入及相當金額之慰撫金（民213I、215、193、195）。

   丙雖無照駕駛，但既經鑑定爲無其他違規行駛情事，則其無照駕駛顯與車禍之發生無相當因果關係，對於甲之損失，並不構成侵權行爲，故甲不得請求丙賠償。

3. 如上所述，甲對丙應負侵權行爲之損害賠償責任，則依民法第187條第1項前段、第1086條規定，甲之父母就丙之損害，應與甲連帶負損害賠償責任。甲之父母不得以甲係逃學離家，故其二人無法加以監督，或以甲已取得機車駕照，表示業經政府承認其駕駛能力，故其二人免負監督之責爲理由，而主張依民法第187條第2項規定，不負賠償責任（司法院81.2.27廳民1字第02696號函）。

   甲係在執行乙交辦之事務中出車禍，致丙受有損害，故丙亦得依民法第188條第1項前段規定，請求乙連帶負賠償責任。雖然甲、乙間之僱傭契約無效，有如前述，惟民法第188條所稱之受僱人，係以事實上之僱用關係爲標準，並非僅限於僱傭契約所稱之受僱人，凡客觀上被他人使用爲之服勞務而受其監督者，均係受僱人（45台上1599、57台上1663）。故乙不得對丙主張不負損害賠償責任。然而，乙於賠償丙後，得依民法第188條第3項規定，對於實際爲侵權行爲之甲，請求償還之，並得於應給付予甲之勞務對價中主張抵銷而扣除之（民334）。

   至於甲之父母於賠償丙之損害後，是否得請求甲償還之，民法第187條並未

設有明文。就此問題，學說見解，尚有歧異。有人認為，既無明文規定，甲之父母即無求償權。亦有以為，此時應類推適用民法第188條第3項規定，而賦與甲之父母對甲有求償權。究應以何者見解為是，尚待最高法院之裁判回答之。

4. 丁因甲之行為受有汽車毀壞之損害，故丁亦得依民法第184條第1項前段、第187條第1項前段及第188條第1項前段規定，請求甲、甲之父母及乙連帶負損害賠償責任。

有問題者為，丁應否賠償甲之損失？最高法院67年台上字第2111號判例謂：「上訴人明知加害人張某未領有駕駛執照，仍將該小客車交其駕駛，顯違道路交通管理處罰條例第21條第1項第1款、第21條第5項之規定，亦即違反保護他人之法律，應推定其有過失。」惟在本件案例中，丙就車禍之發生，並無任何過失，故丙對甲不負賠償責任，業如上述。則丁雖違法出借其汽車予無駕照之丙，而應受罰鍰之處罰，但丙既無責任，丁當然亦毋庸負責，蓋丁之行為與甲之損害並無相當因果關係也。

二、民法與其他法律之關係

如前所述，民法係權利義務之規範；但規範權利義務者，除民法外，尚有其他法律，即憲法、民事訴訟法、刑法、刑事訴訟法、行政法及各該法律之相關法規，例如：中央法規標準法、強制執行法、槍砲彈藥刀械管制條例、少年事件處理法、行政訴訟法等。

憲法、民法、民事訴訟法、刑法、刑事訴訟法及行政法，在學理上，合稱為「六法」，坊間之「六法全書」、「基本六法」或「簡明六法」等工具書，即以列載前述六法之法條為內容。惟應注意者，「六法」中之「行政法」，並非法典之名稱，亦即並非立法院通過，而經總統公布之法律（參閱憲法第170條，中央法規標準法第4條），而係各類行政法規（如國籍法、戶籍法、土地法、稅捐稽徵法、公務員服務法等等）之總稱。

茲就民法與其他五法之關係，擇要說明如後。

（一）民法與憲法

憲法係國家之根本大法，其原因有二：

1. 由內容而言，憲法規定國家之立國政策、人民之基本權利及政府之組織型態。
2. 由效力而言，任何法律或命令與憲法牴觸者，無效（憲171、172）。

憲法之規定中，以人民之基本權利（憲7至23）與民法之關係最爲密切。分就重婚及父母之親權以實際案例說明之。

1. 重婚之效力

(1) 甲於民國36年在大陸娶妻，旋即隻身來臺，並於民國48年又在臺灣結婚，則甲之後婚效力如何？甲之前妻得否請求法院撤銷之？

(2) 甲向法院詐稱其妻乙離家出走，不明去向，請求判決乙履行同居義務。經判決甲勝訴確定後，甲再以乙仍不明行蹤，拒絕同居爲由，請求法院以乙乃惡意遺棄爲依據，准許甲與乙離婚（參閱民1052I⑤）。經判決甲再度勝訴確定後，甲遂與不知情之丙結婚，試問：甲、丙婚姻之效力如何？乙得否請求法院確認甲、丙之後婚無效？

關於第一件重婚案，司法院大法官會議釋字第242號解釋認爲，甲在臺灣之結婚，雖爲重婚，但係因國家遭遇重大變故，在甲和前妻隔離，相聚無期之情況下所發生者，與一般重婚案件，究有不同，故應受憲法第22條之保障，甲之前妻不得依修正前之民法第992條規定，請求法院撤銷甲之後婚。

關於第二件重婚案，司法院大法官會議釋字第362號解釋認爲，丙係不知情之第三人，信賴甲已經判決與其前妻乙離婚，丙對該確定判決之信賴，應受法律之保護，依憲法保障人民結婚自由權利之意旨，甲、丙之後婚，雖爲重婚，但其效力，仍應予維持，並不適用民法第988條第3款之規定而歸於無效。故乙不得訴請法院判決確認甲、丙之婚姻無效，但丙得依法請求與甲離婚。

後民法新增第988條之1規定，於前述情形，前婚姻自後婚姻成立之日起視爲消滅，並準用離婚之效力。

2. 父母之親權

甲男、乙女爲夫妻，育有一幼子丙。甲、乙因感情不睦而分居。丙先則由甲交由保姆全天看顧，繼由乙自保姆處攜回自行撫育。甲遂訴請乙交付丙，法院依民法第1089條關於父母對於未成年子女權利之行使意思不一致時，由父行

使之規定，判決乙應將丙交付予甲勝訴確定。試問：前揭民法之規定有無違憲？

　　就此問題，司法院大法官會議釋字第365號解釋謂：「民法第1089條關於父母對於未成年子女權利之行使意思不一致時，由父行使之規定部分，與憲法第7條人民無分男女在法律上一律平等，及憲法增修條文第9條第5項消除性別歧視之意旨不符，應予檢討修正，並應自本解釋公布之日起，至遲於屆滿2年時，失其效力。」按釋字第365號解釋係於83年9月23日公布，故民法第1089條規定關於「父權優先」部分，應於85年9月23日前修正，否則，屆期將自動失效。

（二）民法與民事訴訟法

　　民事訴訟法係當事人就其私法上之爭執請求法院以裁判解決時，法院及當事人所應遵守之程序法。由於私法上之爭執係以民法為最基本、最主要之裁判依據，故民法與民事訴訟法關係非常密切，其應注意者有下列諸項：

1.民法為實體法；民事訴訟法為程序法

　　所謂實體法，即規定當事人間權利義務之有無及其範圍之法律；所謂程序法，即規定如何實現實體法上權利義務之法律。

　　甲開車不慎撞傷乙，則民法賦與乙得請求甲賠償醫藥費，減少之收入及慰撫金之權利（民184I、213、193、195）。而民事訴訟法則規定乙得向甲之住所地之地方法院或車禍發生地之地方法院，起訴請求判決甲應賠償乙之前述損害；此外，民事訴訟法亦規定，如乙為預防甲脫產，得聲請法院假扣押甲之財產（民訴1、15I、522）。

2.身分事件，均得上訴至第三審；財產事件，則有限制

　　民法上之權利義務，有關於身分上之事項者，有關於財產上之事項者。結婚、離婚及對未成年子女之監護屬於前者；物品之買賣及車禍之賠償屬於後者。

　　我國法院審理民、刑案件，原則上採行三級三審制度，即地方法院或其分院管轄第一審訴訟案件，高等法院或其分院管轄第二審訴訟案件，最高法院管轄第三審訴訟案件（法組1、6、9I、32②、③、48②、③）。

　　當事人因身分上之糾紛而涉訟時，任何一方不服高等法院或其分院之第二審判決者，均得上訴最高法院進行第三審訴訟。惟當事人係因財產上之糾紛而

涉訟時，如係牽涉房屋定期租賃等簡易程序之訴訟，或其上訴利益不超過新臺幣150萬元者，則不得對於第二審之判決向最高法院提起第三審上訴（民訴464、466）。

因此，甲因施工不慎，損壞鄰居乙之房屋，乙遂請求甲賠償新臺幣50萬元。如高等法院判決甲應賠償乙新臺幣25萬元時，甲、乙即均不得再上訴至最高法院，蓋甲、乙之上訴利益均小於新臺幣30萬元。

3.民事訴訟並非解決民事糾紛之唯一手段

當事人發生民事上之糾紛時，並非絕對應經訴訟程序解決之。除了訴訟外，尚有下列制度可供當事人採行：

(1) **和解**：當事人得自行和解，或透過第三人（如消費者保護團體）之協調而達成和解（民736）。惟和解後，當事人之一方不履行和解之內容者，他方仍不得據該和解而直接進行強制執行。

(2) **鄉鎮市調解**：民事事件，得經當事人同意，聲請鄉鎮市調解委員會進行調解。調解成立，並經法院核定後，即與法院之確定判決有同一之效力，得為執行名義（鄉鎮市調解條例1①、10、11、24II）。此項規定，並準用於消費糾紛之調解（消保法46II）。

(3) **仲裁**：凡民事上之糾紛而牽涉商務爭議，且當事人訂有仲裁約款時，應依仲裁程序解決該糾紛，而不得另行向法院提起訴訟。經仲裁人做成仲裁判斷者，即與法院之確定判決，有同一之效力。仲裁判斷經法院依聲請為執行之裁定後，得為執行名義（仲裁法37）。

（三）民法與刑法

刑法係規定犯罪行為及其刑事處罰之法律，其中以侵害他人之生命、身體、健康及財產之犯罪與民法之關係最為密切。惟就同一事實，民法及刑法可能各有其不同之指導原理及規範內容，應嚴予區分，不容混淆。茲舉實務上最常見之車禍及詐欺案件說明之。

1.甲駕駛自用小客車不慎，擦撞騎機車之乙，乙受輕傷，機車全毀。則甲應負如何之民、刑事責任？

就乙之受傷，在民事上，甲應負侵權行為之損害賠償責任（民184I前段）；在刑事上，甲應負過失傷害責任（刑277I），但係屬告訴乃論。前者之消滅時效為車禍發生日起2年（民197I）；後者之告訴期間則為車禍發生日起6

個月（刑287，刑訴237I）。故乙對於甲所提出之和解方案，應於車禍發生後6個月內決定是否接受。否則，在6個月經過後，乙雖仍得在剩餘之1年6個月期間內訴請法院判決甲賠償損害，但已不得訴請法院判決甲應負傷害之罪責。

就機車全毀，在民事上，甲亦應負侵權行為之損害賠償責任（民184I前段、196）；但在刑事上，甲不負任何責任。蓋甲之行為，僅屬過失，故雖應負機車毀損之民事賠償責任，但因毀損他人物品在刑法上僅處罰故意，不處罰過失，故不構成刑事責任（刑354、12II）。

2. 甲意圖為自己不法之所有，以詐術誘使乙賤賣其土地予自己，雙方已簽訂買賣契約，但尚未辦理過戶登記。嗣乙發覺受騙，乃立即向甲表示拒絕過戶。

甲之行為，在刑事上，構成刑法第339條第3項之詐欺未遂罪。雖然因乙之即時發覺，致甲之不法意圖未能得逞，但甲仍應負未遂之刑事責任。蓋刑法除追究行為之客觀的危害外，亦追究行為人之主觀的惡性（參閱刑57）。故在刑法有特別規定之情形下，亦處罰未遂犯（刑25）。

惟在民事上，甲之行為雖構成民法第92條第1項之詐欺，但被甲詐欺而出賣其土地之乙已於發現詐欺後，表示拒絕過戶，亦即乙已依民法第92條第1項規定，撤銷其出賣土地之意思表示。因此，乙在民事上，並未受有損害，甲即毋庸負賠償之責任。蓋民事損害賠償責任之成立，以被害人受有實際之損害為必要，若絕無損害，即無賠償可言。故在民法上，並無所謂未遂犯之損害賠償責任。詐欺如此，殺人亦然。甲意圖殺害乙，在乙之飲料中放入足以致死之劇毒，如乙根本未喝下該飲料，則甲在刑事上，仍應負殺人未遂罪責（刑271II）；但在民事上，甲對乙不負任何侵權行為之損害賠償責任（民184I前段）。

綜合上述二案例，可知民法與刑法有下列之重大區別：

1. 在刑法上，過失以有特別規定者為限，始應負責；在民法上，過失與故意原則上應負相同責任（刑12，民184I前段、220）。
2. 在刑法上，未遂行為於有特別規定下，亦應負責；在民法上，未遂行為不構成任何之損害賠償責任。

（四）民法與刑事訴訟法

刑事訴訟法係規定追訴及處罰犯罪所應遵守之訴訟程序的法律（刑訴

1I）。由於民法係以民事上之權利義務（即民事責任）為規範對象，並不涉及犯罪之問題，故民法與刑事訴訟法較不具有密切之關聯。

惟依刑事訴訟法第487條規定，因犯罪而受損害之人，於刑事訴訟程序得附帶提起民事訴訟，對於被告及依民法負賠償責任之人，依民法規定之範圍，請求回復其損害。被害人依本條規定提起刑事附帶民事訴訟時，免納第一審之裁判費用（院1509，刑訴504II）。

因此，甲開車不慎撞死乙時，乙之父母、子女及配偶即得在法院對甲進行刑事訴訟時，提起附帶民事訴訟，請求甲賠償殯葬費、扶養費及慰撫金（民192、194）。

（五）民法與行政法

行政法規包含甚廣，其中有諸多與民法具有密切關係者，茲以戶籍登記、汽車過戶登記及稅捐負擔為例說明之。

1. 甲男與乙女於民國80年依公開儀式舉行婚禮，並有二人以上之證人，惟遲未申請辦理結婚登記。半年後，甲、乙協議離婚，經訂立離婚協議書，並經二人簽名證明，惟亦未申請辦理離婚登記。乙隨即與丙同居，並於生下丁後，自行填寫結婚證書，央請好友二人在該證書上簽名，並持該證書及丁之出生證明，同戶政事務所申辦乙、丙之結婚登記及丁之出生登記。問：甲、乙及乙、丙之婚姻效力如何？丁在法律上為何人之子女？

2. 甲出賣其中古車一部予乙，約定甲先交付該車予乙，乙支付90%之價金，且甲應於3日內辦妥汽車過戶登記，屆時乙再支付尾款。問：甲之金錢債權人丙於汽車過戶登記予乙前，請求法院查封該車，有無理由？

3. 甲出賣其土地予乙，雙方約定，土地增值稅由乙負擔。問：稅捐機關應向何人課徵增值稅？甲、乙間之約定，是否有效？

(1) **戶籍之登記與婚姻之效力**：在案例1，甲、乙之結婚符合修正前民法第982條第1項之規定（採儀式婚主義），故為有效。雖甲、乙並未申請結婚登記，係違反戶籍法第23條第1項之規定，而應受罰鍰之處罰，但依修正前民法，民國97年5月22日以前的結婚登記乃行政法上之事項，並非結婚有效之要件，故甲、乙之婚姻，並不因未辦理結婚登記而無效。相對於此，民國97年5月23日以後的結婚則必須以向戶政機關辦理登記為生效要件。

甲、乙在結婚半年後協議離婚，雙方因此簽訂離婚證書，並由二位證人在

該書面上簽名，但並未申請離婚登記，則依民法第1050條規定，甲、乙之離婚仍尚未生效。應特別強調者，甲、乙之離婚所以尚未生效，係因民法第1050條規定兩願離婚應向戶政機關為離婚之登記所致，與戶籍法第34條「離婚登記，以雙方當事人為申請人」之規定無關。蓋協議離婚若係發生於民國74年6月4日（含該日）之前，且經夫妻雙方簽訂離婚證書，又有二人以上簽名者，則依修正前之民法第1050條規定，即已發生離婚之效力，並不因當事人未申請離婚登記，而受影響。

易言之，戶籍法上關於離婚登記之規定，並非決定離婚是否有效之依據。在民國74年6月4日前協議離婚者，依修正前之民法第1050條規定雖未辦理離婚登記，仍發生離婚之效力，惟在民國74年6月5日後協議離婚者，依修正後之現行民法第1050條規定，則須辦理離婚登記，才發生離婚之效力。甲、乙之協議離婚，因未辦理離婚登記而不生效力，故甲、乙仍為法律上之夫妻。因此，乙、丙的結婚係屬重婚，依民法第988條第3款，應為無效。另丁雖係乙、丙所生，但在法律上，丁仍為甲、乙之婚生子女，除非甲或乙或丁在知悉丁出生後2年以內（丁尚可在成年後2年內），向法院提起否認婚生子女之訴，否則任何人，包括乙及丙，均不得主張丁為乙、丙在法律上之子女（民1061、1062、1063，最高法院83年第6次民事庭會議決議）。至於戶政機關依乙、丙之申請而將丁登記為乙、丙之子女，係戶政機關依戶籍法第29條所為之行政行為，並無決定丁在法律上究為何人之子女之效力。而且，由於丁在法律上係屬甲、乙之子女，故上開丁為乙、丙子女之登記，乃錯誤之登記，應予更正（戶籍法22）。

(2) **汽車之過戶登記與所有權之歸屬**：在案例2，甲出賣其中古車予乙，已經交付該車，但尚未辦理過戶登記前，即被甲之債權人丙請求法院查封，此項查封，有無理由，端視該中古車之所有人究為甲或乙而定。

丙既為甲之債權人，則丙僅得請求查封甲之財產，故丙請求查封之中古車若仍為甲所有，則該查封，自有理由。反之，若乙已成為該車之所有人者，丙之查封，即有錯誤，應予撤銷。

按汽車轉讓時，應由讓與人（即原所有人）與受讓人（即新所有人，如買受人或受贈人）共同向監理機關申請汽車過戶登記（道路交通安全規則22）。惟是項過戶登記，其目的在於行政上之管理，亦即便於認定牌照稅、燃料稅之納稅義務人或於發生汽車違規或車禍事故時，便於查獲違規

者或肇事者。至於汽車所有權之歸屬，則應依民法規定認定之，與監理機關上之過戶登記無關。此與前述結婚是否發生效力，係以民法爲判斷標準，而與戶政機關上之結婚登記無關，正屬相同，可資參照。

依民法第761條第1項前段規定，動產物權（所有權）之讓與，因該動產之交付而生效力。在案例2中，甲既已基於買賣契約而將買賣之標的物中古車交付予乙，則乙即取得該車之所有權。至於乙尚有尾款未付一事，對於乙取得汽車所有權之事實，並不造成任何影響，蓋甲並未以乙付清全部價金，爲其移轉汽車所有權給乙之條件（參閱民991⑤），故乙雖未付清價金，仍因甲之交付汽車而取得該車所有權。

據上所述，汽車所有權之歸屬，應依民法規定判斷之，與行政法規關於汽車過戶登記之規定無關。由於本件中古車之所有權已由甲移轉予乙，故甲之債權人丙無權請求法院查封該車，乙得請求法院撤銷該查封（參閱強執15）。

(3) **稅捐之納稅義務人**：爲實施漲價歸公之基本國策（參閱憲143III），土地所有權移轉時，應課徵土地增值稅。土地所有權之移轉如係基於買賣契約者，應以出賣人爲土地增值稅之納稅義務人（土地182，土地稅5I①、II，平均地權條例37）。

在案件3，甲出賣其土地予乙，則依前揭法律規定，該筆土地之增值稅應由甲負責繳納。然而，甲、乙雙方卻約定，土地增值稅由買受人乙負擔，因此發生下列疑問：(1)甲、乙之約定是否有效？(2)稅捐機關應依法律之規定向甲課徵增值稅，或應依當事人之約定向乙課徵之？

甲、乙之約定是否有效，其關鍵在於：該約定有無違反強制或禁止規定（參閱民71）？亦即，前揭土地法、土地稅法及平均地權條例關於土地增值稅應由出賣人繳納之規定，是否爲強制法規，而不容當事人爲相反之約定？

依最高法院66年台上字第1195號判例，土地法第182條之規定，不排除契約當事人間關於增值稅由買受人負擔，而以出賣人名義向政府繳納之特約。因此，甲、乙所爲土地增值稅由買受人乙負擔之約定，應爲有效，乙應受該約定之拘束，不得主張該約定因違反法律之規定而無效。

甲、乙之約定雖爲有效，但對稅捐機關而言，仍應依法律之規定，向出賣人甲課徵增值稅。蓋依行政法院69年判字第1號判例，土地增值稅以原土地

所有權人為納稅義務人，其由取得所有權人申報並代為繳納者，既係代為
繳納，納稅主體自仍為原來之納稅義務人，而非代繳之人。

綜據上述，稅捐之納稅義務人，在行政法上，應依法律之規定認定之；但
在民法上，則仍應依當事人之約定決定之，如當事人無特別約定者，始依
相關之行政法規認定之。稅捐機關應依法律之規定認定納稅義務人，惟契
約之當事人則不受法律之拘束，而得為與法律相反之約定。

(4) **結論**：依據以上說明，吾人可知民法和行政法具有密切之關聯，惟應注意
者為：

① 行政法係規範行政機關與人民間之公法上的法律關係；民法則為規範人
民相互間之私法上的法律關係。

② 私人相互間之權利義務，應依民法規定判斷之，原則上，不受行政法規
定之影響。反之，行政機關原則上亦應依據行政法之規定判斷該機關與
人民間之權利義務，不受人民私法上約定之影響。

三、民法的制定與修正

現行民法的編纂，肇始於清朝末年的變法革新。清宣統3年，完成大清民律
草案，但尚未頒行，清朝已亡，稱為第一次民法草案。民國成立，繼續制法。
民國14年至15年間，完成第二次民律草案。迨民國17年，國民政府成立立法
院，更加積極民法的制定，故以第二次民律草案為基礎，陸續於民國18年5月
23日公布民法總則編，同年10月10日施行，民國18年11月22日公布民法債編，
同年11月30日公布民法物權編，並均於翌年5月5日施行；民國19年12月26日公
布民法親屬編及繼承編，並均於翌年5月5日施行。

臺灣於前述民國18年至20年間，仍為日本殖民地，故無我國民法之適用。
直至第二次大戰結束，日本投降，國民政府來臺以後，現行民法才開始在臺灣
發生效力，而規範臺灣居民的私法上權利義務。

民法自民國18年至20年間陸續公布全部內容後，經過40餘年，政治、經濟
及社會環境均有重大變化，前司法行政部（69年7月起改稱法務部）遂著手民
法之修訂。71年元月4日修正後之民法總則編由總統公布，並定於72年元月1日
起施行。74年6月3日又公布修正後之民法親屬編及繼承編，並自同年月5日起
施行（參閱中央法規標準法13，釋161）。

　　民法總則編的修正，多為技術性問題，涉及實質內容之修正者甚少。惟民法親屬編及繼承編的修正則頗關緊要，茲僅略述其中若干重大事項，以供注意，其詳情請參閱本書之相關說明：

1. 修正前，四親等之表兄弟姊妹得結婚；修正後，則不得結婚（民983 I ③ I）。

2. 修正前，重婚為得撤銷之婚姻（舊民992）；修正後，重婚則為絕對無效（民988②）。

3. 修正前，妻於婚姻關係存續中非因繼承或其他無償取得之財產，在法律上仍為夫所有；修正後，則妻於婚姻關係存續中取得之財產，即為妻所有（民1017）。

4. 修正前，兩願離婚不以向戶政機關辦理離婚登記為必要；修正後，兩願離婚非經登記不生效力（民1050）。

5. 修正前，嫁娶婚之子女只能從父姓；修正後，該子女有可能從母姓（民1059 I）。

6. 修正前，養子女之應繼分為婚生子女之二分之一；修正後，二者之應繼分完全相同（修正前之民1142 II）。

7. 指定繼承人之制度，在修正後，已被刪除（民1143）。

8. 修正前，拋棄繼承之書面得向法院、親屬會議或其他繼承人為之；修正後，該書面僅得向法院為之（民1174 II）。

　　此外，民法債編修正草案法務部已經於84年12月間完成，並已送行政院審議。88年4月2日立法院三讀通過，4月21日總統公布。至於民法物權編之修正草案，則於96年3月28日總統公布。其後民法各編均仍有若干程度的修正。

四、民法之內容

　　民法係規範私法上權利義務之法律，而私法上之權利義務，或與身分有關，或與財產相涉，故民法即以身分法及財產法為其內容。

　　民法共有1225條，係現行所有法規中，範圍最龐大者，分為五編，即：總則編（第1條至第152條）、債編（第153條至第756條）、物權編（第757條至第966條）、親屬編（第967條至第1137條）、繼承編（第1138條至第1225條）。

　　親屬編及繼承編屬於身分法。親屬編規定血親、姻親及配偶等身分之發

生，範圍、消滅及基於該身分而發生之權利義務。繼承編則規定自然人死亡時，與死者具有一定身分關係（參閱民1114、1138）之人，對死者之遺產所享有之權利及應負擔之義務。

　　債編及物權編屬於財產法。債編分為通則及分則，前者規定契約、無因管理、不當得利及侵權行為等債之發生，與債之標的、效力及消滅等事項；後者則就買賣、租賃、承攬、借貸、合夥及保證等重要之典型契約設規定。物權編則規定所有權、用益物權（地上權、農育權、不動產役權、典權）、擔保物權（抵押權、質權、留置權）及占有等，均為直接使用、收益或處分動產或不動產，而享受其利益之權利。

　　總則編則就身分法及財產法所共通之事項，設原則性之規定。所謂共通事項，例如權利之概念、權利主體（人）、權利客體（物）及權利之得喪變更（法律行為）等。

　　以上之說明，可以下圖表示：

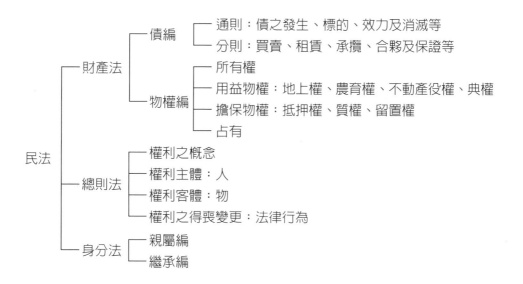

五、民法之性質

　　民法係法律之一種，相較於其他法律，民法具有下列特殊之性質：

（一）民法為私法

　　法律有公法及私法之分。公法乃規定國家和人民間之關係或國家各機關間之關係的法律，例如憲法、稅法、直轄市自治法等是。私法則為規定私人相互間之關係的法律，民法即係最基本、最重要的私法。

（二）民法為普通法

　　普通法係相對於特別法而言。民法因係最基本的私法，故亦為普通法，如其他法律就同一事項有特別規定時，應優先適用該其他法律，是為「特別法優先於普通法原則」（中央法規標準法16）。例如公司為保證人及私有農地之買賣，公司法第16條即為特別規定，應優先於民法而適用之。

（三）民法為實體法

　　實體法係相對於程序法而言。民法係規定私法上權利義務之法律，故為實體法。民事訴訟法係規定訴訟程序之法律，故為程序法。例如車禍發生時，被害人得依民法規定請求肇事者賠償損害，但被害人應如何起訴主張此項損害賠償請求權，俾法院判決肇事者應賠償損害，則應求諸民事訴訟法之規定。

第二篇

總　則

第一章 法 例

　　民法總則於體例上共分爲七章、152條，雖然條文有限，但是由於這些條文爲民法的根本，不但可適用於整部民法，亦可適用於其他民事法規與商事法規，因此民法總則可謂民事法規之基礎。而民法總則第一章的法例，由於規範了所有民事法規適用上之基本法則，故成爲了解民法之第一步。

第一節　民事法規之適用優先順序

　　民法第1條開宗明義即規定：「民事，法律所未規定者，依習慣，無習慣者，依法理。」將處理民事問題時所應適用的優先次序明確的規定爲：(一)法律；(二)習慣；(三)法理。因此，凡關於民事，應先依法律之規定，法律未規定者，依習慣，無習慣者，則依法理判斷之。民法總則之所以規定其先後次序，乃避免審判者藉口法律無明文規定，而對法律關係之爭議拒絕不爲裁判，以收補充法律規範不足之效。

一、法　律

　　一般所稱之法律，根據中央法規標準法第2條與第4條之規定，係指經立法院三讀通過，總統公布，完成立法程序，且稱之爲法律、條例或通則之規範。不過，本條所稱之法律，在解釋上不但指民法與其他民事特別法等法律，還包括因執行此等法律而頒布、或因法律授權而頒布之與民事有關的命令、判例在內。

二、習　慣

　　本條所稱之習慣，學者通說認爲係指習慣法。也就是在社會習慣中，一般人確信具有法律效果之社會慣行事實。不過，民法第1條所稱之習慣，原則上僅於法律無明文規定時具有補充法律之效力（37上6809）。惟法律於其有規定之事項明定另有習慣時，不適用其規定者，此項習慣即因法律之特別規定，而

有優先之效力。例如民法第207條第2項既明定「前項規定，如商業上另有習慣者不適用之」，則商業上得將利息滾入原本再生利息之習慣，自應優先於同條第1項之規定而適用之。不容再執民法第1條前段所定之一般原則，以排斥其適用（26渝上948）。除此之外，其他應優先適用習慣之法條，還包括民法第378條有關買賣費用之負擔應先適用習慣，以及民法第450條第2項優先適用有利於承租人之習慣等規定。

例如臺灣民間祭祀公業之派下權是否為單純之財產權，可否依一般繼承之規定，由其繼承人繼承之問題，最高法院就認為，祭祀公業之繼承，依從習慣，係以享有派下權之男系子孫或奉祀本家祖先之子女及從母性之子孫為限，一般子女或不從母性（例如招贅婚）之子孫，向無派下權，即不得繼承祭祀公業財產（參院647），故民法所定一般遺產之繼承，於祭祀公業財產之繼承，不能為全部之適用（最高法院70年第22次民事庭會議決議）。

依國內學者之通說，若欲成為具有法律效果的習慣法，習慣則應具備下列成立要件：

（一）為社會上有慣行之事實

習慣能成為具有法律效果之習慣法，必定是該習慣已為一般社會大眾所接受，並有反覆實施之事實；若該習慣為社會上少數人所遵行，並無法拘束社會大眾，自無法成為習慣法。

（二）須有法律上之確信

習慣法必須以普通人之確信為基礎，若一般人於心理上並無接受其拘束之確信，則該習慣即無法成為具有法律效力之習慣。

（三）須為法律所未規定之事項

若某種民事關係已有法律之明文規定，即可直接適用法律，而不需要適用該習慣。故習慣能取得相當於法律之效力，即須以法律並未規定為前提。

（四）須不背於公序良俗

「民事所適用之習慣，以不背於公共秩序或善良風俗者為限」（民2）。所謂之公共秩序，就是指國家社會之公共利益與安全；而善良風俗，則係指國

民之一般道德觀念，二者於法律上簡稱爲公序良俗，爲一種不確定之法律概念、會隨著時代進步與社會需要而有所變動。故民法第2條之規定，乃以公序良俗作爲一種衡量標準，使習慣符合一般國民共通之法律情感，不但可使法律與習慣法更能符合社會變遷之需要，並可維持法律之安定性與妥當性。例如過去我國有賣產應先儘親房之習慣，或是不動產之近鄰有先買權之習慣，但是此等習慣因爲有礙於經濟之流通或地方之發達，而有背於公序良俗，故先後爲法院判決不具有法律之效力（30渝上191）。

三、法　理

　　法理者，乃推定社會上共通之事理，也就是人類社會生活中一切應遵守之原理原則，例如事親以孝，亦有學者稱法理爲法律精神之原理。故不限於本國之事理，外國或國際間所承認之法律原理原則，亦可作爲法理而加以適用。民法之所以規定以法理補充法律與習慣之不足，乃係基於法律條文與習慣法有限，而社會事實無窮且變遷迅速，法官又不能以法無明文而拒絕審理，故將法理列爲第三優先，以補法律及習慣之不足。而其適用範圍則涵蓋一切民事法律關係。

第二節　使用文字之準則

　　法律行爲，有要式行爲與不要式行爲之區別。對要式行爲，除當事人意思表示外，尚應履行一定之方式，否則其行爲無效（民73）。此等要式行爲，有以使用文字爲必要者，例如不動產物權之移轉或設定應以書面爲之（民758II），有以踐行特別之法定方式爲必要者，例如結婚須有公開之儀式及二人以上之證人（舊民982）；相對的，不要式行爲則僅須具有意思表示，即可使其法律行爲生效，例如民法第345條之買賣，僅需要雙方當事人意思表示一致，即可成立契約，而無須踐行一定之法定方式。

　　其實，法律行爲之所以要求使用文字，有出於法律規定者，亦有出於約定者。其目的，則在於證明法律行爲之成立，或權利義務之存在。而依法律規定有使用文字之必要者，即法律上規定某種法律行爲，須以訂立書面之方式爲必要。此種書面，原則上應由本人自書，方能符合法定程式要件。不過，由於我

國過去教育並不普及，不能自行以文字書寫表達者頗多，是故無法強求必須由本人自寫方可生效，因此乃例外准許他人代寫。但為求慎重，仍要求本人應親自於他人代寫後簽名，以為平衡。因此民法第3條第1項基於此種考慮，乃特別規定：「依法律之規定，有使用文字之必要者，得不由本人自寫，但必須親自簽名。」

惟此之所謂「簽名」，根據民法立法理由，即指自己書寫姓名而言。故若由本人親自書寫姓名，縱使未蓋章，亦能發生效力。另一方面，由於我國傳統社會習慣重視印信，而不重簽名，因此第3條第2項亦規定，「如有用印章代簽名者，其蓋章與簽名生同等之效力。」故若由他人代寫，於其姓名下加蓋印章，以代簽名，其效力亦與自己簽名無異。惟若本人無法簽名，又無印章以資代簽名時，同條第3項亦設補充規定：「如以指印、十字或其他符號代簽名者，在文件上經二人簽名證明，亦與簽名生同等效力。」惟此種簽名方式，不似親自簽名之正確，故必須經二人簽名證明，始與親自簽名生同等之效力。例如最高法院即指出，「不動產物權之移轉或設定，應以書面為之，此項書面得不由本人自寫，但必須親自簽名或蓋章，其以指印、十字或其他符號代簽名者，應經二人簽名證明，否則法定方式有欠缺，依法不生效力」（31上3256）。

第三節　確定數量之準則

一般而言，關於一定數量之記載，當事人常會將文字（例如壹、貳、參、一、二、三）或號碼（例如1、2、3、或I、II、III）於文件中為一次或數次之記載，若文字與數字之記載均一致，則不生問題，惟若文字與數字之記載有別，究竟應以文字所表示之數量為準，或是以數字所表示之數量為準，乃生爭議。由於此攸關權利之變動與範圍，若不明文規定，將滋生疑義。為此，民法第4條與第5條特別訂定確定數量之準則，以免事實之紛爭，並求適用之便利。

（一）同時以文字及號碼表示者

「關於一定之數量，同時以文字及號碼表示者，其文字與號碼有不符合時，如法院不能決定何者為當事人之原意，應以文字為準」（民4），亦即，法院於當事人對一定之數量同時以文字與數字表示，但二者卻不符合時，首應

推求當事人之原意定之，若不能決定何者爲當事人之原意時，則以文字所表示之數量爲準。此種規定，係基於文字較號碼爲愼重之一般原則。惟若經法院調查當事人係以號碼爲原意時，自應依當事人之原意，而以號碼爲準。

（二）以文字或號碼為數次之表示者

若當事人以文字及號碼各爲數次之表示，而其所表示之數量彼此均有不同時，爭議更大。爲此，民法第5條規定：「關於一定之數量，以文字或號碼爲數次之表示者，其表示有不符合時，如法院不能決定何者爲當事人之原意，應以最低額爲準。」根據本條之規定，不論其爲文字與文字之不符合，或是號碼與號碼之不符合，或是文字與號碼之不符合，均仍以當事人之原意爲準。若法院不能決定何者爲當事人之原意，則應比較其以文字或號碼所表示之各種數量，而以其中最低額爲準。

（三）同時以文字及號碼為數次之表示者

若當事人同時以文字及號碼爲數次之表示，而彼此有不符合之情形，究竟應以何者爲準？對於此種情形，民法並無明文，原則上仍應以當事人之原意爲準，若當事人之原意不明時，則應如何處理？對此，臺灣高等法院66年法律座談會則認爲，參照民法第4條與第5條之精神，應先就號碼與文字爲比較，而以文字爲準，再就文字之各次表示比較，以其最低額爲準。

第二章　權利之主體──人

　　凡法律關係，均涉及權利義務之主體與客體。民法為規範人類社會間民事關係之法律，故以具有法律上人格之人為民法上權利義務之主體，而以物為權利義務之客體（詳見後述）。由於人係權利義務之主體，故其權利能力、行為能力之發生、變更、消滅等事由，均應由法律加以規定，方可避免紛爭，故民法第二章乃就「人」加以規範。至於民法所稱之人，不但包括自然人，還包括法律所擬制之法人。

第一節　自然人

　　自然人乃係因出生而存在於自然界之人類。除某些例外之情形，例如對外國人之權利能力，以及對胎兒利益之保護外，自然人從出生在世，直至死亡，不須法律之擬制，就當然具有法律上之人格，可成為權利義務之主體，而可享有權利能力、行為能力與人格權。相反的，法人則必須於法令限制內，方由法律擬制的賦予其人格，而成為權利義務之主體，享有權利能力。至於對大陸人民之權利能力與行為能力之規定，雖然我國法上亦將大陸人民視為本國人民，但仍必須參酌「臺灣地區與大陸地區人民關係條例」之特別規定。例如大陸地區人民非經主管機關許可不得在臺灣地區取得或設定不動產物權，亦不得取得、設定負擔或承租土地法第17條第1項所列各款之土地（兩岸69）。大陸地區人民之行為能力，依該地區之規定。但未成年人已結婚者，就其在臺灣地區之法律行為，視為有行為能力（兩岸46I）。

第一項　自然人之權利能力

　　所謂之權利能力，乃指能享受權利負擔義務之資格或能力，又稱為人格。凡具有權利能力者，即具有法律上之人格，而可享受權利、負擔義務。由於能力與自然人關係密切，是故民法第16條特別規定，權利能力與行為能力皆不得拋棄。

第一款　權利能力之開始

一、出　生

　　自然人從出生以迄死亡，均具有權利能力，故自然人生存期間，即為權利能力之存續期間。民法第6條即規定：「人之權利能力，始於出生」。所謂之「出生」，根據國內之通說，亦即「獨立呼吸說」，則係指胎兒與母體完全分離，而能開始獨立呼吸而言。因此，臍帶是否剪斷、有無哭聲等在所不問。胎兒只要一經出生，不論其生存期間之久暫，即享有權利能力，亦會發生權利義務之關係，例如親屬繼承等問題。

二、胎兒之權利能力

　　胎兒，乃為尚未出生，仍活存於母體內之子女。不過，胎兒既然尚未出生，即非民法所稱之人，故不應享有權利能力。惟胎兒終將出生，若不對其加以保護，反而有害其權益。故第7條規定：「胎兒以將來非死產者為限，關於其個人利益之保護，視為既已出生。」亦即，民法保護未出生之胎兒，係以日後非死產，且以保護其個人之利益為條件，而使胎兒得以成為其尚未出生前所成立法律關係之主體。惟胎兒雖於出生前即已取得權利能力，例如認領請求權、繼承權及本於不法行為而生之損害賠償請求權，但是若胎兒將來係死產時，則會溯及的喪失其經由法律擬制所取得之權利能力。若胎兒脫離母體後已獨立呼吸，但隨即夭折，雖然其生命短暫，但由於已成為自然人後方始死亡，故即應適用自然人死亡之規定，其已取得之各種權利，可做第1138條第1項第2款之規定，由其父母繼承。此外，由於本條僅就胎兒「利益」之保護加以規定，故當然不包括義務在內，故關於扶養、負債等義務，胎兒即不需負擔。

第二款　權利能力之消滅

一、自然人之死亡

　　權利能力因自然人死亡而消滅，民法第6條亦規定：「人之權利能力終於死亡」，故死亡為自然人權利能力之終期，其法律上之人格也因死亡而消滅。

　　至於「死亡」，在民法上則有「自然死亡」與「推定死亡」（又稱死亡宣告或法律死亡）兩種類型。關於自然死亡之時期，學說不一，傳統之見解以呼吸斷絕、心臟停止跳動（心臟鼓動停止說）為通說。不過，晚近由於醫學之進步，醫學界則有以腦波完全停止（腦死）為死亡之認定標準，並以此作為死亡之時期。至於死亡宣告，則是指自然人失蹤已達一定期間，法院因利害關係人之聲請，宣告其死亡之制度，其目的在於結束以該自然人為中心的法律關係。自然人一旦死亡，即會發生繼承關係，由繼承人繼承死者財產上之一切權利義務（民1147、1148）。

二、死亡宣告

（一）死亡宣告之意義

　　就自然人而言，其財產上與親屬上的關係，於生死之間關係重大，蓋其財產上及親屬上之利益，會因生死未明而處於不確定的狀態，非特有害於利害關係人之利益，並害及公益。因此，民法乃對於因失蹤而生死不明之自然人，於經過一段期間之後，授權法院得因利害關係人之聲請，為死亡宣告，於法律上推定該自然人已經死亡，結束以失蹤人原住居所為中心之法律關係。此為對權利能力終於死亡的一種例外。不過，既然死亡宣告是法律之推定，因此死亡宣告亦與自然人真實死亡有所不同，前者若能證明受死亡宣告之人仍然生存時，則可聲請法院撤銷死亡宣告，但後者則是人死不可復生，無法再回復其生存之狀態。

（二）死亡宣告之要件

　　民法第8條規定：「失蹤人失蹤滿七年後，法院得因利害關係人或檢察官之聲請，為死亡宣告。失蹤人為八十歲以上者，得於失蹤滿三年後，為死亡宣告。失蹤人為遭遇特別災難者，得於特別災難終了滿一年後，為死亡宣告。」因此，死亡宣告，必須符合下列實質要件與形式要件，以下即分別說明之。

1.死亡宣告之實質要件

(1) **須自然人已失蹤**：失蹤，乃係自然人離去其住居所，並經過一段期間且生死不明之狀態。惟此處所稱之已失蹤而生死不明，並不須任何人皆不知其生死，只要為死亡宣告聲請之利害關係人與法院不知即可。若已確知該自

然人已死亡，亦毋庸爲死亡宣告。

(2) **須失蹤達一定之法定期間**：一時之生死不明，尚不足以符合死亡宣告之要件，必須由失蹤人失蹤之日起算，達民法所規定之法定期間，方可爲死亡宣告。所謂之一定期間，我國民法分爲下列二種：

　　A. **普通期間**：即一般人受死亡宣告所應達到的法定失蹤期間。民法第8條所規定之普通期間可按失蹤人之年齡分爲二種。第一種是失蹤人未滿80歲者，於失蹤滿7年後即得爲死亡宣告；第二種則是失蹤人爲80歲以上者，得於失蹤滿3年後，爲死亡宣告。此兩項普通期間失蹤日之起算，均自最後接到音信日起算。

　　B. **特別期間**：若失蹤人失蹤係因遭遇特別災難，例如戰爭、空難、海難、火災以及各種天災時，則可於特別災難終了滿1年後，爲死亡宣告（同條第3項）。但失蹤人若是因翻船、失足落水等一般意外事件而失蹤，則尚非此處所稱之「遭遇特別災難」（司法院73.11.14廳民1字第852號函），故仍須適用普通期間之規定爲死亡宣告。

2.死亡宣告之程序要件

(1) **須因利害關係人或檢察官之聲請**：所謂利害關係人，係指因失蹤人之生死，而有法律上利害關係之人。例如失蹤人之配偶、繼承人、債權人、受遺贈人以及人壽保險之受益人等，但遺產稅之徵收機關及國庫，則非本條所稱之利害關係人（院3230）。此外，考慮到失蹤人若無利害關係人或利害關係人不願聲請等特殊情事，將使失蹤人生死不明之狀態無從確定，故民總於71年修正時，乃增列檢察官亦具有死亡宣告之聲請適格，以符公益之需。是故，若無利害關係人或檢察官之主動聲請，法院不得主動爲死亡宣告。

(2) **須經法院宣告**：雖然利害關係人或檢察官有權聲請爲死亡宣告，但是宣告與否，則由法院基於事實斟酌裁量。至於宣告之程序，則依家事事件法規定爲之（家事154至159）。

（三）死亡宣告之效力

　　死亡宣告，於法律上可發生絕對之效力，故對被宣告死亡之人以及與其相關之一切人，均有其效力。凡因人之死亡而生之效果，例如婚姻之消滅與繼承之開始，亦均因死亡宣告而發生。

1.死亡之推定

受死亡宣告者，推定其為死亡（民9I）。由於是法律之推定，因此得以反證推翻之。故若有反證證明被宣告人並未死亡者，在宣告被法院撤銷前，仍可排除其效力。例如：人壽保險之保險人（保險公司）即可證明被保險人（失蹤人）現仍生存，而可拒絕向受益人給付保險金。

2.死亡時間之推定

受死亡宣告者，以判決內所確定死亡之時，推定其為死亡（民9I）。民法之所以另為死亡時間之推定，主要係因為死亡之時間決定死亡之先後，而與利害關係人利益攸關。是故，失蹤人死亡之時，法院應依失蹤人為一般人或80歲以上之人，或係遭遇特別災難之人，以7年、3年或1年等期間最後日終止之時，為判決死亡之時。但有反證者，則不在此限（民9II），亦即若能證明失蹤人並非於上述推定死亡之時死亡者，應更正死亡時日。若二人以上同時遇難，不能證明其死亡之先後時，由於其死亡時間之推定與繼承權益攸關，故民法第11條特別推定其為同時死亡，以避免繼承之爭議。

（四）死亡宣告之撤銷

受死亡宣告之人尚未死亡，或死亡時間之推定不正確者，法院得因本人或利害關係人之聲請，依家事事件法第160條至第162條之規定，為撤銷死亡宣告或為更正死亡之時的裁定。此二種裁定與死亡宣告裁定相同，具有絕對之效力，對任何人均有效力（家事163I）。死亡宣告一經撤銷，則與未為宣告相同。是故，因死亡宣告而消滅之法律關係（如婚姻等身分關係），因而回復；而因宣告而取得之財產，亦應返還。但此種回復原狀之規定亦有下列二種例外：

1. 撤銷死亡宣告裁定前之善意行為，不受影響（家事163I但）。此之所謂善意，乃指行為時不知受宣告者仍然生存；而所謂善意之行為，則不論單獨行為或雙方行為，當事人均須為善意。例如於死亡宣告後繼承人處分遺產之處分行為，或是配偶於宣告後之再婚行為等，若為善意，則不受影響。

2. 因宣告死亡取得財產者，如因撤銷死亡宣告之裁定失其權利，僅於現受利益之限度內，負歸還財產之責（家事163II）。此項例外亦以善意取得財產者，例如繼承人等，方有其適用。至於所謂之現受利益，乃係指於撤銷死亡

宣告之時所現存之利益，不必與原取得之財產爲限，例如原繼承房屋一棟，但已出售，出售所現存之價金，就是現存之利益。

（五）失蹤人財產之管理

失蹤人失蹤後，未受死亡宣告前，其財產之管理，依非訟事件法之規定（民10）。根據家事事件法第143條，如失蹤人未置財產管理人者，其財產管理人依下列順序定之：1.配偶；2.父母；3.成年子女；4.與失蹤人同居之祖父母；5.家長。如不能依此規定定財產管理人時，法院依利害關係人之聲請，得就其財產之管理，以裁定命爲必要之處分，或爲選任財產管理人。失蹤人之財產，其取得、設定、喪失或變更，依法應登記者，財產管理人應向該管登記機關登記；其由法院選任或改任者亦同。失蹤人之財產管理人，不勝任或管理不適當時，法院得依利害關係人之聲請改任之；其由法院選任者，法院認爲必要時得改任之（家事145）。原則上，法院選任或改任財產管理人時，應詢問利害關係人意見（家事146）；法院所選任之財產管理人，則應作成管理財產目錄，其費用由失蹤人之財產負擔之（家事148）。財產管理人應以善良管理人之注意，保存財產，並得爲有利於失蹤人之利用或改良行爲。但其利用改良致變更財產之性質者，非經法院許可，不得爲之（家事151）。一旦爲死亡宣告，則由財產管理人管理之失蹤人財產，即應依繼承編之規定，由繼承人繼承之。

第三款　外國人之權利能力

外國人，乃係指無中華民國國籍之自然人，其是否具有中華民國國籍，則依國籍法之規定定之。對於外國人是否在本國享有權利能力，國際間一般採平等主義，也就是外國人與本國人應享有相同的權利能力。我國民法總則施行法第2條則規定：「外國人於法令限制範圍內，有權利能力。」乃係採限制的平等主義，亦即外國人在中華民國境內原則上享有權利能力，但是我國得以法令限制外國人之權利能力，例如上地法第17條至第24條限制外國人享有土地所有權之規定即是。因此，外國人之權利能力除應遵守前述民法一般原則性之規定外，還受其他法規之限制。

第二項　自然人之行為能力

第一款　行為能力之意義

行為能力者，指得以獨立之意思表示，使其行為發生法律上效果之資格或地位。因此，自然人是否具有行為能力，則以其是否據有意思能力為準。不過，對於行為能力於學說上則有廣義與狹義二種意義。廣義之行為能力，指人類有意識之身體動靜而能發生法律上效果之能力，包括法律行為能力與侵權行為能力（責任能力）。相對的，狹義的行為能力，則僅指能獨立為法律行為，因而享受權利負擔義務之能力，也就是行為能力。民法總則所指之行為能力，則係指狹義的法律行為能力而言。

於概念上，行為能力與權利能力、意思能力與責任能力相近、實有區別之必要。權利能力，是指享受權利負擔義務之地位或資格。所謂意思能力，又稱為識別能力，則係指於精神上能判斷自己行為將產生何種法律效果之能力，原則上，意思能力為行為能力之基礎，為人類具體之精神上狀態，亦為一種事實問題。故只有具有完全意思能力者方有完全之行為能力，僅有部分意思能力者，則只有限制行為能力，此乃民法第13條立法之所秉之原則。

至於責任能力，則為自然人就其行為（例如侵權行為）接受法律制裁之能力。責任能力原則上亦以意思能力為基礎，例如民法第187條第1項就規定，無行為能力人或限制行為能力人不法侵害他人權利者，即以行為時是否具有識別能力（意思能力），作為其是否應負損害賠償責任之標準。

而行為能力則為法律規定之狀態，有無行為能力，則為一種法律問題。我國民法第13條即以年齡為標準，以決定自然人有無行為能力。因此，具有行為能力者，方可獨立的依自己之意思，以取得權利或負擔義務。是故，凡是自然人均具有得享受權利負擔義務資格的權利能力，但是自然人並不一定當然具有行為能力。也就是說，有權利能力者不一定有行為能力（例如受監護宣告人或未成年人）；但是有行為能力者，除外國人有例外規定外，則必定有權利能力。

第二款　行為能力之態樣

行為能力雖以意思能力為本，但由於社會交易頻繁，若事事要探求行為人

於行為時，是否欠缺意思能力，反而無法保障交易之安全。是故，為維護交易之安全與當事人之利益，法律乃有行為能力制度之規定，不逐一探求行為人意思能力之有無，而以客觀的年齡作為區別行為能力有無之標準。準此，行為人乃依其年齡之不同，而可分為完全行為能力人、限制行為能力人與無行為能力人等三種態樣。

一、完全行為能力人

　　乃指能以獨立之意思在法律上為完全有效法律行為，進而獨立享受權利負擔義務之人。依民法規定，自然人滿18歲為成年（民12），故成年人有完全行為能力。

二、限制行為能力人

　　亦即行為能力因法律規定而受限制之人。根據民法第13條規定，滿7歲以上之未成年人，有限制行為能力。故民法所稱之限制行為能力人指滿7歲，未滿18歲之未成年人。由於此等人涉世未深、思慮難免不周，為保護其利益，法律乃規定其所為之法律行為，原則上均應經法定代理人之允許或承認，始生效力（民13II、77、79）。至於限制行為能力人所為法律行為之效力，請參見本書有關法律行為之敘述。

三、無行為能力人

　　即絕對不能為有效法律行為之人。由於其無法為有效之法律行為，故應由其法定代理人代為意思表示或代受意思表示（民76）。無行為能力人則可包括下列二種類型：

（一）未滿7歲之未成年人

　　未滿7歲之未成年人，無行為能力（民13I）。民法之所以為此種規定，乃基於未成年人究竟有無意思能力，無從證明之故。

（二）受監護宣告人

　　所謂受監護宣告人，乃是因精神障礙或其他心智缺陷，致不能為意思表示或受意思表示，或不能辨識其意思表示之效果之人。由於其於行為時究竟有無意思能力已無從認定，故為保護交易安全與受監護宣告人之權益，修正後民法第15條乃明定，「受監護宣告之人，無行為能力。」

第三款　監護之宣告

　　監護宣告與輔助宣告乃接續民法原規定的禁治產制度而來，民法原稱之「禁治產人」，係指因為精神喪失或精神耗弱，而無法處理自己之事物之人，因此為保護其利益，並維護社會交易之安全，法律乃特別設有禁治產宣告制度，得由本人、配偶、最近親屬二人或檢察官向法院提出聲請，宣告禁治產（舊民14）。原則上，禁治產宣告之要件與聲請人，由民法規定，而宣告禁治產之程序，則規定於修正前民事訴訟法第597條以下。嗣後，有鑑於「禁治產」之用語，僅有「禁止管理自己財產」之意，意涵較為有限，為保護受監護宣告之人，維護其人格尊嚴，並確保其權益，民法於97年修正時，修改「禁治產」制度為「監護制度」，涵蓋「成年監護」與「未成年監護」。也因此除將原本之「禁治產」，修正為「監護」外，並將「禁治產人」，修正為「受監護宣告之人」。

　　隨著我國人口逐漸老化，並進入高齡社會，97年修正之監護制度也出現無法因應此等重大人口與社會變遷之情事。為有效因應人口老化的趨勢，並對成年監護制度有更完善的因應，因此民法在108年又再度對監護制度加以修正，並參酌歐美日等國立法例新增「意定監護制度」，規定法院為監護之宣告時，於本人事前訂有意定監護契約者，以意定監護優先為原則。以下即對我國監護制度之變革加以說明如下：

一、修正前禁治產宣告之要件

　　根據修正前民法第14條之規定，聲請禁治產之宣告要件有四：

（一）須心神喪失或精神耗弱

所謂心神喪失，乃指自然人完全欠缺意思能力；而精神耗弱，則是指自然人之意思能力顯不健全，例如聲盲瘖啞之類。至於因為疾病或酗酒而致一時喪失意思能力，或致意思能力顯不健全，則尚不足以據以請求宣告禁治產。

（二）須不能處理自己事務

亦即必須達到於處理自己事務時，已無法正常的判斷其利害得失的程度。

（三）須經具有聲請權人之聲請

宣告禁治產制度設計之目的之一，即在於保護禁治產人之利益。自然人雖心神喪失，但仍時有回復之可能。故本人於心神回復之際，當然可自行聲請。除本人外，與本人有利害關係之人，例如配偶或最近親屬，亦均可聲請。至於所謂之最近親屬，不論血親或姻親、直系或旁系均無不可。親屬以親等最近者為優先，如親等相同時，血親較姻親為近，直系較旁系為近（司法院76.4.14廳民1字第2069號函）。此外，71年民法總則修正之際，考慮到若有應聲請宣告之需要，但卻無人為之時，將不可避免會影響社會交易安全與本人之利益，故特別增列檢察官亦得為禁治產宣告之聲請。惟檢察官於聲請時，固宜先行查詢當事人本人、配偶或其最近親屬之意見，但若基於公益之理由，仍得本於其獨立之見解，以決定聲請與否。

（四）應由法院宣告

對於是否宣告禁治產，法院有其裁量之權。至於宣告之程序，則依修正前民事訴訟法規定為之（舊民訴597至609-1）。

二、修正前禁治產宣告之效力

禁治產之宣告，有絕對之效力，故一經宣告，不但受宣告之人即喪失行為能力（舊民15），聲請人及其他與被宣告人相關人士亦會受此宣告之影響。除此之外，禁治產之宣告亦有創設之效力，故禁治產人即應依法置監護人為其法定代理人（民1098、1110）。

三、修正前禁治產宣告之撤銷

受宣告人受禁治產宣告之原因若已消失，例如心神已然回復，則法院自應撤銷其禁治產之宣告（舊民14II）。凡有權聲請禁治產者，均有權聲請撤銷禁治產。至於撤銷之程序，則根據修正前民事訴訟法第619條至第624條之規定。一旦禁治產之宣告被撤銷，受宣告人即自宣告撤銷時起，依法復行取得完全行為能力。

四、禁治產法制之修正 —— 從禁治產到監護

我國民法親屬編第四章本已設有「未成年監護制度」，然而考量修正前民法總則禁治產之相關規定過於簡略，無法充分保障禁治產人之權益，故立法院於民國97年5月2日修改民法時，通過民法總則第14、15條，並增訂第15條之1、第15條之2之規定，將原禁治產制度修正為「成年監護制度」，使我國之監護制度成為「成年監護」與「未成年監護」雙軌制，而此部分修正自同年5月23日公布後1年6個月（98年11月23日）施行，民法總則施行法並增訂第4條第2項以規範修正前禁治產與修正後監護制度之適用問題。修法主要變動內容如下：

（一）將「禁治產」之宣告修正為「監護」之宣告

修正前民法「禁治產」之用語，僅有「禁止管理自己財產」之意，修法後則以「監護」一語代之，以彰顯「保護受監護宣告之人，維護其人格尊嚴，並確保其權益」之意旨。

（二）明確化聲請之要件

修正前第14條第1項前段「心神喪失或精神耗弱致不能處理自己事務」之規定，語意較不明確，以致滋生適用疑義，因此特別修正為「因精神障礙或其他心智缺陷，致不能為意思表示或受意思表示，或不能辨識其意思表示之效果」，以明確其意旨。

（三）放寬聲請宣告之聲請權人範圍，並明訂撤銷宣告之聲請權人

修正前第14條第1項有關聲請權人之規定，其範圍過狹，不符實際需要。

爲此修正後之現行法特別放寬其範圍爲「本人、配偶、四親等內之親屬、最近一年有同居事實之其他親屬、檢察官、主管機關或社會福利機構」。此外，受監護之原因消滅時，爲配合此等聲請權人之變更，修正後之現行法也於第2項增訂「法院應依前項聲請權人之聲請」，撤銷監護宣告。

（四）改採「監護宣告」、「輔助宣告」二級制，並得相互轉換

修正前民法採「宣告禁治產」一級制，缺乏彈性，不符社會需求。因此修正後特別在監護宣告之外，針對成年人及未成年人已結婚者，其爲意思表示或受意思表示，或辨識其意思表示效果之能力，僅「顯有不足」而未達「不能」之程度者，於第15條之1增加「輔助宣告」之制度，並配合於家事事件法新增第177條至第180條之相關程序規定，以充分保護精神障礙或其他心智缺陷者之權益。另透過第14條第3、4項、第15條之1第3項之明文，使「監護宣告」與「輔助宣告」二者得相互轉換。

（五）受「輔助宣告」之人，其為重要法律行為之行為能力受限制

依修正後現行法第15條之2之規定，受輔助宣告之人，除純獲法律上利益，或依其年齡及身分、日常生活所必需者外，爲同條第1項各款所列之重要行爲時，應經輔助人同意，以保護受輔助宣告人之權益。

五、監護制度的再修正

我國對「法定成年監護」制度在97年修正、99年實施後，已運作多年，惟欠缺「意定監護」制度。相反的，世界先進國家如德國、美國、英國及日本等國則早就導入「意定監護」制度，並已有良好的實施成效，並可有效因應高齡化的挑戰。

由於我國不僅面臨全球最低之出生率挑戰，且同時面臨人口快速老化的問題，並在107年正式進入高齡化社會。隨著高齡人口的增加，勢必須有更完善的成年監護制度，方能配合整體社會之發展。

惟現行成年人監護制度係於本人喪失意思能力始啓動之機制，無法充分符合受監護人意願。相對的，世界先進國家採行之意定監護制度，則是在本人之意思能力尚健全時，本人與受任人約定，於本人受監護宣告時，受任人允爲擔

任監護人，以替代法院依職權選定監護人，使本人於意思能力喪失後，可依其先前之意思自行決定未來的監護人，較符合人性尊嚴及本人利益。

由於意定監護制度有其社會價值與必要性，亦能減少身心照護及財產管理爭議，有助於正面維繫家庭關係及補充法定成年監護不足之問題，故立法院在108年特別參酌歐美日等國之立法例，並配合我國國情之變化修改民法，增訂「意定監護制度」，以「最小變動成年監護制度」與「尊重本人之意思自主」為原則，於親屬編第四章「監護」增訂第三節「成年人之意定監護」，以完善民法監護制度。也因此在修法後，我國監護制度已與國際同步，法院為監護之宣告時，於本人事前訂有意定監護契約者，應以意定監護優先為原則。

雖然意定監護制度之增訂主要體現在民法親屬編，但是由於監護之宣告係規定在民法總則，故一併修改民法第14條第1項，明定意定監護受任人得為監護宣告之聲請人；並增訂輔助人及利害關係人亦得為聲請人。修正後之民法第14條第1項之規定如下：

對於因精神障礙或其他心智缺陷，致不能為意思表示或受意思表示，或不能辨識其意思表示之效果者，法院得因本人、配偶、四親等內之親屬、最近一年有同居事實之其他親屬、檢察官、主管機關、社會福利機構、輔助人、意定監護受任人或其他利害關係人之聲請，為監護之宣告。

第三項　人格權之保護

第一款　人格權之意義與類型

自然人於出生後即享有權利能力，並取得法律上之人格，而成為權利義務之主體，同時也取得維護個人人格完整與不可侵犯的權利，亦即人格權。故人格權乃係存在於權利人人格之權利。過去，一般人重視財產權之保護，故對於人格權少有重視。不過，隨著生活水準與經濟能力之提升，國人對於人格權之重視程度亦與時俱增。但於此商業掛帥的社會中，個人之姓名、名譽、肖像、隱私等權利，往往不敵商業利益而輕易被侵害，造成當事人極大的困擾。此外，由於科技進步，個人人格權更易為他人利用科技產品所侵害；使得竊聽、偷拍、闖入他人電子郵件信箱或電腦等侵害已屢見不鮮。因此，就現代人而言，對人格權保護之重要性，似已遠勝於對財產權之保護。

原則上，民法所明文承認之人格權，包括姓名權（民19）、生命、身體、健康、自由、名譽（民192至195）等權利。除此之外，受國外學說與人權觀念之影響，學說亦逐漸承認貞操權、肖像權、隱私權等權利。不過，由於人格權非屬財產權，而我國民法對非財產上損害則限於法律有明文規定者為限，方可請求損害賠償。因此，在人格權受侵害之場合，能夠獲得損害賠償之機會仍然有限。不過，值得注意的是，其他法律，尤其是著作權法與專利法等智慧財產權法律，亦有人格權之規定，例如著作權法第三章第三節所規定之著作人格權（包括姓名表示權、公開發表權與同一性表示權），以及專利法第7條第4項之專利人格權等規定，其均有明確之損害賠償規定。而對侵害著作人格權者，著作權法尚有刑責規定（著93I①），可補民法規定之不足。

此外，為進一步的保護人格權，民法第195條第1項、第2項也加強現有之保護，而規定「不法侵害他人之身體、健康、名譽、自由、信用、隱私、貞操或侵害其他人格法益而情節重大者，被害人雖非財產上之損害，亦得請求賠償相當之金額。其名譽被侵害者，並得請求為回復名譽之必要處分。前項請求權，不得讓與或繼承，但以金額賠償之請求權已依契約承諾，或已起訴者，不在此限。」可供參酌。

第二款　民法對人格權保護之規定

一、保護人格權之原則

依現行民法之規定，對人格權保護之範圍有下列二項重要原則：

（一）能力不得拋棄

為維護自然人人格之完整與交易之安全，民法第16條特別明文規定，「行為能力及權利能力，不得拋棄。」蓋若得以拋棄權利能力，即失其為享受權利負擔義務主體之資格，顯然與立法目的相悖，不利於個人利益之保護，故如自願為奴等情事，即為法所不許。相同的，若行為能力得以拋棄，則一經拋棄，即成為無行為能力人，將嚴重的影響社會交易之安全，若行為人仍執意拋棄，則其拋棄行為將會違反法律強制禁止規定而無效（民71）。

（二）自由不得拋棄

　　自由乃是人類依自身意思從事活動，不受不當拘束之權利，其不但為人類文化發展之動力，也為維持個人人格完整所必要。因此，憲法不但於第10條至第14條明文對人民之各種自由權利加以保護，更在第22條規定，「凡人民之其他自由及權利，不妨害社會公共利益者，均受憲法之保障」，僅在「為防止妨礙他人自由、避免緊急危難、維持社會秩序、或增進公共利益所必要時」，才可例外加以限制（憲23）。民法亦秉持憲法之精神，於第17條明文規定：「自由不得拋棄。自由之限制，以不背於公共秩序或善良風俗者為限。」故凡不當限制他人自由之法律行為，例如相約終身不婚、自願為奴婢等約定，均違背公序良俗而無效（民72）。

二、人格權侵害之救濟

　　人格權與一般財產權不同，因此，對於人格權遭受侵害時，民法亦特別依其侵害之態樣而規定不同之救濟方法。

（一）除去侵害請求權

　　人格權受侵害時，得請求法院除去其侵害（民18I前段）。所謂之除去其侵害，乃係使現時不法侵害之行為或狀態得以終止。其性質，與民法第767條第1項物上請求權中之妨害除去請求權，以及其他智慧財產權法規所賦予權利人之侵害除去請求權類似，均係針對已發生之不法侵害給與權利人救濟。

（二）防止侵害請求權

　　人格權有受侵害之虞時，得請求法院防止之（民18I後段）。相對於前項對已發生侵害所為之救濟，民法也對尚未發生，但有發生侵害人格權可能之情形，准許權利人得請求法院防止侵害之發生。此種權利，亦與第767條第1項之妨害預防請求權及智慧財產權法所賦予智慧財產權人之侵害防止請求權類似，以求防範於未然，避免侵害之發生。

（三）損害賠償請求權

　　根據民法第18條第2項之規定，人格權受侵害時，「以法律有特別規定者為限，得請求損害賠償或慰撫金」，亦即，若人格權之侵害確已發生，且權利人已遭受損害時，被害人即可就其損害請求財產上損害賠償與非財產上損害賠償（又稱為慰撫金）。值得注意的是，雖然被害人方可請求慰撫金，但是與財產權之侵害不同之處，則在於對能請求慰撫金者，限於以法律有明文規定者為限，而民法條文有限（請參見民18II、19、192、195、979、999、1056）。因此，若法律並無得請求損害賠償的特別規定時，被害人就因欠缺請求權之基礎，而無法請求。至於慰撫金之數額如何始為相當，則應斟酌一切情形定之，亦不得以子女為胎兒或年幼作為不予賠償或減低賠償之依據（66台上2759）。對於人格權受侵害時，有無民法第184條侵權行為之適用？通說認為人格權亦係法律所保護之權利，故若符合侵權行為之要件，亦可請求損害賠償。

三、姓名權之保護

　　所謂的「姓名權」，乃係指自然人或法人使用姓名或名稱之權利。民法所稱之姓名，依學者通說，並不限於自然人之本名在內，還包括別號、筆名、藝名、商號名稱等足以表彰其人格之名稱。由於姓名為區別他我之標識，故姓名權具有排他性。例如公司法第18條第1項前段即規定，公司名稱，不得與他公司名稱相同。同樣的，商標法第30條第1項第13款、第14款亦規定，「有他人之肖像、法人及其他團體或全國著名之商號名稱或姓名、藝名、筆名、字號，未得其承諾者，不得註冊商標」。若「姓名權受侵害時，得請求法院除去其侵害，並得請求損害賠償」（民19）。

　　至於民法所稱之姓名權之侵害，則不限於無權使用而擅加使用之「冒用」（例如假冒他人名義發函），還包括應使用而不使用（例如故意不載明原著人或改載其他人之姓名），或為不正確之使用（刊登某人之照片，但卻指其為犯罪人，或將自己家中小狗以他人之名命名）在內，至於加害人有無過失，則非所問。對於姓名權侵害，被害人則可以行使上述有關人格權之救濟方法，例如請求法院除去其侵害（如登報道歉），請求法院防止侵害，或請求損害賠償（包括慰撫金之賠償）。值得注意的是，除民法有關姓名權之規定外，著作權

法則在第16條中，對「姓名表示權」有特別的保護規定。

第四項 住 所

住所，為自然人社會生活之中心，於民事上有其特殊的意義，例如住所為決定債務清償地（民314）之標準，在訴訟法上，住所亦可決定管轄權、審判法院以及書狀送達（民訴1、136，刑訴5、55）。不過，住所則與戶籍有所不同。住所乃係私法上自然人權利義務關係之中心，但是戶籍則僅發生公法上之效力。至於住所之決定可由自然人自行設定，也可由法律加以規定，因此住所在民法上可以分為意定住所與法定住所兩種。

第一款 意定住所

一、意定住所之意義

凡依一定之事實，足認以久住之意思，住於一定之地域者，即為設定其住所於該地（民20I）。故意定住所之設定，乃基於行為人之意思，僅須具有意思能力，無須具有行為能力，即可設定意定住所。此外，對於設定住所，民法採取自由主義，亦即是否設定住所與設定於何處，均由人民自由決定。但為了避免法律關係之複雜，民法則採單一主義，也就是「一人同時不得有兩住所」（民20II）。根據國內通說，住所之設定須同時具有下列主觀與客觀要件，方能有效的設定意定住所：

（一）須有久住之意思

亦即須具有繼續居住於該處所之意思，此乃設定意定住所之主觀要件。至於有無久住之意思，則應依客觀事實加以認定。例如一旦設定意定住所，雖然因為求學、工作之故，而暫時離開意定住所，但只要仍具有返回之意思，則仍不失具有久住之意思。惟若子女長大，結婚生子後自行購屋，並搬離父母自組小家庭，則雖有假日回家探視父母之心，但已非具有久住之意思，則只能認為係以其新居為住所。

（二）須有久住之事實

亦即客觀上須有居住於該意定住所之事實。例如臺北投資客於臺中購屋，打算日後有朝一日搬至臺中，雖然該投資客於臺中購屋，但於房屋交屋後卻從未於臺中居住，故縱有久住之意思，但因無久住之事實，就無法設定以臺中為住所。

二、意定住所之廢止

意定住所既然係由當事人依其意思自由設定，也當然可以由其自由廢止。而其廢止之方法極為簡單，只要「依一定事實，足認以廢止之意思離去其住所者，即為廢止其住所」（民24）。不過，若廢止現行之住所，但卻同時設定新住所，則非住所之廢止，僅為住所之變更。例如父母為兒女教育問題，於新學區另構新屋，並舉家搬遷至新居，就只是住所之變更，而非廢止。

第二款　法定住所與擬制住所

一、法定住所

相對於意定住所由當事人自由設定，法定住所則是立法者為維持特定生活關係，而由法律直接對當事人所規定之住所。依現行民法之規定，法定住所出現之情形如下：1.無行為能力人與限制行為能力人均以其法定代理人之住所為住所（民21）；2.未成年子女，以其父母之住所為住所（民1060）；3.未成年人而無父母者，以其監護人之住所為住所（民1091、1098）；4.受監護宣告人以其監護人之住所為住所（民1110、1113）；5.養子女以其養父母之住所為住所（民1077I、1086I）；6.法人以其主事務所所在地為住所（民29）。

二、擬制住所

所謂擬制住所，就是法律上將當事人之居所視為住所，故學者間有認為其係屬於法定住所之一種。其類型可以分為居所與選定居所二類。

(一) 居　所

　　所謂居所，乃指無久住之意思，而居住於一定之地域（民22），例如因工作之需而暫時在附近賃屋居住，或是學生住校、軍人在營服役、囚犯在監所服刑等都是。不論其居住之時間多久，但是仍為居所，而非住所。另一方面，由於民法僅規定一人同時不得有二住所，但卻未規定一人同時不得有二居所，故可知居所可為複數。不過，在例外的情形，法律則擬制將當事人之居所視為住所，使居所發生住所之效力：

1.住所無可考者

　　指根本無住所，或雖有住所但其所在地不明等情況。例如不論在我國或在外國均無住所之情形。

2.在我國無住所者

　　例如當事人在國外有住所，在我國並無住所。於此種情形，若發生法律糾紛時，則以其在我國之居所為住所。但若依涉外民事法律適用法之規定，應適用其本國法時，則不以其居所視為住所。為明確此等原則，97年5月通過的民法總則修正中，亦於第22條第2款但書，明定「但依法須依住所地法者，不在此限」，以明其意旨。

(二) 選定居所

　　所謂「選定居所」，乃係因特定行為（例如因清償債務或實施訴訟）而選定之居所。由於現代社會自然人活動範圍廣泛，若強要求以住所為依據，則不免強人所難。因此，為求便捷，法律乃例外准許當事人於從事特定行為時，得選定一個居所作為該行為法律關係之中心，法律亦擬制以該居所為該特定行為之住所，是故，「因特定行為選定居所者，關於其行為，視為住所」（民23），故選定住所亦為法定住所之一種。至於選定之行為，則為法律行為，得以契約或單獨行為為之。

第二節　法　人

第一項　通　則

第一款　法人之意義

　　法人，乃係在一定條件下，由法律賦予其人格，而得爲權利義務主體之社會團體。過去，一般人常以個人或是合夥的方式經營，但往往因個人因素，例如死亡、負債而發生倒閉、退夥等情事，以致影響其存續。另一方面，社會經濟活動日趨複雜，已非個人能力所能經營，因此，乃有集合多數人力或財力之社會團體出現，以求聚沙成塔，永續經營。事實上，由於社會發展之需要，此等社會團體已經成爲現代社會中經濟活動的重要成員。爲避免其發展或存續受其組成份子個人因素之影響，法律乃賦予其獨立的人格，法人制度於焉誕生。

　　雖然如此，法人何以能取得獨立之人格？其本質究竟爲何？則在法律上仍有所爭議。一般而言，其主要之學說有三：

一、法人擬制說

　　本說認爲法人之所以取得其人格，成爲權利義務之主體，乃係基於法律之擬制。惟此說忽略自然人之所以取得人格亦係基於法律之賦予，一如法人。

二、法人否認說

　　本說則認爲人類社會中，除自然人與財產外，並無法人實體之存在，故不認爲法人可具有人格。

三、法人實在說

　　此說認爲法人具有實體存在之人格。不過其又分爲不同之二種學說。

（一）有機體說

本說認爲法人爲社會之有機體，具有團體意思，故應認其具有人格，一如自然人。

（二）組織體說

本說認爲法人之所以具有人格，乃係因其本質上即爲具有一定目的之社會組織體。法律之所以賦予法人人格，乃依據社會生活之需要與其實際之社會價值，故具有一定目的而成立之社團與財團即可滿足此種要求，故我國學者通說與民法立法理由都採此種學說。

第二款　法人之種類與其區別

一、公法人與私法人

若以法人設立所依據之法規爲標準，法人可以分爲公法人與私法人二種（通說稱爲準據法區別說）。凡依公法而設立，並以處理國家公共事務爲目的之法人，例如國家、各級地方自治團體，即爲公法人。相對的，若依據私法而設立者，例如依公司法設立之公司、依私立學校法設立之私立學校等，則爲私法人。此種區別之實益，則表現於訴訟管轄（公法人屬行政法院管轄、私法人則受一般法院管轄）、侵權行爲（公法人適用國家賠償法、私法人適用一般侵權行爲規定）等方面。

二、社團法人與財團法人

此種分類乃基於法人成立之基礎。法人雖係法律上賦予權利能力之團體，但是這些團體之成立，或爲多數人之集合，或爲多數財產之集合，並不一致。因此，民法乃根據其組成之本質，將法人分爲二種。凡是以人爲其成立基礎之法人，稱之爲社團法人，相對的，若以財產爲成立之基礎，則稱之爲財團法人。

（一）社團法人

乃係以社員（人）為成立基礎之法人。由於係人（社員）之集合，故必有社員總會作為最高意思決定機關。此外，社團法人若依是否以營利為目的，又可分為營利社團法人與非營利社團法人。前者之設立，係以謀取各社員經濟上利益為主要目的，例如一般之公司或合作社等皆是。後者之設立則以謀取各社員非經濟上之利益為目的，故有學者稱為公益社團法人，例如各種政黨職業公會、農漁會、商會、同學會、同鄉會等都是。但亦有學者稱類似同學會、同鄉會等非以公益非以營利為目的之社團為中間社團者。而因其無須為設立登記，故屬於民事訴訟法上所稱之非法人團體。

（二）財團法人

乃以捐助之一定財產為成立基礎之法人。故財團法人為財產之集合，人（包括捐助人）並非財團之組成份子。理論上，成立財團所捐助之財產均應有其特殊之使用目的，而非為捐助人謀取私利，故財團法人均為公益法人，例如一般之私立學校、教會即是。不過，近年來由於財團法人之節稅與其他功能日趨重要，以致各種名稱之財團法人如雨後春筍般的出現，成為我國法人制度的一大特色。

三、公益法人與營利法人

此分類乃基於其設立目的而有別。

（一）公益法人

亦即以謀公共利益為目的而設立之法人。惟所謂之「公益」，並不必為社會一般人之利益，即為謀全體社員非經濟上之利益者，亦屬之（院507參照），故同鄉會、俱樂部等都可能屬公益法人。另外，公益法人所為之營利行為，例如義賣、募款餐會、義演等，若其所得並未分配與社員，而仍用之於公益事業，則仍不妨礙其公益法人之地位與資格。

（二）營利法人

亦即以營利爲目的所成立之法人。營利法人又可分爲以增加社員經濟上利益爲目的之公司，以及以減少社員經濟上不利益爲目的之合作社等不同的類型。

第二項　法人人格之取得──設立登記

法人若要取得法律上之人格，除已有相關之組織外，尚須完成設立登記，方可有效的成爲法人。是故，民總第二章第二節有關法人之規定中，僅以社團與財團稱之，而不稱法人，以涵蓋尚未經設立登記取得法人人格之社團與財團組織。

第一款　法人設立之立法主義

法人之設立，各國立法主義不同，而有下列五種：

（一）放任主義

亦即法律對於法人之設立不加干涉，任由人民自由設立，故又稱爲自由設立主義。民法對非營利法人即採此種立法。本說缺失在於過於浮濫。

（二）特許主義

乃要求法人之設立必須經特別之立法，或經國家元首特許，例如我國中央銀行法即採之。其缺點在於過於繁瑣。

（三）許可主義

法人之設立，除須具備法定要件，並須得到主管機關之許可，例如我國民法對公益法人（包括財團法人與公益社團法人）之設立即採之（民46、59）。例如有關文教之公益法人由教育部主管，慈善事業則由內政部主管。各主管機關均有訂定設立許可及監督標準以爲規範。

（四）準則主義

　　法人之設立，只需具備法律規定之要件即可設立，此制度不但可防止設立浮濫，亦無礙法人制度之發展，我國及日本對營利法人（如公司）之設立就採此種主義。

（五）強制主義

　　指基於實際需要，而由法律規定強制其設立。例如我國對職業團體之各種商業同業公會、工業團體，以及專業組織如律師公會、醫師公會、會計師公會等即採之。

第二款　法人之設立與登記

（一）法人之設立

　　根據民法總則之規定，「法人非依本法或其他法律之規定，不得成立」（民25），「法人非經向主管機關登記，不得成立」（民30）。因此，除以營利為目的之社團（例如公司），其取得法人之資格，應適用特別法之規定（如公司法）外（民45），一般法人之設立，則應符合下列五種條件：1.必須要有設立人（社團法人）或捐助人（財團法人）；2.必須依據民法或其他法律（如公司法）之規定；3.須經設立人之共同行為訂定規範法人組織及其他重要事項之「章程」（民47、60）；4.財團法人及公益社團法人於向主管機關為設立登記前，須得其目的事業主管機關之許可（民46、59）；5.須經過主管機關准許登記（民30）。故登記乃為法人之成立要件。

　　此處所謂之「主管機關」，乃指主管法人登記事務之機關。故就一般依民法設立之法人而言，其「主管機關」乃指法人事務所所在地之法院而言（民總施10I），而依其他法律設立之法人，其主管登記之機關，則依各該法律之規定，例如營利社團法人（如公司）之主管機關依公司法之規定則為經濟部。

　　而就章程而言，財團與社團根據民法第47條與第60條，都必須訂立章程，故章程乃為法人之根本大法，而章程之訂立乃法人設立登記之必要條件之一。惟究竟章程中應如何記載，乃視其類型有所不同。就社團法人而言，根據民法第47條，其應記載之事項如下：1.目的；2.名稱；3.董事之人數、任期及任

免。設有監察人者，其人數、任期及任免；4.總會召集之條件、程序及其決議證明之方法；5.社員之出資；6.社員資格之取得與喪失；7.訂定章程之年、月、日。此七種事項，在法律上稱之為「必要記載事項」，若有缺漏，該章程無效。除此之外，尚有所謂之「任意記載事項」，例如社團之組織、社團與社員之關係，以不違反民法第50條至第58條之規定為限，得以章程定之（民49）。此等事項，若未載入章程，則不生任何效力；惟若經記載於章程，即與必要記載事項有同等之效力。而公司章程所應記載之事項，則依公司法之規定訂之（公司41、101、116、129）。

　　至於財團法人之章程，則根據民法第60條規定，「設立財團者，應訂立捐助章程。但以遺囑捐助者，不在此限。捐助章程，應訂明法人目的及所捐財產。以遺囑捐助設立財團法人者，如無遺囑執行人時，法院得依主管機關，檢察官或利害關係人之聲請，指定遺囑執行人」，其所以規定以遺囑捐助者，不須訂立捐助章程，乃在於遺囑須具備法定方式（民1189以下）方可有效成立，故依法訂立之遺囑必已對所捐助之財產與其目的有所記載，故毋庸另立捐助章程。

（二）法人之登記

　　法人非經向主管機關登記，不得成立（民30）。除公司等法人向經濟部為登記外，一般法人之登記，其主管機關為該法人事務所所在地之法院（民總施10I）。一旦為設立登記，法院對於已登記之事項，應速行公告，並許第三人抄錄或閱覽（同條II）。不過，由於民法僅規定原則，至於詳細之登記程序，則依非訟事件法第三章之規定辦理。目前實務上處理法人登記，則係根據司法院依非訟事件法第107條授權所訂頒之「法人及夫妻財產制契約登記規則」，由各地方法院掌理。

　　至於法人設立登記之內容，根據民法第48條與第61條之規定，則包括下列事項：1.目的；2.名稱；3.主事務所及分事務所；4.董事之姓名及住所。設有監察人者，其姓名及住所；5.財產之總額；6.應受設立許可者，其許可之年、月、日；7.訂有出資方法者，其方法（此僅社團法人適用）；8.訂有代表法人之董事者，其姓名；9.訂有存立時期者，其時期。不論社團或財團之登記，均由董事向其主事務所及分事務所所在地之主管機關提出申請，並應附具章程、捐助章程、或遺囑等文件備案（民48II、61II）。

社團或財團一旦經法院依法登記於法人登記簿，即行成立而取得法人資格，得為權利義務主體（64台上1558），故不但取得相當於自然人之各種能力，也因此衍生相關之法律關係。另一方面，由於法人除設立主事務所外，還可設立分事務所，故為確定其法律關係之中心，民法亦特別於第29條規定，「法人以其主事務所之所在地為住所」，以確定法人之管轄權、審判籍、債務清償地等法律關係。民法並規定法人之主事務所及分事務所均為必要登記事項之一（民48I、61I）。

第三款　法人之能力

法人於設立登記後成立並即取得人格，故應與自然人相同，取得享受權利、負擔義務之資格與地位。不過，由於法人與自然人究竟有其本質上之差異，因此，法人僅於法令限制內，有享受權利、負擔義務之能力（民26）。而且縱使在法令限制範圍內，如果該權利義務係專屬於自然人之權利義務，例如婚姻、繼承、服兵役等，法人亦無法享有或負擔（民26但書）。以下乃就法人之權利能力、行為能力與侵權行為能力加以探討。

一、法人之權利能力

與自然人相同，法人之權利能力亦有始期與終期之問題。原則上，由於法人非經登記，不得成立（民30），故法人於設立登記完成後即可取得權利能力。另一方面，法人於設立登記後即繼續存在，直到清算終結後其人格方始消滅，而在清算之必要範圍內，法人人格仍視為存續（民40II，公司26）。故法人之權利能力可解釋為始於設立登記完畢，終於清算終結。

雖然如此，法人與自然人仍有本質上之差別，故法人享受權利負擔義務之能力，即有下列二種限制(一)法令上限制（民26前段），例如公司法總則之各種限制，如轉投資之限制（公司13）、營業與貸款之限制（公司15）、保證之限制（公司16）、保險法第136條與第138條不得兼營保險業務之規定等都是；(二)性質上限制（民26但書），亦即專屬於自然人之權利義務，法人亦不得享有，例如退休金、撫卹金，與人格權有關之慰撫金，以及親屬繼承扶養等身分上權利。

二、法人之行為能力

我國通說採法人實在說，故法人不但有權利能力，亦有行為能力。不過，由於法人無法自為意思表示，亦無法對外自為行為，故必須設置董事等機關，對外代表法人（民27I、II）。再加上行為能力係以權利能力為其基礎，故上述法人權利能力之限制，於法人之行為能力亦有適用，如有逾越，即無法認為係法人之行為。

三、法人之侵權行為能力

對於法人是否有侵權行為能力（又稱為責任能力），學說上見解不一。不過，採法人實在說之立法例，均肯定法人亦有侵權行為能力，故必須對其機關所為之侵權行為，負損害賠償責任。我國民法亦同。民法第28條就明文規定，「法人對於其董事或其他有代表權之人因執行職務所加於他人之損害，與該行為人連帶負賠償之責。」是故，法人亦有侵權行為能力，但其成立，則須符合下列要件：

（一）資格之限制

原則上，法人僅對其董事或其他有代表權人之侵權行為負侵權行為責任。所謂「董事」，乃法人之代表機關，其行為即法人之行為（民27），而「其他有代表權之人」則指與董事地位相當並有代表法人之權的職員。例如法人解散清算程序中之清算人即是。至於法人之受僱人所為之侵權行為，由於受僱人之行為並非法人之行為，故法人應負之責任僅為僱用人之賠償責任（民188），並非為法人之侵權行為。

（二）行為之限制

法人僅對其董事或其他有代表權人「執行職務」之行為所加於他人之損害負責。此乃因此等機關僅在執行職務之範圍內代表法人，若超出其執行職務範圍，即屬其個人行為，而非法人之行為，故法人對代表機關於其職務範圍以外之行為，則當然無侵權行為能力，亦不負損害賠償責任。不過，董事等因執行職務行為所加於他人之損害，並不以因積極行為而生之損害為限，亦包括董事

怠於執行其法定義務時所加於他人之損害（64台上2236）。

　　至於是否為「執行職務」之行為，通說則採客觀說，認為下列二種情形均屬之：1.在外觀上可認為係執行職務之行為，例如簽發票據；2.與其職務有相當關聯之行為。例如，為法人之利益而行賄。例如甲公司董事A開公務車至乙公司洽談公務，於路上因開車不慎撞傷B。A此種對B之侵權行為由於係與A執行職務有關，故亦為甲公司之侵權行為。但若A於乙公司開會時，十分喜愛乙公司職員C之擺飾，乃將其偷走。此種個人犯罪行為雖亦屬侵權行為之一種，但是卻非屬A之執行職務行為，故亦非甲公司之行為，甲公司不負連帶損害賠償責任，僅由A自行負責（48台上1501參照）。

　　法人之董事或其他有代表權之人若在執行職務時發生侵權行為，則亦為法人之侵權行為。此時，法人與此等職員間之關係究竟如何，則可分為對被害人之外部關係與法人內部間之內部關係加以說明。原則上，法人董事等之行為，乃係代表法人，但亦為該代表人自己之行為，故民法第28條為保護被害人之權益，乃特別在外部關係上要求由法人與其代表人連帶負損害賠償責任。此為民法所謂法定連帶債務之一種，故被害人可依民法第272條以下有關連帶債務之規定，同時或先後對法人或其代表人請求全部或一部之損害賠償。至於在法人與其代表人之內部關係中，由於法人之董事或其他有代表權之人與法人之關係屬於委任關係（公司192I IV參照），依民法委任（民528以下）之規定，受任人應盡善良管理人之注意義務。而若有侵權行為之發生，卻證明其並未盡其應盡之注意義務，故法人得向其代表機關就所遭受之損害請求賠償（民535、544參照）。

第四款　法人之機關

　　法人雖為權利義務之主體，但其本身並無法自為行為，故須設置機關，以為法人活動之基礎。故凡具有代表法人、決定法人意思或實行法人決定等資格之自然人，即為法人之機關。就我國民法之規定而言，法人之機關可分為三類：(1)執行機關，亦即董事，為不論社團法人或財團法人均須設立之機關（民27、48、61）；(2)意思決定機關，亦即社員總會（如公司之股東會），此為僅社團方具有之法人機關（詳後述）；(3)監察機關，即監察人，例如一般之公司即設有監察人。

（一）法人之代表機關與執行機關──董事

董事為法人必備之代表機關及執行機關。故「法人應設董事」（民27I）。若「法人董事全部不能行使職權，致法人有受損害之處時，法院得因利害關係人或檢察官之請求，得選任臨時管理人，代行董事之職權。但不得為不利於法人之行為」。可見法人無法缺少董事，而董事與法人間之關係，通說則認為適用民法之委任關係，故董事應依善良管理人之注意義務行使其職權。而董事之任免，在社團，須依章程之規定與總會之決議（民47、50II）；在財團，則應依捐助章程之規定，如無規定，法院得因利害關係人之聲請，為必要之處分（民62）。

至於董事之職權，則有：(1)事務執行權，惟若「董事有數人者，法人事務之執行，除章程另有規定外，取決於全體董事過半數之同意」；(2)代表權，「董事就法人一切事務，對外代表法人。董事有數人者，除章程另有規定外，各董事均得代表法人」（民27II）。雖然如此，法人也可以用章程或總會決議等方式，對董事之代表權加以限制，對於董事代表權所加之限制，不得對抗善意第三人（民27III），以保護交易之安全。不過，若對董事代表權之限制已經登記，則可推定第三人已知悉，故第三人若主張其為善意時，就須負舉證責任加以證明。

（二）法人之監察機關──監察人

監察人為法人之監察機關。根據民法第27條第4項，「法人得設監察人，監察法人事務之執行。監察人有數人者，除章程另有規定外，各監察人均得單獨行使監察權。」原則上，監察人與法人之關係，亦與董事相同，適用民法委任之規定，應負善良管理人之注意義務。且監察人之任免亦與董事相同（民47、50II、62參照）。

（三）法人之意思機關──總會

總會為社團之最高意思決定機關（民50I），除法律另有規定或章程另有訂定外，總會有決定社團一切事務之權力。而變更章程、任免董事及監察人、監督董事職務及監察人之執行，以及開除社員等重要事項，則必須經過總會決定，否則其決定即有瑕疵（民50II）。最為一般人所熟悉的社團總會，就是一

般股份有限公司之股東會。至於財團，由於係捐助人所捐助財產之集合，故並無總會之設置，其運作，一般係由董事所組成之董事會決議行之。

第五款　法人之監督

法人於依法成立後，依現行法之規定即應由主管機關負起監督之責任。而若依其監督之事項區分，則可以分為行政監督與司法監督二種。

（一）行政監督

「受設立許可之法人，其業務屬於主管機關監督」（民32前段），而為監督之目的，「主管機關得檢查其財產狀況及其有無違反許可條件與其他法律之規定」（民32後段）。由於民法僅規定主管機關對「受設立許可」之法人有監督權，故原則上主管機關行政監督之權限僅及於財團及以公益為目的之社團。

若法人不服主管機關之監督時，「受設立許可法人之董事或監察人，不遵主管機關監督之命令，或妨礙其檢查者，得處以五千元以下之罰鍰」（民33）。原則上，此項罰鍰為行政罰之一種，故依行政執行法處罰後，若仍不遵命令或妨礙檢查之行為者，得再予處罰（院1207參照）。不過事實上行政機關並無執行力，不能逕送強制執行，且目前行政機關亦未依此規定加以處罰，故本條規定之實際效力有限。不過，「董事或監察人違反法令或章程，足以危害公益或法人之利益者，主管機關得請求法院解除其職務，並為其他必要之處置」（民33II）。至於財團法人之董事若有違反捐助章程之行為時，主管機關則可聲請法院宣告其行為無效（民64參照）。

（二）司法監督

除業務監督外，法院還可對法人之各種登記事項、法人之營運、執行業務之董事與法人之清算等事項加以監督。而在其中，則以法院對法人之清算監督最為重要。根據民法第42條第1項，「法人之清算，屬於法院監督。法院得隨時為監督上必要之檢查及處分」。原則上法院監督之命令，應以裁定方式為之（非訟36），而因該裁定權利受侵害者，則可向法院聲明不服（非訟41）。

此外，「法人經主管機關撤銷許可或命令解散者，主管機關應同時通知法院。法人經依章程規定或總會決議解散者，董事應於十五日內報告法院」（民

42II、III）。可見法院對於法人清算時監督範圍之廣泛。對於清算人不遵法院監督命令，或妨礙檢查，或是董事未於15日內向法院報告解散之決議，法院並得處清算人或董事5,000元以下之罰鍰（民43參照）。此種罰鍰亦屬行政罰性質。若清算人經法院處以罰鍰後，仍不遵從者，法院認為有必要時，並得解除其任務（民39）。

第六款　法人人格之消滅——解散清算

法人人格始於設立登記完畢，終於解散清算終結。故解散清算實用與法人人格之消滅攸關，亦為法人人格消滅必經之兩個階段。所謂解散，乃為清算之前奏，也就是法人因解散原因發生，致不能繼續存續時，停止其活動以解決現務，故解散僅為清算之開始。必須要到清算終結，法人之人格才正式消滅，民法第40條第2項亦特別規定，「法人至清算終結止，在清算之必要範圍內，視為存續」，由於其法人人格尚未消滅，故法律上稱此種處於清算階段之法人為清算中法人。

一、法人解散原因

法人解散之原因可以分為社團與財團共通之解散原因與社團及財團特殊的解散原因，以下即分述之。

（一）社團與財團共通之解散原因

1.章程所定解散事由發生

若法人之章程或捐助章程訂有解散事由（民48I、61I），而此種解散事由一旦成就，則法人即會因而解散。例如章程所定之法人存續期間屆滿即是。

2.撤銷許可

「法人違反設立許可之條件者，主管機關得撤銷其許可」（民34）並同時通知法院（民42II）。是故法人之設立許可一旦遭撤銷，即無法繼續存續，故為法人當然解散之原因之一。惟若撤銷許可之處分確定後，法人董事並不履行清算及為解散之登記時，法院即可因該主管機關之請求，依其監督之權責，命為解散登記，並進行清算（47台抗133）。

3.宣告破產

「法人之財產不能清償債務時，董事應即向法院聲請破產」（民35I）。由於董事對於公司狀況最為知悉，故民法乃課以董事聲請破產之義務，若法人之財產已無法清償債務而董事仍不為破產之聲請，而致法人之債權人受損害時，有過失之董事，應負賠償責任，其有二人以上時，應連帶負責（民35II）。

4.宣告解散

法人於設立登記後，若「法人之目的或其行為，有違反法律、公共秩序或善良風俗者，法院得因主管機關、檢察官或利害關係人之請求，宣告解散」（民36）。一經宣告解散，該法人即進入清算程序。

（二）社團法人所特有之解散原因

1.總會決議

社團，得隨時以全體社員三分之二以上之可決，解散之（民57），故社員得以三分之二多數決解散社團法人。

2.目的事業無法成就

社團之事務，無從依章程所定進行時，法院得因主管機關、檢察官或利害關係人之聲請解散之（民58）。

（三）財團法人所特有之解散原因

由於捐助人成立財團，均有其特殊之目的，故除共通之解散原因外，財團亦會「因情事變更，致財團之目的不能達到時，主管機關得斟酌捐助人之意，變更其目的及其必要之組織，或解散之」（民65）。此時，主管機關並應通知法院（民42II）。

二、法人之清算

清算，乃係結束法人現存之一切法律關係所進行之必要程序，為法人人格消滅的最後步驟。雖然法人於清算中其人格仍然繼續存續（民40II），不過卻必須另設清算人代替董事，以執行清算程序，了結現務。至於清算之程序，由於民法第41條明文規定，「清算之程序，除本通則有規定外，準用股份有限公

司清算之規定。」因此，即可直接準用公司法第322條至第356條之規定辦理。不過，若法人負債大於資產而宣告破產時，即應依破產法之破產程序處理，故得依清算程序進行者，乃以法人資產仍大於負債為前提。

（一）清算人之選任與解任

所謂清算人，就是指於法人清算程序中，取代董事以執行清算事務，並代表法人之機關。由於其於清算程序中代表法人，為法人之代表機關，故其與法人之關係，亦依委任之規定，須盡善良管理人之注意義務。至於清算人選任之方法，則有下列三種：

1.依法律規定

亦稱為法定清算人。原則上，法人解散後，其財產之清算，由董事為之（民37前段）。故董事乃為法人之法定清算人，於法人解散時當然就任（公322參照）。

2.由法人選任

法人解散後，若其章程有特別規定，或總會另有決議，亦可選任非董事為清算人（民37但），又稱為選任清算人。

3.由法院指定

若法人無法依法或依選任方式定其清算人時，法院得因主管機關、檢察官或利害關係人之聲請，或依職權，選任清算人。

不論清算人產生之方式為何，若清算人有不能勝任，或違反法令等情事，只要法院認為有必要，即可解除清算人之任務（民39），並指定繼任之清算人（民38）。

（二）清算人之職務

根據民法第40條第1項，清算人之職務如下：

1.了結現務

亦即結束法人已著手，但尚未完成之事務。由於清算人僅有了結現務之權，故不得另行展開新事務。

2.收取債權、清償債務

即對已屆期之債權請求債務人清償；對已屆期之債務，向債權人為清償或為期前清償。

3.移交剩餘財產於應得者

　　根據民法第44條，法人解散後，除法律另有規定外，於清償債務後，其剩餘財產之歸屬，應依其章程之規定，或總會之決議。但以公益為目的之法人解散時，其剩餘財產不得歸屬於自然人或以營利為目的之團體。如無法律或章程之規定或總會之決議時，其剩餘財產歸屬於法人住所所在地之地方自治團體（民44II）。

4.聲請破產

　　根據民法第41條準用公司法清算之規定，法人之財產不足清償其債務時，清算人應即聲請宣告破產，並於將其事務移交於破產管理人時，為其職務終了之時。若清算人未立即聲請宣告破產，法院得處清算人2萬元以上10萬元以下之罰鍰（公司334準用公司89）。

第三項　社　團

　　社團，乃係以人（社員）為成立基礎的社會團體，並可分為以營利為目的之社團與以公益為目的之社團。前者取得法人之資格，應依特別法（如公司法）之規定（民45）；而後者，於設立登記前，則應取得主管機關之許可（民46）。不過，社團與財團最大之不同，則在於其具有一個意思決定機關（總會）與社員。

第一款　社　員

（一）社員資格之取得與喪失

　　社員乃社團之組成份子，不論自然人或法人均得成為社團之社員。不過社員資格之取得方式亦因其加入之時期而有不同。若係社團之設立人，則於社團成立後當然取得社員之資格；若非設立人，則須於社團設立登記後，再依章程之規定加入，方可取得社員之資格（民47⑥）。

　　除取得社員資格須依章程之規定外，社員資格之喪失，亦應於章程中規定。而社員資格之喪失，除因死亡而當然喪失外，尚會因開除及退社而喪失。所謂開除，乃為社團主動脫離與社員關係之行為，由於開除影響社員權益甚鉅，故應經總會決議，並須有正當之理由（民50II④）。至於退社，則是社員

主動脫離與社團關係之行為。一般而言，民法採「社員退社自由原則」。也就是說，「社員得隨時退社。但章程限定於事務年度終，或經過預告期間後，始准退社者，不在此限。前項預告期間，不得超過六個月」（民54）。

（二）社員之權利與義務

凡社團之社員，均依其身分享有社員權，故社員權乃為身分權之一種。就法律而言，社員權可分為共益權與自益權二種。前者乃係社員參與社團事務之權利，例如出席權、表決權等；而後者、則是基於其社員之資格而享受利益分配之權利，例如公司股息股利之分配等。不過，由於公益社團並無財產上利益之分配，故公益社團之社員僅有共益權，而無自益權。由於社員權乃係基於其社員之資格所生，故「已退社或開除之社員，對於社團之財產，無請求權。但非公益法人，其章程另有規定者，不在此限」（民55I）。另一方面，社員退社也並不會因此而使其所應負之義務當然消滅，故民法也規定，已退社或被開除之社員，「對於其退社或開除以前應分擔之出資，仍負清償之義務」（民55II）。

第二款　社團之總會

一、總會之意義與類型

社團之總會，亦即社員總會，乃為全體社員所組織之社團最高意思決定機關。民法第50條第1項即規定，「社團，以總會為最高機關。」例如屬於營利社團法人性質之公司，就有股東會作為公司之最高意思決定機關。

在類型上，總會還可因其召集之時期不同而分為定期總會與臨時總會二種。前者，乃每年定期由董事召集之總會，一般常見者為各公司之股東常會。後者，則為社團認為有必要時，得隨時召集之總會，常見者為公司之股東臨時會。

二、總會之召集

總會，由於並非社團之常設機關，故應由有召集權之人依法召集，方得開議。原則上，總會由董事召集之（民51I）。故總會之召集，乃為有召集權人

（董事）向社員發出開會通知之行爲。此項通知，除章程另有規定外，應於30日前對各社員發出，並應於通知內載明會議目的事項（民51IV）。不過，此項通知只要於開會前30日發出即符合形式要件，縱然未爲全體社員所接悉，亦不影響其召集之合法性。

除董事可召集之外，爲防止董事不履行其召集總會之職權與義務，民法第51條還特別賦予監察人與少數社員召集總會之權。是故，雖然總會由董事召集之，每年至少召集一次。但若董事應召集而不爲召集時，監察人得召集之（民51I後段）。此外，「如有全體社員十分之一以上之請求，表明會議目的及召集理由，請求召集時，董事應召集之。董事受前項之請求後，一個月內不爲召集者，得由請求之社員，經法院之許可召集之」（民51II、III）。

三、總會之權限

由於總會爲社團之最高機關（民50I），故除法律或章程另有規定外，總會對社團之一切事務均有議決之權。民法第50條第2項並針對下列影響社團較爲重大之事項，明文規定應經總會之決議，方始生效：(一)變更章程；(二)任免董事及監察人；(三)監督董事及監察人職務之執行；(四)開除社員（但以有正當理由時爲限）。除此之外，社團亦得以變更章程之方式賦予總會對某些事項之議決權。不過，由於總會僅爲意思決定機關，故其決議之執行，仍須由執行機關（董事）加以執行。

四、總會之決議

總會之決議，乃係社員透過表決之方式行使其表決權，並依決議程序，決定社團意思之共同行爲。故總會之決議，亦與社員之表決權、決議方式與決議效力等問題攸關。

（一）社員之表決權

社員表決權乃社員之共益權之一，我國民法上原則採表決權平等原則，故「社員有平等之表決權」（民52II）。至於表決權行使之方法，則以社員親自行使爲原則，授權他人行使爲例外，亦即「社員表決權之行使，除章程另有限

制外，得以書面授權他人代理爲之。但一人僅得代理社員一人」（民52III）。此授權之書面一般稱之爲委託書。例如公司法就規定股東（社員）可以出具公司印發之委託書，載明授權範圍，委託代理人出席股東會（公司177）。不過值得注意的是，社員之表決權雖可委託他人行使，但是卻不得轉讓或預先拋棄，以免妨礙總會之召集與決議。此外，若社員對總會決議事項有自身利害關係而有損害社團利益之虞者，民法亦採強制迴避之規定，要求該社員不但不得加入表決，也不得代理他人行使表決權（民52IV），若有違反，其表決權不予計算。

（二）總會決議之方法

　　總會決議可因爲其決議事項對社團之影響程度而分爲普通決議與特別決議二種。

1.普通決議

　　也就是一般之過半數決議，通常是針對一般性事務爲之，故「總會決議，除本法有特別規定外，以出席社員過半數決之」（民52I）。

2.特別決議

　　可根據其決議事項之重要性而分爲輕度特別決議與重度特別決議。(1)輕度特別決議原則上應經出席社員三分之二以上之同意，例如解散社團（民57）；至於(2)重度特別決議，則應有出席社員四分之三以上之同意方可決議，例如社團變更章程之決議（民53I）。值得注意的是，除以重度特別決議變更章程之外，社團亦可以全體社員三分之二以上書面同意，而以不召集總會之方式變更章程。至於受設立許可之社團變更章程時，並應得主管機關之許可（民53II）。

（三）總會決議之效力

　　總會召集程序或決議方法若未違反法令章程之規定，則一經決議，即成爲社團之意思，由執行機關（董事）負責執行，並有拘束全體社員之效力。不過，若總會召集程序違反法令或章程（例如未於開會前30日通知社員），或是決議方法違反法令或章程（例如應經特別決議，但卻只有過半數之同意），甚至總會決議之內容違反法令或章程（例如公益社團決議將社團財產分配與社員），就會發生總會決議效力問題之爭議。

　　根據現行法之規定，若決議之實質內容違反法令章程，其決議當然自始無效；但若只是決議之程序事項違反法令章程，則該決議只是得撤銷，但在該決議被撤銷以前，該決議仍然有效。故民法第56條即明文規定：「總會之召集程序或決議方法，違反法令或章程時，社員得於決議後三個月內請求法院撤銷其決議。但出席社員，對召集程序或決議方法，未當場表示異議者，不在此限。總會決議之內容違反法令或章程者，無效。」類似之規定，亦可參見公司法第189條與第191條有關股東會決議無效與決議得撤銷之規定。最高法院則更進一步認為，依公司法第189條規定訴請法院撤銷股東會決議之股東，應受民法第56條第1項之限制，故出席而對股東會召集程序或決議方法原無異議之股東，事後就不得主張召集程序或決議方法為違反法令或章程，而訴請法院撤銷該決議（73台上595）。

第四項　財　團

　　財團乃因為特定與繼續之目的，由財產集合而成之法人。由於財團是以捐助財產為基礎所成立之社會組織，故若要設立財團，則必須要有捐助人（設立人）以公益為目的，訂立捐助章程並捐助一定之財產，並於取得主管機關之許可後，辦理設立登記。於設立登記完畢後，方取得財團法人之人格。

　　由於財團法人係以捐助財產為組織基礎而成立之法人，與社團法人係以社員為組織之基礎，設有社員總會為其意思機關者不同。財團法人之目的，應由捐助章程訂定，除設董事為其執行機關，監察人為監察機關外，別無社員總會之設置，如財團董事有違反捐助章程之行為時，主管機關、檢察官或利害關係人得依民法第64條規定，聲請法院宣告其行為為無效。若捐助章程訂定以社員總會為財團法人之意思機關者，與財團法人之性質有違，為法所不許（80台抗365）。

　　不過財團為他律法人，又無總會之組織，捐助人於財團成立後，亦因財團已取得獨立之人格，無權變更其章程，反而可能會因社會變遷，而使財團設立目的無法完成。故為維持財團之繼續存在，民法也特別對財團有特別之規範。例如，「為維持財團之目的或保存其財產，法院得因捐助人、董事、主管機關、檢察官或利害關係人之聲請，變更其組織」（民63），此外，若「因情事變更，致財團之目的不能達到時，主管機關得斟酌捐助人之意思，變更其目的

及其必要之組織，或解散之」（民65）。

另一方面，爲保護財團法人之執行機關能遵循其設立目的，法院也可對董事之行爲加以監督。故「財團董事，有違反捐助章程之行爲時，法院得因主管機關、檢察官或利害關係人之聲請，宣告其行爲爲無效」（民64）。

由於民法對於財團之規範僅有少數條文，再加上財團具有獨立之人格與特殊之節稅功能，不但政府機關成立許多財團法人，就連政治人物或企業界也紛紛設立，使得財團法人成爲許多企業之最愛。不過，財團法人之不斷成長也形成主管機關監督上盲點，反而模糊了民法有關財團法人之設立目的。

第五項　外國法人

外國法人乃係依外國法律成立之法人。原則上，「外國法人，除依法律規定外，不認許其成立」（民總施11），可見外國法人非經認許，尚無法成爲我國法上之法人。

至於所謂之「認許」，乃係承認外國法人在我國亦爲法人之程序。原則上外國法人非在其本國已經設立登記者，即無法在我國申請認許（公司371 I 參照）。對於外國法人，我國採取一般認許主義，亦即凡依我國法律已符合法人要件者，皆可予以認許。不過，由於司法實務上認爲，「在中國未設事務所之外國法人，自難認許爲法人」（院1471），故外國法人經認許成立者，尚應於我國設置事務所，並辦理設立登記後，方能在我國主張其已具有我國法上之人格。至於有關認許之詳細規定，可參見公司法第七章第370條以下有關外國公司認許之規定。

外國法人一旦經認許，「於法令限制內，與同種類之我國法人，有同一之權利能力」（民總施12）。不過，不只是其權利能力，其行爲能力與侵權行爲能力亦應作相同之解釋，以維護交易之安全。此外，同條第2項亦規定，「前項外國法人，其服從我國法律之義務，與我國法人同」。因此，經認許之外國法人原則上乃與我國法人享受相同之權利，但亦負擔相同之義務（例如納稅）。不過，若外國法人之目的或行爲，有違反法律、公共秩序或善良風俗者（如販賣人口、毒品），法院得因主管機關、檢察官或利害關係人之請求，撤銷其登記，並封閉其事務所（民總施14）。

外國法人若未經我國認許成立，並爲事務所之設立登記前，尚無法取得我

國法人之資格，亦無權利能力、行為能力。不過，由於現今內外國交往頻繁，我國人亦不可避免的會與此種未經認許之外國法人為法律行為（例如買賣）。為保護相對人，民法亦於民法總則施行法第15條明文規定，「未經認許其成立之外國法人，以其名義與他人為法律行為者，其行為人就該法律行為，應與該外國法人負連帶責任。」此處所稱之行為人，乃係以該外國法人名義與我國人為法律行為之人。由於本條之規定屬法定連帶之一種，故相對人可依民法連帶債務之規定向該未經認許之外國法人及該行為人主張之（民272以下）。

第三章　權利之客體──物

　　於一般法律關係中，若要釐清法律關係，就首先必須釐清權利義務之主體與其客體（又稱爲「標的」），方可進一步探討法律關係之內容。而就權利之主體而言，僅有自然人與法人，故較爲單純。但就權利之客體而言，則因權利之不同而有別，例如人格權、債權、物權與無體財產權之客體即有不同，但因物除可作爲物權之客體之外，還與債權及其他財產權關係密切，故民法乃特別於總則中加以規定。不過由於物之範圍廣泛，民法乃採瑞士立法例，僅於總則中僅就動產、不動產、主物、從物以及物之孳息加以規定，以明示物之意義與範圍。

第一節　物之意義

　　物，根據國內學者通說，乃是人體之外，而爲人力所能支配，並能滿足人類社會生活需要之有體物與自然力。依此定義，作爲權利義務標的之「物」，即有下述之特徵：

（一）人體非物

　　由於人爲權利義務之主體，爲人格所附麗，故人體不屬於法律所稱之物。此之所謂人體，不但包括大自然所賦予人類之身體，還包括人造之各種代替器官或組織，例如義肢、義眼、人工關節等已與人體結合而不能自然分離之部分。此外，雖然人體之一部分在未與人體分離前，並非民法所稱之物，但若一旦與人體分離，則仍然可以成爲一般之物，例如人體自然脫落之頭髮，或是以不違反公序良俗方法（如捐血、手術、理髮）而與人體分離之血液、頭髮、捐贈之器官等，而可以作爲贈與或處分之標的。至於屍體，通說則認爲係由繼承人公同共有之物，但是公同共有人卻僅得爲保存、祭祀及埋葬等行爲，而不得作爲其他處分行爲之標的。相反的，若死者生前基於個人自由意思所爲之處分其遺骸的意思表示，例如所爲之捐贈器官或供醫學解剖等契約或遺囑，由於並不違反公序良俗，故仍然有效。

（二）須為人力所能支配

　　由於物爲權利之客體，故必須以人類所得支配爲前提，方可成爲特定人得以享受之特定利益，以發揮物之功能，滿足人類生活之需要。若人類所無法支配之物，例如天上之日月星辰，或是人類尚無法以科技支配之閃電雷擊等自然界力量，僅爲物理學上之物，尚非法律上所稱之物。

（三）須滿足人類生活需要

　　物雖能爲人力所能支配，但若無獨立存在之價值，並滿足人類生活之需要，則仍無任何法律上之價值，當然無法稱之爲法律上之物。例如，尚未成熟之米穀、尚未分離之果實或是建築物之磚瓦等，雖爲一般所稱之物，但是卻僅爲物之構成部分，尚無法獨立存在以滿足人類生活需要，仍非法律上之物。

（四）物包括有體物與天然力

　　凡是能占有一定空間並具有實體之物，不論其形狀、大小，亦不論其爲固體、氣體或液體，均爲有體物。另一方面，凡人類感官機能所能知覺之自然界作用，例如聲、光、熱等自然力，若能滿足人類生活之需，具有一定之經濟上價值，亦可成爲法律上之物。不過，由於物爲權利之客體、故權利並非物。縱使如專利權、商標權、著作權等無體財產權，也非法律上所稱之物。

第二節　物之種類

第一款　學理上之分類

　　物有學理上之分類與法律上之分類。若依民法之分類，物可分爲：(1)動產與不動產；(2)主物與從物；(3)原物與孳息等三大類。但是學理上之分類則有下列數種：

（一）代替物與不代替物

　　若得以同一種類、數量、品質之物代替給付者，稱爲代替物，例如米、麵、油等，其性質上屬於民法第200條所稱之種類之債，亦爲消費借貸之標

的。反之，若無法相互替代之物，例如土地房屋、古董字畫等，則為不代替物，而為使用借貸之標的。

（二）特定物與不特定物

特定物乃當事人具體指定之物，例如買受人指定要買之某件物品。原則上種類之債必須先經特定之程序變成特定物，才能給付。為此民法第200條第2項特別規定了特定之原則。相對的，不特定物乃係以種類、品質或數量抽象指定之物。例如甲向乙表示贈車乙輛或贈屋乙間。由於並未具體指定，故性質上屬種類之債，應先特定方可有效給付。

（三）可分物與不可分物

凡物之價值或物之性質不會因分割而變更者，稱之為可分物，例如土地、米麵等，可為債編可分之債（民271）之標的；反之，則稱為不可分物，例如房屋、各種有生命之牛、羊等，其則可作為債編不可分之債（民292）之標的。

（四）融通物與不融通物

融通物乃可為私法上交易客體之物。相對的，基於公益或其他目的而禁止為交易客體之物，則稱之為不融通物。其尚可包括三種不同之類型：1.供公共目的使用之公有物，如政府機關之辦公廳舍；2.供公眾使用之公用物，如公園道路橋樑等；3.法令禁止為交易客體之違禁物，如毒品、槍械等。一般而言，物以融通物為原則，以不融通物為例外。

（五）消費物與非消費物

凡一經使用即歸於消滅之物，稱之為消費物，如一般之米、麵等食品，為消費借貸之標的物，他人可以同一種類、品質、數量之物返還之。相反的，若經使用仍不會消滅之物則稱為非消費物，例如房屋、車子等，為使用借貸之標的物。

（六）單一物、合成物與集合物

單一物係獨立存在之物，如馬、牛、羊等。合成物則是由多數單一物所結

合而成之物，如房屋、車輛。至於集合物，則爲多數單一物或合成物集合而成之物，例如圖書館、商店等。

第二款　法律上之分類

一、不動產與動產

　　動產與不動產之區別，於權利（尤其是物權）之得喪變更關係密切，例如不動產物權之變動採登記主義，非經登記不生效力（民758），而動產物權之讓與則採交付主義（民761），一經交付，即生效力。此外，動產與不動產之取得時效亦有不同（民768、768-1、769、770）、權利之類型不同（如質權與留置權以動產爲標的，而其他如抵押權、地上權等權利則以不動產爲標的）。故民法乃特別加以定義區分。

（一）不動產

　　「稱不動產，謂土地及其定著物」（民66I）。所謂土地則指人力所能支配之地面及其一定範圍內之上空與地下（民773參照）。至於定著物，則指非土地之構成部分，而固定並附著於土地之物。也就是，非土地之構成部分，卻繼續附著於土地，而達一定經濟上目的，不易移動其所在之物而言。例如房屋（包括違章建築）及各種建築物，如紀念碑、通訊設施。至於臨時裝設者，如樣品屋、工寮、野臺戲棚等，則因爲並未附著於土地，故向非定著物。相反的，例如像排水溝、水井、堤防、道路等，則因爲與土地密切不可分離，故應視爲土地之一部分，而非定著物。此外，煤礦公司所敷設以人力獸力推動之臺車輕便軌道，除臨時敷設者外，凡繼續附著於土地而達其一定經濟上目的者，應認爲不動產（釋93）。至於屋頂尚未完全完工之房屋，其已足避風雨，而可達經濟上使用之目的者，亦屬土地之定著物（最高法院63年第6次民庭決議）。故縱有改建等情事，亦不因此而失其定著物之性質。

　　除此之外，「不動產之出產物，尚未分離者，爲該不動產之部分」。因此，於土地上種植之花草樹木等，在與土地分離以前，仍僅爲土地之構成部分，不能單獨成爲物權之客體（29渝上1678參照），其所有權仍屬於土地所有人。故向土地所有人購買未與土地分離之樹木，僅對出賣人有砍伐樹木之權利，在未砍伐前並未取得該樹木之所有權，即不得對於更自出賣人或其繼承人

購買該樹木而砍取之第三人，主張該樹木為其所有（32上6232）。若未經同意擅自在他人土地上種植果蔬等作物，該出產物仍為土地所有權人所有（31上952參照），故實際種植人加以採收，反而會構成侵權行為。若得土地所有權人同意於其土地上栽種作物者，例如承租人、地上權人等，則有採收權。

（二）動　產

民法第67條規定，「稱動產者，為前條所稱不動產以外之物。」故在我民法上，凡是不動產以外之物，就是動產，例如車輛、機械設備及一般之日常生活之交易標的等都是。為與不動產區別，民法對於動產物權則有與不動產不同之公示方法（民761，動擔5）。此外，並特別立有「動產擔保交易法」，以規範動產之擔保融資功能，對企業界有直接之影響。

二、主物與從物

民法第68條第1項規定，「非主物之成分，常助主物之效用，而同屬於一人者，為從物。但交易上有特別習慣者，依其習慣。」因此，所謂從物乃附隨於主物而存在之物。其之所以稱為從物，乃因該物雖非主物之成分，但卻能常助主物之效用，且與主物同屬於一人。此外，若交易上有特別習慣，並不將其視為從物者，則仍應依其習慣，視為獨立之物，不得視為從物。故判斷從物之要件有四：(一)從物非主物之成分。主物與從物為兩個不同之物，如書本與書套；(二)從物須常助主物之效用。如鎖與鑰匙；(三)從物須與主物同屬一人；(四)須交易上無特別之習慣。例如許多汽車維修商品如雨刷、機油、車胎等往往單獨包裝販賣，即非從物。

至於所謂「常助主物之效用」之意義，則應以有輔助主物之經濟目的，與之相依為用，客觀上具有恆久之功能性關聯，而居於從屬關係者，始足當之。若僅具有暫時輔助他物之經濟目的，或縱與之分離亦不致喪失他物之利用價值或減損其經濟效用者，均難認為係該物之從物（81台上72）。由於從物之得喪變更，原則上應視主物之存在與否，若主物被處分，則其效力當然及於從物（民68II）；相反的，對從物之處分並不當然及於主物。因此，由於主物與從物之區分攸關權利，故民法乃特別加以區分。

三、原物與孳息

原物，乃產生孳息之物，例如本金或生蛋之母雞；而孳息，則是由原物所生之收益，例如利息與蛋。故民法上所稱之孳息，可以分為天然孳息與法定孳息兩種。

（一）天然孳息

係依物之有機的或物理的作用，由原物直接產生之收穫物，故民法特別將天然孳息定義為「謂果實、動物之產物及其他依物之用法所收穫之出產物」（民69I）。於此，所謂物之用法，則包括土地之耕作、礦山之採礦等。而所謂之出產物，乃指由原物自然生產之物，如果實、動物之產物、礦山所產之礦石等。

至於有關孳息之歸屬，民法70條第1項規定，「有收取天然孳息權利之人，其權利存續期間內，取得與原物分離之孳息。」因此，有收取天然孳息權利之人，包括所有人（民766）、承租人（民421I）、父母對子女之特有財產（民1088II）等，於其權利存續期間內，就可依其權利收取與原物分離之自然孳息。不過，若無收取之權利，雖然與原物分離之孳息為其所培養，亦不能收取（29渝上403）。例如甲在乙方土地內種植蔬果，其出產物仍屬於乙所有，故只有乙以所有權人之地位方可收取其天然孳息（31上952）。

（二）法定孳息

係經由原本之使用，而應受之金錢或其他之對價。為與天然孳息相區別，民法則稱法定孳息為「謂利息、租金及其他因法律關係所得之收益」（民69II）。法定孳息之產生，包括因一切之法律關係，例如因契約（租賃、使用借貸）、單獨行為（遺贈、贈與）或法律規定（如遲延利息）而生之收益在內。由於法定孳息係他人使用原本之對價，故若係自己使用原本所得之收益，例如股東之紅利，則非法定孳息。

而有關法定孳息之歸屬，民法第70條第2項則規定，「有收取法定孳息權利之人，按其權利存續期間內之日數，取得其孳息。」如租賃物之出租人，或是消費借貸之借款人，就有權依其權利存在之日數，收取其法定孳息。例如甲將其所有之屋出租予乙，租期2年，但1年後，甲將該屋出售與丙，根據「買賣

不破租賃」原則（民425），乙仍可繼續居住，但此時，甲僅有權收取第一年之租金，而第二年之租金則應由丙收取。而在土地出租之場合，土地所有人僅有權收取法定孳息，而土地之承租人則為有收取天然孳息權利之人，在租賃關係存續（亦即為其權利存續期間）中，可取得與土地分離之孳息（48台上1086）。故因法律關係之不同，收取天然孳息與法定孳息之權利人即會有所不同。

第四章　法律行爲

　　於社會生活中，個人之權利義務往往會因一定之事實而發生得喪變更。這些事實（又稱爲社會事實），包括行爲（如買賣）或是與行爲無關之事實（如出生或死亡）。而這些事實，可因行爲人之所欲而發生法律上之效力，亦有不問是否爲行爲人所欲，而發生法律上之效力等不同之類型。惟不論何種事實，由於其可發生法律上效力，而與權利之得喪變更攸關，故民法採多數立法例，特別以專章就法律行爲加以規範。另一方面，由於法律行爲是民法之基礎，攸關所有民事關係，故民法特別於總則中加以規定。

第一節　法律行爲之通則

第一項　法律行爲之意義

　　一般而言，法律行爲之所以能發生法律上之效力，則係基於私法自治與契約自由之原則。所謂之私法自治，就是在法令限制範圍內，個人得自由依其意思表示形成或創設其個人私法上之權利義務。而在契約自由而言，則是當事人在締結契約之時，不但有是否締約之自由，也對當事人、契約內容、締約方式等，有自由決定之權。透過私法自治與契約自由兩原則，法律行爲乃有其特殊之意義。

　　所謂法律行爲，乃以意思表示爲要素，因意思表示而發生一定私法上效果之法律事實。故法律行爲乃爲法律事實之一。一般而言，必然先有法律所保護之法律事實存在，方可能有法律效果之發生。故欲了解法律行爲，首先應了解法律事實爲何？

　　法律事實，就是能夠發生法律上效果的社會事實，其內涵可圖示如下。在分類上，可分爲二種，一爲行爲，亦即人類有意識的身體動作（包括作爲與不作爲），另一則爲行爲以外之事實，包括自然事件（如人之生死、果實成熟）與自然狀態（如成年）。而在行爲中，又可分爲適法行爲與違法行爲二類。

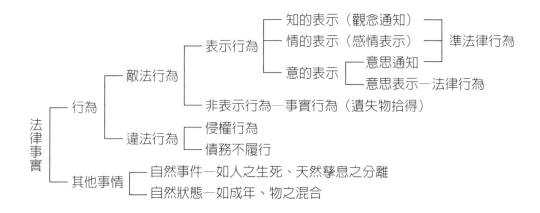

所謂「適法行為」，乃合於法律規定，並受法律保護之行為。其又可分為表示行為與非表示行為（又稱為事實行為）。而表示行為，乃行為人將其內部的心理狀態表現於外部，並因而發生法律上之效果之行為。在學理上，又可因行為人內部心理狀態，而分為知的表示（觀念通知、事實通知）、情的表示（感情表示）與意的表示三種。其詳細類型，則可分述如下：

一、知的表示

又稱為「觀念通知」或「事實通知」。乃行為人將過去、現在或未來之事實，依行為人之觀念或認識表達於外部，而因法律之規定而發生一定法律效果之行為。例如社員總會召集之通知（民51IV）、承諾遲到之通知（民159）、債權讓與之通知（民297）。

二、情的表示

又稱為感情表示。亦即行為人將其內部之感情表達於外部之行為。一旦為此表示，就當然可依法發生一定之法律效果。例如夫妻一方對於他方與人通姦或重婚行為之宥恕（民1053）即是。只要一方將其宥恕之內部感情表現於外，無論其有無放棄離婚請求權之意思，就當然依法發生喪失離婚請求權之效果。

三、意的表示

亦即行為人將其內部之意思表現於外部之行為。此等行為又可因發生法律效果原因之不同，而可分為(一)意思通知；與(二)意思表示。

（一）意思通知

乃行為人將其意思表示於外部，法律不問行為人內心之效果意思為何，就逕依法律規定賦予其一定之法律效果。例如催告（民80）就是一例。故意思通知之所以發生法律效果，不在於行為人之意思，而在於法律之規定。由於其並非法律行為，僅得「準用」法律行為之規定，放在學理上，意思通知又與觀念通知（事實通知）及感情表示合稱為「準法律行為」，以有別於屬於法律行為的意思表示。

（二）意思表示

亦稱狹義之法律行為，乃為行為人將其內心所欲發生一定法律上效果之意思（效果意思）表示於外部之行為。在無悖於法律規定與精神之情況下，法律乃根據行為人之意思而賦予其所欲發生之法律效果。例如一般契約成立要件之要約與承諾即是。是故，意思表示之所以發生法律上之效果，乃係基於表意人內心之希望。

至於非表示行為（又稱為事實行為）則與行為人內部心理狀態無關，亦即縱使行為人並未將其心理狀態表達於外部，但法律仍以明文規定其法律效果。例如遺失物之拾得、無主物之先占等即是。縱使未年滿7歲之無行為能力人尚無法為有效之法律行為，但仍可為有效之事實行為，例如拾得他人遺失之錢財，即可請求十分之三的報酬（民805）[1]。

而行為的另一種態樣，則為「違法行為」，就是指違反法律規定，應受法律制裁之行為。民事上之違法行為包括1.侵權行為，亦即因故意過失，不法侵害他人權利之行為（民184）；以及2.債務不履行，亦即債務人違反債之本旨，而不履行債務之行為（民220以下）。

---

[1] 民國101年5月29日修正之民法第805條第2項將拾得人得請求之報酬上限修正為「其物財產上價值十分之一」，並增訂「有受領權人依前項規定給付報酬顯失公平者，得請求法院減少或免除其報酬」之規定。

第二項　法律行為之類型

　　法律行為乃係以欲發生一定私法上效果，而以意思表示為要素之一種法律事實。但因為社會生活中所涉及之法律行為眾多，因此，法律行為亦可因不同之標準而有不同之類型。

一、依法律效果之不同可分為財產行為與身分行為

（一）財產行為

　　乃指能發生財產法上法律效果之行為，例如買賣、租賃、承攬、保證等行為。其又可區分為：

1.債權行為

　　亦指能發生債權債務效果之法律行為，如買賣、承攬。此等行為不會立即使權利發生得喪變動之法效，僅可使債權人取得請求債務人為一定行為之權（請求權），而債務人則負有為一定行為之義務，否則就會構成債務不履行。故債權行為又稱為負擔行為。例如甲同意售乙鋼筆一支，乙並未立刻取得該鋼筆之所有權，僅取得請求甲移轉交付該鋼筆所有權之請求權，而甲則負擔移轉該鋼筆所有權與乙之義務，相對的，乙則負支付價金之義務。

2.物權行為

　　指能產生物權變動法效之行為，亦即行為人之行為能對物權造成發生、變更、消滅等法律效果之行為，例如移轉不動產所有權、設定抵押權。

3.準物權行為

　　指可使物權以外之權利發生變更消滅之行為，例如對債權、無體財產權（智慧財產權）之讓與、債務之免除等即是。

　　由於物權行為與準物權行為均會造成權利得喪變更之法律效果，在法律上合稱為「處分行為」，是故民法第118條之無權處分，必須要以無處分權之人為物權行為或準物權行為方能符合其要件。

（二）身分行為

　　乃係可發生身分法上法律效果之行為。又可分為：1.親屬行為，如結婚、收養、監護等；以及2.繼承行為，如繼承之拋棄。

二、依是否須履行一定方式可分為要式行為與不要式行為

（一）要式行為

指法律行為之成立，除有意思表示之外，還須履行一定之方式方可有效成立之行為。其又可分為：1.法定要式行為：乃依法律規定必須履行一定要式，否則不生法律效力，如不動產物權之移轉或設定，應以書面方式為之（民758II）；結婚，應以書面為之，有二人以上證人之簽名，並應由雙方當事人向戶政機關為結婚之登記（民982）；2.約定要式行為。乃由當事人約定其履行所應踐行方式之行為。例如民法第166條即規定，「契約當事人約定契約須用一定方式者，在該方式未完成前，推定其契約不成立。」

（二）不要式行為

亦即法律行為之成立，不須履行一定之方式，只需要有當事人之意思表示，即可有效成立。原則上，法律行為除法律另有規定或契約另有約定外，以不要式為原則，要式為例外。

三、依所需之當事人意思可分為單獨行為、契約行為與共同行為

（一）單獨行為

又稱為「單方行為」，亦即只須有當事人一方之意思即可成立之法律行為，又可分為：1.有相對人之單獨行為，例如契約之解除、債務之免除，此種行為須於意思表示達到相對人方始生效；以及2.無相對人之單獨行為，只要意思一經表示即可生效，如動產之拋棄、遺囑等。

（二）契約行為

又稱為「雙方行為」，亦即因雙方當事人相互對立之意思表示而成立之行為，例如買賣、租賃等。

（三）共同行為

又稱為「合同行為」。此種行為須當事人多方平行的意思表示一致方可成

立，例如社團之設立、總會之決議等。

四、依是否須以物之交付為要件分為要物行為與諾成行為

（一）要物行為

指法律行為之成立，除意思表示外，還須現實的為物之交付，方始成立，故又稱為「現實行為」。例如寄託契約須以寄託物現貨之交付為成立要件（民589），消費借貸及使用借貸則須以物之交付為必要（民464、474）。

（二）諾成行為

亦即只須當事人意思表示合致，即可成立，不以物之交付為必要之行為。原則上，一般法律行為以諾成行為為主。要物行為則多由法律特別規定。

五、依是否以原因存在為必要而分為要因行為與不要因行為

（一）要因行為

又稱為「有因行為」，係指法律行為之效力受原因行為之影響，原因行為無效，法律行為亦隨之無效，例如一般的債權行為均屬要因行為。

（二）不要因行為

又稱為「無因行為」，亦即法律行為之效力並不受原因行為之影響，其原因行為縱因有瑕疵而無效、被撤銷或解除時，法律行為仍然有效。如物權行為、票據行為等均是。例如甲向乙買電視機一臺，開立10萬元支票一張付款。此時，買賣行為即為原因行為，而開立支票的票據行為則為不要因行為，縱使此買賣行為係因乙之詐欺、甲之錯誤等原因，而可撤銷或無效，但其票據行為仍然有效。故乙為避免甲主張其原因行為以為抗辯，可將甲所開立之支票以背書之方式移轉與丙，丙（持票人）仍可請求甲付款（票13），以保護票據之流通。

除此之外，法律行為還有其他許多不同之分類，例如依法律行為能否獨立存在，而可分為主行為與從行為（以主行為之存在為其有效要件之行為，如保證契約）；依法律行為能否完全發生效力，而可分為完全行為與不完全行為

（如無效、得撤銷與效力未定之法律行為）；依法律行為發生效力之時期而可分為生前行為與死後行為（如遺囑、遺贈）；以及依法律效力之不同而可分為處分行為（直接讓與標的之法律行為，如免除債務、讓與所有物）與負擔行為（如買賣等債權行為）。

第三項 法律行為之要件

法律行為之要件，即法律行為之成立與生效所必須具備之要件，其可分為成立要件與生效要件兩種。原則上，法律行為須具備成立要件後始可成立，並於具備生效要件後，才能發生法律上之效力。故若不具備成立要件，乃法律行為「不成立」，尚無「無效」可言，故當事人間不會因此而產生任何權利義務關係，任何一方都不得依此未成立之法律行為請求他方履行。

例如，要式行為通說為特別成立要件，因此在兩願離婚之情況（民1050），離婚之書面、二個以上證人簽名及向戶政機關登記等均為其成立要件，若不具備任一成立要件，則離婚尚未成立。同樣的，結婚則須要結婚之書面、二人以上證人簽名及向戶政機關登記等成立要件，若有一不具備，則婚姻亦無法成立。

一、法律行為之成立要件

法律行為之成立要件，乃法律行為成立時所不可或缺之要件，一般可分為一般成立要件與特別成立要件二大類。

（一）一般成立要件

係指一切法律行為所共通且必須具備之要件。法律行為之一般成立要件有三種：當事人、標的與意思表示。若欠缺任何一種，都無法使任何法律行為有效成立。就當事人而言，當事人須有行為能力、且其行為須非無權處分。若當事人為無行為能力人，則應經合法代理。標的則應確定、可能、適法、妥當。意思表示則須無瑕疵。例如甲向乙表示要贈與「一些」東西，乙雖欣然接受，但因贈與標的無從確定，故贈與契約無從成立。

（二）特別成立要件

指各別法律行為中，除了一般成立要件之外，依法律規定所必須具備的特殊成立要件，例如要式行為與要物行為均屬之。因此，除當事人、標的與意思表示之外，還須履行法定之方式（要式行為）或交付標的物（要物行為）。

二、法律行為之生效要件

法律行為成立後，並不會當然就發生法律效力，還須要視其是否具備生效要件方能發生法律效果。至於法律行為之生效要件，亦可分為一般生效要件與特別生效要件二種。

（一）一般生效要件

為各種法律行為所共通的生效要件。法律行為所須具備的一般生效要件亦包括當事人、標的與意思表示。通說認為，一般生效要件中，當事人須有行為能力，標的須適法、可能、確定、妥當，且意思表示須健全無瑕疵（詳後述）。

（二）特別生效要件

為使某種法律行為發生法律效力所應特別具備之要件。一般法律行為常以條件（民99）或期限（民102）作為法律行為之特別生效要件。例如遺囑即以行為人死亡作為遺囑生效之特別要件（請參見本書條件與期限之討論）。

第二節　法律行為之標的

第一項　有效法律行為標的之要件

法律行為之標的，亦即法律行為之內容，乃係當事人為該法律行為，所欲發生之法律效果。標的不但是法律行為之成立要件，更為法律行為之生效要件。但法律行為要發生效力，則該標的尚須適法、可能、確定、妥當。

（一）標的須適法

亦即法律行為之內容不得違反法律之強行禁止規定。民法第71條就明文規定，「法律行為，違反強制或禁止之規定無效。其規定並不以之為無效者，不在此限。」例如自由不得拋棄（民17I），就是屬於法律強制人民或命令人民為一定法律行為之規定，故縱使自願為奴，亦為法所不許。而民法第912條有關典權之規定則屬於但書之例外規定。至於訴訟上和解，雖然依民事訴訟法第380條第1項規定，與確定判決有同一之效力，惟此項和解亦屬法律行為之一，如其內容違反強制或禁止之規定，依民法第71條前段之規定仍屬無效（32上1098）。

（二）標的須確定

亦即法律行為成立時，其內容必須已經確定或可能確定。若行為之內容無法確定，該法律行為即因無法實現而無效。若其內容於行為時雖未確定，但卻有一定之標準可資依循，則仍屬可能確定，仍可有效。例如買賣約定價金依市價，即屬可得確定。又如有關標的物之品質若未約定，則可依第200條之規定給與中等品質之物，故亦屬仍可確定。

（三）標的須可能

即法律行為之內容須有實現之可能，若其內容無實現之可能，該法律行為即屬無效。至於是否可能，則應於法律行為成立時，依社會通念定之。不過，民法並未直接規定哪些情況為可能，僅規定哪些情況屬於客觀不能、主觀不能、自始不能與嗣後不能等不能之情況，凡無此等不能之情事就屬於可能。所謂自始不能，乃指法律行為成立時，標的即已不能，例如甲向乙買車，契約成立前該車已毀損滅失。嗣後不能，則指其不能之原因，係於法律行為成立後才發生，例如買車契約成立後，交車前，該車遭毀損滅失。而主觀不能，則是只因當事人個人之事由而不能，例如乙要賣給甲之車為丙所竊而無法交車，或不懂外文而無法翻譯。至於客觀不能，則為一般人均屬不能，例如乙之車已遭撞毀而無法交車，或是古書上所稱之挾泰山以超北海。原則上，標的之不能可以影響法律行為之效力者，僅有自始客觀不能（民246），也就是乙之車於買賣契約成立前就已毀損的情形，其契約才會無效。至於嗣後不能之情形，不論是

客觀或主觀不能，該法律行爲均仍然有效，僅債務人（乙）有可能須負債務不履行損害賠償責任（民225、226）。

（四）標的須妥當

妥當之法律行爲，即指不違背公共秩序善良風俗（簡稱爲公序良俗）之行爲以及非顯失公平之行爲。所謂公共秩序，乃指社會生活之一般要求；至於善良風俗，則指國民之一般道德觀念。二者均須依社會變遷與時代進步而認定，並無一定之標準。因此，民法第72條乃明文規定，「法律行爲有背於公共秩序善良風俗者，無效。」例如，男女雙方離婚時約定雙方均不得再婚之契約、以同居爲條件之贈與契約（65台上2436），均屬之。而夫妻間爲恐一方於日後或有虐待或侮辱他方情事，而預立離婚契約者，其契約即與善良風俗有背，依民法第72條應在無效之列（50台上2596）。

在司法實務上，法院亦將第72條公序良俗之觀念擴大運用到民法以外的其他法律關係中，因此只要法律行爲之內容，並不違反公序良俗或強行規定，縱使法律並無明文規定，仍應賦予法律上之效力。

第二項　暴利行爲與脫法行爲

（一）暴利行爲

暴利行爲，又稱爲顯失公平之行爲，就是指趁他人急迫、輕率、無經驗使其爲財產上之給付或爲給付之約定，而獲取財產上過當利益之行爲（民74）。是故，暴利行爲不僅須行爲人有利用他人之急迫、輕率或無經驗，而爲法律行爲之主觀情事，並須該法律行爲，有使他人爲財產上之給付或爲給付之約定，依當時情形顯失公平之客觀事實，始得因利害關係人之聲請爲之。不過，由於此種行爲涉及公益較少，故法律並不認爲其當然無效，被害人僅可於行爲後1年內，請求法院撤銷或減輕其給付，以維持公平。此外，暴利行爲僅適用於財產行爲，而不適用於身分行爲，故協議離婚後，不得以離婚係出於輕率或無經驗爲由，訴請法院撤銷離婚協議（28渝上107）。

（二）脫法行為

　　一般人常會聽到「脫法行為」這個名詞。所謂「脫法行為」，乃是不直接違反法律之規定，而以迂迴手段，規避法律強行禁止規範，企圖達成與該法律規定所禁止者相同效果之行為。例如賭債違反法律禁止規定而無效（民71），故有「賭債非債」之說。為迴避此法律規定之精神，贏錢之人要求輸錢者開立借據以支付賭債，即為一種脫法行為。實務上亦明確的指出，賭債為法令禁止之行為，其因該行為所生債之關係原無請求權之可言，除有特別情形外，縱使經雙方當事人同意以清償此項債務之方法而變更為負擔其他新債務時，亦屬脫法行為，仍不能因之而取得請求權（44台上421）。此外，依國內學者通說，脫法行為若違反法律強制禁止規定之精神（目的脫法），對任何人皆為無效。但若所迴避之強行規定僅係禁止以特定手段發生一定效果者（手段脫法），則其行為仍然有效。

第三節　當事人之行為能力

　　法律行為若要有效，必須當事人有行為能力。對於行為人之行為能力，我國法律分為三級，亦即完全行為能力人、限制行為能力人以及無行為能力人。一般而言，完全行為能力人可獨立為有效之法律行為，故當然可為法律行為當事人。若是限制行為能力人所為之行為，則原則上應得法定代理人之允許或承認；如為無行為能力人之行為，則應由其法定代理人代為意思表示或代受意思表示（民76、77、78），以下即分別就限制行為能力人與無行為能力人之行為能力及其效力加以探討。

第一款　無行為能力人

　　依民法規定，滿20歲為成年，未滿7歲之未成年人及受監護宣告人為無行為能力人。依民法第75條前段規定，「無行為能力人之意思表示無效」。由於意思表示無效，故以意思表示為基礎的法律行為也當然無效，而必須由其法定代理人代為意思表示或代受意思表示（民76）。故縱使無行為能力人於行為時有意思能力，或是得到法定代理人之允許，但是其行為仍違反法律強制禁止規

定而無效。此之無效，為絕對自始無效，故無行為能力人不但不得自為法律行為，也不得自受法律行為，而必須透過法定代理人，也就是未成年人之父母、監護人及受監護宣告人之監護人（民1086、1098、1113）。不過，法定代理人之代理行為則僅以財產行為為限，而不及於身分行為，故父母替未滿7歲子女所代定之婚約無效。

除此之外，雖非無行為能力人，但是其意思表示是在無意識或精神錯亂中所為者，亦屬無效（民75）。故在爛醉或服用禁藥而無意識或精神錯亂的情況下所為之法律行為，均不生效力。

第二款　限制行為能力人

限制行為能力人，亦即行為能力受限制之人，也就是7歲以上、20歲以下而未結婚之未成年人（民13）。由於其行為能力受限制，故其所為之法律行為亦受限制，可分述如下：

一、法律行為之生效要件與例外

限制行為能力人所為意思表示或所受意思表示，原則上應得法定代理人之允許，方可有效（民77）。此之所謂「允許」，乃法定代理人之「事前」同意，為使限制行為能力人法律行為發生完全效力之法律上條件。由於法律上並未規定允許之方式，則雖然限制行為能力人所為法律行為為要式行為，亦毋須踐行同一之方式（32上3276）。例如父母同意其就讀高中之子女在外賃屋居住，縱使租賃期限超過1年，亦不須以書面之方式為之。由於允許之性質為單獨行為，故可向限制行為能力人（其子女）或其相對人（房東）為之。一旦有此允許，該租賃契約即可生效。

至於允許之方式，原則上不得以概括允許之方式為之，以免有違法律保護限制行為能力人之意旨。不過，民法不但准許法定代理人可針對限制行為能力人之法律行為給予各別之允許，亦可例外的對限制行為能力人某種行為作概括之允許。依現行民法規定，法代人可例外為概括允許之類型有二：

（一）特定財產之處分

民法第84條規定，「法定代理人允許限制行為能力人處分之財產，限制行為能力人就該財產有處分能力。」例如父母給予未成年子女之零用錢，就是其允許限制行為能力人處分之財產。而所謂「有處分能力」，乃指限制行為能力人就該財產所為之法律行為可發生法律上之效力。因此，未成年子女可將其零用錢購買零食或玩具，不必各別得到父母之同意。此外，其處分能力還及於由該特有財產所得之其他財產，例如子女將其以零用錢所購買之零食或玩具分贈其他小朋友，亦不須得到父母之同意。不過，值得注意之處，就是限制行為能力人此時僅有「處分能力」，但仍不會因此而取得「完全行為能力」。

（二）獨立營業行為

民法第85條第1項規定，「法定代理人允許限制行為能力人獨立營業者，限制行為能力人關於其營業，有行為能力。」此之所謂「營業」，並不以經營商業為限，還包括所有謀生之事業，故若父母准許未成年子女出外打工，亦屬營業。則未成年子女到超商或KTV打工成立僱傭契約，或是做了一段時間後覺得不想再繼續打工，而終止僱傭契約等法律行為，未成年子女都有行為能力，不須另外再得到法定代理人之同意。不過，如果限制行為能力人就法定代理人所允許之獨立營業有不勝任之情事，例如獲准打工卻荒廢學業，法定代理人方可將其允許予以撤銷或限制之。但該撤銷或限制不得對抗善意第三人（民85II），且不能溯及既往，只能對將來發生效力。

二、未得法定代理人允許之效力

限制行為能力人所為之法律行為以必須得到法定代理人之允許為原則，至於未得允許之法律行為的效力，則可因其所為行為之種類而有別：

（一）單獨行為

單獨行為，乃指因一方之意思表示即可發生效力之行為。民法為保護限制行為能力人之利益，特別於第78條規定：「限制行為能力人未得法定代理人之允許，所為之單獨行為，無效。」此種無效為當然自始無效，例如限制行為能

力人所爲之免除債務即是。

（二）雙方行爲

至於限制行爲能力人所爲之雙方行爲如訂立契約，則須經法定代理人之承認，始生效力（民79）。此之所謂「承認」，與「允許」不同，乃指法定代理人之「事後」同意。不過，承認並不僅限於法定代理人方可爲之，若限制行爲能力人於限制原因消滅後，自己加以承認，也可發生效力。例如在成年後承認其在未成年時所爲之買賣契約。因此，雙方行爲在獲得承認前，仍屬效力未定，故尚無法發生效力，但若一經承認，則可溯及訂約之時生效。

由於契約等雙方行爲必須經承認始生效力，若該契約一直未獲承認，將使法律行爲之效力長期處於不確定之狀態，反而不利相對人與交易之安全。故民法特別賦予相對人催告權與撤回權，以資平衡。

1.催告權

即契約之相對人得定1個月以上之期限，催告法定代理人或限制原因消滅之限制行爲能力人，請求其確答是否承認該契約之權利（民80I）。若其未於此期限內確答是否承認，法律則擬制其視爲拒絕承認（民80、81），以求法律關係能即早確定。

2.撤回權

契約之相對人除可在契約成立後行使催告權之外，還可在該契約獲得承認前行使民法第82條之撤回權，以防止該契約生效。亦即，「限制行爲能力人所訂立之契約，未經承認前，相對人得撤回之」，不過由於同條但書規定，「但訂立契約時，知其未得有允許者，不在此限」，因此，只有善意相對人，亦即不知限制行爲能力人未得允許之人，方有撤回權與催告權；至於惡意之相對人則僅有催告權，而無撤回權。撤回權在法律性質上則屬於形成權之一種，故一經行使（通知撤回）即可使該契約確定不生效力。

三、法律行爲效力之例外

限制行爲能力人之法律行爲原則上應得法定代理人之事前允許或事後承認，但是在下列情況下，則不論爲意思表示或受意思表示，均例外不須得到法定代理人之允許即可有效成立。

（一）純獲法律上利益之行為

即純粹取得權利或接受免除義務之行為。由於此等行為，不會使限制行為能力人負擔任何義務，亦與其利益無害，故不須得到法定代理人之同意（民77但），例如接受無負擔之贈與、遺贈或接受債務之免除等。至於在銀行開設一般存款帳戶，由於屬消費寄託契約行為，故並非純獲法律上利益，只能適用民法第79條之規定辦理（法務部78.2.15法78律字第2731號函）。

（二）日常生活所必需之行為

限制行為能力人依其年齡或身分，不可避免的會有其日常生活所必需之行為，例如看電影、搭公車、買文具等。為避免過於拘束其生活與自由，故不論其為單獨行為或是契約，均不須得到法定代理人之允許。

（三）使用詐術之行為

限制行為能力人若使用詐術，使人相信其為完全行為能力人，或已得法定代理人之允許者，民法特別規定，其法律行為有效（民83）。民法之所以為此種強制有效之規定，乃基於行為能力制度之目的，在於保護思慮未周之人，若限制行為能力人使用詐術，使人相信其為完全行為能力人（例如塗改身分證明文件），或已得法定代理人之允許（如偽造父母信函或聲明），可見其智能已然成熟，且有惡意之成分，故毋須再加以保護，方始規定其行為有效，以為炯戒。

第四節　意思表示

第一項　意思表示之要件與類型

所謂「意思表示」，乃行為人將欲發生一定私法上效果之意思，表示於外部之行為。故行為人（稱為表意人）若欲為有效的意思表示，就必須具備內心之「效果意思」、將內心效果意思表達於外部之「表示意思」，以及表達意思之「表示行為」等三大要件。若此三要件有所欠缺，就會構成意思表示之瑕疵，而影響其法律效力。以下即分別敘述之。

第一款 意思表示之要件

意思表示之成立，若依表意人之心理過程分析，應具備下列要件（或稱為要素）：

（一）須有效果意思

效果意思，即表意人內心欲發生一定私法上效果之意思。例如甲欲以10萬元將其車售予乙，出賣人（甲）之取得價金之意思與買受人（乙）受讓標的物所有權之意思，就為其各別之內心效果意思。

在學說上，效果意思須依表示行為足以由外部推測才可，但若社會觀念上客觀的可認為當事人具有某種效果意思亦可。因此，效果意思又有表示上效果意思（稱之為行為意思）與內心的效果意思之區別。前者乃指意思表示不可或缺之成立要件，故其內容必須就表示行為加以客觀合理之觀察，方可確定。而後者，則是表意人深藏內心之意思，並非意思表示不可或缺之成立要件。

原則上，意思表示欠缺效果意思，並不會當然使法律行為無效，僅能依民法第86條與第87條單獨虛偽意思表示或通謀虛偽意思表示處理。此外，雖然意思表示之效力以依表意人所欲發生之效果意思為準。但是為了保護交易之安全，亦可能會依法律規定而發生當事人所不欲之效果，例如當事人所約定典權之期間達50年，已逾30年之法定期限規定，即可依法縮短為30年（民912），就是一例。

（二）須有表示意思

表示意思，係欲表示效果意思之意思，也就是表意人有意將內心已決定之效果意思表達於外部之意思。例如甲賣車給乙之例子，甲乙都先要有取得價金及讓與標的物所有權之效果意思，然後將此效果意思透過大腦指揮之過程，決定欲以言詞或其他動作將該效果意思發表於外部。因此，行為人透過此種精神指揮之程序，方可確定其行為所可能具有之法律效果。例如，甲乙為表示同意，而欲以點頭、說話或其他方式表示同意之意思，就是表示意思。

法律行為若欠缺表示意思，法律行為仍然有效，只是必須依錯誤之規定（民88）以決定其法效。例如在拍賣場所通常以舉手作為應買之意思，若甲於拍賣場所舉手招呼其友乙，雖甲並無應買之意思，但仍會被認為具有應買之表

示意思。只是甲可以主張其表示意思與內心之效果意思不符合，而主張依錯誤之規定以定其法效。

（三）表示行為

表示行為係意思表示之客觀要件，乃為表意人將其內部之效果意思表達於外部之行為。其作用在於使他人得由其外部身體之動作，而知悉其內部之效果意思。例如前述甲欲賣車予乙之例，在具有效果意思，透過大腦思維決定之表示方式（以說話或書面）後，即可透過身體之動作（口說筆寫），表達於外部而由相對人了解。一般而言，表示行為可分為「直接之表示行為」，如口談手寫，與「間接之表示行為」，如默示。不過單純之沉默不等於默示，必須表意人之舉動或其他情事足以間接推知其效果意思方可（29渝上762）。此外。還須注意者，則為表示行為須本於表意人之意思，故若在無意識之狀態，或在受人強制脅迫之狀態下所為之表示行為，就無法被認為是有效之表示行為（詳後述）。

第二款　意思表示之類型

（一）明示之意思表示與默示之意思表示

通常之意思表示方法，可以分為明示與默示二種，二者在法律上均有同等之效力。所謂明示之意思表示，為以語言、文字或其他習慣上使用之方法，使相對人得以直接知悉之意思表示。例如甲向乙表示願意以10萬元將其車賣予乙，乙說好，或是點頭等行為，都屬於明示。至於默示之意思表示，則為以使人能間接推知其意思之方法而為意思表示，例如甲向乙表示欲買100元之水果，乙並未明白表示可否，卻直接包裝100元之水果與甲即是一種默示之承諾。若法律明文規定只能以明示為之，例如民法第272條規定，連帶債務除法律有明文規定外，應以「明示」之意思表示為之，就不能以默示之意思表示成立連帶債務。此外，尚應注意者，則為「默示」與單純之「沉默」並不相同。這是因為默示仍具有內部之效果意思，而沉默則並無效果意思，僅為不作為。故原則上，除法律另有規定（如民80II）、或當事人依特約（若甲賣車予乙，雙方約定若乙未於3日內通知不買，就成立買賣契約）、或習慣足認為係默示之意思表示外，並不能把單純之沉默認為係默示之意思表示。

（二）有相對人之意思表示與無相對人之意思表示

若以有無意思表示之對象爲基礎，意思表示亦可分爲有相對人之意思表示與無相對人之意思表示。前者須有相對人存在，並於其意思表示爲相對人所了解或達到相對人後方可發生效力，如契約之撤銷或解除；後者，則於表意人意思表示完成，即可生效，毋須以相對人之了解或達到相對人爲要件。例如社團總會之決議、遺囑之訂立。

（三）對話之意思表示與非對話之意思表示

在有相對人之意思表示中，若以當事人可否直接交換其意見，尚可分爲對話之意思表示與非對話之意思表示。前者乃當事人處於可直接交換意見情況下所爲之意思表示，例如當面交談、以電話聯絡、透過LINE或網路視訊；後者則如寫信、傳眞、寫E-mail等方式進行溝通。二者之差別，在於對話爲意思表示，以相對人了解時發生效力；非對話爲意思表示，則以其通知達到相對人時，發生效力（民94、95）。至於「到達」，則指意思表示達到相對人之支配範圍，置於相對人隨時可了解其內容之客觀狀態（58台上715）。故通知已送達相對人之居住所或營業所者，即爲達到，不必交付相對人本人或其代理人，亦不問相對人之閱讀與否，該通知即可發生意思表示之效力（54台上952）。

（四）對特定人之意思表示與對不特定人之意思表示

在有相對人之意思表示中，還可根據意思表示是否係向特定人爲之，而分爲對特定人之意思表示，亦即對一定之人所爲之意思表示，如同意、解除、允許等，與對不特定人之意思表示，例如懸賞廣告（民164），或設立公用電話與自動販賣機等行爲都是。

第二項　意思表示之瑕疵

意思表示須具備內部主觀意思與外部之客觀行爲，方可有效成立，惟由於表意人內部意思不易爲人所了解，爲兼顧當事人之眞意，並保護交易之安全，現行法是以外部表示行爲爲原則，而以內部意思主義爲例外。但是，在表意人將其內部效果意思，透過表示意思及表示行爲表達於外部之過程中，難免會發

生與內部效果意思有所不一致之情況，對於此種情形，學理上稱之為「有瑕疵之意思表示」，其類型可大別為「意思表示之不一致」與「意思表示之不自由」二大類，其詳細之內容則可圖示如下，而此等瑕疵亦會影響到意思表示之法律效果。以下乃分別加以說明。

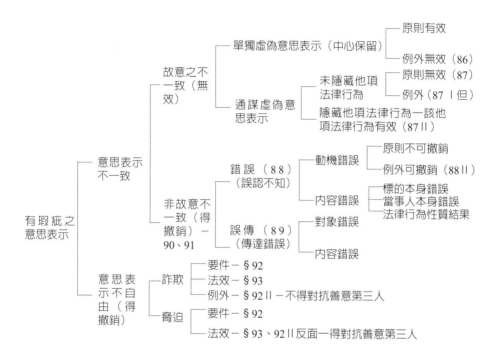

第一款　意思表示之不一致

　　意思表示之不一致，乃表意人內部之意思與表現於外部之意思有所不同。對於此種情形，我國通說採折衷主義，亦即原則上應以外部之行為為有效，例外始以內部效果意思為有效。意思表示不一致之情況在學理上又可分為「故意之不一致」與「非故意之不一致」。前者乃表意人明知其表示行為與內部之意思不一致，而故意為意思表示。其又可以分為單獨虛偽意思表示與通謀虛偽意思表示二種。後者則為表意人亦不知其意思與表示不一致，又有學者稱之為「無意之不一致」。此種類型則包括錯誤與誤傳二種。

一、故意之不一致

（一）單獨虛偽意思表示

單獨虛偽意思表示又稱爲「心中保留」、「非眞意表示」或「眞意保留」，乃表意人故意隱匿其內心之眞意，而爲與其眞意相反之意思表示。例如甲原欲賣較老舊之A屋售予乙，卻故意表示欲將新屋B屋廉價以100萬售予乙。民法第86條「表意人無欲爲其意思表示所拘束之意，而爲意思表示者」，就指此種類型。至於其法律效果，民法則基於保護交易安全與相對人之利益，乃特別規定「其意思表示不因之而無效」，蓋若表意人既明知而故意爲相反之表示，法律無加以保護之必要。因此，不論甲出於開玩笑或是其他原因，若乙信以爲眞表示願意以100萬購買B屋，則該買賣契約即有效成立。甲若拒絕給付B屋，就應依債務不履行負其責任。

不過，若相對人乙明知B屋價值超過1,000萬，甲口是心非，或只是開玩笑，而仍承諾願意以100萬購買B屋時，乙即屬於「惡意」相對人。由於法律原則上不保護惡意相對人，故民法第86條但書亦特別規定，「但其情形爲相對人所明知者，不在此限」，亦即，只要乙明知甲並非眞意，甲就仍可以主張該買賣契約其契約無效。

（二）通謀虛偽意思表示

通謀虛偽意思表示乃民法第87條第1項「表意人與相對人通謀而爲虛偽意思表示者」之情形，亦爲一般所稱之虛偽意思表示。其與眞意保留之區別，在於眞意保留僅有表意人一方爲虛偽之意思表示；而在通謀虛偽意思表示，則係雙方當事人均爲虛偽之意思表示。例如甲爲逃避債權人之強制執行，乃與好友乙商量後，僞設不實債權，而將其所有之不動產爲乙設定抵押權。此時，甲與乙所僞作之債權（債權行爲）與其所設定之抵押權（物權行爲），均爲通謀虛偽意思表示，其所僞作之債權與設定之抵押權當然無效（52台上722）。是故，通謀虛偽意思表示，乃指表意人與相對人相互明知爲非眞意之表示而言，故表意人之相對人不僅須知表意人非眞意，並須就表意人非眞意之表示相與爲非眞意之合意，始爲相當（51台上215）。若僅一方爲無欲其意思表示拘束之意思而表示與眞意不符之意思時，即難指爲通謀虛偽意思表示（50台上421）。

至於通謀虛僞意思表示之法律效果爲何？民法第87條第1項即明文規定，「表意人與相對人通謀而爲虛僞意思表示者，其意思表示無效。但不得以其無效，對抗善意第三人。」是故，若甲爲脫產與乙通謀而將其房屋移轉予乙，於當事人間（如甲乙間）與惡意第三人間（例如乙將甲過戶至其名下之房屋又移轉與其知情的小姨子丙）均屬無效，但是對於不知情的善意第三人（例如乙將該房地產以市價轉售與不知情的丁），則該善意之丁就可以主張其有效。若於上述甲爲乙設定抵押權以避免強制執行之例，由於其意思表示無效，故甲之債權人可依侵權行爲之法則，請求乙塗銷登記，亦可行使代位權，請求塗銷登記（73台抗472）。

（三）隱藏行爲

在通謀虛僞意思表示之情況下，還會發生另外一種情況，就是表面上是屬於虛僞之意思表示，但是實際上該意思表示卻隱藏當事人間已經成立之眞正法律行爲，以欺騙第三者，此種情況稱之爲「隱藏行爲」。原則上，其隱藏行爲亦無及於他人之效力（50台上2675）。例如甲購屋贈其女友，爲避免爲其妻知悉其情事，乃以假買賣眞贈與之方式移轉該屋之所有權。對於此種隱藏行爲之情事，民法第87條第2項則規定，「虛僞意思表示，隱藏他項法律行爲者，適用關於該項法律行爲之規定。」也就是說，甲乙所爲之假買賣因屬虛僞意思表示而無效，故乙不得向甲主張甲應負出賣人之瑕疵擔保責任。但是假買賣中所隱藏的其贈與則仍然有效，故應適用民法有關贈與之規定。以決定其贈與是否生效。

二、非故意之不一致（無意之不一致）

（一）錯　誤

錯誤，乃係表意人非因故意，而因錯誤或不知，致其表示與其意思偶然的不一致。一般而言，錯誤之原因有二：一爲「誤認」，例如誤甲屋爲乙屋，誤愚人金爲黃金等均是，民法第88條第1項「意思表示之內容有錯誤」一語，就指誤認；另一種意思表示錯誤之原因則爲「不知」，也就是「表意人若知其事情即不爲意思表示」（民88I），故不知又稱爲「表示錯誤」。例如原應寫一萬元，卻寫成一千元。此二者之不同，在於前者雖有認識但卻認識不正確，而

後者則毫無任何認識。

雖然錯誤發生機會甚多，但錯誤則可大別為動機錯誤與內容錯誤二種：

1.動機錯誤

乃促使表意人為意思表示之原因有錯誤。例如甲誤認乙之土地即將因開闢計畫道路而大漲乃向乙高價購買，卻發現短期內並無此計畫，此即為動機之錯誤。但由於動機深藏人心，他人無從得知，故動機錯誤原則上不影響法律行為之效力，故表意人不得主張動機錯誤而撤銷其意思表示。不過，若動機錯誤之發生，係因為當事人資格（如誤甲為大明星而重金禮聘）或因物之性質（如欲買便宜真品卻買到仿冒品，欲購住宅用地卻購得工業用地）而發生，且交易上認為重要者，則法律上將此種重要的動機錯誤視為內容錯誤（民88II），而可由表意人撤銷其意思表示。

2.內容錯誤

乃係民法第88條第1項所稱之「意思表示之內容有錯誤」之情況，也就是意思表示之內容或表示行為有所錯誤，故與意思表示之動機有錯誤之情形有別（51台上3311）。至於內容錯誤又可分為下列三種類型：

(1) **當事人本身之錯誤**：例如誤甲為乙而訂立契約，誤丙熟悉英文而交其翻譯英文文稿。

(2) **標的物本身之錯誤**：例如誤A馬為B馬，誤二倍數光碟機為四倍數光碟機而付出高額價格購買。

(3) **法律行為性質之錯誤**：例如誤連帶保證債務為一般普通債務，誤附買回特約（民379）之買賣為普通之買賣（民345）。

（二）誤　傳

所謂誤傳，就是「意思表示，因傳達人或傳達機關傳達不實」而生之錯誤（民89）。由於表意人不一定能親自向相對人為意思表示，故必須利用他人或傳達機關傳達，故難免有失誤之情況。例如報關行或船公司將貿易條件CIF誤傳為C&F，或是快遞將應送與甲之信函送予乙。此種錯誤，即與表意人自己之錯誤無異，故法律上亦賦予與錯誤相同之法律效果（民89後參照）。

（三）錯誤與誤傳之法律效力

對於錯誤與誤傳之法律效力，我國採德國立法例，認為錯誤與誤傳之法律

行為仍然有效，只是表意人依法有撤銷權，得撤銷其意思表示，以維持交易之安全。雖然如此，為平衡相對人之利益，民法也課以撤銷其意思表示之表意人損害賠償責任，應對信其意思表示為有效而受損害之相對人或第三人負賠償責任。

1.表意人之撤銷權

　　表意人此種法定撤銷權之基礎在於民法第88條第1項與第89條。根據這二條條文，「意思表示之內容有錯誤，或表意人若知其事情即不為意思表示者，表意人得將其意思表示撤銷之。但以其錯誤或不知事情，非由表意人自己之過失者為限。」除此之外，民法第89條也規定，「意思表示，因傳達人或傳達機關傳達不實者，得比照前條之規定，撤銷之。」是故，根據此兩條條文規定，雖然表意人可就其錯誤或誤傳主張撤銷權，但是表意人於行使撤銷權前，則須符合下列條件：

(1) **須表意人無過失**：表意人若對意思表示之錯誤或誤傳有過失，即不得行使撤銷權撤銷之。所謂過失，乃欠缺應有之注意義務。一般而言，依注意之程度不同，過失可以分為重大過失（欠缺一般人之注意義務）、具體輕過失（欠缺與處理自己事務為同一之注意義務）與抽象輕過失（欠缺善良管理人之注意義務）。對於第88條第1項但書所指之過失，國內通說認為應為具體輕過失，也就是表意人若欠缺與處理自己事務為同一注意義務所致之錯誤或誤傳，則不可撤銷。

(2) **須尚未逾越除斥期間**：若允許表意人之撤銷權永久存在，將使相對人及其他利害關係人之權益，處於永不確定之狀態。為保護利害關係人之利益，民法乃特設除斥期間之規定（詳見消滅時效之討論），要求表意人應於意思表示後1年內行使其撤銷權，若未於1年內行使，則撤銷權就當然消滅不得再行行使。

2.表意人之損害賠償責任

　　雖然錯誤或誤傳之意思表示均得為撤銷之原因，但是於表意人表示之時，相對人或第三人若因確信其意思表示為有效而受損害時，則不論表意人撤銷之原因為何，均不宜因此而損害善意第三人。是故為保護善意第三人或相對人免於遭受損害，民法乃要求表意人賠償因其行使撤銷權對善意第三人所造成之損害。民法第91條本文乃規定，「依第八十八條及第八十九條之規定，撤銷意思表示時，表意人對於信其意思表示為有效而受損害之相對人或第三人，應負賠

償責任。」不過，若表意人之意思表示含有得被撤銷之原因，且該原因已為相對人或第三人所明知，或可得而知而因不注意致不知，或是相對人或第三人因故意或過失而不知時，縱令有所損害，表意人亦不應負損害賠償責任，方可維持事理之平。故同條但書亦規定，「但其撤銷之原因，受害人明知或可得而知者，不在此限。」亦即，表意人若基於錯誤或誤傳之理由而撤銷其意思表示時，原則上應對善意信其意思表示有效而受損害之相對人或第三人負損害賠償責任，但對於惡意之相對人或第三人則不負賠償之責。

至於表意人所負之損害賠償責任範圍，通說則認為僅以積極損害（現存財產之減少）為原則，至於消極損害（現存財產應增加而未增加）則不在賠償範圍之內（民216參照）。

第二款　意思表示之不自由

意思表示應出於表意人之自由意思，若表意人係因受外力不當之干涉所為之意思表示，該意思表示即有瑕疵，並會對法律行為之效力有所影響。法律上所承認之外力不當干涉，則包括「詐欺」及「脅迫」，通稱為意思表示之不自由。

一、詐　欺

表意人因為受他人詐術欺騙，陷於錯誤，而為意思表示，即屬被詐欺而為之意思表示。若要構成民法上所謂之「詐欺」，則必須符合下列四項要件：(一)須詐欺人有詐欺之故意；(二)須詐欺人有詐欺之行為，亦即有表示虛偽事實之行為；(三)須表意人因詐欺而陷於錯誤。故若表意人明知其詐欺而未受影響，即非詐欺；(四)須表意人因錯誤而為意思表示，亦即表意人之表示行為與詐欺行為應有因果關係之存在。不過，雖然第92條第1項之所謂詐欺並不以積極之欺罔行為為限，然除非在法律上、契約上或交易之習慣上有告知之義務外，單純之緘默並不能構成詐欺（33上884）。

二、脅　迫

脅迫乃表意人受相對人或第三人之不當惡害通知，致心生恐懼，而為意思表示。其與詐欺之不同，在於詐欺係因表意人陷於錯誤而為意思表示，而脅迫則是表意人因心生恐懼而為意思表示。至於構成脅迫之要件，則有下列五項：(一)須脅迫人有脅迫之故意；(二)須有脅迫之行為，即脅迫人對表意人預告危害之行為；(三)須脅迫係不正當。包括目的或手段之不正當行為，若為正當行為，例如不依限清償即提出告訴，則非脅迫；(四)須表意人因脅迫而心生恐懼，故脅迫與恐懼間須有因果關係；(五)須表意人因恐懼而為意思表示。

三、被詐欺或被脅迫而為意思表示之效力

根據民法第92條規定，「因被詐欺或被脅迫，而為意思表示者，表意人得撤銷其意思表示。但詐欺係由第三人所為者，以相對人明知其事實或可得而知者為限，始得撤銷之。被詐欺而為之意思表示，其撤銷不得以之對抗善意第三人。」因此，被詐欺或被脅迫之法律行為並非當然無效，僅能由表意人撤銷其意思表示（60台上584）。而其效力則可分為當事人間之效力與對第三人之效力加以討論。

（一）當事人間之效力

若詐欺人或脅迫人為當事人之一時，則表意人依第92條第1項，有絕對之撤銷權。例如甲詐欺乙，將乙之齊白石名畫說成是假畫而使乙便宜出售該畫與甲，或甲脅迫乙若不將該畫出售將有所不利。故表意人（乙）因受相對人（甲）之詐欺或脅迫，乙即具有絕對之撤銷權，可將其買賣契約之意思表示予以撤銷。

（二）對第三人之效力

若詐欺人或脅迫人為當事人以外之第三人所為時，若有相對人，則以相對人明知其事實（惡意）或可得而知其事實（有過失）者為限，方可撤銷其意思表示。若相對人為善意時，在詐欺與脅迫則有明顯之不同。在詐欺之情況，根據第92條第2項，「被詐欺而為之意思表示，其撤銷不得以之對抗善意第三

人」之規定，可知表意人在因被詐欺而撤銷其意思表示時，不得對抗善意第三人。例如乙因受丙之詐欺而將其所珍藏之齊白石名畫出售與甲，若甲明知或可得而知乙受詐欺之情事，乙就可撤銷該買賣契約；若甲並不知情（善意），則乙尚不得主張其被詐欺而撤銷與甲之買賣契約。相反的，依同條項反面解釋，若係被脅迫之情形，則被脅迫人則可以其被脅迫對抗所有善意相對人。例如若乙係受丙脅迫而將其古畫出售與甲，則不論甲是否為善意，乙均可主張其係被脅迫，而撤銷與甲之買賣契約。

（三）撤銷權之除斥期間

表意人因被詐欺或被脅迫而有法定之撤銷權，但是若其長期不行使該權利，將使權利狀態處於不確定之狀態，故民法於第93條亦對因意思表示不自由而生之撤銷權規定其除斥期間，亦即「撤銷，應於發見詐欺或脅迫終止後，一年內為之。但自意思表示後，經過十年，不得撤銷」。因此，表意人應於詐欺或脅迫終止後1年內，行使其撤銷權，否則就不得再行行使該權利。此外，若表意人並未發現其係受詐欺或脅迫，而自其為意思表示後已經過10年，為維持法律之安定，表意人亦會因除斥期間之經過，而使其撤銷權為之消滅。

值得注意的是，若詐欺或脅迫之事實，合於民法第184條侵權行為之構成要件時，亦可成立侵權行為，而發生請求權競合之情事。此時，有關侵權行為請求權之行使，僅受民法第197條之時效限制，並不會因除斥期間之經過致撤銷權消滅而受影響。此外，若因被詐欺或脅迫而使表意人為負擔債務之意思表示，表意人雖未於此期間內行使其權利，而致其撤銷權消滅，但表意人仍可依民法第198條之抗辯權規定，拒絕履行該債務（28渝上1282）。

第三項　意思表示之生效

意思表示之生效，乃指意思表示開始發生拘束力，而使當事人受其拘束之意。原則上，意思表示必須先成立，然後再視其是否符合生效要件，方可生效。故意思表示之成立時點與生效時點則可因意思表示有無相對人，係屬於對話或非對話，以及相對人有無受領能力，而有不同。以下即分別加以說明。

第一款　意思表示生效之類型

一、無相對人之意思表示

在意思表示無相對人之情況下，該意思表示應於何時生效，我民法並未明文規定。通說則認為，既無相對人，故應以意思表示成立之時為其生效之時。例如所有權之拋棄（民764），其拋棄之意思表示於成立時就同時生效。不過，若法律有特別規定不於成立時生效者，則依法律之規定。例如，遺囑皆於生前製作，並於完成遺囑之要件時，即行成立，但遺囑卻須到遺囑人死亡時方始生效（民1199）。

二、有相對人之意思表示

意思表示若有相對人，則該意思表示尚須待相對人受領後方可發生法律上之效力。故此時意思表示之成立與生效之時點即可明顯劃分。而有相對人之意思表示還可因其有無受領能力與是否為對話，而加以區分。

（一）相對人有受領能力

所謂受領能力，乃係能獨立接受意思表示之能力。故凡能為有效法律行為之人，皆有受領能力。而意思表示生效之時期，則可因對話與非對話而有區別。

1.對話為意思表示

即當事人可直接交換意思表示之方式，例如當面或以電話、手語、交談或筆談，我國民法採「了解主義」，故「對話人為意思表示者，其意思表示，以相對人了解時，發生效力」（民94）。惟此之所謂「了解」，則以可能了解為已足，故相對人故意掩耳不聽，或相對人因分心而未了解卻仍為相對之意思表示時，該意思表示仍可發生效力。由於一經相對人了解即可生效，故以對話為意思表示時，表意人就無法撤回已經生效之意思表示。

2.非對話為意思表示

即當事人無法直接交換意思表示之方式，我民法對此種方式採「達到主義」，故「非對話而為意思表示者，其意思表示，以通知達到相對人時，發生效力」（民95I）。所謂「達到」，就是指意思表示已置於相對人實力支配之

範圍內，隨時可得了解之狀態，例如信函已送達公司或個人信箱，或已爲其家人或公司員工代收，或是電子郵件（E-mail）已進入收信人之電子信箱，處於相對人隨時可了解其內容之狀態，即可生效。相對的，英美法則採「發信主義」，一經投郵，即生效力。

此外，若表意人非因自己之過失不知相對人之姓名、居所者，亦得依民事訴訟法公示送達之規定，因公示送達爲意思表示之通知（民97）。此時，則不以相對人有無了解或是否達到相對人爲必要，只要符合法定要件（民訴149至153參照），就可發生法律效果。

（二）相對人無受領能力

根據民法第96條規定，「向無行爲能力人或限制行爲能力人爲意思表示者，以其通知達到其法定代理人時，發生效力」。由是可知若意思表示之相對人爲無行爲能力人或限制行爲能力人等無受領能力人，則在非對話時，以其通知達到法定代理人時生效，若爲對話，則應類推適用民法第94條，以法定代理人了解時生效。

第二款　意思表示生效後之效果

（一）不可撤回

所謂撤回，就是指在意思表示生效前，表意人阻止其發生效力之方法。由於意思表示一經達到，就發生拘束力，故表意人就不得再行撤回。表意人如欲撤回，就必須使其撤回之通知，同時或先時到達相對人才可（民95I但）。是故，若在對話爲意思表示之情況下，因爲意思表示已於相對人了解時生效，無法使其撤回之通知同時或先時到達相對人，故從第94條與第95條反面解釋，僅有非對話爲意思表示時，方有可能發生撤回之情事。故表意人若要有效的撤回其意思表示，其撤回之通知應同時或先時到達相對人，方可發生撤回之效力。

（二）不因情事變更而受影響

意思表示是否健全，應以表意人爲意思表示時之精神狀態爲準。故若表意人爲意思表示時已具備法律所規定之成立要件，就不會因嗣後表意人精神狀態之改變而受到影響。民法第95條第2項即規定，「表意人於發出通知後死亡或

喪失行為能力，或其行為能力受限制者，其意思表示，不因之失其效力。」例如甲發函予乙，表示願意以新臺幣1,000萬元出售其所有之房屋予乙。若甲於發函後死亡、或受監護宣告，但此意思表示仍然有效。惟若契約特別著重當事人特性者，通說則認為本項規定仍無法適用。例如甲發函聘請乙為其英文老師教授其英文會話，但甲於發函後甲即死亡，則甲之意思表示即失其效力。

第三款　意思表示之解釋

意思表示生效後，由於意思表示往往會有不甚明白之處，故不可避免會發生解釋上之問題，也就是如何闡明意思表示中不明確之處，以知悉表意人之真正涵意。為得知當事人之真意，民法第98條就對於如何解釋意思表示規定其原則，亦即「解釋意思表示，應探求當事人之真意，不得拘泥於所用之辭句」。故於解釋意思表示時，雖應探求當事人立約當時內心之真意以為準，而真意何在，則應以過去事實及其他一切證據資料為斷定之標準，不能拘泥文字致失真意，亦不得截取書據中一二語，任意推解致失真意。例如，抵押權為對於債務人或第三人不移轉占有而供擔保之不動產，得就其賣得價金受清償之權利，民法第860條規定甚明。債務人就其所有之不動產向債權人設定如斯內容之權利時，雖其設定之書面稱為質權而不稱為抵押權，亦不得拘泥於所用之辭句，即謂非屬抵押權之設定（28渝上598）。

第五節　法律行為之附款──條件與期限

我國民法之基本原則之一就是私法自治之原則，根據此原則當事人在不違反法律強制禁止規定的前提下，自可對其法律行為效力之發生或消滅之時期，加以限制或變更。此種任意之限制，學者稱之為法律行為之附款。於民法之規定中，法律行為之附款有條件、期限與負擔三種，均構成法律行為之一部分。由於負擔係規定於債編及繼承編中，故以下僅就民總所規定的法律行為附款──條件與期限加以說明。

第一項　條　件

第一款　條件之意義與要件

　　條件，乃當事人將法律行為效力之發生或消滅，繫諸於將來客觀不確定之事實所為之一種附從意思表示。也就是當事人以將來客觀不確定事實之成就與否，作為決定法律行為效力發生或消滅之附款。故條件之要件如下：

1.條件為法律行為之附從意思表示（附款）

　　由於條件僅係當事人所附加於法律行為效力之限制，故其並非為獨立之意思表示，無法獨立生效。

2.條件之內容為將來客觀不確定之事實

　　若客觀上已確定之事實、過去之事實、或主觀上不確定之事實，均非條件。若未來客觀上確定發生之事實，即為「期限」。例如甲與乙約定若其死亡，就將其屋贈與乙。因人必有死亡之一日，故甲之死亡（客觀上確定會發生）為期限而非條件。又如甲與乙約定若乙成年，則贈屋一間，由於乙是否能夠成年，為客觀不確定之事實（因為乙可能在成年前死亡），故為條件。

3.條件係限制法律行為效力之附款

　　條件與法律行為之成立無關，僅決定法律行為效力之發生或消滅。例如甲與乙約定若乙回國願出機票，此乃涉及法律行為效力之發生（停止條件）；若雙方約定如房客出國，則即行停租，則涉及法律行為之消滅（解除條件）。

第二款　條件之類型

（一）停止條件與解除條件

　　在各種條件中，最重要的就是停止條件與解除條件。所謂「停止條件」，又稱為「生效條件」，乃決定法律行為效力發生與否之條件。例如父對子表示，若考上大學，即贈車乙輛。此時法律行為（贈與契約）雖然已經成立，但是該法律行為是否發生效力，則應視其子是否考上大學這個未來客觀不確定之事實而定。故「考上大學」乃為停止條件。故民法規定，「附停止條件之法律行為，於條件成就時，發生效力」（民99I）。

　　至於所謂「解除條件」，又稱為「失效條件」，乃決定法律行為效力消滅

與否之條件。例如甲與公司約定借用電腦一臺，並約定若甲換工作時即行歸還。又如甲向乙借家具，約定乙結婚時即歸還，此時法律行為（借貸契約）於成立時即已生效，但是於條件（甲換工作或乙結婚）成就時，該借貸契約即失其效力。因此解除條件乃使已生效之法律行為效力消滅之條件。故民法亦規定「附解除條件之法律行為，於條件成就時，失其效力」（民99II）。此外，解除條件亦應與行使解除權加以區別。附有解除條件之法律行為，於條件成就時當然失其效力，不須另為撤銷之意思表示（31上3433）；後者則須解除權人行使解除權，方使契約溯及自始歸於消滅（79台上974）。

（二）隨意條件、偶成條件與混合條件

所謂「隨意條件」，乃完全依當事人一方之意思，以決定條件成就與否之要件。例如甲與乙約定，若乙1年內不跳槽，則發獎金10萬元。而乙跳槽與否，全由乙決定。而「偶成條件」，則是指以偶然事實之發生與否，作為決定條件成就與否之條件。例如甲乙約定，若明日下雨，則專車接送。至於「混合條件」，則指當事人之意思與偶然事實之結合而決定其條件成否之條件。例如甲與乙約定，若乙與丙結婚，則贈屋乙棟。故條件成就與否，須由乙決定，且結合當事人意思以外之事實（乙與丙結婚），方能生效。

（三）積極條件與消極條件

積極條件，乃以條件內容事實之發生，作為條件之成就的要件。例如甲與乙約定若下雨則送乙回家，則下雨即為積極條件。至於消極條件，則以事實不發生為條件成就之要件。例如夫妻約定，若夫1年內不抽菸，即出國遊玩。故夫若1年內都未抽菸，條件即為成就。

（四）既成條件

法律行為成立時，條件成就與否業已確定之條件，稱之為既成條件。若法律行為所附條件，係屬過去既定之事實者，雖具有條件之外形，但並無其實質之條件存在，故縱令當事人於法律行為時，不知其成否已確定，但仍非民法第99條所稱之條件。雖然我國民法關於既成條件並未設有明文規定，但是依據法理，條件之成就於法律行為成立時已確定者，該條件若係解除條件，則應認法律行為無效（68台上2861）。

第三款　條件之成就與不成就

一、條件之成就

　　所謂條件成就，就是條件之內容已經實現。在法律上，條件之成就可以分為兩類。一為自然之成就，也就是一般未受任何不當影響而自然實現條件內容之情形；另一種則為法律擬制之成就，也就是民法第101條第1項「因條件成就而受不利益之當事人，如以不正當行為阻其條件之成就者，視為條件已成就」之情形。例如甲與乙約定，若乙可以在2小時內開車到臺中，即予其1萬元。但為防止乙如時到達，甲卻破壞乙之車子，使乙無法完成該條件。

二、條件不成就

　　所謂條件不成就，就是條件之內容已經確定不會實現。條件之不成就，也可以分為自然之不成就與法律擬制之不成就。前者，為一般之不成就情形，而後者，則是民法第101條第2項所規定之情形，也就是「因條件成就而受利益之當事人，如以不正當行為促其條件之成就者，視為條件不成就」之情形。例如甲與乙約定，若乙考上大學，則將其所有之汽車相贈。乙為求條件成就，乃僱請槍手代考而考上大學。此時，由於乙係以不正當之行為促使該條件成就，法律乃擬制其條件仍未成就，故乙不得向甲請求交付汽車乙輛。不過，所謂「促其條件之成就」，必須有促其條件成就之故意行為，始足當之。若僅與有過失，則不在該條適用之列（67台上770）。

三、附條件法律行為之效力

（一）條件成就前之效力

　　條件在成否未定前，雖然尚未發生權利得喪變更之法效，但是當事人卻已具有取得權利之希望。對於此種希望，學說上稱之為「期待權」，雖然該權利之內容並不一定當然發生，但仍為法律上所保護之利益，故附條件權利義務人有加以尊重之義務，並不得害及附條件權利人之利益；若有侵害，即為不法行為，須依法負損害賠償責任。為保護附條件權利人之此種期待利益，民法乃於

第100條明文規定，「附條件之法律行為當事人，於條件成否未定前，若有損害相對人因條件成就所應得利益之行為者，負賠償損害之責任」，例如前例，甲在大學放榜之前，就自行將該車贈送他人，若乙日後放榜考上大學，就可以依本條規定向甲請求損害賠償。惟若甲因開車不慎而與丙發生車禍，使該車毀損，在解釋上，應非甲故意損害乙期待權之行為，故乙就不得主張本條而向甲請求交付該車。

值得注意的是，附條件之法律行為當事人於條件成否未定前，若有損害相對人因條件成就所應得利益之行為者，負損害賠償責任，民法第100條固有明文。然此種期待權之侵害，其賠償責任亦須俟條件成就時，方始發生。蓋附條件之法律行為，原須俟條件成就時始得主張其法律上之效果，在條件成否未定之前，無從預為確定以後因條件成就時之利益。如其條件以後確定不成就，即根本無所謂因條件成就之利益（69台上3986）。

（二）條件成就時之效力

由於停止條件與解除條件生效之時點有所不同，我國民法則以當事人不表示溯及既往之意思時為限，認為法律行為附有停止條件者，必須於條件成就時方始發生效力；附有解除條件者，必須於條件成就時方使已發生效力之法律行為失其效力。至於條件成就之效果，應否溯及既往，而追溯至法律行為成立之時發生，或是延後發生，則依當事人之特約定之。故民法第99條就明文規定，「附停止條件之法律行為，於條件成就時，發生效力。附解除條件之法律行為，於條件成就時，失其效力。依當事人之特約，使條件成就之效果，不於條件成就之時發生者，依其特約。」是故，條件成就之效力，以條件「成就時」發生效力為原則，但當事人亦得以特約規定其發生效力之時點。

（三）條件不成就之效力

對於條件不成就應發生如何之效果，我民法並無明文規定。不過依民法第99條第1項與第2項規定反面解釋，應認為停止條件不成就時，尚未生效之法律行為確定不生效力；相反的，解除條件不成就時，則已生效之法律行為則繼續有效。

四、不許附條件之法律行為

雖然基於私法自治、契約自由原則，法律行為以得附條件為原則，但是在例外的情況下，法律亦規定在下列三種情況下，不許附條件：

（一）法律明文禁止

例如民法第335條第2項規定，債務抵銷之意思表示，附有條件或期限者，無效，就是一例。

（二）所附條件有背公序良俗

例如身分法上之結婚、離婚、收養、認領、繼承之承認與拋棄等身分行為，若准許附加條件，則為公益所不許，而有妨害公共秩序善良風俗之情事，就會因違反民法第72條而無效。

（三）所附條件與該法律行為性質不合

例如撤銷權、解除權、選擇權等單獨行為，其行使之目的，在於確定法律關係，維護法律的安定，若許當事人就行使此等權利附加條件，將會使法律關係更不明確，反而不利於交易之安全與相對人權益之維護，故不得再行附加條件。但是若所附之條件無損相對人之利益，或相對人同意附加者，則所附之條件仍然有效。

若有違反上述不許附加條件之情形而附條件時，該法律行為之效力為何？國內學說見解不一，但通說則認為應先就法律規定決定之，例如票據法第36條後段即規定，「背書附記條件者，其條件視為無記載」，即是一例。若法律無規定時，則應視該法律行為之性質，參照民法第111條一部無效之規定處理，不宜驟然即認定其法律行為全部無效。

第二項　期　限

第一款　期限之意義與要件

期限，乃當事人隨意將法律行為效力之發生或消滅，繫諸於將來確定發生

的未來事實所爲的一種附從意思表示。故其要件包括：

（一）期限爲一種附從之意思表示

期限爲法律行爲附款之一種，必須附從於法律行爲方可成立，故期限無法單獨存在。

（二）期限係以將來確定發生之事實爲内容

期限與條件之主要不同，就是在於作爲期限內容之事實，係「將來確定發生之事實」，而非條件之「將來客觀不確定之事實」。例如「若明日下雨」爲條件，因爲明日是否下雨並不確定；相反的，「若下雨」，則爲期限，因爲將來確定會發生下雨之事實，只是何時發生並不確定。同樣的，若甲向乙表示，若其結婚時將贈送汽車乙輛。乙之結婚乃爲條件，因爲其是否結婚乃爲將來客觀不確定之事實。相反的，若甲向乙說，若甲死亡，將贈送其所有之汽車與乙，則爲期限，因爲人皆有死，故甲之死亡乃爲將來確定發生之事實。

（三）期限爲限制法律行為效力之一種附款

亦即法律行爲業已有效成立，而藉由期限這種附款，以決定該法律行爲效力是否繼續有效或消滅。

第二款　期限之種類

（一）始期與終期

始期，乃法律行爲開始生效之期限。例如一般的租賃契約中，都會約定本租賃契約從某年月日開始生效，此即爲該契約之始期。終期，則爲法律行爲喪失效力之期限。例如一般租賃契約除記載始期之外，也同時會記載該契約至某年月日止之終期。例如甲向乙租房子，契約載明自民國84年6月1日起，至86年5月30日止，租期兩年，其始期則爲84年6月1日，終期則爲86年5月30日。

（二）確定期限與不確定期限

確定期限，就是指未來事實之到來時期業已確定之情形。例如前述之租約就是屬於有確定之期限。相對的，不確定期限，則爲事實之發生雖然已經確

定，但是其發生之時期並不確定之情形，例如人之死亡、是否下雨等都是。

（三）法定期限與裁定期限

　　法定期限，就是指法律所規定之期限，例如民法第380條所規定的買回期限（5年）、第449條第1項所規定的租賃最長期限（20年）等都是。至於裁定期限，則爲法院依法律授權於斟酌事實後所決定之期限，例如法院依民法第318條所定之清償期限即是。

第三款　附期限法律行爲之效力

（一）期限到來前之效力

　　期限之到來，就是指作爲期限內容之事實已經發生。與條件相同，附期限法律行爲之當事人，於期限到來以前，亦已取得將來可享受權利之期待權。而與條件不同之處，在於期限之到來，係必然發生，而條件之成就與否，則尚屬不確定，故更有保護權利人期待利益之必要。爲此，民法第102條第3項乃明文規定，「第一百條之規定於期限準用之」。因此，附期限之法律行爲當事人，於期限到來前，若有損害相對人因期限到來所應得利益之行爲者，應負賠償損害之責任。

（二）期限到來時之效力

　　期限之到來在民法上可以分爲兩種：1.對於始期之到來，稱之爲「屆至」，因此「附始期之法律行爲，於期限屆至時，發生效力」（民102I）。故附始期之法律行爲成立後，於期限屆至前，尚無法發生其法律效果；2.對於終期之到來，則稱爲「屆滿」，故「附終期之法律行爲，於期限屆滿時，失其效力」（民102II）。例如租約一般均附有始期與終期，故於租約屆至前，承租人尚無權搬入，而於租約屆滿時該租約就失其效力，承租人就應搬出。

（三）不許附期限之法律行爲

　　法律行爲，以可附期限爲原則，不得附期限爲例外。通常不許附條件之法律行爲，亦不可附期限，但二者仍有少許差別，例如票據行爲雖可以附期限，

可是卻不可附條件（票36）；而繼承人之指定可以附條件，但是卻不可附期限。

第六節　代　理

於社會活動日趨頻繁之工商業社會中，一般人往往無法事必躬親，而必須藉助於他人之幫助，方能完成其法律行為。另一方面，行為能力不完全者，為保護其利益，也須藉他人補充其能力之欠缺。此外，因疾病或其他原因，有完全行為能力者事實上不得親自為法律行為時，亦有必要准許他人代本人為行為，並使其效果直接對本人發生之需要。因此近代各國法律均承認代理制度，我國民法亦不例外。不過，有關代理之本質，則各國立法例不一，有就代理於總則中詳加規定者，亦有於總則不設規定而僅於債編委任中加以規定者，我國民法則採折衷方式，於總則中規定法定代理、意定代理等共通適用之條文，而在債編委任章中，再就意定代理做詳細之規定。

第一項　代理之意義

第一款　代理之意義與要件

代理，就是代理人於代理權限內，以本人（被代理人）之名義所為或所受之意思表示，並直接對本人發生效力之行為。例如甲以乙之名義，向丙為意思表示，或甲以乙之名義，接受丙之意思表示，其效力均直接及於本人（乙）。民法第103條即規定，代理人於代理權限內，以本人名義所為之意思表示，直接對本人發生效力。故國內學者通說，認為代理權之授與亦與契約、無因管理、不當得利、侵權行為等，為債之發生的原因。根據現行法之規定，代理之要件可包括下列各點：

（一）須本於代理權

代理行為必須由代理人本於代理權，於代理權限範圍內為之，方可有效。故凡本於代理權而生之代理，稱之為「有權代理」，民法第103條所稱之「代理人於代理權限內」，就指有權代理。若代理人非於代理權限內以本人名義所

為之行為，就是屬於「無權代理」，非經本人承認對於本人不生效力（民170）。

（二）須以本人名義為之

代理行為必須以本人之名義為之，以表示依該法律行為取得權利負擔義務者為本人，至於代理人是否為謀取本人之利益，則非問題之重心。因此，學者稱此種要求為「顯名主義」。相反的，若代理人以自己之名義為意思表示，就非代理。

（三）須代為或代受意思表示

代理人所得代理者，僅限於法律行為及準法律行為，並以代為或代受意思表示為限，故有關事實行為（如占有）、侵權行為（如毀損他人之物）、身分行為（如結婚、離婚、繼承）以及感情表示（如民法第416條與第1053條之宥恕）等，都不能由代理人代為之。不過，未滿7歲之人被收養或終止收養則可由法定代理人代為之（民1076-2I、1080V）。

（四）須直接對本人發生效力

代理制度的主要目的，就是在於使代理人所為行為之法律效果，直接對本人發生效力。例如，乙代理甲向丙購買汽車一部。在此代理關係中，雖然是由代理人（乙）與丙為法律行為，但是卻是由本人（甲）直接與相對人（丙）發生權利義務歸屬關係，是為外部關係。因此，若買賣契約成立，甲即有請求丙交付標的物（車）之權，而丙亦取得請求甲交付價金之權。而在本人與代理人（乙）間，則並無任何權利義務關係，僅有代理權是否存在之問題（代理權之授與），是為內部關係。

第二款 代理與代表、使者之區別

若要了解代理之真正意義，則應將代理與其類似之法律概念，如代表與使者加以區別。

（一）代　表

代表通常出現與法人有關之法律行為。由於法人並無法直接為意思表示或受意思表示，故須設置機關為之。而代表即為法人機關之一，例如董事就是法人之代表（民27Ⅱ），董事對法人事務所為之行為，即視為法人之行為。故代表與代理乃有下列不同之處：1.代表人與本人為同一之人格，而代理人與本人則為不同之人格；2.代表人之行為視為本人之行為，而代理人之行為則僅其法律效果歸屬於本人；3.代表人不但可為法律行為，還可為事實行為（如侵權行為），但代理人則僅可代為法律行為，無法代為侵權行為；4.被代表之人必有行為能力，而被代理之人則不一定有行為能力。

（二）使　者

是指傳達他人意思表示之機關，又稱為傳達機關或傳達人。故使者與代理之不同，可區分如下：1.使者僅傳達本人之意思表示，並非以自己之意思作成法律行為，故意思表示傳達不實者，本人得撤銷之（民89）；相對的，代理人則為意思機關，可代本人為意思表示（積極代理或主動代理），或代本人接受他人所為之意思表示（消極代理或被動代理），故無傳達不實之問題；2.由於使者不須有意思能力，故無行為能力人或限制行為能力人均得為使者，以傳達本人之意思。至於意思表示有無瑕疵，則須就本人決之；相對的，代理人對於代理權限內所為或所受之意思表示並不負擔義務，故縱使是行為能力受限制之人，亦可任之，故民法第104條即規定，「代理人所為或所受意思表示之效力，不因其為限制行為能力人而受影響。」但由於代理人仍必須有為法律行為之意思能力，故無行為能力人不得為代理人。至於意思表示有無瑕疵，則應就代理人決之。

第三款　代理之種類

（一）法定代理與意定代理

法定代理，乃為基於法律規定而取得代理權之代理。例如父母為未成年子女之法定代理人（民1086Ⅰ）。至於意定代理，則是指基於本人授與代理權而取得之代理，例如甲授權乙出賣自己之土地，一般代理權多為意定代理。

（二）有權代理與無權代理

有權代理，就是指有代理權之代理，也就是一般所稱之代理。例如甲爲乙之法定代理人，或是經乙之授權，而代理乙爲法律行爲。相對的，無權代理，則爲無代理權之代理。亦即未經本人授權，就以本人名義所爲之代理行爲（民170）。由於無權代理並不符合代理之要件，故並非民法所稱之代理。

（三）直接代理與間接代理

直接代理，就是行爲人明示爲他人之代理人之情形。也就是代理人以本人名義爲法律行爲，使其效力直接及於本人之代理。例如甲以乙之名義爲買賣行爲，而使本人（乙）直接取得標的物交付請求權與交付價金之義務，就是一種直接代理。相對的，間接代理，就是代理人以自己之名義，爲本人計算，而爲法律行爲，使該行爲之效果，先對代理人發生，再由代理人移轉於本人之代理。例如乙委任甲購車，甲乃以自己之名義爲乙向丙購買汽車一輛，此時契約之效力僅於甲丙間發生，並不及於乙。故丙交車給甲後，甲即應給付價金。日後若甲再將該車過戶予乙，方得向乙請求該車之價金，就是一種間接代理。民法債編第576條以下所規定之行紀，就是間接代理之一種。原則上，間接代理人須具備完全行爲能力，且以自己之名義爲之，故與直接代理有所不同。另外，因法律行爲所得享受之利益，非經代理人移轉後，本人不得主張，故代理人所負擔之義務（如價金），亦須於移轉本人後，本人才負其責任。

（四）一般代理與特別代理

一般代理爲代理權限無特別限制之代理，又稱爲「概括代理」，例如甲授權乙管理處分其一切之財產。至於特別代理，則爲代理權之範圍有特別限制之代理，又稱爲「部分代理」，例如甲授權乙出賣其不動產中之A屋。

（五）單獨代理與共同代理

若將代理權授與數人，而各代理人皆有獨立代理之權限者，稱爲單獨代理，亦有學者稱之爲「集合代理」。若代理權人有數人，但各代理權人並無獨立代理之權限，而須共同行使其代理權，方爲有效者，則稱之爲共同代理。

第二項　有權代理

第一款　代理權之發生

　　有權代理乃係有代理權之代理。而「代理權」，則為得有效為代理行為之「資格」，與一般法律上可取得利益之「權利」截然不同。這是因為代理人之代理權，並不能對本人取得任何權利，亦不負任何義務，僅產生一種得有效為代理行為之資格或地位，故國內學者通說認為，代理權為類似行為能力之一種法律上地位，並非權利，亦非義務。至於代理人與本人間基於代理權之授與所發生之內部關係，則與代理權之外部關係有別。

　　代理人之所以取得代理權，也就是代理權發生之原因，有因為法律規定或法院處分（如選任清算人，民38）而發生，亦有因當事人本人之授權行為而發生。前者稱之為「法定代理」，而後者則稱之為「意定代理」。民法除於總則中規定意定代理與法定代理共通適用之條文外，並於民法債總第167條以下，對意定代理有詳細之規定。由於意定代理之發生，實由本人之授權行為，因此本人與代理人及其相對人相互間，亦會因授權行為而生種種之關係，民法稱之為「代理權之授與」，通說認為係債之發生的原因之一。現僅就意定代理發生原因之授權行為相關之法律問題，加以探討如下：

一、授權行為之法律性質

　　授權行為之法律性質究竟為何，在立法例與學說上有契約說與單獨行為說，但以後者為通說，我民法採之。民法第167條即規定，「代理權係以法律行為授與者，其授與應向代理人或向代理人對之為法律行為之第三人，以意思表示為之」，故授權行為係一種有相對人之單獨行為，而非委任或他種契約，僅須本人授權之意思表示，即可成立，毋須代理人之承諾，亦毋須為一定之方式，縱代理行為依法應以書面為之，而授與此種行為之代理權，仍不必用書面。又因代理人所為之行為，其效力直接及於本人，故代理權之授與，即使對與代理人為行為之第三人以意思表示為之，亦可使之發生效力。

二、授權行為與其基本法律關係

　　一般而言，本人之所以授與代理人代理權，通常是因為雙方已存在有另一種法律關係，例如委任、僱傭、承攬、合夥等，而授權行為即因此等原因關係而生，故在學說上又稱之為授權行為之基本法律關係。至於授權行為與其基本法律關係之間的關係，學說上有無因說（分離說）與有因說（牽連說）之區別，但以後者為通說。也就是說，授權行為不能與其基本法律關係分離，授權行為係因基本法律關係而生，從屬於基本法律關係。故若基本法律關係存續時，授權行為亦因而存續；若基本法律關係消滅時，授權行為亦隨之消滅。而由民法第108條第1項「代理權之消滅，依其所由授與之法律關係定之。」之規定與立法理由觀之，我國立法亦採有因說。

三、代理權之內容與範圍

　　代理人得代理本人為法律行為之限度，就是代理權之範圍。在法定代理，代理權之內容與範圍，應依法律之規定自不待言。而在意定代理，則應依授權行為定之，也就是依本人授權之意思表示以為決定。若意思表示不明時，除可依民法第98條探求當事人真意外，為保護本人之利益，應解釋代理人僅能代本人為保存、利用、改良等「管理行為」，而不得為讓與、變更或消滅權利等「處分行為」。

四、代理人之能力

　　代理制度之特色，在於代理人所為或所受之意思表示，其效力直接及於本人，而不及於代理人。故代理人並非權利義務之主體，原則上並不需要有權利能力。但是雖然如此，代理人是否需要有行為能力與意思能力，則仍有爭議。

（一）行為能力

　　對於代理人是否須具有完全之行為能力，民法第104條很明確的規定，「代理人所為或所受意思表示之效力，不因其為限制行為能力人而受影響。」這是因為代理人所為或所受意思表示之效力及於本人，而不及於代理人，故雖

然代理人爲限制行爲能力人，但其所爲或所受之意思表示，亦不因此而妨害其效力，故仍可爲代理人。但是值得注意的是，雖然本條僅規定限制行爲能力人亦得代理他人爲法律行爲，並未論及無行爲能力人，但就代理制度之目的與代理與使者之區別而論，無行爲能力人既無法代爲意思表示，故無行爲能力人在解釋上應不得爲代理人。此外，第104條之規定僅以意定代理爲限，並不適用於法定代理之情形，例如未成年人及受監護或輔助宣告人，不得爲監護人（民1096）[1]，故無行爲能力人及限制行爲能力人均不能爲法定代理人。

（二）意思能力

由於代理人係代本人爲意思表示或受意思表示，故代理人仍須具有意思能力，故無意思能力之人，例如無行爲能力人與受監護宣告人，因爲無意思能力而不得爲代理人。由於因代理行爲所生之法律效果直接歸屬於本人，但是關於意思表示要件事項之有無，例如意思表示不一致、被詐欺或被脅迫等，則應就爲該意思表示之代理人定之。若代理人之代理關係是因法律行爲所授與（即意定代理），而其意思表示又是依照本人之指示而爲之，此時由於該意思並非出於代理人，而係出於本人，故究竟有無此種事項，其意思表示有無瑕疵，就應以本人而定，乃屬當然之理。故民法第105條即規定，「代理人之意思表示，因其意思欠缺、被詐欺、被脅迫或明知其事情，或可得而知其事情，致其效力受影響時，其事實之有無，應就代理人決之。但代理人之代理權係以法律行爲授與者，其意思表示，如依照本人所指示之意思而爲時，其事實之有無，應就本人決之。」例如甲之代理人乙誤認A畫爲眞跡而高價購買，此時是否有錯誤之情事，應就代理人乙決之，但若乙係依照本人甲之指示而代爲購買，則是否有錯誤之情事，則應就本人（甲）決之。至於條文中所謂之「意思欠缺」，則指意思表示不一致，包括心中保留、虛僞表示、錯誤、誤傳。至於被詐欺、被脅迫，則指意思表示之不自由。而「明知其事情或可得而知其事情」，則指第91條但書與第92條第1項但書之情形。

---

[1] 民國97年5月23日修正公布之第1096條規定：「有下列情形之一者，不得爲監護人：一、未成年。二、受監護或輔助宣告尚未撤銷。三、受破產宣告尚未復權。四、失蹤。」（本次修正自公布後1年6個月施行）

第二款　代理權之限制

代理權之限制，乃指依法律之規定或依本人之意思，而對代理人權限或其範圍所特別加諸之限制。一般而言，就法定代理而言，法定代理人權限之限制有基於法律性質者，例如代理僅得就法律行為代理本人，而不得代理本人為身分上行為；亦有基於法律明文規定而受到限制者，例如民法第1101條監護人處分受監護人之不動產，應得親屬會議之允許[2]。相對的，意定代理權之限制則有下列三種情形：

（一）本人之限制

本人對代理權之限制，乃基於本人與代理人間之內部關係，故必先有代理權之授與，方有可能發生對代理權限之限制以及可否以其限制對抗第三人之問題。由於其限制外部第三人不易得知，為保護善意第三人，民法乃規定，「代理權之限制及撤回，不得以之對抗善意第三人。但第三人，因過失而不知其事實者，不在此限」。亦即本人或代理人不得以代理權限制或撤回之事實，對抗善意第三人。惟若因可歸責於第三人之事由，例如本人已有通知該第三人，但其卻因疏忽未閱讀該通知，致不知代理權受限制之情事，法律即無保護之必要。實務上更認為，善意第三人是否主張代理權之限制或撤回，有其選擇之自由。故其可主張代理行為有效（成為表見代理），亦可主張其為無效（司法院77.8.20廳民2字第1046號函）。

（二）雙方代理之禁止

若當事人之一方，得為他方之代理人而為法律行為，或是代理人得為雙方之代理人而為法律行為，則因為利益衝突，代理人將無法盡其職務，故民法第106條本文乃明文規定，「代理人，非經本人之許諾，不得為本人與自己之法律行為，亦不得既為第三人之代理人，而為本人與第三人之法律行為。」其中，代理人代理本人與自己為法律行為，謂之「自己代理」，例如代理人（乙）以本人（甲）之名義出賣A屋，又以自己之名義買入A屋。至於本條後

2　民國97年5月23日修正公布之民法第1101條規定，已刪除親屬會議，改由法院行使同意權。（本次修正自公布後1年6個月施行）

段之雙方代理，則爲代理人乙代理第三人丙出賣房屋，又代理本人甲買受該屋。由於此等行爲易生厚此薄彼或利益衝突之情事，故法律原則禁止之。不過，若雙方代理之情事已經本人許諾，或是該法律行爲係專爲履行債務而爲，則此時不但可尊重本人之意思，亦無利益衝突之弊病，故例外的允許雙方代理，因此第106條但書乃規定「但其法律行爲，係專履行債務者，不在此限」。本條即爲一「原則禁止、例外許可」之立法。原則上，雙方代理禁止之規定（民106）於意定代理及法定代理均有其適用（65台上840）。

（三）共同代理之限制

若代理人有數人，其代理權爲單獨代理或爲共同代理，原則上應依法律或本人之意思表示而定之。不過，如法律並未規定，而本人亦未另爲意思表示時，民法則將其視爲共同代理，以防止無謂之爭議。故民法第168條即規定，「代理人有數人者，其代理行爲應共同爲之。但法律另有規定或本人另有意思表示者，不在此限」。此之所謂法律另有規定（不以共同代理爲必要），例如民法第556條所規定之「商號得授權於數經理人。但經理人中有二人之簽名者，對於商號，即生效力」，即是一例。而本人另有意思表示，則以本人於授權行爲時所爲之其他意思表示爲準，例如本人聲明不須以共同代理爲必要時，各代理人即可爲單獨代理。

第三款　代理權之消滅

代理權之消滅，就是指代理關係之終了。而其消滅之原因，有法定代理與意定代理所共通之原因，亦有其各別之原因，以下即分述之。

一、共通之消滅原因

法定代理與意定代理共通之消滅原因包括本人死亡、代理人死亡以及代理人受監護宣告等三種。若本人死亡，其權利義務之主體隨之消滅，無法再爲法律行爲，自無再由代理人代爲法律行爲之餘地。但在意定代理，若法律另有規定時，亦有例外，例如民法第564條即規定，「經理權或代辦權不因商號所有人之死亡、破產或喪失行爲能力而消滅」。此外，由於代理權僅爲一種資格或

地位，並非權利，故不得繼承，且代理人仍須具有基本之意思能力。故代理人一旦死亡，或是受監護宣告而成為無行為能力人，代理權亦隨之消滅。

二、法定代理權消滅之特殊原因

法定代理權乃基於法律之規定，目的在於保護行為能力不完全之人的利益。雖然民法並未對其消滅有一般之規定，但仍依其發生而有其特別之規定。例如未成年人已成年（民12）、監護宣告之撤銷（民14 II）、父母喪失親權（民1090）、監護人之撤退（民1106、1106-1）、遺產管理人職務終了（民1184）。

三、意定代理權消滅之特殊原因

（一）當然消滅

若代理權之授與附有解除條件或存續期限者，則於其解除條件成就或期間屆滿時，當然消滅。此外，若本人係因某特定目的而授與代理權，則於該特定目的完成後，該代理權亦隨之消滅，自不待言。

（二）基本法律關係消滅

由於我國對代理權之立法採有因說，故代理權之存續與否即與其基本法律關係攸關。是故，「代理權之消滅，依其所由授與之法律關係定之」（民108 I）。例如因委任或僱傭關係而生之代理權，若委任或僱傭關係消滅，其代理權亦隨之消滅。

（三）代理權之撤回

除基本法律關係消滅外，本人亦得在基本法律關係存續中，將其所授與之代理權撤回，以向後的消滅其代理關係。若一旦撤回，代理人繼續以本人代理人名義為代理行為，而本人並未更為反對時，即為表見代理。故民法第108條第2項即明文規定，「代理權，得於其所由授與之法律關係存續中，撤回之。但依該法律關係之性質不得撤回者，不在此限。」此之所謂該法律關係之性質不得撤回者，例如甲因承攬關係而授與乙代理權。而依承攬之性質，乃係以完

成一定工作爲目的（民490），故在承攬關係存續中，甲就不得撤回其對乙所授與之代理權。此外，雖然本人可撤回其代理權，不過代理權之撤回，則不得以之對抗善意第三人。但第三人因過失而不知其事實者，不在此限（民107）。

（四）代理權消滅之效果

代理權一經消滅，代理人即當然喪失其代理權，不得再代理本人代爲或代受意思表示，若仍爲之，則爲「無權代理」，應依無權代理之規定負責。此外，本人於授權時若有交付與代理人授權書，則在代理權消滅或撤回時，代理人須將授權書交還於授權者，不得留置（民109），以使雙方之關係更爲明確，並避免第三人因授權書而產生誤信。

第三項　無權代理

無權代理，就是欠缺代理權之代理。也就是行爲人未經取得代理權，卻以代理人名義所爲之行爲，或雖已取得代理權，而其代理行爲踰越代理權限之情形。關於無權代理，民法僅於總則中規定無權代理人之無過失責任（民110），而於債總中才詳細規定無權代理之不同類型，如表見代理（民169）與狹義之無權代理（民170）。

第一款　表見代理

一、表見代理之意義

所謂之表見代理，就是代理人雖無代理權，而因有可信其有代理權之正當理由，遂由法律視同有代理權之制度（55台上1054）。在表見代理之情況下，由於本人之行爲在外觀上有足使他人相信代理人有代理權之正當事由，故雖然本人在實際上並未授與代理權，但爲保護交易之安全與代理制度，法律乃使本人負一定之責任。除非第三人已明知或可得而知他人並無代理權，而仍與其爲法律行爲。由於法律並不保護第三人之故意或過失，故本人亦不負授權人之責任。此外，由於代理人僅可代本人爲法律行爲，代理權限僅限於意思表示範圍以內，不得爲意思表示以外之行爲，故不法行爲與事實行爲均不得成立代理，

亦無法成立表見代理（55台上1054）。至於依第169條規定，表見代理之成立
類型則有下列二種：

（一）本人由自己之行為表示以代理權授與他人

　　就是依本人之行為，足以使第三人相信本人已將代理權授與他人之情形。
於一般社會生活中，此種表見代理之方式層出不窮，例如因自己沒有時間，而
將私章與存款簿或提款卡請同事或朋友代為領款，或將身分證或影本與印章交
由他人代辦手續或參與股票抽籤等等，不一而足。而實務上所發生的表見代理
情形則包括本人將自己之印鑑與支票簿交由他人保管，而為他人私自簽發支票
（44台上1428），或是公司准許他人以公司之名義與第三人為法律行為（28渝
上1573、45台上461），或是甲將已蓋妥印章之空白支票交予乙，授權乙代填
金額以辦理借款（52台上3529）等，都是例證。

（二）知他人表示為其代理人而不為反對之表示

　　由於此種情形，與默示他人有代理權意義相當，不可避免會使第三人相信
有代理權授與之情事，故本人就應負授權人之責任。不過，此之所謂「知」他
人表示為其代理人而不為反對之表示者，必須以本人實際知其事實為前提，亦
即必須「明知」，若只是「可得而知」或「應知而不知」之過失情形，則不包
括在內，而必須由相對人就本人是否明知此事實負舉證責任（68台上1081參
照）。例如甲明知乙表示為其代理人，以甲之名義向丙購買貨物，卻未為反對
之表示，使丙依約將貨物交付，卻未獲付款。甲即應負授權人之責任，就該買
賣關係給付貨款及法定遲延利息（70台上1041）。

二、表見代理之效力

　　對他人表見代理之行為，表面上之本人應對第三人負授權人之責任（民
169），本人有無過失在所不問（44台上1424）。但第三人明知其無代理權或
可得而知者，本人即不負授權人之責（民169但）。是故，若善意第三人主張
表見代理之效力應及於本人時，本人就不得以並未授與代理權對抗。相對的，
若第三人並未主張本人應負責，則本人非先承認該表見代理，不得主張其效力
及於自己。值得注意的是，實務上認為本人若要對此種表見代理負責，則必須

以他人所爲之代理行爲，係在本人曾經表示授與他人代理權之範圍內爲其前提要件（40台上1281）。最高法院亦曾判決指出，國人將印章交付他人辦理特定事項者，比比皆是，若持有印章之該他人，除受託辦理之特定事項外，其他以本人名義所爲之任何法律行爲，均須由本人負表見代理之授權責任，未免過苛。不宜僅憑本人交付他人印章之事實，即認本人應就原授權行爲以外之保證契約負表見代理之授權人責任（70台上657）。不過，爲避免訟爭，最好不要隨意將印章、身分證等證明文件等交付他人，以免因而負起表見代理之授權人責任。

第二款　狹義無權代理

一、狹義無權代理之意義

　　狹義之無權代理，則爲無代理權人以代理人之名義所爲之法律行爲。其範圍包括表見代理以外之其他無權代理之類型，例如授權行爲無效之代理、逾越代理權範圍之代理、代理權消滅後之代理、不具備表見代理要件之代理。民法所稱之無權代理，就是指狹義之無權代理。

二、狹義無權代理之效力

（一）本人與相對人間之效力

　　狹義無權代理既然未經本人授與代理權，又無使人信其爲有代理權之原因事實，故理論上應使之無效。不過，若使該行爲經本人追認，對於本人發生效力，不但可保護本人之利益，亦不損害相對人之利益，故民法第170條第1項乃規定，「無代理權人以代理人名義所爲之法律行爲，非經本人承認，對於本人，不生效力」，故狹義無權代理行爲在性質上屬於效力未定之法律行爲，須經本人向相對人或無權代理人以意思表示爲承認或拒絕承認，方可生效。

1.本人之承認與拒絕承認

　　承認與拒絕承認均爲有相對人之意思表示，故應向相對人或無權代理人以意思表示爲之（民116）。無權代理行爲非經承認，對於本人不生效力。若一經本人承認，除法律另有規定外，即可溯及於爲法律行爲時發生效力（民115）。但本人若拒絕承認，則該無權代理行爲亦確定不生效力。不過，對於

法律不許為代理之行為，如身分行為、事實行為等，縱使本人承認亦不生效。例如兩願離婚與訂立婚約即為不許代理之法律行為，其由無權代理人（如父母）為之者，本人縱為承認，亦不因之而生效（29渝上1904）；縱使婚約由當事人雙方承認，也無法生效。僅能視為新訂婚約（33上1723）。

2.相對人之催告權與撤回權

　　而為平衡當事人之權益，以免本人拖延而不予以承認，有害相對人之利益，故民法乃賦予相對人催告權與撤回權，以便及早確定法律關係。亦即相對人於本人未承認前，得定相當期限，催告本人確答是否承認，如本人逾期未為確答，即視為拒絕承認（民170II）。相對的，相對人亦可於本人承認前，行使撤回權，撤回其意思表示，以保護其利益。但若法律行為時明知其無代理權者，則無保護之必要，故不許撤回（民171）。

（二）無權代理人與相對人間之關係

　　若本人承認無權代理人所為之法律行為，則該法律行為即成為有權代理行為，直接對本人發生效力，相對人與無權代理人就不會發生任何關係。如果因本人不承認該無權代權行為，或因相對人未行使撤回權，而使相對人遭受損害時，無權代理人之責任為何？民法第110條亦特別規定，「無代理權人，以他人之代理人名義所為之法律行為，對於善意之相對人，負損害賠償之責。」民法之所以課以無權代理人此種無過失賠償責任，乃在於無權代理人以他人之代理人名義，與相對人為法律行為時，其所為之法律行為，當然無效。若善意之相對人因此而遭受損害，自應由無權代理人，而非本人，負賠償責任，方可保護善意相對人之利益。

　　至於無權代理人此種責任之法律上根據如何，見解不一。而依通說，無權代理人之責任，係直接基於民法之規定而發生之特別責任，並不以無權代理人有故意或過失為其要件，係屬於所謂原因責任、結果責任或無過失責任之一種，而非基於侵權行為之損害賠償。故無權代理人縱使證明其無故意或過失，亦無從免責。至於本條請求權之消滅時效，在民法既無特別規定，則應適用民法第125條第1項所定之15年期間（56台上305參照）。

第四項　複代理

　　所謂複代理，乃指代理人以自己之名義選任他人，代理自己行使代理權之全部或一部。民法對於可否選任複代理，並未規定。於解釋上，由於法定代理並非以本人對代理人之信任為基礎，故法定代理人得為本人選任複代理人；相反的，意定代理則係基於本人之授權行為而發生，故除本人同意或另有習慣或約定外，則不得由意定代理人更為本人選任複代理人。而複代理人以本人名義所為之代理行為，對於本人亦不能直接發生效力。若本人同意或另有約定，例如訴訟案件，本人所委任之律師於案件需要時則可委任複代理人進行訴訟，則仍為有效。

第七節　法律行為之無效與撤銷

　　法律行為，若具備法律行為之成立要件與生效要件，即為有效之法律行為。惟若法律行為不具備成立要件，或不具備生效要件時，該法律行為即為無效或得撤銷之法律行為。為此，立法者基於法益之衡量，乃對法律行為所欠缺要件或違反法益之不同，而賦予不同之法律效果。

　　依現行法律架構，法律行為之效力，除有效之法律行為外，還可分為下列三種不同之類型：(1)若因法律行為所欠缺之要件係關於公益（如違反強制禁止規定或公序良俗）與私法自治之原則（如行為能力、通謀虛偽意思表示）時，由於其影響當事人權益與社會公益，故法律乃使其無法發生法律上之效力，又稱之為「無效之行為」；(2)若法律行為所欠缺之要件僅與私益有關（例如因錯誤、詐欺或脅迫等情事），此時法律行為之效力雖已發生，但法律准許特定人得除去其效力。此種效果，稱之為「得撤銷之行為」；(3)若法律行為所欠缺之要件僅係未得到他人之同意（例如限制行為能力人未得法定代理人所訂立之契約、無權代理或無權處分等），由於只要得到有權利人之承認，就可以補正其瑕疵，但在有權利人承認前，該法律行為則屬「效力未定之行為」。以下即分別加以說明。

第一項　法律行為之無效

第一款　無效之意義

　　所謂無效，就是指法律行為欠缺成立要件或雖已成立，但因欠缺有效要件，而使該行為自始、確定、當然、絕對的不發生法律效力。凡虛偽意思表示、不依法定方式之行為、無行為能力人之行為、違反強制禁止規定、以及有背公序良俗之法律行為，均屬無效。若屬無效之法律行為，則在該法律行為成立時，就已確定不生效力（32上671），是為自始確定無效，縱使嗣後無效原因消滅，或已得當事人之承認，亦無法使該法律行為成為有效。

　　另一方面，雖然無效法律行為具有法律行為之外觀，但是任何人都可主張其無效，該法律行為也對任何人都不生效力，是為絕對無效，若當事人基於無效之法律行為提出請求，法院得不待被告之抗辯，逕行駁回其訴。是故，對於無效之法律行為，即毋庸法院再為無效之宣告，法院得依職權認定其為當然無效。不過，若有需要，當事人仍可提起消極確認之訴，請求法院確認該法律行為無效，例如確認婚姻無效（家事52）即是一例。

　　例如甲乙間成立買賣契約，但因乙無行為能力，而使該契約無效，此時買賣契約之效力即自始確定不發生，不但毋須法院宣告該法律行為就當然無效，而且對任何人亦均絕對無效。不過，無效，僅指不發生該法律行為之效力而言，若因該法律行為而發生其他法律效果時，則仍不妨礙其發生。例如甲乙之契約若已履行完成，惟因其契約之自始無效，就會使甲乙都會發生無法律上原因而受利益之不當得利問題，此時，當事人間可相互請求他方返還其所給付之標的物。故當事人此種不當得利請求權則不會因該法律行為（契約）無效而隨之無效。

　　此外，無效與解除（民257以下）亦有不同。契約無效，乃法律上當然且確定的不生效力，其當事人於行為當時，知其無效或可得而知者，應負回復原狀或損害賠償之責任。至契約之解除，乃就現已存在之契約關係而以溯及的除去契約為目的，於契約解除時，當事人雙方均有回復原狀之義務，故契約無效與契約解除，性質上並不相同（49台上1597）。

第二款　無效之分類

（一）絕對無效與相對無效

　　所謂絕對無效，就是指任何人或對任何人均可主張無效。例如買賣人口、毒品之契約，即因違反強制禁止規定而絕對無效。相對的，相對無效則是指特定之人，或對於特定之人不得主張無效，例如法條中所規定之「不得以其無效對抗善意第三人」之規定（民87I但），即屬相對無效。

（二）自始無效與嗣後無效

　　自始無效，乃法律行為成立時，即因欠缺成立要件或生效要件而確定不生效力，例如契約當事人為未滿7歲之無行為能力人，或是標的物於訂約前就已滅失（民246）。故行為人即不得依據無效之行為主張取得任何權利（32上671）。而嗣後無效，則指法律行為有效成立後，效力發生前，發生無效之原因而使該行為無效。例如買賣契約成立後，停止條件成就前，買賣標的物被禁止交易，此時該契約因無法有效成立，就屬於嗣後無效。

（三）全部無效與一部無效

　　無效之原因，若存在於全部法律行為時，該法律行為就會全部無效。相對的，若無效之原因，僅存在於法律行為之一部分，則僅該部分無效，故稱之為一部無效。至於其他部分是否仍然有效，民法則規定，「法律行為之一部分無效者，全部皆為無效。但除去該部分亦可成立者，則其他部分，仍為有效」（民111）。也就是說，原則上一部無效是否會影響該法律行為之全部效力，應視該無效部分是否可以與其他部分分離獨立而定。若為可分，則除去該無效部分，其他部分仍然有效；若不可分，則該法律行為全部皆為無效。至於可分與否，則應視個別情形而定。例如，甲以一個贈與契約將其所有之毒品槍械與金錢贈與乙。由於其贈與之法律行為可分，雖然其贈與毒品槍械之部分無效，但贈與金錢之部分則仍然有效。不過，法院實務上則認為，本條但書之規定，並非謂凡遇給付可分之場合，均有其適用。尚須綜合法律行為全部之旨趣、當事人訂約時之真意、交易之習慣、其他具體情事，並本於誠信原則予以斟酌後，認為使其他部分發生效力，並不違反雙方當事人之目的者，始有其適用

（75台上1261）。

　　例如甲向乙買A地與位於其上之B屋，準備自住。嗣後發現，B屋於締約前就已毀於大火，因為標的物於締約前滅失，依民法第246條自始客觀不能之規定，使購買B屋之法律行為無效。由於甲購買B屋乃係為居住之目的，B屋已毀於火即無法達成其交易之目的，依第111條之規定，購買A地之法律行為亦隨之無效。不過，如果甲購買A地與其上之B屋之目的，乃是欲將B屋拆除改建大樓，故B屋雖於締約前滅失，但並不妨礙交易目的之達成，故A地依第111條但書之規定則仍然有效。

第三款　無效法律行為之轉換

　　所謂無效法律行為之轉換，就是指法律行為無效時，若該行為具備其他法律行為之要件，且依其他法律行為可以達成同一之目的時，若當事人知其無效即有為其他法律行為之意思，就應使其他法律行為有效，以符合當事人之意思。故民法乃於第112條對無效法律行為之轉換作如下之規定，「無效之法律行為，若具備他法律行為之要件，並因其情形，可認當事人若知其無效，即欲為他法律行為者，其他法律行為，仍為有效」。例如，發票人簽發票據之行為，雖因不具備絕對必要記載事項而無效，但若可作為不要因之債務承擔契約時，該契約就仍然有效。

　　至於無效法律行為轉換之方式，可以分為法律上轉換與解釋上轉換二種。前者，乃係依法律規定而使無效法律行為轉換為其他有效之法律行為，例如民法第160條第1項規定，「遲到之承諾，視為新要約」，以及「密封遺囑未具備法定方式而具備自書遺囑之要件時，有自書遺囑之效力」（民1193），都是例證。至於解釋上之轉換，則係探求當事人真意而依法理加以轉換。例如票據行為雖然無效但可解釋為債務承擔契約。

第四款　無效法律行為當事人之責任

　　無效法律行為發生後，當事人有因該無效之行為而為給付者，亦有因此而遭受損害者。若當事人均為善意或對該無效行為之發生並無過失時，自不得加以歸責，命其負賠償責任。不過，若當事人對該無效行為之發生，於行為當時

就已明知（惡意）或可得而知（有過失），卻仍然爲之者，即應令其負起責任。是故，民法第113條乃明文規定，「無效法律行爲之當事人，於行爲當時，知其無效或可得而知者，應負回復原狀或損害賠償之責任。」

不過，由於我國民法有關損害賠償之方法，係以回復原狀爲原則，金錢賠償爲例外（民213、214參照），故無效法律行爲發生損害後，如有回復原狀之可能，受害人若請求加害人賠償，應先請求爲原狀之回復，倘非法律另有規定或契約另有訂定，不得逕行請求金錢賠償。

第二項　法律行爲之撤銷

第一款　撤銷之意義

所謂撤銷，就是撤銷權人行使撤銷權，而使法律行爲效力溯及的歸於消滅。一般而言，可被撤銷之法律行爲（稱之爲得撤銷之法律行爲），並非當然自始無效，只是有撤銷權之人，得主張其法律行爲有瑕疵，而行使撤銷權使該法律行爲溯及既往歸於無效。凡因錯誤、被詐欺、被脅迫而爲之行爲，均屬於得撤銷之法律行爲。

一般而言，撤銷有下列之特色：(1)得撤銷之行爲僅限法律行爲，而不包括其他行爲；(2)撤銷係消滅已生效力之行爲，故與無效之法律行爲在行爲當時即已確定不生效力，以及撤回係阻止向未生效之法律行爲生效，均有不同；(3)撤銷須由撤銷權人主張之，而無效之法律行爲則毋須特定人主張，即當然自始確定無效；(4)得撤銷之法律行爲須經撤銷方始溯及的失其效力，若未經撤銷則仍然有效。故得撤銷之法律行爲；其效力雖已發生，但仍處於不確定之狀態；而效力未定之行爲，其效力則尚未發生，故二者亦明顯有別。

第二款　撤銷權與撤銷權人

撤銷權，是一種可依其意思表示，而使法律行爲之效力溯及歸於消滅之權利。在性質上則爲形成權之一種，一經表示，即生效力。

撤銷權人，則是因爲得撤銷行爲而遭受損害之人，也就是依法律具有撤銷該行爲權利之人。對於何人具有撤銷權，民法則於各法條中分別加以規定，例

如第74條之暴利行為，第88條、第89條之錯誤，第92條意思表示不自由，第244條債權人之撤銷權，第408條、第416條、第417條之贈與人撤銷權，以及第989條至第997條有關結婚之撤銷。實務上亦指出，意思表示之內容有錯誤或表示行為有錯誤者，唯表意人始得將其意思表示撤銷之。而撤銷權人欲撤銷其自己之意思表示或他人之法律行為者，除法律規定必須訴經法院為之者外，以意思表示為之為已足，毋庸提起形成之訴請求撤銷（52台上836）。

至於撤銷權人行使撤銷權之方法，則應以意思表示為之。如相對人確定者，此項意思表示，應向相對人為之（民116）。此之所謂「相對人」，在雙方行為（如契約），為契約相對人；在有相對人之單獨行為（如催告或要約），則為受意思表示之人；而在無相對人之單獨行為（如懸賞廣告），則為所有依法律行為而直接取得利益之人。

第三款　撤銷之法律效果

（一）撤銷具有溯及效力

法律行為經撤銷者，視為自始無效（民114I），故法律行為一經撤銷，則一切法律關係均應回復其未為法律行為前之狀態。例如物之出賣人，於買賣契約被撤銷後，就又回復為物之所有人的資格，故可行使所有物返還請求權請求相對人返還其所有物。

（二）撤銷具有絕對效力

得撤銷之法律行為，經有撤銷權人撤銷時，即會造成當事人之行為無效，但是對於是否會使第三人之行為亦屬無效，則各國立法例不一，我國則採多數立法例之肯定說，認為撤銷權之行使具有絕對之效力，可以對抗第三人。故撤銷權人一旦行使撤銷權，不但相對人因該被撤銷之行為所取得之權利，當然復歸於撤銷權人，就連從相對人處受讓同一權利之第三人，亦當然喪失其權利。不過，若法律上另有規定時，例如善意受讓（民801、948），或是有第92條第2項之情形，則善意第三人應受法律特別之保護，就不會因撤銷權人行使撤銷權而喪失其權利。

（三）惡意當事人負回復原狀或賠償責任

若當事人具有惡意，亦即當事人知其得撤銷，或可得而知者，其法律行為、撤銷時，民法第114條第2項即明文規定，準用第113條之規定，故惡意之當事人應負回復原狀或損害賠償之責任。

第四款　撤銷權之消滅

撤銷權，可因除斥期間之經過與撤銷權人之承認等原因而消滅。

（一）除斥期間之經過

例如因錯誤而得撤銷其法律行為者，其撤銷權若未於1年之除斥期間內行使，即行消滅。同樣的，因詐欺或脅迫而得撤銷其行為者，若未於發現詐欺或脅迫終止後1年內，或自意思表示後10年內行使其撤銷權，其撤銷權亦當然消滅。

（二）撤銷權人之承認

所謂承認，乃為撤銷權之拋棄，也就是撤銷權人不再行使撤銷權，而將其意思表示向相對人為之，而使得撤銷之法律行為確定的發生效力。故有撤銷權之人才有承認權。另外，承認為單獨行為，故應以意思表示為之。若相對人確定者，應向相對人為之（民116）。至於承認之法律效力，民法第115條則規定，「經承認之法律行為，如無特別訂定，溯及為法律行為時，發生效力。」是故，得撤銷之法律行為，若經承認權人承認後，就可被認為係自始確定有效之法律行為。

第三項　效力未定

效力未定之法律行為，即是否發生效力尚未確定之法律行為。法律行為之效力之所以未定，主要是因為其發生效力與否往往繫於第三人之意思表示，故在該第三人未表示同意之前，其效力則處於未定之狀態。是故在性質上與自始確定無效之無效行為，以及與法律行為已生效但卻可撤銷之得撤銷法律行為，

均有不同。依現行法規定，效力未定之法律行為可以分為須得第三人同意之行為與無權處分行為兩大類，以下即分別討論之。

第一款　須得第三人同意之行為

須得第三人同意之行為，就是指經有同意權之人同意，法律行為方能發生效力。也就是民法第117條「法律行為，須得第三人之同意，始生效力者」之情形。故在同意權人同意或拒絕以前，此種法律行為，乃處於效力未定之狀態，既非有效、亦非無效、亦不屬於得撤銷。例如限制行為能力人所訂立之契約（民79）、無代理權人所為之無權代理行為（民170）以及債務承擔契約（民301），都須經過有同意權之人的同意或拒絕，方可確定。

（一）同　意

同意權人之同意，可分為兩種。其在為法律行為之前所為之事前同意，稱之為允許。對於允許，同意權人可任意撤回。而在法律行為成立後所為之事後同意，則稱之為承認，一經表示，則不得撤回。原則上，同意與拒絕同意均為有相對人之意思表示，故得向當事人之一方為之（民117），至於同意之方式，則並無限制，明示默示均可。法律行為一經同意權人同意，即確定發生效力。若是經允許之法律行為，例如限制行為能力人得法定代理人允許之行為，則有完全之效力（民77）；而經承認之法律行為，若無特別規定，則溯及至為法律行為時發生效力（民115）。例如限制行為能力人所立之契約經法定代理人承認即是（民79）。至於對無代理權人以代理人名義所為之無權代理行為，則非經本人之承認，對於本人不生效力。不過法律行為之當事人則有催告權（民170II）與撤回權（民171）。

（二）拒　絕

拒絕乃同意權人表示不同意之意思表示，故其與同意相同，為有相對人之意思表示。若須得第三人同意之法律行為經同意權人拒絕同意時，就確定的不生效力。

第二款　無權處分

一、無權處分之意義

　　無權處分，就是無權利人以自己之名義，對他人之權利標的物所爲之處分行爲。例如甲未經授權將乙之古畫謊稱爲其所有，而出賣給丙（出賣他人之物）的情形，就是最佳的例證。此處，甲未經授權，亦非所有權人，卻以自己之名義處分乙之古畫，故甲爲無權利人，也就是對權利標的物無處分權之人。至於處分行爲，則是指直接使權利移轉、變更、增加負擔或消滅之行爲而言。若甲非以自己之名義、而是以乙之名義，將乙之古畫出賣於丙，則爲無權代理行爲（民170）。

　　不過在學說與實務上，則對於無權處分之「處分」行爲究竟包括哪些行爲，有不同之見解。國內學者通說認爲，處分行爲應以物權行爲與準物權行爲爲限，至於一般之負擔行爲（債權行爲），則因不涉及處分能力問題，自不包括在內。相對的，實務上見解則認爲，民法第118條第1項之「處分」，不以物權行爲與準物權行爲爲限，買賣契約之債權行爲亦包括在內。故出賣他人之物所訂立之買賣契約，非經有權利人之承認，不生效力（39台上105、69台上588）。

二、無權處分行為之效力

　　無權處分本屬不法，但若完全禁止無權處分，亦有所不便，故民法爲圖實際上之便利，乃對無權處分之效力有如下之規定：

（一）無權處分經有權利人之承認

　　無權處分爲效力未定之法律行爲之一，故「無權利人就權利標的物所爲之處分，經有權利人之承認，始生效力」（民118I）。權利人一經承認，則可使該無權處分行爲溯及的發生效力。至於承認亦無須踐行一定之方式，如有權利人就此有明示或默示之意思表示，雖然未以書面爲之，亦可生效（33上6950）。

（二）無權利人嗣後取得標的物之權利

　　無權利人處分權利標的物後，雖然未得到有權利人之承認，但是嗣後其已從有權利人處受讓該權利，例如因買賣或繼承關係而取得標的物之所有權，此時則應溯及法律行為之時發生效力，以使其處分自始有效。故民法第118條第2項乃規定，「無權利人就權利標的物為處分後，取得其權利者，其處分自始有效。但原權利人或第三人已取得之利益，不因此而受影響」。例如甲之子乙未經甲之同意，將甲所有之古瓶出售與丙。嗣後甲死亡，乙因繼承而取得該古瓶之所有權，則其原為之無權處分亦因此而自始有效。不過，為保護原權利人與第三人，但書亦規定原權利人與第三人已取得之利益並不因該處分行為自始有效而受影響。

　　值得注意的是，若是無權利人就權利標的物為處分後，並非由無權利人繼承權利人，而是由權利人繼承無權利人時，又應如何？例如前例，乙於無權處分該古瓶後先行死亡，而由其父甲繼承，此時該處分是否有效？對於此種反向繼承之問題，我國司法實務之見解認為，雖然法無明文規定，然在繼承人就被繼承人之債務負無限責任時，不論無權利人繼承權利人，或是權利人繼承無權利人，二者實具有同一之法律理由，故可類推適用第118條第2項之規定，而認為其無權處分為有效（29渝上1405、39台上105參照）。

（三）數處分相互牴觸

　　若無權利人先後為數個相互牴觸之處分行為，其法律效果若無明白之規定，將滋生爭議，故民法第118條第3項乃規定，「前項情形，若數處分相牴觸時，以其最初之處分為有效。」例如乙在將其父之古瓶出賣給丙後，又將該古瓶出賣與丁，嗣後乙因繼承而取得該古瓶之所有權時，其所為之處分行為雖然有效，但是卻發生一物兩賣之情事，且二者互相牴觸無法並存，此時即應以最初之處分為有效，也就是出賣給丙之處分行為為有效。若乙所為之數個處分行為並不牴觸，例如乙將甲之古瓶出售與丙，又將甲之古畫出售與丁，由於並無相互牴觸之處分行為存在，即可依前項規定分別生效。

第五章　期日與期間

第一節　期日與期間之意義

　　時間與權利之成立與消滅，有重大的關係，故各國均對時間之計算有所規定。例如若逾一定之期間，則會生權利發生或喪失之效力（消滅時效），或經過一定期間，則可取得權利等（取得時效），不一而足。

　　惟時間則有期日與期間之區別。所謂期日，乃為其時點不可區分或視為不可分之特定時點，例如約定6月1日或是6月1日上午10時交付某物品，則該時點即為不可分割之期日，故期日須其時期特定，但不問其時期之長短為何。相對的，期間就是一段時間之經過，例如租約載明租期自1月1日至12月31日，則此段時間就為期間。故期日為時之靜態，而期間則為時之動態。

第二節　期日與期間之計算

第一款　期日與期間之計算方法

　　期日與期間之訂定，有因法令定之者，有因法院審判定之者，亦有因當事人法律行為定之者，由於其訂定的期日與期間不同，為求統一，故在無特別規定時，就應有一定之計算方式，故民法第119條乃規定，「法令、審判或法律行為所定之期日及期間，除有特別訂定外，其計算，依本章之規定。」

　　至於期日與期間之計算方法則有自然計算法與曆法計算法等二種。二者互有得失，然前者較精確，而後者則較為簡便。故各國民法在原則上都採用曆法計算法，而於以時定期間之情況，則採用自然計算法。我國民法亦同。故以時定期間者，即時起算，以日、星期、月或年定期間者、其始日不算入，並以期間末日之終止為期間之終止（民121I）。

（一）曆法計算法

　　所謂的曆法計算法，就是以國定曆法上之時間為計算之方法，也就是民法第123條第1項所規定之「稱月或年者，依曆計算」的方法，故稱某月時，則應

以當年曆法為準,並計算至該月之末日。故月之大小,年之平閏,均以曆法為準。例如一般薪資之給付,都是以曆法計算法,按月給付。

(二)自然計算法

就是以自然之實際時間為計算之依據,也就是民法第123條第2項所規定,「月或年非連續計算者,每月為三十日,每年為三百六十五日」之計算方法。故一日為24小時、一星期為7天、一月為30日、一年為365日,且月不分大小,年不分平閏,故較為準確。而所謂「非連續計算」,則是指期間經起算後,雖有間斷,但仍接續計算而言。最常見的,則出現於工程承攬契約中。例如契約完工期限規定,於簽約後6個月完工,此時,由於工程會因雨而受影響,故若下雨則應予以扣除,並算足180日,方為期間屆滿之末日。

第二款　期間之起算點與終止點

期間與期日最大之不同,就在於期日為不可分割之時點,而期間則必須有一定時間之經過,故其開始之時點,稱之為起算點,而其終止之時點,則稱之為終止點。而由起算點至終止點之動態過程,則稱之為期間之經過。

(一)起算點

期間之起算點,因當事人重之在時或重之在日以上之計算單位,而有不同。原則上,「以時定期間者,即時起算」(民120 I)。例如約定10月1日上午9時至12時上課,就應即時起算,以9時為起算點,至12時終止。相對的,「以日、星期、月或年定期間者,其始日不算入」(民120 II),例如甲乙雙方於5月1日約定,甲若要買乙之房子應於五日內答覆,否則視為拒絕。此時,5月1日並不算入,而以5月2日為起算點,並算滿5日為甲承諾期間之終止。

(二)終止點

由於民法採多數立法例之曆法計算法,是故若以日、星期、月或年定期間時,究竟應以期間末日之開始,或是以期間末日之終止,作為其期間之終止,乃有必要加以規定。故民法於第121條乃分別類型加以規定。首先,若是以日、星期、月或年定期間者,以期間末日之終止,為期間之終止。例如星期日

起算至星期六爲一星期，自當月1日起算至該月末日爲1個月，而從1月1日起算至12月之末日則爲1年，此時，均須算至該末日終了之時（晚上12時）作爲該期間之終止點。

其次，若期間不以星期、月或年之開始起算者，則必須對期間之末日有特別之規定，方可避免爭議。故「期間不以星期、月或年之始日起算者，以最後之星期、月或年與起算日相當日之前一日，爲期間之末日。但以月或年定期間，於最後之月，無相當日者，以其月之末日，爲期間之末日」（民121 II）。例如於星期一下午3時起算，約定一星期之期間，則因始日不算入，故應從翌日（星期二）起算，而以下星期二之前1日爲相當日，也就是下星期一爲期間之末日。又如雙方約定於1月30日起算1個月，由於2月並無30日，故並無相當日，此時則以2月之末日28日爲期間之末日，以定終止點。

（三）期間終止點之延長

若應於一定之期日或期間內爲意思表示或爲給付，而其期日或期間之末日適值星期日、紀念日或其他休息日，則必然會因此而影響其意思表示或給付之完成，故民法第122條乃特別將期間之終止點延長，以防止無謂之爭議。亦即，「於一定期日或期間內，應爲意思表示或給付者，其期日或其期間之末日，爲星期日、紀念日或其他休息日時，以其休息日之次日代之」。是故若此等休息日係在期間之中；而非於期間之末日時，自不得予以扣除（30渝抗287），亦不得據以主張延長期間之末日。此外，若期間末日爲星期六下午3時，而星期六下午休息，故應以下星期一上午代之（最高法院55.11.8.台文字第215號函）。

第三節　年齡之計算

由於年齡之計算與行爲人之行爲能力攸關，因此亦有必要加以規定。不過，對於計算年齡時，其出生之日是否應算入，眾說紛紜，各國立法例也不一，民法第124條第1項則認爲，出生之日亦算入較合於人類生活上之觀念，故特別規定「年齡自出生之日起算」，並採周年計算法，以滿一年爲一歲。不過，如果出生之月日無從確定時，本法則採推定之方式，亦即「出生之月日，

無從確定時，推定其爲七月一日出生。知其出生之月，而不知其出生之日者，推定其爲該月十五日出生」（民124 II），由於係推定，故當事人若有反證時，自可加以推翻。

第六章　消滅時效

第一節　消滅時效之意義

第一項　時效與消滅時效

（一）時效與消滅時效之意義

　　時效，就是指於一定之時間內，繼續行使其權利，或不行使其權利，而生權利得喪變更之法律事實。在學理上，時效分爲兩種，一種爲「取得時效」，亦即於一定期間內繼續行使權利，而生取得財產效果之時效；另一種則爲「消滅時效」，乃指請求權因於一定期間內繼續不行使，而使其權利歸於消滅之時效。我國民法則認爲，取得時效爲占有之結果，故採德國立法例，將取得時效規定於物權編（民768至772）。至於消滅時效，我國民法亦採德國立法例，僅於總則規定請求權經若干年不行使而消滅，以免權利因長期不行使，而影響交易之安全，並造成舉證之困難。由於消滅時效涉及民法各編及其他特別民事法規，故特別於總則中加以規定。此外，時效攸關社會公益，故當事人不得以法律行爲將時效期間予以加長或縮短，亦不得預先拋棄其時效利益（民147）。

（二）消滅時效之客體

　　由於我國民法採德國抗辯權發生主義之立法例，消滅時效之效果，僅喪失權利之請求權，並不會使權利本身亦隨之喪失（如日本立法例），因此民法僅規定請求權經若干年不行使而消滅。是故，我國民法消滅時效之客體即爲請求權（民125以下），而非權利。但是此請求權並不以因債權行爲而生之請求權爲限，亦包括由物權行爲所生之物上請求權（民767）在內。不過，「已登記不動產」所有人之回復請求權與除去妨害請求權等權利，則均無消滅時效之適用（釋107、釋164、院1833）。故已登記不動產所有權人不論經過多久期間，都可依其所有權主張其權利，並無消滅時效之適用。此外，身分上之請求權，例如履行婚約請求權，夫妻之同居請求權等，則非消滅時效之客體（48台上1050）。

第二項　消滅時效與除斥期間

　　消滅時效是權利在不行使之狀態下，繼續達到一定期間，即因而發生權利行使障礙，而使請求權隨之消滅的制度，由於僅請求權消滅，故該權利仍然存在，只是權利人若要主張其權利時，義務人對已罹於時效之請求權，得主張時效之抗辯權，拒絕其應為之給付。例如甲向乙所開設之家具店購買家具，價值10萬元。乙於2年內都未向甲請求給付價金，遲至3年後才向甲行使其價金請求權，此時乙之請求權即因2年不行使而消滅（民127），甲就可主張時效抗辯拒絕給付。但因乙之權利仍然存在，故乙亦可提起訴訟請求甲給付價金。由於時效並非法院職權調查事項，故甲應主動行使此抗辯權，法院方可據以駁回乙之請求。同樣的，若執行名義上債權人所有之請求權已罹於時效而消滅，但執行法院仍依債權人之聲請予以執行，債務人亦得主張時效，提起執行異議之訴（院1498）。

　　除了消滅時效制度外，民法上還有一種除斥期間之制度，所謂除斥期間，也就是法律對於某種權利之存在所預定之存續期間，於此期間經過後，該權利本身即歸於消滅。由於此種法定之存續期間不得延展，故又稱為「不變期間」。鑑於二者在觀念上類似，故有必要加以區分。二者不同之處如下：

1. 消滅時效為權利行使期間，故其並無權利存續期間之限制。而除斥期間則為權利存續之期間。故凡訂有存續期間性質之權利，不論係法定之存續期間（例如民74、90、93）或是形成權所定之存續期間，如契約解除權（民257），均非時效。
2. 消滅時效係以請求權為其客體，逾期不行使僅請求權消滅，義務人於時效消滅後即取得拒絕給付之抗辯權；而除斥期間則以權利為其客體，逾期不行使則權利消滅。
3. 消滅時效自請求權可行使時起算（民128），而除斥期間則自其權利成立時起算（例如民74、93）。
4. 消滅時效有時效中斷與不完成事由，除斥期間則為不變期間，不生中斷與不完成之問題。
5. 消滅時效所生之時效抗辯權須經當事人援用，否則法院不得依職權採為裁判之資料。相對的，除斥期間縱使當事人不為主張，法院亦應依職權調查之。
6. 消滅時效完成後，其利益可以事後拋棄（民147後段反面解釋），但除斥期

間經過後，其利益則不得拋棄。

7. 消滅時效若無特別規定，適用15年之時效期間（民125），但除斥期間則應依個別法條之規定（民74、90、93參照）。

第二節　消滅時效之期間

第一項　消滅時效期間之類型

一定期間之經過為消滅時效之要件，至於此期間究竟多長，民法上則分為三種。原則上以15年為準（民125），但為求實際上之便利，法律上亦有較短之消滅時效期間。

一、一般消滅時效期間

又稱為長期消滅期間，依民法第125條本文之規定，「請求權，因十五年間不行使而消滅。」故我國民法之一般消滅期間為15年。若法律對請求權並無短期時效之規定，則均適用此15年之消滅時效，例如債務不履行之損害賠償請求權即是一例。

二、短期消滅期間

即民法第125條但書規定「但法律所定期間較短者，依其規定。」對於短期消滅期間，民法又分為二種，一為5年短期時效，另一則為2年短期時效。

（一）5年短期時效

利息、紅利、租金、贍養費、退職金及其他一年或不及一年之定期給付債權，其各期給付請求權，因5年間不行使而消滅（民126）。所謂「其他一年或不及一年之定期給付債權」，係指與利息等同一性質之債權而言。至於普通債權定有給付期間，或以一債權而分作數期給付者，則不包括在內（院1227）。此外，債權之清償期在1年以內之債權，係一時發生，且因一次之給付即消滅者，亦不包括在內（28渝上605）。是故，凡屬此等定期給付債權，即有本條

之適用，毋庸當事人就此有所約定，且不得預先拋棄時效之利益。縱有不同之約定，亦違反民法第147條前段，「時效期間不得以法律行為加長或減短之」的規定。

　　事實上，此種短期時效亦與國內廣大股票族關係密切，根據司法院院字第1476號解釋，「股東對於公司每年應分派之股息股利，如於接受公司通知後，有積欠不來領取，或自變更地址，未照章報明公司，致公司通知無從送達，均屬自己之過失；若從可行使請求權之日起，業已經過5年不為請求，依民法第126條之規定，應認其請求權已因時效而消滅，其在5年之後更為請求，即可拒絕給付。至拒絕給付所得之利益，當然屬於公司財產。」

（二）2年短期時效

　　下列各款請求權，由於有速行履行之性質，宜速履行，故民法第127條乃特別規定，使其因2年間不行使而消滅：1.旅店、飲食店及娛樂場之住宿費、飲食費、座費、消費物之代價及其墊款；2.運送費及運送人所墊之款；3.以租賃動產為營業者之租價；4.醫生、藥師、看護生之診費、藥費，報酬及其墊款；5.律師、會計師、公證人之報酬及其墊款；6.律師、會計師、公證人所收當事人物件之交還；7.技師、承攬人之報酬及其墊款；8.商人、製造人、手工業人所供給之商品及產物之代價。

　　而在此八種因性質上宜儘速履行之請求權中，則又以第2款與第8款之問題較多。例如延滯費是否屬於運費，得否適用一般之15年時效，最高法院就曾多次作出判決。該院認為，延滯費並非因債務不履行而生之損害賠償，而為對於運送人就運送契約上約定以外所為給付之報酬，其名稱雖與運送費不同，但實質上仍為運送之對價，不因其為對於運送契約上約定以外所為給付之對價，而謂其時效之計算應有不同，故仍應適用2年之短期時效（49台上2620、51台上1940）。

　　至於第8款所稱之「商人」，則指實質上之商人。至於該款之請求權，則僅指商人、製造人、手工業人所供給之商品及產物之「代價請求權」，而不包括「交付出賣標的物之請求權」在內。故後者仍應適用第125條之15年規定（31上1205、41台上559參照）。

三、特別消滅時效期間

　　除以上之各種請求權期間外，民法亦對某些具有特殊性質之請求權，另有特別消滅時效期間之規定：例如第197、456、473、514、563、611、623、963、1109、1146條等，以及票據法第22條等。其特色，就是其均屬短期之期間。

第二項　消滅時效期間之起算

　　消滅時效既會因一定期間之不行使而使請求權消滅，因此消滅期間應自何時起算，就與時效期間是否完成攸關。不過，對於消滅時效期間之起算，則因請求權內容之不同而有別。

（一）以行為為目的之請求權

　　若請求權之內容係以他人積極行為為其內容，則其消滅時效之期間就應自其請求權可得行使時起算（民128前段）。此之所謂可得行使時，就是指請求權之行使於法律上並無障礙之時。故請求權訂有清償期者，於期限屆滿時起，即可行使，其消滅時效，應自期限屆滿時起算（29渝上1489）。例如甲向乙借款，約定借期1年，故甲於借期的1年中，雖有債權，但是於消費借貸期間屆滿前，卻不得向乙請求期前清償，因此消滅時效就必須自借期屆滿後請求權行使無障礙之時，開始起算。縱使請求權人因疾病或其他事實上之障礙，不能行使請求權者，其時效之進行，亦不因此而受影響。

（二）以不行為為目的之請求權

　　若請求權之內容係以他人消極之不作為為內容，其消滅時效之期間，應自為行為時起算（民128後段）。此不作為可能由債權，亦可由物權或其他絕對權而生。例如所有物返還請求權之消滅時效，應自相對人實行占有之時起算（37上7367）。

第三節　消滅時效之中斷與不中斷

第一項　消滅時效中斷之意義

　　消滅時效之中斷，就是指於時效進行中，因權利人行使權利，或因相當於權利行使之事實，而使已進行之時效期間全歸於無效。故時效一經中斷，則原已進行之舊時效期間就歸於無效，而在中斷事由存續期間內，時效期間即處於一種凍結的狀態，一直要到中斷事由終止，時效才從終止時起開始重新起算新的時效期間。

第二項　消滅時效中斷與不中斷之事由

　　消滅時效之進行，會因權利行使，或因相當於權利行使之事由而中斷，而此等能使時效中斷之事由，亦會因權利人未再進一步履行法律之特殊要求而被視為不中斷，使原有之時效繼續進行。依民法第129條之中斷規定，與其相對之不中斷規定（民130以下），則包括下列各種原因：

一、請　求

　　請求，就是於訴訟外行使其權利之意思表示（71台上1788），也就是權利人為請求權之行使，故請求權人若行使其請求權就會使時效因而中斷。不過，時效若因行使請求權而中斷者，若於請求後6個月內不起訴，視為不中斷（民130）。舉例而言，債權人向債務人請求時，債務人已為履行，則債權債務關係消滅，時效問題自然也隨之消失。不過，雖經債權人請求，債務人卻拒絕履行。此時，此項債權債務關係仍然存在，為使其能即早確定，民法乃課債權人於6個月內起訴之義務。若債權人未依規定於請求後6個月內起訴，則時效仍由原起算點起算，繼續進行，與未經中斷相同。若於6個月內起訴，則根據民法第137條第2項之規定，因起訴而中斷之時效，自受確定判決，或因其他方法訴訟終結時，重行起算。值得注意的是，若債權人請求後，債務人承認該債務，則此時因為債務人之承認，即可適用下述承認之規定，時效自債務人承認時起重新起算。

二、承　認

　　就是債務人對債權人承認其權利之存在，其法律性質乃屬於觀念通知（61台上615）。一經債務人向債權人（請求權人）表示承認其請求權存在，不論係明示或默示，均為有效，其效力之發生則類推適用有相對人意思表示之規定（79台上1145）。例如債權人向債務人請求清償債務，債務人為一部清償，或是支付利息（26鄂上32），都是一種承認。時效若因承認而中斷者，有絕對之效力，其時效自債務人承認時起重新起算，故並無視為不中斷之相關規定。

三、起　訴

　　就是權利人行使訴訟上之權利，包括本訴、反訴、以及附帶民事訴訟在內，亦為時效中斷的原因之一。至於其他權利人所為之訴訟上主張，則為「與起訴有同一效力之事項」，依民法第129條第2項之規定，亦可發生時效中斷之法效。不過，時效因起訴而中斷者，若撤回其訴，或該訴訟因不合法而受駁回之裁判，其裁判確定，視為不中斷（民131）。不過，實務上認為，時效因撤回起訴而視為不中斷者，仍應視為請求權人於提出訴狀於法院並經送達之時，已對義務人為履行之請求。如請求權人於法定6個月期間另行起訴者，仍應視為時效於訴狀送達時中斷（62台上2279）。

四、與起訴有同一效力之事項

（一）依督促程序聲請發支付命令

　　債權人聲請發支付命令（民訴508以下），亦為債權人行使權利之行為，故時效應自聲請時起中斷。因送達支付命令而發生之訴訟拘束，若失其效力，則與未發支付命令相同。故民法第132條乃規定：「時效因聲請發支付命令而中斷者，若撤回聲請，或受駁回之裁判，或支付命令失其效力時，視為不中斷。」故時效仍繼續進行。

（二）聲請調解或提付仲裁

聲請調解，乃指當事人依民事訴訟法或其他法律所爲之調解、調處。而提付仲裁，乃是當事人依契約或法律規定（如證券交易法166、仲裁法）進行仲裁判斷。由於聲請調解或提付仲裁，均爲權利之行使，時效自應中斷。但時效因聲請調解或提付仲裁而中斷者，若調解之聲請經撤回、被駁回、調解不成立或仲裁之請求經撤回、仲裁不能達成判斷時，視爲不中斷（民133）。

（三）申報和解債權或破產債權

債權人於法院許可債務人依破產法所爲和解之聲請，或於宣告破產後，申報其債權之行爲，亦爲權利之行使，故時效亦應中斷。但若債權人雖已爲破產債權之報明，但卻撤回其報明時，則與訴之撤回無異，不應生時效中斷之效力，故「時效因申報和解債權或破產債權而中斷者，若債權人撤回其申報時，視爲不中斷」（民134）。

（四）告知訴訟

當事人於訴訟繫屬中，將訴訟告知因其敗訴而有法律上利害關係之第三人，謂之告知訴訟（民訴65）。於告知訴訟時，當事人行使權利之意思即已明確，故應認時效亦因此而中斷。不過，時效因告知訴訟而中斷者，若於訴訟終結後，6個月內不起訴，視爲不中斷（民135）。這是因爲若告知人於訴訟終結後6個月內都未提起履行或確認之訴者，是不欲完全行使其權利，故法律乃使其不因訴訟告知而生時效中斷之效力。

（五）開始執行行爲或聲請強制執行

強制執行，乃指以公權力實現權利內容之處分，故時效亦應中斷。原則上，強制執行應依債權人之聲請而展開，故時效於債權人提出聲請強制執行時中斷。但對於屬於保全程序之假扣押、假處分、假執行之裁判，其執行則應依職權爲之，故時效應於開始執行行爲時中斷。由於對於強制執行有此等不同，故時效因開始執行行爲而中斷者，若因權利人之聲請，或法律上要件之欠缺而撤銷其執行處分時，視爲不中斷。時效因聲請強制執行而中斷者，若撤回其聲請，或其聲請被駁回時，視爲不中斷（民136）。

第三項　消滅時效中斷之效力

　　時效一經中斷，即會發生是否繼續中斷，以及若中斷事由終止，何時起算之問題。另一方面，也會發生時效中斷之效力範圍爲何之問題。以下即分別加以討論。

第一款　時效中斷之一般效力

　　民法第137條第1項規定，「時效中斷者，自中斷之事由終止時，重行起算」「因起訴而中斷之時效，自受確定判決，或因其他方法訴訟終結時，重行起算」（民137）。至於與起訴有同一效力之事項（民129II），則於各該程序終結時，重行起算。是故，根據此等規定，中斷事由發生前已經過之舊時效期間，並不算入，否則將不足以保護權利人之利益。其次，中斷時效事由仍繼續存在之期間內，時效並不進行，故亦無完成可言。最後，消滅時效自中斷事由終止時起，重行起算新的時效。

第二款　時效中斷與延長時效期間

　　法律之所以規定短期消滅時效，乃係以避免舉證困難爲主要目的。因此，若權利已經法院判決確定，或已經依民事訴訟法所成立之和解、調解程序（民訴377、403），其實體之權利義務關係亦已確定，將不會再發生舉證之困難。故爲保護債權人之合法權益，以免發生債權人明知債務人並無清償能力，卻因消滅時效之規定，而必須不斷請求強制執行，或爲其他中斷時效之行爲，以中斷時效之進行，立法者乃於71年修正民法總則之機會，參酌德、日之立法例，並配合強制執行法第4條第3項之規定，於第137條增訂第3項，將短期之時效期間延長爲5年。亦即，經確定判決或其他與確定判決有同一效力之執行名義所確定之請求權，其原有消滅時效期間不滿5年者，因中斷而重行起算之時效期間爲5年。若依確定之終局判決或依民事訴訟法所成立之和解或調解等執行名義聲請強制執行時，自執行名義成立之日起，其原有請求權之消滅時效期間不滿5年者，延長爲5年。如因時效中斷，而重行起算者亦同（強4III已於85年修正）。

例如，票據法第22條所規定之時效，均為短期消滅時效（例如支票執票人對發票人為1年，對其前手為4個月）。故執票人於向票據債務人或付款銀行提示遭拒絕或退票時，就應於所規定之期間向法院提起訴訟，或採其他與起訴有同一效力之行為（如為和解或調解），如果獲得法院的勝訴判決或和解調解成立，原來票據法所規定之的短期時效，就可以從判決確定日起延長為5年。不過，如果未向法院提起訴訟，而只是向法院聲請裁定強制執行，則因強制執行之聲請並不具有與確定判決相同之效力，而無法因法院之裁定而使其短期消滅時效當然延長為5年。

第三款　時效中斷對人之效力

時效之效力，雖無對任何人均可生效的對世效力，但卻有對特定人有效之相對效力。此等受時效拘束之相對人，不但包括當事人，還及於因繼承或受讓債權債務之繼承人與受讓人間。民法第138條就規定，「時效中斷，以當事人、繼承人、受讓人之間為限，始有效力。」法律之所以為此種限制，主要是因為其他第三人不能無故而受時效中斷之利益或被損害之故。此之所謂當事人，僅指關於致時效中斷行為之人。我國司法實務上就明白指出，債權之讓與不過變更債權之主體，該債權之性質仍不因此有所變更，故因債權之性質所定之短期消滅時效，在債權人之受讓人亦當受其適用（26渝上1219）。相對的，連帶債務人中之一人對債權人承認債務，對該債務人債權之消滅時效雖因而中斷，但對其他債務人，債權之消滅時效並不中斷（56台上1112）。

第四節　消滅時效之不完成

第一項　消滅時效不完成之意義

所謂消滅時效不完成，乃是於時效期間行將完成之際，因有不能或難於中斷時效之事由發生，例如天災、事變、繼承、監護等情事，法律乃使時效於該等事由終止後一定之期間內，暫緩完成，以便請求權人得於此一定期間內行使權利，以中斷時效之制度。由於我國民法僅有時效不完成制度，並未採時效進行停止制度。故時效一旦開始進行，不論任何事由，均不會使時效因而停止，

只有時效不完成之事由發生時，可使時效暫時凍結而不完成。是故若有時效不完成之事由發生時，於該時效不完成之一定期間內，若當事人並未爲使時效中斷之事由，其時效即告完成（80台上2497）。而時效不完成與時效中斷的主要差別，則在於前者乃因當事人行爲以外之事實而發生，而中斷則係因當事人之行爲而發生。而在效力之差別上，時效不完成有絕對（對任何人）之效力，且不完成事由發生前已進行之舊期間仍然有效，並與不完成事由終止後之期間合併計算。相對的，時效中斷僅具有相對（對特定人）之效力，且中斷事由發生後，中斷前已進行之舊期間全部不予計算，並從中斷事由終止時重新起算。

第二項　消滅時效不完成之事由

民法所承認之消滅時效不完成之事由，有下列五種：

（一）因天災事變而不完成

時效之期間終止時，因天災或其他不可避之事變，致不能中斷其時效者，自其妨礙事由消滅時起，1個月內，其時效不完成（民139）。不過，若要主張此種不完成之理由，則須前述其他一切中斷時效之方法，均受天災事變之影響而無法行使，方有本條之適用。例如甲於時效完成前欲以訴訟請求乙清償債務，但卻遭受颱風而無法起訴，若甲還可依其他方法，如請求、承認以中斷時效時，本條時效不完全之事由即無法適用，時效仍繼續進行。

（二）因繼承人管理人未確定而不完成

對於屬於繼承財產之權利，或對於繼承財產之權利，自繼承人確定或管理人選定，或破產之宣告時起，6個月內，其時效不完成（民140）。此乃係因爲此時欠缺主張時效中斷或受時效中斷之行爲人，以致無法保護權利人之權益，故有本條之規定。

（三）因法定代理人欠缺而不完成

無行爲能力人，或限制行爲能力人之權，於時效期間終止前6個月內，若無法定代理人者，自其成爲行爲能力人，或其法定代理人就職時起，6個月內，其時效不完成（民141）。本條之立法目的，則在於保護無行爲能力人或

限制行為能力人之利益。

（四）因法定代理關係消滅而不完成

　　無行為能力人，或限制行為能力人，對於其法定代理人之權利，於代理關係消滅後1年內，其時效不完成（民142）。本條之立法目的亦在保護無行為能力人與限制行為能力人之利益。

（五）因婚姻關係消滅而不完成

　　夫對於妻或妻對於夫之權利，於婚姻關係消滅後1年內，其時效不完成，以延續家室和諧，並免爭訟立生。

第五節　消滅時效之效力

　　消滅時效完成後，權利人僅喪失其請求權，但其權利自身，則依然存在，故仍可本於其權利，向債務人為請求。而在債務人而言，債務人則取得因時效而生之抗辯權，可拒絕向權利人為給付。除此之外，消滅時效完成後，還會產生其他法律關係之變動。以下即分別加以說明。

（一）債務人得拒絕給付

　　消滅時效完成後，應發生何種效力，各國立法例不一，我國民法第六章之立法理由則明白指出我國係採德國立法例，亦即抗辯權發生主義，故僅債權人之請求權消滅，權利本身與訴權則不消滅，而債務人則取得拒絕給付之抗辯權。不過若債務人未主張此時效抗辯權，法院不得逕依職權直接適用，亦不得以消滅時效業已完成，即認請求權已歸消滅（29渝上1195），故須就債權人之請求有無理由加以判決。

（二）已為之給付不得請求返還

　　「請求權已經時效消滅，債務人仍為履行之給付者，不得以不知時效為理由，請求返還。其以契約承認該債務，或提出擔保者，亦同」（民144II）。蓋時效完成後，權利並未消滅，僅債務人得於債權人請求時，主張時效抗辯加以拒絕而已。故若債務人未拒絕而仍為給付，或是以契約承認其債權，或是就

其所負之債務提供擔保，對債權人而言，由於仍係有法律上之原因而受利益，故並非民法第179條所稱之不當得利。是故，債務人不得以不知時效為理由，而請求返還，或主張其契約無效，或撤回其擔保。例如甲向乙借款10萬元已逾15年，甲於乙請求時立即返還，或因無法返還乃提供土地設定抵押權。若甲嗣後雖然得知可主張時效抗辯而拒絕給付，但仍不得以不知時效為理由而請求返還，或請求塗銷抵押權。

（三）主權利消滅效力及於從權利

主權利因時效消滅者，其效力及於從權利。但法律有特別規定者，不在此限（民146 I）。例如主債權時效完成後，其時效完成之效力及於利息債權，故債務人亦可拒絕支付主債務已罹於時效之利息。

（四）擔保物權不因時效而消滅

以抵押權、質權或留置權擔保之請求權，雖經時效消滅，債權人仍得就其抵押物、質物或留置物取償（民145 I）。故擔保物權（抵押權、質權、留置權）不因消滅時效之經過而消滅，債權人仍可就其擔保之物行使其權利。不過抵押權人則須於時效完成後5年內拍賣抵押物，若未於此5年內行使其抵押權者，其抵押權消滅（民880）。至於對於利息及其他定期給付之各期給付請求權，經時效消滅者，即使有物上請求權，也不得就擔保物權取償（民145 II）。

（五）時效利益不得預先拋棄

依民法第147條後段之規定，時效利益雖不得事前拋棄，但可事後拋棄。亦即，債務人不得於時效尚未完成前，即表示拋棄將來時效完成可得主張之抗辯權；但於時效完成後，債務人則可拋棄抗辯權而為清償。是故，雖然於時效完成後，債務人得拒絕給付（民144 I），但債務人亦得不拒絕而為清償，此即為時效利益事後之拋棄。

第七章　權利之行使

　　權利之行使，乃爲權利人實現權利內容之行爲。例如所有人使用其所有物，債權人向債務人催告請求清償債務，表意人因錯誤而撤銷其意思表示等，都涉及權利之行使。凡權利人，在法律限制內，均得自由行使其權利享受其利益，故行使權利之目的，則以保護權利人自己之利益，若有妨害其權利之行使者，各權利人亦得依法定之方法以爲救濟。不過，權利之行使，仍有相當之限制，亦即不得以侵害他人爲主要目的。

　　相對的，民法在對權利人保護其權利方面，雖准許自力救濟，但亦針對不同之自救方式而有不同之限制，亦即(1)正當防衛，以不逾越必要之程度爲限；(2)避難行爲，以未逾危險程度及其危險非屬行爲人之責任爲限；(3)自助行爲，以不及受官署援助，且非於其時爲之，則請求權不得實行，或其實行顯有困難者爲限。若不符合此三種自力救濟之要求，即應負損害賠償責任。以下即就權利行使之原則與保護權利之自力救濟分別加以說明。

第一節　權利行使之原則

　　權利人行使權利時，應如何行使，有何限制，隨著社會變遷而有不同。過去，在強調個人本位之制度下，個人可全權決定其行使權利之方法與是否行使。惟社會發展迄今，已改採社會本位制度，故著重於平衡社會公益與個人利益之保護。因此，權利人於行使權利之際，即應依誠實及信用之方法，以行使其權利；而所行使之權利內容，則不得違反公共利益，或以損害他人爲主要目的。

（一）不得違反公共利益

　　權利之行使，不得違反公共利益（民148I前段）。所謂之「公共利益」，就是指不特定多數人之利益，包括國家或社會之利益。對於是否有違反，則應以權利人客觀之行爲爲準。權利人行使權利，雖不以積極增進公共利益爲必要，但是卻必須消極的不違反公共利益，否則即與權利社會化之精神不符。例如所有權人將公用水井封閉、將已爲公眾通行之巷道封閉禁止他人通行等行

爲，都會發生權利之行使違反公共利益之情事，故此時其所有權之行使即應受限制。又如若甲明知乙土地上有既成之臺電變電設施，卻故意受讓乙之土地，然後以所有人身分請求臺電拆屋還地，基於此種行使權利之方式將使民生與產業遭受嚴重損害，法院即判決其行使權利顯然違反公共利益（79台上2419）。

（二）禁止權利濫用

權利人於法律限制內，雖得自由行使其權利，然若其係專以損害他人利益爲目的，則其權利之行使，實爲不法行爲，自爲法所不許，故民法乃規定，「權利之行使，不得以損害他人爲主要目的」（民148I後段），此即爲禁止權利濫用之原則。蓋法律不但在保護個人，也在維護社會公益，因此權利人行使權利，若有損人不利己、損己甚微而損人極大等情形，即有權利濫用之情事。至於是否以損害他人爲主要目的，則應就權利人因權利行使所能取得之利益，與他人及國家社會因其權利行使所受之損失，加以比較衡量以定之。因此若其權利之行使，自己所得利益極少而他人或國家社會所受之損失極大者，實務上亦將此種情形視爲以損害他人爲主要目的，此乃權利社會化之基本內涵所必然之解釋（71台上737）。不過，當事人行使權利雖足使他人喪失利益，但若非以損害他人爲主要目的時，就不在民法第148條所定範圍之內。例如出租人出售租賃物，因承租人出價過低，乃轉售他人，圖多得售價，其行爲僅係圖利自己，而非以損害他人爲主要目的，自非權利濫用（45台上105參照）。同樣的，若甲擅自在乙之土地上建造房屋，乙請求甲拆屋還地，亦非專以損害他人爲主要目的。

（三）應依誠信原則

民法第148條第2項，「行使權利，履行義務，應依誠實及信用方法。」就是誠實信用原則之具體規定，簡稱爲「誠信原則」，乃是民法之最高指導原則，學者稱之爲「帝王條款」。誠信原則與公序良俗一樣，爲一種概括條款，亦爲一種不確定之法律概念，應依個案予以具體化。故是否符合誠信原則須斟酌的個案具體事項與雙方當事人彼此利益，方可定之。例如甲欠乙10萬元，甲乙二人同遭搶劫，甲乃以其所帶之珠寶等向乙爲清償，此時就違反誠信原則，不能發生清償之效力。

過去，我國民法依德國民法體系，將誠信原則規定在債編第219條，以致

最高法院拘泥於此，多次判決誠信原則僅適用於債之關係，而不適用於其他法律關係，例如物上請求權（61台上413）。由於最高法院此種狹義解釋，使得誠信原則之適用範圍大受限縮，立法者乃於民國71年修正民法總則時，將原條文改列於第148條第2項，與禁止權利濫用等原則併列，而使誠信原則得以明確的成為民法與民事法規之基本原則，而適用於所有民事法律關係。因此，誠信原則亦真正成為民法之最高指導原則。

第二節　權利之救濟──自力救濟

權利人之權利若遭受非法侵害時，權利人除可請求公力救濟外，還可採行自力救濟。前者，就是權利人利用國家之公權力以排除外來之侵害；而後者，乃權利人利用其私人之力量以排除侵害。過去因公力救濟緩不濟急，故准許被害人以自己之力量尋求救濟，以補救濟困難之缺失。但是時至今日，國家法令已趨完備，國家機關行政效率亦日趨提升之際，自應以公力救濟為原則，僅應於例外之情況下方准許自力救濟。不過，權利人縱使得例外以自力救濟之方式保護其權利，亦應遵循一定之標準，否則仍會構成侵權行為而負損害賠償責任。依現行法律規定，法律所准許之自力救濟方式有自衛行為以及自助行為兩大類。

第一項　自衛行為

自衛行為乃為權利人為保護自己或他人之權利，於遭受侵害或面臨急迫危險之際，所為之防衛或避難等行為。民法所承認之自衛行為包括正當防衛與緊急避難二種。在性質上，二者均為阻卻違法事由，放在刑事責任上不構成犯罪，且在民事責任上，也不構成侵權行為。

第一款　正當防衛

正當防衛，就是權利人對於現時不法之侵害，為防衛自己或他人之權利，於不逾越必要程度範圍內所為之反擊行為。現行法明文承認權利人有此種權利，此可由民法第149條之規定得知。亦即「對於現時不法之侵害，為防衛自

己或他人之權利所為之行為，不負損害賠償之責。但已逾越必要程度者，仍應負相當賠償之責。」是故權利人雖有正當防衛之權，但是若逾越必要之程度，則仍應負民事損害賠償責任，可見正當防衛仍有其限度。準此，合法之正當防衛則須符合下列要件：

（一）須對現時之侵害

所謂現時之侵害，乃侵害已經著手實施，或正在實施且尚未完畢。若侵害已經過去，或尚未到來，則只能請求公力救濟，而不可實施正當防衛。惟正當防衛所指之「侵害」，乃指由侵害人所發動且損害他人權利之行為。故正當防衛實施之對象僅限於自然人之侵害行為。例如甲持刀搶劫乙，乙持棍棒對抗反而打傷甲。若係對單純之動物侵害所為之自衛行為，則為緊急避難，而非正當防衛。

（二）須對不法之侵害

正當防衛之對象，僅限於現時不法之侵害，故若係他人依法行使之行為，則不得主張正當防衛而加以對抗，例如對父母懲誡子女、警察逮捕罪犯，或是對他人行使正當防衛、自助行為等合法權能，就不得實施正當防衛。至於可否對他人之緊急避難行為為正當防衛？通說則認為，緊急避難雖非不法，但被害人並無容忍之義務，故對於緊急避難仍可為正當防衛。由於此之「不法」，僅指客觀之不法，故侵害人主觀有無惡意或責任能力，均非所問。

（三）須防衛自己或他人之權利

權利人得實現正當防衛之時機，則僅限於防衛自己或他人之權利，而不及於法益。至於權利之種類，則無限制，只要為法律所保護之權利即可。

（四）必須有防衛之反擊行為

權利人之反擊行為，必須加損害於侵害人，方有正當防衛之問題。若無反擊行為，即無是否正當之問題。

（五）須未逾越必要程度

實現正當防衛若逾越必要之程度，就屬於防衛過當。對於過當防衛所生之損害，實施人即須對該過當行為負相當之賠償責任（民149）。至於正當防衛是否過當，則應視具體之客觀情事，及各當事人之主觀事由認定之，不能僅憑侵害人一方受害情狀為斷（64台上2442）。例如甲搶乙之皮包後逃跑，丙發覺後開車將甲撞死，就屬於過當之防衛。

第二款　緊急避難

緊急避難，就是因避免自己或他人生命、身體、自由或財產上急迫之危險所為之行為，不負損害賠償之責。但以避免危險所必要，並未逾越危險所能致之損害程度者為限（民150）。不過，與正當防衛屬於權利不同之處，在於緊急避難並非權利。此外，雖然原則上緊急避難之行為人不負損害賠償之責，但非避免危險所必要、或逾越危險所能致之損害程度、以及危險之發生行為人有責任時，避難人都應負損害賠償責任（民150）。故行為人若要主張緊急避難，避免損害賠償責任，則須符合下列條件：

（一）須有急迫之危險

所謂危險，就是足以發生危害之事件，不論是出於人為或出於自然，均包括在內。不過，得主張緊急避難之危險，則限於必須是現時急迫之危險，亦即非即時損害他人之法益，就無法避免損害發生的特殊情況。若危險已經過去，或是尚未到來，就不符合緊急避難之要件。

（二）須為避免自己或他人生命、身體、自由或財產上急迫之危險

與正當防衛不同者，在於得主張正當防衛之客體，包括一切權利，但是得為緊急避難之客體，則僅限於生命、身體、自由或財產等四種權利，對其他之權利（如名譽、姓名、隱私等權利）或非屬權利之法益，則不得為緊急避難。至於這四種權利，則不限於保護自己之此等權利，還包括其他人之此等權利。

（三）須為避免危險所必要

所謂必要，乃不得不爲避難行爲，否則無其他方法可避免危險之發生，此亦稱之爲避難行爲之必要性。至於是否必要，則應視具體情況，依客觀標準判斷之。

（四）須避難行為所加之損害未逾越危險所能致之損害

也就是危險發生所可能造成之損害，應遠大於或至少等於避難行爲所加於第三人之損害方可，此亦稱之爲避難行爲之適當性。若有不合，即爲過當行爲，避難人應負損害賠償責任。但是否有過當，則應就其具體情事，依客觀標準判斷之。例如甲見鄰家之牛走入其田地吃食秧苗，乃將該牛殺死，或是見小偷潛入其住宅乃將該小偷擊斃。雖然甲係爲保護其財產權，但是其行爲顯然逾越必要之程度。

（五）危險之發生應不可歸責於避難行為人

若危險之發生，行爲人有責任者（有故意或過失），其就不得主張緊急避難（民150II），以免緊急避難遭到濫用，而成爲免責之藉口。

第二項　自助行為

所謂自助行爲，就是爲保護自己權利，於不及受法院或其他有關機關援助，且非於其時爲之，則請求權不得實行或其實行顯有困難時，對於他人之自由或財產施以拘束、押收或毀損之行爲（民151）。凡符合自助行爲之要件者，行爲人即不負損害賠償責任。至於自助行爲之要件如下：

（一）須為保護自己之權利

與自衛行爲最大之不同，就在於自助行爲僅以保護自己權利爲限，不可因保護第三人之權利而行使之。至於權利，則指一切能直接爲強制執行之權利，故若不可強制之權利，例如請求履行婚約之權，則非自助行爲所得行使之標的。

（二）須無法即時受法院或有關機關援助

根據民法第151條但書之規定，自助行為之行使，必須「以不及受法院或其他有關機關援助，並非於其時為之，則請求權不得實行或其實行顯有困難者為限。」是故，若非情況緊急，無法得到該管法院之援助，就可能無法或難以實行其請求權時，方可為自助行為。例如債務人脫產準備搭機赴美，債權人若無法取得法院禁止出境之命令或其他援助，方可阻止債務人搭機離臺。

（三）須對他人之自由或財產施以拘束、押收或毀損

與自衛行為的另一大差別之處，就是得行使自助行為之對象，僅限於他人（亦即債務人）之自由與財產。而行使自助行為之方式，則限於拘束、押收或毀損。所謂拘束，就是限制債務人自由以防止其隱匿，依現行法規定，只有聲請法院依法定程序予以管收（院2503）。至於押收或損毀，則是防止標的物或可供執行財產隱匿滅失之方法。依現行法規定，其聲請處理之方法，則惟有依據強制執行法第4條所定之執行名義，聲請法院強制執行。

（四）須立即向法院聲請處理

權利人於行使自助行為後，若認此種行為持續將有害於相對人之權益，故民法第152條乃規定，「依前條之規定，拘束他人自由或押收他人財產者，應即時向法院聲請處理。前項聲請被駁回或其聲請遲延者，行為人應負損害賠償之責。」故凡不向法院聲請援助，或其聲請遲延，或聲請被駁回者，行為人均應負損害賠償責任。

至於請求權人依民法第152條第1項規定，拘束義務人之自由，聲請法院援助時，法院應為如何之處置？司法院32年院字第2503號解釋則指出，我國民事訴訟法雖未如外國立法例，設有人身保全之假扣押程序，但是強制執行法第22條之規定，於假扣押之執行亦適用之。故該請求權人即時申請假扣押者，法院應即時予以裁定，其命假扣押者，並應即時予以執行。若該義務人有同條所列情形之一者，得管收之。此外若被告所在無定，於訴訟中有管收之必要者，法院亦得依此程序予以管收。至於在國內，債權人於風聞債務人財務有問題或無法繼續經營時，常會搶搬債務人之存貨或財產以抵債款。此種行為，雖然在國內時常發生，但是卻因不符合自助行為之無法即時受援助之要件，且未即時向法

院申請處理，故尚不得以自助行為視之。

第三項　自衛行為與自助行為之比較

一、正當防衛與緊急避難之區別

正當防衛與緊急避難雖同屬自衛行為，且同為免責原因，在概念上近似，但是二者仍有下列不同之處：

（一）保護對象不同

正當防衛在於防衛對各種權利所生之侵害；而緊急避難則在於避免對生命、身體、自由或財產等權利之急迫危險。

（二）發生之原因不同

正當防衛之發生，乃基於「不法之侵害」，而緊急避難則以有「急迫之危險」為前提。

（三）相對人不同

正當防衛之相對人為不法侵害之行為人加以反擊，而緊急避難之相對人則可能為任何第三人。

（四）產生之理論不同

正當防衛係基於權利主義，以積極保護權利人之權利。緊急避難則係基於放任主義，僅為消極之避免急迫危險。

（五）過當之標準不同

正當防衛所欲避免之損害毋須與其反擊所致之損害加以權衡，但緊急避難則要求所欲避免之損害程度，應大於所加於他人之損害，故採法益均衡原則。

（六）對過當行為之所負責任不同

正當防衛過當僅負相當之賠償責任，而緊急避難過當則對全部損害均負賠

償責任。

（七）對危險之發生有無責任之不同

正當防衛之防衛人縱對不法侵害之發生有責任，仍可為正當防衛，但緊急避難之避難人若對危險之發生有責任時，則不得主張緊急避難。蓋其因自己之故意過失而使自己遭受損害，自不宜使其再將此損害轉嫁與他人。

二、自衛行為與自助行為之區別

自衛行為與自助行為雖同為法律所准許之自力救濟行為，亦均有免責之效力，但二者仍有下列之不同：

1. 自衛行為所保護之權利，不以實施人所擁有者為限，實施人亦可因保護他人之權利而為自衛行為。相對的，自助行為所保護之權利，則以實施人自己所擁有之特定權利為限。

2. 自衛行為行使時不以不及受法院或其他有關機關援助為前提，只要有必要均可行使。相對的，自助行為行使之前提則為以不及受法院或其他有關機關援助，且並非於其時為之，則請求權不得實行或其實行顯有困難者為限。

3. 自衛行為所保護之權利並無限制。但自助行為所保護之權利僅限於生命、身體、自由或財產上之權利。

4. 實施人為自衛行為時，其行為方式並無限制。但實施人為自助行為時，則僅限於對債務人之自由或財產施以拘束、押收或毀損。

5. 自衛行為於實施後，並毋須即時向法院聲請處理，縱未聲請，亦不因此而負損害賠償責任。但行使自助行為，拘束他人自由或押收他人財產者，則應即時向法院聲請處理。若不即時為聲請、聲請被駁回或其聲請遲延者，行為人並應負損害賠償之責。

第三篇

債編總論

第一章 緒 論

第一節 債之意義

債者，乃相互對立之特定人間之法律關係，而以一方有要求他方為一定行為或不行為之權利，他方負有作為或不作為之義務為其內容也。析言之：

（一）債為相互對立之特定人間之法律關係

所謂相互對立之特定人，即一方要求他方為一定行為之權利，謂之債權，其享有債權者，稱為債權人；他方負有為一定行為之義務，謂之債務，其負有義務者，稱為債務人。有債權必有債務，二者缺一不可。本法簡稱債，即為債權債務之統稱。

（二）債為一方要求他方為一定行為或不行為之權利

所謂行為，又稱之為給付，即債務人履行債務所為之「行為」或「不行為」。前者為積極行為、積極之給付，如服勞務之行為；後者為消極行為、消極之給付，如不為競業。

（三）債為一方負有作為或不作為之義務

所謂義務，乃實現權利而法律上應為一定行為或不行為之拘束狀態是。惟此一債務人之拘束狀態，不宜全無限制，即不得拘束全部之自由，致人格權亦因之而喪失（民17）。例如：不得約定終身不結婚，給予如何之報酬。

第二節 債之性質

債者，既為特定人間請求特定行為之法律關係，而此法律關係又由債權及債務所構成，故性質上言，債權係特定人對特定人之權利，為相對權、對人權；債務係特定人對特定人之義務，為相對義務、對人義務。

一、債權之性質

即特定人對相對特定人得請求為特定行為（作為或不作為）之權利也。故：(一)債權為權利之一種，即享受特定利益之法律上之力也；(二)債權為以特定行為為標的；(三)債權為請求為特定行為之權利，即債權之作用在於請求權，而與物權之直接支配其標的物之屬支配權異。

二、債務之性質

即特定人對相對特定人應為特定行為（作為或不作為）之義務也。債權人基於債之關係，得向債務人請求給付（民199）。故：

（一）債務為義務之一種

即法律上所命之以作為或不作為之拘束也。

（二）債務為特定人對相對特定人為特定行為之義務

債務之特徵，在於義務人之特定、相對與內容之具體，故為相對、具體之義務，與一般人對物權人均負有絕對不妨害其物權之概括義務不同。

債務之種類，依給付之內容，可分為給與債務與行為債務。前者為以一定之交付、移轉為內容之債務（如買賣），多發生於財產性契約；後者為以一定之行為（作為或不作為）為內容之債務，多表現於勞務性契約（如僱傭）。契約往往不單純是給與債務或行為債務，如僱傭契約中受僱人所負之債務為行為債務（提供勞務），僱傭人所負之債務為給與債務是（支付報酬）。

債務依其效力之不同，又可分為完全債務與不完全債務。前者係指能依訴權請求法院強制實現之債務，一般之債務屬之；後者為不能依訴權請求法院強制實現或債務人得為抗辯之債務，如罹於消滅時效之債務（民125、144）或履行道德義務之給付（民180①）。

債務依其成立之先後，又可分為決定債之關係及其特質之原始債務，與債之關係成立後，在履行過程中而發生之傳來債務，例如因買賣契約所生之債務為原始債務，其後因違約而轉換成損害賠償債務，則為傳來債務。

三、債務與責任

　　義務者，爲法律所科以一定之拘束狀態，而責任則爲此一義務不履行之擔保。債務爲義務之一種，任何債務、義務背後均有責任爲擔保，否則在法律上即不具意義。故債務人不履行時，債權人即得依強制執行之方法，就其財產取償，以滿足其債權。

（一）責任之性質

　　責任係確保債權實現，爲債務履行之擔保，故責任之發生，以債務不履行爲停止條件。

（二）責任之種類

1.人的責任與物的責任

　　以人之人格、人身作爲擔保，稱之爲人的責任。以債務人的財產，供債權的實現，稱之爲物的責任。現代法律自由思想下，已不再承認人的責任。

2.有限責任與無限責任

　　在現代探物的責任下，責任有有限責任與無限責任之分。有限責任爲債務人在一定限度內，以其財產負清償之責。又可分爲物的有限責任與量的有限責任。前者如繼承，以被繼承人之特定財產爲限度，負其責任（民1148II）；後者如有限責任之股東，以其出資額爲限度，對公司負其責任（公司99、154）。無限責任乃債務人就其全部債務，以其全部財產負清償之責，如無限責任股東，對公司債務負連帶無限清償責任是（公司60）。

（三）擔保類型

　　擔保之方式，從範圍言，可分爲一般擔保與特定擔保。前者係指債務人之所有財產，爲所有債權人之總擔保；後者則以特定之財產，爲特定債權人之擔保，如抵押權與質權之設定是。又從標的物言，可分爲人保與物保，前者如保證（民739）、人事保證（民756-1），後者如抵押權、質權與留置權。

四、債權與物權之區別

債權與物權之意義已如前述，茲再就二者之不同分述如下：

（一）機能上不同

物權重在物之分配及自由使用，係以保持物之利益、維持專屬狀態為其內容，屬狀態權，其作用為保障靜的安全、保護物之利用；債權重在交易關係之確定，以獲得利益為內容，其作用為保障動的安全、保護物之交易。

（二）性質上不同

1. 物權之作用在直接管領其物之權利，屬支配權；債權之作用在特定人對特定人要求其為一定行為，屬請求權。
2. 物權為絕對權及對世權，任何人皆負有不可侵害其權利之義務；債權為相對權及對人權，僅特定之債務人始對特定之債權人負義務。故A向B為金錢消費借貸，A違約不還錢，B不能向A之父親請求返還，因其父親並非債之當事人。

（三）效力上之差異

1. 物權具有排他性

物權為直接管領特定之物，故同一標的物，不能成立同一內容之兩個物權；債權則具相對性與平等性。

2. 物權具有優先性

(1) **物權和債權間之優先性**：債權與物權競合時，以物權為優先。如甲向乙丙二人均負有100萬元之債務，乙對甲之債權，係以甲之房屋設定抵押權為擔保時，若屆期甲無法清償債務，丙僅有債權，而乙有物權（抵押權）。就拍賣房屋所得，乙有優先受償之權利。

(2) **債權和債權間則無此特性**：債權因無優先效力，其不問成立之先後為何，均平等受償，故債務人之所有財產為所有債權人債權之總擔保。但特別法另有規定者，不在此限，例如海商法第24條所規定之各款債權（海事優先權），有優先受償之權。

(3) **物權和物權間之優先性**：成立在先者，較成立在後者為優先。如第一順位

抵押權所擔保之債權較第二順位抵押權優先受償是。

3.物權之追及性

物權之標的物不論爲何人占有，除對動產之善意受讓人外，權利人均得追及物之所在，而行使其權利。例如A之車輛被B所竊，A得對B依所有物返還請求權（民767）請求B返還，但如B將該竊車轉售與善意之C，則C因係動產善意即時取得（民801、948），受法律之保護，取得該車之所有權。

4.物權之強制性

即所謂物權法定主義，亦即物權的內容、種類……除依法律規定或習慣外，當事人不得自行創設物權法以外之物權；債權則爲任意性權利，在不違反法律強制、禁止規定及公序良俗下（民71、72），可由當事人自由約定。

五、債權與請求權

債權雖爲特定人對特定人得請求爲特定行爲之權利，其作用屬請求權之性質。惟其與請求權，仍有以下不同：

（一）觀察點不同

債權爲請求權的權源，債權爲權利；請求權爲債權的作用，請求權爲權能，即債權之作用表現在請求權之行使。

除債權外，物權、身分權等方可產生請求權，如物上請求權（民767）即爲物權之請求權。

（二）範圍之不同

債權所產生之作用，並不限於請求權，其他例如撤銷權、代位權、抵銷權、抵充權、解除權、終止權、催告權等，亦爲債權之權能。

第三節　債法之性質與法律體系上之地位

債法之性質如下：

1. **債法爲私法**：故注重意思自由原則。
2. **債法爲任意法**：故債法爲自治法，債之關係由當事人決定，而與物權法採物

權法定主義有別。

3. **債法為財產法**：債權為財產權，規範債權債務關係之債法為財產法，而與規範身分關係之身分法有別。

4. **債法為交易法**：債法多為交易性質，且為經濟活動之原動力。

5. **債法為經濟法**：我國民法係採民商合一之立法例，故債法亦有商人法之性質，規範社會上之一切經濟活動。

6. **債法為實體法**：債法係規範債權、債務關係，並非規定如何實現權利義務關係之程序法。

第二章　債之發生

　　債之發生，乃指客觀的原始的新生債權債務關係。故由債之讓與取得之權利，或債之承受而負擔之義務，則非為債之發生，而僅為主體之變更，為債之移轉。

　　債之發生原因，可大別為行為與事件。後者為人之行為以外之法律事實而發生債之關係者，如因不當得利而發生利益返還請求權（民179）、判決離婚所生之贍養費請求權（民1057）、因親屬關係所生之撫養請求權等是（民1114以下）。

　　因人之行為而發生債之關係者，又可分為適法行為與違法行為。適法行為又可分為法律行為與法律行為以外之適法行為二種。法律行為則通常可分為契約、單獨行為（如代理權之授與、無記名證券之發行）及共同行為（如社員總會之決議，使各社員為一定金額之給付）。

　　債之發生，依民法債編之規定，計有契約、代理權之授與、無因管理、不當得利、侵權行為等五種法律事實。實則，債之發生尚有其他法律特別規定之原因，如物權、親屬、繼承等編規定有關損害賠償之債。

第一節　契　約

第一款　契約之意義

　　契約有廣狹二義。廣義所稱之契約，泛指以發生私法上效力為目的之合意，例如債權、物權或親屬法上之契約。狹義所謂之契約，僅指以債之發生為目的之合意。我民法債編所規定者為狹義之契約，惟債權以外之契約，除性質並不相符者外，亦當類推適用之。

　　債權契約者，係皆以發生債之關係為目的，有兩個以上相互對立意思表示所為合致之法律行為。由此觀之：

1. 債權契約，是以發生債之關係為目的之契約。
2. 債權契約，原則上多為任意性，不若物權契約、身分契約，多帶有強制之色彩。

3. 債權契約，是兩個以上相互對立合致之意思表示而成立。故當事人互相表示意思一致者，無論其為明示或默示，契約即為成立（民153）。

4. 債權契約，以產生負擔行為為效果，並不發生權利之直接變動，此與物權契約產生處分行為效果，直接發生權利變動者不同。

5. 債權契約為法律行為之一種，為債之發生原因，故為一法律事實。

第二款　契約之種類

（一）有名契約與無名契約

　　法律上設有名稱或規定之契約，謂之有名契約，又稱之為典型契約，如民法債編第二章各種之債中所規定之契約、海商法上第五章第81條以下所規定之運送契約、保險法所規定之各種保險契約是。反之，則稱之無名契約、非典型契約。因契約自由、當事人意思自主原則之結果，自有於有名契約之外，承認無名契約之必要，即不得因當事人所約定之合意法無明文，遂否定其合意之效力。在民國88年4月21日修正民法債編之前，旅遊、合會及人事保證法均未明文，故其性質上為非典型契約，而在修正後則為典型契約。

　　此外，學理上又有所謂結合契約與聯立契約。前者係指於一個契約書上，同時訂立了數個契約，各自獨立無牽連關係，且不互為條件之契約，如同一購屋契約中順便約明由建商為其加蓋車庫是；後者係指兩個以上的獨立契約，相互間互為依存的條件，如買車才租車庫，或租車庫才買車是。聯立契約不以同時存於一契約書上為必要。

（二）雙務契約與單務契約

　　此以契約之效果，因當事人雙方負擔債務或僅一方負擔債務而異。前者謂之為雙務契約，如買賣、互易、僱傭、承攬、有償委任、合夥及和解是；後者稱之為片務契約、單務契約，例如贈與、消費借貸、無償寄託、無償委任是。

　　雙務契約不僅須互負債務，此二債務並須互為對價，以主觀上有報償關係存在為是。例如買賣契約中，買受人之支付價金，乃在換取出賣人移轉財產權，而出賣人移轉財產權，乃在換取買受人之支付價金。

　　雖然雙方均負有債務，但不為對價關係者，亦非為雙務契約，仍為單務契約，有稱為非真正雙務契約。如貸與人有容忍借用人使用借用物之義務，但此

義務與借用人返還借用物之債務並無對價關係存在，故仍爲片務契約。

（三）有償契約與無償契約

契約以對價給付之有無而分，可分爲有償契約與無償契約。前者謂雙方當事人各爲對價給付之契約，買賣、租賃、借貸等屬之；後者爲僅當事人一方爲給付，他方僅受利益並不爲給付之契約，如贈與、使用借貸。

雙務契約一定是有償契約，有償契約不一定是雙務契約；無償契約一定是單務契約，單務契約不一定是無償契約。例如前述之附利息金錢消費借貸，雖爲有償契約，但性質上仍屬單務契約。

（四）實定契約與射倖契約

契約以給付範圍是否在契約成立時是否即已確定，可分爲實定契約與射倖契約，前者係指契約於成立時，應爲之給付及給付之範圍，均已確定。一般合法契約，均爲實定契約；反之，應爲之給付及其給付之範圍，取決於契約成立以後，偶然事故之發生與否者，稱之射倖契約。射倖契約除法律特許者，如股票買賣、保險、終身定期金、期貨交易、公益彩券等外，因違背法律禁止之規定（民71），抑或因背於公序良俗（民72），應屬無效，例如賭博契約。

（五）要式契約與不要式契約

契約以是否須履行一定方式，可分爲要式契約與不要式契約。前者係指除當事人間相互之意思表示合致外，尚須履行一定方式，契約才能成立生效之契約；僅當事人間相互之意思表示合致，無須履行一定方式，契約即能成立之契約，則爲不要式契約，一般之契約多屬不要式契約。

要式又可分爲法定要式及約定要式契約。前者爲依法律之規定，須履行一定方式，契約才能成立或生效者，如終身定期金（民730）、協議離婚（民1050）等是；後者係指法律未規定以一定方式爲必要，但當事人間自己約定須履行一定方式者，如中央信託局之招標，定標後須簽立正式書面契約是（民166）。

至於以負擔不動產物權之移轉、設定或變更之義務爲標的之債權契約，自民國89年5月5日起，應由公證人作成公證書（民166-1I），如未公證者，則其債權契約不生效力，於買賣土地契約之情形下，出賣人不得請求支付價金，買

受人不得請求移轉土地之所有權，惟如當事人已合意為不動產物權之移轉、設定或變更而完成登記者，則該契約溯及地仍為有效（民166-1 II）。此立法之目的係求當事人締約時能審慎衡酌、辨明權義關係，而其契約應由公證人作成公證書，以杜事後爭議，而達成保障私權及預防訴訟之目的。而未公證之契約，如當事人仍合意完成物權變動之登記者，則已生物權變動之效力，自不能因其債權契約未具公證要件而認其無效，否則理論上會發生不當得利之疑義，故有第2項之增訂。

（六）要物契約與不要物契約

以契約除意思表示合致外，是否尚須為物之交付而區分，契約可分為要物契約與不要物契約。前者又稱為踐成契約，指除當事人間意思表示合致外，尚須為物之交付，才能成立之契約，如寄託、使用借貸或消費借貸是；後者又稱之為諾成契約，意思表示合致時，契約即為成立，一般債權契約多屬之，如買賣、合夥。

要物之債權契約，如使用借貸（民464）、寄託（民589）、倉庫寄託、押租金契約、定金契約是。一般債權契約，多為諾成契約；物權契約，則為要物契約。

而民國88年4月21日修正民法債編時，已將寄託、借貸物之交付從舊法採生效要件改為成立要件（民464、474、刪除民465、475），以符一般見解。

（七）要因契約與不要因契約

當事人訂定契約必有一定之原因者，謂之要因契約，其不問原因者，則稱之為不要因契約，如債權讓與、債務承擔與物權契約。

不要因契約，如原因不存在，契約仍為有效。因契約有效，不得以無因作為抗辯。要因契約，若原因不存在，則其契約為無效，產生民法第179條不當得利之問題。非財產契約無所謂要因或不要因之問題，例如身分契約。

（八）本約與預約

約定將來訂定一定契約之契約，謂之預約。為履行預約而成立之契約，稱為本約。通常本約的內容較為詳細。

預約為契約的一種，應適用一般契約法的規定。若不履行訂定本約之義務

時，仍為債務不履行。

又預約係約定將來訂立一定契約（本契）之契約。倘將來係依所訂之契約履行而無須另訂本約者，縱名為預約，仍非預約。本件兩造所訂契約，雖名為「土地買賣預約書」，但除買賣坪數、價金、繳納價款、移轉登記期限等均經明確約定，非但並無將來訂立買賣本約之約定，且自第3條以下，均為雙方照所訂契約履行之約定，自屬本約而非預約（64台上1567）。

民國88年4月21日民法債編則增訂使用借貸之預約（民465-1）、消費借貸之預約（民475-1），其詳細內容請見該節之說明。

（九）主契約與從契約

所謂主契約，謂不以他種法律關係存在為前提，而能獨立存在之契約，一般之契約，多為主契約，如買賣、贈與、互易。後者係指須因主契約的存在，方能存在，隨主契約的消滅而消滅的契約，如保證契約、利息契約、抵押權設定契約。

主契約之無效或消滅，從契約同其命運，即主契約和從契約之發生、變更、消滅等均有從屬關係。但從契約之存否，並不影響主契約之效力。

（十）生前契約與死因契約

以契約之訂定、生效，是在生前或死亡後而分，契約可分為生前契約與死因契約。一般之契約均為生前契約；以死亡為停止條件之契約，稱之為死因契約，須死亡之事實成就，契約才生效，如死因贈與。

（十一）一時契約與繼續性契約

凡債之關係之內容，一次即可實現之契約，謂之一時的契約，如買賣；債之關係之內容，不能因一次給付而消滅，須在一段時間內，有規則、繼續地給付，才能達到契約之目的，使債之關係消滅之契約，為繼續性契約，勞務性契約都為繼續性之契約，如僱傭、承攬、委任、運送、租賃是。繼續性契約之主要特徵，存於僅得終止契約、重信賴關係、報酬後付、無同時履行抗辯（民264）及有情事變更原則（民227-2）適用。

（十二）附合契約與非附合契約

契約之內容，預由當事人一方為之確定，他方當事人無議約力可言之契約，稱之附合契約，一般定型化契約，多為附合契約，例如保險契約、運送契約是。反之，則為非附合契約，一般債權契約屬之。88年4月21日民法債編修正增訂第247條之1：「依照當事人一方預定用於同類契約之條款而訂定之契約，為下列各款之約定，按其情形顯失公平者，該部分約定無效：一、免除或減輕預定契約條款之當事人之責任者。二、加重他方當事人之責任者。三、使他方當事人拋棄權利或限制其行使權利者。四、其他於他方當事人有重大不利益者。」

關於附合契約與定型化契約之具體適用，須注意消費者保護法中之規定（特別法優於普通法原則）。

第三款　契約之成立

契約為法律行為之一種，故除具備一般法律行為之成立要件（即當事人、標的及意思表示）外，尚須當事人互相意思表示合致。所謂相互意思表示，即當事人彼此所為之對立意思表示，亦即要約與承諾。所謂意思表示相互對立合致，即主觀上，當事人各具有欲與他方意思表示結合而成立契約，在客觀上有同一內容之謂。

當事人互相表示意思一致者，無論其為明示或默示，契約即為成立。又當事人對於必要之點，意思一致，而對於非必要之點，未經表示意思者，推定其契約為成立，關於該非必要之點，當事人意思不一致時，法院應依其事件之性質定之（民153 II）。所謂必要之點，係指契約成立必要而不可缺之要素，如民法第345條規定之移轉財產權與支付價金，均為法定必要之點。

意思表示不一致與錯誤有別，前者係指表意人主觀的意思與外觀的表示不一致，且非出於故意者（偶然的不一致），乃為一方的意思與表示不一致；後者為兩個意思表示客觀上不能一致，意思表示本身並無錯誤存在。乃有意識的不一致，為契約能否成立問題。

並無承諾，僅先後為要約，而偶然的合致者，稱之為交錯要約。例如甲對於乙為買車之要約，惟該要約未到達前，乙亦對甲為賣車之要約，買賣契約因

而成立，以各要約到達對方為契約生效之時，又如股票市場上之掛出與掛入之合致買賣是。

此外，依習慣或依其事件之性質，承諾無須通知者，在相當時期內，有可認為承諾之事實時，其契約為成立（民161I），則為意思實現而成立契約，如一般預定酒席是。又默示承諾與意思實現的區別，乃在意思實現為有可認為承諾之事實，而非意思表示，而默示承諾仍為意思表示之一種。

一、要　約

（一）要約之意義

所謂要約，係指要約人以締結契約為目的而為之意思表示，其要件如下：

1.要約須由特定人為之

因要約具拘束力，非由特定人為要約，無法拘束要約人。

2.要約須向相對人為之

要約之相對人無須特定，因承諾乃為自由。受領要約之人，亦無承諾義務可言。

3.要約的內容須足以決定必要之點以締結契約

蓋如不足以決定必要之點以締結契約，則無法為承諾。惟要約之內容「得確定」即可，非以須具體確定為必要，如依民法第346條之規定：「價金雖未具體約定，而依情形可得而定者，視為定有價金」。

要約與要約之引誘之不同，前者之目的在於締結契約；要約之引誘欠缺締結契約的意思，僅在使相對人對之為要約，其性質為意思通知，其目的不在締結契約，僅在使相對人對之為要約。民法第154條第2項之規定，貨物標定賣價陳列者，視為要約。但價目表之寄送，不視為要約，即認為價目表之寄送為要約之引誘。又如招標、標賣海關沒收物之招標公示僅為要約之引誘，投標為要約，中標、定標則為承諾，惟消費者保護法第22條有特別規定，須值注意。

（二）要約之方式

1. **明示**：以文字、口頭為明確表示為要約。
2. **默示**：文字語言以外按表意人之舉動及週遭情事推知所為之要約，但以交易習慣、社會觀念可認為一定意思表示者為限。

（三）要約之生效

要約爲意思表示，故其效力之發生，應視是否爲對話之意思表示而定。對話人爲意思表示者，其意思表示，以相對人了解時，發生效力（民94），如以電話訂貨。非對話而爲意思表示者，其意思表示，因通知達到相對人時，發生效力（民95），如以訂單購貨。但撤回要約之通知，同時或先時其要約到達者，不在此限。表意人於發出通知後死亡或喪失行爲能力，或其行爲能力受限制者，其意思表示，不因之失其效力（民95）。

（四）要約之效力

1.對於要約人之效力

要約到達相對人後，即不得撤銷、擴張、限制或變更。即契約之要約人，因要約而受拘束（民154I前段），此爲要約之形式的效力或拘束力（形式效力）。惟要約當時預先聲明不受拘束，或依其情形（如同時向二人爲要約）或事件之性質（如懸賞廣告）可認當事人無受其拘束之意思者，不在此限（民154I但書），蓋此時相對人不致受有不測之損害。

另外，此項拘束力，自不宜毫無限制，故要約一經拒絕者，即失其拘束力（民155）。於要約定有承諾期限者，非於其期限內爲承諾，要約即失其拘束力（民158）；若未定有承諾期限者，以對話爲要約者，非立時承諾，即失其拘束力（民156）；於要約爲非對話者，依通常情形可期待承諾之達到時期內，若相對人不爲承諾時，其要約亦失其拘束力（民157）。

2.對於相對人之效力

要約到達相對人後，相對人取得可以承諾之資格（地位），此一地位，稱爲承諾能力，或稱之爲要約之實質效力（實質效力）。惟其承諾與否悉屬其自由，原則上並無承諾義務存在。此外，相對人若不爲承諾，亦無通知要約人拒絕承諾之義務可言。在現物要約而不爲承諾時，亦無保存、維護、看管及返還的義務。惟法律上有時特別定有強制承諾之規定者，如醫師法之規定。

（五）要約之消滅

即指要約失其拘束力（形式效力與實質效力均消滅）是。要約消滅之原因有三：

1.要約之撤回

要約一經撤回之表示者，與自始未爲要約同。故撤回之通知，須與要約之表示同時或先時到達。蓋要約到達後，要約業已生效，除得撤銷之情形外，並不得爲撤回。撤回要約之通知，其到達係於要約到達之後者，原則上要約仍有拘束力。惟按其傳達方法，依通常在相當時期內應先時或同時到達其情形爲相對人可得而知者，如快遞應較普通郵遞爲快，相對人應向要約人即發遲到之通知，相對人怠於爲此項通知者，其要約撤回之通知，視爲未遲到（民162），亦即要約之撤回仍有效。

2.要約之拒絕

要約經拒絕者，失其拘束力（民155）。要約經拒絕者，則失其拘束力。所謂拒絕，乃對於要約不爲承諾之意思通知（準法律行爲），不僅指絕對的拒絕，即將要約擴張、限制或爲其他變更而爲承諾者，亦視爲拒絕原要約而爲新要約（民160），此時非俟原要約人再爲承諾，契約仍不能成立。

要約經拒絕之後，即使在要約有效之期間內再爲承諾，契約仍不成立。

3.承諾期間之經過

(1) **要約訂有承諾期限**：未在期限內爲承諾者，無論是對話，或非對話要約，均失其效力（民158）。

(2) **要約未訂承諾期限**：

① **非對話要約**：如未定有承諾期間，而依通常可期待承諾之達到時期內，相對人不爲承諾者，其要約喪失拘束力（民157）。所謂可期待承諾之達到時期，爲事實問題，應以客觀之標準判斷。

② **對話要約**：因以對話爲要約者，其承諾與否，相對人得即爲決定，故非立即承諾，即失其拘束力（民156）。

二、承　諾

（一）承諾之意義

受領要約之相對人，以與要約人訂立契約爲目的，所爲同意之意思表示，謂之承諾。承諾既爲意思表示，除應具備一般要件外，尚須：

1. 承諾須向要約人爲之，因係以與要約人締約爲目的。

2. 承諾須由要約之相對人爲之，其他人因不知要約之內容，無法爲承諾。

3. 承諾須在有效期限內爲之。

4. 承諾與要約內容，必須在主、客觀上完全一致。故將要約擴張、限制或爲其他變更而爲承諾者，視爲拒絕原要約而爲新要約（民160 II）。惟同時發生之數個要約，若將其中一個要約爲擴張、限制或爲其他變更，並不影響其他要約或承諾之效果。

（二）承諾之方法

原則上不加限制，明示、默示均可。所謂默示之意思表示，係指依表意人之舉動或其他情事，足以間接推知其效果意思者而言，若單純之沉默，則除有特別情事，依社會觀念可認爲一定意思表示者外，不得謂爲默示之意思表示（29渝上762）。

當事人間另有約定或交易上另有習慣時，須依其約定或習慣。惟相對人所爲承諾方法，如較原約定或習慣所用方法爲佳者（如約定回信承諾，卻以傳真爲之），承諾仍應有效。

承諾之方法，應以意思表示爲之。惟依習慣（如裝設電話），或依事件之性質，或要約人爲要約當時，預先聲明承諾無須通知者，在相當時期內，有可認爲承諾之事實者，其契約即因承諾意思之實現而成立（民161）。所謂可認爲承諾之事實，即在要約拘束力存續期間內，在客觀上足以認定其有承諾之事實，如使用要約人送到之物品，故與默示之承諾，承諾人仍須爲承諾之意思表示不同。

（三）承諾之效力

承諾僅得使契約成立，契約之效力並非當然因而發生。從而，契約若有附停止條件、始期等，則須條件成就或期限屆至時，契約才能發生效力。亦即承諾之生效與契約之生效不同，前者爲意思表示之生效，契約因此而成立；後者爲債之發生，產生債權債務關係。

承諾何時生效，須視其爲對話承諾或非對話承諾而異。前者採了解主義，以要約人了解時生效（民94）；後者採到達主義，以達到要約人時生效（民95）。若承諾之通知，按其傳達方法，依其通常情形在相當時期可達到而遲到，其情形爲要約人可得而知者，要約人應向相對人即發遲到之通知，要約人

怠於此項通知者，其承諾視爲未遲到，仍生承諾之效力（民159）。至於遲到之承諾，除民法第159條之情形外，則視爲新要約（民160）。

雖有承諾之表示，惟契約當事人約定契約須用一定方式者，在該方式未完成前，推定其契約不成立（民166），既曰推定，自得以事實反證推翻之。

（四）承諾之消滅

1. 承諾經撤回：承諾人於承諾生效前自仍得撤回之，惟其撤回之通知，須與承諾先時或同時到達（民95），若撤回之通知，其到達在承諾通知之後，而按通常情形，應先時或同時到達者，要約人應向承諾人即發遲到之通知，否則，其承諾之撤回，視爲未遲到（民163準用民162）。
2. 契約成立，承諾即消滅。

三、懸賞廣告

（一）懸賞廣告之概念

所謂懸賞廣告，乃廣告人以廣告方式，聲明對於完成一定行爲之人（或完成一定工作），給予報酬之法律事實（民164I）。其性質學說上有單獨行爲說、契約說（實務及修法後之民法採此說）、要約引誘說等。宜解爲單獨行爲，惟新民法將之規定爲契約，故一般認爲係要約。其要件有：1.須對不特定之人爲之；2.須聲明給與報酬，故爲有償行爲；3.須對於完成一定行爲之人給與報酬，故爲要物行爲。

所謂廣告，乃使不特定多數人得知其意思表示之方法，或以書面，或以言詞，或登載報章，均無不可。懸賞廣告與贈與之要約不同，例如聲明當選模範生給與自行車一輛，即屬贈與之要約。

（二）懸賞廣告之成立

懸賞廣告，一般均認爲係爲要約，則必另有承諾，契約乃能成立。通說以爲廣告所指定之行爲完成時，其契約即爲成立，但民法規定，不知有廣告而完成該行爲者，準用之（民164IV）。

（三）懸賞廣告之效力

1.報酬給付義務

懸賞廣告成立後，廣告人對於完成行為之人，負給付報酬之義務（民164I）。行為人亦因而取得報酬請求權。但完成一定行為有數人時，民法為避免廣告人雙重負擔，如廣告人對於最先通知（並非為報酬請求權之要件）者，已為善意的報酬給付，其給付報酬之義務，即告消滅（民164III）。此外，如行為係由數人共同或分別同時完成者，除廣告另有聲明外，由行為人平均分受報酬。報酬不可分者，由行為人共同取得報酬請求權（即成立連帶債權、共同關係）。

2.權利之歸屬

依民法第164條之1之規定，因完成前條之行為而可取得一定之權利者，其權利屬於行為人。但廣告另有聲明者，不在此限。例如懸賞廣告聲明攝得稀有動物之照片者，給與獎金10萬元，而有行為人攝得照片而請求廣告人給付報酬者，原則上該照片之著作財產權歸屬於行為人所有，惟如廣告聲明著作財產權應歸屬於廣告人者，則應依其聲明。

（四）懸賞廣告之撤銷

預定報酬之廣告，因係對於不特定人之要約，如於行為完成前不許其撤回，未免過酷，故於行為完成前，得撤銷之。且撤銷不問原因，無除斥期間之規定，惟須於行為完成前為之。但廣告除廣告人證明行為人不能完成其行為外，對於行為人因該廣告善意所受損害（如支出費用），應負賠償之責，但以不超過預定報酬額為限（民165I）廣告定有完成行為之期間者，推定廣告人拋棄其撤回權（民165II）。若受損害之行為人有數人時，應類推民法第164條第3項之規定，而為免責。

四、優等懸賞廣告

（一）優等懸賞廣告之概念

依民法第165條之1前段之規定，「以廣告聲明對完成一定行為，於一定期間內為通知，而經評定為優等之人給與報酬者，為優等懸賞廣告。」故其性

質、要件、成立方式，原則上均與一般懸賞廣告相同，惟仍有下列特殊要件：1.須評定為優等者，始給與報酬；2.須定一定期之應徵期間；3.應徵人必須為應募之通知。

例如徵文比賽，主辦單位均會定一應徵時間，而由投稿之作品中評定為優等（前三名、佳作、入選等等），給與報酬。

（二）評定之方法

優等懸賞廣告人負有評定之義務，至於評定之方法，依民法第165之2條第1項之規定，由廣告中指定之人為之。廣告中未指定者，由廣告人決定方法評定之。且此評定，對於廣告人及應徵人有拘束力，故對此評定不得異議。

（三）報酬請求權

優等懸賞廣告經評定為優等之應徵人，享有報酬之請求權。其報酬請求權自廣告人評定完成時起發生（民165-1後段）。而被評定為優等之人有數人同等時，除廣告另有聲明外，共同取得報酬請求權（民165-3）。故如被評定為優等之人有二人，則平均分配其報酬，惟廣告另有聲明（如冠軍獎金1萬元，亞軍獎金5,000元……），則依其聲明。

（四）權利之歸屬

依民法第165條之4規定，第164條之1之規定，於優等懸賞廣告準用之。故上例如徵文比賽之冠軍，其文章之著作財產權原則上歸屬於應徵人所有，惟如廣告聲明主辦單位取得該著作財產權者，則依其聲明。

第二節　無因管理

一、意義及性質

所謂無因管理，係指未受委任，並無義務，為他人管理事務之合法、道德之事實行為。無因管理係一適法行為，非為法律行為，介於委任與侵權行為之間。

　　無端干涉他人之事務，本爲法所不許，惟見義勇爲，患難相助，爲人類社會生活所不可缺，故法律於一定條件下，允許無因管理爲法律行爲以外之一適法行爲。

　　無因管理非爲法律行爲，故無法效意思存在。惟雖無效果意思，通說認爲仍應有「爲他人管理事務」意思存在（爲主觀意思）。所謂「爲他人管理事務的意思」，即管理之事實所生之利益，須歸屬於本人。

　　無因管理非單獨行爲，係混合的事實行爲。除管理之事實外，尚須有管理的意思存在，此意思雖非法效意思（與行爲能力無關），但仍須有主觀之認識。和先占取得（以所有之意思，而先占取得管領事實）概念類似。無因管理雖非爲法律行爲，惟管理的行爲可爲事實行爲，亦可爲法律行爲。

二、要　件

　　無因管理，因係無故（無義務）管理干涉他人之事務，本爲侵權行爲，惟有時義行相助，乃人類美德，亦爲社會生活所需，故於一定條件下，阻卻其違法性。無因管理之成立，應具備如下要件：

（一）須管理他人之事務

　　管理者，乃處理之謂。不論管理行爲、處分行爲、法律行爲或事實行爲，均屬之，如爲他人修理房屋、出賣物品、收留迷童是。另外，通說認爲單純的不作爲、違法行爲、背於公序良俗之事等，均不得爲無因管理之事務。

　　事務者，其經濟上之利益，足以滿足人之生活需要而適於爲債之標的之事項，其得爲事實行爲之事務，或爲法律行爲之事務，或爲一次行爲之事務，亦或繼續行爲之事務，均無不可。

　　所謂他人之事務，須在客觀事實上屬於他人之事務，才可成立無因管理。惟不以完全爲他人管理事務之意思爲必要，一部分爲自己事務，一部分爲他人事務，仍可成立無因管理，惟若純爲自己之事務，不可成立無因管理。而「他人」，亦不以管理人確知之特定人爲必要，除管理人以外之人即可，且本人對於管理人之管理事務，亦無認識之必要。

　　事實上爲自己之事務，而誤信爲他人之事務時（如自家之牲畜誤爲鄰人所有而餵食之），而加以管理，不成立無因管理（誤信管理）。事實上爲他人事

務，而誤信為自己事務加以管理時（如鄰家之牲畜誤為自己所有而餵食之），則有爭議，因欠缺為他人管理之意思（幻想管理），不妨歸入不當得利。

（二）須有為他人管理事務之意思

此為（管理人）主觀上之要件。無因管理須以為他人之利益之意思，而管理他人之事務。即管理結果之利益，須歸屬本人之意思。僅管理人主觀上具有此項意思（無須有行為能力，但須有意思能力）為已足，雖管理時他人並不確定，亦得成立無因管理。管理之意思無須表示，應依管理事務後之結果，即以客觀事實來證明有無管理意思存在。

（三）須無義務，並未受委任

即當事人間並無管理事務之義務存在，故依契約約定對本人負有義務者（如委任、僱傭等契約），或依法律規定，對本人負有義務者（如父母對未成年子女之管理事務），甚或在公法上有義務者（如消防人員之救火），均不成立無因管理。所謂無義務，係指對本人（被管理人）無義務，即屬之。對本人無義務，惟對他人（第三人）存有義務者，仍不妨礙無因管理之成立。又原有義務，但逾越義務所為為他人管理之部分，仍可成立無因管理。

三、無因管理之效力

（一）阻卻違法

無因管理係道德行為，法律事實中之適法行為。無因管理因係適法行為，得阻卻違法，故不生侵權行為。無因管理成立後，管理人因故意或過失不法侵害本人之權利者，侵權行為仍可成立，非謂成立無因管理後，即可排斥侵權行為之成立（52台上288）。

（二）管理人無報酬請求權

若允許有報酬請求權存在，必將導致亂干涉他人權利、事務。故除海商法中海難救助及遺失物之拾得外，並不發生報酬請求權。

（三）債之發生

1. 管理人之義務

(1) **適當管理之義務**：管理人爲本人管理事務，應依本人明示或可得推知之意思，以有利於本人之方法爲之（民172）。蓋違反明示或可得推知之意思，非故意即有過失，無保護之必要。所謂有利於本人之方法，係指客觀上方法有利於本人，至於事實結果是否利於本人，則非所問。

管理人違反本人明示或可得推知之意思，而爲事務之管理者，對於因其管理所生之損害，雖無過失，亦應負賠償之責（民174），即有過失或無過失均應負責，是爲無過失賠償之責。但有下列例外：①如其管理係爲本人盡公益上之義務（如納稅），或爲其履行法定扶養義務者（如支付父母之生活費用），則不適用之。又管理人違反本人之違反公序良俗之意思而爲管理者，亦屬例外之情形（民174II）。②管理人爲免除本人之生命、身體或財產上之急迫危險，而爲事務之管理者，對於因其管理所生之損害，除有惡意或重大過失者外，不負賠償之責（民175）。所謂惡意，係指有加害他人之意思，使其發生之一種動機不良之故意。

(2) **通知之義務**：管理人開始管理時，以能通知爲限，應即通知本人。如無急迫之情事（如民551受任人有繼續處理之義務），應俟本人之指示（民173），否則應停止管理。不能通知本人時，如不知本人爲何、不知本人所在、交通通訊斷絕等，則無通知義務。違反通知義務時，解釋上應依民法第174條第1項之規定，負賠償之責。

(3) **計算之義務**：無因管理，準用民法第540條至第542條有關委任之規定。申言之，即有報告事務狀態及顛末之義務；有交付因管理事務而收取之金錢、物品、孳息及移轉取得權利於本人之義務；又爲自己之利益使用應支付本人利益之金錢，應自使用之日起支付利息，如有損害，並應賠償。

2. 本人之義務（管理人之權利）

　　無因管理既爲義舉，而管理人又無報酬請求權，且管理之利益復歸屬於本人，法律上爲使管理人不致受有損害，故令本人負如下義務，亦即管理人享有下列相對之權利：

(1) **管理事務利於本人時**：管理事務利於本人，並不違反本人明示或可得推知之意思者，管理人爲本人支出必要或有益之費用，或負擔債務，或受損害

時，得請求本人償還其費用（費用償還請求權）及自支出時起之利息（利息返還請求權），或清償其所負擔之債務（負債清償請求權），或賠償其損害（損害賠償請求權）（民176I）。違反本人意思，但係爲本人盡公益上義務，或爲其履行法定扶養義務者，而無其他過失時，不負賠償之責，並仍得享有上述請求權（民176II）。

(2) **管理事務不利於本人時**：管理事務不利於本人，且違反本人明示或可得推知之意思者，本人仍得享有無因管理之利益（稱之爲違反本人意思之無因管理請求權），即仍可請求前述各項請求權，惟與管理事務利於本人所不同者，在於此時本人之義務，以其所得之利益爲限（民177I）。又本項規定，於管理人明知爲他人之事務，而爲自己之利益管理之者，準用之，即俗稱之不法無因管理。例如受任人將交返還委任人之擔保金100萬元爲自己利益，擅自用爲買賣股票變成500萬元，若因其侵權行爲委任人僅得請求100萬元加法定利息之損害，顯對委任人不利，且有鼓勵侵權行爲之嫌，故委任人可依準用而主張不法無因管理，依民法第177條第2項請求返還500萬元。

四、無因管理之承認

管理事務經本人承認者，除當事人有特別意思表示外，溯及管理事務開始時，適用關於委任之規定（民178）。亦即無因管理，如經本人之承認，即成立委任契約，自應適用關於委任之規定，且承認之效力並溯及於開始管理時發生（民115）。

五、準無因管理

準無因管理，又稱不眞正無因管理。按民法第172條規定，欠缺爲他人管理的主觀意思或欠缺屬他人事務，當不成立無因管理，故：

1. **誤信管理**：即誤信他人之事務而爲管理，應不適用無因管理。
2. **幻想管理**：即誤信自己之事務爲他人之事務而管理，亦應不適用無因管理。
3. **不法管理**：即明知爲他人事務而以自己利益之意思而管理，本爲侵權行爲或不當得利之問題，非無因管理之性質。

以上三種不眞正無因管理中，通說認爲，誤信管理因欠缺爲他人管理之意思，而幻想管理又缺他人事務之要件，自不宜列入準無因管理之中；至於不法管理，就衡平原則言，若承認不法的無因管理人得保有因管理所得利益，顯有違反正義之觀念，反足以誘引他人爲侵權行爲，故民國88年4月21日民法修正，參考德國民法第687條規定，於我民法第177條增訂第2項規定：「前項規定，於管理人明知爲他人之事務，而爲自己之利益管理之者，準用之。」是我國僅承認不法無因管理爲準無因管理。例如，乙將甲所寄託之100萬股票，爲自己之利益，於股市買賣牟取三倍之利益，依準無因管理應將此三倍利益悉數返還於甲，而非僅依侵權行爲賠償甲所受之損害，或依不當得利僅返還甲所受之損害。

第三節　不當得利

一、意義及性質

不當得利者，謂無法律上原因而受利益，致他人受損害者之事實也（民179）。不當得利爲債發生的原因，爲一法律事實，其制度之功能，主要在公平理念之實現。

不當得利，並非因當事人之意思而產生，其效果純由法律規定而來，故非爲法律行爲。從結果而言，係一事件。因不當得利係由一原因事實，產生一方受利，一方受損害之兩個結果，其原因事實可能爲事件，可能爲事實行爲。與侵權行爲（違法行爲）、無因管理（法律行爲以外之適法行爲）兩者不同。

二、要　件

（一）須一方受利益

即一方須因一定事實而增加其財產總額，包括積極得利（現有財產的積極增加，如財產權之取得）與消極得利（現有財產應減少而未減少，如債務之免除）。故僅使他人受損害，自己未受利益者，非不當得利。

（二）須他方受有損害

即他方因一定事實而減少財產總額，包括現有財產積極的減少之積極損害與現有財產應增加而未增加之消極損害。前者如房屋之被侵占；後者如房屋被占有所失之收益。故自己受利益，而他方未受損害者，並無不當得利可言。

（三）受利益和受損害之間須有（損益）變動關係

民法第179條所謂「致他人受有損害」，係指受利益與受損害之間，須有損益變動關係存在，實務上稱為因果關係。其有採直接因果說（直接損益變動說），謂受利益與受損害須基於同一事實而生；另有採非直接因果關係說者（間接損益變動說），認為基於兩個原因事實而造成損益，倘社會觀念上，認其有牽連關係者，即認定其有因果關係，如甲竊取乙之肥料，施於丙之土地上是。基本上言，不當得利因給付而生者，僅給付人得向受領給付人請求返還不當得利，若不當得利係因給付外之原因所生者，則採直接損益變動（因果）關係說。

（四）須無法律上原因

一方受利益，他方受損害，縱有損益變動關係，如有法律上原因（如贈與或果實自落鄰地），表示受益人之得利並無不當，亦不成立不當得利。

所謂無法律上原因，向有統一說及非統一說之爭，我民法第179條係就不當得利為統一規定，統一說中又有公平、正法、債權及權利等四說，通說採權利說，視取得利益是否基於正當權利來源。採非統一說者，係分為給付而受利益的情形（自始欠缺目的、目的不達、目的消滅）與給付以外之原因（基於行為、法律規定、事件），就個案來判斷。

無法律上原因，不以自始即為無法律上原因為限（如受領他人誤交之物），初雖有法律上之原因，而其後已不存在者，亦為無法律上原因（民179），例如甲購乙之車，已付價金，嗣因意思表示錯誤而撤銷買賣，此時如乙仍保有價金，即無法律上之原因。

三、效　力

（一）受領人之義務

依民法第179條規定，不當得利受領人，應返還其所受利益，故受益人與受損人二者發生債之關係：

1.返還之客體

因不當得利所受之利益（原物或原權利），自應返還，即本於該利益之所得（如侵占房屋之租金），亦應返還之。惟爲公平計，受益超過損害者，僅於其受損限度內，負返還責任。至其返還之標的，以原物爲原則，但原物之擴張物、換取物、變形物等，仍爲不當得利而須返還。另外，依其利益之性質（如所受之利益爲勞務）或其他情形（如原物或權利已滅失或出賣），不能返還原物時，則例外以受益時爲準，償還其價額（民181但書）。

2.返還之範圍

(1) **受領人爲善意者**：不當得利之受領人不知無法律上之原因，而其所受之利益已不存在者，免負返還或償還價額之責任（民182I）。故受領人爲善意者，僅就現存利益，負其責任。其不知有無過失及所受利益已不存在之原因如何，均非所問。惟何謂利益已不存在，通說認爲不獨原物已不存在，且原物之擴張物（如牛所生之犢）、代價物（如金錢所購買之股票）（41台上637）亦包括之。現存利益之確定，以請求時爲準。

(2) **受領人爲惡意者**：受領人於受領時知無法律上之原因或其後知之者，應將受領時所得之利益，或知無法律上之原因時所現存之利益，附加利息，一併償還，如有損害，並應賠償（民182II）。

3.特殊不當得利

即受領人例外無須負返還責任之不當得利。其情形，依民法第180條規定有：

(1) **給付係履行道德上之義務者**：蓋爲維護社會道德，例如酬謝救命之給付，對於無撫養義務之親屬給予扶養。

(2) **債務人於未到期之債務，因清償而爲給付者**：稱之爲清償期前之清償，因係期限利益之拋棄，故中間利息已給付者，雖因爲利用本金而屬不當得利，但不得請求返還。

(3) **因清償債務而爲給付，於給付時明知無給付義務者**：既於給付時明知無給付之義務，則不啻拋棄其返還請求權，故不得請求返還之。惟若因過失、不知法律、誤解法律、事實的誤認等，仍可請求返還，後者稱之爲單純的非債清償。

(4) **因不法之原因而爲給付者**：稱爲不法原因之給付，指原因違背公序良俗或強行法規之給付。若法律允許不法原因之給付得請求返還，則無異鼓勵不法行爲，故禁止其請求返還，如賭債之給付。惟不法之原因，僅於受領人一方存在時，不在此限，如贖回綁票之給付。由是觀之，給付原因之不法存在給付人之一方與受領人雙方者，仍不得請求返還不當得利。

（二）轉得人之義務

不當得利之受領人，以其所受者無償讓與第三人，而受領人因此免返還義務者（即指善意受領人已無現存利益），第三人於其所免返還義務之限度內負返還責任（民183）。故惡意受領人負有返還義務者，則第三人不負返還義務，惟如有詐害情形，受損人得依民法第244條之規定撤銷該無償讓與行爲。例如甲由乙受領一支金筆及金錶一只，受領後將金筆贈與丙，而留金錶自用，其後知其受領無法律上原因（如經撤銷後），遂將金錶贈與丙者，此時乙得向丙請求返還金筆，但不得請求返還金錶，僅得請求甲返還其價額，蓋該金錶不在甲（惡意受領人）免返還義務之限度內。又不當得利之受領人，以其所受者有償讓與第三人（如轉賣）者，該第三人亦無返還義務。

第四節　侵權行爲

第一款　侵權行爲概說

侵權行爲者，因故意或過失不法侵害他人之權利，而應負損害賠償責任之不法行爲也（民184）。民事上之違法行爲，有債務不履行及侵權行爲之別，自性質上言，債務不履行亦爲廣義侵權行爲之一種，惟前者係債務人違反債務所生之責任；後者爲因故意或過失不法侵害他人權利所生之責任，且民法既二者分別規定，故債務不履行不適用侵權行爲之規定（43台上752）。

一行爲，有僅負刑事責任者，如欲殺人而未遂且無傷者，亦有僅負民事責

任者，如脅迫（非強制）他人成立買賣債權，惟亦有二者兼之者，如喝酒開車傷人是。

　　侵權行為制度，主要係決定不法或違法行為所造成之損害，由誰來負擔損害賠償責任，及決定損害賠償責任的標準（損害賠償之決定）。損害賠償之範圍，則規定於損害賠償之債中（民213至218）。

　　民事責任雖亦以過失為原則（過失責任），惟於現代社會立法下，因：(1)企業規模日大，危險日增；(2)被害人有時舉證不易；(3)為求勞動者生活之保障，於特定情形下（如工業災害、核子或放射線傷害、公害賠償等），有時特別立法，如消費者保護法之規定，加害人縱無過失，如有損害發生，加害人即應負損害賠償之責任，是為無過失責任主義。

第二款　侵權行為之種類與要件

　　侵權行為，可分為「一般侵權行為」、「特殊侵權行為」與「共同侵權行為」等三類，茲分述如下：

一、一般侵權行為

　　即因故意或過失，由自己之行為不法侵害他人之權利是也，依民法第184條規定，一般侵權行為應具備如下要件：

（一）主觀要件

1.須有責任能力

　　責任能力者乃侵權行為人能負擔損害賠償責任之資格，亦稱之為侵權行為能力。此能力之有無，觀之民法第187條，以行為時有無識別能力定之。所謂識別能力，通說以能識別自己行為之結果之精神狀態，故無意思能力之未成年人、受監護宣告之人及行為時無意識或精神錯亂之人，均無侵權行為能力，例如5歲兒童玩槍走火傷人。

2.須有故意或過失

　　我民法上之侵權行為，以過失主義為原則，故以行為出於故意或過失為必

要,其舉證責任,有由被害者負之。故意者,乃明知並有意使其發生(直接故意),或預見其發生,而其發生並不違背其本意者(間接故意、未必故意)(刑13);過失者,係指行為人雖非故意,但按其情節應注意,並能注意,而不注意(無認識過失、懈怠過失),或行為人雖預見其能發生,而確信其不發生者(有認識過失)(刑14參照)。又本條之過失,係指抽象輕過失,乃指未盡善良管理人之注意言。惟行為人違反保護他人之法律者,例如侵害他人之專利權或違反交通法規夜間行車未開燈以致傷人者,負賠償責任。但能證明其行為無過失者,不在此限(民184Ⅱ)。故法律上採中間責任推定其有過失,既曰推定,自得反證推翻之。依最高法院88年台上字第1862號判決,違反法律保護他人,須具備:(1)被害人係屬於法律欲保護之人之範圍;及(2)請求賠償之損害,其發生須係法律所欲防止者。

(二)客觀要件

1.須自己之行為

凡由行為人自身內部意識而發動之身體動靜,均為自己之行為,包括作為與不作為。惟不作為須先有作為義務(如基於法律規定、服務關係、契約關係、自己之前行為、公序良俗而有作為之義務者)之違反,始能成立侵權行為。例如違反契約義務而不予嬰兒哺乳。又以他人為工具,例如利用幼童竊取他人之物者,亦不失為自己之行為。

2.須有損害

民事責任之概念,在於填補被害人之損害,故非有損害之發生,縱有加害之行為,亦無由成立侵權行為。損害,係指現實上之損害,即財產上或其他法益上,受有不利益之謂,而不採名義上的損害。損害可分為財產上之損害及非財產上之損害(無形、精神上的損害),前者又可分為積極損害(現有財產積極的減少)與消極損害(現有財產應增加而不增加)。惟行為人是否因此而受有利益,則非所問,故與不當得利之要件有別。

3.須有相當之因果關係

因果關係者,乃前因後果之牽連是。關於因果關係之確立,向有條件說、原因說及相當因果關係說(主觀相當因果關係說及客觀相當因果關係說)。通說採客觀相當因果關係說,即無此行為,雖必不生此損害,但有此行為,客觀上通常即足生此損害,是為有因果關係。例如甲被打傷後送醫,途中發生車禍

死亡，難謂有相當因果關係，惟甲被打傷送醫後，因流血過多不治死亡，則有客觀相當因果關係，故無所謂因果關係中斷。因果關係之判斷，雖多存在於作為之情形，惟不作為亦有因果關係存在。

4.須行為不法

民法第184條所謂「不法侵害」，即明示侵權行為之成立，以無阻卻違法之事由存在為必要。不法者，乃違反法律強制或禁止規定（形式不法）或違背公序良俗（實質不法）之謂。通常阻卻違法之事由有正當防衛（民149）、緊急避難（民150）、自助行為（民151、152）、無因管理（民172至178）、權利的行使（民148）、被害人之允諾等情形。

5.須侵害他人權利或利益（違反保護他人法律——採中間責任之推定過失）

所謂侵害權利，乃妨害他人權利之享有或行使。而權利者，泛指一切私權，包括下圖所示各權。

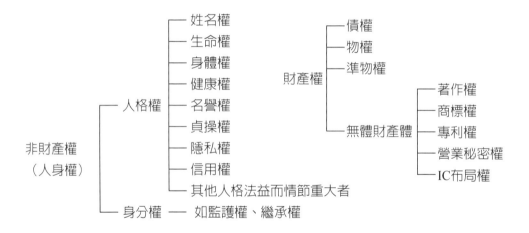

苟非侵害權利，但加害他人，亦成立侵權行為，即故意以背於善良風俗之方法，加損害於他人時，亦能成立侵權行為（民184I後段），例如虧本賤賣，從事非誠實之商業競爭。是否背於善良風俗之方法，適用上尚須視當時社會之一般觀念定之。

二、特殊侵權行為

所謂特殊侵權行為，指就他人的行為，或行為以外的事實，或動物之行

為，所造成之損害，負損害賠償之責任者。

（一）公務員侵權行為

所謂公務員，最廣義指依法令從事於公務之人員（刑10II），廣義指受有俸給之文武職公務員或國公營事業的職員（我民法採此說），狹義指有官等之文職人員，最狹義則指文職簡、薦、委各等之事務官。公務原本應依法行政，奉公守法，清廉自潔，若有違背職務侵害他人權益者，自應令其負賠償責任。

公務員侵害他人之權利，如係出於職務以外之行為者，則以其私人資格，按一般侵權行為負其責任（民184）。如係出於職務內之行為，則私法上之行為，如代表鐵路局採購物資或承租房屋倉庫，則依民法第28條規定，與鐵路局負連帶賠償責任；如係公法上之行為，則依民法第186條規定處理之。

按民法第186條規定，公務員因故意違背對於第三人應執行之職務（例如不按時限審定專利申請，致為他人侵害），致第三人受損害者，其賠償責任因故意或過失而異，其出於故意者，須負全部賠償責任。其因過失者，以被害人不能依他項方法受賠償時為限，負其責任（民186I）。惟前述情形，如被害人得依法律上之救濟方法，除去其損害，而因故意或過失不為之者，公務員不負賠償責任（民186II），例如受害人對上開專利處分案，怠於提起訴願或行政訴訟，縱令公務員故意違背職務，亦不得向之請求賠償。

此外，憲法第24條規定，凡公務員違法，侵害人民之自由或權利者，除依法所應負之行政責任外，應負民事及刑事責任，被害人就其損害，並得依法律向國家請求賠償。

本條規定與國家賠償法之適用，關係如何殊值研究。所謂公務員應執行之職務，若係公法上之行為，本條規定似可刪除，蓋國家賠償法已可以救濟賠償；若亦包括私法上之職務時，則本條尚有適用之餘地，以減輕公務員責任。

（二）法定代理人之責任

依我國民法規定，法定代理人對於無行為能力人（未滿7歲之未成年人及受監護宣告之人）或限制行為能力人（滿7歲以上之未成年人）有保護及教養之義務（民1084、1097、1123），故後者不法侵害他人權利者顯其監督有疏懈，法定代理人自不能免責。惟其負責之內容，以行為人行為時有無識別能力而異，行為時如有識別力，應與其法定代理人連帶負賠償責任；行為時如無識

別能力，則由法定代理人單獨負責（民187I）。

識別能力者，乃足以識別自己之行為能發生法律上不當行為責任之能力也。法定代理人之監督疏懈，為法律所推定，故法定代理人如能證明其監督並無疏懈，或縱加以相當之監督，而仍不免發生損害者，可免其責任（民187II）。此係法定代理人之免責要件，而非對加害行為之故意或過失之問題，且應由法定代理人負舉證之責。至於所謂「縱加以相當之監督，而仍不免發生損害」，係指欠缺因果關係的情形。例如甲母因家貧外出傭工糊口，將其子託鄰人看管，倘其子侵害他人物品，則可認其監督並未疏懈而免責，反之，若甲係因外出打牌消遣者，自不可免責。

又法律為保護經濟弱者，如行為人行為時並無識別能力（責任能力），而不負賠償責任，同時其法定代理人又得主張免責時，被害人將無從請求損害賠償，為求公允，法院因被害人之聲請，得斟酌行為人及其法定代理人與被害人之經濟狀況，令行為人或其法定代理人為全部或一部之損害賠償（民187III）。是為衡平責任或結果責任，乃社會責任之一種。此項衡平責任之規定，於其他之人，在無意識或精神錯亂中所為之行為致第三人受損害時，準用之（民187IV）。

至於97年5月23日民法新修正取代禁治產人之成人監護制度，係針對自然人之行為能力作規範，並未涉及侵權行為能力，故受監護宣告人及受輔助宣告人之侵權責任能力如何處理，本書認為，依同法第14條規定，受監護宣告人既為無行為能力人，而監護人又身為其法定代理人，則受監護宣告人侵害他人數人時，理當直接適用同法第187條之規定；但受輔助宣告人依同法第15條之1及第15條之2之規定，並不當然成為一般限制行為能力人，而是特殊行為能力人，解釋上不宜直接適用同法第187條規定，而應分其侵權行為對有無識別能力而定，分別情形適用同法第184條一般侵權行為規定，或適用第187條第4款有關衡平責任之規定。

法定代理人對加害行為如有故意過失時（即參與加害行為），則係民法第185條共同加害行為的問題。

（三）僱用人之責任

僱用人對於受僱人之選任及監督其職務之執行，應盡相當之注意義務，如受僱人因執行職務不法侵害他人權利，顯其選任及監督有過失，且受僱人多為

經濟上之弱者，被害人多求償不易，故法律規定，由僱用人與受僱人（行為人）連帶負損害賠償責任。依民法第188條規定，僱用人責任之成立要件為：1.行為人須係僱用人之受僱人；2.受僱人須構成一般侵權行為；3.受僱人因執行職務不法侵害他人權利。

　　受僱人者，乃一方受他方之選任及監督而服勞務之人，不問有無契約之依據，均屬之。例如囑友人開車，因有選任監督關係，仍為本條所謂之受僱人；但如計程車之乘客，對於計程車司機，則非屬僱用人與受僱人關係，蓋無選任監督關係也。所謂執行職務之範圍，向有主觀說（又分僱用人意思說及受僱人意思說）與客觀說（行為外觀說）之別，後者為通說，即所謂執行職務，應以行為之外觀為準定之，僱用人與受僱人之意思如何，在非所問（42台上1224）。故執行職務，可包括行為本身即是執行職務（如上班時間），有客觀事實足以認定為其係職務行為之執行（如下班時開公務車回家），與執行職務有牽連關係者（如將公務用車，開往修車廠途中）即濫用職務、利用職務機會、與執行職務之時間或處所有密切關係者，均屬之（91年台上2631）。且此受僱人並不限於僱傭契約所稱之受僱人，凡客觀上被他人使用為之服勞務而受其監督者，均係受僱人（57台上1663）。

　　惟僱用人於證明選任受僱人及監督其職務之執行已盡相當之注意，或縱加以相當之注意而仍不免發生損害者，僱用人不負賠償責任（民188I但書）。例如已檢驗司機之駕駛執照，並訂有作業休息規定是。此際，被害人本不能受損害賠償時，但法院因被害人之聲請，得斟酌僱用人（非受僱人）與被害人之經濟狀況，令僱用人為全部或一部之損害賠償（民188II），亦是衡平責任，其理論基礎在於報償觀念，認為利用他人之勞力而擴張自己之經濟活動之範圍，自應負擔一些社會責任。

　　僱用人因其選任及監督有過失，民法命其負一定之責任，惟實際上侵害他人權利者係受僱人，故僱用人於賠償損害，對於侵權行為之受僱人有求償權（民188III）。本項為民法第272條之例外規定，即全額求償而非分擔求償，因僱用人係為他人行為而負責任，又因其係代負責任之性質，受僱人被求償時，應不得對僱用人主張民法第217條之與有過失。

　　名義貸與人的侵權行為責任，如助產士、律師等將執照借給他人使用，因認有僱用關係存在，係執行職務致生侵害，通說認為亦須依民法第188條規定負責。

（四）定作人之責任

定作人與承攬人為承攬關係，承攬人有特殊技能而非定作人所能監督，故定作人對承攬人原則上無指揮監督權，不同於民法第188條，原則上不負賠償責任。即承攬人因執行承攬事項，不法侵害他人之權利者，定作人不負損害賠償責任（民189）。但定作人於定作（如工作本身性質其有爆烈物品或危險工事）或指示（如給予有瑕疵之工作圖）有過失者，仍須負損害賠償責任（民189但書）。此項過失，為定作人單獨負責之要件，若承攬人執行承攬工作亦有故意或過失者，則為共同侵權行為（民185）。

定作人定作高層建築物時，該工程之挖土施工足以動搖損壞鄰地房屋，為一般人皆知之事。從而定作人委託建築師設計及交付承攬人施工時，均應注意建築師及承攬人之能力，並應注意工程之進行安全，以免加害於鄰地，如怠於此注意即為定作或指示有過失（74台上1458）。

（五）動物占有人之責任

動物有加損害於他人之危險，故若未盡相當管束之注意，民法規定由其占有人負損害賠償責任。動物占有人的責任性質，通說認係為中間責任，本條規定僅係負責要件，而非加害行為的要件。因占有人係就動物行為負責，而非就自己負責，故意過失係免責要件，並非加害行為的故意過失。

所謂占有人，通說包括直接占有（即事實上直接管領之人，故應為相當注意之管束）及占有輔助人（有反對意見），但間接占有人（如出租人），則非本條所謂占有人。至於所謂加損害，必須為動物自身自由之行動始可，如出於占有人之機械強制，則成立民法第184條之侵權行為，如動物係由第三人或他動物之挑動，致加損害於他人者，其占有人對於該第三人或該他動物之占有人，有求償權（民190II）。但如挑動人本身為被害人時，則發生過失相抵之問題（民217）。

動物占有人之所以負責，係因其怠於對動物之管束，其過失責任為法律所推定，故占有人倘能證明依動物之種類及性質，已為相當注意之管束，或縱為相當注意之管束而仍不免發生損害者，免其責任（民190I但書）。

（六）工作物所有人之責任

　　土地上之建築物或其他工作物（即依人工就土地之設施，如鐵路、水井、籬笆、堤防、廣告塔、電梯、招牌等），每可因設置或保管有欠缺，致損害他人之權利，其所有人應隨時注意防止，故土地上之建築物或其他工作物，所致他人權利之損害者，由工作物之所有人負賠償責任（民191I本文）。

　　所有人是否現實占有該工作物，則非所問，例如房屋現雖爲承租人占有，如因設置或保管之欠缺，致損害他人時，仍應由所有人負責。惟如別有應負責任之人時，賠償損害之所有人，對於該應負責者，有求償權（民191II），如建築物之承攬人有過失或承租人有過失者，即是該應負責者。

　　工作物所有人之責任，依通說見解亦爲一種中間責任，故所有人對於設置或保管並無欠缺，或損害非因設置或保管有欠缺（無因果關係），或於防止損害之發生，已盡相當之注意，即可免責，此時應由所有人負舉證責任（民191I但書）。所謂設置有欠缺，係指土地上之建築物或其他工作物，於建造之初即存有瑕疵而言。所謂保管有欠缺，係指於建造後未善爲保管，致其物發生瑕疵而言（50台上1464）。

（七）商品製造人之責任

　　商品製造人之商品常造成使用者之損害，故商品製造人應對其商品之安全負責，故商品製造人因其商品之通常使用或消費所致他人之損害，負賠償責任。但其對於商品之生產、製造或加工、設計並無欠缺或其損害非因該項欠缺所致或於防止損害之發生，已盡相當之注意者，不在此限（民191-1I）。所謂商品製造人，謂商品之生產、製造、加工業者。其在商品上附加標章或其他文字、符號，足以表彰係其自己所生產、製造、加工者，視爲商品製造人（民191-1II）。所謂商品之生產、製造或加工、設計，與其說明書或廣告內容不符者，視爲有欠缺（民191-1III）。而商品輸入業者，應與商品製造人負同一之責任（民191-1IV）。

　　此商品製造人之責任，依通說見解爲一種中間責任，故所有人對於商品之欠缺及損害發生之防止，已盡相當之注意者，即可免責，此時應由商品製造人負舉證責任（民191-1I但書）。惟本條必須在無消費者保護法適用之情形下始有其適用（消保法第7條消費者權益之侵害採得減輕的無過失責任）。

（八）駕駛人之責任

現今社會中，車禍糾紛時有所聞，故汽車、機車或其他非依軌道行駛之動力車輛，在使用中加損害於他人者，駕駛人應賠償因此所生之損害。但於防止損害之發生，已盡相當之注意者，不在此限（民191-2）。此責任通說亦認為中間責任，駕駛人對於防止損害之發生，已盡相當之注意，即可免責，惟此應由駕駛人負舉證責任。但如兩車相撞，則各由駕駛人舉證自己就防止損害之發生，已盡相當之注意。

（九）經營一定事業或從事其他工作或活動之人之責任

近代企業發達、科技進步，人類工作或活動之方式及其使用之工具與方法日新月異，伴隨繁榮，而產生之危險機會大增，故經營一定事業或從事其他工作或活動之人，其工作或活動之性質或其使用之工具或方法有生損害於他人之危險者，對他人之損害應負賠償責任。但損害非由於其工作或活動或其使用之工具或方法所致（無因果關係），或於防止損害之發生已盡相當之注意者，不在此限（民191-3）。故此等人就因其工作或活動之性質或其使用之工具或方法有生損害於他人之危險（例如工廠排放廢水廢氣、筒裝瓦斯廠裝填瓦斯、使用炸藥開礦、燃放煙火、娃娃車接送學童、舉辦大型園遊會、競賽），對於他人所生損害，應負賠償責任。

此責任通說亦認為係中間責任，只要此等人能舉證明損害非由於其工作或活動或其使用之用具或方法所致，或於防止損害之發生已盡相當之注意者，則免負賠償責任。

三、共同侵權行為

所謂共同侵權行為，即同一損害之發生，係由數人共同不法侵害他人之權利所致者也。其態樣有三：

（一）共同加害行為

即民法第185條第1項所定，數人共同不法侵害他人之權利者，如甲、乙、丙三人竊取他人之財物，連帶負損害賠償責任。其要件有：1.須加害人有數

人；2.各加害人均具備一般侵權行為之要件；3.須行為有共同關係。

　　共同關係之確定，採主觀共同關連性說者，認為各加害人間不僅須有行為分擔，且行為人間主觀上須有意思聯絡（55台上1798）；採客觀共同關連性說者，認為有意思聯絡固為共同侵權行為，沒有意思聯絡，但有行為關連，或行為共同時，仍須負侵權行為責任（司法院例變字第1號），現行實務已改採行為共同關連說，因此，故意與故意固可成立共同加害行為，即使為過失與過失或故意與過失，亦可成立共同加害行為。

（二）共同危險行為（準共同侵權行為）

　　即數人共同為侵害他人權利之危險行為，而不知其中孰為加害人之情形（民185I後段）。其不以意思聯絡為必要，無行為分擔的情形。如其中有人為加害行為，亦有人為危險行為，但數人之行為皆具危險性者，即皆須負連帶賠償責任。如ABC三人使用相同之獵槍、子彈前去打獵，造成甲傷亡，惟僅係由一顆子彈所殺是。

（三）造意及幫助（視為共同侵權行為）

　　造意人及幫助人視為共同侵權行為人（民185II）。造意者，乃唆使他人決意為侵權行為；幫助者，乃於他人為侵權行為時，予以精神上或物質上之幫助。故造意及幫助人，均未自為加害行為，皆非共同加害人，本無責任可言，惟因有悖社會正義，故法律上均視為共同行為人，使之均負損害賠償責任。

　　造意人雖與刑法上之教唆犯同其義，惟須被教唆者已實施侵權行為，始負責任，係採從屬性說是；幫助人亦與刑法上幫助犯同有從屬性，僅於受幫助者構成侵權行為之際，始負連帶責任，蓋民事責任須有損害始有賠償可言。

第三款　侵權行為之效力

　　侵權行為一經成立，無論其為一般、特殊亦或共同侵權行為，被害人即取得損害賠償請求權，加害人即負有損害賠償義務，故侵權行為（不法行為之法律事實）為債之發生原因之一，產生損害賠償的債權債務關係。民法於債之標的中，設有損害賠償之債之一般規定，惟於民法第192條至第198條，則設有侵權行為之特殊規定，應優先適用。

一、侵權行為損害賠償之債的當事人

（一）債務人

　　原則上為侵權行為人（加害人），但因民法規定，於特種侵權行為，法定代理人、僱用人、定作人、動物占有人、工作物所有人等，亦得為損害賠償之債務人。

（二）債權人

　　即賠償請求權人，原則上為被害人。惟生命權若遭侵害，被害人既已死亡，即無損害賠償請求權可言，故法律上對因被害人死亡而間接受害之人，亦賦予損害賠償請求權，即：

1.醫療及增加生活上需要之費用或殯葬費支出人

　　不法侵害他人致死者，對於支出醫療及增加生活上需要之費用（如看護費用）或殯葬費之人，亦應負損害賠償責任（民192I）。支出人與被害人之關係如何，則非所問，惟慈善支出者，則不與焉。

　　民法第192條第1項規定不法侵害他人致死者，對於支出醫療及增加生活上需要之費用或殯葬費之人，亦應負損害賠償責任，係間接被害人得請求賠償之特例。此項請求權，自理論言，雖係固有之權利，然其權利係基於侵權行為之規定而發生，自不能不負擔直接被害人之過失，倘直接被害人於損害之發生或擴大與有過失時，依公平之原則，亦應有民法第217條過失相抵規定之適用（73台再182）。

2.被害人負有法定扶養義務之人

　　被害人對於第三人若負有法定扶養義務（民1114至1121）者，加害人對於該第三人亦應負損害賠償責任（民192II）。且此損害賠償，法院得因當事人之聲請，定為支付定期金，但須命加害人提出擔保（人保或物保）（民192III準用193II）。

3.被害人之父母子女及配偶

　　不法侵害他人致死者，被害人之父、母、子、女及配偶，雖非財產上之損害，亦得請求賠償相當之金額（民194）。此項損害賠償，係精神上損害之賠償，俗稱為慰撫金或慰藉金，係基於法律規定而直接發生，為獨立之請求權，並非繼承被害人之損害賠償請求權。

　　不法侵害他人致死者，其繼承人得否就被害人如尚生存所應得之利益，請求加害人賠償，學者間立說不一。要之，被害人之生命因受侵害而消滅時，其為權利主體之能力即已失去，損害賠償請求權亦無由成立，則為一般通說所同認，參以我民法就不法侵害他人致死者，特於第192條及第194條規定間接被害人請求範圍，尤應解為被害人如尚生存所應得之利益，並非被害人以外之人所得請求賠償（54台上951）。至於民法第195條第3項規定：「前二項規定，於不法侵害他人基於父、母、子、女或配偶關係之身分法益而情節重大者，準用之。」乃指父母子女或配偶因其身分法益而直接被侵害之情形，為獨立身分之情求權，與第194條之為間接被害人之情形，二者不同。例如父母配偶子女目睹有此身分法益被他人侵害諸如殺害、車禍、強姦之情形是。

二、損害賠償之方法與範圍

　　一般損害賠償之範圍，應以填補債權人所受損害及所失利益者為限（民216）；而一般損害賠償之方法，則以回復原狀為原則（民213），以金錢賠償為例外（民214、215）。惟侵權行為所生之損害賠償，其範圍及方法，我民法另有規定，茲分述如下：

（一）關於財產之損害（有形損害）

1.生命權之侵害

　　其應賠償之財產損害，為醫療及增加生活上需要之費用或殯葬費及扶養費用。所謂醫療費係指因侵害人侵害被害人之身體至其死亡之間所有之醫療費用；所謂增加生活上需要之費用，亦係此段期間所需之生活費用，加害人均應賠償。所謂殯葬費，指收殮及埋葬之費用，其範圍應依當地之習慣定之。所謂扶養費用，以法定扶養義務為限，並不包括約定扶養義務。其數額之計算，應參酌扶養權利人須受扶養之期間及扶養義務人（被害人）可推知之生存期間，採取霍夫曼式，以單利計算，即如下式：

$$X（現在應負額）= \frac{X（該年應負額）}{1+n（最後之年數）r（年利率）}$$

　　支付之方式，可一次支付（須扣除期前利息），亦可定期支付（民192III準用民193II）。

2.身體權、健康權之侵害

　　不法侵害他人之身體或健康者（未死亡情形），對於被害人因此喪失或減少勞動能力或增加生活上之需要時，應負損害賠償責任（民193I）。此項損害賠償，法院得因當事人之聲請，定為支付定期金，但須命加害人提出擔保（人保或物保）（民193II），以保護受害人之權益。

3.物之侵害

　　物因損害而滅失者，按一般損害賠償之規定，以回復原狀為原則，金錢賠償為例外（民213、214、215）。惟不法毀損他人之物者，被害人得請求賠償其物因毀損所減少之價額（民196）。即被害人得請求以金錢賠償其減少之價額，而無不請求修補或依其他方法回復原狀（代回復原狀）。本條非為強制規定（金錢賠償），而係給被害人一法定選擇權，故被害人亦可依民法第213條請求回復原狀，或依本條請求物所減少之價值以金錢賠償。此外，亦得請求支付回復原狀所必要之費用，以代回復原狀（民213III）。

（二）非財產之損害

　　對於精神上受無形之損害，其賠償範圍及方法如下：

1.生命權之侵害

　　不法侵害他人致死者，被害人之父、母、子、女及配偶（間接被害人），雖非財產上之損害，亦得請求賠償相當之金額（精神上損害賠償）（民194）。至其賠償數額之確定，應視當事人與被害人之關係及所受精神上痛苦之程度，由法院酌定之。

2.身體、健康、名譽、自由、信用、隱私、貞操或其他人格法益受侵害

　　不法侵害他人之身體、健康、名譽、自由、信用、隱私、貞操或其他人格法益而情節重大者，被害人雖非財產上之損害，亦得請求賠償相當之金額（慰撫金）。其名譽被侵害者，並得請求為回復名譽之適當處分（如登報道歉）（民195I）。此項請求權，不得讓與或繼承。但以金額賠償之請求權，已依契約承諾或已起訴者，不在此限（民195II）。此外，於不法侵害他人基於父母、子、女或配偶關係之身分法益而情節重大者（直接被害人）（如略誘未成

年子女、強姦），準用民法第195條第1項、第2項之規定（民195III）。

此外，姓名權受侵害者，得請求法院除去其侵害，並得請求賠償（民19）。

非財產上之損害，適用時應注意民法第18條規定，即人格權受侵害時，雖得請求法院除去其侵害，但以法律有特定規定者爲限，始得請求損害賠償或慰撫金，法律所未規定者，則不與焉。惟此次民法修正已擴大人格權之保護及於信用、隱私及貞操等。故特別人格權與一般人格權區分之必要性，即有再加以研究之必要。

三、損害賠償請求權

侵權行爲，係債的發生原因，若具備侵權行爲的構成要件，則當事人間即發生債之關係，此種債之關係即爲損害賠償之債。依民法規定，損害賠償請求權，具有下列特點：

（一）消滅時效之期間

因侵權行爲所生之損害賠償請求權，其消滅時效之期間，較一般債權爲短（民125、126）。可分爲短期與長期，短期爲自請求權人知有損害及賠償義務人時起，2年間不行使而消滅；長期爲自有侵權行爲時起，逾10年者，雖請求權人知有損害及賠償義務人，其請求權均因而消滅，不得再行使（民197I）。但最高法院近年來對於侵害有持續狀態者，如化學污染致20年後始因癌症發生者，則以實際知悉發病時始進行對話，以符誠信原則（90年台上839），是爲誠信主義。

（二）讓與、繼承或抵銷

財產上之損害，無論係因侵害財產權或人格權而生，因無專屬性，皆得讓與或繼承。惟因侵害人格權所生之非財產上之損害，因有專屬性，則不得讓與或繼承，但以金額賠償之請求權，已依契約承諾（與一般金錢債權無異）或已起訴（被害人已決定行使權利）者，則例外得爲讓與或繼承（民195II）。

另依民法第339條規定，因故意侵權行爲而負擔之債，其債務人不得主張

抵銷，蓋若許予抵銷，不啻鼓勵侵權行為，故禁止之。但因過失所生者或受方債權者，則不在此限。

（三）消滅時效完成之效果

1.不當得利之返還

　　損害賠償之義務人，因侵權行為受利益（如竊取他人之手錶自用），致被害人受損害者，於侵權行為之損害賠償請求權時效完成後，仍應依關於不當得利之規定（其消滅時效，依民125規定為15年），返還其所受之利益於被害人（民197II）。故如侵權行為僅被害人受損害，而加害人並不受利益（如撞毀他人之車），則損害賠償請求權時效完成後，即不再有不當得利之返還問題。上述損害賠償請求權與不當得利之返還請求權，學說上稱之為請求權競合。被害人得擇一行使，行使其一已達目的者，其他請求權即行消滅，如未達目的，仍得行使其他請求權（48台上1179）。

2.債務履行之拒絕

　　因侵權行為對於被害人取得債權者，被害人對於該債權之廢止請求權（係因侵權行為所生之損害賠償請求權——回復原狀——即廢止其所取得之債權），雖因時效而消滅（2年或10年），仍得拒絕履行該債權（民198）。例如因詐欺或脅迫，而自被害人取得債權是。又被害人有時亦得依民法第92條規定行使其撤銷權（有除斥期間限制），使該債權自始無效，此際，乃廢止請求權與撤銷權並存。

第三章　債之標的

第一節　債之標的之意義

債之標的，即債權之客體，乃債務人基於債之關係所應為之行為（給付）也。債權人基於債之關係，得向債務人請求給付（民199I）。債務人應給付之物，則稱為給付物或債之標的物。債之標的，須具下列要件：

（一）給付須可能

可能係相對於不可能而言，給付不能，不僅指物理上或理論上不能，即依一般社會觀念，應認為不能者，亦包括之，至僅主觀的不能或嗣後不能或給付困難，均非此所謂之給付不能。

（二）給付須適法

適法係相對不法而言，凡違背法律上強制禁止規定，或妨害公序良俗之事項，均不能為給付之標的。

（三）給付須確定或可得確定

給付自始確定者，固不生問題，然不能確定之給付，債務人無法履行，故給付須確定，但不以自始確定者為限，即將來可得確定者，亦包含之。

第二節　種類之債

一、意　義

所謂種類之債，即就同一屬性之物，僅抽象表示其全體之名稱，亦即僅以種類中一定數量，指示給付物之債（民200I前段）。故：

種類之債係以種類指示給付物之債，例如蓬萊米、工業用酒精、梨山水蜜桃，多以種別、產地、用途或商標等表示，不重視標的物之個性。惟僅言動物、植物、礦物等，非為法律上所稱之種類。條文中雖僅規定「給付物」，惟

應包括權利、勞務，而不限於「物」。

　　種類之債係以種類中一定數量指示給付物之債，例如裕隆MARCH五部，並非指示該種類之全體，其數量須確定或可得確定。以種類數量指示之物，稱之為不特定物，故種類之債，又稱之為不特定物之債。如於一般種類之外，更設特徵以限定其範圍，而以範圍內之一定數量之給付物為標的者，則謂之限制種類之債，例如此倉庫內裕隆MARCH五部。若言此倉庫所有之汽車，則為特定之債，非為限制種類之債。

二、品質之確定

　　種類之債，除種類及數量須確定外，尚有品質問題。給付物僅以種類指示者，其品質之確定方法，依民法第200條規定有三：(一)依法律行為之性質，如樣品買賣；(二)依當事人之意思；(三)倘不能依上述之方式定之者，債務人應給以中等品質之物。

三、特定之方法

　　種類之債，既應以種類指示其給付物，但給付時，仍須特定，否則將無從履行。特定者，乃種類之債變更為特定之債也。依民法規定，種類之債之特定方法有三（民200II）：

（一）債務人交付其物之必要行為完結後

　　即給付業已提出。其為赴償債務者（債務人前往債權人所在處所或清償地清償之債務），以送至債權人住居所、清償地交付時，即為完結；其為索取（往取）債務（債權人至債務人處所受領清償）者，以債務人通知給付時，即為完結；其為送付債務（於清償地以外之處所為清償之債務），其完結須視債務人有無送付義務而定：有送付義務，和赴償債務相同；若無送付義務，交付運送人時，即為完結。

（二）債務人經債權人之同意指定其應交付之物時

　　例如債權人同意債務人就約定種類物中，將應交付之物加以標識或包裝者。

（三）契約選定

依契約選定給付物者，或由債務人為之，或由債權人為之，或由第三人為之（指定權），悉視契約規定。

四、特定之效果

種類之債一經特定，即為特定之債，因而發生下列效力：

（一）給付不能

在特定前，除非社會上完全不存在該物（自始、客觀給付不能），否則無給付不能之問題，但特定後則可發生給付不能之問題，例如該物滅失，即發生給付不能（民225、226）及危險負擔等法律問題（民266）。

（二）變更權

特定後，除債權人同意（債之更改、代物清償）外，債務人無變更給付物之權。惟種類物之買賣，經特定後，雖買受人無變更權，但原種類物之交付，如有瑕疵，仍可依民法第364條物之瑕疵擔保之規定，請求另行交付無瑕疵之物。

（三）擔　保

選擇之債經特定後，非在消滅債務，僅係使種類之債加以延長而特定。因此，原種類之債的擔保，無論係人保或物保，若無反對約定，亦應繼續存在。

第三節　貨幣之債

一、意　義

所謂貨幣之債，是以給付一定數額貨幣為標的之債，亦稱金錢之債。貨幣者，乃評定價值之標準，財貨交易之媒介，債務支付之手段也。貨幣有本國貨幣與外國貨幣之分，亦有通用貨幣與自由貨幣（法律未強制適用，惟事實上可

以流通的貨幣）之別，復有本位幣與輔幣之異。

二、貨幣之債的種類

依通說，貨幣之債，可分為本國貨幣之債與外國貨幣之債，二者復可分為：特定貨幣之債、金額貨幣之債、特種貨幣之債。茲分述如次：

（一）本國貨幣之債

即以本國發行之貨幣（如銀元、新臺幣）為標的之債。若以本國貨幣為特定物之債，如封金之寄送，謂之特定貨幣之債；如以一定金額之本國通用貨幣為標的之債，如約定現金若干元，謂之金額貨幣之債，無給付不能之問題；其以本國特種通用貨幣之一定金額（相對特種貨幣之債）或特種貨幣之一定數量（絕對特種貨幣之債）為標的之債，謂之特種貨幣之債。但以特種通用貨幣之給付為債之標的者，如其貨幣至給付期失通用效力時，應給以他種通用貨幣（民201）。

（二）外國貨幣之債

即以外國發行之貨幣（如美金、英磅）為標的之債。亦可分為特定貨幣之債、金額貨幣之債、特種貨幣之債。惟適用時，應注意：1.以外國通用貨幣定給付額者，債務人得按給付時給付地之市價，以中華民國通用貨幣給付之（民202本文）；2.絕對特種貨幣之債，訂明應以外國通用貨幣為給付者，不得以中華民國通用貨幣給付之（民202但書）。

第四節　利息之債

一、意　義

所謂利息之債，即以給付利息為標的之債。利息者，乃使用他人原本，比例其數額及其存續期間，依一定比率，以金錢或其他代替物為給付之一種法定孳息（對價）也。利息，除金錢外，亦可以實物充當（41台上740）。且不須和原本同一種類，惟仍須受到最高法定利率限制（院1964）。

利息有依當事人之合意而生者，爲約定利息；有出於法律規定者，爲法定利息。其計算利息之比率，謂之利率。

二、特　質

利息之債，具有從屬性與獨立性。前者就基本權的利息之債觀之，亦即未達清償期之利息債權，故從屬於原本債權，從而其發生、消滅、無效或撤銷，均與原本之債，同其命運；原本債權之擔保效力及於利息債權；原本債權讓與時，利息債權隨之而讓與（民295I）。

利息之債之獨立性，係從分支權的利息之債觀之，亦即已達清償期之利息債權，故獨立於原本債權，從而得獨立讓與或承擔；已發生之利息債權，雖原本債權已讓與，僅發生推定其隨同移轉之效力（民295II）；與原本債權之請求權，各因不同之時效而消滅（民126）。

三、利息之債之發生

利息之債，依其發生原因，可分爲約定利息之債與法定利息之債：

（一）約定利息之債

即依當事人契約之約定，所發生之利息之債，多見於消費借貸。

（二）法定利息之債

即依法律規定當然發生之利息之債，我民法規定有：
1. **遲延利息**：乃金錢債務於給付遲延後，應付之利息（民233），爲給付遲延之特別規定。對於利息（遲延利息）無須再支付利息（民233II），因遲延利息既爲損害賠償性質，無再使用原本之機會，不應利上加利，故不許再生利息。
2. **墊費利息**：乃爲他人墊支費用，得請求自支付時起之利息，如民法第176條第1項、第281條第1項、第546條第1項之規定是。
3. **擬制利息**：即爲自己利益，使用他人金錢所應支付之利息，如民法第173條及第542條之規定是。

4.**附加利息**：即對於他人負有返還財產義務，所應附加之利息，如民法第182條第2項。

四、計 算

利息之債，依計算方法之不同，可分為單利之債與複利之債。單利者，乃單獨計算各期之利息，不將利息添入原本，再生利息；複利者，乃將已生之利息，滾入原本，再生利息。我民法規定如下：

（一）單利之債

即依單利方法計算利息之債，惟計算利息須依利率（即利息與原本之比，以百分比表示），利率有法定利率與約定利率之別，前者係依法律規定而生，後者則由當事人所約定。法定利息固多依法定利率計算，惟亦有依約定利率計算者（如民233I但書，票97I②）；反之，約定利息固多依約定利率計算，惟未約定利率者，則依法定利率計算，如民法第203條規定：「應付利息之債務，其利率未經約定，亦無法律可據者，週年利率為百分之五。」

法律上為防止債務人遭受債權人之經濟壓力，避免暴利行為之發生，遂對約定利率，設有如下之規定：

1.**高利債務之期前清償**

約定利率逾週年12%者，經1年後，債務人得隨時清償原本。但須於1個月前預告債權人（民204I）。此項期前清償之權利，不得以契約除去或限制之（民204II）。

2.**最高利率之限制**

約定利率，超過週年16%者，超過部分之約定，無效（民205）。舊條文規定債權人對於超過部分之利息「無請求權」，但並未規定超過部分之約定為「無效」，故司法實務見解均認為僅債權人對之無請求權，並非約定無效而謂其債權不存在，倘若債務人就超過部分之利息已為任意給付，經債權人受領後，不得依不當得利之規定請求返還。因此為強化最高約定利率之管制效果，保護經濟弱者之債務人，於民國109年修改為「超過部分之約定，無效」，以符立法原意。

在利率管理條例適用時，僅臺幣之金錢之債有適用，其他仍須適用民法規

定。利率管理條例業已於民國74年11月27日經總統公布廢止，依中央法規標準法第22條規定，自74年11月29日起生效，即於當日起不再適用，最高法院75年第3次民庭會議紀錄，並作成處理原則。

3.巧取利益之禁止

債權人除應受最高利率之限制外，不得以折扣（例如借1萬，先扣2,000，僅給8,000或實際借8,000，借據上寫1萬）或其他方法（如隱名合夥保障利潤或另立禮金巧取利息），以逃避前述最高利率之限制（民206）。此為法律之強行限制，故巧取利益之行為，應為無效（民71）。

民間之合會（俗稱標會），不違反最高法定利率者，仍為合法，並無民法第206條之適用。

（二）複利之債

即依複利方式計算利息之債。複利之債，因較單利為重，對債務人不利，故立法例上多禁止之。我民法第207條規定，利息不得滾入原本再生利息，是原則上禁止之，惟有下列情形之一者，則例外允許之：

1. **遲付利息1年者**：當事人以書面約定利息遲付逾1年後經催告而不償還時，債權人得將遲付之利息滾入原本者，依其約定（民207）。
2. **商業上另有習慣者**：例如銀行存款之計算複利習慣（舊銀行65），即依其習慣辦理。

第五節　選擇之債

一、意　義

所謂選擇之債，乃數宗獨立之給付平等存在，得選擇其一給付為債之標的者，稱之為選擇之債。即1.須預定數宗給付（如馬一匹或汽車一輛）；2.須於數宗給付中選定其一項為給付，故仍為一個債之關係。選擇之債，依其發生原因，可分為約定選擇之債與法定選擇之債（如民225II、226II、359及430）。其係就給付之時、地或方法提供選擇，亦不失為選擇之債。

二、選擇之債的特定

選擇之債，因數宗給付間係立於平等地位，均有被選擇機會，故選擇之債須經特定後，才可成為特定之債。特定者，乃於數宗給付中，確定其一項為給付，否則無法履行給付。其特定方法有三：契約、選擇權之行使及給付不能。選擇之債，得依契約而特定，無待明文。茲就後二者分述如下：

（一）選擇權之行使

選擇權行使後，即為特定，但若所選擇者為種類物，則須再經種類之債的特定方法特定一次。

1.選擇權之性質

選擇權者，乃可就數宗給付中，選擇其一給付之權能。通說認為係形成權的一種，使選擇之債變為單純之債，且此形成權非為專屬權。

2.選擇權人

於數宗給付中，得選定其一者，其選擇權除法律有特別規定（民225II、226II均屬債權人），或契約另有訂定外，原則上屬於債務人（民208），為保障經濟上之弱者故也。

3.選擇權之行使

債權人或債務人有選擇權者，應向他方當事人以意思表示為之。由第三人為選擇者，應向債權人及債務人以意思表示為之（民209）。其性質為有相對人之單獨行為，其方法以明示、默示為之，均無不可。

4.選擇權之轉換（移轉）

當事人有選擇權時，如選擇權定有行使期間者，於該期間內不行使，其選擇權移屬於他方當事人；如選擇權未定有行使期間者，債權至清償期，無選擇權之當事人，得定相當期限催告他方當事人行使其選擇權，如他方當事人不於所定期限內行使選擇權者，其選擇權移屬於為催告之當事人。由第三人為選擇者，如第三人不能（如重病、旅行）或不欲選擇時、選擇權屬於債務人（民210）。

（二）選擇之債之給付不能

　　數宗給付中，有自始不能或嗣後不能給付者，債之關係，視歸責情形而異。因不可歸責於雙方當事人或可歸責於有選擇權人之事由，致給付不能者，債之關係僅存在於餘存之給付（民211）。餘存之給付尚有數宗時，仍不失為選擇之債，如原為三宗，一宗給付不能，尚存二宗之情形，此時僅範圍縮小；如僅存一宗，則選擇之債，因之而特定，成為單純之債。其因可歸責於無選擇權之當事人之事由，致給付不能者，債之關係，存於全部之給付（民211但），但有選擇權人得選擇給付不能之一宗，而免自己之給付義務（指債務人選擇時，民225I），或請求損害賠償或解除契約（指債權人選擇時，民226I、256）。

三、特定之效力

　　選擇之債，一經特定，即為單純之債，其標的僅為一宗給付，此一宗給付，如為特定物，則變為特定物之債；如為不特定物，則變為種類之債，尚須再經債務人交付其物之必要行為完結後，或經債權人同意指定其應交付之物時，始能履行（民200II）。

　　特定生效之時期，依民法第212條規定，選擇之效力，溯及於債之發生時，亦即可溯及於選擇之債成立之時，而變為單純之債。蓋依第211條但書規定，若選擇無溯及效力，則當有選擇權人選擇時，其給付物常屬自始不能，勢必因標的之不能，而歸無效（民246I）。至於因給付不能之特定，是否有溯及效力，法無明文，解釋上應為否定。

四、選擇之債與種類之債及任意之債之區別

（一）選擇之債與種類之債之區別

1. **標的**：選擇之債可為同種類或不同種類；但種類之債須為同種類。
2. **各部特性**：選擇之債數宗給付各有其特性與個性；種類之債各部無特性存在，無給付不能（除該種類在全世界均沒有）。
3. **標的物**：選擇之債可為特定物或不特定物；但種類之債為不特定物。

4. **給付不能與特定**：選擇之債可因給付不能而特定；但種類之債除該種類不存在，無因給付不能而特定之可能。

5. **溯及效力**：選擇之債之選擇有溯及效力；但種類之債之特定無溯及效力。

（二）選擇之債與任意之債之區別

1. **相同點**：二者均有法定與約定兩類（發生）。

2. **相異點**

(1) **給付是否確定**：選擇之債之給付於契約成立時，係不確定；但任意之債之給付於契約成立時，為確定，但嗣後有變動代替的可能。

(2) **給付間之地位**：選擇之債各宗給付立於平等被選擇之地位。任意之債之始終都僅有單一特定之原定給付，代替給付並非債之標的，僅具補充地位。

(3) **是否特定**：選擇之債為非特定之債（特定前），特定前不得請求履行或強制執行；任意之債自始即為特定，無代替權人不得以他給付代替原給付。亦不得主張抵銷。

(4) **能否因給付不能而特定**：選擇之債可因自始或嗣後給付不能而特定；任意之債則無此問題。

(5) **權利行使**：選擇之債於選擇權行使後，成為特定之債或種類之債；任意之債則為代替權之表示而提出代替之給付，否則原定給付仍有效，（或曰）準代物清償。

第六節　損害賠償之債

一、意　義

所謂損害賠償之債，係以損害賠償為債之標的之債，亦即債務人對於債權人負有賠償損害之義務之債的關係，其成立要件有四：

（一）須有發生損害之原因事實

此項原因事實，有因法律行為而生者，如保險契約所定之危險事故之發生，有因法律規定而生者，如侵權行為、債務不履行。

（二）須有損害發生

損害賠償之債，以塡補損害爲目的，故無損害即無賠償可言（43台上395）。

（三）須原因事實與損害間有因果關係

即依客觀情事，凡有某原因事實，通常足生某種結果，爲有因果關係，即所謂客觀的相當因果關係。

（四）須具備歸責原因（過失）

損害賠償責任之成立，賠償義務人原則上須有故意過失，例外採結果責任，縱無過失，亦須負責。例如侵權行爲因故意或過失不法侵害他人之權利（民184），但無因管理人違反本人明示或可得推知之意思，而爲事務之管理者，對於因其管理所生之損害，雖無過失，亦應負賠償之責（民174I）。

二、賠償方法

於立法例上，損害賠償之方法，有僅採回復原狀，有僅採金錢賠償者，惟此二種方法，或有不便、不能，或不合損害賠償之本旨，故多數採取折衷方法，或以金錢賠償爲原則，以回復原狀爲例外；或以回復原狀爲原則，以金錢賠償爲例外，我民法採後者。

（一）原則上應回復原狀

負損害賠償責任者，除法律另有規定或契約另有訂定外，應回復他方損害發生前之原狀（民213I）。例如打斷球拍，償還同樣品牌之球拍，此時債權人得請求支付回復原狀所必要之費用，以代回復原狀（民213III）。再因回復原狀而應給付金錢者，自損害發生時起，加給利息（民213II），例如騙錢還錢是，惟此與因不能回復原狀而變爲金錢賠償，而須給付利息者不同。

（二）例外以金錢賠償

前述所謂法律另有規定或契約另有訂定之情形：

1.法律另有規定者

此有概括規定與列舉規定之別，前者即應回復原狀者，如經債權人定相當期間催告者，逾期不為回復者，債權人得請求以金錢賠償其損害（民214）；不能回復原狀或回復原狀顯有重大困難，應以金錢賠償其損害（民215），例如珍奇古玩或回復費用過鉅是。後者即除概括規定外，法律更就各種損害賠償之情形，個別的列舉規定，例如醫療及增加生活上需要之費用或殯葬費之賠償（民192）、喪失或減少勞動能力或增加生活上需要之賠償（民193）及毀損他人之物而賠償所減少之價額（民196）是。

2.契約另有訂定者

上述損害賠償方法，並非強行規定，為尊重當事人之意思，如契約另有約定者，自應從其約定。例如損害賠償額預定性質之違約金（民250）及和解（民736）。

三、損害賠償之範圍

我國民法第216條第1項之規定，係為對損害賠償之範圍之原則規定：「損害賠償，除法律另有規定或契約另有訂定外，應以填補債權人所受損害及所失利益為限。」茲分述如下：

（一）約定賠償範圍

即所謂契約另有訂定，此可分為事前約定（如賠償額之預定──違約金之一種，民250）與事後約定（如和解），其內容應受公序良俗及誠信原則之限制。

（二）法定賠償範圍

1.一般賠償範圍

即所謂「所受損害」及「所失利益」，前者為積極損害，即現有財產積極的減少，例如身體之傷害、費用之支出、物品之毀損及權利之喪失是。後者為消極損害，惟消極損害之範圍不易確定，故民法第216條第2項規定：「依通常情形，或依已定之計畫設備或其他特別情事，可得預期之利益，視為所失利益。」所謂依通常情形可得預期之利益，如工人因車禍受傷在家療養期間所損

失之工資；所謂依已定之計畫設備，可得預期之利益，如已將新屋租與他人，惟因承攬人遲不交屋，致損失租金之收入是。所謂依其他特別情事，可得預期之利益，例如因區域重劃致地價上漲，出賣人於未過戶前，重賣他人（二重買賣），致原買受人失其可得預期之利益是。

2.特別賠償範圍（賠償金額之減免）

(1) **過失相抵（與有過失）**：損害之發生或擴大，被害人與有過失者，法院得減輕賠償金額，或免除之（民217）。惟何謂與有過失，同條第2項規定，重大之損害原因，為債務人所不及知（如清償期屆至前，債權人遷居而不通知債務人），而被害人不預促其注意，或怠於避免或減少損害者（如債權人怠於隔離病牛或受傷不肯就醫），為與有過失。此項規定之適用，原不以侵權行為之法定損害賠償請求權為限，即契約所定之損害賠償，除有反對之特約外，於計算賠償金額時亦有其適用，法院對於賠償金額減至何程度，抑為完全免除，雖有裁量之自由，但應斟酌雙方原因力之強弱與過失之輕重以定之（54台上2433）。又實務上以為，駕駛機車有過失致坐於後座之人被他人駕駛之車撞死者，後座之人係因藉駕駛人載送而擴大其活動範圍，駕駛人為之駕駛機車，應認係後座之人之使用人，原審類推適用民法第224條規定依同法第217條第1項規定，減輕被上訴人之賠償金額，並無不合（74台上1170）。而民法債編則增訂第217條第3項「前二項之規定，於被害人之代理人或使用人與有過失者，準用之。」以符合上開實務之見解。

(2) **損益相抵**：即損害賠償請求權人，因同一賠償原因事實，受有損害並受有利益時，應將所受得利益，由損害中扣除，以是賠償範圍，蓋損害賠償旨在填補損害，非為獲取額外利益，如因車禍固得請求損害賠償，但應扣除旅費之支出。民法修正已增訂第216條之1：「基於同一原因事實受有損害並受有利益者，其請求之賠償金額，應扣除所受之利益。」

(3) **生計影響**：法律令賠償義務人負擔賠償損害之義務，固必有其法律上之理由，惟如損害原非出乎故意或重大過失所致，設依法賠償將使賠償義務人之生計受重大影響，仍非社會正義所許，故法院得酌量其賠償金額（民218），是與被害人與有過失之賠償有異。

　　此外，法律上亦有特殊之損害賠償範圍之規定，如民法第233條及第240條是。

四、損害賠償之效力

（一）一般效力

賠償權利人受領賠償後，不得再請求賠償，即損害賠償之債的關係消滅。

（二）特別效力

1.讓與請求權

關於物與權利之喪失或損害，負賠償責任之人，得向損害賠償請求權人請求讓與基於其物之所有權，或基於其權利對於第三人之請求權且得準用民法第264條同時履行抗辯權之規定（民218-1），以免賠償義務人享有二重之利益，是為賠償義務人之讓與請求權。例如受寄人因過失而毀損滅失寄託物，固應負賠償責任，但得請求寄託人讓與其權利，俾行使物之所有權而向侵權人請求返還。又同條第2項規定，損害賠償請求權與讓與請求權二者得準用第264條之同時履行抗辯，應注意也。

2.賠償代位

即賠償義務人履行其賠償義務後，得代位取得被害人對於受損之物或權利之權利，此為損害賠償之債所發生之效力。例如甲所有之房屋，因乙之失火焚燬，保險公司於給付甲賠償金額後，得依保險法第53條之規定，以自己名義代位行使甲（被保險人）之權利，向乙請求賠償損失。

第四章　債之效力

　　債之效力者，乃債之關係發生後，為實現其內容，法律上所賦予之效果或權能。自效力言，可分為主要效力（即給付義務）與從屬效力（即注意義務）。從內容言，可分為對內效力（即債權人與債務人間之效力）與對外效力（即債權人對第三人之效力）。至於債之特別效力，則於各種之債之關係中規定。

第一節　債務之履行

　　債務之履行，有任意履行與強制履行兩種。此所謂履行，指任意履行言。債務依債之本旨履行後，則債之關係消滅。

一、給付之方法

（一）誠信原則

　　行使債權、履行債務，應依誠實及信用方法（民148），是為誠信原則，法律的最高基本指導原則，在促進法律的進步，填補法律的漏洞。民國88年的民法修正已將第219條刪除，以表明誠信原則不僅適用於債之關係，而係適用於所有民事法律。

（二）誠信原則之適用

　　依此原則，債務應如何履行，茲可分給付之時、地及方法等說明之：
1.就給付之時言
　　原則上應於清償期為之，但例外期前亦可清償（民204），惟均須符合誠信原則，例如不得於深夜或營業時間外為給付之提出。
2.就給付之地言
　　給付之地，除法律或契約另有訂定外，亦應符合誠信原則，例如不得於婚禮席上返還借用物。

3.就給付之方法言

應依社會一般通念爲給付，凡在法條當中，有「相當期間」、「正當理由」、「依……之性質」、「適當方法」之規定者，均須依誠實及信用方法爲之。如郵寄重要物品，應以掛號寄送。

二、債務人之責任

債務人既負有給付義務，履行給付時，自應爲相當之注意，故若履行給付時，缺乏相當之注意，對其所生損害，自應負責。債務人之責任，不論係因侵權行爲或債務不履行而生，其共同要件，均須具備歸責事由，亦即故意、過失及事變。所謂歸責事由，可分爲約定之歸責事由與法定之歸責事由。前者即指在何種情形下，會構成違約或債務不履行，完全委諸當事人自由約定，但其約定不得背於公共秩序或善良風俗或違反法律強制或禁止規定；後者指是否構成債務不履行，係由法律所規定，例如無過失責任或事變責任（民634參照）。

（一）故　意

即行爲人能明知自己行爲可生一定結果，而決意使之發生或容忍其發生者。債務人就故意之行爲，應負責任（民220I），例如貸與人故意不告知借用物之瑕疵，致借用人受損害，應負賠償責任（民466），且不得預先免除（民222），但事後拋棄請求救濟之權利，則非法所不許。

（二）過　失

即行爲人對其行爲之結果，應注意能注意而不注意，或雖預見其發生而確信其不發生者，爲過失。

1.過失之種類

依通說見解，過失可分爲抽象輕過失（即欠缺善良管理人之注意）、具體輕過失（欠缺與處理自己事務爲同一之注意）與重大過失（欠缺一般人之注意，即稍加注意即可避免者，竟未加以注意）等三種。重大過失之責任，與故意同，均不得預先免除（民222）。此外，依民法第223條規定，應與處理自己事務爲同一注意者，如有重大過失，仍應負責，蓋負抽象的輕過失責任者，注意程度高，責任自然最重（如民432、535後段、590）；負具體的輕過失責

者，注意程度次之，責任較輕（民535前段、590前段、672、1100）；僅就重大過失負責任者，注意程度最低，其責任亦最輕（如民175、237、400）。

2.過失之責任

債務人就其過失行為，應負責任（民220I），其責任之輕重，除因上述過失之種類而異外，如法律無規定，當事人亦無約定時，則依事件之特性而有輕重，如其事件非予債務人以利益者，應從輕認定（民220II）。亦即如依事件之性質，僅債務人一方受利益時，應就抽象的輕過失負責；如他方受利益，而自己亦受利益時，則就具體的輕過失負責；如僅他方受利益而債務人自己未受利益者，則僅就故意或重大過失負其責任。

第三人盜蓋存款戶在金融機關留存印鑑之印章而偽造支票，向金融機關支領款項，除金融機關明知其為盜蓋印章而仍予付款之情形外，其憑留存印鑑之印文而付款，與委任意旨並無違背，金融機關應不負損害賠償責任。若第三人偽造存款戶該項印章蓋於支票持向金融機關支領款項，金融機關如已盡其善良管理人之注意義務，仍不能辨認蓋於支票上之印章係偽造時，即不能認其處理委任事務有過失，金融機關亦不負損害賠償責任。金融機關執業人員有未盡善良管理人之注意義務，應就個案認定。至金融機關如以定型化契約約定其不負善良管理人注意之義務，免除其抽象的輕過失責任，則應認此項特約違背公共秩序，而解為無效（最高法院73年第10次民事庭會議決議）。

（三）事　變

即非由於債務人之故意或過失所生之變故事實。可分為通常事變與特別事變（不可抗力），前者指以一般人可能之注意，不能防止其發生之事件，例如行李於旅社被竊；後者指事變之發生非人力所能防範抗拒者，例如天災地變及戰爭等。關於事變，原則上債務人不負責任，但有下列例外：

1.對於通常事變負責之情形

(1) 當事人訂有對於通常事變負責之特約者。

(2) 法律另有規定，如民法第606、607、634、654條等規定，債務人除不可抗力外，概應負責任。

2.對於不可抗力須負責任之情形（特別事變）

(1) 當事人訂有對於不可抗力負責之特約者。

(2) 法律另有規定，如民法第231條第2項規定，債務人在遲延中，對於因不可

抗力而生之損害，亦應負責。又如民法第525、837、891條等。

三、責任能力

　　故意過失責任之成立，以當事人有責任能力為前提。責任能力之有無，我國民法不以有無行為能力為標準，而係以識別能力為標準，蓋故意過失，乃以意思能力為前提，故民法第221條規定，債務人為無行為能力人或限制行為能力人者，其責任依民法第187條之規定定之。須注意者，即民法第187條之規定，是否全部適用？或僅一部適用？容有爭議。通說認為，凡以「法定代理人」字樣者，均無適用餘地，其所適用者僅識別能力耳，亦即法定代理人不須依本條及民法第187條規定負責。

四、履行輔助人之故意過失

　　債務人原則上僅就自己之故意過失負其責任，惟有時為確保交易安全，法律不得不命債務人對其履行輔助人（亦稱使用人）之故意過失，負其責任。依民法第224條之規定，債務人之代理人或使用人，關於債之履行有故意或過失時，債務人應與自己之故意或過失，負同一責任。但當事人另有訂定者，不在此限。其要件為：(一)須為債務人之代理人（兼指意定代理人與法定代理人，但不含代表人）及使用人（例如受僱人、運送人、承攬人）；(二)須上述履行輔助人對於債務之履行有故意或過失，致發生損害；(三)須債務人本人無過失；(四)須當事人間無免責之約定。

　　旅行契約係指旅行業者提供有關旅行給付之全部於旅客，而由旅客支付報酬之契約。故旅行中食宿及交通之提供，若由旅行業者洽由他人給付者，除旅客已直接與該他人發生契約行為外，該他人即為旅行業者之履行輔助人，如有故意或過失不法侵害旅客之行為，旅行業者應負損害賠償責任。縱旅行業者印就之定型化旅行契約附有旅行業者就其代理人或使用人之故意或過失不負責任之條款，但因旅客就旅行中之食宿、交通工具之種類、內容、場所、品質等項，並無選擇之權，此項條款殊與公共秩序有違，應不認其效力（80台上792）。此實務見解係在消費者保護法公布施行前之判決，於消保法施行後，亦應認為違反消保法第12條之規定無效，雖民國88年4月21日民法增訂第247條

之1關於附合契約之規定，但仍應依消保法之規定（特別法優於普通法原則）。

第二節　債務不履行

所謂債務不履行，乃因可歸責於債務人之事由，而未依債之本旨為給付之狀態。即：1.須有可歸責於債務人之事由；2.須債務人未依債之本旨為給付。

債務不履行之狀態，一般可分為給付不能、給付遲延及不完全給付等三種。另有實務上所不承認之拒絕給付。

一、給付不能

（一）意　義

所謂給付不能，乃債務人不能（非不為）依債之本旨，履行債務之狀態，凡物理上不能，法律上不能及一般社會交易通念上認為不能者，均包括之。惟給付困難，不得謂為給付不能（32上4757）。給付不能有事實上不能與法律上不能、自始不能與嗣後不能、客觀不能與主觀不能、一時不能與永久不能、全部不能與一部不能等分類，此所謂之給付不能，係指嗣後的永久不能，無論為法律不能抑或事實上不能，客觀不能抑或主觀不能、全部不能抑或一部不能，皆可發生此等情形。

（二）（嗣後客觀）給付不能之效力

給付不能之效力，因其是否可歸責於債務人之事由，而異其效力：

1.因不可歸責於債務人之事由致給付不能者

(1) **免給付義務**：因不可歸責於債務人之事由，致給付不能者，債務人免給付義務（民225I）。所謂歸責，即故意過失，又事變則以法律別有規定或契約另有訂定外，則無歸責可言。全部者，債務人免除其給付義務；一部者，債務人免除一部之給付義務。

(2) **代償請求權**：債務人因前項給付不能之事由，對第三人有損害賠償請求權者，債權人得向債務人請求讓與其對侵害人之損害賠償請求權，或交付其所受領之賠償物，如保險賠償金（民225II）。通說認為此項代償請求權，

係新生之債權，非原債權之繼續，故原債權之擔保消滅，消滅時效亦重新起算。

2.因可歸責於債務人之事由致給付不能者

(1) **全部不能**：因可歸責於債務人之事由，致給付不能者，債權人得請求賠償損害（民226I）。亦即全部給付不能者，得請求賠償全部損害。

(2) **一部不能**：因可歸責於債務人之事由，致一部給付不能者，若其他部分之履行，於債權人無利益時，債權人得拒絕該部分之給付，請求全部不履行之損害賠償（民226II）。

上述給付不能之責任，均係就債務人給付義務片面之規定，於雙務契約有對待給付者，並須參酌民法第256條、第266條及第267條之規定。蓋給付不能，尚可發生解除契約及危險負擔等效力。

給付不能，有於履行前發生，亦有於履行後發生，故與履行期無關，亦與給付遲延不同。惟給付遲延中，給付不能之發生，係因不可抗力所致者，債務人亦不得免責（民231II）。

二、拒絕給付（不為給付）

所謂拒絕給付，乃債務人能為給付，而違約的表示不為給付之意思通知也，又稱為不為給付。故與債務人能為給付，而逾期未為給付之給付遲延不同；此亦與債務人已為給付，惟其給付不合債之本旨之不完全給付有別。不為給付之效力，依民法之規定如下：

（一）履行期屆至後之不為給付

債務人不為給付者，學者有稱此種不為給付，實際上為給付遲延，故債權人得依關於給付遲延之規定行使其權利。

（二）履行期未屆前之不為給付

債權人得不經催告（有認仍應先經催告者），逕行解除契約，並得請求賠償因不為給付所生之損害。此種見解不為實務所採認，蓋未屆清償期，債務人無為給付之義務也。

三、不完全給付

所謂不完全給付，乃債務人已給付，但未依債之本旨而爲之給付，又稱爲不完全履行。所謂未依債之本旨，係指未依當事人契約目的、債之性質、法律規定及誠信原則。

不完全給付因債務人已爲給付，故與不爲給付有別。其可分爲瑕疵給付（如權利欠缺、數量不符、品質不符、效用不符、品質不合、方法及時間、地點不當）（民227I）與加害給付（如給付有傳染病之牛羊）（民227II）。通說及判例均認爲不完全給付，亦爲債務不履行之一類型，民法第227條並予明文規定之。其效力如何，應視其得否補正而有異：

（一）尚能補正者

不完全給付，於給付之際，爲債權人所發見者，債權人得拒絕受領，請求補正或更換，如可補正而逾清償期仍不補正者，應負遲延責任，故債權人得依關於給付遲延之規定行使其權利。在適用上，給付物如有瑕疵，應類推適用買賣瑕疵擔保之規定（民356、357、365），債權人應於適當時期內，通知其瑕疵，否則即喪失其補正請求權。

（二）不能補正者

不完全給付不能補正者，例如不代替物之滅失，此時債權人唯有依給付不能之規定行使其權利。另外，不完全給付於買賣或其他有償行爲，亦得發生解除契約之原因（民354）。

四、債務不履行致債權人人格權受侵害

依民法第227條之1規定，債務人因債務不履行，致債權人之人格權受侵害者，準用第192條至第195條及第197條之規定，負損害賠償責任。例如因旅客運送之運送人之故意或過失，致旅客受傷者，依民法第654條第1項之規定應負賠償責任，故旅客得依民法第227條之1準用第193條、第195條之規定，請求運送人賠償因此喪失或減少勞動能力，或增加生活上需要等費用，以及精神上損害賠償；如旅客因此而死亡者，則運送人對於支出醫療費、增加生活上需要之

費用，或殯葬費之人應負損害賠償責任，且亦應對旅客之父母、配偶、子女為精神上損害賠償（民192、194）此二者之時效皆為2年短期消滅時效（民197）。

第三節　遲　延

我民法關於遲延之規定，可分為給付遲延（債務人）與受領遲延（債權人）兩種：

一、給付遲延

（一）意　義

所謂給付遲延，乃債務已屆清償期，其給付雖可能，惟因可歸責於債務人之事由，而未為給付之債務不履行。亦稱為債務人遲延或履行遲延。析之，其要件如次：

1.債權須有效存在

附停止條件之債權在條件成就前、交互計算契約在結算前、無請求權（自然債務）、罹於時效之請求權等情形，均不生給付遲延之問題。

2.給付必須可能

所謂可能，包括清償期前、後，均須可能。若給付已不可能，則為給付不能之概念。

在遲延中，若再發生給付不能時，則被給付不能吸收，不再發生遲延之問題。惟在發生不能前之遲延部分，仍須適用給付遲延之規定，可以請求給付遲延的損害賠償。

3.必須已屆清償期

與拒絕給付可在清償期前發生有所不同。給付有確定期限者，債務人自期限屆滿時起，負遲延責任（民229I），故無待債權人之催告，當然應負遲延責任，即所謂期限代人催告原則是。此之所謂給付有確定期限，解釋上包括定有期限，而其到來不確定之不確定期限。

給付無確定期限者，債務人於債權人得請求給付時，經其催告而未為給付，自受催告時起，負遲延責任。其經債權人起訴而送達訴狀，或依督促程序

送達支付命令，或為其他相類之行為者，與催告有同一之效力。又催告定有期限者，債務人自期限屆滿時起，負遲延責任（民229II、III）。

4.須有可歸責於債務人之事由

因不可歸責於債務人之事由，致未為給付者，債務人不負遲延責任（民230）。

5.須在法律上無正當理由（無阻卻遲延之事由）

如有阻卻遲延之事由，自不負給付遲延之責，如民法第264條之同時履行抗辯權、民法第265條之不安抗辯權等是。

（二）效　力

給付遲延之效力，因一般債務或金錢債務而異：

1.對於一般債務之效力

(1) **損害賠償**：債務人遲延者，債權人得請求賠償因遲延而生之損害（民231I），是為遲延賠償；前項債務人，在遲延中，對於因不可抗力而生之損害，亦應負責。但債務人證明縱不遲延給付，而仍不免發生損害者，不在此限（同條II）（無因果關係）；又遲延後之給付，於債權人無利益者，債權人得拒絕其給付，並得請求賠償因不履行而生之損害（民232），是為替補賠償或填補賠償。

(2) **解除契約**：債務人給付遲延者，債權人得解除契約，並得請求損害賠償（民254、255、260）。詳見解除契約之說明。

2.對於金錢債務之效力

金錢債務者無所謂替補賠償，因其無利益不利益之問題，亦無不可抗力問題，故僅有遲延賠償情形。又民法第233條規定，遲延之債務，以支付金錢為標的（包括貨款）者，債權人得請求依法定利率計算之遲延利息。但約定利率較高者，仍從其約定利率，是為遲延利息賠償（民233I）。惟對於利息，毋須支付遲延利息（民233II），蓋禁止複利故也。如債權人並得證明尚有其他損害者，並得請求賠償（民233III）。例如：債務人遲延給付金錢，致債權人對他人應給付之違約金。

（三）遲延之消滅

債務人之遲延責任，因給付提出、債務消滅、給付猶豫（約定延期清償）

或給付不能，而歸於消滅。債務人之遲延責任，因債務人依債之本旨提出給付而消滅。惟所謂消滅，乃指以後免遲延責任而言，若以前已生遲延之效果，並非因此當然消滅，故債權人就以前遲延所生之損害，仍得請求賠償（58台上715）。

二、受領遲延

（一）意義與要件

乃對於需要債權人為必要協力之債務，債務人已為合法之給付提出，而債權人不予完成其給付之事實，亦稱為債權人遲延。民法第234條規定，債權人對於已提出之給付，拒絕受領或不能受領者，自提出時起，負遲延責任。

受領遲延係一權利不行使之狀態，並非債務不履行。且受領遲延所產生之效果，僅有減輕債務人之責任，並不免除其債務責任。其要件如下：

1.須其給付需有債權人之協力

即給付無債權人之協力，債務人無由完成之謂。其協力，有為事實行為者，如靜坐以利畫像；有為法律行為者，如接受物權之移轉、辦理移轉登記；有為積極行為者，如點收錢貨；有為消極行為者，如容許照相、容忍修繕是。

2.須已合法提出給付

所謂合法提出給付，乃依債之本旨，完成履行所必要之一切行為，使債權人立於隨時可受領之狀態，稱為現實提出，蓋債務人非依債務本旨實行提出給付者，不生提出之效力（民235）。但債權人預示拒絕受領之意思，或給付兼需債權人之行為者（如索取債務），債務人得以準備給付之事情，通知債權人，以代提出（民235但書），是為言詞提出或準備給付。

3.須債權人拒絕受領（不為協力）

拒絕受領不但包括積極地拒絕受領，亦包括消極的不為協力。給付無確定期限，或債務人於清償期前得為給付者，債權人就一時不能受領之情事，不負遲延責任。但其提出給付，由於債權人之催告。或債務人已於相當期間前預告債權人者，不在此限（民236），蓋債權人應早為準備。

（二）效　力

受領遲延之性質，向有債務不履行說與權利不行使說之爭，通說及判例認

爲，受領非爲債權人之義務，故不負任何責任（29渝上965），僅債務人之責任，因而減輕或免除。惟依民法第367條規定，買受人既有受領買賣標的物之義務，則買受人不爲受領時，則同時發生受領遲延及給付遲延之效果（64台上2367）。

1.減輕債務人之責任

　　於債權人遲延中，債務人僅就故意或重大過失負責任（民237）。又受領遲延，債務雖不因此而消滅，惟債務人毋須給付利息（民238），蓋爲受領遲延，不致發生給付遲延之問題。惟既債務不因受領遲延而消滅，則債務人應返還由標的物所生之孳息，或返還其價金者，自應僅以已收取之孳息爲限，負返還責任（民239）。

2.費用賠償請求權

　　債權人遲延者，債務人得請求其賠償提出及保管給付物之必要費用（民240）。

3.債務人自行免責

　　有交付不動產義務之債務人，於債權人遲延後，得拋棄其占有。此項拋棄，應預先通知債權人。但不能通知者，不在此限（民241）。至於動產之交付，如有民法第326條及第321條之情形者，並得爲提存或拍賣等免責方法。

4.危險負擔

　　雙務契約當事人之一方，因可歸責於他方之事由，致給付不能者，債務人免給付義務，並得向債權人請求對待給付（民225、267）。

（三）受領遲延之消滅

　　受領遲延，因債權消滅、遲延消除（表示受領之意思）、給付不能、遲延之免除或債務人撤回其給付，而遲延終了。

第四節　債之保全

　　所謂債之保全，亦稱責任財產之保全，乃債權人爲確保其債權之實現，而防止債務人財產減少之一種手段。債之保全方法，依我民法規定，有代位權（債務人消極怠於行使權利時）與撤銷權（債務人爲積極減少財產之行爲時）

兩種。適用時,並應注意債權對外之不可侵性,亦即侵害債權,亦得成立侵權行為。

一、代位權

(一)意義及要件

所謂代位權,乃債權人為保全其債權,得以自己之名義,代位行使債務人權利之權利(民242),亦稱為間接訴權與代位訴權,為實體法上之固有權,非代理權。且可以訴訟外或訴訟上之方式行使之。其要件為:

1.須債務人怠於行使其權利

即債務人應行使並能行使,而不行使。所謂怠於行使權利,不包括權能在內。因權能乃權利之作用,故學說上認為不可代位,如使用收益、處分是。權能固不得單獨代位行使,但因代位行使權利,自亦得同時代位行使權能。行使代位權之債權人並無優先受償之權,故宜於訴之聲明中註明代位受領。受領之性質雖為權限,惟實務上認為仍可代位受領。

2.須有保全債權之必要

所謂必要,係指若不代位行使權利,即有害於債權人受清償之權利。

3.須債務人已負遲延責任

非於債務人負遲延責任時,不得行使(民243)。但專為保存債務人權利之行為,不在此限。例如聲請登記、中斷時效之主張、申報破產債權等是。

4.須債務人有有效之權利存在

如債務人對代位人之債務不存在,自無代位之可能。

(二)代位權之行使

實務上認為,代位權行使之範圍,並不以保存行為為限,凡以權利之保存或實行為目的之一切審判上或審判外之行為,諸如假扣押、假處分、聲請強制執行、實行擔保權、催告、提起訴訟等,債權人皆得代位行使(69台抗240)。

（三）代位權行使之效果

1.對第三人（債務人之相對人）的效力

　　債權人代位行使債務人之權利時，第三人之對於債權人與對於債務人同，故第三人得以對於債務人之一切抗辯，對抗債權人（40台上304）。

2.對債務人之效力

　　債務人並不因債權人代位權之行使而喪失其權利，惟為維持代位權之效力，應認債務人對該權利之處分權已受限制，應不得再為有害代位權之處分。

3.對債權人之效力

　　代位權行使之結果，其權益仍歸債務人所有，而為全體債權人之總擔保。且行使代位權之債權人，無優先受償權。如債權人欲取得權利，仍須經債務人為任意之清償或經由強制執行之手續。

二、撤銷權

（一）意義與要件

　　所謂撤銷權，乃債權人對債務人所為有害其債權之財產為標的之法律行為，為保全債權，得聲請法院撤銷之權利。依民法第244條之規定，債務人所為之無償行為，有害及債權者，債權人得聲請法院撤銷之。債務人所為之有償行為，於行為時明知有損害於債權人之權利者，以受益人於受益時亦知其情事者為限，債權人得聲請法院撤銷之。債務人之行為非以財產為標的，或僅有害於以給付特定物為標的之債權者，不適用前二項之規定。債權人依第1項或第2項之規定聲請法院撤銷時，得並聲請命受益人或轉得人回復原狀。但轉得人於轉得時不知有撤銷原因者，不在此限。其要件如下：

1.客觀要件

(1) **須債務人所為之法律行為**：其為單獨行為抑或契約行為，債權行為抑或物權行為，有償行為或無償行為，均非所問（惟不得為事實行為），故贈與、保證、租賃等契約或拋棄繼承權（實務上採），均得為撤銷之對象。

(2) **須以財產為標的**：債務人之行為，如非以財產之標的，縱得撤銷，亦不能達到保全債權之目的。故婚姻、離婚、收養等身分行為，均無撤銷可言（民244III）。

(3) **須其行為有害於債權**：亦即債務人之行為，足以減少其一般財產，而減低其清償能力，通稱此行為為債權詐害行為。故如債務人之行為，使其資產或負債同時增加（如借貸），或僅使財產變更型態者（如互易），實質上並未減少其清償能力，且尚有其他財產，足供清償債務者，均不得謂有害於債權人之利益；從而其詐害行為發生成立之債權，自無撤銷權可言。但債法修正後則承認，特定物債權之侵害，以債務人陷於無資力為限，始得行使撤銷權。此外，債務人之全部財產為總債權人之共同擔保，債權人應於債權之共同擔保減少致害及全體債權人之利益時，方得行使撤銷權。易言之，撤銷權之規定，係以確保全體債權人之利益，非為確保特定債權而設，故此次民法債編修正第244條第3項。

2.主觀要件

(1) **須債務人有惡意**：即須債務人於行為時明知有損害於債權人之權利，故債務人因過失而不知及行為後始得知者，債權人不得享有撤銷權。此項要件，不論有償行為或無償行為，均須具備之。

(2) **須受益人亦有惡意（有償行為）**：債務人所為有償行為之詐害行為，須受益人於受益時，亦明知債務人之行為有害於債權人之權利者，始得撤銷之。所謂受益人，兼指直接受益人（如債務人將汽車廉售與丙）與間接受益人（如丙又轉賣與丁）。

（二）撤銷權之行使

撤銷權之行使，與第三人利害關係重大，故須聲請法院為之，非於訴訟上行使之不可。此項撤銷訴訟，向有形成權說與請求權說，現採折衷說，其性質為形成之訴兼給付之訴；而被告方面，如為單獨行為，應僅以債務人為被告；如為雙方行為，應以債務人、受益人及轉得人為共同被告（38台上308）。

撤銷權，自債權人知有撤銷原因時起，1年間不行使，或自行為時起，經過10年而消滅（民245）。

（三）撤銷權之效力

1.對債務人而言

債務人之行為經撤銷者，視為自始無效（民114），如債務之免除，視為未免除。受益人所受之損害，僅得請求債務人賠償。

2.對受益人而言

若詐害行為僅限於債權行為，則債權行為因撤銷而消滅，不生回復原狀或返還所有物之問題。若詐害行為已達物權行為之階段，撤銷之結果，在實務上須視訴之聲明而作判斷，因本條須以訴訟方式為之，故：(1)訴之聲明未表示撤銷債權行為或物權行為時，債權行為和物權行為一齊撤銷；(2)訴之聲明僅聲明撤銷債權行為，則物權行為仍有效存在，此際得請求受益人回復原狀，即移轉所有權之訴。

3.對利益轉得人

轉得人在無償行為，一經撤銷，因視為自始無效，如其為惡意，則不得自無權利人受讓權利，自不能取得權利；如其為善意，則依民法第801條與第948條關於善意即時取得之規定，不生影響，僅由受益人負責任。在有償行為，因其為善意，則根本不生撤銷之問題，故僅於惡意時，始為撤銷權之效力所及，且債權人得請求轉得人回復原狀。又轉得人如有數人時，亦須皆為惡意時，始得撤銷。

4.對債權人而言

債權人並無優先受償之權，但有時可在訴之聲明中並為代位受領之聲明，以防債務人再為有害之處分。

第五節　締約過失責任

近日工商發達、交通進步，促成當事人在締約前接觸或磋商之機會大增。當事人為訂立契約而進行準備或商議，即處於相互信賴之特殊關係中，如一方未誠實提供資訊，嚴重違反保密義務或違反進行締約時應遵守之誠信原則，致他方受損害，既非債權行為，亦非債務不履行之範圍，故民法第245條之1第1項規定：「契約未成立時，當事人為準備或商議訂立契約而有下列情形之一者，對於非因過失而信契約能成立致受損害之他方當事人，負賠償責任：一、就訂約有重要關係之事項，對他方之詢問，惡意隱匿或為不實之說明者。二、知悉或持有他方之秘密，經他方明示應予保密，而因故意或重大過失洩漏之者。三、其他顯然違反誠實及信用方法者。」

同條第2項規定：「前項損害賠償請求權，因二年間不行使而消滅。」

藉以保障締約前雙方當事人間，因準備或商議訂立契約已建立之特殊信賴關係，並維護交易安全，是爲締約過失責任。

爲早日確定權利之狀態，而維持社會秩序，此項締約過失之損害賠償請求權之時效規定爲2年。

第六節　契約之效力

契約效力者，乃契約於法律上所發生之效果。可分爲一般效力與特殊效力二者，前者爲一般契約共通之效力，如契約之標的、契約之確保、契約之解除及契約之終止；後者爲特殊契約之特有效力，如雙務契約、涉他契約及有名契約等效力。

第一款　契約之標的

契約爲法律行爲之一種，且爲債之發生原因，惟法律行爲之標的須合法、確定及可能，始能生效。民法就可能一項，於契約之效力中特設規定（民246、247）。

（一）契約標的不能

標的不能者，乃標的不可能實現之謂，此之不能，指自始、客觀及永久不能。以不能給付爲契約標的者，其契約無效，但不能之情形可以除去，而當事人訂約時並預期於不能之情形除去後爲給付者，其契約仍爲有效（民246I）。例如船雖已沉沒，但約定撈起之日。又附停止條件或始期之契約，於條件成就或期限屆至前，不能之情形已除去者（如政府已解除土地限制移轉），其契約亦爲有效（民246II）。

（二）當事人之賠償責任

契約以不能給付爲標的而無效者，當事人於訂約時知其不能或可得而知者，對於非因過失而信契約爲有效，致受損害之他方當事人，負賠償責任（民247I）。至於其賠償範圍，以無過失之他方信契約有效致受損害者爲限（即信賴利益賠償），例如訂約費用（公證費、律師費等）。但契約有效而違約之履

行利益則不與焉，例如轉售利益。

　　給付一部不能，而契約就其他部分仍為有效者，或依選擇而定之數宗給付中有一宗給付不能者，就其不能之部分，於訂約時知或可得而知者，對於非因過失而信該部分有效，致受損害之他方當事人，亦應負信賴利益賠償責任（民247 II）。此等信賴利益之損害賠償請求權，因2年間不行使而消滅（民247 III），是為短期消滅時效。

第二款　契約之確保

一、定　金

（一）定金之意義

　　所謂定金，乃契約當事人之一方以確保契約之履行為目的，交付他方之金錢或其他代替物。定金契約係為確保契約之履行，且以交付為成立要件，故為從契約、要物契約（債權契約為要物契約者，僅有定金、借貸及寄託，至於押租金及履約保證金，則為要物擔保契約）。

（二）定金之種類

　　契約當事人交付定金之作用如何，應依當事人之合意定之，依其作用，可分為：
1. **成約定金**：以交付定金為成立契約之要件。
2. **證約定金**：為證明契約成立所交付之定金。
3. **違約定金**：以定金為契約不履行之損害賠償擔保，如因付定金之當事人不履行契約，受定金之當事人得沒收定金。
4. **解約定金**：係指為保留解除權而交付之定金，即以定金為保留解除權之代價。

　　另習慣上有所謂猶豫定金，即關於買賣或租賃契約之訂定，預定一考慮期間，而交付定金，如不於該期間內訂立契約時，對方得沒收其定金，因其非在確保契約之履行，故與定金不同。又定金與契約成立時價款之一部先付，亦有差異。

（三）定金之效力

訂約當事人之一方，由他方受有定金時，其契約推定成立（民248）。故定金交付後，其契約固即為成立，但可以舉證推翻之。定金之效力，除當事人另有訂定外（即當事人亦得約定其有解約定金之效力），適用下列之規定（民249）：

1.契約履行時

契約履行時，定金應返還，或作為給付之一部。

2.契約不履行時

(1) 契約因可歸責於付定金當事人之事由致不能履行時，定金不得請求返還。

(2) 契約因可歸責於受定金當事人之事由，致不能履行時，該當事人應加倍返還其所受之定金。

(3) 契約因不可歸責於雙方當事人之事由，致不能履行時，定金應返還之。

所謂「不能履行」，係指給付不能之概念。因本條係採成約定金之效果，故於本條第2款之情形，受定金當事人除毋須返還定金外，若有損害，並得請求債務不履行之損害賠償。於第3款之情形，受定金當事人除須加倍返還其所受定金外，若造成付定金當事人損害，付定金當事人另得主張債務不履行之損害賠償。

二、違約金

（一）違約金之意義

所謂違約金，乃以確保債務之履行為目的，由當事人約定債務人於債務不履行時，應支付之金錢或其他給付。違約金具有間接強制履行之作用，附以債務不履行為停止條件。

違約金之約定，亦係從屬於主契約而存在，惟違約金非於訂立違約金時交付，而係以債務不履行為交付條件，故為諾成契約（不要物契約），且為附停止條件之從契約，惟不必於債務發生時同時約定。

（二）違約金之種類

1.懲罰性之違約金

除違約金外，得另外請求債務不履行之損害賠償，即當事人對於債務不履行之一種私的制裁。

2.損害賠償總額之預定

即當事人對債務不履行所為賠償額之預定。其目的在於避免事後損害證明及賠償額確定之困難。此種違約金，債權人即不得另行主張債務不履行之損害賠償，僅得擇一行使之。

（三）違約金之效力

違約金，除當事人另有訂定外，視為因不履行而生損害之賠償總額其約定，如債務人不於適當時期或不依適當方法履行債務時（給付遲延），即須支付違約金者，債權人除得請求履行債務外，違約金視為因不於適當時期或不依適當方法履行債務所生損害之賠償總額（民250II）。其約定係僅指不適當履行，而非債務不履行，故債權人除得請求履行債務外，違約金視為因不於適當時期或不依適當方法履行債務，所生損害之賠償總額。至當事人另有約定違約金係懲罰性者，自應從其約定。

（四）違約金之酌減

違約金之給付，原則上依當事人約定為準，惟法律為保護經濟上之弱者，防止債權人巧取利益，如約定之違約金額（含懲罰性違約金與賠償額預定性違約金）過高者，法院得（依職權）減至相當之數額（民252）。且債務已為一部履行者，法院得比照債權人因一部履行所受之利益，減少違約金（民251）。

（五）準違約金

違約金之標的應以金錢充之，惟當事人約定以物、權利等充之者，亦常見之。故民法規定，關於違約金之規定，即違約金之種類、效力及酌減，於約定違約時應為金錢以外之給付者，準用之（民253）。

（六）不真正違約金

違約金既係從契約，故若主契約不存在，而當事人約定以違反不作為義務，例如合作契約消滅後不可再使用授權人之商標，即應負違約金者，俗稱為不真正違約金。

第三款　契約之解除

一、契約解除之意義

所謂契約之解除，乃契約當事人之一方，行使解除權，使契約溯及既往失其效力，而回復原狀之單方意思表示。解除權為形成權，解除權之行使，則為單方之意思表示，二者觀念有別。解除之效果是使契約溯及的消滅，生回復原狀之效果，準用雙務契約的規定（例如互負回復原狀之同時履行抗辯），解除契約僅產生債之效力，並無回復物權之效力。

契約解除與合意解除不同，前者係單獨行為，後者係當事人雙方基於合意以解除契約之契約行為，不以有解除權為限。又與約定一定事實發生，契約當然失效之失權條款（解除條件）不同。復與撤銷不同，前者限於契約，且解除權有約定與法定兩種；後者必為法定（如錯誤、誤傳、詐欺、脅迫）。

二、解除權之發生

解除契約，以具有解除權為前提，解除權除因契約所生者（稱之為約定解除權）外，應以法律有規定者為限（稱之為法定解除權）。法定解除權可分一般解除權（即民254至256所規定者）與特殊解除權（即各種之債中所規定者，如民359、494之規定）。又法定解除權之發生原因，為債務不履行，而債務不履行有給付不能、給付拒絕、不完全給付與給付遲延四種。另外，基於情勢變更（民227-2），亦得解除契約。民法僅就給付遲延與給付不能規定之，但解釋上以上四種情形應均有可能適用。

（一）因給付遲延之解除權

給付遲延之發生法定解除權，因定期行為與非定期而異：

1.定期行為

依契約之性質或當事人之意思表示，非於一定時期為給付不能達其契約之目的，而契約當事人之一方不按照時期給付者，他方當事人得不為催告，解除其契約（民255）。所謂依契約之性質，如結婚筵席之承辦；所謂依當事人之意思表示者，如因結婚而定製禮服。

2.非定期行為

契約當事人之一方遲延給付者，他方當事人得定相當期限催告其履行，如於期限內不履行時，得解除其契約（民254）。所謂非定期行為，指給付無確定期限及有確定期限二者。給付有確定期限者，自期限屆滿時起，債務人固應負遲延責任（民229I），但若期限之不遵守對契約目的之達成無影響者，則必履行民法第254條之催告，始得解除契約；給付無確定期限者，債務人於債權人得請求給付時，經其催告而未為給付，自受催告時起，負遲延責任。其經債權人起訴而送達訴狀，或依督促程序送達支付命令，或為其他相類之行為者，與催告有同一之效力（民229II）。其催告定有期限者，債務人自期限屆滿時起負遲延責任（民229III）。催告之性質，乃為一意思通知。

負給付遲延責任之催告與解除契約之催告，依通說之見解，債權人為前者之催告後，欲解除契約，非再為後者之催告不可；惟如逕為後者之催告，而於催告中表示逾期不給付，不另行催告逕行解除契約者，則可兼具給付遲延與契約解除之效力。

（二）因給付不能之解除權

因可歸責於債務人之事由，致給付不能者，或給付一部不能而他部之履行於債權人無利益者，依民法第226條規定，債權人本得不解除契約而請求賠償損害，但依民法第256條規定，亦得解除契約，以消滅債之關係。因給付不能而取得解除權者，毋庸再為定期催告，因無催告實益。

三、解除權之行使

解除權之行使，應向他方當事人以意思表示為之（民258I）。其性質為單獨行為，屬形成權行使之一種，訴訟中或訴訟外均得為之。契約當事人之一方有數人者，其意思表示應由其全體或向其全體為之（解除權不可分性）。此

外，為確定法律關係計，解除權之意思表示，不得撤銷之（民258III）。

四、解除契約之效力

依我國民法之規定，解除契約之效力如下：

（一）契約溯及的消滅

即契約經解除後，自始失其效力，原因契約所生之債的關係，亦溯及的消滅。尚未履行之債務，固毋須履行，其已為之給付，因給付原因之嗣後消滅，而構成不當得利。解除契約僅生債權之效力，並無物權之效力，故如已為之給付物，其所有權已讓與第三人者，則債權人僅得向債務人請求損害賠償，而不得向第三人請求返還其物。

（二）雙方回復原狀

通說認為民法第259條所規定，契約解除後，如已履行者，當事人間發生回復原狀之性質，屬於不當得利之義務，為民法第179條之特別規定，其性質屬法定雙務契約。回復原狀請求權，非於解除後不得行使，與契約本來之義務不同，係新生之債務，故其消滅時效，應自解除時起算。

回復原狀之義務，其範圍，依民法第259條規定，除法律另有規定或契約另有訂定外，依下列之規定：

1. 由他方所受領之給付物，應返還之。
2. 受領之給付如為金錢者，應附加自受領時起之利息償還之，稱之為擬制利息。
3. 受領之給付如為勞務或為物之使用者，應照受領時之價額，以金錢償還之。
4. 受領之給付物生有孳息者，應返還之。
5. 就返還之物，已支出必要或有益之費用，得於他方受返還時所得利益之限度內，請求其返還。
6. 應返還之物如有毀損滅失，或因其他事由，致不能返還者，應償還其價額。

（三）雙務契約規定之準用

契約解除後，雙方當事人互負回復原狀之義務，性質上與因雙務契約所生之對待給付，並無二致，故民法規定，準用民法第264條至第267條之規定（同時履行抗辯）。

（四）損害賠償之請求

民法第260條規定，解除權之行使，不妨礙損害賠償之請求。立法例中，對於此之損害賠償請求與解除契約二者之關係，有採選擇主義（德國民法），亦有採兩立主義，兩立主義又可分為解除與契約消滅之損害賠償兩立者，與解除與債務不履行之損害賠償兩立者，通說及實務以為，我民法顯採兩立主義之後說，亦即此之損害賠償，並非因解除權之行使而新生者，實乃原有債務不履行損害賠償請求權。但有認為此乃契約自始無效後之信賴利益賠償者（瑞士債務法）。

由於我國採履行利益賠償主義，故在賠償範圍內，一切人保、物保及賠償總額預定之違約金仍繼續存在。

五、解除權之消滅

解除權除因行使、拋棄或契約履行等事由應認為消滅外，亦因下列原因而消滅：

（一）存續期間經過

解除權之行使，定有期間，而未於該期間內行使者，即歸消滅；其未定期間者，他方當事人得定相當期間，催告解除權人於期限內確答是否解除，如逾期未受解除之通知，解除權即消滅（民257）。

（二）受領物返還不能

有解除權人，因可歸責於自己之事由（如故意過失），致其所受領之給付物有毀損、滅失或其他情形不能返還者，解除權消滅（民262前段）。

（三）受領物種類變更

因加工或改造，將所受領之給付物變其種類者，例如木材已製成桌椅，如可歸責於解除權人者，其解除權亦消滅（民262後段）。

第四款　契約之終止

（一）契約終止之意義

所謂契約之終止，乃契約當事人本於終止權，行使終止權使契約向將來消滅之單方意思表示。契約之終止，主要適用於繼續性契約。契約之終止係使契約向將來消滅，故與契約解除係使契約溯及的消滅不同。

契約終止權之發生，亦有約定與法定兩種，後者如租賃、使用借貸、僱傭、承攬、委任、代辦商、寄託中之規定。

（二）終止權之行使

民法第258條及第260條規定，於當事人依法律之規定終止契約者，準用之（民263）。亦即應向他方當事人以意思表示為之；契約當事人之一方有數人者，其意思表示應由其全體或向全體為之，是為終止權不可分原則。終止權一經行使，即歸消滅，其附有終期者，終期之屆滿，終止權亦歸消滅。

（三）契約終止之效力

契約一經終止者，契約關係即向將來消滅。契約終止後，雖不生回復原狀之問題，惟終止前原已存在之債的關係，並不消滅，按民法第263條準用第260條規定之結果，終止權人並不因終止權之行使，而妨礙其損害賠償請求權，例如民法第489條第2項、第511條及第549條所規定之損害賠償（終止前已發生債務不履行之損害賠償）。

第五款　雙務契約之效力

一、雙務契約之性質

所謂雙務契約，乃契約雙方當事人互負對價關係債務之契約。例如買賣、

租賃是。雙方當事人因互負對價關係，遂發生三種牽連性，即：

（一）成立上之牽連

　　一方債務不成立、無效或被撤銷，他方債務亦不成立、無效或被撤銷。

（二）履行上之牽連

　　即因契約互負債務者，於他方當事人未爲對待給付前，得拒絕自己之給付。但自己有先爲給付之義務者，不在此限。我民法不採絕對的牽連主義，而採相對的牽連主義，即同時履行抗辯權（民264）。

（三）存續上之牽連

　　一方當事人之債務，因給付不能而消滅者，他方之債務亦因之而消滅之牽連。

二、雙務契約在民法上之特性

(一) 在雙務契約下，才有同時履行抗辯權（民264）。
(二) 雙務契約絕大部分有危險負擔規定。因單務契約之危險負擔，無法律上之意義可言。
(三) 契約解除發生於雙務契約，才有實益。
(四) 誠信原則在雙務契約，才有實益。

三、同時履行抗辯

（一）同時履行抗辯權之意義與要件

　　同時履行抗辯權者，乃雙方當事人，於他方當事人未爲對待給付以前，得拒絕自己給付之權利。因此種權利係附屬於債務，故爲從權利的延期抗辯權，非爲否認的抗辯權。其成立要件如下：

1.須因雙務契約而互負對價之債務

　　故兩人雖負債務，惟非由同一雙務契約而生，或雖由同一雙務契約而生，但一方之給付係從屬的給付，與他方之給付，無對價關係存在者，均無同時履

行抗辯權。但雖非雙務契約所生之債務，惟其雙方債務之對立，如與雙務契約關係相似，則準用同時履行抗辯權之規定，如民法第261條規定，當事人因契約解除而生之相互義務，準用第264條至第267條之規定。

2.須他方未爲對待給付或提出給付

即他方未依債之本旨爲現實給付或準備給付，而向對方提出請求給付。惟同時履行抗辯權係基於公平原則，故他方已爲部分之給付時，如拒絕自己之給付，有違誠信原則及信用方法者，不得拒絕自己之給付（民264II）。

3.須請求者無先爲給付之義務

同時履行抗辯權既係因公平原則而設，則如當事人之一方有先爲給付之義務，不問係由於契約訂定或法律規定（如民486②），亦或由於習慣者，例如看電影先買票是，皆不得主張同時履行抗辯權。惟爲保護被請求者之利益，當事人之一方，應向他方先爲給付者，如他方之財產於訂約後顯形減少，有難爲對待給付之虞時，如他方未爲對待給付或提出擔保（人保或物保）前，得拒絕自己之給付（民265），稱之爲不安抗辯權。

適用上，一方雖有先爲給付之義務，但於繼續性的供給契約，如租賃、僱傭等，則以他方前期未對待給付爲理由，而拒絕自己後期之給付，是爲變態的同時履行抗辯。勞務性契約因係繼續性契約，通常提供勞務者有先爲給付之義務，基本上無同時履行抗辯可言。

（二）同時履行抗辯權之效力

同時履行抗辯權之主要效力，係爲暫時的拒絕請求權之行使，並非否認他方之請求權，故此項權利，必經當事人主張後，始有其作用。因而於訴訟上，如被告並未主張，縱原告未爲對待給付，法院應依法判令被告給付。又負受領遲延責任時，仍得主張同時履行抗辯，因受領遲延時，僅減輕債務人之責任，並未消滅其債務。訴訟上，若被告主張同時履行抗辯，法院不得爲原告敗訴之判決，法院僅得諭知交換履行（以原告爲對待給付爲條件）之原告勝訴判決。

四、危險負擔

（一）意 義

乃因不可歸責於雙方當事人之事由致給付不能時，應由何方當事人負擔此

項給付不能危險之原則也，俗稱事變。立法例上，有債務人主義，債權人主義，所有人主義（物權主義）等三種。我國民法對於一般雙務契約，採債務人主義（民266），對於買賣契約則採交付主義（不能稱之為物權主義）（民373）。

（二）給付不能之效力

1.因不可歸責雙方當事人之事由致給付不能者

　　因不可歸責雙方當事人之事由，致一方給付全部不能者，債務人免給付義務（民225I），他方亦免為對待給付之義務（民266I前段）。如僅一部不能者，應按其比例減少對待給付（民266I後段），顯係採債務人負擔危險主義。如債權人已為全部或一部之對待給付者，得依關於不當得利之規定，請求返還（民266II），蓋此時受領之給付已類似於無法律上之原因而受利益是。

2.因可歸責他方當事人之事由致給付不能者

(1) 因可歸責於債務人者：因可歸責於債務人之事由，致給付不能者，債權人得請求賠償損害（民226I），亦得依民法第256條之規定解除契約，並請求損害賠償（民260）。但如未行使解除權，而逕請求損害賠償者，因契約仍在，故其自己之對待給付義務亦不消滅。如給付僅一部不能者，若其他部分之履行，於債權人無利益時，債權人得拒絕該部之給付，請求全部不履行之損害賠償（民226II）。即除可能部分於債權人無利益而拒絕全部履行外，債權人僅得就該不能之部分，行使損害賠償請求權或解除契約，但不解除契約而請求全部損害賠償時，仍應提出自己之給付。

(2) 因可歸責於債權人者：當事人之一方因可歸責於他方之事由，致不能給付者，得請求對待給付。但其因免給付義務所得之利益或應得之利益，均應由其所得請求之對待給付中扣除之（民267）。例如承建廠房，工事已完成80%，為定作人所燒毀，此時承攬人固得向定作人請求全部報酬，但因而節省之材料及工資，均應自報酬中扣除。此亦即「基於同一原因事實受有損害並受有利益其請求之賠償金額，應扣除所受利益」之損益相抵原則（民216-1）之特別規定。

3.因可歸責於雙方當事人之事由致給付不能者

　　因可歸責於雙方當事人之事由者，其效力，法無明文規定，於運用上，應依雙方當事人可歸責事由之輕重，比例分擔之，即債權人之對待給付不受影

響，仍應照給付，惟債務人之給付不能，則依民法第226條規定，變爲損害賠償債務，與債權人之對待給付相對立，再依民法第217條有關與有過失之規定，以定其損害賠償額。

第六款　涉他契約

一、第三人負擔契約

（一）意　義

所謂第三人負擔契約，乃以第三人之給付爲標的之契約。

（二）效　力

第三人不因第三人負擔契約而負給付義務，蓋第三人非契約之當事人。第三人不給付時，債務人僅負損害賠償責任（即債務擔保責任）（民268），非代爲（或代負）履行責任，故債權人不得逕行請求債務人履行。

二、第三人利益契約

（一）意　義

所謂第三人利益契約，即要約人與債務人約定，使債務人向第三人給付，第三人因而取得直接向債務人請求給付債權之契約（民269I）。第三人利益契約制度之功能，在於簡化法律關係，避免基礎原因關係之轉折給付，例如運送契約、提存等。

（二）第三人利益契約之效力

1.對要約人（債權人）之效力

要約人不得請求債務人向自己爲給付，因第三人利益契約係以債務人向第三人給付爲契約之標的。

2.對債務人之效力

債務人對第三人負直接給付之債務，故債務人得以由契約所生之一切抗辯（如無效），對抗受益之第三人（民270）。

3.對第三人之效力

　　第三人因第三人利益契約取得直接請求給付之債權，如因債務人不履行而受損害，並得請求賠償。

　　第三人利益契約，因第三人表示享受其利益之意思而生效力，故第三人未表示享受其利益之意思前，當事人即得變更其契約或撤銷之（民269Ⅱ），無須具備法定原因。如第三人對於當事人之一方表示不欲享受其契約之利益者，視為自始未取得其權利（民269Ⅲ），其後當事人間之法律關係，即依原有基礎（原因）關係處理。

　　又第三人利益契約具備法定原因（如被詐欺、被脅迫或有錯誤）而得撤銷者，即使第三人已表示享受其利益，當事人仍得撤銷，因此為一般法律行為（意思表示）撤銷之事由（民88、92），非民法第269條所謂撤銷。

第五章　多數債務人及債權人

　　債之關係，以其主體人數爲標準，可分爲單數主體之債與多數主體之債。單數主體之債的關係較爲單純，其發生與效力，均可依前述各章說明處理之。惟如一方或雙方爲多數主體之債的關係，則較爲複雜，故民法特就可分之債、連帶之債及不可分之債而設規定。

第一節　可分之債

一、可分之債之概念

　　可分之債者，指數人負同一債務或有同一債權，而以同一可分給付爲標的之多數主體之債（民271）。析之：1.須債之主體爲多數，或爲多數之債務人，或爲多數之債權人；2.須以同一給付爲內容；3.須其給付爲可分而無損其性質或價值，如米、酒是，其給付本不可分，而於履行時可分者，亦同（民271後段）；4.須由於同一原因而發生，非各別獨立發生之債，在形式上爲一個債權或債務，惟因債權人各自分受及債務人各自分擔之結果，乃成爲多數主體相互間相互獨立之多數債之關係。

　　可分之債之發生原因，主要爲法律行爲，如數人共同買米；亦有因侵權行爲而生者，如甲、乙、丙之所共有之汽車，被竊所取得之可分損害賠償債權是；亦有因繼承而生者，如三位繼承人繼承300萬元之債權是。

二、可分之債之效力

（一）對外效力

　　數人負同一債務或有同一債權，而其給付可分者，除法律另有規定（如民251）或契約另有訂定外，應各平均分擔或分受之（民271）。故各債權人僅得就其應受部分請求給付，債務人亦僅能就該部分而爲清償。此外，就當事人一人所生之事項，因可分之債，在性質上爲複數獨立之債，對於他方債務人或債權人不受影響，例如給付遲延、給付不能、受領遲延、債務免除、混同、消滅

時效、同時履行、無效、撤銷。惟解除契約,民法第258條已特別明定解除權不可分,故應由全體當事人或向全體當事人為之。

(二) 對內效力

對內之效力,如當事人無特別約定者,亦由各債務人(可分債務)或各債權人(可分債權)間平均分擔或平均分受其給付。例如甲、乙、丙、丁等四人,應給付戊、己等兩人新臺幣8,000元。各債務人之應分擔部分為2,000元,其應向各債權人或各債權人得向各債務人請求給付之數額,均為1,000元。其超過平均分擔或平均分受之給付,經受領者,或依不當得利,或依無因管理,或依民法第311條規定之第三人清償處理之。

第二節　連帶之債

連帶之債者,即多數債權人或債務人對於同一給付,有單獨請求為全部給付之權利或有單獨為全部給付之義務之債的關係也。

連帶之債,其主體為多數,以同一給付為標的,為數個債之關係,均與可分之債同。惟可分之債,其數個債之關係,相互獨立;連帶之債之標的不問是否可分,均因債權人得單獨請求全部給付及各債務人負履行全部債務之義務相互結合,而發生連帶關係。

第一款　連帶債務

一、連帶債務之意義

數人負同一債務,明示或依法律規定對於債權人各負全部給付之責任者,為連帶債務(民272)。其成立要件有:(一)須債務人為多數,連帶債務係數個債務;(二)須數個債務之標的為同一給付,債務人各負全部給付之責;(三)須數個債務之目的相同,因給付而消滅債務;(四)須基於當事人明示之意思(如以契約明定)或法律之規定(如民28、185、187、188)。

二、連帶債務之效力

（一）對外效力（債權人之權利）

連帶債務之債權人，得對於債務人中之一人，或數人，或其全體，同時或先後請求全部或一部之給付（民273I）。連帶債務未全部履行前，全體債務人仍負連帶責任（民273II）。

（二）就債務人中一人所生事項之效力

1.絕對效力

連帶債務因具有同一經濟目的，故債務人中一人所爲即足以達成該經濟目的，或爲避免循環求償等簡化法律關係之事項，此時其效力應及於他債務人。此種就債務人中之一人所生事項之效力，其效力及他債務人者，稱之爲絕對效力，我民法之規定如下：

(1) **清償**：因連帶債務人中之一人爲清償、代物清償、提存、抵銷或混同而債務消滅者，他債務人亦同免其責任（民274）。清償爲消滅債之關係最適當之方法，連帶債務人中之一既經清償債務，債權人已獲得滿足，則全體債務人之共同目的已達，故他債務人亦同免其責任。

(2) **代物清償、提存、抵銷**：因連帶債務人中之一人爲清償、代物清償、提存、抵銷或混同而債務消滅者，他債務人亦同免其責任（民274）。惟所謂抵銷，係指連帶債務人中之一人對債權人亦有債權，而自己主張抵銷之情形。如連帶債務人中之一人，對於債權人有債權者，他債務人以該債務人應分擔之部分爲限，始得主張抵銷（民277）。蓋爲免事後輾轉求償之不便，得扣除該債務人應分擔之部分而爲給付。

(3) **混同**：即債權與其債務同歸一人時，債之關係消滅（民344），然原債權並未因此而獲滿足，原不應生絕對效力，惟若如是，則混同之債務人，固得以債權人之資格，向他債務人請求全部清償，惟於受領清償後，仍須以連帶債務人之身分，向已爲清償之他債務人償還其自己應分擔之部分，似費周折，故民法使之發生絕對效力，使混同之債務人得向他債務人請求償還其應分擔部分。

(4) **確定判決**：連帶債務人中之一人，受確定判決，而其判決非基於該債務人

之個人關係者（如以不能給付爲標的），爲他債務人之利益，亦生效力（民275）。惟如其判決係基於該債務人之個人關係者（如無行爲能力），或雖非基於該債務人之個人關係，但不利於債務人者（如受敗訴判決），則僅生相對之效力。

(5) **免除債務**：連帶債務之免除，有三種情形，即：①全部連帶債務之免除；②僅對某一債務人之債務免除；③連帶的免除。第一種情形有使全部債務消滅，其生絕對效力，自不待言。第二種情形，債權人僅向連帶債務人中之一人免除債務，而無消滅全部債務之意思表示，故除該債務人應分擔之部分，生絕對效力，使他債務人同生免責外，非該債務人應分擔之部分，他債務人仍不免責任（民276I），是爲限制的絕對權力。第三種情形，乃許債務人僅就其分擔之部分負責任，其連帶免除之效力，不及於他債務人，惟於受免除連帶責任之債務人履行後，始能就該部分免其責任。

(6) **消滅時效完成**：連帶債務人中之一人消滅時效已完成者，除該債務人應分擔之部分外，他債務人仍不免其責任（民276II），蓋各債務人之時效消滅期間起算點其各不相同，亦爲限制的絕對權力。

(7) **受領遲延**：債權人對於連帶債務人中之一人有遲延時，爲他債務人之利益，亦生效力（民278）。蓋各債務人均有單獨清償全部債務之義務，故債權人對其中一債務人所提出之給付受領遲延者，使生絕對效力，但以爲他債務人之利益爲限。

2.相對效力

連帶債務仍爲數個債務，故「就連帶債務人中之一人，所生之事項，除前五條規定或契約另有訂定者外，其利益或不利益，對他債務人不生效力」（民279）。例如一債務人履行遲延或給付不能之情形。

（三）對內效力

所謂對內效力者，指連帶債務人相互間之權利義務關係，求償權乃其主要關係，茲分下列數點說明之：

1. 求償權者，乃因清償他人實質上應負擔之債務，而清償之人得向他應負擔之債務人請求償還之權利也。蓋連帶債務之各債務人就外部關係言，雖均負全部給付之義務，但於內部關係，仍有其應分擔部分，故使因清償而負擔超過之債務人，就他債務人有求償權。

2. 連帶債務人相互間，除法律另有規定（如民188III、677、1153）或契約另有訂定外，應平均分擔義務。但因債務人中之一人應單獨負責之事由所致之損害，及支付之費用，由該債務人負擔（如給付遲延）（民280）。

3. 連帶債務人中之一人，因清償、代物清償、提存、抵銷或混同，致他債務人同免責任者，得向他債務人請求償還其各自分擔之部分，並自免責時起之利息（民281）。

4. 求償權之範圍，為超過自己分擔部分之給付額、負責時起之利息、非因該債務人單獨負責事由所致之損害（如被迫清償而低價變賣財產所受之損失）及非因該債務人應單獨負責事由所支付之費用（如包裝費、運費、匯費等）。

5. 連帶債務人中之一人，不能償還其分擔數額者，其不能償還部分，由求償權人與他債務人按照比例分擔之（民282I），是所謂求償權之擴張。但其不能償還，係由求償權人之過失所致者，不得對於他債務人請求其分擔（民282I但書）。又他債務人中之一人應分擔之部分已免責者，仍應由求償權人與他未受免責之債務人，按照比例分擔之（民282II）。

6. 求償權人除享有上述求償權外，復於求償範圍內，承受債權人之權利，但不得有害於債權人之利益（民281II），是為求償權人之承受權（舊法稱代位權）。所謂不得有害於債權人之利益，例如在未受全部清償之前，不得代位行使原債權人全部之擔保權。

第二款　不真正連帶債務

（一）不真正連帶債務之意義

　　不真正連帶債務，乃多數債務人，就同一內容之給付，因不同原因而本應各負全部履行之義務，但因一債務人之履行，而全體債務消滅之債務也。不真正連帶債務與連帶債務之主要不同者，乃在於前者內部無所謂債務人間分擔部分；後者則有之；而前者成因須各別；後者有同一者，有各別者。

（二）不真正連帶債務之成立

　　不真正連帶債務均因法規定之競合而成立，約有下列數種：

1. 因一人之侵權行為與他人之侵權行為之競合而成立者。
2. 因一人之債務不履行與他人之債務不履行之競合而成立者。

3.因一人之侵權行為與他人之債務不履行之競合而成立者。

4.因契約上之損害賠償債務與他人債務不履行損害賠償之競合而成立者。

5.因契約上之損害賠償債務與他人侵權行為損害賠償債務之競合而成立者。

（三）不真正連帶債務之效力

　　不真正連帶債務之對外效力，與一般連帶債務無異，即得為選擇請求、同時請求、先後請求、全部或一部請求。就債務人一人所生事項，除清償、代物清償、提存、抵銷等生絕對效力，對他債務人亦生效外，以生相對效力為原則。至於對內效力，因各債務人所負債務之原因及性質不同，不真正連帶債務人內部間並不當然生求償關係。

第三款　連帶債權

一、連帶債權之意義

　　連帶債權者，乃以同一給付為標的，依法律規定或法律行為，各債權人間具有連帶關係之多數主體之債權是也。析之，其性質為：(一)須有數債權人；(二)須有同一給付；(三)須債權人各得向債務人為全部之請求（民283）。

二、連帶債權之成立

　　連帶債權與連帶債務同，均得因法律規定或法律行為而成立。其為法律規定者，我民法僅於第444條與第539條，解釋上可成立外，並無「連帶債權」之明文。其因法律行為而成立者，以契約居多，單獨行為（如遺囑）亦有之。

三、連帶債權之效力

（一）對外效力（債權人之權利）

　　連帶債權之債務人，得向債權人中之一人，為全部給付（民284）。反之解釋，連帶債權人各得向債務人為全體債權人請求並受領全部給付，以消滅全部債權。

（二）就債權人中一人所生事項之效力

1.絕對效力

(1) **請求**：連帶債權人中之一人為給付之請求者，為他債權人之利益，亦生效力（民285）。亦即一人之請求，等於全體之請求，從而全體債權之消滅時效均因之中斷。

(2) **受領清償、代物清償、或經提存、抵銷、混同**：因連帶債權人中之一人，已受領清償、代物清償、或經提存、抵銷、混同，而債權消滅者，他債權人之權利，亦同消滅（民286）。

(3) **確定判決**：連帶債權人中之一人，受有利益之確定判決者，為他債權人之利益，亦生效力（民287I）。連帶債權人中之一人，受不利益之確定判決者，如其判決非基於該債權人之個人關係時，對於他債權人，亦生效力（民287II）。

(4) **免除債務**：連帶債權人中之一人，向債務人免除債務者，除該債權人應享有之部分外。他債權人之權利，仍不消滅（民288I）。亦即為免除債務之債權人，其應享有之部分，因其免除而生絕對效力，是為限制的絕對效力。

(5) **時效完成**：連帶債權人中之一人，消滅時效已完成者，就該時效完成之債權人之應享有之部分，發生絕對效力（民288II），亦為限制的絕對權力。

(6) **受領遲延**：連帶債權人中之一人有受領遲延者，他債權人亦負其責任（民289）。蓋債務人本得任意選擇向任一債權人為全部給付也。

2.相對效力

就連帶債權人中之一人所生之事項，除前述法律規定或契約另有訂定者外，其利益或不利益，對他債權人不生效力（民290）。例如給付遲延、連帶之免除、因承認之時效中斷、債權讓與或債務承擔、契約解除或終止。

（三）對內效力

連帶債權人相互間，除法律另有規定（現尚無明文）或契約另有訂定外，應平均分受其利益（民291）。

第三節　不可分之債

一、不可分之債之意義

不可分之債者，乃以同一不可分給付為標的之多數主體之債也。即民法第292條所指「數人負同一債務，而其給付不可分者」，其性質為：債之主體為複數；債之標的須為同一不可分給付。不可分之債，有不可分債權與不可分債務兩種。

二、不可分之債權

（一）不可分債權之意義

不可分債權者，乃以同一不可分給付為標的之多數主體債權也。例如甲、乙、丙三人對丁有請求交付汽車一輛之債權。

（二）不可分債權之效力

1.對外效力

數人有同一債權，而其給付不可分者，各債權人僅得請求向債權人全體為給付，債務人亦僅得向債權人全體為給付（民293I）。

2.就債權人一人所生事項之效力

除民法第293條第1項之規定外，債權人中之一人與債務人間所生之事項，其利益或不利益，對他債權人不生效力（民293II），是以生相對效力為原則。惟理論上，請求、受領遲延、時效中斷、給付遲延等，亦生絕對效力，蓋其給付不可分，則各債權人僅得為債權人全體請求，而債務人亦僅得向債權人全體為給付故也。

3.對內效力

數人有同一債權，而其給付不可分者，債權人相互間，除法律另有規定或契約另有訂定外，應平均分受其利益（民293III準用民291）。

三、不可分債務

（一）不可分債務之意義

不可分債務者，乃以同一給付為標的之多數主體債務也。例如甲、乙、丙三人對丁負有交付汽車一輛之債務。

（二）不可分債務之效力

依民法第292條規定，數人負同一債務，而其給付不可分者，準用關於連帶債務之規定。民法第293條規定，與不可分債務無關，而係不可分債權之特則，故不可分債務之效力，除性質上不許可（即與給付不可分相違者）外，自應就其對外效力，就債務人中之一人所生事項及對內效力，全部準用連帶債務之規定。

第六章　債之移轉

第一節　概　說

　　所謂債之移轉者，乃債之關係不失其同一性，而僅債之主體有所變更之謂也。按債之變更，有主體之變更與客體之變更兩種。客體之變更，因債之量與質有所變動，已使債之關係失其同一性，應屬債之更改，故此所謂債之移轉者，係指主體之變更。債之移轉，依民法規定，有債權讓與、債務承擔及營業概括承受等三種。

第二節　債權讓與

一、債權讓與之意義

　　債權讓與者，乃以移轉債權為標的之契約也。債權讓與一經當事人之合意，即告成立，故屬不要式契約。又債權讓與與其原因關係（如買賣、贈與、信託）無涉，故亦為不要因契約之一種。

　　債權讓與與物權契約同而有異，故又為準物權契約之一種。此外，債權讓與係將債權當作一種財產而處分，故又屬於處分行為之一種。

二、債權之讓與性

　　任何種類之債權，原則上均得自由讓與（民294I）。惟有時為尊重當事人間之信賴關係，或基於社會政策之需要，有不適於讓與者或不宜讓與者，是有以下之例外：

（一）依債權之性質不得讓與者

　　即如許債權讓與，則債失之同一性或不能達債之目的。此類情形有：1.債權標的變更，則其給付內容全變者，如教學、繪畫是；2.債權人變更，則債權之行使即發生顯著差異者，如僱傭、借貸、委任是；3.與特定債權人間有定期

決算之特殊關係者，如交互計算。另如民法第194、195條規定之精神上損害賠償債權。

（二）依當事人之特約不得讓與者

即債權本身雖非無讓與性，惟當事人特別約定不得讓與者，基於契約自由原則，自不得讓與。但不得以之對抗善意第三人（民294I②、II），蓋此項特約，第三人不易查知。

（三）債權禁止扣押者

即債權為維持債權人及其家屬所必需者，不得強制執行（強執122），是為禁止扣押債權，為社會政策立法之一種（民294I③），如扶養費用。

三、債權讓與之效力

（一）對內效力

即債權人與受讓人間之效力。債權讓與契約一旦成立，受讓人即繼承讓與人之地位，而取得同一債權，因而：

1.從屬權利隨同移轉

債權讓與時，該債權之擔保及其他從屬之權利（法定移轉之一種），隨同移轉於受讓人。但與讓與人有不可分離之關係者（如海商24I②規定，船長、海員及其他服務於船舶之人員，基於僱傭契約所生之債權。其期間未滿1年者，有優先受償之權利），不在此限（民295I）。此外，未支付之利息，推定其隨同原本移轉於受讓人。

2.文件之交付及情形告知

讓與人應將證明債權之文件（如契約書），交付受讓人，並應告以關於主張該債權所必要之一切情形（民296），如時效之中斷或不完成等。

（二）對外效力

1.對於債務人之效力

(1) **讓與之通知**：債權之讓與，非經讓與人或受讓人通知債務人，對於債務人不生效力（採對抗要件，非生效要件）。但法律另有規定者，不在此限

（民297I）。通知者，乃將債權讓與之事實告知債務人之觀念通知也。至於通知之方法，並無限制，口頭或書面均可，惟受讓人將讓與人所立之讓與字據提示於債務人者，與通知有同一之效力（民297II）。再者，讓與人已將債權之讓與通知債務人者，縱未爲讓與或讓與無效，債務人仍得以其對抗受讓人之事由，對抗讓與人（民298I），是爲「表見讓與」之效力。又前項通知，非經受讓人之同意，不得撤銷（應爲撤回），蓋受讓人因該項通知，即取得一種得受清償之地位也。

(2) **抗辯之援用**：債務人於受債權讓與通知時，所得對抗讓與人之事由，皆得以對抗受讓人（民299I）。此類抗辯事由，有債權未發生者，如無效；有債權消滅者，如清償、抵銷、混同、免除；有拒絕給付者，如同時履行抗辯、消滅時效完成，惟均以受通知時已存在之抗辯事由爲限。

(3) **抵銷之主張**：債務人於受通知時，對於讓與人有債權者，如其債權之清償期，先於所讓與之債權，或同時屆至者，債務人得對於受讓人，主張抵銷（民299II），蓋債務人不應因債權讓與，致受有不利益也。

2.對於第三人之效力

關於債權讓與對第三人之效力，法無明文，解釋上應有下列兩種情形：

(1) **債權二重讓與時**：無論已否通知債務人，或通知之孰先孰後，對於第一受讓人之有效取得債權，第二受讓人之不能取得債權，均不生影響，僅第一受讓人未通知或通知在後，而債務人已向第二受讓人爲清償時，則第一受讓人僅得依不當得利之規定，請求返還。

(2) **利害關係之第三人爲清償時**：債務人自己清償時，縱爲表見讓與，亦發生清償之效力。其經就債務之履行有利害關係之第三人（如保證人）爲清償時，亦同（民311II但書）。

第三節　債務承擔

債務承擔者，乃以移轉同一性債務爲標的之契約也。其性質與債權讓與同，均爲不要因契約與準物權契約。惟債務承擔與以債務履行爲標的之履行承擔契約不同，後者乃債務人與承擔人間之契約，承擔人僅對債務人負擔清償其債務之義務，對債權人並不直接負擔債務。債之更改中關於債務人之更改，謂因變易債務人以消滅舊債務而發生新債務，與債務承擔僅變更債務人，而債務

仍屬同一之情形迥異（68台上3407）。

　　債務承擔，以承擔後舊債務人是否免責，可分為免責的債務承擔與併存的債務承擔。

第一款　免責的債務承擔

一、免責的債務承擔之意義

　　免責的債務承擔者，即由第三人承受原債務人所負擔之債務，而原債務人脫離債務關係，免除其責任之契約也。又稱之為單純之債務承擔或脫退的債務承擔。

二、免責的債務承擔之成立

　　債務承擔，因當事人之合意而成立，毋須一定方式。所謂當事人，有由承擔人與債權人，亦有由承擔人與債務人之契約而成立者。

（一）承擔人與債權人間之契約

　　第三人與債權人訂立契約承擔債務人之債務者，其債務於契約成立時，即移轉於該第三人（民300）。此時該第三人即成為債務人，而原債務人即免其責任。債務承擔契約係以第三人與債權人為當事人，只須第三人與債權人互相表示意思一致，其契約即為成立，不必得債務人之同意，故債務人縱對債務承擔契約不同意，亦不影響該契約之成立（52台上925）。

（二）承擔人與債務人間之契約

　　第三人與債務人訂立契約承擔其債務者，非經債權人承認，對於債權人不生效力（民301），因債務人變更，對債權人利害關係甚大。債權人未承認前，屬於效力未定之法律行為，不宜久懸不定，故債務人或承擔人，得定相當期限，催告債權人於該期限內確答是否承認，如逾期不為確答者，視為拒絕承認（民302I）。惟債權人拒絕承認時，債務人或承擔人得撤銷其承擔之契約，因其無繼續存在之價值也。

三、免責的債務承擔之效力

債務承擔契約成立後，債務之同一性並無差異，僅係由舊債務人移轉於新債務人，遂發生下列效力：

（一）抗辯之援用

債務人因其法律關係所得對抗債權人之事由，承擔人亦得以之對抗債權人。但不得以屬於債務人之債權為抵銷（民303I）。其事由如無行為能力、清償、同時履行抗辯是。至於抵銷，因原債務人對於債權人所有之債權，屬於該債務人之資產，如承擔人得以之抵銷，無異允許處分他人之權利。

承擔人因其承擔債務之法律關係，所得對抗債權人之事由，不得以之對抗債權人（民303II）。所謂承擔債務之法律關係，指承擔債務之原因關係，亦即承擔人與舊債務人之法律關係。債務承擔既為不要因契約，故不得以之對抗債權人，例如承擔人甲向債務人乙購買汽車一輛，約明甲承擔乙對丁之債務，以代車價之支付，若嗣後汽車之買賣契約無效，甲即不得以無效事由，對抗債權人丁。

（二）從權利之存續

從屬於債權之權利（如利息債權），不因債務之承擔而妨礙其存在。但與債務人有不可分離之關係者（如勞動報酬債權，對於僱主破產時之優先權），不在此限（民304I）。又由第三人就債權所為之擔保，除該第三人對於債務之承擔已為承認外，因債務之承擔而消滅（民304II）。此因擔保之所以提供，係著重於債務人之信用故也。

第二款　併存的債務承擔

一、併存的債務承擔之意義

併存的債務承擔者，乃指第三人承擔債務人之債務，而原債務人仍未免除其債務之契約或法律規定者也。故有約定之併存的債務承擔與法定之併存的債務承擔兩種。

二、約定之併存的債務承擔

即第三人加入債務關係，與原來債務人併負同一責任之債務承擔契約，亦稱之為附加的債務承擔或重疊的債務承擔。此種債務承擔，有由承擔人與債權人訂立者；亦有由承擔人與債務人訂立者，惟後者毋須得債權人同意，與免責的債務承擔不同，蓋原債務人並不脫退責任，反而新增負責人，於債權人有利無害。

關於約定之併存的債務承擔，其效力既在使原債務人與承擔人併負同一責任，依通說，認其債之關係，屬於連帶債務。從而，有關連帶債務之規定，自可適用之。再第三人所提供之擔保，並不因併存的債務承擔而消滅。

三、法定之併存的債務承擔

即基於某種事實或法律上所規定之併存的債務承擔。我民法關於此類債務承擔，規定有下列兩種：

（一）財產或營業之概括承受

就他人之財產或營業概括承受其資產及負債者，因對於債權人為承受之通知或公告，而生承擔債務之效力（民305I）。例如合夥股份之承受、營業出頂是。財產或營業之概括承受無須經由債權人承認，祇須對於債權人為承受之通知或公告，即生併存的債務承擔。惟為保護債權人計，債務人關於到期之債權，自通知或公告時起，未到期之債權，自到期時起，2年以內，與承擔人連帶負其責任（民305II）。反之，此2年期間（除斥期間）經過後，則原債務人脫離關係，由承擔人獨負其責。

（二）營業合併

營業與他營業合併，而互相承受其資產及負債者，與財產或營業之概括承受同，即自對於債權人為通知或公告時，發生債務承擔效力。其所合併之新營業，對於各營業之債務，負其責任（民306）。合併前各營業之債務，既應由新營業負責，自無所謂舊營業於2年內與新營業連帶負責之問題。蓋舊營業常

因新營業之設立而消滅，例如甲，乙兩營業合併後，成為丙營業，而不保留甲乙任何一方之名義是。應注意者，仍適用時，企業併購法及金融機構合併法有特別規定，要優先適用，例如只要公告即是不必為個別通知。

第七章　債之消滅

第一節　概　說

一、債之消滅之意義

　　債之消滅者，乃債之關係依某種原因，客觀的失其本體存在之謂也。債之消滅既係債之關係失其存在，故與債務人基於抗辯權而拒絕債權之給付之所謂「債權效力之阻止」不同。

　　債之消滅，係債之關係客觀的失其存在，因之，如主觀的失其存在，而由他人取得其債權或負擔其債務，則為債之移轉，而非債之消滅。

二、債之消滅之原因

　　債權為權利之一種，因而權利之一般的消滅原因，在債權亦均有其適用，例如解除條件成就、終期屆滿、撤銷、契約解除及死亡。我民法債編通則第六節規定債之消滅原因有五：清償、提存、抵銷、免除、混同。

三、債之消滅之共通效力

　　債之消滅之效力，視其消滅原因之不同，而有差異，然亦有其共通之效力：

（一）從權利之消滅

　　債之關係消滅者，因從權利與主權利同其命運，其債權之擔保及其他從屬之權利，亦同時消滅（民307）。所謂債權之擔保，如擔保物權、保證債權是。所謂其他從屬之權利，如利息債權、違約金債權。

（二）負債字條之返還

　　債之全部消滅者，債務人得請求返還或塗銷負債之字據，其僅一部消滅或

負債字據上載有債權人他項權利者，債務人得請求將消滅事由，記入字據（民308I）。此爲防止債權人惡意利用，重複求償故也。另外，負債字據如債權人主張有不能返還或有不能記入之事情者，債務人得請求給與債務消滅之公認證書（民308II）。此之所謂公認證書，由債權人作成，聲請債務履行地之公證人、警察機關、商業團體或自治機關蓋印簽名（民債施19）。

第二節　清　償

一、清償之意義

清償者，依債務本旨，實現債務內容，致債之關係消滅之準法律行爲也。關於清償之性質，向有法律行爲、非法律行爲及折衷說等三說。通說採非法律行爲說，惟此說又分爲單純事實行爲說與準法律行爲說之別。準法律行爲說又有廣義與狹義準法律行爲之分，一般採適法行爲中之非表示行爲，亦即事實行爲之廣義的準法律行爲。

二、清償之主體

即指清償之當事人，有清償人與受領清償人二者。

（一）清償人

1.清償義務人

債務人有履行其債務之義務，其當然爲清償人，自不待言。惟履行債務，亦非須債務人親自爲之，故其代理人、破產管理人及履行承擔人，亦均有清償之適格。

2.一般之第三人

債之清償，得由第三人爲之。但當事人另有訂定或依債之性質不得由第三人清償者（如僱傭、委任、寄託），不在此限。第三人之清償，債務人有異議時，債權人得拒絕其清償。但第三人就債之履行有利害關係者（如保證人、物上保證人），債權人不得拒絕（民311II）。

3.有利害關係之第三人（代位清償）

就債之履行有利害關係之第三人為清償者，於其清償之限度承受債權人之權利（民312），是為承受權（舊法稱代位清償）。但不得有害於債權人之利益。其要件為：須第三人已為清償；須就債之履行有利害關係之第三人為清償，如連帶債務人、不可分債務人、物上保證人（65台上796）、合夥人等是；須清償人對於債務人有求償權；須不得有害於債權人之利益。

取得承受權後，從權利並不消滅，亦隨同移轉。且民法第297條及第299條有關債權讓與之規定（代位通知），準用於承受權（民313），即：(1)債務人所得對抗債權人之事由，均得以之對抗第三清償人；(2)債務人於其代位通知時對債權人有債權者，如其清償期先於相對之債權或同時屆至者，對於第三清償人，亦得主張抵銷。

（二）受領清償人

1.受領權人

債權人有請求給付之權，自為當然之受領權人，有時亦非必債權人親自為之，故其代理人、受任人、破產管理人、質權人等，亦均得為受領清償人，即民法第309條第1項所謂之「其他有受領權人」。又民法第242條所規定之代位權人，亦得為有效之受領。

法定代理人通常固有受領清償之權限，如為意定代理人，受領權之有無，尚應依授與代理權之範圍定之（66台上1893）。

2.收據持有人

持有債權人簽名之收據者，視為有受領權人；但債務人已知或因過失而不知其無權受領者，不知在此限（民309II）。

3.第三人

向第三人為清償，經其受領者，(1)經債權人承認，或受領人於受領後取得其債權者；或(2)受領人係債權之準占有人者（即以自己之意思，事實行使債權之人，如銀行存摺持有人），以債務人不知其非債權人者為限，均有清償之效力。此外，向第三人清償而債權人因之而受益者，亦有清償之效力（民310）。

銀行接受定期存款（即銀行之定期存款）者，其與存款戶間係發生消費寄託關係（民603）。依民法第602條第1項規定，銀行固負有返還同一數額之金錢

於存款戶之義務。存款如爲第三人憑眞正之存單及印章所冒領，依其情形得認該第三人爲債權之準占有人，且銀行不知其非債權人者，依民法第310條第2款規定，銀行得對存款戶主張有清償之效力。存款戶即不得請求銀行返還同一數額之金錢，銀行亦不負侵權行爲或債務不履行之損害賠償責任。倘該第三人非債權之準占有人或銀行明知該第三人非債權人，亦無民法第310條第1款及第3款所定情事，則銀行向第三人爲清償，對於存款人即不生清償之效力。存款戶自非不得行使寄託物返還請求權，請求銀行履行債務，亦不發生侵權行爲或債務不履行之問題（81台上1875）。

三、清償之客體

清償之客體者，即債務之內容或給付之標的。原則上，清償人應依債務本旨，以實現債務之內容，不得任意變更之。惟爲保護經濟上之弱者或謀交易之便利計，於一定情形，許予爲權宜之給付。

（一）一部清償

債務人本無爲一部清償之權利，但法院得斟酌債務人之境況，許其於無甚害於債權人利益之相當期限內，分期給付或緩期清償（民318I）。法院許爲分期給付者，債務人一期遲延給付時，債權人得請求全部清償（民318II）。故債務人一期遲延給付時，即喪失期限利益。另外，給付不可分者，法院亦得許其緩期清償（民318III），惟不得許其分期給付。

（二）代物清償

所謂代物清償，係債權人受領他種給付，以代原定之給付者，使債之關係消滅之契約（民319）。既爲契約，自須經債權人之承諾而後始得爲之。

代物清償固爲契約，惟其性質如何，一般見解以爲，既須以他種現實的給付，以代原定之給付，故爲要物契約；又就債權人方面言，係拋棄原定給付而受領他種給付，當事人間互爲給付而取得利益，故又爲有償契約，而得準用買賣之規定（民347）（如瑕疵擔保）。

代物清償之效力，依民法第319條規定，債權人受領他種給付以代原定之給付者，其債之關係即消滅。無論他種給付與原定之給付其價值是否相當，債

之關係均歸消滅（52台上3696）。

（三）間接給付

間接給付者，係因清償舊債務，而對於債權人負擔新債務，並因新債務之履行，而使舊債務消滅之契約。又稱之為新債清償或新債抵償。新債務如已履行時，其舊債務歸於消滅，乃當然之結果。因清償債務而對於債權人負擔新債務者，除當事人另有意思表示外，若新債務不履行時，其舊債務仍不消滅（民320），且其所附隨之擔保及從權利，自亦不消滅。

賭博為法令禁止之行為，其因該行為所生債之關係原無請求權之可言，除有特別情形外，縱使經雙方同意以清償此項債務之方法而變更為負擔其他新債務時，亦屬脫法行為，不能因之而取得請求權（44台上421）。

四、清償地

清償地者，乃債務人應為清償行為之處所，亦稱之給付地或履行地。清償地與給付之提出、決定給付內容、決定管轄權、準據法、機關認證及提存所等事項，具有密切之關係，故清償地必須確定。且債務人非於清償地提出給付，不生給付之效力，債權人得拒絕受領。

清償地之確定，依民法第314條之規定，除法律另有規定（如民371、600，票據24），或契約另有訂定，或另有習慣（如銀行取款），或得依債之性質（如教學、送米），或其他情形決定（如遺囑指定），應依下列規定：1.以給付特定物為標的者，於訂約時，其物所在地為之；2.其他之債，於債權人之住所地為之。

五、清償期

清償期者，乃債務應為履行之時期，亦稱為給付期或履行期。關於清償期之確定，依民法第315條規定，除法律另有規定（如民439、455、619，票據66）或契約另有訂定，或得依債之性質（如按季節收購果實），或其他情形決定者外，債權人得隨時請求清償，債務人亦得隨時為清償（民315）。

六、清償之費用

清償之費用者，係指因清償債務所必要之開支，例如包裝、運送、登記等費用。關於固有之清償費用，除法律另有規定（如民378，土地182），或契約另有訂定外，由債務人負擔（民317）。關於增加之清償費用，依民法第317條但書規定，因債權人變更住所或其他行為，致增加清償費用者，其增加之費用，則由債權人負擔。

七、清償之抵充

（一）意　義

清償之抵充者，乃對於同一債權人負擔數宗債務，而其給付之種類相同，如清償人所提出之給付並不足清償全部債額者，決定應充償何宗債務之方法，以杜當事人間之爭執。

（二）要　件

1. 須對同一債權人負擔數宗債務，否則縱提出之給付不足清償全額時，亦僅生一部清償之問題。
2. 須數宗之給付種類相同，否則自可依所提出給付之種類，充償該種類之給付。
3. 須清償人所提出之給付不足以清償全部債額，否則即無所謂抵充之問題發生。

（三）抵充之方法

依契約自由原則，清償抵充之方法，自得由當事人以契約定之，惟無約定者，不得不有所處置，故我民法設有規定：

1.指定抵充

對於一人負擔數宗債務，而其給付之種類相同者，如清償人所提出之給付，不足清償全部債額時，由清償人於清償時，指定其應抵充之債務（民321）。法文僅曰「清償人」，而不曰「債務人」，蓋清償人不以債務人為限，前述之第三人亦得為之。

2.法定抵充

　　法定抵充，因債務之性質是否相同而有異（民322）：

(1) **同性質債務之抵充次序**：清償人不爲指定抵充時，依下列規定：

　　① 債務已屆清償期者，儘先抵充，良以保護債務人之遲延責任也。

　　② 債務均已屆清償期或均未屆清償期者，以債務之擔保最少者，儘先抵充，擔保相等者，以債務人因清償而獲益最多者，儘先抵充（如普通之債及連帶之債）。如獲益相等者，以先到期之債務，儘先抵充。又如獲益及清償期均相等者，各按比例，抵充其一部。

(2) **異性質債務之抵充次序**：所謂異性質債務者，如原本、利息、費用等是。清償人所提出之給付，應先抵充費用，次充利息，次充原本（民323）。

（四）清償抵充之限制

　　異性質債務固有其法定抵充次序之規定，惟於適用上，亦受前述指定抵充及法定抵充之限制，即民法第323條所謂「其依前二條之規定抵充債務者，亦同」。

八、清償之效力

　　清償之主要效力，乃債之關係之消滅（民309），其債權之擔保及其他從屬權利，亦同時消滅（民307）。從而亦發生下列效力：

（一）受領證書請求權

　　清償人對於受領清償人，得請求給與受領證書（民324）。請求之時間，得於清償時同時爲之，並得主張同時履行抗辯權。

（二）定期給付之受領證書

　　關於利息或其他定期給付，如債權人給與受領一期給付之證書，未爲他期之保留者，推定其以前各期之給付已爲清償（民325I）。本條所謂之定期給付，係指與利息同等性質之債權而言。至於普通之買賣價金，雖約定分期給付，仍屬於普通債權，無本條項之適用（72台上4919）。

（三）受領原本之受領證書

如債權人給與受領原本之證書者，推定其利息亦已受領（民325 II）。既為推定，主張未受領者，自得舉事實反證，以推翻之。

（四）債權證書返還請求權

債權證書者，乃債務存在之證明，債之關係全部消滅後，債務人自得請求返還之。亦即，債權證書已返還者，推定其債之關係消滅（民325 III）。

第三節　提　存

一、提存之意義

提存者，乃清償人以消滅債務為目的，將其給付物為債權人寄託於提存所之契約行為也。其性質，有主公法上之行為者，有主私法上之行為者，私法上行為說又可分單獨行為說與契約行為說，一般認為，提存乃提存人與提存所間之契約，屬會有第三人利益契約之寄託契約。按提存之目的，可分為保證提存與清償提存，此所謂之提存，係指以消滅債務為目的之清償提存，故與清償之效力同，不依債務本旨之提存，不生清償之效力（39台上1355）。

二、提存之要件

依民法第326條規定，清償提存須具備下列要件：

（一）須有提存原因

提存須於債權人受領遲延，或不能知孰為債權人（例如繼承人尚未確定）而難為給付，始得為之。因不能確知孰為債權人而難為給付者，清償人固得將其給付物為債權人提存之，惟其提存，除有雙務契約債權人未為對待給付或提出相當擔保之情形外，不得限制債權人隨時受取提存物，否則即難謂依債務之本旨為之，不生清償之效力（46台上947）。

（二）須有提存之當事人

債務人當然為提存人，但凡得為清償之人，理論上言，亦均得為提存。至於提存所，乃提存契約之相對人。提存應於清償地之法院提存所為之。又債權人雖非提存契約之當事人，但提存具有向第三人為給付之第三人利益契約之性質，惟不以第三人有受益之意思表示為必要。

（三）須有提存之標的物

提存之標的物，以原給付充之為原則，且解釋上限於動產，蓋不動產債務人得依拋棄占有之方法而免責（民241），無提存之必要。再給付物不適於提存，或有毀損滅失之虞，或提存需費過鉅者，清償人得聲請清償地之法院拍賣，而提存其價金（民331）。

三、提存之效力

（一）提存人與債權人間之效力

1.債權消滅

債務人因提存而免責，故嗣後債權人只得向提存所受領提存物。從而，提存後給付物毀損滅失之危險，由債權人負擔。此外，債務人亦無須支付利息，或賠償其孳息未收取之損害（民328）。

2.費用之負擔

提存拍賣及出賣之費用，由債權人負擔（民333）。蓋提存之原因，係可歸責於債權人之事由所致，故應由債權人負擔其費用。

3.所有權之移轉

提存物如為代替物，則依消費寄託之規定（民602、603），於提存時，其所有權應先移轉於提存所，再由提存所以同種類、同品質、同數量之物，交付於債權人；若為特定物時，則提存所僅得取得其物之占有，其物之所有權並非先移轉於提存所，而係以提存所為媒介，使提存人與債權人間移轉所有權。

（二）債權人與提存所間之效力

1.提存物交付請求權

提存既具有第三人利益契約之性質，債權人（相當於第三人）自取得直接請求交付提存物之權利，故債權人得隨時受領提存物（民329）惟受有限制：(1)如債務人之清償，係對債權人之給付而為之者，在債權人未為對待給付，或提出相當擔保前，得阻止其受取提存物（民329後段），此為雙務契約之當然結果；(2)債權人關於提存物之權利，應於提存後10年內行使之，逾期其提存物歸屬國庫（民330）。

2.保管費用之支付

提存物除為金錢或有價證券外，提存所對於有領取提存物權利之人，得請求交付保管費用（提存14I），故提存費用，應由債權人負擔（民333）。

（三）提存人與提存所間之效力

提存人與提存所間之法律關係，應適用有關寄託契約之規定，惟仍與一般寄託有別，前者以消滅債之關係為目的；後者以保管物品為目的。故如係合法提存，則債之關係消滅，債務人亦因此而免責，自不能再請求返還提存物。但提存係出於錯誤，或提存之原因已消滅，或指定收取提存物之人係無權受領者，提存人自得再取回其提存物。

第四節　抵　銷

一、抵銷之意義

抵銷者，乃二人互負債務，而其給付種類相同，並均屆清償期者，各得以其債務，與他方之債務之對等額，同歸消滅之一方的意思表示。

二、抵銷之要件

抵銷既為單獨行為，故不須經他方之承諾，即可生效，與經雙方當事人合意抵銷之抵銷契約有異，惟非有抵銷權者不得為之。抵銷權係形成權之一種，

應以意思表示向他方為之（民335I）。其發生須具備以下要件：

（一）須有抵銷之適狀

即適合抵銷之狀態，民法第334條規定：「二人互負債務，而其給付種類相同，並均屆清償期者，各得以其債務，與他方之債務，互相抵銷。但依債務之性質不能抵銷者或依當事人之特約不能抵銷者，不在此限。前項特約，不得對抗善意第三人。」即：

1.須二人互負債務

二人互負債務，即債務對立；反之，則為債權對立。主張抵銷之債權人，謂之動方債權；被抵銷之債權，謂之受方債權。

2.須雙方債務種類相同

如雙方債務種類不相同，則不能使雙方債權人依抵銷而受滿足。惟當事人如有抵銷之約定者，雖異種給付，亦得為抵銷。此外，清償地不同之債務，亦得為抵銷。但為抵銷之人，應賠償他方因抵銷而生之損害（民336）。

3.須雙方債務均已屆清償期

雙方債務須均屆清償期，始得抵銷，乃因債權人不得期前請求清償。故實際運用時，所謂屆清償期，僅係指動方債權言，蓋定有清償期之債務，如無反對之意思表示者，債務人得拋棄期限利益，於期前為清償故也。又債之請求權雖經時效而消滅，如在時效未完成前，其債權已適於抵銷者，亦得為抵銷（民337）。

4.須債務之性質可以抵銷

債務依其性質，有必須相互現實履行，始得達其目的者，例如不競業之債務或提供勞務之債務；亦有動方債權附有抗辯權者，例如同時履行抗辯權、檢索抗辯權等，解釋上均係債務之性質不可以抵銷。惟受方債權附有抗辯權者，則可以抵銷，蓋此僅拋棄自己之抗辯權耳。

（二）須無抵銷之禁止

1.意定之禁止

依契約自由原則，當事人如對於抵銷有禁止之特約者，自不得再行抵銷。惟為免第三人遭受不測之損害及保護交易安全，故其特約不得對抗善意第三人。

2.法定之禁止

(1) **禁止扣押之債**：基於社會立法政策，爲保障債務人及其家屬之生計，禁止扣押之債，其債務人不得主張抵銷（民338）。惟禁止扣押之債，如爲動方債權時，則得爲抵銷，因出於債務人之自願，無禁止之必要。

(2) **因故意侵權行爲而負擔之債**：爲避免侵權行爲之發生，因故意侵權行爲而負擔之債，其債務人不得主張抵銷（民339）。惟若因過失侵權行爲而負擔之債，或此種債權爲動方債權者，則可以抵銷。

(3) **受扣押命令之第三債務人於扣押後取得之債權**：受債權扣押命令之第三債務人（如甲對丙享有債權，但對乙負有債務，而甲對丙之債權扣押命令），於扣押後，始對其債權人取得債權者，不得以其所取得之債權與受扣押之債權爲抵銷（民340）。如前例，丙於受扣押後，始得對甲取得債權，則不得爲動方債權主張抵銷，惟於扣押前對甲已取得債權者，因已有抵銷適狀，自得爲抵銷。

(4) **約定向第三人爲給付之債務**：第三人因第三人利益契約之訂定，即取得直接請求給付之權，故約定應向第三人爲給付之債務人，不得以其債務，與他方當事人對於自己之債務爲抵銷（民341）。

(5) **特別法禁止抵銷**：公司之債務人，不得以其債務與其對於股東之債權抵銷（公司64）。而屬於信託財產之債權與不屬於該信託財產之債務，不得主張抵銷（信託13）。

三、抵銷之方法

關於抵銷之方法，依民法第335條第1項規定，抵銷應以意思表示，向他方爲之。其性質屬有相對人之單獨行爲，故關於意思表示生效之規定，應適用之。此項抵銷之意思表示，其方式並無限制，不論訴訟上或訴訟外，均得主張之。惟抵銷係以消滅債務爲目的，故其意思表示附有條件或期限者無效（民335II）。

四、抵銷之效力

　　二人互負債務，具備上述抵銷之要件，並經動方債權人為抵銷意思表示者，則相互間債之關係，即溯及最初得為抵銷時，按照抵銷數額而消滅（民335I）。所謂溯及最初得為抵銷時，乃謂自該時起利息支付義務與給付遲延義務，均歸消滅。惟：

(一) 所謂債之關係消滅，僅係指按抵銷數額而消滅，例如甲欠乙1萬元，乙亦欠甲1萬元，如乙表示抵銷，則甲乙間之債務關係全部消滅，若乙僅欠甲5,000元，則甲仍欠乙5,000元。

(二) 清償地不同之債務，雖經抵銷而消滅，惟為抵銷之人應賠償他方因抵銷所生之損害（民336）。

(三) 被抵銷人具備有數個抵銷適狀之受方債權，而動方債權不足抵銷其全部時，與清償抵充相似，故民法第321條至第323條之規定於抵銷準用之（民342），是為抵銷之抵充也。

第五節　免　除

一、免除之意義

　　免除者，乃債權人對於債務人所為使債之關係消滅之一方的意思表示。其性質為有相對人之單獨行為，不要因行為，亦係一處分行為，故為債權之一種拋棄。此之所謂免除，固為單獨行為，惟依契約自由原則，以免除契約為之者，亦非法所不許。

二、免除之要件

　　債權人向債務人表示免除其債務之意思者，債之關係消滅（民343）。

（一）免除須由處分權之人為之

　　免除為處分行為之一種，自須由有處分權之人為之。所謂有處分權人，例如債權人（破產時除外）、代理人及信託讓與之受讓人。

（二）免除須向債務人以意思表示為之

免除爲不要式行爲，其意思表示爲明示或默示，對話或非對話，均無不可。且可以附條件或期限，因其不致影響債務人之利益也。

（三）免除須有供免除之債務

即免除當事人須有供免除之債務，若該債務早已消滅，則無免除之問題；若一部免除者，則債之關係一部消滅。又全部免除時，所有從屬權利，如擔保物權、保證債務等，亦隨之消滅。

第六節　混　同

一、混同之意義

混同者，乃債權與其債務同歸一人，則債之關係因之消滅之事實也。既爲事實，故僅有債權與債務同歸一人之事實，即可成立，毋庸另經當事人之意思表示，性質上屬於事件之一種。至於權利與權利之混同及義務與義務之混同（廣義的混同），則非此所謂之混同（狹義混同）。

二、混同之原因

混同常因概括繼受（例如債權人繼承債務人，或債務人繼承債權人）或特定繼受（例如債務人自債權人受讓債權，或債權人承擔債務人之債務）而發生。

三、混同之效力

債權與其債務同歸一人時，債之關係消滅（民344）。但其債權爲他人權利之標的或法律另有規定者，不在此限：

（一）債權為他人權利之標的者

債權為他人權利之標的者，其債權不因混同而消滅，例如甲以其對乙之債權，出質於丙，嗣後乙繼承甲之債權，雖發生混同，但其出質之債權並不因此消滅。

（二）法律另有規定者

票據法為助長票據債權之流通性，匯票得依背書轉讓與發票人、承兌人、付款人或其他票據債務人，此時即因回頭背書而生混同事實，但受讓人於票據未到期前，得更以背書轉讓之，即該匯票之權利，並不因混同而消滅（票據34）。

第四篇

債編各論

第一章　買　賣

第一節　買賣通則

一、買賣之意義

民法第345條第1項規定,「稱買賣者,謂當事人約定一方移轉財產權於他方,他方支付價金之契約。」此條係爲立法直接解釋之方式,依此定義可將買賣之概念分析如下:

(一)買賣係一種債權契約

買賣須有買入及賣出之意思表示對立合致方得成立,既屬意思表示,則關於民法總則法律行爲之規定於此有其適用,而其既屬契約,則民法債編通則中關於契約之規定,包括要約、承諾、解除等自亦有其適用。須加以注意者,乃買賣僅屬發生負擔效果之債權契約,與直接發生處分效果之物權契約有異。故於買賣契約成立後,當事人僅取得債權或負擔義務,其後仍有契約之履行問題。

(二)買賣係為當事人約定一方移轉財產權於他方之契約

買賣以爲移轉財產權之約定爲要素,此所謂財產權即屬買賣之標的物。依通說之見解,所謂財產權係指具有經濟利益而得爲交易之標的者,包括債權、物權、準物權、無體財產權等,甚至爲事實上之管領力之占有(俗稱頂讓),亦得爲買賣之標的。

但其標的亦僅限於財產權,非財產權不得作爲買賣之標的,故人格權、身分權不得作爲買賣之標的。

(三)買賣係他方支付價金之契約

價金之約定亦爲買賣之要素。通說認爲所謂價金係指金錢,則民法債編通則中關於貨幣之債之相關規定於此亦有適用。如係約定以金錢以外之物充之則爲互易,若以勞務充之則爲僱傭,均非買賣。

二、買賣之性質

除上述之買賣屬債權契約之性質外，其尚有下列之性質：

（一）買賣為有名契約

買賣係民法債編各論所明文規定者，自為有名契約。

（二）買賣為雙務契約

買賣之雙方當事人，出賣人負標的物移轉義務，而買受人負價金支付義務，此二者需互立於對價關係。因其具有對價關係，故自有同時履行抗辯權之適用（民264）。

（三）買賣為有償契約

買賣之雙方當事人既須互為給付，故為有償契約。於此須注意者，乃買賣係屬有償契約之典型，故民法第347條規定「本節規定，於買賣契約以外之有償契約準用之。但為其契約之性質所不許者，不在此限。」故凡屬有償契約，在性質與買賣不相牴觸之範圍內，均得準用買賣之規定。此之所謂準用，主要係指瑕疵擔保與危險負擔之相關規定。

（四）買賣為不要式契約

除有法定（民166-1之公證）約定要式之情形外，買賣之成立並不以一定之方式為要件，故為不要式契約。

（五）買賣為不要物契約（諾成契約）

買賣之成立或生效亦不以交付一定之物為要件，其買賣標的物之交付乃係契約履行之問題，故為不要物契約或稱為諾成契約。

（六）買賣為要因契約

於買受人，須有取得財產權之目的；於出賣人，須以得價金為目的，買賣契約以此目的之有效存在為必要，雙方或一方當事人欠缺目的者，則買賣契約即欠缺有效之原因，故買賣為要因契約。

三、買賣之種類

依我國民法之規定，可分為下列二大類：
1. **一般買賣**：即民法第345條第1項所規定之買賣。
2. **特種買賣**：民法上規定之特種買賣共有試驗買賣、貨樣買賣、分期付價買賣、拍賣四種，但買回亦可謂之為特種買賣。

除此民法上之買賣外，於特別法上亦有規定買賣者，如動產擔保交易法上之附條件買賣、消費者保護法上之郵購買賣與訪問買賣、證券交易法之證券買賣、期貨交易法之期貨交易與農產品市場交易法之農產品交易等，其均有特別之規範要件，適用時，應注意各該特別法之規定。

四、買賣之成立

買賣係屬諾成契約、不要式契約，故民法第345條第2項規定：「當事人就標的物及其價金互相同意時，買賣契約即為成立。」此之所謂互相同意，即為民法第153條之相互表示意思一致，但因買賣係屬契約之關係，故其意思表示有二，即關於標的物與價金之意思表示，此二者均須相互合致方得成立。

另外，原則上關於價金或標的物之意思表示，均須明確方足以確定債之標的，但民法第346條第1項規定：「價金雖未具體約定，而依情形可得而定者，視為定有價金。」又同條第2項規定「價金約定依市價者，視為標的物清償時清償地之市價。但契約另有約定者，不在此限。」蓋期避免無謂之爭議。惟本條係屬補充性之規定，僅在補充當事人意思表示之不足，倘當事人就價金已有具體約定者，縱事後買賣標的物之市場價值有所升降，亦不得執本條規定而加以任意變更。

第二節　買賣之效力

一、對於出賣人之效力

於買賣契約中，出賣人之主要義務有二，即財產權移轉之義務與瑕疵擔保之責任。

（一）移轉財產權之義務

　　所謂移轉財產權，在物之出賣，係指交付占有及所有權之移轉；在債權之出賣，則應依債編總則關於債權讓與之規定為之。如為無體財產權之出賣，則多於特別法中規定其移轉要件。此種移轉財產權之義務，亦係出賣人之首要義務。以下就民法規定析述之：

1.物之出賣

　　民法第348條第1項規定「物之出賣人，負交付其物於買受人，並使其取得該物所有權之義務。」其包括：

(1) **物之交付**：所謂物之交付，即為占有之移轉。其交付之方式，不以現實交付為限，即使為觀念交付（簡易交付、占有改定、指示交付）（民761參照）亦包括在內。又如買賣標的物有從物者，其從物亦應一併交付。

(2) **所有權之移轉**：物之出賣人，負有使買受人取得所有權之義務。如出賣之物係屬不動產者，除須辦理公證外（民166-1參照），應更進一步訂立移轉物權之書面契約，並辦理移轉登記（民758參照）；出賣之物係動產者，則應以讓與所有權之意思合意而交付該動產於買受人（民761參照）。換言之，須更進一步完成物權契約與踐行物權行為之一定方式，以發生權利移轉之現象。

2.權利之出賣

　　民法第348條第2項規定「權利之出賣人，負使買受人取得其權利之義務。如因其權利而得占有一定之物者，並負交付其物之義務。」則如係權利之出賣，其出賣人須為：

(1) **移轉權利**：關於權利如何移轉，因權利之種類不同而有異：

　　① **債權**

　　　　A. **一般債權**：須依照民法債編通則關於債權讓與之規定為之，即須對債務人為債權讓與之通知，並依民法第295條移轉該債權之擔保及其他從屬權利於買受人，且須踐行第296條之程序。

　　　　B. **有價證券債權**

　　　　　　(a) **指示證券**：以背書之方式為之（民716II參照）。

　　　　　　(b) **無記名證券**：以交付之方式即可。

　　　　　　(c) **倉單**：民法第618條有特別規定，須以背書並經倉庫營業人簽名

之方式為之。

  (d) 提單或載貨證券：以背書之方式為之（民628，海商104）。

② **所有權以外之物權**：所有權之出賣稱為物之出賣，不稱為權利之出賣。所有權以外之物權出賣，例如永佃權、地上權，則須作成書面契約（物權契約），辦理公證並依法為登記。

③ **準物權、無體財產權**：則見諸各該特別法之規定，例如水權依水利法，專利權依專利法辦理，著作權依著作權法辦理。

④ **物之交付**：上列各種權利中，有因其權利得占有一定之物者，出賣人並須負交付其物之義務。例如租賃權、永佃權、地上權、典權、質權及留置權等。

  上述各項義務，如出賣人不履行者，買受人即得依債務不履行之規定，行使其權利（民353參照）。即得行使債務不履行之損害賠償請求權、違約金請求權、契約解除權。且因買賣契約係屬雙務契約已如前述，故於出賣人不履行其義務時，買受人亦得適用同時履行抗辯之規定（民264參照）。

（二）瑕疵擔保之責任

1.意義及性質

  所謂瑕疵擔保責任，即為出賣人就買賣之標的之權利或物有瑕疵時而應負擔之法定無過失責任。所謂瑕疵，通說係指「欠缺」。其性質如下：

(1) **法定責任**：瑕疵擔保責任係出於法律特別之規定，並非當事人意思表示之結果。須加以注意者，瑕疵擔保責任雖係法定責任，但並非強行規定，當事人得以特約加以排除或加重其責任，此係因瑕疵擔保責任之規定係為買受人之利益而設之制度，故買受人自得依其自由意思而放棄。但民法第366條規定「以特約免除或限制出賣人關於權利或物之瑕疵擔保義務者，如出賣人故意不告知其瑕疵，其特約為無效」，此種故意不告知瑕疵，而冀圖以特約而免責之情形，因其背於公序良俗，故應認為無效。

(2) **無過失責任**：所謂無過失責任者，係指只要買賣之標的物或權利上存有瑕疵，無論出賣人對於瑕疵之造成，是否有故意或過失，均應負責。故70年台上字第422號判決稱「出賣人所負關於瑕疵擔保責任，係屬一種法定責任，不以出賣人對於瑕疵之發生，有故意或過失為必要。果本件係爭房地所在，於兩造訂立買賣契約時，已列入堤防預定地，則依民法第349條、第

368條第1項規定，上訴人尚非不得拒絕給付尾款。」

2.種類

瑕疵擔保在意義上有廣狹二義，廣義之瑕疵擔保包括權利瑕疵擔保及物之瑕疵擔保；狹義之瑕疵擔保，僅指物之瑕疵擔保。以下分述之：

(1) **權利瑕疵擔保責任**

① **意義**：權利瑕疵擔保亦稱為追奪擔保，即出賣人就買賣標的之權利之瑕疵，應負擔保之責任者。其適用係於出賣人無法將買賣標的物之財產權之一部或全部移轉於買受人，或所移轉之財產權不完整時所應負之擔保責任。

② **內容**：分為二種：

A. **權利無缺之擔保**：民法第349條規定「出賣人應擔保第三人就買賣之標的物，對於買受人不得主張任何權利。」即出賣人應擔保買賣標的物之權利完整無缺。申言之，即使買賣標的物之權利雖非不存在，但如有第三人得主張權利時，出賣人即應負責。

B. **權利存在之擔保**：民法第350條規定「債權或其他權利之出賣人，應擔保其權利確係存在。有價證券之出賣人，並應擔保其證券未因公示催告而宣示為無效。」權利存在之擔保，僅在於權利之買賣方有適用，物之買賣並不適用之。蓋物之買賣即指所有權之買賣，而物權又採現物主義，僅有欠缺之問題，不生存在之問題。

③ **成立要件**：

A. **須權利之瑕疵於「買賣成立時」存在**：法文雖無明文之規定，但學者見解均認為，權利之瑕疵須於買賣成立時即已存在。

B. **須買受人為善意**：民法第351條規定「買受人於契約成立時，知有權利之瑕疵者，出賣人不負擔保之責。但契約另有訂定者，不在此限。」其之所以如此規定，係因買賣標的之權利狀態於買賣成立時，買受人已經了解並知悉，而仍故買之，自應認其有默示拋棄權利瑕疵擔保之意思。

C. **須其權利瑕疵於買賣成立後未能除去**：如權利之瑕疵雖於買賣成立時存在，但其後已除去者，出賣人即不負瑕疵擔保責任。

D. **須無免除或限制瑕疵擔保責任之特約**：依民法第366條之規定，當事人得以特約免除前述之責任，但出賣人買賣契約成立時明知瑕疵而

故意不告知之情形，則其特約為無效（民366）。

④ **效力**：民法第353條規定「出賣人不履行第三百四十八條至第三百五十一條所定之義務者，買受人得依關於債務不履行之規定，行使其權利。」

⑤ **減免或加重責任之特約**：

　　A. **減免責任之特約**：瑕疵擔保責任之規定，既係為買受人之利益而設，買受人自亦得放棄，惟應注意第366條特約免責無效之規定，已如前述。

　　B. **加重責任之特約**：依我民法上規定觀之，其情形有二：

　　　　(a) 民法第351條規定「買受人於契約成立時，知有權利之瑕疵者，出賣人不負擔保之責。但契約另有訂定者，不在此限。」即原則上於買受人明知而故買之情形下，出賣人並不負擔保責任；但當事人亦得以特約加重出賣人之責任，法律並不干涉。

　　　　(b) 債權之出賣人對於債務人之支付能力，本不負任何擔保責任，但當事人亦得以契約另為約定，令出賣人負擔保責任。出賣人就債務人之支付能力，負擔保責任者，推定其擔保債權移轉時債務人之支付能力（民352參照）。既言推定，當事人自得舉證證明其間之特約係約定擔保清償期屆至時，或買賣契約訂立時之支付能力。

(2) **物之瑕疵擔保**

① **意義**：所謂物之瑕疵擔保，係指物之出賣人，就其買賣標的物本身所存在之瑕疵，對於買受人應負擔之擔保責任。

② **內容**：民法第354條規定「物之出賣人，對於買受人，應擔保其物依第三百七十三條之規定危險移轉於買受人時，無滅失或減少其價值之瑕疵，亦無滅失或減少其通常效用，或契約預定效用之瑕疵。但減少之程度，無關重要者，不得視為瑕疵。出賣人並應擔保其物於危險移轉時，具有其所保證之品質。」依本條之規定，其類型分為二種：

　　A. **價值的瑕疵擔保**：指物之交換價值而言。

　　B. **效用的瑕疵擔保**：指物之使用價值而言。

　　而就所擔保之內容言，有：

　　A. 無滅失或減少其通常效用，即依物之用法通常所應具有之效用（即

默示擔保）。

B. 具有契約預定之效用（即明示擔保）。

C. 於契約明示保證品質時，應具有保證之品質（即保證品質）。

③ **成立要件：**

A. **須買賣之標的物有瑕疵。**

B. **須物之瑕疵於危險移轉時存在**：依民法第373條規定「買賣標的物之利益及危險，自交付時起，均由買受人承受負擔，但契約另有訂定者，不在此限。」係採取交付主義，出賣人僅就於危險移轉於買受人時存在之瑕疵，負其擔保責任，且該項瑕疵僅須於危險移轉時存在即足，至於是否於買賣契約成立時即已存在，或係於買賣成立後方成立，均非所問（29渝上826參照）。

C. **須買受人係善意並無重大過失**：依民法第355條第1項規定「買受人於契約成立時，知其物有前條第一項所稱之瑕疵者，出賣人不負擔保之責。」但同條第2項規定「買受人因重大過失，而不知有前條第一項所稱之瑕疵者，出賣人如未保證其無瑕疵時，不負擔保之責。但故意不告知其瑕疵者，不在此限。」即倘出賣人曾保證買賣之標的物無瑕疵或出賣人明知有瑕疵而故意不告知者，縱買受人因重大過失而不知標的物有瑕疵，出賣人仍應負擔保之責。

D. **須買受人就受領物為檢查之通知：**

　(a) **得即時發現之瑕疵**：依民法第356條第1項規定「買受人應按物之性質，依通常程序從速檢查其所受領之物。如發見有應由出賣人負擔保責任之瑕疵時，應即通知出賣人。」其第2項「買受人怠於為前項之通知者，除依通常之檢查不能發見之瑕疵外，視為承認其所受領之物。」

　(b) **不能即時發現之瑕疵**：如係按物之性質依通常檢查程序不能即時，依照民法第356條第3項「不能即知之瑕疵，至日後發見者，應即通知出賣人，怠於為通知者，視為承認其所受領之物。」又其所謂日後發現者，是否有任何期間之限制，學者有認為民法雖無明文規定，但參酌民法第365條規定，解釋上應自物之交付後之5年為限。又無論係得即時發現之瑕疵或不能即時發現之瑕疵，於出賣人故意不告知瑕疵者，出賣人仍應負擔保之責（民

357參照）。

再者，民法第358條規定，買受人對於由異地送到之物，主張有瑕疵而不願受領者，如出賣人於受領地無代理人，買受人有暫爲保管之責。且此項情形，如買受人不即依相當方法證明其瑕疵之存在者，推定於受領時爲無瑕疵。而如送到之物易於敗壞者，買受人經依相當方法之證明，得照市價變賣之；如爲出賣人之利益，有必要時，並有變賣之義務。於買受人依規定爲變賣者，應即通知出賣人，如怠於通知，並應負損害賠償之責。

E. **須當事人間無特約免除擔保責任**：當事人間得以特約免除或限制出賣人關於權利或物之瑕疵擔保義務，但如出賣人故意不告知其瑕疵，其特約爲無效（民366參照）。

F. **須非爲強制執行之拍賣**：如係依強制執行程序拍賣之物，其買受人就物之瑕疵，無擔保請求權（強執69、113）。

④ **效力**：

A. **解除契約**：依民法第359條規定：「買賣因物有瑕疵，而出賣人依前五條之規定，應負擔保之責者，買受人得解除其契約，或請求減少其價金。」此係屬法定選擇之債，當事人得擇一行使之。但：

(a) 依情形，解除契約顯失公平者，買受人僅得請求減少價金（民359但書）。

(b) 原則上因主物有瑕疵而解除契約者，其效力及於從物。但如僅從物有瑕疵者，買受人僅得就從物之部分爲解除（民362參照）。

(c) 爲買賣標的之數物中，僅一物有瑕疵者，買受人僅得就有瑕疵之物爲解除。如其以總價金將數物同時賣出者，買受人並得請求減少與瑕疵物相當之價額。當事人之任何一方，如因有瑕疵之物，與他物分離而顯受損害者，即得解除全部契約（民363參照）。

於得解除契約之情形，民法上定有其解除權之喪失事由：

(a) **催告期間之經過**：民法第361條規定：「買受人主張物有瑕疵者，出賣人得定相當期限，催告買受人於其期限內，是否解除契約」、「買受人於前項期限內，不解除契約者，喪失其解除權」以免法律關係懸宕不決。

(b) **法定除斥期間之經過**：民法第365條規定「買受人因物有瑕疵，

而得解除契約或請求減少價金者，其解除權或請求權，於買受人依第三百五十六條規定為通知後六個月間不行使或自物之交付時起經過五年而消滅。前項關於六個月期間之規定，於出賣人故意不告知瑕疵者，不適用之。」此項6個月除斥期間之規定，於出賣人故意不告知瑕疵者，不適用之。

B. 減少價金：買賣標的物如有出賣人應負擔保責任之瑕疵者，買受人得請求減少價金或解除契約，二者擇一而為行使（民359本文），但如依其情形，解除契約顯失公平者，則買受人僅得請求減少價金。如以總價金將數物同時賣出者，買受人並得請求減少與瑕疵物相當之價額（民363I後段參照）。

有問題者，此處之減少價金請求權，依第365條規定「買受人因物有瑕疵，而得解除契約或請求減少價金者，其解除權或請求權，於買受人依第三百五十六條規定為（檢查）通知後六個月間，不行使或自物之交付時起經過五年而消滅。」惟其期間之性質究係請求權之消滅時效抑或為形成權之除斥期間？學者間頗有爭議，法院實務將減少價金之請求視為形成權，則將因一方之意思表示發生減少價金之效果，殊為不當，故應解為請求權較妥適，則此6個月或5年期間宜解為消滅時效矣。

C. 損害賠償：民法第360條規定：「買賣之物，缺少出賣人所保證之品質者，買受人得不解除契約或請求減少價金，而請求不履行之損害賠償。出賣人故意不告知物之瑕疵者，亦同。」

D. 另行交付無瑕疵之物：民法第364條第1項規定：「買賣之物，僅指定種類者，如其物有瑕疵，買受人得不解除契約或請求減少價金，而即時請求另行交付無瑕疵之物。」其第2項規定：「出賣人就前項另行交付之物，仍負擔保責任。」此係基於誠信原則之基礎，故為確實保障買受人之權利，此條之適用應解為無任何次數之限制，出賣人應使買受人達到依債務本旨應有之滿足。且另一方面，如出賣人願自行給付無瑕疵之物時，依誠信原則，買受人應不得拒絕，否則即應構成權利之濫用。

⑤ **減免或加重責任之特約**：物之瑕疵擔保責任亦非強行規定，當事人得對之為特約排除或加重其責任：

A. **減免責任之特約**：以特約免除或限制出賣人關於物之瑕疵擔保義務者，如出賣人故意不告知其瑕疵，其特約為無效（民366參照）。

B. **加重責任之特約**：

(a) 品質保證之特約：當事人間就買賣標的物之品質有加以保證之特約者，出賣人應擔保其物於危險移轉時，具有其所保證之品質（民354II）。

(b) 原則上出賣人對買受人明知或因重大過失而不知之瑕疵，不負擔保責任，但當事人亦得以特約約定出賣人對此亦應負責。

二、對於買受人之效力

依民法第367條規定，買受人對於出賣人，有交付約定價金及受領標的物之義務。另外，依民法第358條規定，買受人對於不願受領之物尚有保管、變賣之義務，以下分述之：

（一）支付價金之義務

1.價金之數額

原則上價金之數額多寡，由當事人自由約定，但當事人未具體約定時，依民法第346條第1項規定價金雖未具體約定，而依情形可得而定者，視為定有價金。

2.價金之計算

關於價金之計算，實務上有按總價金計算者，有按件及按物之重量計算者，在國際貿易上尤為常見。基本上言，其計算應依各具體情形，由當事人決定之，除當事人契約另有約定或交易上別有習慣者外，如價金係按標的物之重量計算者，應除去其包皮之重量（民372參照）。

3.價金之支付時期

依民法第369條規定，買賣標的物與其價金之交付，除法律另有規定或契約另有訂定，或另有習慣外，應同時為之。民法第370條復規定標的物交付定有期限者，其期限推定其為價金交付之期限。唯倘標的物之交付未定有期限，而僅定有支付價金之期限者，得否即以該期限推定為支付價金期限？學者通說

採取否定見解，蓋價金之支付通常可以緩期，亦即，先交貨再付款係屬一般之習慣，故以否定說為當。另外，若標的物及價金均未約定期限，且無其他規定或習慣可資遵循時，即應依民法第315條之規定，於買受人或出賣人均得隨時請求交付。

4.價金之支付處所

民法第371條規定「標的物與價金應同時交付者，其價金應於標的物之交付處所交付之。」如其並非同時交付者，則應適用民法第314條有關清償地之規定，以定其交付之處所。

5.買受人之價金之支付拒絕權

民法第368條第1項本文規定「買受人有正當理由，恐第三人主張權利，致失其因買賣契約所得權利之全部或一部者，得拒絕支付價金之全部或一部。」是為買受人之價金支付拒絕權之規定，係屬於一時性之抗辯權，故買受人因主張此項權利而不負給付遲延之責任。但如出賣人已提出相當擔保（人保或物保）者，買受人即應支付（民368I但書）。又，依第368條第2項之規定，於買受人主張前開權利時，出賣人得請求買受人提存價金。

（二）受領標的物之義務

依第367條之規定，買受人對出賣人有受領標的物之義務，故出賣人依債務本旨提出給付時，買受人如未予受領，除構成民法債編通則中之受領遲延外，並構成給付遲延之情形（64台上2367參照），不可不察。

（三）瑕疵物之保管變賣義務

民法第358條第1項規定「買受人對於由他地送到之物，主張有瑕疵，不願受領者，如出賣人於受領地無代理人，買受人有暫為保管之責。」同條第3項並規定「送到之物易於敗壞者，買受人經依相當方法之證明，得照市價變賣之；如為出賣人之利益，有必要時，並有變賣之義務。」其第4項並規定「買受人依前項規定為變賣者，應即通知出賣人，如怠於通知，應負損害賠償之責。」核其性質，係屬於法定之附隨義務。

三、對雙方當事人共同之效力

（一）危險負擔與利益承受

1.原則

依民法第373條本文規定「買賣標的物之利益及危險，自交付時起，均由買受人承受負擔」係採交付主義，與民法債編通則中之危險分配原則採債務人負擔原則有異（民266參照）。易言之，即在買賣契約成立後，標的物交付之前，標的物所生利益（如天然孳息或法定孳息），仍由出賣人承受，而於標的物交付後，則轉歸由買受人承受，而依「利益之所在，危險之所在」之法諺，其危險之負擔（如天災事變或被徵收），亦依此原則而分配。

2.例外

(1) 利益承受之例外

　① 契約另有約定者（民373但書）。

　② 標的物雖未交付，但所有權已移轉於買受人時：此種情形於不動產較為常見，於動產之情形鮮有出現，此時依「天災歸所有人負擔」之法諺，其利益應由買受人以所有人之地位承受之。惟應注意，實務上最高法院33年上字604號判例，於此種情形仍採交付主義，而與學者之見解有採所有權移轉主義相左。

(2) 危險負擔之例外

　① 契約另有約定。

　② 送往清償地以外之標的物之危險負擔：第374條規定「買受人請求將標的物送交清償地以外之處所者，自出賣人交付其標的物於為運送之人或承攬運送人時起，標的物之危險，由買受人負擔。」蓋經買受人要求送交清償地以外之處所，其所生之額外危險，自應由買受人負擔，方得情理之平。但買受人關於標的物之送交方法，有特別指示，出賣人無緊急之原因，而違其指示者，對於買受人因此所受之損害，應負賠償責任（民376參照）。

　③ 先移轉所有權而未交付者：依「天災歸所有人負擔」之法諺，學者多認為應由買受人以所有權人之地位負擔之。但依前開實務見解仍採交付主義，應特別注意。

　　另外民法第375條第1項規定標的物之危險，於交付前已應由買受人負擔者，出賣人於危險移轉後，標的物之交付前，所支出之必要費用，買受人應依關於委任之規定，負償還責任。其第2項規定於前項情形，出賣人所支出之費用，如非必要者，買受人應依關於無因管理之規定，負償還責任。

　　以上係屬於物之出賣之情形，若係權利之買賣，則須區分其情形如後：

(1) **無須占有一定之物者**：應以權利移轉時為準。

(2) **須占有一定之物者**：依民法第377條規定「以權利為買賣之標的，如出賣人因其權利而得占有一定之物者，準用前四條之規定。」即依一般物之出賣之情形處理，即採交付主義。

（二）買賣費用之負擔

　　依民法第378條規定關於買賣費用之負擔，除法律另有規定或契約另有訂定，或另有習慣外，依下列之規定定之：

1. 買賣契約之費用，由當事人雙方平均負擔。

2. 移轉權利之費用、運送標的物至清償地之費用，及交付之費用，由出賣人負擔。

3. 受領標的物之費用、登記之費用及送交清償地以外處所之費用，由買受人負擔。

第三節　買　回

一、意　義

　　依民法第379條規定，所謂買回，係指出賣人於買賣契約保留買回之權利者，得返還其所受領之價金，而買回其標的物之「再買賣契約」。易言之，即出賣人以買回之意思表示作為停止條件，於一定期限內，得表示買回之買賣契約，故買回之契約係保留權利之特約，必須於買賣契約時為此買回之特約，方得享有買回之權利，因此編制上並非屬於特種買賣，而係列於買賣契約之特約，但學者多認其係再買賣之性質，而將其列入特種買賣之列。

二、買回之期限

民法第380條規定：「買回之期限，不得超過五年。如約定之期限較長者，縮短為五年。」此期限依通說見解，係指買回權行使之存續期限，易言之，即買回權之行使期限最長為5年，一旦超過即不得再為行使，當事人亦不得以任何事由特約延長之（33上1579）。此係因買回權之期限過長，將有害於標的之改良及利用，間接害及經濟之發展故也。

此外，如當事人間約定須4年滿後（即始期）方得買回之特約者，而為買回權停止行使之特約者，將如何解釋？依30年渝上字第606號判例之旨，仍應受第380條之拘束，即須於滿4年後5年未滿之間行使之。如自買賣契約成立時起算已逾5年者，即不得再行使買回權。

三、買回之效力

買回既係以出賣人之買回意思表示之行使為停止條件之再買賣契約，於是倘一經出賣人於約定期限內為買回之意思表示，則停止條件成就，即發生買回之效力。買回之性質，既係屬於再買賣，則除民法上對買回設有特別規定外，應適用一般買賣之規定。包括：買回人（即原買賣之出賣人）有支付價金之義務，惟其支付價金於民法上別有規定；而買回之出賣人（即原買賣契約之買受人）有交付標的物之義務等，以及瑕疵擔保、利益承受及危險負擔之規定，亦均有所適用。

（一）買回人之義務

1.支付買回價金之義務

關於買回人應支付之價金，民法第379條第1項、第2項規定，除另有特約者，從其特約外，須返還其所受領之價金。且同條第3項規定，原價金之利息與買受人就標的物所得之利益，視為互相抵銷（指當然抵銷），以免關係過於複雜，並求公平。

2.償還買賣費用及其他費用之義務

民法第381條第1項規定「買賣費用由買受人支出者，買回人應與買回價金

連同償還之。」即關於原買賣契約所支出費用由買回人負擔；同條第2項規
定，買回之費用由買回人負擔。如係有益費用之情形，依民法第382條規定：
「買受人爲改良標的物所支出之費用及其他有益費用，而增加價值者，買回人
應償還之。但以現存之增價額爲限。」亦即，若未增加價值，或增加價值，但
已無現存增加價額者，則不得請求有益費用之償還。

（二）買回契約之出賣人（即原買賣契約之買受人）之義務

1.交還原買賣契約標的物之義務

買受人對於買回人負交付標的物及其附屬物之義務（民383I）。但如就該
標的物另有利益取得者，因其收益視爲與價金相互抵銷之故（民379III參
照），所以毋庸返還。

2.損害賠償之義務

買受人因可歸責於自己之事由，致不能交付標的物，或標的物顯有變更
者，應賠償因此所生之損害（民383II）。買回雖係出賣人於原買賣契約中保
留買回權，但非謂買受人於出賣人買回前不得處分買回之標的物，蓋此時所有
權已爲移轉，且於社會經濟利用上，亦無強制買受人不得處分之理，故於買受
人處分其標的物時，至多僅負本條之損害賠償責任，其處分仍應有效。

第四節　特種買賣

一、試驗買賣

（一）意　義

依民法第384條現定，試驗買賣者，係以買受人之承認標的物爲停止條
件，而訂立之契約。其既係附停止條件之契約，故其契約業已成立，惟其效力
尚未發生，而其所謂承認，即令買受人滿意、適意之意。此種條件係屬於純粹
之隨意條件，於買受人將其對買賣標的物滿意之事實，告知於出賣人時，其條
件即爲成就，故此之承認性質應屬觀念通知。

（二）試驗之容許

民法第385條規定：「試驗買賣之出賣人，有許買受人試驗其標的物之義務。」試驗買賣既屬附停止條件之買賣契約，其效力尚未發生，則出賣人是否可以拒絕交付標的物供買受人試驗？通說之見解，認爲法條既明文規定出賣人有容許買受人試驗之義務，則若其拒絕交付標的物供試驗時，應得構成債務不履行。

（三）停止條件之成就──買受人之承認

試驗買賣既係以買受人之承認爲其停止條件，則若買受人經試驗後一直未爲任何表示者，其契約之效力即懸而未決，殊爲不當，故民法上設有規定以解決此種情形：

1.標的物未交付者

依民法第386條規定，標的物經試驗而未交付者，買受人於約定期限內，未就標的物爲承認之表示，視爲拒絕，其無約定期限，而於出賣人所定之相當期限內，未爲承認之表示者，亦同。

2.標的物已交付者

依民法第387條第1項規定，標的物因試驗已交付於買受人，而買受人不交還其物，或於約定期限或出賣人所定之相當期限內，不爲拒絕之表示者，視爲承認。又第2項規定，如買受人已支付價金之全部或一部，或就標的物爲非試驗所必要之行爲者，視爲承認。

二、貨樣買賣

（一）意　義

所謂貨樣買賣，係指依貨樣而決定標的物之一種買賣契約。但應注意者，當事人須將「以貨樣定其買賣標的物」或同義字樣定入契約條款之中，否則若僅係於買賣契約簽訂前展示樣品者，應僅得解釋爲要約之引誘，不得認係貨樣買賣。

（二）效　力

依第388條規定，按照貨樣約定買賣者，視為出賣人擔保其交付之標的物與貨樣有同一品質。關於買賣之規定，於此亦當然有適用。又若出賣人所給付者雖與貨樣有異，但經買受人明知並受領者，則為民法第319條所定之代物清償，買受人不得依本條與第360條主張瑕疵擔保責任而解除契約、減少價金或請求損害賠償。

三、分期付價買賣

（一）意　義

關於分期付價買賣，我民法並無定義性規定，依通說定義，係指附有分期支付價金約款之買賣契約，其與一般買賣契約不同者，僅係在於其支付價金之方式上。不過，如係約定買受人支付價金之一部或全部時，始得取得標的物之所有權者，應為動產擔保交易法上之附條件買賣，或可稱為分期付款買賣（動擔26參照），與此之所謂分期付價買賣有異。另外關於消費者保護法第21條並定有相關規定，宜注意及之。

（二）苛刻條款之限制

分期付價買賣，通常於訂約後即行交付買賣標的物（完成物權移轉手續），但價金則約定以後分月或分年定期支付，對出賣人自為不利，故通常由出賣人制定有各種約款以保障其自身之權益，但為防止出賣人利用其經濟上之優勢，欺壓弱勢之買受人，民法上設有若干之限制規定，避免過苛，而發生不公之情形，吾人稱之為苛刻條款之限制。其規定如下：

1.期限利益喪失約款之限制

所謂期限利益喪失約款，係指約定買受人之價金如有遲延，出賣人即得請求支付全部價金之約款，亦即如有遲延，其餘價金雖未屆給付期，仍視為全部到期。但如買受人稍有遲延，即令其負擔遲延之責任，未免過苛，爰於民法第389條規定，分期付價之買賣，如約定買受人有遲延時，出賣人得即請求支付全部價金者，除買受人遲付之價額已達全部價金五分之一外，出賣人仍不得請求支付全部價金，以求公允。當然，本條規定之適用須於當事人間約定有期限

利益約款時，方有適用（23上838參照）。

2.解約扣價約款之限制

　　所謂解約扣價約款，係指當事人約定出賣人如解除契約時，得扣留其所受領價金之特約。依民法第390條規定，分期付價之買賣，如約定出賣人於解除契約時，得扣留其所受領價金者，其扣留之數額，不得超過標的物使用之代價，及標的物受有損害時之賠償額。

四、拍　賣

（一）意　義

　　所謂拍賣，係指由多數應買人，於公開場合競爭出價，選擇其中出價最高者，與之訂立買賣契約者。屬於買賣契約之一種，其與一般買賣不同者，在於其契約成立之方式及其付款之方式而已。其契約成立之方式，民法第391條設有例示規定即拍賣，因拍賣人以拍板或依其他慣用之方法，為賣定之表示而成立。

（二）種　類

　　大別之，可以分為二類：

1.公法上之拍賣（強制拍賣）

　　即由國家機關，依強制執行法上所規定之一定原因及一定之程序，所為之拍賣。其性質學說上一向爭議甚烈，但我國實務及85年10月11日修正之強制執行法認其係屬私法行為且以債務人為出賣人（強執70 IV參照）之見解。

2.私法上之拍賣

　　即由私人所進行之拍賣，依其原因區分為：

(1) **法定拍賣**：即依法律規定而進行之拍賣，如民法第331、621、650、656、873、893條及第936條第2項等規定之拍賣。

(2) **意定拍賣**：基於當事人之意思而為之拍賣，例如骨董或名畫之拍賣。

　　民法第391條至第397條所規定之拍賣，係指私法上之拍賣而言。

（三）拍賣之成立

1.拍賣之表示

拍賣係先由拍賣人為拍賣之表示，此種拍賣之表示，率多以公告之方式為之。其性質，通說認為係要約之引誘，故拍賣人不受拘束。另外民法上尚定有拍賣人對於應買人所出最高之價，認為不足者，得不為賣定之表示，而撤回其物（民394）。但要注意者，乃實務上有由拍賣人先出價者，則其性質為要約，而應買之表示則為承諾，契約即為成立。

2.應買之表示

應買表示之性質係屬於要約，故應買人應受其應買表示之拘束。惟民法第395條規定應買人所為應買之表示，自有出價較高之應買或拍賣物經撤回時，失其拘束力。關於何人得為應買之人，法律上並無積極規定，但民法第392條規定拍賣人對於其所經管之拍賣不得應買，亦不得使他人為其應買，蓋免偏頗之虞。

3.賣定之表示

民法上所謂「賣定」（民391參照），俗稱為拍定，其性質係屬於承諾。賣定之成立，依民法第391條規定，以拍賣人拍板或依其他慣用之方法，為賣定之表示而成立。依民法第393條規定，拍賣人除拍賣之委任人有反對之意思表示外，得將拍賣物拍歸出價最高之應買人。

（四）拍賣之效力

拍賣之買受人，應於拍賣成立時或拍賣公告內所定之時，以現金支付買價（民396參照）。如拍賣之買受人，不按時支付價金者，拍賣人得解除契約，將其物再為拍賣（民397I）。再行拍賣所得之價金，如少於原拍賣之價金及再行拍賣之費用者，原買受人應負賠償其差額之責任（民397II）。此所謂再行拍賣，通說係指原拍賣物之再行拍賣，故原拍賣物已失其原貌，雖將之再行拍賣，則無本條之適用，而應屬於債務不履行損害賠償之問題。

第二章 互 易

一、意 義

　　所謂互易，依民法第398條規定，係指當事人雙方約定互相移轉金錢以外之財產權之一種交易行為。其性質係屬雙務契約、有償契約、諾成契約、不要式契約、債權契約。其與買賣之相異者，僅在於其所作為交易行為之客體者，均須為金錢以外之財產權，但其互易之財產權性質並不要求必須屬於同一性質。

二、效 力

　　由於互易除在客體方面與買賣有異外，餘均與買賣無異，故民法第398條規定當事人雙方約定互相移轉金錢以外之財產權者，準用關於買賣之規定。所謂準用，即在性質不互相牴觸之範圍內可以適用買賣之規定。互易不能適用買賣規定者，最明顯者殆為價金之支付義務。但如互易之時，當事人約定一方應交付金錢，以補足其間價值之差額者，吾人謂之為附有補足金之互易，因其補足之金錢部分，與買賣之價金無異，故民法第399條規定「當事人之一方，約定移轉前條所定之財產權，並應交付金錢者，其金錢部分，準用關於買賣價金之規定。」

第三章 交互計算

一、意 義

　　所謂交互計算，依民法第400條規定，稱交互計算者，謂當事人約定，以其相互間之交易所生之債權債務爲定期計算，互相抵銷，而僅支付其差額之契約。例如在實務上常見之聯合信用卡結算、國際電話之結算或票據交換之結算是。核其性質係屬於有名、諾成、不要式、有償契約。但須注意者，交互計算間之當事人雖互負計算及支付差額之義務，但此義務間並非立於對價之關係，故應屬片務契約。

二、交互計算之客體

　　交互計算之客體係當事人間交易所生之債權、債務，若非因交易所生，而係因其他原因所生之債權債務關係，例如不當得利、侵權行爲所生之債權債務，即不得列入計算。且因第400條規定互相抵銷，而僅支付其差額，則以金錢債務爲限，如爲非金錢債務，即不得列入交互計算。

三、效 力

（一）定期計算

　　交互計算既在一定期間內，將各債權債務，計入計算項目中，而一時地停止其作用，故需定期計算之。其期間之長短得由當事人任意約定之，但當事人無約定時，第402條規定每6個月計算一次。定期計算之效力如下：

1.項目計入之效力

　　交互計算於計算前，須將其債權債務計入交互計算項目內，則一旦計入項目後，各該債權債務關係暫時於一定期間內，停止發生作用，則債權人不得分別請求履行、債務人不得分別履行，亦不得分別抵銷、轉讓或設質，學者間或有稱之爲「交互計算不可分原則」。因而於定期計算期間屆滿前，其消滅時效並不進行（民128參照）。

　　又項目計入，有下列例外情形：

(1) 擔保各債權之各物的擔保或保證人之責任，並不失其效力。

(2) 第404條規定記入交互計算之項目，得約定自記入之時起，附加利息，則其附加利息之效力，自非處於停止之狀態。

2.項目除去之效力

　　原則上一經計入項目即不得除去，但有如下之例外：

(1) 雙方同意除去者。

(2) 第401條規定：「匯票、本票、支票及其他流通證券，記入交互計算者，如證券之債務人不為清償時，當事人得將該記入之項目除去之。」

（二）互相抵銷

　　計算時期一旦屆滿，各該當事人均須截止計入項目，並將各該債權、債務分別結算，而依其結算總額，互相抵銷算出其間之差額。當事人對於計入之項目或結算之差額，當然得提出異議，但仍有必要使期間之關係儘速確定，民法爰於第405條規定：「記入交互計算之項目，自計算後，經過一年，不得請求除去或改正。」以求權利之狀態得以儘速確定，以免拖延。

（三）支付差額

　　計算後所得之差額經當事人承認之後，除有異議之情形外，即歸於確定。經其確定之狀態，產生差額債權及差額債務。此一差額債權債務，亦得計入次期之交互計算中，而另編為項目。此外，第403條規定，除契約另有約定外，當事人之一方，得隨時終止交互計算契約，而為計算。差額債權計算確定後，其原本停止之時效，亦開始進行。依第404條第2項規定由計算而生之差額，得請求自計算時起，支付利息。再者，我國通說對交互計算採總額相互抵銷法，故原有物保及人保均仍然存在，並不因結算而消滅。

第四章　贈　與

一、意　義

依民法第406條規定，稱贈與者，謂當事人約定，一方以自己之財產無償給與他方，他方允受之契約。分析如下：

(一) 贈與為有名契約。

(二) 贈與為當事人之一方以自己之財產無償給與他方之契約：所謂無償，指無對價關係而為之給付。民法上於贈與中雖有所謂附負擔之贈與，但通說認為其所附負擔，與贈與所為之給付間並未構成對價關係，故不影響於其無償性。雖法文規定，贈與係以贈與人自己之財產無償給與他方，但非謂於贈與契約成立時，即須屬於贈與人所有，即使係將來可取得之財產亦得為贈與之客體（26渝上1241參照）。又所給予者必為財產，無論係物權、無體財產權、債權甚至占有等財產上利益均無不可，但如給付者係屬勞務之無償提供，即非贈與，充其量，可成立無償委任。

(三) 贈與須經他方當事人（受贈人）允受始生效力：贈與既為債權契約，自須有受贈人之承諾，方得成立，此即「恩惠不得強制接受」之法諺，且因其係屬不要式契約，故民法第406條規定，一經受贈人允受（意思合致）贈與即發生效力（注意將來民法第166條之1關於不動產贈與則須得公證方能生效）。

(四) 贈與為諾成、不要式、片務、無償契約。

二、贈與之效力

原則上，贈與因係片務契約，故僅贈與人負有義務，除附負擔之贈與外，受贈人並無債務可言。且因其係無償契約，故原則上，贈與人對贈與物並不負瑕疵擔保責任，且對債務履行上亦僅就故意或重大過失負其責任。相對的，於受贈人之債權效力上，亦明顯地較一般債權效力微弱。茲分述如下：

（一）贈與人之給付義務

依民法第406條規定，受贈人得基於已成立生效而不得撤銷之贈與契約，向贈與人請求給付贈與物。贈與人即須依照贈與之本旨，履行其債務，而移轉其贈與標的之財產權於受贈人。但因贈與之無償性，故民法第408條第1項規定「贈與物之權利未移轉前，贈與人得撤銷其贈與。其一部已移轉者，得就其未移轉之部分撤銷之。」其第2項規定：「前項規定，於經公證之贈與，或為履行道德上之義務而為贈與者，不適用之。」由是觀之：

1.未經公證之贈與

於贈與物未交付前除為履行道德上之義務而為贈與外，得任意撤銷之。

2.已經公證之贈與

不得任意撤銷之，但應注意第409條規定於贈與人就經公證之贈與給付遲延時，受贈人得請求交付贈與物；其因可歸責於自己之事由致給付不能時，受贈人得請求賠償贈與物之價額。但不得請求遲延利息或其他不履行之損害賠償。

（二）贈與人之注意義務

因贈與為無償契約，且僅為受贈人之利益，對於贈與人之責任，自應減輕，否則難得情理之平，故第410條規定，贈與人僅就其故意或重大過失，對於受贈人負給付不能責任。

（三）贈與人之瑕疵擔保責任（加害給付）

第411條規定：「贈與之物或權利如有瑕疵，贈與人不負擔保責任。但贈與人故意不告知其瑕疵或保證其無瑕疵者，對於受贈人因瑕疵所生之損害，負賠償之義務。」

三、贈與之撤銷

（一）撤銷原因

1.任意撤銷

未經公證之贈與，於贈與物之權利未移轉前，贈與人得撤銷其贈與。其一

部已移轉者，得就其未移轉之部分撤銷之（民408I）。但於經公證之贈與或為履行道德之義務而為贈與者，不得撤銷。前者如不動產所有權移轉之債權讓與契約已經公證之贈與，後者如因被救而允諾之贈與（同條II）。

2.法定撤銷

(1) **贈與人撤銷之原因**：民法第416條規定，受贈人對於贈與人，有下列情事之一者，贈與人得撤銷其贈與：

① 對於贈與人、其配偶、直系血親、三親等內旁系血親或二親等內姻親，有故意侵害之行為，依刑法有處罰之明文者。此即所謂「忘恩行為」，通說認為僅須於刑法上（包括刑事特別法）有處罰之規定即可，非必因此而受刑之宣告。

② 對於贈與人有扶養義務而不履行者。此即所謂「背義行為」，通說認為此之所謂扶養義務，係指法定扶養義務而言，並不包括約定之扶養義務。

(2) **繼承人之撤銷原因**：民法第417條規定，受贈人因故意不法之行為，致贈與人死亡或妨礙其為贈與之撤銷者，贈與人之繼承人，得撤銷其贈與。本條之撤銷權，係由繼承人之身分而獨立取得，並非繼承人繼承被繼承人（贈與人）之撤銷權。

（二）撤銷之方法

　　撤銷權係形成權之一，且為有相對人之單獨行為，依民法第419條規定，其行使方式，應向受贈人以意思表示為之。

（三）撤銷之效力

　　贈與契約一經撤銷，依民法第114條規定，即視為自始無效。故未履行者，自毋庸履行；而已履行者，依第419條第2項規定，贈與撤銷後，贈與人得依關於不當得利之規定，請求返還贈與物。但此際如符合民法第180條第1款規定之「給付係履行道德上之義務者」，即排除不當得利請求權之適用，則不得請求返還。

（四）撤銷權之消滅

1.除斥期間屆滿

(1) 第416條第2項前段規定，贈與人之撤銷權，自贈與人知有撤銷原因之時起，1年內不行使而消滅。

(2) 第417條但書規定，贈與人之繼承人之撤銷權，自知有撤銷原因之時起，6個月間不行使而消滅。

2.贈與人之宥恕

第416條第2項後段規定，贈與人對於受贈人已為宥恕之表示者，亦同樣發生撤銷權消滅之效果。

3.受贈人死亡

贈與之撤銷權，因受贈人之死亡而消滅（民420參照）。此之死亡，宜採取限制解釋，亦即僅限於第416條及第417條之情形方有適用，蓋其他情形之撤銷，如錯誤、詐欺、脅迫以及前述第408條之任意撤銷，均無專屬性可言。

四、贈與之拒絕履行

依民法第418條規定，贈與人於贈與約定後，其經濟狀況顯有變更，如因贈與致其生計有重大之影響，或妨礙其扶養義務之履行者，得拒絕贈與之履行。有學者稱之為贈與人之「窮困抗辯權」，其主要根據乃源於「情事變更原則」而來（民227-2參照），即於法律行為當時，當事人所無法預見而於嗣後發生之情事，如再強求當事人間依原有契約效力繼續履行者，反有違公平正義時，而許當事人變更契約效力或內容之一種法律適用原則。窮困抗辯，係一種暫時抗辯，不若消滅時效之為永久抗辯，故窮困抗辯原因消失後，仍須為贈與之給付。

五、特種贈與

（一）贈與之種類

贈與依其是否具有特殊情形分為：

1.一般贈與

又稱單純贈與，即不具任何特殊情形，諸如附條件、期限、或附負擔等之贈與，民法第406條之贈與即指一般贈與。

2.特種贈與

主要包括：(1)附負擔之贈與；(2)定期給付之贈與；(3)死因贈與；(4)現實贈與。

（二）附負擔之贈與

1.意義

所謂附負擔之贈與，係指附有使受贈人對於贈與人或第三人負有一定給付義務約款之贈與，民法將之規定於第412條至第414條。此種贈與之給付與受贈人之負擔義務，並非立於對價關係，僅係限制贈與效力之約款，故學者通說，仍認其屬無償、片務契約。

2.效力

(1) **請求受贈人履行負擔**：民法第412條第1項規定，贈與附有負擔者，如贈與人已為給付而受贈人不履行其負擔時，贈與人得請求受贈人履行其負擔，或撤銷贈與。其第2項規定，如其負擔以公益為目的者，於贈與人死亡後，主管機關或檢察官得請求受贈人履行其負擔。

(2) **受贈人履行負擔之程度**：民法第413條規定，附有負擔之贈與，其贈與不足償其負擔者，受贈人僅於贈與之價值限度內，有履行其負擔之責任，以求公允。

(3) **瑕疵擔保責任**：在一般贈與，贈與人原則上不負擔瑕疵擔保責任，但於附有負擔之贈與，其贈與之物或權利如有瑕疵，贈與人於受贈人負擔之限度內，負與出賣人同一之擔保責任（民414參照）。所謂負與出賣人同一之擔保責任，即指負贈與物之瑕疵擔保責任。

（三）定期給付之贈與

定期給付之贈與，乃定期繼續的為財產給付之贈與，而非如一般贈與係一次給付完畢，故又稱為定期贈與或定期迴環贈與。此種贈與，有依約定訂有存續期間者，有未定有存續期間者，然其效力，依第415條規定，定期給付之贈

與，因贈與人或受贈人之死亡，失其效力，但贈與人有反對之意思表示者，不在此限。

（四）死因贈與

死因贈與，係因贈與人之死亡而生效力之贈與契約。此種贈與與遺贈極為類似，常為初學者所混淆，須注意其二者仍有下列之明顯區別：

1. 遺贈係單獨行為；死因贈與為契約行為。
2. 遺贈因必以遺囑為之，故為要式行為；死因贈與則為不要式行為。

（五）現實贈與

所謂現實贈與，係指於贈與契約成立之同時，即將贈與標的物之財產權現實地移轉於受贈人者，亦稱為現物贈與，其現象在於債權行為與物權行為同時完成。

第五章　租　賃

第一節　意義及性質

一、意　義

　　民法第421條規定，稱租賃者，謂當事人約定，一方以物租與他方使用、收益，他方支付租金之契約。茲分析如下：

（一）租賃係當事人約定一方以物出租與他方使用、收益之契約

　　租賃契約之當事人稱為出租人與承租人，其契約之標的物並無限制，惟通說認為應限於「有體物」，但實際上無體物，如權利之租賃於社會上亦為常見，故民法第463條之1增訂有關權利租賃之準用規定，俾得符合實際。目前民法上雖無權利租賃之規定，但通說均認除特別法上有規定外，如著作權法第29條規定著作人專有出租其著作之權利等，則得準用民法租賃之規定，稱為準租賃。

（二）租賃係他方支付租金之契約

　　租金係使用、收益租賃物之對價，故租賃為有償契約。至其數額多寡或以何物支付，均由當事人加以約定，例如土地租賃，可以約定以實物如稻米等收成之幾成為支付。故第421條第2項規定租金，得以金錢或租賃物之孳息充之。但在不動產（含耕地）之租賃時，應注意土地法及耕地三七五減租條例中之租金數額最高限制之規定。

（三）租賃契約不以租賃物屬於出租人所有為必要

　　出租人即使並非為租賃物之所有人，亦得為出租之行為，因其僅負有移轉租賃物之占有之義務，與買賣契約之須移轉物權於買受人並不相同。故轉租行為，例如甲出租其屋於乙，乙再就房屋之部分出租於丙，乙對丙而言仍係立於出租人之地位，此種社會上所謂「二房東」之行為，在無相反約定時，當然可以許可（民443I但書），但縱有反對規定，而違法轉租，亦僅生終止租約之原

因，其轉租契約之效力並不受影響（民443 II）。

二、性 質

(一) 租賃為雙務、有償契約。

(二) 租賃為諾成契約，一經當事人合意即為成立。

(三) 租賃原則上為不要式契約。

1. **原則**：租賃契約之成立，並不以履行一定方式為必要。

2. **例外為要式**：法律特別規定必須以字據、書面或登記之方式為之，主要在於慎重性之考慮。舉例如下：

    (1) 民法第422條規定，不動產之租賃契約，其期限逾1年者，應以字據訂立之，未以字據訂立者，視為不定期限之租賃。違反本條規定之效果，並非無效，而係視為不定期限之租賃，稱之為「法律效果之法定轉換」。

    (2) 租用基地建築房屋者，承租人於契約成立後，得請求出租人為地上權之登記（民422-1）。

    (3) 耕地三七五減租條例第6條第1項，關於耕地租約應以書面為之，並應申請登記。民用航空法、著作權法、國有財產法或海商法中另有特別規定，應注意其特別規定。

(四) 租賃為繼續性契約：租賃關係非如買賣契約因一次給付交易關係即行完成，如甲出租房子給乙，在租賃契約之存續期間內，甲即不斷地負有維持使租賃物合於使用收益狀態之義務，而通常乙亦不斷地負有支付租金之義務，故係屬於繼續性契約之關係。繼續性契約之主要特徵，在於僅有「終止」契約之情形，而非「解除」契約；另外，繼續性契約亦有所謂「情事變更原則」之適用（民227-2）。

三、成 立

租賃契約之成立方式，民法並無特別規定，故依民法第153條之規定，於承租人及出租人意思表示合致即成立。土地及房屋為各別之不動產，本各得單獨為交易之標的，惟房屋性質上不能與土地分離而存在，民法第425條之1第1項規定，土地及其土地上之房屋同屬一人所有，而僅將土地或僅將房屋所有權讓

與他人，或將土地及房屋同時或先後讓與相異之人時，土地受讓人或房屋受讓人與讓與人間或房屋受讓人與土地受讓人間，推定在房屋得使用期限內，有租賃關係，其期限不受第449條第1項規定之限制。此規定係將實務見解（48台上1457，73年第5次民庭決議）予以明文化，就此情形推定為不定期租賃契約，惟當事人如有特約，則得舉證推翻之。而此租賃契約即係依法律規定推定其存在，故房屋受讓人應支付租金予土地受讓人，而其租金數額當事人不能協議時，得請求法院定之（民425-1II）。

第二節　租賃之期限

　　關於租賃是否須定期限，民法並無限制，悉依契約自由原則，任由當事人約定之。依其是否約定期限，租賃可分為定期限租賃與不定期限租賃。

　　定期限租賃，期限之長短，當事人固得自由約定，然如租賃期限過長，將有礙於租賃物之改良利用，故民法第449條第1項規定，租賃契約之期限不得逾20年，逾20年者，縮短為20年。第2項規定前項期限，當事人得更新之。即當事人得以約定加以更新（通常以續約之方式行之），其更新之次數雖無限制，但應注意其更新期限仍應受20年最長期限之限制。惟租用基地建築房屋者，因經濟之作用，則無上開20年期間之限制（民449III）。

　　關於第449條第1項規定之最長期限，僅在於定有期限之租賃，方有適用（62台上3128參照），如係未定期限租賃則不受本條之限制。須特別加以注意者，所謂定有期限之概念，並非謂必須明確訂定，倘其所約定之期限雖不確定，例如約定以出租人生存期間為其租賃期間，或約定以租賃物之存續期間為其租賃期間等，除有特別情事可以認為當事人之真意別有所指外，應解為有本條之適用（30渝上1524參照），俗稱為不確定期限。

第三節　租賃之效力

一、對出租人之效力

（一）交付租賃物之義務

出租人應負交付合於約定之租賃物之義務，所謂交付，係指移轉租賃標的物之占有，不論動產或不動產均有之。

（二）保持租賃物合於約定使用、收益狀態之義務

依民法第423條規定，出租人應以合於所約定使用、收益之租賃物，交付承租人，並應於租賃關係存續中保持其合於約定使用、收益之狀態。即出租人於移轉占有後，非但要消極地不妨礙承租人之使用、收益外，更須積極地保持於租賃關係存續中，使承租人得使用、收益之狀態，故如有其他人妨礙承租人使用收益者，出租人並負有排除之義務。例如甲出租其地於乙後，今有丙無權占有使用，則乙除得本於其占有之權源加以排除外，並得基於租賃關係請求甲依所有權加以排除。

（三）租賃物修繕之義務

依民法第429條第1項規定，租賃物之修繕。除契約另有訂定或另有習慣外，由出租人負擔。另第2項規定，出租人為保存租賃物所為之必要行為，承租人不得拒絕。

1.修繕義務之要件

出租人僅於有修繕之必要及可能時，方負有修繕義務：

(1) **有修繕之必要**：即租賃物發生毀損，須經修繕，方足以合於約定之使用、收益狀態之謂。此種修繕之必要狀況之發生，有出於可歸責於出租人之事由者，有出於不可歸責於雙方當事人之事由者，有出於可歸責於承租人之事由者，學說於前二種情形並無爭議，而認為出租人應負修繕義務，但如在第三種情形，即僅可歸責於承租人時，出租人是否仍應負修繕義務，則有相當大之爭議，有肯定與否定二說，為考慮維持國民住之安定及承租人為經濟上弱者之點，宜採肯定說為當，即出租人仍應負修繕義務，至於出

租人得否因承租人未盡善良管理人之注意保管租賃物，而向承租人請求損害賠償，則屬另一問題。

(2) **修繕之可能**：如其毀損在現代工業技術上係無回復可能，或縱有可能而須費過鉅者，即無修繕之可能，此種情形，科加出租人修繕義務，亦無實益，故應視其情形，或為終止契約，或為減少租金（民435），或為損害賠償之問題（民432、433、434）。

2.修繕義務不履行之效果

(1) **交付前租賃物即不合約定之使用、收益狀態者**：此時應依債務不履行（不完全給付）之一般規定，行使其權利。解釋上，承租人得解除契約並請求損害賠償（民254、260參照），或依第227條請求損害賠償。租賃固屬繼續性契約，應僅生終止契約之問題，但通說認在契約未開始履行前仍得解除，惟於契約開始履行後，即不發生解除之問題，僅得終止契約。

(2) **交付後方發生不合約定之使用、收益狀態，而有修繕必要者**：於租賃關係存續中，如發生租賃物毀損而有修繕必要時，依第429條規定，除契約另有訂定或另有習慣外，租賃物之修繕，由出租人負擔之，且依第430條之規定，於租賃關係存續中，租賃物如有修繕之必要，應由出租人負擔者，承租人得定相當期限，催告出租人修繕。如出租人於其期限內不為修繕者，承租人得終止契約或自行修繕而請求出租人償還其費用，或於租金中扣除之。換言之，即使有應由出租人負擔修繕義務之瑕疵或毀損存在時，出租人未為修繕，租賃契約並不當然終止，必須承租人定相當期限催告，而出租人未履行者，承租人方取得終止權，此種終止權當然亦必須俟承租人行使之後，方得發生契約終止之效果（30渝上345參照）。

須注意者，上開所述皆係指修繕可能之情形，倘租賃物之瑕疵或毀損已達修繕不能之地步者，則僅發生契約關係消滅之問題，再視有無歸責之原因決定是否可請求損害賠償之問題，均與修繕義務無涉（民225、266參照）。

（四）瑕疵擔保責任

租賃既為有償契約，則除租賃一節另有規定外，關於買賣瑕疵擔保之規定，於此亦準用之（民347參照），以下分述之：

1.權利瑕疵擔保

即出租人應擔保第三人就租賃物對於承租人不得主張任何「足以妨害其使

用、收益」之權利（準用民349）。易言之，倘第三人所主張之權利並不足以害及承租人之使用收益權能時，並不發生權利瑕疵擔保之問題。例如第三人主張就租賃物有抵押權時，依通說見解並不得主張權利瑕疵擔保，因抵押權並不以占有抵押物為前提。另外，須加以注意者，第三人主張之權利必須存在於租賃物交付前，倘於租賃物交付後，因第425條有所謂「買賣不破租賃」之原則適用，承租人亦無由主張其權利，蓋不影響承租人之使用、收益也。違反權利瑕疵擔保者，承租人得請求減少租金，或終止契約（民436）。

2.物之瑕疵擔保

於租賃物有出租人應負責任之瑕疵存在時，出租人亦應負擔保責任，而與買賣相同。但租賃一節中設有如下之特別規定，而與買賣有別：

(1) **於租賃物交付後，租賃關係存續中發生之瑕疵，出租人亦須負責**：即民法第435條第1項規定，租賃關係存續中，因不可歸責於承租人之事由，致租賃物之一部滅失者，承租人得按滅失之部分，請求減少租金。其第2項並規定前項情形，承租人就其存餘部分不能達租賃之目的者，得終止契約。亦即縱租賃物於交付後，租賃關係存續中方發生之瑕疵，出租人亦須負責。

(2) **承租人於訂約時明知瑕疵存在者，仍得終止**：民法第424條規定，租賃物為房屋或其他供居住之處所者，如有瑕疵，危及承租人或其同居人之安全或健康時，承租人雖於訂約時已知其瑕疵，或已拋棄其終止契約之權利，仍得終止契約。此與買賣契約之買受人於契約成立時明知而出賣人非故意不告知其物之瑕疵者，出賣人即不負擔保之責有所不同。

(3) **救濟方式**：由於租賃關係之特性，於租賃物瑕疵擔保責任，承租人僅得請求減少租金或終止契約。

（五）出租人負擔稅捐之義務

依民法第427條規定，就租賃物應納之一切稅捐，由出租人負擔。惟本條並非強行規定，故自得由當事人自由約定。惟此僅係指私法上之義務負擔而言，與稅法上之公法義務無涉。例如地價稅依土地稅法規定，原則上應由土地所有權人繳納，而於土地所有權人行蹤不明時，則由土地使用人為代繳義務人，今甲將其所有土地一筆出租於乙使用，未約定稅捐負擔，依本條規定應由甲負擔，但甲已不知所向，則乙應成為代繳義務人，稅捐機關依法令乙繳納時，乙不得執本條規定而為抗辯，但乙得依不當得利或無因管理之規定向甲請

求返還代繳稅金（民172及179參照）。

（六）費用償還之義務

所謂費用，依其用途可分為：

1.必要費用

所謂必要費用，係指為維持租賃物合於約定之使用、收益狀態，所不可或缺之費用。民法僅就下列二者設有規定：

(1) **修繕費用**：民法第430條規定，租賃關係存續中，租賃物如有修繕之必要，應由出租人負擔者，承租人得定相當期限，催告出租人修繕。如出租人於其期限內不為修繕者，承租人得終止契約或自行修繕而請求出租人償還其費用，或於租金中扣除之。

(2) **飼養費用**：民法第428條規定，若租賃物為動物者，其飼養費用由承租人負擔。

惟必要費用之支出不僅上述二者，其應如何分擔，應依其支出之目的及利益歸屬而為決定。

2.有益費用

所謂有益費用，即係非不可或缺之費用，但可增加物之價值之費用，例如裝潢、更新等費用。依民法第431條第1項規定，承租人就租賃物支出有益費用，因而增加該物之價值者，如出租人知其情事而不為反對之表示，於租賃關係終止時，應償還其費用，但以其現存之增價額為限。所謂「現存之增價額」，係指租賃關係終止時，現存增加之價額而言（32上734參照）。又本條項之規定亦非強行規定，當事人得以特約約定之。另依民法第456條規定，其有益費用之償還請求權因2年間不行使而消滅，其消滅時效之起算點係自租賃關係終止時起算。問題在於倘出租人拒絕清償有益費用時，承租人可否拒絕返還租賃物而主張同時履行抗辯？通說見解認為，其二者間並非立於對價關係，故不得藉此主張。

二、對於承租人之效力

（一）得使用、收益租賃物

依民法第438條規定，承租人應依約定方法，為租賃物之使用收益，無約定方法者，應以依租賃物之性質而定之方法為之。承租人違反前項之規定為租賃物之使用收益，經出租人阻止而仍繼續為之者，出租人得終止契約。但依本條規定之承租人違約使用者，須為承租人積極地違約使用，方足以當之，倘僅消極地不為使用，並不發生本條之違約使用問題。例如約定租賃物僅得供餐廳之用，今承租人用以供工廠使用或住家使用，則發生本條之適用。

（二）租賃權物權化之效力

租賃權之性質應屬於債權，但法律上為強化租賃權之效力，以保護承租人之利益，故於一定之條件下，使租賃權具有類似物權之排他、優先或追及效力，此種效力在學理上稱為「租賃之物權化」。民法上區分債權、物權而給予不同之效力，其中最明顯的區別係物權具有對世性，故又稱為「對世權」，其可以對任何人主張；而債權不具對世性，故又稱為「對人權」，僅得對契約之相對人主張。然而，現今資本主義下之民法有漸漸將此二者接近之趨勢，而產生所謂「物權之債權化」與「債權物權化」之趨勢。租賃權之物權化即此中之一例。

1.租賃物讓與時

依民法第425條規定「出租人於租賃物交付後，承租人占有中，縱將其所有權讓與第三人，其租賃契約，對於受讓人，仍繼續存在。前項規定，於未經公證之不動產租賃契約，其期限逾五年或未定期限者，不適用之。」此即學說上所謂之「買賣不破租賃」。

此外，本條之適用應注意須以承租人占有租賃物為其「公示方法」。換言之，即必須於租賃物交付承租人並在其占有中，所有人始將租賃物讓與第三人，否則即不得執租賃契約以對抗受讓人。此牽涉一個民法上之重要概念，即如受讓人無從得知其受讓之權利狀態，即不得對抗之，例如甲將其所有之耕地出租於乙，但未交付乙耕作時，外人無從得知是否存有租賃權於其地上，即不得主張租賃權對受讓人繼續存在。但如承租人合法轉租予次承租人（即轉租之

情形），實務見解認其占有接繼連鎖情形下，有買賣不破租賃之適用。

2.租賃物設定物權時

原則上，物權具有優先性，即所謂物權優先於債權之原則，但依民法第426條規定：「出租人就租賃物設定物權，致妨礙承租人之使用收益者，準用第四百二十五條之規定。」則如所設定之物權有礙於租賃物之使用收益者，如地上權之設定等，仍得執租賃權以對抗物權人。一般言之，於租賃物上設定用益物權者，均有本條規定之適用。

（三）租金支付之義務

租金係承租人使用、收益租賃物之對價，但租金之數額及給付之標的，民法上並無明文限制，得由當事人任意約定之，故依第421條規定，得以金錢或租賃物之孳息充之。但租金之數額須注意特別法上之最高限制規定，如土地法第97條及第100條、耕地三七五減租條例第2條等規定。

1.租金之支付時期

依民法第439條規定，承租人應依約定日期支付租金，無約定者，依習慣，無約定亦無習慣者，應於租賃期滿時支付之。如租金分期支付者，於每期屆滿時支付之。如租賃物之收益有季節者，於收益季節終了時支付之。因租賃係屬繼續性契約之故，故如當事人間無特別約定或有習慣者，原則上採後付為原則。

2.租金支付之方式

得依當事人約定之方式為之，通常約定之方式約為二種，即分期支付與一次支付二種。

3.租金遲付之效果

依民法第440條第1項規定，承租人租金支付有遲延者，出租人得定相當期限，催告承租人支付租金，如承租人於其期限內不為支付，出租人得終止契約。第2項規定，其租賃物為房屋者，遲付租金之總額，非達2個月之租額，不得依前項之規定，終止契約。其租金約定於每期開始時支付者，並應於遲延給付逾2個月時，始得終止契約。第3項規定，租用建築房屋之基地，遲付租金之總額，達2年之租額時，適用前項之規定。準此，因遲付租金發生終止權之構成要件為：

(1) 須有可歸責於承租人之事由。

(2) 須出租人已定期催告，而承租人未於期間內為支付者：此催告之性質為意
　　思通知（41台上490參照），得以訴訟上或訴訟外之方式為之，亦得以書面
　　或言詞之方式為之，且無須說明欠租之效果。但如承租人有數人時，此催
　　告之意思通知，必須向全體承租人為之，否則即不生催告之效力，此即催
　　告不可分性也。

(3) 如租賃物為房屋者，尚須其遲付租金已達2個月之總額：依法理，於出租人
　　催告而承租人未支付者，僅產生終止權，非謂即發生租賃契約終止之效
　　果，必俟出租人繼而為終止之意思表示後，其租賃契約方為終止。又依土
　　地法第100條規定，不定期之房屋租賃，承租人積欠租金除擔保金抵償外達
　　2個月以上時，仍須依民法第440條第1項規定，定相當期限催告其支付，承
　　租人於其相當期限內不為支付者，始得終止契約。另出租人在終止契約之
　　意思表示前，已依債之本旨提出租金之給付者，出租人之終止權已喪失
　　（43台上329）。

(4) 如租賃物以建築房屋為目的之基地者，遲延租金之總額，須達2年之租額
　　時，始得終止租約（民440III）。

4.租金之變動

　　原則上，租金數額一經當事人約定之後，即不得再行變動，但例外為公平
計，下列情形允許變動之：

(1) **因情事變更關係之增減**：依民法第442條規定，租賃物為不動產者，因其價
　　值之升降，當事人得聲請法院增減其租金。但其租賃定有期限者，不在此
　　限。此乃情事變更原則之適用結果，更足以表徵租賃契約為繼續性契約。
　　適用本條之要件為：

① 租賃物須為不動產。

② 須租賃物之價值有升降：係指租賃契約成立後，租賃物本身之價值有所
　　升降而言，若與租賃物本身價值無關之事項，如物價指數之升降，即不
　　得據為調整租金請求之理由。

③ 須為不定期限之租賃：依47年台上字第1635號判例，此之不定期限之租
　　賃應不包括不確定期限之租賃在內，蓋其仍不失為定有期限之租賃關
　　係。

④ 須向法院聲請：依本條調整租金之請求，必須向法院聲請，而關於調整
　　之額度多寡則由法院依職權斟酌定之，非謂當事人請求為如何之增減，

法院即須爲之。於法院未判決前，當事人所約定之租金仍有拘束當事人
之效力，即承租人仍應按約定之租金給付之，如承租人未爲給付者，依
48年台上字第521號判例之見解，法院許增加租金之判決，其效力即得
自出租人爲調整租金之意思表示時起算。但如於起訴前未爲此項調整租
金之意思表示者，則不得溯及計算之。

(2) **因使用、收益關係之減免**：於出租人將租賃物交付承租人後，承租人得於
約定使用範圍內，自由使用收益，但如因自己之原因，致租賃物一部或全
部未爲使用收益者，例如甲將耕地出租於乙並爲交付後，乙任其荒蕪者，
當然不得請求減免租金，故民法第441條規定承租人因自己之事由，致不能
爲租賃物全部或一部之使用收益者，不得免其支付租金之義務。但如係不
可歸責於承租人之事由者，依民法第435條第1項規定，於租賃關係存續中
因不可歸責於承租人之事由，致租賃物之一部滅失者，承租人得按滅失之
部分，請求減少租金。且若承租人就其存餘部分不能達租賃之目的者，並
得終止契約（民435II參照）。又依民法第436條規定，承租人因第三人就
租賃物主張權利，致不能爲約定之使用收益者，亦準用民法第435條之規
定，即準用一部滅失之效果，而得請求減少租金或終止契約。

（四）保管租賃物之義務

1.保管義務

租賃關係終止後，承租人有返還租賃物之義務，故於租賃關係存續中，承
租人即必須負保管義務。依民法第432條第1項規定，承租人應以善良管理人之
注意，保管租賃物；租賃物有生產力者，並應保持其生產力。以下就承租人保
管義務之內容分述之：

(1) **滅失毀損責任**：依民法第432條第2項規定，承租人違反第1項應以善良管理
人保管租賃物之義務，致租賃物毀損、滅失者，負損害賠償責任。但依約
定之方法或依物之性質而定之方法爲使用、收益，致有變更或毀損者，即
所謂自然耗損，不在此限。

(2) **對第三人行爲之責任**：依民法第433條規定，因承租人之同居人，或因承租
人允許爲租賃物之使用收益之第三人，應負責之事由，致租賃物毀損滅失
者，承租人負損害賠償責任。通說認爲本條之責任係屬於無過失責任，與
第434條承租人之責任僅以重大過失方負其失火責任，顯然產生不平衡之情

形，故本條應採取限縮解釋，亦即，於因第三人之原因發生失火而致租賃物毀損或滅失者，亦須第三人有重大過失方令承租人負責。此之所謂同居人，不以承租人之家屬為限，即使係承租人之客人亦包括在內。

(3) **失火責任**：依前述民法第432條、第433條之規定，可知原則上承租人所負之責任係一善良管理人之責任，即所謂抽象輕過失責任，其責任於責任體系中係最重之型態。但於失火之責任，則例外予以減輕，僅令其就重大過失負責，故第434條規定租賃物因承租人之重大過失致失火而毀損滅失者，承租人對於出租人負損害賠償責任。但應注意，本條之規定並非強行規定，故當事人可以特約加重其注意義務。

2.保管義務之從屬義務（附隨義務）

(1) **通知義務**：民法第437條第1項規定，租賃關係存續中，租賃物如有修繕之必要，應由出租人負擔者，或因防止危害有設備之必要，或第三人就租賃物主張權利者，承租人應即通知出租人，但為出租人所已知者，不在此限。其第2項規定承租人怠於為前項通知，致出租人不能及時救濟者，應賠償出租人因此所生之損害。

(2) **容忍修繕義務**：民法第429條第2項規定，出租人為保存租賃物所為之必要行為，承租人不得拒絕，亦即出租人有請求承租人容忍修繕之權利。

　　按通說，從屬義務或稱為附隨義務之不履行，並不得構成終止契約之事由，僅得請求損害賠償。

（五）不得違反轉租約定之義務

　　所謂轉租，係指承租人並不脫離其原有租賃關係，而於其租賃權範圍內，將租賃物出租與次承租人使用、收益者。依民法第443條規定，承租人非經出租人承諾，不得將租賃物轉租於他人。但租賃物為房屋者，除有反對之約定外，承租人得將其一部分轉租於他人。其第2項復規定，承租人違反前項規定，將租賃物轉租於他人者，出租人得終止契約。由是觀之，轉租可分為：

1.房屋以外之租賃

　　如土地租賃等非得出租人之同意，不得將租賃物轉租於他人，否則即得終止契約並請求損害賠償。但依土地法第108條規定，承租人縱經出租人承諾，仍不得將耕地全部或一部轉租於他人。

2.房屋租賃

除別有反對之約定外，承租人得將其一部分轉租於他人，此規定主要係在於保護屬經濟上弱者之承租人，但如係將房屋全部轉租於他人者，雖於當事人間無反對之約定，仍必須得到出租人之同意方得爲之（37上7633參照）。又如係合法之轉租，即使承租人與次承租人約定之租金較原出租契約較高，仍無不當得利之問題。另外，依民法第444條規定承租人合法將租賃物轉租於他人者，其與出租人間之租賃關係，仍爲繼續。而因次承租人應負責之事由所生之損害，承租人負賠償責任。解釋上，其第2項之損害賠償責任，無論係合法或違法轉租，承租人均應負責。

另須附帶加以討論者，乃租賃權可否轉讓於他人，而承租人藉此脫離契約關係？學說上有肯定說與否定說之爭議。租賃權雖非一身專屬權，在概念上應可允許轉讓，但因租賃仍有信任關係存在，宜解爲不得將租賃權讓與，通說亦採否定說（73台上1804參照）。

（六）返還租賃物之義務

依民法第455條規定，承租人於租賃關係終止後，應返還租賃物。租賃物有生產力者，並應保持其生產狀態，返還出租人，此即承租人之租賃物返還義務。此項返還義務與民法第431條第1項之費用償還請求權，並非立於對價關係，故二者間不得主張同時履行抗辯（民264參照）。

三、租賃債務之擔保

（一）法定留置權

1.法定留置權之要件及範圍

依民法第445條第1項規定，不動產之出租人就租賃契約所生之債權，對於承租人之物置於該不動產者，有留置權。但禁止扣押之物，不在此限。此即出租人之法定留置權。

(1) **要件**：①須爲租賃契約所生之債權；②須該承租人之物置於出租人之租賃物上；③須該留置物爲承租人所有，且須爲動產；④須非禁止扣押之物，又土地法第118條規定，就耕地承租人於耕地上之耕作上必需之農具、牲

畜、肥料及農產，亦不得行使本條之留置權。

(2) **範圍**：依民法第445條第2項規定，出租人得行使留置權保全之債權，限於已得請求之損害賠償，及本期與以前未交之租金之限度內，得就留置物取償。亦即，不動產之出租人就租賃契約所生之債權，得行使留置權者，以現實發生且存在之債權為限。

2.**法定留置權之效力**

(1) 留置留置物以供債權擔保。

(2) 就留置物取償，即得就留置物賣得價金，充償該債權。其取償之方式，應依民法物權編中關於留置權之規定為之。

3.**法定留置權之消滅**

(1) **承租人取去留置物**：依民法第446條第1項規定，承租人將留置物取去者，出租人之留置權消滅。但其取去係乘出租人之不知，或出租人曾提出異議者，不在此限。其第2項規定，承租人如因執行業務取去其物，或其取去適於通常之生活關係，或所留之物足以擔保租金之支付者，出租人不得提出異議。如出租人有提出異議權者，得不聲請法院，逕行阻止承租人取去其留置物。如承租人離去租賃之不動產者，並得占有其物。承租人乘出租人之不知或不顧出租人提出異議，而取去其物者，出租人得終止契約（民447I、II參照）。

(2) **擔保之提出**：民法第448條規定，承租人得提出擔保，以免出租人行使留置權，並得提出與各個留置物價值相當之擔保，以消滅對於該物之留置權。

（二）押租金

1.**意義及性質**

　　所謂押租金，係指租賃契約成立時，以擔保承租人之租金債權或租賃物損害賠償責任為目的，由承租人或第三人交付於出租人之金錢或其他代替物。其性質為：(1)要物契約；(2)從契約；(3)擔保契約。

2.**押租金之擔保範圍**

　　押租金所擔保之範圍包括租金、依租賃契約所生之損害賠償責任及租金利息等。如承租人就上述債務未為清償者，出租人即得就押租金逕行取償。

3.**押租金之返還**

　　約定有押租金並為交付者，於租賃關係終了，且無債務不履行之情形下，

即發生押租金之返還請求權。押租金原則上係返還原數額,但當事人亦得約定利息。再者,由於押租金契約為要物契約,以金錢之交付為其成立要件,故出租人未將其所受之押租金交付與租賃物受讓人,租賃關係消滅後,承租人自不得向租賃物之受讓人請求返還押租金(院1909參照),但有交付者,不在此限。

四、特別消滅時效

依民法第456條第1項規定,出租人就租賃物所受損害,對於承租人之賠償請求權,承租人之償還費用請求權及工作物取回權,均因2年間不行使而消滅。其第2項並規定,此項消滅時效之起算點於出租人,自受租賃物返還時起算;於承租人,自租賃關係終止時起算。本條規定係屬民法總則編關於消滅時效之特別規定,應優先適用。但有關租金請求權之消滅時效,則分別情形適用民法第126條5年時效或第127條2年時效。

第四節　租賃之消滅

一、租賃消滅之原因

(一)租期屆滿

於定有期限之租賃契約,依民法第450條之規定,其租賃關係,於期限屆滿時消滅。惟應注意民法第451條之規定租賃期限屆滿後,承租人仍為租賃物之使用收益,而出租人不即表示反對之意思者,視為以不定期限繼續契約。即因法定原因更新成為不定期限之租賃,學說上有稱為「默示租賃期間之繼續」或「默示更新」者。

(二)終止契約

1.應先期通知者

(1) **未定期限之租賃**:依民法第450條第2項規定,租賃未定期限者,各當事人得隨時終止契約。但有利於承租人之習慣者,從其習慣。租賃原則上得隨

時終止之，但應注意土地法等特別法上之規定。其第3項並規定前項終止契約，應依習慣先期通知。但不動產之租金，以星期、半個月或1個月定其支付之期限者，出租人應以曆定星期、半個月或1個月之末日為契約終止期，並應至少於1星期、半個月或1個月前通知之。此項通知，並無一定之方式，得以訴訟上或訴訟外之方式為之。又本項規定僅於未定期限之租賃，隨時任意終止之情形方有適用，倘係因其他法定或約定終止事由而終止者，則無本項之適用。

(2) **定有期限之租賃**：原則上，定有期限之租賃者，不得任意終止契約，但下列情形則例外允許：

① **承租人死亡者**：民法第452條規定，承租人死亡者，租賃契約雖定有期限，其繼承人仍得終止契約，但應依民法第450條第3項之規定，先期通知。

② **當事人有特別約定者**：民法第453條規定於定有期限之租賃契約，如約定當事人之一方於期限屆滿前，得終止契約者，其終止契約，應依民法第450條第3項之規定，先期通知。

此外，因上述之情形終止者，依民法第454條規定如終止後始到期之租金，出租人已預先受領者，應返還之。

2.毋庸先期通知者

除上述外，尚有依其他法律規定得終止租約，而毋庸事先通知之情形，例如民法第424條、第430條第1項、第435條、第436條、第438條第2項、第440條、第443條第2項、第447條第2項及破產法第77條等。

（三）租賃物之滅失

租賃物之滅失有一部滅失與全部滅失之別，如係一部滅失，係屬民法第435條規定可否終止契約之問題；如為全部滅失，因租賃權之客體消滅，其租賃關係亦當然消滅。

二、租賃消滅之效果

（一）返還租賃物

依民法第455條規定，承租人於租賃關係終止後，應返還租賃物。租賃物

有生產力者，並應保持其生產狀態，返還出租人。如有有益費用支出而增加租賃物價值，出租人知其情事而未爲反對之意思表示者，於租賃關係終止時，亦應於現存範圍內償還其費用（民431參照）。須注意此項費用與租賃物之返還義務間，並非立於對價關係，故不得主張同時履行抗辯而拒絕返還租賃物。

（二）返還預收租金及押租金

依民法第454條規定，於終止契約時，如終止後始到期之租金，出租人已預先受領者，應返還之。如當事人間有押租金之約定並已交付者，於租賃關係消滅，承租人無債務不履行之情形時，亦應返還之。

第五節　特種租賃

以下僅就耕地租賃、基地租賃及房屋租賃三種特種租賃論述之。其他例如船舶租賃、航空器租賃、林地租賃、國有財產租賃、甚至著作權租賃等仍屬特種租賃，但不在下列討論之列，請參照各該特別法之規定。

一、耕地租賃

關於耕地租賃，於民法、土地法及耕地三七五減租條例均設有規定，於其適用順序上，則以耕地三七五減租條例最爲優先、土地法次之，民法中關於耕地租賃之規定又更次之。

（一）意　義

關於耕地租賃之意義，民法上並未加以規定，根據土地法第106條規定，所謂「耕地租用」，係指以自任耕作爲目的，約定支付地租，使用他人之農地者。雖然土地法上之耕地租用，係以「自任耕作」爲要件，但民法上之耕地租賃則無此限制。而所謂「耕作」，係指其目的在於定期（季或年）收穫作物而施人工於土地上以栽培農作物者而言（63台上1218參照）。

（二）耕地租賃之成立方式

關於耕地租賃契約之成立方式，民法上並無規定，僅於民法第462條第1項

規定耕作地之租賃，附有農具、牲畜或其他附屬物者，當事人應於訂約時，評定其價值，並繕具清單，由雙方簽名，各執一份。但於耕地三七五減租條例第6條第1項規定「本條例施行後，耕地租約應一律以書面爲之，租約之訂立、變更、終止或換訂，應由出租人會同承租人申請登記」，其中關於「書面」、「登記」之用語性質究竟是否係要式之規定？依51年台上字第2629號判例之見解，其係爲保護佃農及謀舉證上便利而設，並非耕地租賃之成立生效要件，旨在於防止當事人間於日後發生紛爭，故雖未作成書面及爲登記者，仍屬有效成立。

（三）地租之限制

1.租額之限制

土地法第110條第1項規定，地租不得超過地價8%，約定地租或習慣地租超過8%者，應比照地價8%減定之，不及地價8%者，依其約定或習慣。惟耕地三七五減租條例第2條第1項規定耕地地租租額不得超過主要作物正產品全年收穫總量375‰，原約定地租超過375‰者，減爲375‰；不及375‰者，不得增加。因耕地三七五減租條例係屬土地法之特別規定，應優先適用，故於耕地三七五減租條例施行後，前開土地法規定即處於停止適用之狀態。又耕地三七五減租條例中之所謂「主要作物」，係指依當地農業習慣種植最爲普遍之作物，或爲實際輪植之作物。

2.地租之標的

耕地之地租得以金錢充之，亦得以實物充之（民421，土地111，耕地三七五減租7參照），如以實物繳付，應由承租人運送者，應計程給費，而由出租人負擔之（耕地三七五減租7參照），此係爲保護居於經濟上弱者之佃農所設之規定。

3.地租之交付

承租人應按期繳付地租，出租人收受時，應以檢定合格之量器或衡器爲之（耕地三七五減租8）。如承租人不能按期支付應交地租之全部，而以一部支付時，出租人不得拒絕收受，承租人亦不得因其收受而推定爲減租之承諾（土地113，民457-1II）。

4.預收地租之禁止

依民法第457條之1、土地法第112條及耕地三七五減租條例第14條規定，耕地之出租人不得預收地租。如已為預收者，應即返還於承租人，不受民法第180條第2款之限制。但如承租人自願預付者，法自亦毋庸干涉之。

5.地租之減免

民法第457條規定，耕作地之承租人，因不可抗力，致其收益減少或全無者，得請求減少或免除租金。此項租金減免請求權，不得預先拋棄。土地法第123條亦規定遇有荒歉，市、縣政府得按照當年收穫實況為減租或免租之決定，但應經民意機關之同意。且依土地法施行法第29條規定，此項減免適用並需經中央地政機關之核准，其手續之繁瑣實有礙於減免地租公平作用之發揮，爰耕地三七五減租條例第11條特設有排除土地法第123條適用之規定，其規定得請求鄉（鎮、市、區）公所耕地租佃委員會查勘議定之，程序較為簡便。

（四）債務擔保之限制

1.留置權之限制

土地法第118條對於民法第445條之法定留置權設有限制規定，即出租人對於承租人耕作上必需之農具、牲畜、肥料及農產物，不得行使民法之留置權，以保護佃農之生計。

2.押租金之限制

土地法第112條但書規定，關於押租金之收受，因習慣以現金為耕地租用之擔保者，其金額不得超過1年應繳租額之四分之一。前項擔保金之利息，應視為地租之一部，其利率應按當地一般利率計算之。耕地三七五減租條例更進一步規定出租人不得收取押租金，在該條例施行前所收取之押租金，應分期返還承租人，或由承租人於應繳地租內分期扣除，即採取絕對禁止之立場，以保護佃農。

（五）承租人之優先承買、承典及承租權

依土地法第107條第1項規定，於耕作地出租人出賣或出典耕地時，承租人有依同樣條件優先承買或承典之權。而耕地三七五減租條例第15條中亦規定，耕地出賣或出典時，承租人有優先承受之權，出租人應將賣典條件以書面通知

承租人，承租人於15日內未以書面表示承受者，視為放棄（民法第460條之1第2項則規定為10日）。出租人因無人承買或受典而再行貶價出賣或出典時，仍應依此項規定辦理通知。如出租人違反此項規定而與第三人訂立契約者，其契約不得對抗承租人。所謂不得對抗承租人，係指該項移轉物權行為，承租人得主張其為無效，亦即此項優先權係具有「物權效力」，故通說稱為「準物權」。又依土地法第117條規定，收回自耕之耕地再出租時，原承租人有優先承租之權。自收回自耕之日起，未滿1年再出租者，原承租人得以原承租條件承租，均係保護耕地承租人所為之規定。

（六）耕作地附屬物之處置

民法第462條第1項規定，耕作地之租賃，附有農具、牲畜或其他附屬物者，當事人應於訂約時，評定其價值，並繕具清單，由雙方簽名，各執一份。此即所謂附屬物，其處理分述如下：

1.報酬之限制

耕地出租人如以牲畜、種子、肥料或其他生產工具供給承租人者，依土地法第121條規定，得依租用契約於地租外酌收報酬，但不得超過供給物價值年息10%。如係供給農舍，於耕地三七五減租條例施行前原係無條件供給予承租人使用，施行後仍由承租人使用者，出租人即不得藉詞拒絕或收取報酬（耕地三七五減租12參照）。

2.補充責任

民法第462條第2項規定，清單所載之附屬物，如因可歸責於承租人之事由而滅失者，由承租人負補充之責任。其第3項規定，附屬物如因不可歸責於承租人之事由而滅失者，由出租人負補充之責任。而出租人不予補充者，承租人得依民法第435條規定請求減少租金或終止契約；如係承租人不予補充者，出租人得依民法第459條規定終止契約。

3.附屬物之返還及損害賠償

依民法第463條規定，耕作地之承租人依清單所受領之附屬物，應於租賃關係終止時，返還於出租人。如不能返還者，應賠償其依清單所定之價值，但因使用所生之通常折耗，應扣除之。

（七）承租人之耕地特別改良權

　　土地法第119條規定所謂之「耕地特別改良」，係指於保持耕地原有之性質及效能外，以增加勞力資本之結果，致增加耕地生產力或耕作便利者。爲特別改良所支出之費用，概念上係屬「有益費用」故依民法第431條規定所支出之有益費用，如出租人不知其情事或知而已爲反對之表示者，承租人即不得請求返還。但於耕地租賃爲鼓勵承租人勇於改良而增加作物之收穫量，爰於土地法第119條第2項及耕地三七五減租條例第13條第1項均設有允許承租人得自由爲特別改良之規定，僅須通知（耕地三七五減租條例應以書面爲通知）出租人改良事項及改良費用即可，民法第461條之1規定同者。

（八）耕地租賃之變更

1.轉租、轉借

　　依民法第443條規定，如得到出租人之同意，耕地承租人即得將耕地轉租於他人；但土地法第108條規定，承租人縱經出租人承諾，仍不得將耕地全部或一部轉租於他人，係爲強行規定而禁止耕地之轉租，如承租人違反本條規定轉租時，其轉租契約無效，且亦構成土地法第114條第6款之終止租約事由。另外，耕地三七五減租條例第16條規定，承租人應自任耕作，並不得將耕地全部或一部轉租於他人，承租人違反前項規定時，原定租約無效，得由出租人收回自行耕作或另行出租。但如承租人因服兵役致耕作勞力減少而將承租耕地全部或一部託人代耕者，不得視爲轉租。再者，轉借之情形雖爲無償，但因與自任耕作之旨不符，亦應在禁止之列。

2.繼承及讓與

　　耕地租賃關係依土地法第114條及耕地三七五減租條例第17條規定，可以由繼承人繼承。而讓與則法無明文，解釋上應認爲如得出租人之同意，而受讓人亦自任耕作者，應無禁止必要。

（九）耕地租賃之消滅

1.消滅原因

(1) **租期屆滿**：土地法第109條規定，依定有期限契約租用耕地者，於契約屆滿時，除出租人收回自耕外，如承租人繼續耕作，視爲不定期限繼續契約。

另外，依耕地三七五減租條例第20條規定耕地租約於租期屆滿時，除出租人依本條例收回自耕外，如承租人願繼續承租者，應續訂租約。即出租人如非收回自耕，縱爲反對續租之意思表示，亦無法終止租約。

(2) **租約終止**

① **終止原因**

　A. **民法上之規定**

　　(a) 民法第458條規定：「耕作地租賃於租期屆滿前，有下列情形之一時，出租人得終止契約：一、承租人死亡而無繼承人或繼承人無耕作能力。二、承租人非因不可抗力不爲耕作繼續一年以上者。三、承租人將耕作地全部或一部轉租於他人者。四、租金積欠達兩年之總額者。五、耕作地依法編定或變更爲非耕作地使用者。」

　　(b) 依第459條規定未定期限之耕作地租賃出租人除收回自耕外，僅於有前條各款之情形或承租人違反第432條或第462條第2項之規定時，得終止契約。

　B. **土地法上之規定**：依土地法第114條規定，不定期限租用耕地之契約，僅得於下列情形方得終止：

　　(a) 承租人死亡而無繼承人時。

　　(b) 承租人放棄其耕作權利時。

　　(c) 出租人收回自耕時。

　　(d) 耕地依法變更其使用時。

　　(e) 違反民法第432條及第462條第2項規定時。

　　(f) 違反第108條之規定時。

　　(g) 地租積欠達2年之總額時。

　　又依土地法施行法第27條上述終止事由之第1款、第2款、第6款、第7款，於定期租賃準用之。

　C. **耕地三七五減租條例上之規定**：依耕地三七五減租條例成立之耕地租約均屬定期租約。依該條例第17條第1項規定，耕地租約於租佃期限未屆滿前，非有下列情形之一者，不得終止，其規定最爲嚴格：

　　(a) 承租人死亡而無繼承人時。

　　(b) 承租人放棄其耕作權利時。

      (c) 地租積欠達2年之總額時。

      (d) 非因不可抗力繼續1年不爲耕作時。

      (e) 經依法編定或變更爲非耕地使用時。

    又因變更地目而終止租約時，除法律另有規定外，出租人應依同條第2項給予承租人補償。

  ② **終止時期**：依民法第460條規定，耕作地之出租人終止契約者，應以收益季節後次期作業開始前之時日，爲契約之終止期，以盡地利。

2.消滅之效果

(1) 償還特別改良費用。

(2) 償還耕作費用：依民法第461條規定耕作地之承租人，因租賃關係終止時未及收穫之孳息，所支出之耕作費用，得請求出租人償還之。但其請求額不得超過孳息之價額。

(3) 返還附屬物。

二、基地租賃

    所謂基地，係指供建築使用之土地，故又稱爲建築基地。關於基地租賃，民法未設明文，主要係於土地法及平均地權條例中規定之。其適用順序，以平均地權條例爲優先，土地法居次，民法之規定僅爲補充。

（一）成　立

    關於基地租賃之成立要件，法律並無明文規定，應適用民法關於不動產租賃之規定，即依民法第422條應以字據訂之。惟土地法第102條規定租用基地建築房屋，應由出租人與承租人於契約成立後2個月內，聲請該管市縣地政機關爲地上權之登記。其性質有認爲係準地上權，即仍爲租賃之一種，但得準用地上權之規定，以加強其效力。但未依前開規定爲地上權之登記，亦僅不發生地上權之效力，仍具租賃之效力。而民法第422條之1則規定：「租用基地建築房屋者，承租人於契約成立後，得請求出租人爲地上權之登記。」惟適用上仍以土地法優先。

（二）效　力

1.租金之限制

依土地法第105條準用第97條之結果，基地租金以不超過土地申報價額百分之十爲限。如超過時，該管縣市政府得依此項標準強制減定之。

2.擔保金之限制

依土地法第105條準用第99條，以現金爲基地租賃之擔保者，擔保之金額不得超過2個月基地租金之總額，已交付之擔保金，超過前開限制者，承租人得以超過部分抵付地租。

3.優先購買權

土地法第104條第1項規定，基地出賣時，承租人有依同樣條件優先購買之權。房屋出賣時，基地所有權人有依同樣條件優先購買之權。此條規定之旨係在於使土地之利用與所有均歸一人爲之，以杜紛爭，並發揮土地經濟上之最大效用。此項優先權之行使，應即時爲之，依同條第2項規定如於接到出賣之通知後10日內未表示承買者，其優先權即視爲放棄。但如出賣人未通知優先購買權人而與第三人訂立買賣契約者，其契約不得對抗優先購買權人。依通說見解，此項優先購買權具有物權效力，故出賣人未通知而與第三人訂立買賣契約並爲物權移轉者，其物權移轉行爲亦爲無效，優先購買權人得請求塗銷登記。民法第426條之2規定同者。

（三）基地租賃之變更

1.轉讓

關於基地租賃權之轉讓，土地法並無明文規範，自應適用民法上之一般原則，認其無讓與性。惟如承租人未於基地上建築房屋而單獨讓與其基地租賃權者，應認有害於當事人間之信賴關係，應不得爲之。反之，如係房屋所有權移轉時，其基地租賃契約，對於房屋受讓人，仍繼續存在。其立法意旨在促進土地利用，並安定社會經濟。

2.轉租

依土地法第103條第3款規定，承租人轉租基地於他人時，出租人得收回之。則轉租行爲自爲法所不許。

（四）基地租賃之消滅

依土地法第103條規定，租用建築房屋之基地，非因下列情形之一，不得收回：

1. 契約年限屆滿時。
2. 承租人以基地供違反法令使用時。
3. 承租人轉租基地於他人時：但應注意，於建築房屋後將建築物連同基地轉租，即非法所不許。
4. 承租人積欠租金額除以擔保現金抵償外，達2年以上時。
5. 承租人違反租賃契約時。

又依平均地權條例第63條之1規定，承租土地如因重劃而不能達其租賃目的者，承租人得終止租約，並得向出租人請求相當1年租金之補償。其終止權及請求權依同條例第65條規定應自重劃分配結果確定之次日起，2個月內為之。

三、房屋租賃

關於房屋租賃，民法對之有特別規定，土地法上亦設有規定。在適用順序上自應以土地法為優先，民法次之。以下就此等特別規定，說明如下：

（一）租金之限制

依土地法之規定，關於房屋出租租金之限制，可分為二種情形：

1.政府建築準備房屋之租金

依土地法第94條規定，城市地方，應由政府建築相當數量之準備房屋，供人民承租自住之用。前項房屋之租金，不得超過土地及其建築物價額年息8%。

2.私人出租房屋之租金

依土地法第97條規定，城市地方房屋之租金，以不超過土地及建築物申報總價額年息百分之十為限。約定房屋租金超過前項規定者，該管市縣政府得依前項所定標準強制減定之。實例上並認約定租金超過前開限制時，超過限制部分，出租人無請求權（43台上392參照）。

（二）擔保金之限制

依土地法第98條、第99條規定，以現金爲租賃之擔保者，其金額不得超過2個月房屋租金之總額，該現金之利息，並視爲租金之一部。其利率之計算，應與租金所由算定之利率相等。如已交付之擔保金超過前開之限制者，承租人得以超過之部分，抵付房租。

（三）房屋租賃之消滅

1. 租期屆滿。
2. 租約終止：關於房屋租賃契約之終止，土地法第100條設有特別規定，但係適用於不定期限之租賃（院解3489參照）。其規定出租人非有下列情形之一者，不得收回房屋，用以保護處於經濟上弱勢之無殼蝸牛：
(1) 出租人收回自住或重新建築時。
(2) 承租人違反民法第443條第1項之規定轉租於他人時。
(3) 承租人積欠租金額，除以擔保金抵償外，達2個月以上時。
(4) 承租人以房屋供違反法令之使用時。
(5) 承租人違反租賃契約時。
(6) 承租人損壞出租人之房屋或附著物，而不爲相當之賠償時。

第六章　借　貸

第一節　使用借貸

一、意義及性質

（一）意　義

依民法第464條規定，稱使用借貸者，謂當事人一方以物交付他方，而約定他方於使用後返還其物之契約。其特徵爲：

1. 其標的以物爲限，無論動產或不動產均包括在內，但以動產爲常。
2. 由於使用借貸係無償，故僅得對標的物爲使用，不得爲收益，而與租賃之得爲使用及收益不同。
3. 使用借貸之貸與人僅移轉占有，並未移轉物之所有權。
4. 借用人須有負返還標的物原物之義務，若得返還同種類、同品質、同數量之物，則爲消費借貸。

（二）性　質

1. **使用借貸爲片務契約**：雖貸與人於使用借貸關係存續中，有容忍借用人使用借用物之義務，但此義務與借用人返還借用物之義務立於對價之關係，故僅係片務契約。但有學者稱之爲「非眞正之雙務契約」。
2. **使用借貸爲無償契約**：若爲有償，則應爲租賃契約。
3. **使用借貸爲要物契約**：依民法第464條規定，使用借貸契約因借用物之交付而成立。故除當事人之合意外，尚須交付標的物，契約始爲成立，通說認爲其係要物契約。惟爲緩和使用「借貸」之要物性，民法第465條之1乃增訂使用借貸預約之規定，故當事人得成立使用借貸之預約，惟使用借貸預約成立後，預約貸與人得撤銷其約定。但預約借用人已請求履行預約而預約貸與人未即時撤銷者，不在此限。
4. **使用借貸爲不要式契約**：故使用借貸，並不須以書面訂之。

二、效　力

（一）貸與人之權利義務關係

1.容許使用借用物之義務

因使用借貸係屬無償，故不得科加貸與人過重之義務，所以此之所謂容許義務，亦僅係消極而不為妨害借用人使用借用物而已，與租賃須負使租賃物合於使用、收益狀態者不同。

2.借用物返還請求權

使用借貸關係消滅後，借用人即須將借用物返還貸與人，故貸與人即有返還借用物之請求權。

3.瑕疵擔保責任

因使用借貸其屬無償之故，其瑕疵擔保責任自應較輕。故民法第466條規定，貸與人故意不告知借用物之瑕疵，致借用人受損害者，始負賠償責任。又依民法第473條規定，此項賠償請求權，因6個月不行使而消滅。

（二）借用人之權利義務關係

1.借用物使用權

借用人對借用物有使用之權能，但其使用有如下之限制：

(1) **使用方法之限制**：依民法第467條第1項規定，借用人應依約定方法，使用借用物；無約定方法者，應以依借用物之性質而定之方法使用之。

(2) **使用人之限制**：依民法第467條第2項規定，借用人非經貸與人之同意，不得允許第三人使用借用物，蓋使用借貸具有信賴關係之故也。

2.借用物之保管義務

依民法第468條規定，借用人應以善良管理人之注意，保管借用物，借用人違反前項義務，致借用物毀損、滅失者，負損害賠償責任。但依約定之方法或依物之性質而定之方法使用借用物，致有變更或毀損者（屬自然耗損），不負責任。此項賠償請求權，依第473條亦以6個月間不行使而消滅。

3.負擔借用物保管費用之義務

依民法第469條第1項規定，借用物之通常保管費用，由借用人負擔，借用物為動物者，其飼養費亦同。所謂保管費，係指為維持物之性質所必要之費

用，如係有益費用，依同法第2項規定，就因而增加該物之價值者，準用民法第431條第1項之規定。而此請求權因6個月間不行使而消滅。至於借用人就借用物所增加之工作物，得取回之，但應回復借用物之原狀（民469III）。

4. 借用物之返還義務

(1) **返還客體**：使用借貸之返還之客體，原則上為原物（與消費借貸不同），例外如原物有自然增加之天然孳息，亦應將增加之天然孳息一併返還，此係因使用借貸僅係取得使用權，而無收益權故也。

(2) **返還時期**：

　① **定有期限者**：依民法第470條第1項前段規定，使用借貸定有期限者，借用人應於契約所定期限屆滿時，返還借用物。

　② **未定有期限者**：依同條項規定，使用借貸未定期限者，應於依借貸之目的使用完畢時返還之。但經過相當時期，可推定借用人已使用完畢者，貸與人亦得為返還之請求，例如借筆記以準備考試，考試完畢，即應返還筆記。再依同條第2項規定，如借貸未定期限，亦不能依借貸之目的，而定其期限者，貸與人即得隨時請求返還借用物。

　　此外，數人共借一物者，依第471條規定，該數人對於貸與人，須連帶負責，即所謂法定連帶債務（民272參照）。

（三）使用借貸之預約

　　民法第465條之1：「使用借貸預約成立後，預約貸與人得撤銷其約定。但預約借用人已請求履行預約而預約貸與人未即時撤銷者，不在此限。」此規定目的在緩和使用借貸契約之要物性。

三、消　滅

　　使用借貸有下述情形之一者消滅：

(一) 定有期限者，其期限屆滿時。

(二) 未定期限者，貸與人依第470條規定請求返還借用物時。

(三) 終止契約：依民法第472條規定，有下列各款情形之一者，貸與人得終止契約，不問是否為定有期限之使用借貸：

1. 貸與人因不可預知之情事，自己需用借用物者。

2. 借用人違反約定或依物之性質而定之方法使用借用物，或未經貸與人同意，允許第三人使用者。

3. 因借用人怠於注意，致借用物毀損或有毀損之虞者。

4. 借用人死亡者。

第二節　消費借貸

一、意義及性質

（一）意　義

依民法第474條規定，稱消費借貸者，謂當事人一方移轉金錢或其他代替物之所有權於他方，而約定他方以種類、品質、數量相同之物返還之契約。當事人之一方對他方負金錢或其他代替物之給付義務，而約定以之作為消費借貸之標的者，亦成立消費借貸。

（二）性　質

依前開定義，可知消費借貸之性質如下：

1. 消費借貸為有名、不要式之契約。

2. 消費借貸之標的物限於金錢或其他代替物，故於消費借貸中，又分為金錢消費借貸與一般代替物之消費借貸。

3. 消費借貸為片務契約，僅借用人負返還義務。

4. 消費借貸得為有償或無償，與使用借貸之為無償不同。如消費借貸附加利息之約定者，即為有償，反之則為無償。

5. 消費借貸無須返還原物，僅須以同數量、品質、種類之物返還即可，與使用借貸之返還原物不同。

6. 消費借貸為要物契約。民法第474條規定消費借貸，因金錢或其他代替物之交付而成立，其物之交付即為「成立要件」。惟民法為緩和其要物性，乃增定消費借貸之預約，特別於第475條之1規定：「消費借貸之預約，其約定之消費借貸有利息或其他報償，當事人之一方於預約成立後，成為無支付能力者，預約貸與人得撤銷其預約。消費借貸之預約，其約定之消費借貸為無報

償者，準用第四百六十五條之一規定。」故消費借貸之預約，其撤銷可區分為有償與無償二種方式，前者當事人之一方於預約成立後，成為無支付能力者，預約貸與人得撤銷其預約。後者則不問當事人之一方於預約成立後，是否成為無支付能力，預約貸與人得撤銷其約定。但預約借用人已請求履行而預約貸與人未即時撤銷者，不在此限。

二、效　力

（一）貸與人之瑕疵擔保責任

1.有償

依民法第476條第1項規定，消費借貸約定有利息或其他報償者，如借用物有瑕疵時，貸與人應另易以無瑕疵之物，且借用人仍得請求因借用物之瑕疵損害賠償。

2.無償

依第476條第2項規定，消費借貸為無報償者，如借用物有瑕疵時，借用人得照有瑕疵原物之價值，返還貸與人。但如貸與人故意不告知其瑕疵者，借用人亦得請求因借用物之瑕疵損害賠償。

（二）對借用人之效力

1.支付報償之義務

於有償之消費借貸，借用人須給付報償。

(1) **支付之時期**：依民法第477條規定，利息或其他報償，應於契約所定期限支付之，未定期限者，應於借貸關係終止時支付之。但其借貸期限逾1年者，應於每年終支付之。

(2) **支付報償之數額**：利息或報償數額得由當事人約定之，但需注意不得超過利息之債之最高限制，仍應受民法第205條（最高利率百分之十六）及第206條（禁止巧取利益）之規定之限制。又依第481條規定，以貨物或有價證券折算金錢而為借貸者，縱有反對之約定，仍應以該貨物或有價證券按照交付時交付地之市價所應有之價值，為其借貸金額。此時計算報償之標準，自應受本條之限制。

2.返還借用物之義務

(1) 一般代替物之消費借貸

① **原則**：借用人應返還與借用物種類、品質、數量相同之物。

② **例外（不能返還同種類、品質、數量之物者）**：依民法第479條規定，借用人不能以種類、品質、數量相同之物返還者，應以其物在返還時、返還地所應有之價值償還之。如返還時或返還地未約定者，以其物在訂約時或訂約地之價值償還之。所謂不能返還者，係指依社會一般觀念其欲返還同種類、品質、數量之物已不可能者（32上2150參照），蓋消費借貸之客體既為代替物，則如僅屬主觀上不能，自非不能返還，例如甲向乙借用米一斤，至返還期屆至，乙之米缸中適巧無米，但乙得以金錢購買同質米返還時，即無適用本條之餘地。

(2) 金錢消費借貸

金錢消費借貸之情形較為特殊，故民法第480條加以特別規定。依該條規定，金錢借貸之返還，除契約另有訂定外，應依下列規定為之：

① 以通用貨幣為借貸者，如於返還時，已失其通用效力，應以返還時有通用效力之貨幣償還之。

② 金錢借貸，約定折合通用貨幣計算者，不問借用人所受領貨幣價格之增減，均應以返還時有通用效力之貨幣償還之。

③ 金錢借貸，約定以特種貨幣為計算者（如美金），應以該特種貨幣，或按返還時返還地之市價，以通用貨幣（如新臺幣）償還之。

又其返還時期，依民法第478條規定，如定有返還期限者，借用人應於約定期限內，返還與借用物種類、品質、數量相同之物。未定返還期限者，借用人得隨時返還，貸與人亦得定1個月以上之相當期限，催告返還，此之所謂亦得，參酌73年台抗字第413號判例，應指應定1個月以上之相當期限之催告。

第七章 僱 傭

一、意義及性質

（一）意 義

依民法第482條規定，稱僱傭者，謂當事人約定，一方於一定或不定之期限內為他方服勞務，他方給付報酬之契約。僱傭乃以服勞務為其契約之直接目的，與委任、承攬僅以服勞務為其手段有異。所謂服勞務，乃以提供勞務供僱用人使用之謂也。民法上之僱傭，與勞動基準法所稱之勞動契約，係指具有職務從屬關係，即雇主與勞工關係者不同。適用時，應注意勞動基準法之各項特別規定，諸如最低工資、最高工作時數、罷工、勞保及其他工作安全、衛生與福利是。

（二）性 質

1. 僱傭契約為有名、不要式契約。但應注意就業服務法之特別規定。
2. 僱傭契約為諾成契約（不要物契約）。
3. 僱傭契約為有償、雙務契約。

僱傭契約之受僱人負提供勞務之義務，僱用人負支付報酬之義務，二者互立於對價關係，故為有償、雙務契約。

二、效 力

（一）對受僱人之效力

1. 勞務供給義務

勞務之供給係屬受僱人之主要義務：

(1) **勞務供給之專屬性**：依民法第484條第1項規定僱用人非經受僱人同意，不得將其勞務請求權讓與第三人；受僱人非經僱用人同意，亦不得使第三人代服勞務，是為勞務供給之專屬性，蓋僱傭契約極重視雙方之信賴關係，故如違反此項規定時，依民法第484條第2項規定他方得終止契約。又應注

意勞基法有最高工作時數之限制，即一天工作不得逾8小時，一星期合計不得逾48小時。

(2) **特種技能之保證**：依民法第485條規定，受僱人明示或默示保證其有特種技能者，如無此種技能時，僱用人得終止契約。而如依其工作之性質須具有相當之技能，始得供給其勞務者，縱受僱人未明示其具有一定技能之保證者，亦應視為就此技能有默示之保證。例如僱用人徵求中文打字人員，則前往應徵者應認有默示保證其具有中文打字之能力。

2.報酬支付請求權

此係受僱人之主要權利，依民法第487條規定，僱用人受領勞務遲延者，受僱人無補服勞務之義務，仍得請求報酬。但受僱人因不服勞務所減省之費用，或轉向他處服勞務所取得或故意怠於取得之利益，僱用人得由報酬額內扣除之。按一般動產債務之受領遲延，債務人得提存其給付而免其給付義務，但因勞務無從提存，故民法特別規定毋庸補服勞務，且得請求報酬。

3.損害賠償請求權

依民法第487條之1之規定，受僱人服勞務，因非可歸責於自己之事由，致受損害者，得向僱用人請求賠償。前項損害之發生，如別有應負責任之人時，僱用人對於該應負責者，有求償權，本項解釋上應屬無過失責任，與勞基法第59條之職災補償同。此立法例與民法第546條之規定相仿，例如A員工機械操作不慎傷及在旁工作之B員工，此時B雖可向A主張侵權行為，惟此時A可能無資力，故B可向其僱用人請求賠償，待僱用人賠償後，再向A員工求償。

（二）對僱用人之效力

1.報酬給付義務

(1) **報酬之約定**：報酬係受僱人提供勞務之對價，因而於契約成立時必須約定報酬。但若未為約定者，依第483條第1項規定，如依情形非受報酬即不服勞務者，視為允與報酬。如受僱人提供勞務而未索取報酬者，則非為僱傭，可能係無償委任。

(2) **報酬之種類**：報酬之種類，法律並無明文規定，則得依當事人約定或習慣定之。

一般言之，可有下列數種情形：①金錢報酬或實物報酬；②計時報酬或計件報酬。

(3) **報酬之數額**：報酬之數額得依當事人約定定之，若未約定者，依民法第483條第2項規定，按照價目表所定給付之，無價目表者，按照習慣給付。然須注意特別法上關於最低報酬給付額之限制，例如勞動基準法之規定。

(4) **報酬之給付期**：依民法第486條規定，報酬應依約定之期限給付之。無約定者依習慣。無約定，亦無習慣者，依下列之規定：①報酬分期計算者，應於每期屆滿時給付之；②報酬非分期計算者，應於勞務完畢時給付之。即原則上採取報酬後付為原則，與租金及承攬之規定相同。既採後付原則，即應注意，受僱人即不得主張同時履行抗辯。

2.危險預防義務

受僱人服勞務，其生命、身體、健康有受危害之虞者，依民法第483條之1規定，僱用人應按其情形為必要之預防，是為僱用人危險預防義務。

3.勞務請求權

僱用人對受僱人有勞務請求權，此一請求權依第484條第1項規定，僱用人非經受僱人同意，不得將其勞務請求權讓與第三人。即亦具有專屬性，蓋因僱傭契約具有相當重之信賴色彩故也。如僱用人違反上述規定，受僱人即得終止契約。

三、消　滅

除一般債之消滅原因外，尚得因下列事由消滅：

（一）期限屆滿

如僱傭契約定有期限者，依民法第488條現定，僱傭定有期限者，其僱傭關係於期限屆滿時消滅。注意勞基法規定，勞動契約原則上以不定期契約為限，例外如特殊性、季節性勞務，方能訂立定期契約。

（二）勞務完了

提供勞務係僱傭契約之主要目的，如勞務完了時，其契約之目的業已達成，則僱傭契約之效力亦應消滅。

（三）契約終止

1.隨時終止

　　依民法第488條第2項規定，僱傭未定期限，亦不能依勞務之性質或目的定其期限者，各當事人得隨時終止契約。但有利於受僱人之習慣者，從其習慣，即如未定期限之僱傭契約，原則上應得由雙方當事人隨時終止，但有如下規定：

(1) 如依勞務之性質或目的得定期限者，應以其性質或目的定期限。

(2) 又利於受僱人之習慣者，從其習慣，例如應先期預告受僱人，使受僱人有機會另尋受僱機會。

(3) 依勞基法規定，不定期限勞動契約，非有法定原因，不得任意終止。

2.遇有重大事由之終止

　　依民法第489條規定，當事人之一方，遇有重大事由，其僱傭契約，縱定有期限，仍得於期限屆滿前終止之。即無論是否定有期限，均得以重大事由為由而終止之，然其第2項規定前項事由，如因當事人一方之過失而生者，他方得向其請求損害賠償。此所謂重大事由，係指該項事由之發生致若不終止僱傭契約將產生不當或不公平之結果之謂也，例如生病或被徵召入伍是。

3.法定事由之終止

　　當事人間發生民法第484條及第485條之終止事由者。

第八章 承 攬

一、意義及性質

（一）意 義

　　依第490條第1項規定，稱承攬者，謂當事人約定，一方爲他方完成一定之工作，他方俟工作完成，給付報酬之契約。承攬契約之當事人一稱「定作人」，一稱「承攬人」。承攬契約之標的，係以承攬人爲定作人以勞務爲手段而完成一定之工作，達成一定之「結果」，其結果得爲有形（如營造）或無形（如算命）。承攬所重者，係在於「結果」，而其間之過程如何並非所重；反之，委任所重者，係在於以勞務爲事務之處理，結果非其重點，此乃二者之異。

（二）性 質

1. 承攬爲諾成、不要式契約，只要當事人雙方意思表示合致，即可成立。
2. 承攬爲雙務、有償契約，因基於承攬契約，承攬人負有完成工作之義務；而定作人負有給付報酬之義務，且此二者互立於對價關係，故承攬爲有償、雙務契約。

二、效 力

（一）對於承攬人之效力

1.工作物完成義務

　　承攬既首重工作之結果，故於承攬人方面言之，完成工作物即爲其首要義務。然因承攬並不如僱傭契約般重視當事人本身之技能，故除當事人間另有特別約定須由承攬人親自爲之或以其本身技能爲契約之要素外，並不以承攬人自身具有該項技能爲要件，承攬人自得使他人爲之，而成立所謂之「次承攬」或稱爲「再承攬」。例如工程之轉包，有所謂大包、小包之情形。次承攬，係次承攬人與原承攬人間成立債之關係，而與定作人無涉，僅原承攬人就次承攬人

之行為，依民法第224條有關履行輔助人之規定，亦須負責而已。

(1) **工作完成遲延責任**：即給付遲延之責任，雖債編通則中已有規定，但各種之債對承攬給付遲延有特別規定，自應優先適用。依民法第502條規定，因可歸責於承攬人之事由，致工作逾約定期限始完成，或未定期限而逾相當時期始完成者，定作人得請求減少報酬或請求賠償因遲延而生之損害。前項情形，如以工作於特定期限完成或交付為契約之要素者，定作人得解除契約，並得請求賠償因不履行而生之損害。即承攬人遲延時，定作人得請求減少報酬，或解除契約。但如於完成期限屆滿前已知承攬人根本無法達成時，應如何處理？依民法第503條因可歸責於承攬人之事由，遲延工作，顯可預見其不能於限期內完成而其遲延可為工作完成後解除契約之原因者，定作人得依前條第2項之規定解除契約，即於期限屆滿前欲解除契約，必須以「即使於工作完成後亦得解除契約者」為限。第502條之情形有二，第1項之情形僅得減少報酬或請求賠償因遲延而生之損害，第2項之情形則得解除契約，並得請求賠償因不履行而生之損害，此所謂於工作完成後亦得解除契約者，係指第2項之情形而言。另外，依第504條規定，工作遲延後，定作人受領工作時，不為保留者，承攬人對於遲延之結果，不負責任。所謂不為保留，係指定作人受領工作物時，對遲延之結果並無異議者而言。

(2) **工作完成不能之責任**：工作因可歸責於承攬人之事由致不能完成者，即依謂給付不能之情形，法無特別規定，自應從債編通則之一般原則定之，即可依民法第226條，請求損害賠償。

2.瑕疵擔保責任

　　依民法第347條規定，買賣有關瑕疵擔保責任之規定，於買賣契約外之有償契約，準用之。承攬既為有償契約，於其契約性質不相牴觸之範圍內，自有準用之餘地。買賣中所謂瑕疵擔保責任有二，即權利瑕疵擔保與物之瑕疵擔保二者。承攬中關於權利瑕疵擔保別無特別規定，但關於物之瑕疵擔保則有特別規定，故應優先適用。以下即就承攬中之特別規定論述之：

(1) **瑕疵擔保責任之內容**：依民法第492條規定，承攬人完成工作，應使其具備約定之品質，及無減少，或滅失價值或不適於通常或約定使用之瑕疵。從此規定，其責任內容有三：①品質瑕疵之擔保；②價值瑕疵之擔保；③效用瑕疵之擔保。

(2) **瑕疵擔保責任之效力**

① **瑕疵之修補義務**：依民法第493條規定，工作有瑕疵者，定作人得定相當期限，請求承攬人修補之。如承攬人不於前項期限內修補者，定作人得自行修補，並得向承攬人請求償還修補必要之費用，此即為定作人之瑕疵修補請求權及修補費用償還請求權。但依同條第3項規定，如修補所需費用過鉅者，承攬人得拒絕修補，但非謂承攬人即為免責，定作人仍得依後述解除契約或減少報酬，或請求損害賠償。

② **解除契約或減少報酬**：依民法第494條規定，承攬人不於前條第1項所定期限內修補瑕疵，或依前條第3項之規定，拒絕修補或其瑕疵不能修補者，定作人得解除契約或請求減少報酬。但瑕疵非重要，或所承攬之工作為建築物或其他土地上之工作物者，定作人不得解除契約。

雖有上述情形時，定作人得解除契約或減少報酬，但於定作人選擇解除契約時，卻受有下列限制：

A. **瑕疵非重要者不得解除契約**：即瑕疵既屬輕微，對於定作人而言，賦予減少報酬之權，已足以保護之。

B. **工作物為土地上之工作物時不得解除契約**：此之所謂工作物，雖以建築物為主要情形，但橋樑、或隧道等亦包括在內。於此種情形，原則上不得解除契約，蓋土地上之工作物，尤其是建築物通常其價值不菲，一旦允許其解除契約，勢必造成該工作物面臨拆毀之命運，對承攬人而言，其損失實為過重，且就社會經濟觀點言之，亦屬浪費，故規定不得解除契約。惟如其瑕疵重大致不能達使用之目的者，定作人得解除契約（民495II參照）。

③ **損害賠償**：依民法第495條第1項規定，因可歸責於承攬人之事由，致工作發生瑕疵者，定作人除依前二條之規定，請求修補或解除契約，或請求減少報酬外，並得請求損害賠償。此之「並得」，即謂損害賠償得與修補請求、解除契約或減少報酬一併行之。

(3) **瑕疵預防之責任**：依民法第497條規定，於工作進行中，因承攬人之過失，顯可預見工作有瑕疵，或有其他違反契約之情事者，定作人得定相當期限，請求承攬人改善其工作，或依約履行。承攬人不於前項期限內，依照改善或履行者，定作人得使第三人改善或繼續其工作，其危險及費用，均由承攬人負擔，是為瑕疵預防請求權。此係屬於事前預防之權利，故須於

「工作進行中」顯可預見者方有本條之適用；如於「工作物完成或交付後」，方始發現者，則屬事後救濟之瑕疵擔保責任之問題。

(4) **疵擔保責任之免除**

① **法定免除**：依民法第496條規定，工作之瑕疵，因定作人所供給材料之性質如劣質瓷磚，或依定作人之指示而生者，定作人無前三條所規定之權利。但承攬人明知其材料之性質，或指示不適當，而不告知定作人者，不在此限。

② **約定減免**：關於承攬人之瑕疵擔保責任，並非屬於強行規定，故當事人得以特約加以排除，只要不與強行規定違背（如民501但書），均為有效，但以特約免除或限制承攬人關於工作之瑕疵擔保義務者，如承攬人故意不告知其瑕疵，其特約為無效（民501-1參照）。

(5) **瑕疵擔保責任之存續期間**

① **瑕疵發現期間（主張權利期間；非難期間）**：所謂瑕疵發現期間，係指定作人非於此期間內發現工作之瑕疵者，即不得主張其權利之期間也。可分為：

　A. **一般期間**：依民法第498條規定，第493條至第495條所規定定作人之權利，如其瑕疵自工作交付後經過1年始發見者，不得主張。工作依其性質無須交付者，前項1年之期間，自工作完成時起算。

　B. **特別期間**：依民法第499條規定，工作為建築物，或其他土地上之工作物，或為此等工作物之重大之修繕者，前條所定之期限，延為5年。蓋因土地上之工作物如建築物等，其價值較大，牽涉較廣，故特別予以延長。

　又依第500條規定，承攬人故意不告知其工作之瑕疵者，第498條所定之期限（一般期間），延為5年，第499條所定之期限（特別期間），延為10年。其次，依第501條規定，前述之期間，無論係一般期間或特別期間，當事人均得以特約延長之，但不得以特約加以縮短，即第501條但書之規定係屬不得特約排除之強行規定。

② **行使權利期間**：依民法第514條第1項規定，定作人之瑕疵修補請求權、修補費用償還請求權、減少報酬請求權、損害賠償請求權或契約解除權，均因瑕疵發見後1年間不行使而消滅。依最高法院71年台上字第2996號判例，此1年應係除斥期間。至於承攬報酬請求權之消滅時效，

則依民法第127條第7款規定為2年。

3.法定抵押權

依民法第513條前三項規定，承攬之工作為建築物或其他土地上之工作物，或為此等工作物之重大修繕者，承攬人就承攬關係報酬額，對於其工作所附之定作人之不動產，請求定作人為抵押權之登記；或對將來完成之定作人之不動產請求預為抵押權之登記。前項請求，承攬人於開始工作前亦得為之。前二項之抵押權登記如承攬契約已經公證者，承攬人得單獨聲請之，是為關於承攬人之法定抵押權之規定。所謂法定抵押權，係指為擔保特定債權就特定物依法律規定當然發生之抵押權，此種抵押權之發生既係由法律規定，本無待當事人間之意思表示，亦不以登記為其生效要件，惟因其爭議頗多，民國88年4月21日乃修正該條文，明訂承攬人得請求定作人為抵押權之登記，顯已失去其法定抵押權之意義；而與普通抵押權無異，故有學者認為此項登記係對抗要件，而非生效要件，但最高法院實務見解採生效要件，應注意也。前分析其要件如下：

(1) 須承攬之工作為土地上工作物之「新造」或「重大修繕」，如僅屬小部分之修繕或無關緊要之修繕，即無法取得此種法定抵押權，蓋其利益狀態無法平衡也。

(2) 須承攬人因承攬關係所生之債權即本條之法定抵押權所擔保之特定債權，須為因承攬關係所生之報酬請求權（民505）。

(3) 抵押權之標的須為工作所附之定作人之不動產：具備上述要件，承攬人即得請求定作人為抵押權之登記。其效力準用物權編中關於抵押權之規定，即於其所擔保之債權若屆期不獲清償時，承攬人得聲請法院拍賣抵押物，就其賣得價金受償。

惟因法定抵押權既經登記，其與設定抵押權併存時，孰者優先？依民法第513條第4項規定，第1項及第2項就修繕報酬所登記之抵押權，於工作物因修繕所增加之價值限度內，優先於成立在先之抵押權。至於非修繕之情形，則視登記之先後，登記在先者優於登記在後者。

（二）對於定作人之效力

1.支付報酬義務

(1) **報酬之數額**：依民法第491條第2項規定，當事人間未定報酬額者，按照價

目表所定給付之，無價目表者，按照習慣給付。依民法第490條第2項規定，約定由承攬人供給材料者，其材料之價額，推定爲報酬之一部。而於民法第506條更進而規定訂立契約時，僅估計報酬之概數者，如其報酬，因非可歸責於定作人之事由，超過概數甚鉅者，定作人得於工作進行中或完成後，解除契約。前項情形，工作如爲建築物，或其他土地上之工作物，或爲此等工作物之重大修繕者，定作人僅得請求相當減少報酬，如工作物尚未完成者，定作人得通知承攬人停止工作，並得解除契約。

(2) **報酬之支付時期**：報酬之支付時期，依民法第490條規定，原則上採取後付主義，而民法第505條更進而依工作是否須爲交付，做更具體之規定：

① **工作無須交付者**：依民法第505條第1項後段規定可知，如工作無須交付者，其報酬應於工作完成時給付之。於此種情形，承攬人有先完成工作之義務，則承攬人即不得主張同時履行抗辯權。

② **工作須交付者**：依民法第505條規定，工作須交付者，報酬應於工作交付時給付之，工作係分部交付，而報酬係就各部分定之者，應於每部分交付時，給付該部分之報酬。可知如工作須交付者，尙可分爲二種情形：

　A. 一次全部交付者：應於工作交付時給付之。

　B. 分部交付者：應於每部分交付時，給付各該部分之報酬。由是觀之，其工作之分部給付與各該部分之報酬給付間，得主張同時履行抗辯權。

當然，上述者均屬任意規定，而得由當事人特約排除之。例如工程款，依工程進度表給付之。

2.工作之協力義務

民法第507條規定，工作需定作人之行爲始能完成者，而定作人不爲其行爲時，承攬人得定相當期限，催告定作人爲之。此項定作人之協力義務，於定作人不爲協力時，例如請畫家爲其畫人像，應到場方得開始工作，卻未到場者，此時，依同條第2項規定承攬人得解除契約，並得請求賠償因契約解除而生之損害。

3.工作之受領義務

依一般債之原則，債權人對於債務人所提出之給付並無受領之義務，僅其未爲受領得構成受領遲延，而受領遲延之情形，亦僅減免債務人之注意義務，

並非科加債權人任何之責任，故有稱爲對己義務者（民367之規定係屬例外）。一般情形下，定作人並無受領義務，但下列情形係屬例外：

(1) **以承攬人個人之技能爲要素之承攬契約**：依民法第512條第2項規定，承攬之工作，以承攬人個人之技能爲契約之要素者，如因承攬人死亡或因其過失致不能完成其約定之工作時，而終止契約者，其工作已完成之部分，於定作人爲有用者，定作人有受領及給付相當報酬之義務。

(2) **製造物供給契約**：所謂製造物供給契約，係指當事人之一方以自己之材料，製造物品供給他方，而他方給付報酬之謂也。一般承攬之情形多係由定作人提供材料，但於此種情形卻係由承攬人提供材料，學說上有稱之爲「買賣承攬」，蓋於材料上言之，實具有買賣之性質。故依民法第490條規定，約定由承攬人供給材料，其材料之價額，推定爲報酬之一部。依通說，其性質係屬於買賣與承攬之混合契約。在其製造物之交付上，應適用買賣之規定，則依民法第367條規定，定作人亦有受領之義務。

4.危險負擔

關於承攬之工作，如因不可歸責於雙方當事人之事由，致毀損滅失者，其勞務付出及材料之損失，應如何分配之問題，即所謂危險負擔之問題。依一般雙務契約之原則，係採取債務人負擔原則，而於承攬中有更具體之規定如下：

(1) **材料由承攬人供給者**：依民法第508條第1項規定，工作毀損滅失之危險，於定作人受領前，由承攬人負擔。如定作人受領遲延，其危險由定作人負擔。反之，如於受領後，因定作人仍應給付報酬，其危險自係由定作人負擔。

(2) **材料由定作人提供者**：此種情形，其危險之負擔，應視勞務之危險或材料之危險而分別觀之：

① **勞務之危險**：仍適用民法第508條第1項之規定，於受領前由承攬人負擔，於受領後或受領遲延者則由定作人負擔。

② **材料之危險**：依民法第508條第2項之規定，定作人所供給之材料，因不可抗力而毀損滅失者，承攬人不負其責，則全由定作人負擔矣。

依上所述，關於勞務之危險負擔，於工作受領前仍應由承攬人負擔之，但依民法第509條規定，於定作人受領工作前，因其所供給材料之瑕疵，或其指示不適當，致工作毀損滅失，或不能完成者，承攬人如及時將材料之瑕疵或指示不適當之情事通知定作人時，得請求其已服勞務之報酬及墊款之償還。定作

人有過失者，並得請求損害賠償，則危險歸由定作人承擔之。又前述損害賠償請求權，依民法第514條第2項規定，因其原因發生後，1年間不行使而消滅，依最高法院71年台上字第2996號判例，此1年係除斥期間。

三、消　滅

（一）契約解除

1. **定作人得解除者**：有民法第494條、第495條第2項、第502條第2項、第503條及第506條規定之情形，定作人得解除契約。
2. **承攬人得解除契約者**：有民法第507條規定之情形，承攬人得解除契約。

（二）契約終止

可分爲意定終止與法定終止二者：

1. **意定終止**

依民法第511條規定，於工作未完成前，定作人得隨時終止契約。但應賠償承攬人因契約終止而生之損害。蓋承攬係爲定作人之利益而爲者，如承攬工作之進行對定作人而言，已無任何利益時，自應許其終止，但亦應顧及承攬人之利益。又承攬人之此項損害賠償請求權，依民法第514條第2項規定，亦因其原因發生後1年間不行使而消滅。

2. **法定終止**

民法第512條第1項規定，承攬之工作，以承攬人個人之技能爲契約之要素者，如承攬人死亡，或非因其過失致不能完成其約定之工作時，其契約爲終止。具備此項要件時，其承攬契約當然終止。然於此種情形下，其工作多已完成一部，應如何解決？依同條第2項規定，工作已完成之部分，於定作人爲有用者，定作人有受領及給付相當報酬之義務。

四、政府採購法之特別規定

政府採購法爲民法之特別法，故政府採購有關承攬部分，適用時宜注意政府採購法優先適用之規定。

第九章　旅　遊

一、意義及性質

（一）意　義

依民法第514條之1規定，稱旅遊營業人者，謂以提供旅客旅遊服務爲營業而收取旅遊費用之人。前項旅遊服務，係指安排旅程及提供交通、膳宿、導遊或其他有關之服務。準此，旅遊契約之當事人一方稱爲「旅遊營業人」，另一方稱爲「旅客」，而旅遊服務則採例示規定，除安排旅程爲必要之服務外，另外尚有提供交通膳宿、導遊或其他有關之服務。

（二）性　質

1. 旅遊爲有名契約，民法債各增訂旅遊一節後，旅遊契約不再是無名契約中之混合契約，而係有名契約。
2. 旅遊爲諾成，不要式契約，旅遊只要當事人雙方意見合致，即爲成立。雖然民法第514條之2規定：「旅遊營業人因旅客之請求，應以書面記載下列事項，交付旅客：一、旅遊營業人之名稱及地址。二、旅客名單。三、旅遊地區及旅程。四、旅遊營業人提供之交通、膳宿、導遊或其他有關服務及其品質。五、旅遊保險之種類及其金額。六、其他有關事項。七、塡發之年月日。」
   惟此書面並非旅遊契約之要式文件，故法文明訂「旅遊營業人因旅客之請求」，始以書面爲之。
3. 旅遊爲雙務、有償契約，基於旅遊契約，旅遊營業人員有安排旅程及提供交通、膳宿、導遊或其他有關服務之義務，而旅客則負有給付報酬之義務，且此二者互立於對價關係，故爲雙務有償契約。

二、效　力

（一）對旅客之效力

1.費用給付義務

關於費用之種類、數額及支付時期，均由當事人自由約定，縱未約定者，亦得依習慣或依性質請求（民547參照），例如僅為自助旅行之安排是。

2.協力義務

依民法第514條之3規定，旅遊需旅客之行為始能完成，而旅客不為其行為者，旅遊營業人得定相當期限，催告旅客為之。旅客不於前項期限內為其行為者，旅遊營業人得終止契約，並得請求賠償因契約終止而生之損害。旅遊開始後，旅遊營業人依前項規定終止契約時，旅客得請求旅遊營業人墊付費用將其送回原出發地，於到達後，由旅客附加利息償還之。本條係規定旅客之協力義務，旅遊需旅客之行為，始能完成者，例如需旅客提供資料始得申辦旅遊有關手續等是，旅客不為其行為即無從完成旅遊。故民法規定旅遊營業人得定相當期限，催告旅客為之。旅客如仍不予協力，則賦予旅遊營業人終止契約，並請求損害賠償之權。如旅遊開始後，旅遊營業人依前項規定終止契約時，旅客亦得請求旅遊營業人墊付費用將其送回原出發地，惟必須附加利息償還之。此等損害賠償請求權及墊付費用償還請求權之時效，自旅遊終了或應終了之時起，1年間不行使而消滅（民514-12參照）。

3.變更權

旅客於締約後旅遊開始前因故（如重病、徵兵等）不能參加旅遊，資賦予其變更權。旅遊營業人非有正當理由（如第三人參加旅遊不符法令規定，不適於旅遊等），不得拒絕（民514-4I參照）。惟第三人依前項規定為旅客時，如因而增加費用，旅遊營業人得請求其給付；如減少費用，旅客不得請求退還，以免影響旅遊營業人原有契約利益。至於此等請求權之時效，則為1年（民514-12）。

（二）對於旅遊營業人之效力

1.提供服務義務

此為旅遊營業人之主給付義務，且必須安排旅程及提供交通、膳宿、導遊或其他有關之服務。

2.變更權

　　為保障旅客之權益，旅遊營業人非有不得已之事由，不得變更旅遊內容。惟旅遊營業人依前項規定變更旅遊內容時，其因此所減少之費用，應退還於旅客；所增加之費用，不得向旅客收取（民514-5 II參照）。如因此而涉及旅程之變更，將影響旅客旅遊之目的，故旅遊營業人依第1項規定變更旅程時，旅客不同意者，得終止契約（民514-5 III參照）。旅客依前項規定終止契約時，得請求旅遊營業人墊付費用將其送回原出發地，於到達後，由旅客附加利息償還之（民514-5 IV參照），此等請求權之時效為1年（民514-12參照）。

3.瑕疵擔保責任

(1) **瑕疵擔保責任之內容**：依民法第514條之6規定，旅遊營業人提供旅遊服務，應使其具備通常之價值及約定之品質。此瑕疵擔保責任，性質上較近似於物之瑕疵擔保，而與權利瑕疵擔保無涉。

(2) **瑕疵擔保責任之效力**

① 瑕疵之改善義務：依民法第514條之7第1項規定，旅遊服務不具備前條之價值或品質者，旅客得請求旅遊營業人改善之。

② 請求減少費用並得終止契約，依民法第514條之7第1項規定，旅遊營業人不為改善或不能改善時，旅客得請求減少費用。其有難於達預期目的之情形者，並得終止契約。此之「並得」，即謂請求減少費用與終止契約一併行之。

③ 損害賠償：依民法第514條之7第2項規定，因可歸責於旅遊營業人之事由致旅遊服務不具備前條之價值或品質者，旅客除請求減少費用或並終止契約外，並得請求損害賠償，此之「並得」同上。

　　旅客依前二項規定終止契約時，旅遊營業人應將旅客送回原出發地，其所生之費用，由旅遊營業人負擔（民514-7 III參照），此等請求權之時效為1年（民514-12參照）。

4.損害賠償

　　因可歸責於旅遊營業人之事由，致旅遊未依約定之旅程進行者，性質上為不完全給付，依民法第227條之規定，應負損害賠償之責，惟其損害賠償之範圍雖可依民法第216條計算，惟現代生活重視旅遊休閒之活動，旅遊時間之浪費（俗稱為時間浪費或虛度光陰），當認其為非財產上之損害。故旅客就其時間之浪費，得按日請求賠償相當之金額（民514-8本文）。所謂「按日請

求」，係以「日」爲計算賠償金額之單位，但不以浪費時間達1日以上者爲限。至於其賠償金額，應有最高數額之限制，始爲平允，故每日賠償金額，不得超過旅遊營業人所收旅遊費用總額每日平均之數額（民514-8但書）。

5.**協助處理義務**

　　下列旅遊營業人之協助處理義務，性質上爲附隨義務，如有違反應負債務不履行之責任，茲分述如下：

(1) 旅客在旅遊中因天災、地變或旅客之過失等非可歸責於旅遊營業人之事由，發生身體或財產上之事故時，旅遊營業人應爲必要之協助及處理。惟其所生之費用，由旅客負擔（民514-10參照）。

(2) 旅客在特定場所購物，如係旅遊營業人所安排，因旅遊營業人對於旅遊地之語言、法令及習慣等均較旅客熟稔，爲顧及旅客之權益，其所購物品有瑕疵者，旅客得於受領所購物品後1個月內，請求旅遊營業人協助其處理（民514-11）。

三、消　滅

（一）終止事由

1. **旅遊營業人終止**：有民法第514條之3第2項情形，旅遊營業人得終止契約。
2. **旅客終止**：有民法第514條之5第3項、第514條之7第1項、第2項及第514條之9第1項規定，旅客得終止契約。

（二）效　果

　　無論契約任一方終止時，旅客身處異地，不免陷入困境，故除民法第514條之7第3項規定費用由旅遊營業人負擔外，旅客皆得請求旅遊營業人墊付費用將其送回原出發地，而於到達後，由旅客附加利息一併償還之。且於旅遊未完成前旅客隨時終止契約時，旅客則應賠償旅遊營業人因契約終止而生之損害（民514-9I參照）。

第十章 出 版

一、意義及性質

（一）意　義

　　依民法第515條第1項規定，稱出版者，謂當事人約定，一方以文藝、科學、藝術或其他之著作，爲出版而交付於他方，他方擔任印刷或以其他方法重製及發行之契約。此種契約之當事人一稱爲「出版權授與人」（交付著作物之人）；一稱爲「出版人」（擔任印刷發行者）。而所謂著作，民法上並無明文規定，解釋上凡係精神勞動所得之作品均得爲之，惟本條之著作並不以文藝、科學、藝術之著作爲限（採例示規定），所有著作皆屬之。故爲配合著作權法之修正，民法修正擴大著作之範圍。而民法第515條第2項規定，投稿於新聞紙或雜誌經刊登者，推定成立出版契約，以符社會實情。

（二）性　質

1. 出版爲有名契約。
2. 出版爲不要式、諾成契約。
3. 出版爲雙務、有償契約：出版權授與人負有交付著作物之義務，而出版人負有將之出版之義務，依通說之見解，此二者並立於互爲對價之關係，故爲雙務、有償契約。惟通常情形，出版權授與人應先將著作物交付於出版人，出版人方得將之出版，故出版權授與人有先爲履行之義務，則其即不得主張同時履行抗辯。

二、效　力

（一）對出版權授與人之效力

1.著作物之交付及權利之移轉義務

　　出版權授與人應先將著作物交付出版人，出版人方得予以出版。出版權授與人不僅應交付其著作物，更應授與出版人出版權，否則出版人將無權出版。而民法第515條之1規定出版權於出版權授與人依出版契約將著作交付於出版人

時，授與出版人。依前項規定授與出版人之出版權，於出版契約終了時消滅。且民法第516條第1項規定，著作財產權人之權利，於合法授權實行之必要範圍內，由出版人行使之。按著作權之內容包括著作之公開發表權（著作人格權之一部）、公開上映權、公開播送權、公開表演權、出版、重製、改作等積極權能與禁止他人侵害之消極權能。何謂合法授權實行之必要範圍？依26年院字第1648號解釋，係指出版權及禁止他人侵害之消極權能而言。

2.權利擔保之義務

依民法第516條第2項規定，出版權授與人，應擔保其於契約成立時，有出版授與之權利，如著作受法律上之保護者，並應擔保該著作有著作權。其應擔保之範圍有二：(1)擔保其有出版權授與之權利；(2)擔保有著作權。

3.告知義務

依民法第516條第3項規定，出版權授與人，已將著作之全部或一部，交付第三人出版，或經第三人公表，為其所明知者，應於契約成立前，將其情事告知出版人。所謂公表，係屬著作人格權之一部（依通說，著作人格權認為包括公表權、姓名表示權、同一性保持權），係指著作物之第一次發表而言。本條之趣旨係為誠實信用原則，因如著作業經其他人出版或業經他人公表者，對於現出版人之出版即有妨礙，故要求出版權授與人須於契約成立前即行告知。

4.不競爭義務

依民法第517條規定，出版權授與人，於出版人得重製發行之出版物未賣完時，不得就其著作之全部或一部，為不利於出版人之處分。但契約另有訂定者，不在此限。

5.著作訂正修改權

依民法第520條規定，著作人於不妨害出版人出版之利益，或增加其責任之範圍內，得訂正或修改其著作，但對於出版人因此所生不可預見之費用，應負賠償責任。出版人於重製新版前，應予著作人以訂正或修改著作之機會，是為出版權授與人之著作訂正修改權，但應限於出版權授與人為著作人時，方得擁有訂正修改權，否則即有侵害著作權之虞。又依本條規定觀之，其有訂正修改權，但是否亦有訂正修改義務？解釋上應限於依誠實信用原則認為必要時，著作人始負訂正修改義務。

6.另交稿本及重作之義務

依民法第525條第2項規定，滅失之著作物，如著作人另存有稿本者，有將

該稿本交付於出版人之義務，無稿本者，如出版權授與人係著作人，且不多費勞力，即可重作者，應重作之。第3項並規定前項情形，著作人得請求相當之賠償。

（二）對出版人之效力

1.出版著作之義務

依民法第519條第2項規定，出版人應以適當之格式重製著作物，並應為必要之廣告及用通常之方法推銷出版物。又為尊重著作權人之意思，故第1項規定出版人對於著作，不得增減或變更。如未得著作權人之同意任意加以增、刪者，即為侵害著作權之行為。依民法第521條規定，同一著作人之數著作，為各別出版而交付於出版人者，出版人不得將其數著作，併合出版。關於出版物之售價，依民法第519條第3項之規定，由出版人定之，但不得過高，致礙出版物之銷行。

2.再版之義務

依民法第518條規定，版數未約定者，出版人僅得出一版。但如當事人約定得出數版或永遠出版者，依同條第2項之規定，如於前版之出版物賣完後，怠於新版之重製，出版權授與人得聲請法院令出版人於一定期限內，再出新版，逾期不遵行者，喪失其出版權。

3.支付報酬之義務

支付報酬之約定並非出版契約之成立要件，是否有報酬得由當事人約定之。但依民法第523條規定，如依情形，非受報酬，即不為著作之交付者，視為允與報酬。

(1) **報酬數額**：除著作權法上有特別規定外，報酬之數額應由當事人約定之。但依民法第523條第2項規定，出版人有出數版之權者，其次版之報酬及其他出版之條件，推定與前版相同。

(2) **報酬之給付時期**：依民法第524條規定，著作全部出版者，於其全部重製完畢時，分部出版者，於其各部分重製完畢時，應給付報酬。報酬之全部或一部，依銷行之多寡而定者，出版人應依習慣計算，支付報酬，並應提出銷行之證明。

4.危險之負擔

關於危險負擔之問題，出版中亦設有特別規定，應優先於債編通則之規定

而適用。

(1) **著作交付後之危險負擔**：依民法第525條第1項規定，著作交付出版人後，因不可抗力致滅失者，出版人仍負給付報酬之義務，即危險由出版人負擔之。

(2) **出版物印刷完畢後之危險負擔**：依民法第526條規定，重製完畢之出版物，於發行前，因不可抗力，致全部或一部滅失者，出版人得以自己之費用，就滅失之出版物，補行出版，對於出版權授與人，無須補給報酬，其危險亦由出版人負擔之。然所謂無須補給報酬，係指就後為之補行出版者而言，如係先前之出版未為給付者，仍應給付之。

三、消　滅

(一) 出版權喪失：依民法第518條第2項規定，於出版人受法院令於一定期間內再出新版，而逾期不遵者，喪失其出版權者，其出版關係亦應歸於消滅。

(二) 約定或法定之版數得發行之出版物售罄時。

(三) 著作滅失時：依民法第525條第1項規定，如著作交付出版人後，因不可抗力之事由而滅失時，而著作人無另存稿本，又無法重作者，則出版關係亦歸於消滅。再者，出版物於印刷完畢後發行前，因不可抗力致全部滅失，而出版人不欲補行出版者，其出版關係亦歸於消滅（民526）。

(四) 著作不能完成者：依民法第527條第1項規定，著作未完成前，如著作人死亡，或喪失能力，或非因其過失致不能完成其著作者，其出版契約關係消滅。惟此係原則，其第2項並例外規定，前項情形於如出版契約關係之全部或一部之繼續，為可能且公平者，法院得許其繼續，並命為必要之處置，如令其對其繼承人繼續存續。

第十一章 委 任

一、意義及性質

（一）意 義

依民法第528條規定，稱委任者，謂當事人約定，一方委託他方處理事務，他方允為處理之契約。委託他人處理事務之人，稱為「委任人」；受委任人委託而允為事務之處理者，稱為「受任人」。所謂事務，係指與吾人生活有關之事項，無論為法律行為之事務或非法律行為之事務，均非所問，但受委任之事務不得有背於公共秩序及善良風俗，例如委任他人生孩子。

（二）性 質

1. 委任為有名契約。
2. 委任為典型之勞務契約：因受任人處理事務，須為勞務之給付，且日常生活處理事務之範圍極廣，故民法第529條規定，關於勞務給付之契約，不屬於法律所定其他契約之種類者，適用關於委任之規定，即認委任係屬典型之勞務契約。
3. 委任為不要式、諾成契約。
4. 委任得為無償或有償契約：受任人受任處理事務，以不受報酬為原則，但當事人得約定報酬，或依民法第547條規定報酬縱未約定，如依習慣，或依委任事務之性質，應給與報酬者，受任人得請求報酬。故委任原則上為無償，例外則為有償。
5. 委任得為單務或雙務契約：無償委任僅使受任人負擔處理事務之義務，雖委任人負有償還費用之義務（民546參照），但二者間並非立於互為對價之關係，故為單務契約；但於有償委任，其委任人之報酬給付義務與受任人之事務處理義務即立於互為對價之關係，而為雙務契約。

二、委任之成立

委任既屬不要式契約，故僅須當事人間意思合致即得成立，委任書狀之交

付與否並非其要件。依民法第530條規定，有承受委託處理一定事務之公然表示者，如對於該事務之委託，不即為拒絕之通知時，視為允受委託。此係擬制承諾之規定，例如律師、會計師、醫師之掛牌執業或外匯銀行公然接受廠商開發信用狀之牌示是。

三、效　力

（一）對於受任人之效力

1.事務處理權

受任人欲對委任人之事務為處理，其必先具有事務處理權之授與方得為之。所謂事務處理權，乃受任人得處理委任人事務之內部權限。

(1) **處理權授與方式**：原則上委任契約成立即同時具有處理權，但如為委任事務之處理，須為法律行為，而該法律行為，依法應以文字為之者，其處理權之授與，亦應以文字為之。其授與代理權者，代理權之授與亦同（民531），是為民法第167條所定代理權之授與為不要式之例外規定。

(2) **處理權之範圍**：依民法第532條規定，受任人之權限，依委任契約之訂定。未訂定者，依其委任事務之性質定之。委任人得指定一項或數項事務而為特別委任，或就一切事務，而為概括委任。即其權限因特別委任或概括委任而有不同：

① **特別委任**：即僅指定一項或數項事務而為委任，例如僅委任訂立買賣契約，依第533條規定，受任人受特別委任者，就委任事務之處理，得為委任人為一切必要之行為。

② **概括委任**：概括委任係就一切事務而為委任。依第534條之規定，受任人受概括委任者，得為委任人為一切行為。但為下列行為，須有特別之授權：A.不動產之出賣或設定負擔；B.不動產之租賃其期限逾2年者；C.贈與；D.和解；E.起訴；F.提付仲裁。

2.事務處理義務

(1) **注意義務**：依民法第535條規定，受任人處理委任事務，應依委任人之指示，並與處理自己事務為同一之注意（無報酬者）。其受有報酬者，應以善良管理人之注意為之。即受任人之注意程度因有償委任與無償委任而有不同，於有償委任，受任人應負抽象輕過失之責任，於無償委任，僅負具

體輕過失之責任。

(2) **不背委任人指示之義務**：依民法第535條前段之規定，受任人處理委任事務，應依委任人之指示。而依民法第536條規定，受任人非有急迫之情事，並可推定委任人若知有此情事亦允許變更其指示者，不得變更委任人之指示。

(3) **親自處理義務**：民法第537條規定，受任人應自己處理委任事務。但經委任人之同意或另有習慣，或有不得已之事由者，得使第三人代爲處理。蓋因委任契約實屬一種當事人間之信賴關係，故受任人以親自處理委任事務爲原則，但有以下例外：①委任人同意；②另有習慣；③有不得已之事由：如臨時生病之情形下得爲複委任。

由是觀之，複委任，應分合法複委任與違法複委任，而異其處理：

① **合法複委任**：依民法第538條第2項規定，受任人僅就第三人之選任，及其對於第三人所爲之指示，負其責任。

② **違法複委任**：依同條第1項規定，受任人違法爲複委任者，就該第三人之行爲，與就自己之行爲，負同一責任。

又依民法第539條規定，受任人使第三人代爲處理委任事務者，委任人對於該第三人關於委任事務之履行，有直接請求權。即於受任人與次受任人間形成一種非眞正之連帶債務關係。

3.**事務計算義務**

即受任人須將事務處理之經過及其結果，報告及交代與委任人知悉。

(1) **進行狀況及顛末之報告義務**：民法第540條規定，受任人應將委任事務進行之狀況，報告委任人，委任關係終止時，應明確報告其顛末。

(2) **物之交付及權利移轉之義務**：依民法第541條規定，受任人因處理委任事務，所收取之金錢物品及孳息，應交付於委任人。受任人以自己之名義，爲委任人取得之權利，亦應移轉於委任人。

(3) **利息支付及損害賠償**：依民法第542條規定，受任人爲自己之利益，使用應交付於委任人之金錢或使用應爲委任人利益而使用之金錢者，應自使用之日起，支付利息。如有損害，並應賠償之。

4.**債務不履行責任**

依民法第544條規定，受任人因處理委任事務有過失，或因逾越權限之行爲所生之損害，對於委任人應負賠償之責。惟依第535條前段規定，即使未受有報酬，受任人處理委任事務，亦應依委任人之指示，並與處理自己事務爲同

一之注意為之，即應負具體輕過失之責任。

（二）對於委任人之效力

1.事務處理請求權

因委任具有當事人間之信賴關係，故其事務處理請求權，原則上亦不得讓與第三人（民543參照）。

2.費用之預付及償還義務

依民法第545條規定，委任人因受任人之請求，應預付處理委任事務之必要費用。而民法第546條第1項規定，受任人因處理委任事務，支出之必要費用，委任人應償還之，並付自支出時起之利息（即墊付利息）。

3.債務清償及損害賠償義務

依民法第546條第2項規定，受任人因處理委任事務，負擔必要債務者，得請求委任人代其清償，未至清償期者，得請求委任人提出相當擔保。而第3項規定受任人處理委任事務，因非可歸責於自己之事由，致受損害者，得向委任人請求賠償。第4項則規定，前項損害之發生，如別有應負責任之人時，委任人對於該應負責者，有求償權。

4.報酬給付義務

(1) **報酬之種類及數額**：關於報酬之種類及數額，由當事人自由約定之，縱未約定者，亦得依習慣或依委任事務之性質，請求報酬（民547參照）。

(2) **支付之時期**：依民法第548條第1項規定，受任人應受報酬者，除契約另有訂定外，非於委任關係終止及為明確報告顛末後，不得請求給付。即採報酬後付原則，故有償委任之受任人，不得以未受付報酬主張同時履行抗辯。

(3) **半途終止之報酬**：依民法第548條第2項規定，委任關係，因非可歸責於受任人之事由，於事務處理未完畢前已終止者，受任人得就其已處理之部分，請求報酬。

四、消　滅

（一）事　由

1.當事人之任意終止

委任契約因首重當事人間之信賴關係，故如信賴不再，應許當事人終止契

約。按民法第549條第1項規定，當事人之任何一方得隨時終止委任契約，亦即無論係屬有償或無償均得因任何理由而終止。惟第2項規定，當事人之一方，於不利於他方之時期終止契約者，應負損害賠償責任，但因非可歸責於該當事人之事由，致不得不終止契約者，不在此限。

2.法定事由之發生

民法第550條規定，委任關係，因當事人一方死亡、破產或喪失行為能力而消滅。但契約另有訂定，或因委任事務之性質，例如訴訟之委任，不能消滅者，不在此限。

（二）效　力

1.損害賠償義務

當事人之任意終止，係於不利於他方之時期終止契約者，應負損害賠償責任。但因非可歸責於該當事人之事由，致不得不終止契約者，不在此限（民549II）。所謂損害，係指不於此時終止，他方即可不受該項損害者而言（信賴利益賠償），非指原先約定之報酬（62台上1536），故如僅係報酬之損失（履行利益賠償），即不得據本條以請求。

2.繼續處理義務

依民法第551條規定，當事人因法定事由而終止時，如委任關係之消滅，有害於委任人利益之虞時，受任人或其繼承人，或其法定代理人，於委任人或其繼承人，或其法定代理人，能接受委任事務前，應繼續處理其事務，以保障委任人之利益。

3.委任關係存續之擬制

依民法第552條規定，委任關係消滅之事由，係由當事人之一方發生者，於他方知其事由，或可得而知其事由前，委任關係視為存續（如委任銀行付款）。於此存續期間內，雙方之權利義務關係，仍應依約履行，本條之設兼為受任人之利益，即受任人於此期間內所為之事務處理，仍得請求報酬，與民法第551條專為委任人之利益所設之規定有異。

第十二章　經理人及代辦商

　　經理人與代辦商均屬於商業主體之輔助人，特別法如公司法對公司經理人、海商法對船舶經理人均設有特別規定；關於代辦商於保險法則設有保險代理人之特別規定，以上特別法規定，自應優先於本節規定而適用。

第一節　經理人

一、意　義

　　依民法第553條第1項規定，稱經理人者，謂由商號之授權，爲其內部管理事務，及外部簽名之人。經理人與選任人（商號）間之關係，應屬一種特別委任（有稱爲經理契約），故依民法第529條規定，除法律上有特別規定外，得適用委任之規定。又經理人只要對內有爲商號管理事務，對外有爲商號簽名者，即屬之，並不以具有經理頭銜者爲限。反之，雖有經理頭銜，但對內對外並無以上權限者，則非民法所稱之經理人。又公司法上所稱之經理人，除公司法另有特別規定外，亦適用民法上有關經理人之規定。

二、經理人之權利（經理權）

（一）經理權

1.意義

　　所謂經理權，乃有爲商號管理事務，及爲其簽名之權利（限）。其範圍可以包括對內之商號營業事務經營權及對外之事務代理權。

2.經理權之授與

　　依民法第553條第2項規定，經理權之授與，得以明示或默示爲之。可知經理權之授與並無任何限制規定，因而一經商號選任爲經理人，雖無另外明示之授權，亦得認有默示之授權。

3.經理權之範圍

　　包括對內之商號營業事務經營權及對外之事務代理權，範圍如下：

(1) **得為管理上之一切必要行為**：依民法第554條第1項規定，經理人對於第三人之關係，就商號或其分號如分店或支店，或其事務之一部如銷售部或管理部，視為其有為管理上一切必要行為之權限。所謂必要行為，係指以該商號營業上有關之行為，例如因支付貨款而開立支票之行為，且以為商號存續之目的所為之行為為限。

(2) **得為一切訴訟上之行為**：民法第555條規定經理人，就所任之事務，視為有代理商號為原告或被告或其他一切訴訟上行為之權。所謂為原告或被告，非指得以自己名義為原被告，而係指得以商號名義為原被告而言。

4.經理權之限制

　　依民法規定，經理權有如下限制：

(1) **主管事務部門之限制**：依民法第553條第3項規定，經理權得限於管理商號事務之一部如人事、業務，或商號之一分號如分店，或數分號如北區、南區。

(2) **須有書面授權之限制**：第554條第2項規定，經理人除有書面之授權外，對於不動產，不得買賣，或設定負擔。此係因不動產之價值甚鉅，故宜慎重為之故也。惟此限制於以買賣不動產為營業之商號經理人（如不動產仲介業之經理人），不適用之（民554III）。

(3) **共同經理**：商號得授權於數經理人，但經理人中有2人之簽名者，對於商號，即生效力（民556）。即於共同經理之情形，經理權之行使毋庸共同為之，貴乎迅速。顯係民法第168條規定「共同代理，應共同為之」之例外規定。

(4) **經理權限制之效力**：經理權之限制除上述三點外，尚得由選任人任意限制之，但其限制之效力，依民法第557條規定，經理權之限制，除民法第553條第3項、第554條第2項及第556條所規定外，不得以之對抗善意第三人。此係因經理人對外本即有概括之權限，如有限制，外界無從得知，為保護交易安全，故規定不得以其限制對抗善意第三人。

（二）報酬請求權

　　經理人與商號之關係通常均為委任（但有時亦得為僱傭關係），且依其性質應有報酬，即使未為報酬之約定，參照民法第547規定，經理人亦得請求報酬，故應屬有償委任。

三、經理人之義務

（一）注意義務

依民法第535條規定，有償委任之經理人應以善良管理人之注意義務，執行其職務，亦即應負抽象輕過失之責任。

（二）競業禁止義務

依民法第562條規定，經理人非得其商號之允許，不得為自己或第三人經營與其所辦理之同類事業，亦不得為同類事業公司無限責任之股東，以維護選任商號所有人之利益，亦即經理人有避免競業之不作為義務，此包括：1.同業競爭之禁止；2.兼業或副業之禁止。

但既為商號之利益而設，則商號自可放棄該項利益，故又規定倘得商號之允許，即不受禁止。依民法第563條第1項規定，經理人有違反前條規定之行為時，其商號得請求因其行為所得之利益，作為損害賠償。是為所謂商號「介入權」（或稱為「奪取權或歸入權」）之規定。其行使介入權之期間，依第563條第2項規定，係自商號知有違反行為時起，經過2個月或自行為時起經過1年不行使而消滅。

四、經理關係之消滅

（一）經理人之解任或辭任

依民法第549條規定，於委任關係中，委任人與受任人均得任意終止，故商號自得隨時解任經理人，經理人亦得隨時辭任。

（二）經理人死亡、破產或喪失行為能力

參照民法第550條規定，經理人死亡或破產或喪失行為能力時，經理關係應歸於消滅；但如商號所有人之死亡、破產或喪失行為能力時，其經理權並不因而消滅（民564）。

（三）營業之廢止或轉讓

依通說，商號營業之廢止時，其經理權應歸於消滅；於營業讓與時，除與商號之受讓人另有約定其爲繼續有效者外，其經理關係亦應歸於消滅。

第二節　代辦商

一、意　義

依民法第558條第1項規定，稱代辦商者，謂非經理人而受商號之委託，於一定處所或一定區域內，以該商號之名義，辦理其事務之全部或一部之人。由於代辦商須以商號之名義辦理委託事務，而具有代理之性質，故亦有稱爲代理商者。其性質雖與前述經理人相同，均屬特別之委任（有稱爲代辦契約），而應準用委任之規定，但其係屬於獨立之商業輔助人，與經理人係隸屬於商號中者不同。

二、代辦商之權利

（一）代辦權

1.意義

所謂代辦權，係指受商號之委託，於一定處所或一定區域內，以該商號之名義，辦理其事務之全部或一部之權，而具有代理權之性質。其包括對內之事務處理權限與對外之代理權限。

2.代辦權之授與

法無明文規定，解釋上除須書面授權之特別情形外（例如民531、558III之情形），得依一般代理權授與之方式（民167）爲之。

3.範圍及限制

民法第558條第2項規定，代辦商對於第三人之關係，就其所代辦之事務，視爲其有爲一切必要行爲之權限。但其應以商號之名義爲之，即須表明爲商號代理之旨。依代理之概念，其代辦事務之效力，自應直接及於該商號（民103）。又依同條第3項規定，代辦商除有書面之授權外，不得負擔票據上之義

務，或爲消費借貸，或爲訴訟，是爲其限制。

（二）報酬給付及費用償還請求權

依民法第560條規定，代辦商得依契約所定，請求報酬，或請求償還其費用。無約定者依習慣，無約定亦無習慣者，依其代辦事務之重要程度及多寡，定其報酬。須說明者，其中所謂費用，係指代辦商代商號墊付之費用而言，如係代辦商本身營業之費用，應不包括在內，自不得請求。

三、代辦商之義務

（一）報告義務

民法第559條規定，代辦商就其代辦之事務，應隨時報告其處所或區域之商業狀況於其商號，並應將其所爲之交易，即時報告之。

（二）競業禁止義務

依民法第562條規定，代辦商非得其商號之允許，不得爲自己或第三人經營與其所辦理之同類事業，亦不得爲同類事業公司無限責任之股東。違反前開規定時，與經理人同，商號得行使介入權（歸入權），其行使期間爲自商號知有違反行爲時起，經過2個月或自行爲時起經過1年不行使而消滅（民563）。

四、代辦商關係之消滅

除解任或辭任或期間屆滿之原因外，民法上設有如下之特別規定：

（一）契約終止

1.未定期間者

依民法第561條第1項規定，代辦權未定期限者，當事人之任何一方得隨時終止契約，但應於3個月前通知他方。

2.遇有不得已之事由者

依民法第561條第2項規定，當事人之一方，因非可歸責於自己之事由，致不得不終止契約者，得不先期通知而終止之。

（二）代辦商死亡、破產或喪失行為能力者

參照民法第550條規定，代辦商死亡、破產或喪失行為能力時，代辦權應歸於消滅；但如商號所有人之死亡、破產或喪失行為能力時，其代辦權並不因而消滅（民564）。

第十三章　居　間

一、意　義

　　依民法第565條規定，稱居間者，謂當事人約定，一方為他方報告訂約之機會，或為訂約之媒介，他方給付報酬之契約。其當事人一稱「居間人」，係指為他方報告訂約之機會，或為訂約之媒介之人；另一稱為「委託人」，係為給付報酬之人。居間之性質係屬有償契約，並為勞務契約之一種，故除另有規定外，自應適用委任之規定。而如係以不動產買賣、租賃等為居間之內容者，居間人之資格有不動產經紀業管理條例之限制。

二、種　類

　　居間依其委託任務內容之不同，可以分為：
1. **指示居間（報告居間）**：係指居間人僅為他方報告訂約機會，而不以於訂約時為訂約雙方之間幹旋為必要。
2. **媒介居間**：係指僅為他方為訂約之媒介。
　　我民法對此二者皆承認之，均屬居間人，其異僅於居間報酬之給付人為委託人或契約雙方當事人而有所不同（民570）。

三、效　力

（一）居間人之義務

1.據實報告或妥為媒介義務

　　依民法第567條規定，居間人關於訂約事項，應就其所知，據實報告於各當事人。對於顯無履行能力之人，或知其無訂立該約能力之人，不得為其媒介。以居間為營業者，關於訂約事項及當事人之履行能力或訂立該約之能力，有調查之義務。即於報告居間，居間人應將關於訂約事項例如人之信用等，就其所知據實告知委託人。於媒介居間，應就其所知據實報告雙方（因其報酬係由雙方支付，民570參照）；除此外，對無履行能力者更不得為其媒介，避免

損害他方利益。其執行居間事務，依民法第571條規定，居間人違反其對於委託人之義務而為利於委託人之相對人之行為，或違反誠實及信用方法，由相對人收受利益者，不得向委託人請求報酬及償還費用。故居間人應依誠實信用之方式，妥慎辦理。

2.隱名居間之不告知義務

依民法第575條第1項規定，當事人之一方，指定居間人不得以其姓名或商號告知相對人者，居間人有不告知之義務。此項不告知義務，不僅於訂約時應遵守，即於訂約後亦應守秘密。

3.介入義務

民法第575條第2項規定，居間人不以當事人一方之姓名或商號告知相對人時，應就該方當事人由契約所生之義務，自己負履行之責，並得為其受領給付，是為居間人之介入義務。此係於隱名居間之情形，當事人之一方既隱其姓名或商號，自不得不由居間人擔負履行責任。

（二）居間人之權利

1.報酬請求權

報酬之給付係屬居間之要件，應由當事人約定之，如未為約定者，依民法第566條規定，如依情形，非受報酬，即不為報告訂約機會或媒介者，視為允與報酬，故居間為有償契約，惟第573條規定，因婚姻居間而約定報酬者，就其報酬無請求權，蓋所以尊重婚姻當事人之意思也。

(1) **報酬數額**：關於報酬之數額或給付種類，應由當事人約定之，如未約定報酬者，依民法第566條第2項規定，按照價目表所定給付之。無價目表者，按照習慣給付。但依民法第572條規定，如約定之報酬，較居間人所任勞務之價值，為數過鉅失其公平者，法院得因報酬給付義務人之請求酌減之。但報酬已給付者，不得請求返還。故委託人為此項聲請，應於未給付前方有其實益。

(2) **給付義務人**：依民法第570條規定，居間人因媒介應得之報酬，除契約另有訂定或另有習慣外，由契約當事人雙方平均負擔。此係關於媒介居間之報酬給付義務人之規定，而於報告居間，其關係僅單純地存於居間人與委託人之間，故報酬給付義務人應為委託人。

(3) **報酬給付時期**：依民法第568條規定，居間人以契約因其報告或媒介而成立

者爲限，得請求報酬。契約附有停止條件者，於該條件成就前，居間人不得請求報酬，即採取報酬後付主義（附停止條件），故雖有報告或媒介而契約未成立者，仍無從請求報酬。又如委託人爲免報酬之支付，故意拒絕訂立媒介或報告之契約，而再自行與相對人簽訂同一內容之契約者，應認有背於誠實信用原則，而仍應給付報酬（59台上2929）。

(4) **報酬請求權之喪失**：依民法第571條規定，居間人違反其對於委託人之義務而爲利於委託人之相對人之行爲，或違反誠實及信用方法，由相對人收受利益者，不得向委託人請求報酬及償還費用。此係未忠於所託，故剝奪其報酬請求權。當然，委託人如因此更受有損害者，尚得請求損害賠償。

2.費用償還請求權

依民法第569條第1項規定，居間人支出之費用，非經約定，不得請求償還，因通常居間所需費用已包括在報酬之內，故不得另外請求。又此一規定，依同條第2項規定，於居間人已爲報告或媒介而契約不成立者，亦適用之。故費用償還請求權僅於當事人間就此有特別約定時，方得發生。再如居間人違反誠信之義務時，即不得請求償還（民571）。

四、居間之消滅

居間消滅原因，法無特別規定，故應依一般原則定之，諸如居間目的之完成、契約終止、當事人死亡、破產或喪失行爲能力等均得構成居間消滅原因。

第十四章　行　紀

一、意　義

　　依民法第576條規定，稱行紀者，謂以自己之名義為他人之計算，為動產之買賣或其他商業上之交易，而受報酬之營業。亦有稱為「牙行」或「經紀」者。其當事人一稱「行紀人」，一稱「委託人」。行紀雖與代辦商相同係受他人之委託，提供勞務而受報酬，但行紀必須以「自己」之名義為之，而代辦商，則以「商號」名稱為之。行紀之性質，學說上迭有爭議，有承攬說、委任說與僱傭說之爭，但依民法第577條規定「行紀，除本節有規定者外，適用關於委任之規定」觀之，應採委任說為當。且受報酬之約定係其要件，故又屬有償委任。所謂「以自己名義」，即係以自己為交易行為之主體。而所謂「為他人之計算」，係指於交易行為上所生之一切損益，均歸於委託人承受負擔。

二、效　力

（一）行紀人之義務

1.直接履行義務

　　行紀人既以自己之名義為交易行為，對於為交易行為之相對人，即應自得權利並自負其責（民578參照）。亦即其交易行為之效力，係直接對行紀人發生，再依其與委託人之內部關係移轉於委託人（例如券商與股票投資人間之關係，即屬之）。至於相對人不履行債務時，應如何處理？依民法第579條規定行紀人為委託人之計算所訂立之契約，其契約之他方當事人，不履行債務時，對於委託人應由行紀人負直接履行契約之義務，但契約另有訂定，或另有習慣者，不在此限。例如甲委託乙出售A物一批，乙將該物出售於丙後，丙拒絕支付價金時，因契約非於甲、丙間存在，為保護甲之權利，甲得向乙請求該項價金（乙得向丙請求債務不履行之損害賠償，甲亦得代位行使，故最終責任亦係由丙負擔）。

2.價額遵守義務

　　行紀人為委託人為交易時，應遵照委託人之指示為之（民577、535）。如

委託人對於行紀人所為之買賣，指定一定之價額者，行紀人亦應遵守。如行紀人以低於委託人所指定之價額賣出，或以高於委託人所指定之價額買入者，依民法第580條規定，行紀人應補償其差額。又行紀人以高於委託人所指定之價額賣出，或以低於委託人所指定之價額買入者，其利益均歸屬於委託人（民581），此乃行紀人係以自己名義，為委任人之計算，損益自應歸委託人故也。

3.保管義務

依民法第583條第1項規定，行紀人為委託人之計算所買入或賣出之物，為其占有時，適用寄託之規定。則行紀人對於上述之物，應依善良管理人之注意義務保管之（民590參照）。惟其義務亦僅為保管而已，依民法第583條第2項規定，除委託人另有指示外，行紀人不負付保險之義務。

4.處置義務

依民法第584條規定，委託出賣之物，於達到行紀人時有瑕疵，或依其物之性質易於敗壞者，行紀人為保護委託人之利益，應與保護自己之利益為同一之處置，亦即應盡應與處理自己事務為同一之注意。如行紀人怠為處置或處置不當者，應負損害賠償責任。

（二）行紀人之權利

1.報酬費用請求權

依民法第582條規定，行紀人得依約定或習慣請求報酬、寄存費、及運送費，並得請求償還其為委託人之利益而支出之費用及其利息，是為行紀人之報酬費用償還請求權。報酬之約定係行紀之要件，所謂報酬即俗稱之「佣金」，其計算習慣上多以交易價額依一定比率計算之。

2.拍賣提存權

依民法第585條規定，委託人拒絕受領行紀人依其指示所買之物時，行紀人得定相當期限，催告委託人受領，逾期不受領者，行紀人得拍賣其物，並得就其對於委託人因委託關係所生債權之數額，於拍賣價金中取償之，如有剩餘，並得提存之。如為易於敗壞之物，行紀人得不為前項之催告。又依第586條規定，委託行紀人出賣之物，不能賣出，或委託人撤回其出賣之委託者，如委託人不於相當期間，取回或處分其物時，行紀人得依第585條之規定，行使其拍賣提存權。

3.介入權

　　依民法第587條第1項規定，行紀人受委託出賣或買入貨幣、股票，或其他市場定有市價之物者，除有反對之約定外，行紀人得自為買受人或出賣人，其價值以依委託人指示而為出賣或買入時市場之市價定之，是為行紀人之「介入權」，亦稱為「自約權」。所謂介入，係指行紀人自己為出賣人或買受人，而不另與第三人成立買賣契約。此種情形，應係行紀人以自己之名義與自己訂立契約，解釋上應認為民法第106條禁止自己代理之例外規定。介入權之性質依通說認係屬形成權，故一經行使即發生契約成立之效果。另外，依第588條規定，行紀人得自為買受人或出賣人時，如僅將訂立契約之情事通知委託人，而不以他方當事人之姓名告知者，視為自己負擔該方當事人之義務，是為「介入之擬制」之規定。

三、消　滅

　　關於行紀之消滅，法無特別規定，應適用委任之一般規定。

第十五章　寄　託

第一節　一般寄託

一、意義及性質

（一）意　義

　　依民法第589條規定，稱寄託者，謂當事人一方，以物交付他方，他方允為保管之契約。其契約之當事人，一稱「寄託人」，即將物交付寄託之人；一稱「受寄人」，即允為保管之人。其所交付之物，解釋上限於動產，不動產不得為寄託（但有不同見解）。但若所寄託之物為代替物者，則屬消費寄託之問題。所謂「交付」，係指移轉物之占有，並不移轉物之所有權。但其移轉占有之目的，僅在於保管，與租賃、使用借貸之情形，係在於使用（租賃更有收益之目的）不同。

（二）性　質

1. 寄託為有名契約。
2. 寄託為要物契約：依民法第589條之規定觀之，寄託契約係因寄託人交付寄託物於受寄人而成立，故為要物契約。其實，寄託契約之要物性，並非絕對必要，故學者多主張須加以修改，改為成立要件。惟此項民法就此並未修正。
3. 寄託為不要式契約。
4. 寄託得為無償或有償契約：依民法第589條第2項規定，受寄人除契約另有訂定，或依情形，非受報酬，即不為保管者外，不得請求報酬。即原則上屬無償契約，如當事人另有約定，或另有習慣者，得為有償契約。
5. 寄託得為片務或雙務契約：無償寄託為片務契約，而有償寄託則為雙務契約。
6. 寄託為繼續性契約：故寄託契約僅有終止契約之問題，而無解除契約之問題。

二、效　力

（一）對於受寄人之效力

1.寄託物保管義務

(1) **注意義務**：依民法第590條規定，受寄人保管寄託物，應與處理自己事務為同一之注意。其受有報酬者，應以善良管理人之注意為之。即於無償寄託，受寄人應負具體輕過失之責任；而於有償寄託，受寄人應負抽象輕過失之責任。

(2) **寄託物使用之禁止**：寄託之目的既僅在保管寄託物，而非如租賃尚以使用收益為目的，故其保管行為僅能於保管範圍內為之，而不得使用收益。故第591條第1項規定，受寄人非經寄託人之同意，不得自己使用或使第三人使用寄託物。但如在保管目的之範圍內必須使用者，則不在此限，例如保管機器，為使機器不致生鏽，則必須開機運轉，方得達到保管之目的。如受寄人違反規定而加以使用者，依同條第2項規定，對於寄託人，應給付相當報償（如租金額），如有損害，並應賠償。但能證明縱不使用寄託物，仍不免發生損害者，不在此限。

(3) **親自保管義務**：依民法第592條規定，受寄人應自己保管寄託物。但經寄託人之同意，或另有習慣，或有不得已之事由者，得使第三人代為保管。即原則上必須親自保管，蓋寄託帶有強烈當事人間之信賴關係；如受寄人使第三人為保管者，應視其為適法或違法，而異其責任。依民法第593條第1項規定，受寄人違法使第三人代為保管寄託物者，對於寄託物因此所受之損害，應負賠償責任，但能證明縱不使第三人代為保管，仍不免發生損害者，不在此限。而依其第2項規定，受寄人適法使第三人代為保管者，僅就第三人之選任及其對於第三人所為之指示，負其責任。

(4) **保管之方法**：關於寄託物之保管方法，得由當事人自由約定之，但若未為任何約定者，應依物之種類、性質、價格、交易習慣等，適當加以保管。例如交付生鮮一批託保管者，應將之存入冷凍庫中，而不得任其腐敗。如保管方法已約定者，依民法第594條規定，非有急迫之情事並可推定寄託人若知有此情事，亦允許變更其約定方法時，受寄人不得變更之。

(5) **保管之場所**：關於保管之場所當事人未為約定者，自應依寄託物之種類、

性質、價格等適當地加以保管，如已爲約定者，自亦不得任意變更之。但依民法第600條第2項之規定，如係適法使第三人代爲保管者，自得變更保管場所。

2.危險通知義務

依民法第601條之1第2項規定，第三人提起訴訟或爲扣押時，受寄人應即通知寄託人，是爲受寄人之危險通知義務，俾使寄託人得即時參加訴訟或對扣押之執行聲明異議或提起第三人異議之訴。如違反致寄託人受有損害者，應負損害賠償責任。

3.寄託物返還義務

寄託物之返還，一方面係寄託終止之事由，一方面亦係受寄人之義務。此一義務縱有第三人就寄託物主張權利者，除對於受寄人提起訴訟或爲扣押外，受寄人仍有返還寄託物於寄託人之義務（民601-1I），不得拒絕返還。

(1) **返還之物**：應返還之物係原受寄託物，即寄託契約成立時所受領之原物，而依民法第599條規定，受寄人返還寄託物時，應將該物之孳息，一併返還，蓋受寄人並無收益權故也。

(2) **返還時期**：

① **定有返還期限者**：依民法第597條規定寄託物返還之期限，雖經約定，寄託人仍得隨時請求返還。但依民法第598條第2項規定，定有返還期限者，受寄人非有不得已之事由，不得於期限屆滿前返還寄託物。依此規定可知，關於寄託契約之期限利益係由寄託人掌握。

② **未定返還期限者**：依民法第598條第1項規定，未定返還期限者，受寄人得隨時返還寄託物。又依民法第597條規定觀之，寄託人當然亦得隨時請求返還。

③ **返還之處所**：依民法第600條規定，寄託物之返還，於該物應爲保管之地行之。受寄人依民法第592條或依民法第594條（合法變更保管方法）之規定，將寄託物轉置他處者，得於物之現在地返還之。

（二）對於寄託人之效力

1.費用償還義務

依民法第595條規定，受寄人因保管寄託物而支出之必要費用，寄託人應償還之，並付自支出時起之利息。但契約另有訂定者，依其訂定。所謂必要費

用，係指因保管寄託物所生者爲限。如係有益費用之支出，解釋上得適用無因管理之規定，請求返還之。又依一般習慣，於有償寄託，其費用通常均已計算入報酬之中，而不另行請求，故解釋上應認爲除當事人另有約定外，不得請求。

2.損害賠償義務

　　依民法第596條規定，受寄人因寄託物之性質或瑕疵所受之損害，寄託人應負賠償責任。但寄託人於寄託時非因過失而不知寄託物有發生危險之性質或瑕疵或爲受寄人所已知者，不在此限。

3.報酬給付義務

　　於有償寄託，須有報酬之約定，或依情形不受報酬即不爲保管之情形，始有報酬之給付問題。

(1) **給付之時期**：依民法第601條第1項規定，寄託約定報酬者，應於寄託關係終止時給付之，分期定報酬者，應於每期屆滿時給付之，即採報酬後付原則。

(2) **半途終止時之報酬**：依民法第601條第2項規定，寄託物之保管，因非可歸責於受寄人之事由，而終止者，除契約另有訂定外，受寄人得就其已爲保管之部分，請求報酬。

　　又上述三種請求權，依民法第601條之2規定，關於寄託契約之報酬請求權、費用償還請求權或損害賠償請求權，自寄託關係終止時起，1年間不行使而消滅，是爲短期消滅時效。

三、消　滅

　　關於寄託之消滅事由，法無特別規定，自得適用一般原則，如期限屆滿、寄託物之返還等。

第二節　特種寄託

一、消費寄託

（一）意　義

依民法第602條規定，寄託物爲代替物時，如約定寄託物之所有權移轉於受寄人，並由受寄人以種類、品質、數量相同之物返還者，爲消費寄託。自受寄人受領該物時起，準用關於消費借貸之規定。

（二）寄託物之返還

依民法第602條第2項、第3項規定，如寄託物之返還，定有期限者，寄託人非有不得已之事由，不得於期限屆滿前請求償還。前項規定，如商業上另有習慣者，不適用之。同樣的，受寄人方面除非有不得已之事由，亦不得於期限屆滿前，返還寄託物（適用一般寄託節之民法第598條規定，因借貸節中無此種規定）。

（三）金錢消費寄託

所謂金錢寄託，係以金錢爲標的物之寄託，其性質屬消費寄託之一種。依民法第603條規定，寄託物爲金錢時，推定其爲消費寄託。即除當事人有反證外（如舉證證明當初係封包交寄），否則即認爲係屬消費寄託。

二、法定寄託

（一）意　義

所謂法定寄託，係指依法律規定所成立之寄託關係，而非由當事人之意思合致而成立。依民法規定，可以分爲因住宿而發生之寄託關係與因飲食、沐浴而發生之寄託關係。於法定寄託關係中，法律科加受寄人須負擔通常事變責任，即除不可抗力責任外，均須負責，而屬於無過失責任之一種。法律如此加重旅店、浴室、飲食店主人之責任，主要原因係在於保護客人之利益。民法修正則擴大法定寄託之適用範圍如下，以符時代之需要。

（二）種　類

1.住宿場所主人責任

(1) **責任之成立**：依民法第606條本文規定，旅店或其他以供客人住宿為目的之場所主人，對於客人所攜帶物品之毀損、喪失，應負責任。法條僅謂客人所攜帶者，而不問客人是否交付保管，如有毀損、滅失，即應負責。依通說，此項責任不以已成立住宿契約為必要，故如在飯店服務台詢問有無房間時所攜行李被竊，飯店即應負賠償之責。

(2) **責任之限制或免除**：

① **不可抗力或客人方面事由之免責**：依民法第606條但書規定，客人所攜帶物品之毀損、喪失，如因不可抗力或因其物之性質或因客人自己或其伴侶、隨從或來賓之故意或過失所致者，主人不負責任，亦即僅負普通事變責任，而不及特別事變責任。

② **貴重物品責任之限制**：依民法第608條第1項規定，客人之金錢、有價證券、珠寶或其他貴重物品，非經報明其物之性質及數量交付保管者，主人不負責任。此種情形，常見於旅遊住宿場合。而第2項規定，主人無正當理由拒絕為客人保管前項物品者，對於其毀損、喪失應負責任。其物品因主人或其使用人之故意或過失而致毀損、喪失者，亦同。

③ **損害賠償請求權之喪失**：依民法第610條規定，客人知其物品毀損、喪失後，應即通知主人，怠於通知者，喪失其損害賠償請求權，蓋求證據之迅速保存也。又依民法第611條規定，依上述所生之損害賠償請求權，自發見喪失或毀損之時起，6個月間不行使而消滅；自客人離去場所後，經過6個月者亦同，是為短期消滅時效之規定。再者，有些旅店於櫃臺書明客人隨身攜帶物品應自行保管，旅店不負責任之語，其效力如何？依民法第609條規定，以揭示限制或免除主人之責任者，其揭示無效。

④ **主人之留置權**：依民法第612條規定，主人就住宿、飲食沐浴或其他服務及墊款所生之債權，於未受清償前，對於客人所攜帶之行李，及其他物品，有留置權。第445條至第448條之規定，於前項留置權準用之。蓋主人既對客人所攜帶之物品負有如此重之責任，法律自應賦予其對客人所攜物品得有留置權，以為衡平。

2.飲食店、浴室主人責任

依民法第607條規定，飲食店、浴堂或其他相類場所之主人，對於客人所攜帶通常物品之毀損、喪失，負其責任。但如係因不可抗力、或因物之性質、或客人自己或其伴侶、隨從或來賓之故意過失所致者，主人不負責任。其責任與前述旅店主人不同者，係其僅就客人所攜帶之「通常物品」負其責任，其餘均同。

三、混藏寄託

依民法第603條之1規定，寄託物為代替物，如未約定其所有權移轉於受寄人者，受寄人得經寄託人同意，就其所受寄託之物與其自己或他寄託人同一種類、品質之寄託物混合保管，各寄託人依其所寄託之數量與混合保管數量之比例，共有混合保管物。

受寄人依前項規定為混合保管者，得以同一種類、品質、數量之混合保管物返還於寄託人。此即學說上所稱之「混藏寄託」，此在目前社會上使用機會頻繁，例如股票集中保管、農民穀物集中農會儲存，民法債編修正乃予以明文化。

第十六章　倉　庫

一、倉庫之意義

　　法律上對於何謂倉庫並無規定，解釋上均認為凡用以堆藏、保管物品之設備均得稱為倉庫，亦有稱為貨棧者。

二、倉庫營業人之意義

　　依民法第613條規定，稱倉庫營業人者，謂以受報酬而為他人堆藏及保管物品為營業之人，倉庫營業人與貨物寄託人訂立之契約稱為「倉庫契約」，其性質應屬特殊寄託之一，故民法第614條規定，其效力除本節有特別規定外，準用關於寄託之規定。但究其性質，仍與一般寄託略有差異：
1. 倉庫契約必為有償契約；但寄託原則上為無償。
2. 倉庫契約之標的物以動產為限；寄託則無此限制。
3. 倉庫營業人必須有堆存保管物品之倉庫；寄託則毋庸倉庫。

三、倉庫契約之效力

（一）倉庫營業人之義務

1.填發倉單
　　依民法第615條規定，倉庫營業人於收受寄託物後，因寄託人之請求，應填發倉單。
(1) **倉單之意義**：所謂倉單，乃倉庫營業人因寄託人之請求，就寄託物所填發用以處分受領寄託物之一種有價證券。
(2) **倉單之性質**
　　① **倉單為物權證券**：倉單係以給付一定物品為標的，倉單上所載物品之移轉，必須移轉倉單，始生所有權移轉之效力，故倉單之交付與貨物之交付有同一效力。
　　② **倉單為要式證券**：倉單必須記載法定事項，並由倉庫營業人簽名（民

616），始生效力。

③ **倉單為文義證券**。

④ **倉單為自付證券**：倉單由倉庫營業人填發，由其自己給付，故倉單為自付證券。

⑤ **倉單為法定指示證券**：倉單無論為記名式或指定式，均依背書而轉讓。

(3) **倉單之發行**：因倉單為要式證券、文義證券，須依民法第616條規定記載下列事項，並由倉庫營業人簽名：①寄託人之姓名及住址；②保管之場所；③受寄物之種類、品質、數量及其包皮之種類、個數及記號；④倉單填發地，及填發之年、月、日；⑤定有保管期間者，其期間；⑥保管費；⑦受寄物已付保險者，其保險金額、保險期間及保險人之名號。

倉庫營業人應將前列各款事項，記載於倉單簿之存根。

(4) **倉單之效力**：因倉單為物權證券，須移轉倉單，方得移轉寄託物之所有權，故倉單之交付與寄託物之交付有同一之效力。再者，倉單亦為繳回證券之一種，故倉單填發後，受領寄託物人須提示倉單並繳回倉單，方得受領。其次，民法第618條規定，倉單所載之貨物，非由寄託人或倉單持有人於倉單背書，並經倉庫營業人「簽名」，不生所有權移轉之效力。

(5) **倉單之分割**：依民法第617條規定，倉單持有人，得請求倉庫營業人將寄託物分割為數部分，並填發各該部分之倉單，但持有人應將原倉單交還。前項分割及填發新倉單之費用，由持有人負擔，以應實際商業上交易之需要。

2.寄託物之堆藏及保管

　　此一義務係倉庫營業人之主要義務，且依民法第619條第1項規定，倉庫營業人於約定保管期間屆滿前，不得請求移去寄託物。而未約定保管期間者，依同條第2項之規定，自為保管時起經過6個月，倉庫營業人得隨時請求移去寄託物，但應於1個月前通知，使寄託人有所準備也。

3.檢點摘取容許義務

　　依民法第620條規定，倉庫營業人，因寄託人或倉單持有人之請求，應許其檢點寄託物、摘取樣本，或為必要之保存行為。

（二）倉庫營業人之權利

1.報酬請求權

報酬約定係倉庫契約之要件，故倉庫契約必為有償契約。其報酬數額即保管費，屬於倉單法定應記載事項之一。

2.寄託物之拍賣權

依民法第621條規定，於倉庫契約終止後，寄託人或倉單持有人，拒絕或不能移去寄託物者，倉庫營業人得定相當期限，請求於期限內移去寄託物，逾期不移去者，倉庫營業人得拍賣寄託物，由拍賣代價中扣去拍賣費用及保管費用，並應以其餘額交付於應得之人。

四、倉單之補發

依民法第618條之1之規定，倉單遺失、被盜或滅失者，倉單持有人得於公示催告程序開始後，向倉單營業人提供相當之擔保，請求補發新倉單。

五、消　滅

(一) 保管期限屆滿。
(二) 當事人之終止：未定保管期限之倉庫契約，依民法第619條第2項規定，自為保管時起經過6個月，倉庫營業人得隨時請求移去寄託物，但應於1個月前通知。
(三) 寄託物滅失。

第十七章 運 送

一、概 說

（一）意義及分類

1.意義

　　所謂運送，係以運送物品或旅客為目的，而收取運費之契約。關於運送，除民法規定外，尚有許多特別法，例如郵政法、民用航空法、海商法、鐵路法、公路法、大眾捷運法等，自應優先適用。

2.類型

(1) 依運送標的，得分為物品運送、旅客運送及郵件運送等。

(2) 依運送空間，得分為陸上運送、海上運送及空中運送等。

(3) 依運送工具，得分為鐵路運送、公路運送、船舶運送、飛機運送、貨櫃運送、捷運運送等。

(4) 依運送服務，得分為戶及戶運送、複合運送等。

（二）運送人及運送契約

1.運送人之意義

　　依民法第622條規定，稱運送人者，謂以運送物品或旅客為營業，而受運費之人。

2.運送契約之意義及性質

(1) **意義**：所謂運送契約，即指當事人約定，一方為他方運送物品或旅客，他方給付運費之契約。其當事人，一稱「運送人」；一稱「託運人」。

(2) **性質**：①運送契約係有名契約；②運送契約係雙務、有償契約；③運送契約係不要式、諾成契約。

（三）短期消滅時效

　　依民法第623條規定，關於物品之運送，如因喪失、毀損或遲延而生之賠償請求權，自運送終了，或應終了之時起，1年間不行使而消滅。關於旅客之運送，因傷害或遲到而生之賠償請求權，自運送終了，或應終了之時起，2年

間不行使而消滅。

二、物品運送

（一）意　義

　　所謂物品運送，即以運送物品為目的，而收取運費之契約。其關係人有三方，即：「託運人」、「運送人」及「受貨人」，受貨人並非運送契約之當事人，而通常為運送人及託運人外之第三人，故物品運送契約通常具有第三人利益契約之性質。

（二）效　力

1.對於託運人之效力

(1) **託運單之填給**：所謂託運單，係託運人所開立交給運送人關於物品運送事項之清單，又稱為貨單。依民法第624條第1項規定，託運人因運送人之請求，應填給託運單，並應依同條第2項記載應記載事項（民624II參照），由託運人簽名。須注意者，託運單之填發，並非物品運送契約成立之要件，僅屬證明物品內容之一種文件，並非有價證券。

(2) **物品之交運**：託運人應於約定期間內或通常之裝貨期間內，將託運貨品交由運送人運送。

(3) **文件之交付及說明**：依民法第626條規定，託運人對於運送人應交付運送上及關於稅捐警察所必要之文件，並應為必要之說明，以便運送人得順利為運送。

(4) **危險運送物品之告知**：依民法第631條規定，運送物依其性質對於人或財產有致損害之虞者，託運人於訂立契約前，應將其性質告知運送人。怠於告知者，對於因此所致之損害，應負賠償之責。

2.運送人之義務

(1) **提單之填發**：依民法第625條第1項規定，運送人於「收受」（法人要求收受，避免空單）運送物後，因託運人之請求，應填發提單，是為運送人之提單填發義務。

　　① **提單之意義**：提單係物品運送人所填發而交予託運人處分及受領運送物品之一種有價證券。提單應依民法第625條第2項規定，記載下列事項：

A.託運人之姓名及住址；B.運送物之種類、品質、數量及其包皮之種類、個數及記號；C.目的地；D.受貨人之名號及住址；E.運費之數額，及其支付人為託運人，或為受貨人；F.提單之填發地，及填發之年月日。

② **提單之效力**：提單並非物品運送契約，而係由運送人填發之一種有價證券，其性質及效力約有下列數端：

　　A. **文義性**：依民法第627條規定，提單填發後，運送人與提單持有人間，關於運送事項，依其提單之記載。

　　B. **物權性**：依民法第629條規定，交付提單於有受領物品權利之人時，其交付就物品所有權移轉之關係，與物品之交付，有同一之效力。

　　C. **繳回性**：依民法第630條之規定，受貨人請求交付運送物時，應將提單交還，故提單亦為繳回證券之一種。

③ **提單之轉讓**：提單既為有價證券，應使其得以流通。故民法第628條規定，提單縱為記名式，仍得以背書移轉於他人。但提單上有禁止背書之記載者，不在此限（注意：倉單之轉讓，除背書外，尚須經倉庫營業人簽名）。

(2) **物品運送義務**：

① **按時運送義務**：物品運送，最重時效性。故民法第632條規定，託運物品應於約定期間內運送之。無約定者，依習慣，無約定亦無習慣者，應於相當期間內運送之。所稱相當期間之決定，應顧及各該運送之特殊情形。而所謂顧及各該運送之特殊情形，例如運送工具、運送物之性質、氣候之關係等因素，如運送人未於運送期間完成運送者，即構成遲到，依民法第634條規定，應負賠償責任。

② **依從指示義務**：依民法第633條規定，運送人非有急迫之情事，並可推定託運人若知有此情事亦允許變更其指示者，不得變更託運人之指示。如託運人曾對運送路線為指示者，原則上即不得任意變更之。但如急迫之情形，將致貨物毀損者，則運送人反而有變更之義務（民641參照）。

③ **必要之注意及處置義務**：依民法第641條第1項規定，如有第633條（變更指示）、第650條（請求指示、運送物之寄存拍賣）、第651條之情形（受領權歸屬訴訟）或其他情形足以妨礙或遲延運送，或危害運送物之

安全者，運送人應為必要之注意及處置。例如運送途中突遇颱風，運送人即應設法保護物品之安全或變更航路避風等處置，如運送人未為應為之必要處置者，依同條第2項規定，對於因此所致之損害，應負責任。

④ **運到通知及運送物交付義務**：依民法第643條規定，運送人於運送物達到目的地時，應即通知受貨人；而受貨人請求交付時，運送人即應交付之。

(3) **債務不履行責任**：關於運送人之債務不履行責任，除債總有關債務不履行之一般規定外，於此又設有特別規定，當優先於債總之規定而適用。是運送人之責任，因託運物係一般物品抑或係貴重物品而有異。

① **一般物品責任**：

A. 賠償責任之成立：依民法第634條規定，運送人對於運送物之喪失、毀損或遲到，應負責任。但運送人能證明其喪失、毀損或遲到，係因不可抗力，或因運送物之性質，或因託運人或受貨人之過失而致者，不在此限。由此可知，運送人所負者乃係一無過失的普通事變責任，除得舉證證明係屬法定免責事由外，不問是否可歸責於運送人之事由所致之物品毀損、滅失或遲到，均應負責。但依民法第635條規定，運送物因包皮有易見之瑕疵而喪失或毀損時，運送人如於接收該物時不為保留者，乃應負責任。即原則上包皮上之易見之瑕疵，運送人不負責任，但如運送人接受物品時未異議保留者。即應負責。

B. 損害賠償額之限制：一般損害賠償額之計算，應依所受損害與所失利益計算（民216參照），但於運送人，因採無過失責任，法律上將其將損害賠償額加以限制，僅限於所受損害方得請求，以求衡平，並鼓勵運送業。惟因所致事由分為以下二種標準：

(a) 非運送人之故意或重大過失所致者：依民法第638條第1項規定，運送物有喪失、毀損或遲到者，其損害賠償額，應依其應交付時目的地之價值計算之。即僅賠償運送物之損害即可，所失利益不在賠償範圍。再依其第2項規定，運費及其他費用，因運送物之喪失、毀損，無須支付者，應由前項賠償額中扣除之。又民法第640條規定，因遲到之損害賠償額，不得超過因其運送物全部喪失可得請求之賠償額。以資限制其賠償額，避免運送人負擔過重

責任。

(b) 因運送人之故意或重大過失所致者：依民法第638條第3項規定，運送物之喪失、毀損或遲到，係因運送人之故意或重大過失所致者，如有其他損害，託運人並得請求賠償。則回復一般損害賠償請求原則，即所失利益亦得請求，惟仍應受民法第640條之限制，即因遲到之損害賠償額，仍不得超過因其運送物全部喪失可得請求之賠償額。

② **貴重物品責任**：

　　A. 賠償責任之成立：依民法第639條第1項規定，金錢、有價證券、珠寶或其他貴重物品，除託運人於託運時報明其性質及價值者外，運送人對於其喪失或毀損，不負責任。蓋貴重物品多為體積小、價值大之物品，故如有損毀或滅失，將致重大賠償責任，是特設本規定，令託運人報明價值，以明責任之範圍，而預作防範。

　　B. 損害賠償額之限制：依民法第639條第2項規定，價值經報明者，運送人以所報價額為限，負其責任。

③ **損賠責任之減免**：

　　A. 受領貨物時不為保留：依民法第648條第1項規定，受貨人受領運送物，並支付運費及其他費用不為保留者，運送人之責任消滅。惟如運送物內部有喪失或毀損不易發見者，以受貨人於受領運送物後，10日內將其喪失或毀損通知於運送人為限，或運送物之喪失或毀損，如係運送人以詐術隱蔽，或因其故意或重大過失所致者，運送人乃應負責，而不得主張免責（民648II、III）。

　　B. 短期消滅時效經過：依民法第623條規定，關於物品之運送，如因喪失、毀損、或遲延而生之賠償請求權，自運送終了，或應終了之時起，1年間不行使而消滅。

　　C. 免責文句之效力：依民法第649條規定，運送人交與託運人之提單或其他文件上，有免除或限制運送人責任之記載者，除能證明託運人對於其責任之免除或限制明示同意外，不生效力。即提單或文件上雖有免責文句之記載，但因係單方免責規定，不得據以免責。

3.運送人之權利

(1) **運費或其他費用、墊款請求權**：運送人係以運送為營業而收取運費之人，

自應有運費請求權。依第625條第2款規定，運費之給付人或爲託運人，或爲受貨人，均依契約約定，並爲提單應記載事項之一。運費之性質係完成運送之報酬，故原則上，應於運送完成後方得請求。再依第645條規定，運送物於運送中，因不可抗力而喪失者，運送人不得請求運費，其因運送而已受領之數額，應返還之。但依第642條第1項規定，運送人未將運送物之達到，通知受貨人前，或受貨人於運送物達到後尚未請求交付運送物前，託運人對於運送人，如已塡發提單者，其持有人對於運送人，得請求「中止」運送，返還運送物或爲其他之處置，而託運人或提單持有人依本條項之規定中途停止運送者，依其第2項規定，運送人得按照比例，就其已爲運送之部分，請求運費，及償還因中止、返還或爲其他處置所支出之費用，並得請求相當之損害賠償。又如係因運送物之性質，或因託運人或受貨人之過失而致之物品滅失者，運送人仍得請求運費之支付（民634參照），但應扣除因此而減省之費用或多得之利益（例如艙位之騰出而多載貨物所得，即損益相抵原則）。運送人於運費外，如有其他特別報酬、墊付關稅、保險費或其他墊付款，或其他因運送物品所生之費用，均得請求償還。

(2) **運送物之留置權**：依民法第647條第1項規定，運送人爲保全其運費及其他費用，得受清償之必要，按其比例，對於運送物，有留置權，是爲運送人之法定留置權。惟如運費及其他費用之數額有爭執時，受貨人得將有爭執之數額提存，請求運送物之交付（同條II）。

(3) **運送物之寄存、拍賣權**：

① **運送物之寄存**：依民法第650條第1項、第651條規定，於受貨人所在不明或對運送物受領遲延或有其他交付上之障礙時，或於受領權之歸屬有訴訟，致交付遲延者，運送人應即通知託運人，並請求其指示，而不得自行處理。但如託運人未即爲指示，或其指示，事實上不能實行，或運送人不能繼續保管運送物時，運送人得以託運人之費用，寄存運送物於倉庫（民650II）。

② **託運人之指示不能或不宜寄存時之拍賣**：依民法第650條第3項規定，運送物如有不能寄存於倉庫之情形，或有腐壞之性質或顯見其價值不足抵償運費及其他費用時，運送人得拍賣之。依民法第652條規定，運送人並得就拍賣代價中，扣除拍賣費用、運費及其他費用，而將其餘額交付

於應得之人，如應得之人所在不明者，應為其利益提存之。

③ **寄存或拍賣時之通知**：依民法第650條第4項規定，運送人於可能之範圍內，應將寄存倉庫或拍賣之事情，通知託運人及受貨人，俾便託運人及受貨人即時採取必要之措施。如得為通知而未為通知，致受貨人或託運人受損害者，應負損害賠償責任。

4.對於受貨人之效力

(1) **受貨人之權利**：受貨人雖非契約當事人，但卻係運送契約關係之第三利益人。運送人應依託運人之指示，將物品送交指定之受貨人。依民法第644條規定，運送物達到目的地，並經受貨人請求交付後，受貨人取得託運人因運送契約所生之權利。但本條規定係適用於未填發提單者，如已填發提單者，則因提單之物權性效力，託運人及受貨人之地位均為提單持有人所吸收，即提單持有人方有權利請求交付貨物矣。

(2) **受貨人之義務**：受貨人既屬契約當事人外之第三利益人（除非係以託運人自己為受貨人），則契約之效力自不足以拘束之而令負何種義務，但如運費之支付人約定由受貨人支付時，如受貨人不支付時，運送人依法即得主張留置權，而受貨人即無法受領貨物。依此言之，似有義務支付運費，惟就法言之，如受貨人不欲受領貨物時，仍無法強制其支付運費。

（三）提單之補發

依民法第629條之1準用第618條之1之規定，故提單遺失、被盜或滅失者，提單持有人得於公示催告程序開始後，向運送人提供相當之擔保，請求補發新倉單。

三、相繼運送

（一）意　義

分為廣狹二義：

1.廣義之相繼運送

指數運送人就同一運送物，依次繼續完成之運送。包括：

(1) **部分運送**：係數運送人就同一運送物，訂立數個運送契約，各自分擔運送之一部。

(2) **轉託運送**：係前一運送人先與託運人訂立契約，承擔全部運送，然後再以自己名義與他運送人訂立運送契約，使之擔任運送之全部或一部。

(3) **共同運送**：係數運送人就同一運送物，共同與託運人訂立一個運送契約，而於內部則劃分途程，相繼爲運送者。

2.狹義之相繼運送

專指共同運送而言，債編各論中所謂相繼運送，係指狹義者而言。

（二）相繼運送人之責任

依民法第637條規定，運送物由數運送人相繼爲運送者，除其中有能證明無第635條所規定之責任者外，對於運送物之喪失、毀損或遲到，應連帶負責。蓋相繼運送途中所發生之貨物毀損、滅失或遲到，究係肇因於何運送人之故所致，實難以區別，爲免互相推諉責任，致求償無門，故特規定除能證明非因自己所致者外，應負連帶責任，以保障託運人。

（三）最後運送人之權利義務

1.代理權利

依民法第653條規定，運送物由數運送人相繼運送者，其最後之運送人，就運送人全體應得之運費及其他費用，得行使第647條、第650條及第652條所定之權利，以保障全體運送人之權益。但應注意者，乃此之代理權利而享有之與代理權本身不同。

2.代理義務

依民法第646條規定，運送人於受領運費及其他費用前交付運送物者，對於其所有前運送人應得之運費及其他費用，負其責任。則依本條規定觀之，前述之代理權利即不僅爲權利，更爲義務，其須積極地保全運費債權之實現，否則即應對其他相繼運送人負賠償責任。

四、旅客運送

（一）意　義

所謂旅客運送，即以運送自然人爲標的之運送。其當事人，一稱運送人，

一稱旅客。旅客之地位較為特別，既為契約之主體，又為契約之客體。再於旅客運送中，通常包含行李之運送，且不另外收費。

（二）旅客運送人之義務

旅客運送人，應依約定之方法、時間及契約之內容，將旅客安全，準時地送至目的地。其責任為：

1.對於旅客身體之責任

依民法第654條規定，旅客運送人對於旅客因運送所受之傷害及運送之遲到應負責任。但因旅客之過失，或其傷害係因不可抗力所致者，不在此限。運送之遲到係因不可抗力所致者，旅客運送人之責任，除另有交易習慣者外，以旅客因遲到而增加支出之必要費用為限。故旅客運送人所負責任，亦係屬通常事變責任之無過失責任。再本條未就旅客之死亡作規定，通說均認為，此際，死亡旅客之父母、配偶或子女，可依民法第227條之1準用民法第192條及第194條有關侵權行為之規定，向運送人請求損害賠償。至於其賠償範圍，並無特別規定，應依債總之一般原則定之。

2.對於旅客行李之責任

(1) **交託之行李**：依民法第655條，行李及時交付運送人者，應於旅客達到時返還之。又依民法第657條規定，運送人對於旅客所交託之行李，縱不另收運費，其權利義務，除本款另有規定外，適用關於物品運送之規定。即無論行李之運送是否另行收費，均應對行李之毀損、喪失或遲到負普通事變之賠償責任。

(2) **未交託之行李**：依民法第658條規定，運送人對於旅客所未交託之行李，如因自己或其受僱人之過失，致有喪失或毀損者，仍負責任。

又依民法第659條規定，運送人交與旅客之票、收據或其他文件上，有免除或限制運送人責任之記載者，除能證明旅客對於其責任之免除或限制明示同意外，不生效力。即原則上雖有免責文句之記載，仍應負責。

（三）旅客運送人之權利

1.運費請求權

旅客運送人既係以運送旅客為營業而收取運費之人，自有運費收取權。

2.行李拍賣權

　　依民法第656條第1項、第2項之規定，旅客於行李達到後1個月內不取回行李時，運送人得定相當期間催告旅客取回，逾期不取回者，運送人得拍賣之。旅客所在不明者，得不經催告逕予拍賣。又行李有易於腐壞之性質者，運送人得於到達後，經過24小時，拍賣之。再依同條第3項之規定，拍賣之情形亦準用第652條之規定，即運送人得就拍賣代價中，扣除拍賣費用、運費及其他費用，並應將其餘額交付於應得之人，如應得之人所在不明者，應為其利益提存之。

第十八章　承攬運送

一、承攬運送人之意義

依民法第660條第1項規定，稱承攬運送人者，謂以自己之名義，爲他人之計算，使運送人運送物品而受報酬爲營業之人，例如魚貨蔬果集散地之攬貨運送商是。依此定義可知，承攬運送人係爲託運人選任運送人，並不自己擔任運送，而與物品運送人有異。即承攬運送人與託運人訂立承攬運送契約後，再基於此契約與運送人訂立運送契約。又其既係以自己名義爲他人計算（即損益歸託運人），則與行紀性質相仿，故第660條第2項規定承攬運送，除本節有規定外，準用關於行紀之規定。

二、效　力

（一）承攬運送人之義務

1. **注意義務**：因準用行紀規定，且係有償契約之故，承攬運送人自應負與有償受任人之注意義務，即應盡善良管理人之注意義務。
2. **債務不履行責任**：依民法第661條規定，承攬運送人，對於託運物品之喪失、毀損或遲到，應負責任。但能證明其於物品之接收保管、運送人之選定、在目的地之交付、及其他與承攬運送有關之事項，未怠於注意者，不在此限。故承攬運送人所負責任係一過失責任的中間責任（推定過失），而與物品運送人應負普通事變之無過失責任有異。至於此責任範圍內，關於其賠償額之計算，解釋上準用物品運送之規定。又關於承攬運送人因運送物之喪失、毀損或遲到所生之損害賠償請求權，亦定有短期消滅時效之規定，即依第666條規定。自運送物交付或應交付之時起，1年間不行使而消滅。

（二）承攬運送人之權利

1. 報酬請求權、費用償還請求權及留置權

依民法第662條規定，承攬運送人爲保全其報酬及墊款得受清償之必要，按其比例，對於運送物，有留置權，以保障其報酬請求權之實現。

2.損害賠償請求權

依民法第665條準用第631條之規定,如運送物依其性質對於人或財產有致損害之虞者,託運人於訂立契約前,應將其性質告知承攬運送人。怠於告知者,對於因此所致之損害,應負賠償之責。此一損害賠償請求權並不在前述得行使留置權之債權範圍內,故不得據此主張留置權,但如具有物權編中留置權之要件時,自又另當別論。

3.介入權

依民法第663條規定,承攬運送人除契約另有訂定外,得自行運送物品;如自行運送,其權利義務,與運送人同,即學說上所謂介入權,屬於一種形成權,而無須委託人之同意,但應注意,須無禁止介入之約定方得行使。又於承攬運送人介入之後,原來之承攬運送關係,並不消滅,故承攬運送人仍得據原契約關係請求報酬。

另外,亦有所謂「介入之擬制」者,即民法第664條規定,就運送全部約定價額,或承攬運送人填發提單於委託人者,視為承攬人自己運送,不得另行請求報酬,其與介入權之行使不同者,即依法不得再請求報酬。

第十九章　合　夥

一、意義及性質

（一）意　義

依民法第667條第1項規定，稱合夥者，謂二人以上互約出資以經營共同事業之契約。所謂共同事業，係指與全體合夥人有共同事業之直接利害關係者，故如果數人雖約定共同經營事業，而僅使其中一人或數人享受利益之分配者，不得謂為共同事業，別稱為共同出資契約。故數人互約出資購地建屋數人分配自住者，則非此之所謂合夥。

（二）性　質

1.合夥係屬於團體契約

合夥之當事人須有二人以上之當事人間所為之意思表示，係屬對立合致，而非如合同行為之平行一致，僅其目的同一經營共同事業。但合夥雖為契約，故民法對合夥賦予極強之「團體性」，如第668條、第671條、第673條、第681條、第682條等之規定，是在性質上，合夥又被稱為「非法人團體」，而成為介於自然人與法人之權利主體間之中間性團體。在民法上雖無權利能力，但在民事訴訟法上卻具有當事人資格。

2.合夥係雙務契約

合夥契約各合夥人之出資義務間互有對價關係，故為雙務契約，則關於雙務契約之相關規定，於此亦有適用，其中最重要者係為同時履行抗辯權之主張及危險負擔之規定。

(1) **同時履行抗辯**：由於各合夥人之出資義務互立於對價關係，如他合夥人未履行其出資義務，受請求之合夥人則得主張同時履行抗辯。惟如請求者，係已為出資之合夥人或為執行事務之合夥人請求時，則不得以其他合夥人未出資主張同時履行抗辯，蓋重合夥之團體性故也。

(2) **危險負擔**：因合夥之團體性，故合夥人中有給付不能時（無法履行出資義務時），應分下列二種情形論之：

① **二人之合夥**：雙方均免給付義務，合夥歸於消滅。

② **三人以上之合夥**：其中一人不能履行其給付義務時，僅該人免給付義務，而退出合夥關係，但合夥關係仍於其他合夥人間繼續存在。

3.合夥為有償契約

合夥人間之出資義務，既屬立於對價性之給付，故亦屬有償契約，而有民法買賣節之準用。

4.合夥為諾成、不要式契約

二、效　力

（一）合夥之內部關係

1.合夥人之出資義務

依民法第667條第1項規定，合夥既係各合夥人互約出資以經營共同事業之契約，則各合夥人自負有出資義務。所謂出資，指合夥人以提出財產構成資本，供事業經營之用。依民法第667條第2項規定，出資之標的，得為金錢或其他財產權，或以勞務、信用或其他利益代之。即可分為現金出資、現物出資或勞務出資。以現物為出資者，方法有二：(1)以物之所有權移轉於合夥財產；或(2)將物之使用收益歸於合夥，例如提供機器供合夥使用等。於非以現金出資者，因須計算各合夥人之股份，則須算定其出資價額。故民法第667條第3項規定，金錢以外之出資，應估定價額為其出資額，未經估定者，以他合夥人之平均出資額視為其出資額。又合夥之初，應決定各合夥人之出資額，從而第669條規定，合夥人除有特別訂定外，無於約定出資之外增加出資之義務。蓋損失而致資本減少者，合夥人自無補充之義務。換言之，即合夥原則上不得增資，於出資額算定後即為確定。

2.合夥之財產

(1) **意義**：所謂合夥財產，係指於合夥關係存續中，以供經營合夥目的事業所具有之一切財產。

(2) **合夥財產之構成**：依民法第668條規定，各合夥人之出資及其他合夥財產，為合夥人全體之「公同共有」。即合夥財產之構成，包括合夥人之出資及其他財產二者。所謂其他財產，主要係因執行事務所得之收益，或由出資所得之收益（例如天然孳息或法定孳息等）。

(3) **合夥財產之歸屬**：依民法第668條規定，合夥之財產應由合夥人全體公同共

有，而不問其出資種類爲何，均得公同共有合夥財產。

(4) **合夥財產之保全**：合夥因具有團體性，且係在經營共同事業，合夥財產自
　　須加以保全，依民法規定，其保全情形有：

　① **財產分析之禁止**：依民法第682條第1項規定，合夥人於合夥清算前，不
　　得請求合夥財產之分析，蓋於合夥關係存續中，均得請求分析財產，不
　　啻與合夥目的有違。

　② **合夥債權抵銷之禁止**：依民法第682條第2項規定，對於合夥負有債務
　　者，不得以其對於任何合夥人之債權與其所負之債務抵銷，否則即等於
　　變相的分析合夥財產。

　③ **合夥股份轉讓之限制**：依民法第683條規定，合夥人非經他合夥人全體
　　之同意，不得將自己之股分轉讓於第三人。但轉讓於他合夥人者，不在
　　此限。合夥股份之轉讓具有退夥及入夥之性質，而合夥又具有極強之人
　　格信用關係，牽涉到新入夥問題，當然必須得到其他合夥人之同意，但
　　如讓與於其他合夥人，因未牽涉新入夥問題（僅係股份比例變動問
　　題），故不須得其他合夥人之同意。同理由，於合夥股份設質時，亦須
　　得其他合夥人之同意（民902參照）。

　④ **合夥人之債權人代位權之限制**：依民法第684條規定，合夥人之債權
　　人，於合夥存續期間內，就該合夥人對於合夥之權利，不得代位行使。
　　但利益分配請求權，不在此限。因合夥人對於合夥之權利具有人格權，
　　專屬於合夥人，但如係利益分配請求權，於實際發生後，已成爲獨立之
　　財產權，自得代位行使。

　⑤ **合夥人之債權人扣押之限制**：依民法第685條規定，合夥人之債權人，
　　就該合夥人之股份，得聲請扣押。前項扣押實施後2個月內，如該合夥
　　人未對於債權人清償或提供相當之擔保者，自扣押時起，對該合夥人發
　　生退夥之效力。

3.合夥事務之執行

(1) **事務之執行人**：依民法第671條第1項規定，合夥之事務，除契約另有訂定
　　或另有決議外，由合夥人全體共同執行之。其第2項並規定，合夥之事務，
　　如約定或決議由合夥人中數人執行者，由該數人共同執行之。

(2) **執行人之辭任與解任**：依民法第674條規定，合夥人中之一人或數人，依約
　　定或決議執行合夥事務者，非有正當事由不得辭任。前項執行合夥事務之

合夥人,非經其他合夥人全體之同意,不得將其解任,蓋所以維持共同事業之運轉也。

(3) **執行事務之方法**:合夥事務之執行,依民法第671條第3項規定,合夥之通常事務,得由有執行權之各合夥人單獨執行之。但其他有執行權之合夥人中任何一人,對於該合夥人之行為有異議時,應停止該事務之執行。即原則上,合夥事務之執行應由有執行權之合夥人共同執行之,但於通常事務,由於多屬例行事務,而具有時效性,故規定得由有執行權之合夥人單獨執行。再依第673條規定;合夥之決議,其有表決權之合夥人,無論其出資之多寡,「推定」每人僅有一表決權。即關於某些特定事務,如借款週轉、訴訟等非通常事務,得約定須經多數表決,始得進行。又關於合夥事業之其他變更,例如經營事務、存續期間等之變更,依第670條規定,合夥人之決議,應以合夥人全體之同意為之。前項決議,合夥契約約定得由合夥人全體或一部之過半數決議者;從其約定。但關於合夥契約或其事業種類之變更,非經合夥人全體三分之二以上之同意,不得為之。

(4) **執行事務合夥人之權利義務**:執行事務之合夥人與其他合夥人間之關係,應屬「委任」。依第678條第2項規定,合夥人執行合夥事務,除契約另有訂定外,不得請求報酬。故原則上屬無償委任,例外屬有償委任。

①　**注意義務**:如未約定報酬者,依民法第672條規定,合夥人執行合夥之事務,應與處理自己事務,為同一注意,即應負具體經過失責任,惟其受有報酬者,則應盡善良管理人之注意義務,而應負抽象輕過失之責任。

②　**費用償還請求權**:依民法第678條第1項規定,合夥人因合夥事務所支出之費用,得請求償還。於此須注意,因合夥並非權利義務主體,故不得向合夥主張權利,故此之費用償還義務人應為其他合夥人。

③　**報酬請求權**:依民法第678條第2項規定,合夥原則上雖為無償,但如有特別約定時,自亦有報酬請求權。

(5) **非執行事務合夥人之事務檢查權**:依民法第675條規定,無執行合夥事務權利之合夥人,縱契約有反對之訂定,仍得隨時檢查合夥之事務及其財產狀況,並得查閱帳簿,是為合夥之事務監察權,以免執行事務合夥人過於恣意,而損及其他合夥人之利益。惟此項權利之行使,應依誠實信用方法為之,不得藉此而害及合夥事務之執行。

4.損益分配

(1) **意義**：所謂損益分配，係指經營合夥事業所生之利益或損失分配於各合夥人。而謂利益者，指合夥財產多於合夥債務及出資者而言；謂損失者，指合夥財產少於合夥債務及出資者而言，前者稱為盈餘，後者稱為虧損。

(2) **分配成數**：依第677條規定分配損益之成數，未經約定者，按照各合夥人出資額之比例定之。而僅就利益或僅就損失所定之分配成數，視為損益共通之分配成數。以勞務為出資之合夥人，除契約另有訂定外，不受損失之分配，蓋如須分配損失，則其勞務出資亦因而減少也。惟其中第2項雖規定為僅就利益或僅就損失所定之分配成數，「視為」損益共通之分配成數，但於解釋上應認為「推定」，而得舉反證推翻之。

(3) **分配之時期**：依民法第676條規定，合夥之決算及分配利益，除契約另有訂定外，應於每屆事務年度終為之。

（二）合夥之外部關係

1.合夥人之代表

依民法第679條規定，合夥人依約定或決議執行合夥事務者，於執行合夥事務之範圍內，對於第三人，為他合夥人之「代表」。惟應注意，此之代表並非代表合夥，而係其他合夥人。而基於此種關係，執行合夥事務之合夥人，對外所為營業上之法律行為，其效力當然歸屬於合夥人全體。又如執行合夥事務之合夥人有數人時，自成為共同代表。

2.合夥人之責任

依民法第681條規定，合夥財產不足清償合夥之債務時，各合夥人對於不足之額，「連帶負其責任」，是為合夥人之對外責任，即各合夥人對於合夥債務，負有補充性之連帶責任（第二次責任）。又依民法第690條、第691條規定，負此連帶責任者，不僅限於現有各合夥人，即係已退夥之合夥人，亦應對於其退夥前合夥所須之債務負責；而於合夥成立後加入為合夥人者，對於其加入前合夥所負之債務與他合夥人，亦負同一之責任。

三、退夥及入夥

（一）退　夥

1.意義

　　所謂退夥，係指於合夥關係存續中，其合夥人因一定原因，脫離合夥關係而喪失其合夥人資格之「單方行為」。其退夥之效力，除因其退夥致合夥人僅存一人者外，並不影響合夥關係之存續，而與解散有異。

2.退夥之原因

(1) **聲明退夥**：亦稱任意退夥，係合夥人以其一方之意思表示，而終止與其他合夥人之合夥關係之單獨行為。其意思表示無須得其他合夥人之同意，僅因一方表示而生效，屬單獨行為。惟因合夥是否定有存續期間，其限制亦有異：

① **未定有存續期間者**：依民法第686條第1項規定，合夥未定有存續期間，或經訂明以合夥人中一人之終身，為其存續期間者，各合夥人得聲明退夥，但應於2個月前通知他合夥人。即得隨時聲明退夥，惟其聲明依第2項之規定，不得於退夥有不利於合夥事務之時期為之。但如係不可歸責於己之重大事由者，通說認為得不受不利時期之限制，例如因徵召入伍服役。

② **定有存續期間者**：依民法第686條第3項規定：合夥縱定有存續期間，如合夥人有非可歸責於自己之重大事由，仍得聲明退夥不受前二項規定之限制。即原則上應受期間之限制而不得任意退夥，但如有不可歸責於己之重大事由時，則為例外，同時，亦不受不利時期之限制。再依民法第685條規定，合夥人之債權人，就該合夥人之股份，得聲請扣押。合夥人之債權人，就該合夥人之股份，得聲請扣押。前項扣押實施後2個月內，如該合夥人未對於債權人清償或提供相當之擔保者，自扣押時起，對該合夥人發生退夥之效力。

(2) **法定退夥**：依民法第687條規定，合夥人除依前二條規定退夥外，因下列事項之一而退夥：

① 合夥人死亡者。但契約訂明其繼承人得繼承者，不在此限。

② 合夥人受破產或監護之宣告者（民14）。

③ 合夥人經開除者。所謂開除，即反於該合夥人之意思，由其他合夥人決議，剝奪其合夥人資格之一種單方行為，因此種行為涉及財產上及名譽上之重大影響，故第688條規定，合夥人之開除，以有正當理由為限，並應以他合夥人全體之同意為之，且應通知被開除之合夥人。

3. 退夥之效力

(1) 結算：依民法第689條規定，退夥人與他合夥人間之結算，應以退夥時合夥財產之狀況為準。退夥人之股份，不問其出資之種類，得由合夥以金錢抵還之。合夥事務，於退夥時尚未了結者，於了結後計算，並分配其損益。即原則上，結算之標準時期，係以退夥時為準，但若於退夥時尚有事務尚未了結者，則以了結時為標準。

(2) 退夥人之責任：依民法第690條規定，合夥人退夥後，對於其退夥前合夥所負之債務，仍應負責，藉以保護債權人之權益。

（二）入　夥

所謂入夥，係指原非合夥人加入已成立之合夥關係，而取得合夥人資格之「契約行為」。依民法第691條第1項規定，合夥成立後，非經合夥人全體之同意，不得允許他人加入為合夥人。蓋合夥涉及合夥人間之信用人格問題，故設此限制。又入夥之合夥人之責任，依同條第2項之規定，其對於其加入前合夥所負之債務應與他合夥人負同一之責任。

四、合夥之解散及清算

（一）解　散

合夥之解散，在性質上屬終止契約，惟因其具有團體性，故稱為解散，屬於消滅合夥關係之程序。

1. 解散之原因

依民法第692條規定，合夥因下列事項之一而解散：

(1) 合夥存續期限屆滿者。

(2) 合夥人全體同意解散者。此款規定，無論合夥是否定有存續期間均可適用。同意解散之性質，應屬於合意終止契約，惟須得全體之同意方可。

(3) 合夥之目的事業已完成或不能完成者。

2.解散之效果

合夥解散後,即須開始進行清算程序,通說認為解釋上於清算範圍內,其合夥關係應視為繼續存續。又民法第693條規定,合夥所定期限屆滿後,合夥人仍繼續其事務者,視為以不定期限繼續合夥契約。

(二) 清 算

所謂清算,係於合夥解散時,為了結合夥法律關係(包括對內及對外)之目的,所進行消滅合夥之程序。

1.清算人之選任及解任

依民法第694條規定,於合夥解散後,其清算由合夥人全體或由其所選任之清算人為之。前項清算人之選任,以合夥人全體之過半數決之。即原執行合夥事務合夥人之執行權歸於消滅,而由選任之清算人取代。所謂清算人,即為執行清算事務之人。惟若未經另行選任清算人者,則當然由前執行事務之合夥人擔任清理之責。另外,關於清算人之解任,依第696條規定適用民法第674條之結果,亦非有正當事由,不得辭任,其他合夥人亦不得將其解任。且清算人之解任,非經其他合夥人全體之同意,不得為之。

2.清算之方法

依民法第695條規定,如數人為清算人時,關於清算之決議,應以過半數行之,不須得全體之同意,蓋清算事務之進行,宜求迅速也。

3.清算人之事務

其應執行之事務,可別之為:

(1) **了結現務**。

(2) **收取債權**。

此二者,民法未設特別規定,解釋上應準用法人或無限公司之規定。

(3) **清償債務**:依民法第697條第1項規定,合夥財產,應先清償合夥之債務。其債務未至清償期,或在訴訟中者,應將其清償所必需之數額,由合夥財產中劃出保留之。

(4) **返還出資**:依民法第697條第2項、第3項、第4項之規定,於清償債務,或劃出必需之數額後,其剩餘財產應返還各合夥人金錢或其他財產權之出資。金錢以外財產權之出資,應以出資時之價額返還之。為清償債務及返

還合夥人之出資，應於必要限度內，將合夥財產變為金錢。此之返還出資，以現物出資者為限，如係信用出資或勞務出資者，則無出資返還之問題。但依第698條規定，如合夥財產，不足返還各合夥人之出資者，按照各合夥人出資額之比例返還之。

(5) **分配剩餘財產**：依民法第699條規定，合夥財產，於清償合夥債務及返還各合夥人出資後，尚有剩餘者，按各合夥人應受分配利益之成數分配之。此之剩餘財產，係指清償債務及返還出資後淨餘之財產。

第二十章　隱名合夥

一、意義及性質

　　依民法第700條規定，稱隱名合夥者，謂當事人約定，一方對於他方所經營之事業出資，而分受其營業所生之利益，及分擔其所生損失之契約。其當事人，一稱爲「隱名合夥人」，即出資之人；一稱「出名營業人」，即經營事業之人。

　　因隱名合夥人所負之出資義務及分擔營業損失之義務與出名營業人負擔之營業及分配營業利益之義務，立於對價之關係，故屬有償及雙務契約。又因其性質與合夥極爲近似，故民法第701條規定，隱名合夥除本節有規定者外，準用關於合夥之規定。如僅於商業登記法之登記事項上未有隱名合夥人之出名，並不能即認定屬於隱名合夥之關係，其當事人間究爲隱名合夥或爲一般合夥，應視當事人之契約內容而定。

二、效　力

（一）內部關係

1.對於隱名合夥人之效力

(1) **出資義務**：隱名合夥以隱名合夥人出資爲其成立要件，故其負有出資義務。但因隱名合夥人並不實際參與營業，而其責任與兩合公司之有限責任股東相當，通說認爲其出資標的，僅以現物出資爲限，而不得以信用或勞務爲出資。依第702條規定隱名合夥人之出資，其財產權移屬於出名營業人，而由出名營業人對外負責，隱名合夥人並不對外負責。

(2) **分擔損失**：依民法第703條規定，隱名合夥人，僅於其出資之限度內，負分擔損失之責任。故原則上，隱名合夥人僅負擔有限責任，但本規定係屬補充規定，當事人自得特約約定，超出出資部分之損失亦需負擔之約定。

(3) **營業檢查權**：依民法第706條規定，隱名合夥人，縱有反對之約定，仍得於每屆事務年度終，查閱合夥之賬簿，並檢查其事務及財產之狀況。如有重大事由，法院因隱名合夥人之聲請，得許其隨時爲前項之查閱及檢查，是

為其營業檢查權，避免出名營業人恣意為之，而損及隱名合夥人之利益也。

2.對於出名營業人之效力

(1) **合夥事務之執行**：依民法第704條第1項規定，隱名合夥之事務，專由出名營業人執行之。此係其權利，亦係其義務。

(2) **損益之計算及分配**：依民法第707條規定，出名營業人，除契約另有訂定外，應於每屆事務年度終計算營業之損益，其應歸隱名合夥人之利益，應即支付之。應歸隱名合夥人之利益而未支取者，除另有約定外，不得認為出資之增加。是關於營業之利益，隱名合夥人即有利益分配請求權。另外，第703條規定，隱名合夥人，僅於其出資之限度內，負分擔損失之責任，則關於合夥事業之損失分配，原則上，隱名合夥人僅負有限責任。

（二）外部關係

隱名合夥人與第三人之關係，因合夥之主體及事務之執行，均專由出名營業人為之，故民法第704條第2項規定，隱名合夥人就出名營業人所為之行為，對於第三人不生權利義務之關係，是合夥債權人不得對隱名合夥人主張任何權利或要求清償債務。惟依民法第705條規定，隱名合夥人如參與合夥事務之執行，或為參與執行之表示，或知他人表示其參與執行而不否認者，縱有反對之約定，對於第三人，仍應負出名營業人之責任，學說上稱為「擬似出名營業人責任」或「表見合夥人」，此係例外，用以保護交易安全。惟其責任與出名營業人之責任之關係究為如何？法文並未明文規定，通說認為係屬「不真正連帶責任」。

三、終 止

（一）終止之原因

依民法第708條規定，除依第686條之規定，得聲明退夥外，隱名合夥契約，因下列事項之一而終止：

1. 存續期限屆滿者。
2. 當事人同意者。
3. 目的事業已完成或不能完成者。

4. 出名營業人死亡或受監護之宣告者。

5. 出名營業人或隱名合夥人受破產之宣告者。

6. 營業之廢止或轉讓者。

（二）終止之效果

依民法第709條規定，隱名合夥契約終止時，出名營業人，應返還隱名合夥人之出資及給與其應得之利益。但出資因損失而減少者，僅返還其餘存額。即出名營業人應負返還出資及給與利益於隱名合夥人之義務，此利益依其性質應屬利益分配之性質，故亦應依利益分配之約定成數或出資比例計算之。惟若因虧損致無餘額時，自無分配之問題。

第二十一章　合　會

一、意義及性質

（一）意　義

依民法第709條之1第1項規定，稱合會者，謂由會首邀集二人以上為會員，互約交付會款及標取合會金之契約（團體合會）。其僅由會首與會員為約定者，亦成立合會（單綜合會）。所謂合會金，係指會首及會員應交付之全部會款（民709-1II參照）。而會款得為金錢或其他代替物（民709-1III參照）。

在民法債編未增訂合會之前，學界通說及實務見解均認為，僅會首與會員間約定交付會款及標取合會金（單綜合會），至於會員之間並無任何法律關係。惟民法增訂第709條之1第1項則包括二種方式，故與早期見解不太相同。

合會契約至少有一會首及二人以上之會員，前者又稱為「會頭」，後者又稱為「會腳」。而為防止合會經營企業化，致造成鉅額資金之集中，運用不慎，將有牴觸金融法規之虞，故民法第709條之2第1項規定，會首及會員，以自然人為限。再者，依民法第709條之7第2項後段及第4項之規定，逾期未收取之會款，會首應代為給付，並於給付後有求償權。故會首兼為同一合會之會員，則其等之債權債務將集於一身，致使法律關係混淆，且易增倒會之險，故會首不得兼為同一合會之會員（民709-2II）。無行為能力人（含被監護宣告之）及限制行為能力人不得為會首，亦不得參加其法定代理人為會首之合會。

再者，理論上無行為能力人如欲成為合會之當事人，應由其法定代理人代為之，限制行為能力人則除由其法定代理人代為之外，其所為之合會契約效力未定，須得其法定代理人之同意始生效力。惟會首佔有重要地位，且須負甚多義務，故民法禁止其為會首（民709-2III前段），且為維持合會之穩定，遏止倒會歪風，故此等人亦不得參加其法定代理人為會首之合會（民709-2III後段），違者該部分之合會無效。

（二）性　質

1. 合會為有名契約，自民法債各增訂合會一節後，即不再為無名契約，而係有名契約。

2. 合會爲要式契約，爲有助合會正常運作，避免引起糾紛，民法第709條之3第1項規定，合會應訂立會單，記載下列事項：(1)會首之姓名、住址及電話號碼；(2)全體會員之姓名、住址及電話號碼；(3)每一會份會款之種類及基本數額；(4)起會日期；(5)標會期日；(6)標會方法；(7)出標金額有約定其最高額或最低額之限制者，其約定。

且爲防止冒標及虛設會員之情事，前項會單，應由會首及全體會員簽名，記明年月日，由會首保存並製作繕本，簽名後交每一會員各執一份（民709-3II）。

惟爲緩和其要式性，民法第709條之3第3項規定，會員已交付首期會款者，雖未依前二項規定訂立會單，其合會契約視爲已成立。

3. 合會爲諾成契約，合會不以會款之交付爲其要件，故爲諾成契約。

4. 合會爲雙務、有償契約，就會首而言，首期合會金不經投標由會首取得，惟其必須負種種義務；反之，已得標會員（死會會員）須依其出標之數額繳交會款，未得標會員（活會會員）則賺取利息，此等義務皆立於對價關係，故爲雙務、有償契約。

二、效 力

（一）對會首之效力

1.取得首期合會金之權利

依民法第709條之5前段規定，首期合會金不經投標，由會首取得。此係將民間合會運作方式之習慣，予以明文化。

2.主持標會義務

會首不經投標即取得首期合會金，雖然自第二期開始應將自己之會款交付得標會員（民709-7II前段），惟其不必支付任何利息，此係因會首必須負種種義務，而此等義務即是其不經投標取得首期合會金之對價。其中最重要的即是主持標會義務，依民法第709條之4規定，標會由會首主持，依約定之期日及方法爲之。其場所由會首決定並應先期通知會員。會首因故不能主持標會時，由會首指定或到場會員推選之會員主持之。

3.收取交付會款義務

依民法第709條之7規定，會員應於每期標會後3日內交付會款。會首應於

前項期限內，代得標會員收取會款，連同自己之會款，於期滿之翌日前交付得標會員。逾期未收取之會款，會首應代為給付。故會員於3日之期限內將會款交給會首，會首則在期滿之翌日（即標會後第4日）前交付予得標會員，如會員逾期未將會款交付予會首者，會首則須代墊而先為給付後，再向未給付之會員請求附加利息償還之（民709-7IV參照）。

4.損害賠償

依民法第709條之7第3項規定，會首依民法第709條之7第2項規定收取會款，在未交付得標會員前，對其喪失、毀損應負責任。但因可歸責於得標會員之事由致喪失、毀損者，不在此限。此係因會首對於已收取之會款，在未交付得標會員前，有保管義務，故其對於向未得標之會員收取之會款之喪失、毀損，應負通常事變責任。

5.轉讓之限制

依民法第709條之8規定，會首非經會員全體之同意，不得將其權利及義務移轉於他人。蓋合會係由會員出面邀集，則會員必因信任會首而入會，他人即未必為會員所信任，自不應許其任意將權利義務移轉他人，實際上變換他人為會首，惟如經會員全體之同意，則不在禁止之列。

（二）對會員之效力

1.出標與得標權

依民法第709條之6規定，每期標會，每一會員僅得出標一次，以出標金額最高者為得標。最高金額相同者，以抽籤定之。但另有約定者，依其約定。無人出標時，除另有約定外，以抽籤定其得標人。每一會份限得標一次。

2.交付會款義務

依民法第709條之7第1項規定，會員應於每期標會後，3日內交付會款，會款包括已得標會員依得標時所約定之會款，以及未得標會員依該次得標所約定之會款。

3.收取合會金之權利

即就投標該次得標之會員，得依民法第709條之7第2項規定，收取合會金。

4.轉讓之限制

依民法第709條之8第2項規定，會員非經會首及會員全體之同意，不得退

會，亦不得將自己之會份轉讓於他人，蓋所以為維持合會正常運作及穩定性以及合會契約當事人間之信任關係。早期實務見解係立於「合會係會首與會員間之債權—債務契約」之看法，與民法第709條之1第1項前段之立場並不相同，故修正民法第709條之8第2項則規定須經會首及「會員全體」之同意，始得退會，其意在此。

三、合會之解散與清算

合會如因滿會而解散，屬理想之狀態，惟如因倒會而解散，其清算之程序，民法第709條之9定有明文。合會之基礎，係建立在會首之信用與會員間彼此之誠信上，如遇會首破產逃匿或有其他事由致合會不能繼續進行時，為保障未得標會員之權益，減少其損害，依民法第709條之9第1項規定，會首及已得標會員應給付之各期會款，應於每屆標會期日平均交付於未得標之會員。但另有約定者，依其約定。例如約定交付日予未得標會員中中籤之人，或已得標會員將全部會款一次付清，一次平均分配於未得標之會員是。而於此等狀況下，已無須再為標會，故得由未得標之會員共同推選一人或數人處理相關事宜（民709-9IV）。於此種情形，會首依民法第709條之7第2項給付會款及擔保付款之責任不能減免，故民法第709條之9第2項即規定，會首就已得標會員依前項規定應給付之各期會款，負連帶責任。依民法第709條之9第3項，會首或已得標會員依第1項規定應平均交付於未得標會員之會款遲延給付，其遲付之數額已達兩期之總額時，該未得標會員得請求其給付全部會款，以保障未得標會員之權益。

第二十二章　指示證券

一、意義及性質

（一）意　義

依民法第710條第1項規定，稱指示證券者，謂指示他人將金錢、有價證券或其他代替物給付第三人之證券，故指示證券係屬有價證券之一種。而所謂證券者，係指表彰權利之書據，而該書據所表彰之權利之行使（即欲使該權利發生、移轉、消滅之效果），與該書據有不可分離之關係，須結合為之。故於行使證券權利時，須占有該項證券方得行使。其當事人有三：

1. **指示人**：係為指示之人，即發行證券之人。
2. **被指示人**：即指示人指示其為給付之人，與票據法上之付款人相當。
3. **領取人**：係受給付之第三人，即為被指示人向其為給付之第三人。

又依其給付之標的不同，可分為：

1. 金錢證券。
2. 有價證券。
3. 物品證券。惟其標的僅得為代替物，不代替物不得為指示證券之標的。

（二）性　質

1.指示證券為記名證券或指定證券

指示證券上因須記載特定領取人之姓名，故又稱為記名證券，亦得於指示證券，附加記載為「憑票給付某甲或其指定人」或同義字樣而成為指定證券。其轉讓方式，依民法第716條第2項規定，應以背書為之。

2.指示證券為債權證券

指示證券所表彰之權利為債權，故為債權證券。

3.指示證券為委託證券

指示證券係指示他人為給付，指示人自己並不為給付，故屬委託證券，而與自付證券（如本票）有異。

二、指示證券之發行

（一）發行之意義及其款式

　　所謂發行，係發行人（指示人）作成證券而創設證券上之法律關係，並交付於領取人之行為，其性質依通說見解認為係屬「單獨行為」，而非契約行為。其發行須以文字記載於書面，故屬要式行為。再者，關於指示證券應記載之事項，法律並無明文，但解釋上應包含下列事項，否則應不生效力：

1. 給付之標的物及其數量（額數）。
2. 指示給付意旨之記載。例如記明「憑券祈付」或同義字樣。
3. 被指示人之姓名或名稱。此之被指示人應為指示人及領取人以外之第三人。
4. 領取人之姓名或名稱。不得為無記名式。
5. 指示人之簽名。

　　另外，亦得記載或不記載給付日期，如未記載，應視為見券即付。

（二）發行之效力

1.指示人與領取人間

　　指示人與領取人間之關係，多存有「原因關係」，例如甲向乙購買貨物而開立指示證券以為支付貨款，其間之買賣關係即為原因關係，亦稱為基礎關係。原則上，如為履行舊債務而負擔新債務者，即為民法上所謂之「間接給付」（民320參照）。惟於指示證券，指示人並不因指示證券之交付而負擔新之債務，故與間接給付之要件有別；但依民法第712條第1項、第2項規定，指示人為清償其對於領取人之債務而交付指示證券者，其債務，於被指示人為給付時消滅。領取人如為受領證券後，即不得再對指示人請求原有債務之給付。但於指示證券所定期限內，其未定期限者，於相當期限內，不能由被指示人，領取給付者，不在此限。其效果與間接給付之新舊債務並存之情形相似，故學者稱為「類似的間接給付契約」。惟領取人對於是否受領證券有自由選擇之權，如其不願受領者，依民法第712條第3項之規定，應即時通知債務人。

2.指示人與被指示人間之關係

　　指示證券之發行既係為單獨行為，則被指示人因指示證券之發行，而被授權得以自己之名義，為指示人之計算而向領取人為給付，但此係其權利，而非

義務，故民法第713條規定，被指示人雖對於指示人負有債務，但並無承擔其所指示給付或爲給付之義務，然若已向領取人爲給付者，就其給付之數額，對於指示人，免其債務。

3.被指示人與領取人間之關係

被指示人並不因指示證券之發行，即發生與領取人間之權義關係，而必俟被指示人承擔後，方負給付之義務，類似匯票之付款人。

三、指示證券之承擔

（一）意　義

所謂承擔，係指被指示人表示願依指示人之指示內容而爲給付之法律行爲。其亦係因被指示人一方之意思表示而生效力，故爲單獨行爲。爲承擔之後，不僅領取人得請求給付，即受讓人亦得請求（民716III）。如被指示人拒絕承擔者，依民法第714條規定，領取人應即通知指示人，俾指示人有所準備自行清償也。

（二）效　力

依民法第711條第1項規定，被指示人向領取人承擔所指示之給付者，有依證券內容，而爲給付之義務。而被指示人僅得以本於指示證券之內容，或其與領取人間之法律關係所得對抗領取人之事由，對抗領取人。如係對受讓人爲承擔者，依第716條第3項規定，被指示人，對於指示證券之受讓人已爲承擔者，即不得以自己與領取人間之法律關係所生之事由，與受讓人對抗。

四、指示證券之讓與

（一）意　義

即指示證券之領取人或受讓人，將其指示證券讓與第三人之行爲。原則上指示證券得爲讓與，但指示人於指示證券有禁止讓與之記載者，不在此限（民716I）。指示證券因屬記名證券，故讓與之方法應依背書之方式爲之。

（二）效 力

於一般債權讓與，後手之受讓人應繼受前手之瑕疵，故人之抗辯並不因而中斷，但於指示證券之讓與，依民法第716條第3項規定，被指示人，對於指示證券之受讓人已為承擔者，不得以自己與領取人間之法律關係所生之事由，與受讓人對抗。故切斷人的抗辯事由，被指示人即不得據其與前手間之關係對抗受讓人。

五、消 滅

（一）指示證券之給付

指示證券一經被指示人為給付後，持有人（領取人或受讓人）即應將證券交還為給付之人，其指示證券歸於消滅。

（二）證券之撤回

依民法第715條第1項規定，指示人於被指示人，未向領取人承擔所指示之給付或為給付前，得撤回其指示證券。其撤回，應向被指示人以意思表示為之。但第2項規定指示人於被指示人未承擔或給付前，受破產宣告者，其指示證券，視為撤回，是為擬制撤回，一旦撤回，證券上之權利即歸於消滅。

（三）消滅時效完成

依民法第717條規定，指示證券領取人或受讓人，對於被指示人因承擔所生之請求權，自承擔之時起，3年間不行使而消滅。

（四）宣告無效

依民法第718條規定，指示證券遺失、被盜或滅失者，法院得因持有人之聲請，依公示催告之程序，宣告無效。此時，該證券之效力即歸於消滅，但持有人之權利，並不受影響，而得於取得除權判決後，依法向被指示人主張權利（民訴565參照）。

第二十三章　無記名證券

一、意　義

依民法第719條規定，稱無記名證券者，謂持有人對於發行人得請求其依所記載之內容爲給付之證券。無記名證券係有價證券，故其權利之行使亦與證券之占有不可分離。所謂持有人，係指占有證券之人。依上述規定，無記名證券上無須記載特定之權利人，故與記名證券或指示證券在轉讓方式上有異。且因其規定持有人對於發行人請求給付，故發行人亦爲給付義務人，性質爲自付證券，與委託證券有異。是須注意，如僅係無記載特定權利人而非由證券發行人自己擔任給付者，仍非民法上之無記名證券。又其亦須按記載內容爲給付，故亦爲文義證券。

二、發　行

（一）發行之意義及性質

無記名證券之發行，即係發行人作成無記名證券，而交付於持有人之行爲。關於發行行爲之性質，雖有契約說與單獨行爲說之爭議，但現今多數通說均採單獨行爲說，即認發行行爲毋庸相對人之承諾，即得成立；但因觀察點之不同，單獨行爲說又分爲以下二說：
1. **發行說**：此說認爲除作成證券之行爲外，尚須交付於相對人方得完全生效。
2. **創造說**：認爲僅須有作成證券之行爲即可。

例如於已完全作成之無記名證券遺失之情形，某甲於路上撿到時，究竟得否持該證券，主張權利？採發行說者因無交付之行爲，故並不發生效力；而採創造說者則恰相反。通說採發行說，而對證券之發行人較有保障，但如此一來，則會妨礙到證券之流通性。爲保護交易安全（如上例，某甲將該證券再移轉於某乙時）起見，並助長證券之流通性，使人人均樂於接受證券，故民法設有下列例外：
1. 民法第721條第1項規定，無記名證券發行人，其證券雖因遺失、被盜或其他非因自己之意思而流通者，對於善意持有人，仍應負責，以保障善意之繼受

人。

2. 民法第721條第2項規定，無記名證券不因發行在發行人死亡或喪失能力後，失其效力。

（二）發行之效力

　　無記名證券之發行人一旦為發行後，依民法第720條第1項規定，即有於持有人提示證券時，為給付之義務。又關於發行之款式及應記載事項，法律上並無明文規定，解釋上應包括給付之標的物及發行人所為之簽名，亦得記載給付行為地、給付時期等事項。

三、無記名證券之流通

（一）讓與之方法

　　關於無記名證券之讓與方式，民法上並無明文規定，學說均認為僅依交付而生讓與之效力。亦即，其讓與之方式，與動產之讓與之方式相同。但如於流通日久或其他事由致因毀損或變形不適於流通，而其重要內容及識別記號仍可辨認者，持有人得請求發行人，換給新無記名證券。其費用，應由持有人負擔。但證券為銀行兌換券，或其他金錢兌換券者，其費用應由發行人負擔（民724）。

（二）善意取得

　　民法上為保護「交易動的安全」，常採取保護善意第三人之措施。在保護善意第三人之要件上，均須存有可資信賴之權利外觀，而此權利外觀雖與實際情形不符，但造成此結果者其行為人亦有原因力。而無記名證券因首重其流通性之保護，故於發生第三人基於可資信賴之外觀而取得時，雖其造成事實之原因並非出於行為人（發行人）所致，亦須負責，顯然其保護較其他情形更強。因此民法第721條規定，無記名證券發行人，其證券雖因遺失、被盜或其他非因自己之意思而流通者，對於善意持有人，仍應負責。

四、無記名證券之給付

（一）證券之提示

　　無記名證券因係流通證券，故於主張權利時必須為提示，為提示證券之一種。則持有人請求依無記名證券內容為給付時，必須為證券之提示。至於提示期間，依第726條第1項規定，無記名證券定有提示期間者，如法院因公示催告聲請人之聲請，對於發行人為禁止給付之命令時，停止其提示期間之進行。除此，持有人須於提示期間內為提示，否則即喪失請求權。但前項停止，自聲請發禁止支付命令時起，至公示催告程序終止時止。

（二）按記載內容付款

　　證券發行人於持有人提示無記名證券時，有為給付之義務，除具有不得給付之情形（民720I但書）或具有抗辯事由外（民722參照），不得藉口拖延。

（三）證券之交還

　　依民法第723條第1項規定，無記名證券持有人請求給付時，應將證券交還發行人。又第2項規定，發行人依前項規定收回證券時，雖持有人就該證券無處分之權利，仍取得其證券之所有權，蓋所以保護證券持有人之權益也。

（四）發行人抗辯之限制

　　依民法第722條規定，無記名證券發行人，僅得以本於證券之無效、證券之內容或其與持有人間之法律關係所得對抗持有人之事由，對抗持有人。但持有人取得證券出於惡意者，發行人並得以對持有人前手間所存抗辯之事由對抗之。

五、無記名證券之喪失

（一）一般無記名證券之喪失

　　所謂一般無記名證券，係指除後述二種無記名證券以外者而言。依第725條第1項規定，無記名證券遺失、被盜或滅失者，法院得因持有人之聲請，依公

示催告之程序，宣告無效。本條即係適用於一般無記名證券之情形。其第2項並規定，此種情形，發行人對於持有人，應告知關於實施公示催告之必要事項，並供給其證明所必要之材料。如證券持有人向法院聲請公示催告者，依民事訴訟法第566條第1項規定，法院應不經言詞辯論程序，對發行人發禁止命令。而依第726條第1項規定，無記名證券定有提示期間者，如法院因公示催告聲請人之聲請，對於發行人為禁止給付之命令時，停止其提示期間之進行。其停止期間依同條第2項規定係自聲請發前項命令時起，至公示催告程序終止時止。

　　民法第720條之1則規定，無記名證券持有人向發行人為遺失、被盜或滅失之通知後，未於5日內提出已為聲請公示催告之證明者，其通知失其效力。前項持有人於公示催告程序中，經法院通知有第三人申報權利而未於10日內向發行人提出已為起訴之證明者，亦同。

（二）利息年金或分配利益之無記名證券之喪失

　　所謂利息之無記名證券，例如無記名公司債券、公債券等；所謂分配利益之無記名證券，例如無記名股票等。其喪失之處理情形有二種：

1.時效屆滿前未有提示者

　　依民法第727條第1項規定，利息、年金及分配利益之無記名證券，有遺失、被盜、或滅失而通知於發行人者，如於法定關於定期給付之時效期間屆滿前，未有提示，為通知之持有人得向發行人請求給付該證券所記載之利息、年金或應分配之利益。但自時效期間屆滿後，經過1年者，其請求權消滅。

2.時效屆滿前已有提示者

　　依民法第727條第2項規定，如於時效期間屆滿前，由第三人提示該項證券者，發行人應將不為給付之情事，告知該第三人，並於該第三人與為通知之人合意前，或於法院為確定判決前，應不為給付。即發行人無確定何人為真正權利人之義務，如原證券持有人遺失後已向發行人為遺失之通知者（俗稱掛失），發行人即使時效屆滿前已有人出面提示，亦不得給付，而須俟其為合意後，或向法院取得確定判決後，始得為給付。

（三）無利息見票即付之無記名證券之喪失

　　所謂無記名見票即付之無記名證券，係指不給付利息，並記明見票即付，

或雖未記載見票即付字樣，但未爲給付日期之記載，而得隨時請求付款之證券。此種證券通常爲金錢之代用，其經濟效用自與其他無記名證券不同，故第728條特別規定，無利息見票即付之無記名證券，除利息、年金及分配利益之證券外，不適用民法第720條第1項但書及民法第725條之規定。亦即：

1. 無記名證券發行人縱然知悉持有人就證券無處分權，或雖受有掛失通知，仍應爲給付。
2. 無記名證券持有人證券遺失或被盜、滅失者，不得向法院請求爲公示催告之聲請，而僅得直接向拾得人或竊盜人請求返還或賠償。

　　於此種規定下，無利息見票即付之無記名證券，其功能與貨幣之流通性實無二致。

第二十四章　終身定期金

一、意義及性質

（一）意　義

依民法第729條規定，稱終身定期金契約者，謂當事人約定，一方於自己或他方或第三人生存期內，定期以金錢給付他方或第三人之契約。其當事人為「定期金債權人」與「定期金債務人」。須注意者，約定以生存期間為標準而定終身定期金之人，須為自然人，因法人無生存期間可言。其給付之標的，須為金錢，如係約定標的為金錢以外之物或勞務者，則為無名契約，得類推適用本節之規定。又終身定期金係以遺囑約定者，則稱為終身定期金之遺贈，依第735條規定準用本節之規定。

（二）性　質

1. **終身定期金為要式契約**：依民法第730條規定，終身定期金契約之訂立，應以書面為之，故為要式契約。
2. **終身定期金得為有償或無償契約**：終身定期金契約通常無對價，故為無償契約，其性質與定期給付贈與無異，故關於定期給付贈與之規定（民415），於此亦適用之。又亦得約定對價，而成為有償契約，可準用買賣之規定（民347參照）。
3. **終身定期金為片務或雙務契約**：如僅約定定期金債務人負擔給付定期金之義務，而債權人不負任何義務者，則為片務契約。若亦約定債權人須為某種對待給付者，則為雙務契約。
4. **終身定期金為射倖契約**：因終身定期金契約，係以特定人之終身為其存續期間，其給付額之多寡繫於生存期間之長短，故為射倖契約。
5. **終身定期金為繼續性契約**：因須定期以金錢繼續給付，故其為繼續性契約。

二、效　力

定期金契約一經成立，定期金債權人即得向定期金債務人請求依約而為給

付。每一期之給付期屆至時，其所應爲之每一期給付即成爲獨立債權，稱爲「支分權」，得單獨爲請求或讓與，故其請求權之消滅時效，有民法第126條所定5年時效之適用。

（一）定期金之存續期間

如當事人有約定者，當然從其約定，如未爲約定者或有疑義者，依民法第731條第1項規定，終身定期金契約，關於期間有疑義時，「推定」其爲於「債權人」生存期內，按期給付。

（二）定期金之數額

當事人如有約定者，從其約定，或爲每月、每季或每年均可，但如當事人未約定或不明時，依民法第731條第2項規定，契約所定之金額，有疑義時，推定其爲每年應給付之金額。

（三）給付時期

依民法第732條第1項規定，終身定期金，除契約另有訂定外，應按季預行支付。即於當事人未定者，原則上採取預付主義。但如於預付後，定生存期標準之人死亡者，是否應返還之？依民法第732條第2項規定，依其生存期間而定終身定期金之人，如在定期金預付後，該期屆滿前死亡者，定期金債權人，取得該期金額之全部，即取得後毋庸返還。

（四）定期金債權之移轉

依民法第734條規定，終身定期金之權利，除契約另有訂定外，不得移轉。此係指定期金債權之基本權而言，即爲全部之定期金債權。而以此一基本權所派生之各期給付請求權（支分權），一經發生即得與基本權分離獨立而得單獨讓與。

三、消　滅

（一）標準人死亡

依人之生存期間爲標準之人死亡時，終身定期金契約當然終止。此之死

亡，包括自然死亡及死亡宣告在內。惟民法第733條規定，因死亡而終止定期金契約者，如其死亡之事由，應歸責於定期金債務人時，法院因債權人或其繼承人之聲請，得宣告其債權在相當期限內仍為存續。

（二）債權人死亡

此之債權人，係指未兼為標準人之債權人而言。關於此點民法並無規定，但依終身定期金債權之性質既係一身專屬權，而不得讓與，則繼承人自亦不得繼承，依理於債權人死亡時亦應終止。

（三）債務人死亡

此之債務人，係指未兼為標準人之債務人而言。關於此點民法亦無規定，應分別情形論之：

1. **無償性質者**：因無償性質之終身定期金契約具有定期給付贈與之性質，依民法第415條規定，定期給付贈與因贈與人或受贈人死亡，而失其效力，但贈與人有反對之意思表示者，不在此限。於此，除有反對之意思表示外，亦應認為終止而消滅。
2. **有償性質者**：解釋上，定期金債務並非專屬性債務，得由繼承人繼承之，則繼承人自應繼承之。

第二十五章 和 解

一、意義及性質

（一）意 義

依民法第736條規定，稱和解者，謂當事人約定，互相讓步，以終止爭執或防止爭執發生之契約。所謂爭執，係指當事人關於一定之法律關係之存否、效力或內容等事項爲相反之主張，而和解即在定爭止紛，故雙方當事人於爭點上相互讓步，因此讓步所生之義務則立於對價關係，如僅一方讓步，則爲權利拋棄或債務承認，均非和解也。又和解可分爲民法上之和解、民事訴訟法上之和解及破產法上之和解等，本節所述者，係止於民法上之和解。

（二）性 質

1.和解爲有償、雙務契約

和解契約因爲雙方當事人互相讓步，其互有給付之義務，而立於對價之關係，故爲有償及雙務契約。

2.和解爲諾成、不要式契約

和解契約之成立生效，民法上並未有特別規定，故應依一般契約成立原則，而爲諾成、不要式契約。惟因和解涉及權利義務之創設，而爲處分契約，其關係自爲重大，故學者亦間有認應以書面爲之爲宜。

二、效 力

（一）確定之效力

和解契約一旦合法成立，雙方當事人即應受其拘束，縱一方因此和解而受不利益之結果，亦屬和解讓步之當然結果，不得事後翻異，更不得據和解前之法律關係有所主張。

（二）創設之效力

依民法第737條規定，和解有使當事人所拋棄之權利消滅，及使當事人取

得和解契約所訂明權利之效力，是爲和解之創設之效力。因和解契約有使權利發生、變動、消滅之效果，故學說上又稱爲處分契約。但其所創設者，僅屬債權關係，非物權關係。

三、消　滅

（一）合意解除

　　和解契約成立後，當事人雖均應受其拘束，但仍非不可解除，故當事人間自得依其雙方合意，而解除和解契約。

（二）和解撤銷

　　和解既係一種債權契約，則關於契約意思表示之瑕疵問題，於此亦有適用，故如當事人之意思表示有被脅迫、詐欺時，自得依民法總則之相關規定撤銷之。又於意思表示有錯誤時，依民法總則之一般原則，雖亦得撤銷之（民88參照）；但和解所重者既在定爭息紛，則事實眞相如何本非所問，故民法第738條規定，和解不得以錯誤爲理由撤銷之。但有下列事項之一者，不在此限：

1. 和解所依據之文件，事後發見爲僞造或變造，而和解當事人若知其爲僞造或變造即不爲和解者。
2. 和解事件，經法院確定判決，而爲當事人雙方或一方於和解當時所不知者。
3. 當事人之一方，對於他方當事人之資格或對於重要之爭點有錯誤而爲和解者。

第二十六章　保　證

一、意義及性質

（一）意　義

依民法第739條規定，稱保證者，謂當事人約定，一方於他方之債務人不履行債務時，由其代負履行責任之契約。其當事人，一爲「保證人」，即約定代負履行責任之人，一爲債權人。基於保證契約所生之債務稱爲保證債務，屬於從債務之地位，與保證契約所擔保之主債務人所負之主債務不同，故僅於主債務人不能履行或不爲履行時，方代負履行責任。惟保證人之所以願意承擔保證債務，其原因各別，或爲委任，或爲贈與，或爲無因管理，惟其與保證契約並無關係，而各自獨立存在。又保證與債務之承擔不同，蓋後者係債務之移轉，原債務人已由債之關係脫退，僅由承擔人負擔債務。民法第739條之1則規定，本節所規定保證人之權利，除法律另有規定外（如拋棄先訴抗辯權），不得預先拋棄。

（二）性　質

1.保證爲從契約

保證契約以主債務之存在爲前提，而爲從契約。故如主債務並不存在，保證債務亦無由存在。

2.保證爲片務契約及無償契約

保證契約成立後，僅保證人對於債權人負擔保證債務，故爲片務契約、無償契約。至於保證人對於主債務人間或有約定報酬，惟其係屬另一法律關係，而與保證無涉。

3.保證爲諾成、不要式契約

保證契約不以作成書面或爲現實給付爲必要，故爲諾成、不要式契約，但民間大多以保證書爲之。

二、效　力

（一）保證人與債權人間之效力

1.保證債務

(1) **特性**：

① **從屬性**：保證債務因屬從債務，故具有從屬性，包括發生上之從屬、移轉上之從屬及消滅上之從屬，而與其所擔保之主債務同其命運。即其存在以主債務之存在為前提，如主債務因清償、提存、抵銷、免除、混同而消滅時，保證債務亦隨而相滅；於債權人將主債權移轉時，保證債權原則上亦應隨之移轉（民295參照）。惟依第743條規定，保證人對於因行為能力之欠缺而無效之債務，如知其情事而為保證者，其保證仍為有效，是為例外，而具有獨立性。

② **補充性**：依民法第739條規定，保證人係於主債務人不履行債務時，由其代負履行責任，故其具有補充性（又稱為第二次責任性），因此保證人有後述之先訴（索）抗辯權（民745）存在。

又補充性可依約定予以排除，亦即俗稱之拋棄先訴抗辯權，但從屬性不得以特約加以排除，否則即失卻保證之本質。

(2) **保證債務之內容及範圍**：依民法第740條規定，保證債務，除契約另有訂定外，包含主債務之利息、違約金、損害賠償及其他從屬於主債務之負擔。即其內容，原則上應與主債務之內容相同。所謂從屬於主債務之負擔，即因主債務所發生而應由主債務人負擔之債務，例如費用等。又保證債務既具從屬性，則範圍自不得較主債務為大，故第741條規定，保證人之負擔，較主債務人為重者，應縮減至主債務之限度。

(3) **保證人責任**：保證人既係代負履行責任，故非賠償責任。而依第747條規定，向主債務人請求履行，及為其他中斷時效之行為，對於保證人亦生效力。然而如係主債務人向債權人所為之債務承認雖亦生時效中斷之效果（民129②），但對於保證人應不生效力。

2.保證人之抗辯權

(1) **得主張主債務人所有抗辯之權利**：依民法第742條規定，主債務人所有之抗辯，保證人得主張之。主債務人拋棄其抗辯者，保證人仍得主張之。所謂

主債務人所有之抗辯，包括主債務人本身所有與主債務之發生、消滅或履
行有關之抗辯而言，例如權利不發生之抗辯、權利消滅之抗辯、拒絕給付
之抗辯等。又依第744條規定，主債務人就其債之發生原因之法律行為有撤
銷權者，保證人對於債權人，得拒絕清償。此係因保證債務之從屬性所
生，故關於主債務所得對抗債權人之抗辯事由或類似權利均得援用以對抗
之。此一抗辯權，屬暫時性抗辯權。

(2) **保證人之抵銷**：依實務見解，保證人不得以主債務人對於債權人之債權，
主張抵銷，惟為避免保證人於清償後向主債務人求償困難。修正民法第742
條之1乃規定，保證人得以主債務人對於債權人之債權，主張抵銷，以杜爭
議。

(3) **先訴抗辯權**：依民法第745條規定，保證人於債權人未就主債務人之財產強
制執行而無效果前，對於債權人得拒絕清償，是為關於保證人之先訴抗辯
權之規定，學者間亦有稱為先索抗辯權者。其性質屬於一種暫時性之抗辯
（延期性抗辯），一旦債權人就主債務人之財產執行無效果後，即不得再
為主張。此一抗辯權，於有下列情形則不得主張之（民746）：①保證人拋
棄前條之權利；②主債務人受破產宣告；③主債務人之財產不足清償其債
務。

（二）保證人與主債務人間之效力

1.保證人之求償權及代位權

(1) **求償權**：關於保證人之求償權，民法上並無規定，但學說及實務均承認
之，故於保證人因履行保證債務而為清償或其他消滅主債務之行為後，得
向主債務人求償，其求償之範圍即依其與主債務人間之關係（委任、贈
與、或無因管理）而決之。此一求償權，因係新生之請求權，故其消滅時
效另行計算。

(2) **承受權（舊法稱代位權）**：依民法第749條規定，保證人向債權人為清償
後，於其清償之限度內，「承受」債權人對於主債務人之債權。但不得有
害於債權人之利益。是為關於保證人承受權之規定。其求償權與承受權之
行使，得由保證人擇一行使之，但其中之一行使後，其他即歸於消滅。此
一承受權之性質，屬於當然代位。

2.保證責任除去請求權

依民法第750條第1項規定,保證人受主債務人之委任,而爲保證者,有下列各款情形之一時,得向主債務人請求除去其保證責任:

(1) 主債務人之財產顯形減少者。
(2) 保證契約成立後,主債務人之住所、營業所或居所有變更,致向其請求清償發生困難者。
(3) 主債務人履行債務遲延者。
(4) 債權人依確定判決得令保證人清償者。

又依第2項規定,主債務未屆清償期者,主債務人得提出相當擔保於保證人,以代保證責任之除去。但此項保證責任除去請求權,僅係保證人得向主債務人請求除去其保證責任,而對債權人並無拘束力。

三、消　滅

（一）債權人拋棄擔保物權者

依民法第751條規定,債權人拋棄爲其債權擔保之物權者,保證人就債權人所拋棄權利之限度內,免其責任。蓋物保之效力較人保爲大,而債權人竟自願拋棄,自無令保證人再爲負責之理。

（二）定期保證逾期不爲請求者

依民法第752條規定,約定保證人僅於一定期間內爲保證者,如債權人於其期間內,對於保證人不爲審判上之請求,保證人免其責任,是爲定期保證。須爲注意者,乃此之定期保證與就定有期限之債務爲保證,並不相同。後者係就債務所定之清償期限,而前者係保證人負保證責任之期間,二者應分別以觀。

（三）未定期保證經催告不爲請求者

依民法第753條規定,保證未定期間者,保證人於主債務清償期屆滿後,得定1個月以上之相當期限,催告債權人於其期限內,向主債務人爲審判上之請求。債權人不於前項期限內向主債務人爲審判上之請求者,保證人免其責任。

另依民法第753條之1規定，因擔任法人董事、監察人或其他有代表權之人、而爲該法人擔任保證人者，僅就任職期間法人所生之債務負保證責任。

（四）連續債務保證之終止

依民法第754條規定，就連續發生之債務爲保證而未定有期間者，保證人得隨時通知債權人終止保證契約。前項情形：保證人對於通知到達債權人後所發生主債務人之債務，不負保證責任。例如就醫療債務爲保證者，保證人得於連續發生之醫療債務累計達無法承保時，即得通知醫院終止保證，蓋所以減輕保證人之責任也。

（五）主債務延期清償之允許

依民法第755條規定，就定有期限之債務爲保證者，如債權人允許主債務人延期清償時，保證人除對於其延期已爲同意外，不負保證責任。蓋因延期清償將會產生主債務人資力之變動，而增加保證人之風險，故原則上不負保證責任。惟若係定期保證者，該延長期限仍於定期保證期限內者，實務上認爲保證人不得援引本條規定而主張免責（50台上1470參照）。

四、特種保證

（一）連帶保證

1.意義

所謂連帶保證者，係指民間習慣上保證人與債權人約定，由其與主債務人連帶負債務履行責任之保證。

2.效力

連帶保證於民法上並無規定，但判例及學說均承認之。由於係連帶責任，故保證人與主債務人負同一之責任，即非一般保證之第二次責任，因此縱無第746條之情形，亦不得主張第745條之先訴抗辯權，因先訴抗辯權係以補充性責任爲前提，而連帶保證人已有拋棄先訴抗辯權之默示也。

（二）共同保證

1.意義

所謂共同保證者，係指數人保證同一債務之保證契約，而屬特殊保證之一種。

2.效力

依民法第748條規定，數人保證同一債務者，除契約另有訂定外，應連帶負保證責任，又稱之為「保證連帶」，與上述之「連帶保證」不同，此係保證人間負連帶責任，故關於保證債務之特性，即從屬性與補充性均未變動，故連帶保證人仍得主張先訴抗辯權。

（三）信用委任

所謂信用委任者，係指委任他人以該他人之名義，及其計算，供給信用於第三人者。例如甲委任乙，而以乙之名義及計算，貸款於第三人丙，即甲委任乙供給信用於丙。其效力，依第756條規定，委任他人以該他人之名義，及其計算，供給信用於第三人者，就該第三人因受領信用所負之債務，對於受任人，負保證責任（有稱為法定保證）。此種契約除保證外，因亦有委任之性質，故關於委任之規定於此亦有適用，故學者有稱為保證與委任之混合契約者。

第二十七章　人事保證

一、意義及性質

（一）意　義

　　稱人事保證者，依民法第756條之1第1項之規定，謂當事人約定，一方於他方之受僱人將來因職務上之行為而應對他方為損害賠償時，由其代負賠償責任之契約。人事保證於我國社會上已行之有年，實務上亦頗常見（大理院5上1032、49台上2637、51台上2789參照），故民法債各將其明文化。前項契約，應以書面為之。

　　人事保證，又稱為職務保證、身元保證，乃係就僱傭或其他職務關係中將來可能發生之債務所為具有繼續性與專屬性，而獨立負擔損害賠償之一種特殊保證，惟仍係就受僱人之行為而代負損害賠償責任。此所稱之受僱人，與民法第188條相同，並不限於僱傭契約所稱之受僱人，凡客觀上被他人使用為之服勞務而受其選任監督者均屬之（57台上1663參照），至於責任範圍則不及於與受僱人職務無關之行為。

（二）性　質

1. **人事保證為有名契約**：民法債各增訂第二十四節之一，故人事保證自為一有名契約。
2. **人事保證為繼續性及專屬性契約**：人事保證係就僱傭或其他職務關係中將來可能發生損害賠償之債務為保證，故具有繼續性。又人事保證具有強烈人情信任關係，故具有專屬性。
3. **人事保證為諾成、要式契約**：人事保證無物之交付之問題，故為諾成契約，但須以書面為之，故為要式契約。
4. **人事保證為從契約**：人事保證通常係於典型僱傭契約或其他類型勞務契約成立之時同時締結之，故不問被保證人與僱用人間勞務關係契約之性質如何，必其先存在後，始有人事保證之可能，故為從契約。惟人事保證仍具有獨立損害賠償契約之性質，不可不辨，並非先有主債務存在，再為人事保證。

二、效 力

（一）期 間

1.最長期間之限制

　　民法第756條之3第1項規定，人事保證約定之期間，不得逾3年。逾3年者，縮短爲3年。故人事保證性質上爲定期保證，縱使人事保證未定期間，自成立之日起有效期間爲3年（民756-3III）。

2.保證期間之更新

　　爲保障人事保證及保證人之權益，人事保證約定之期間固有加以最長限制之必要，但契約自由之原則仍須尊重，故民法第756條之3第2項規定「前項期間，當事人得更新之」，而更新後之期間亦不得逾3年。

（二）賠償責任

　　依民法第756條之2規定，人事保證之保證人，以僱用人不能依他項方法受賠償者爲限，負其責任。保證人依前項規定負賠償責任時，除法律另有規定或契約另有訂定外，其賠償金額以賠償事故發生時，受僱人當年可得報酬之總額爲限。所謂代負責任，兼指二意，一則指保證人所代負者，僅限於受僱人因職務上之行爲而應對僱用人爲損害賠償者；另指保證人僅代受僱人負賠償責任，其意與民法第739條所定一般債務保證之「代負責任」相同，僅具補充性質，因此，民法第745條之先訴抗辯權，理應有準用。所謂他項方法受賠償，例如僱用人投保受僱人職務之保證保險（保險95-1至95-3參照），或第三人爲受僱人向僱用人設有職務損害之最高限額抵押權是；再者，其賠償範圍亦受有限制，以事故發生時受僱人當年可得報酬之總額爲限，以減輕保證人責任。至於損害賠償之時效，民法第756條之8規定爲2年。

三、消 滅

（一）當然終止

1. **因期間屆滿而消滅**：依民法第756條之7第1款規定，人事保證關係因保證期間屆滿而消滅。

2. **因保證人或受僱人死亡而消滅**：依民法第756條之7第2款、第3款，人事保證關係因保證人或受僱人死亡而消滅，此係因債之主體死亡，已失權利能力，不得再為權利義務主體之基礎（民6），應有其專屬性，故除有特約外，亦因受僱人或保證人死亡而消滅。

3. **因受僱人或保證人破產或喪失行為能力而消滅**：此為民法第756條之7第2款、第3款所明定。

4. **受僱人之僱傭關係消滅**：從契約隨主契約而消滅，故民法第756條之7第4款如是規定。

（二）任意終止

1.任意終止權

依民法第756條之4規定，人事保證未定期間者，保證人得隨時終止契約。前項終止契約，應於3個月前通知僱用人。但當事人約定較短之期間者，從其約定。故僅未定期間之人事保證（僅受3年最長期間之限制），保證人始得終止人事保證契約，且明定預告期間，原則上為3個月，如有特約，從其約定。

2.應通知事由及特別終止權

依民法第756條之5第1項規定：「有左列情形之一者，僱用人應即通知保證人：一、僱用人依法得終止僱傭契約，而其終止事由有發生保證人責任之虞者。二、受僱人因職務上之行為而應對僱用人負損害賠償責任，並經僱用人向受僱人行使權利者。三、僱用人變更受僱人之職務或任職時間、地點，致加重保證人責任或使其難於注意者。」

如有上開法定通知事由發生時，而保證人受通知或自知有應受通知之情形，在定有期間之人事保證不問所定期間是否屆滿，在未定期間之人事保證亦無須為預告之通知，保證人均得終止契約（特別終止權）。

四、人事保證責任之斟酌事由

當受僱人因職務上之行為而對僱用人應負損害賠償責任時，於強制執行無效果後，僱用人即得請求保證人代負責任（民756-9準用民745）。而民法第756條之6則規定：「有左列情形之一者，法院得減輕保證人之賠償金額或免除之：一、有前條第一項各款之情形而僱用人不即通知保證人者。二、僱用人對

受僱人之選任或監督有疏懈者。」

　　故於僱用人違反民法第756條之5第1項之通知義務，或僱用人就其對受僱人之選任或監督有疏懈時，其對損害之發生或擴大與有過失，自應依其比例自負其責（49台上2637參照），故民法第756條之6乃規定法院得（依職權）減輕或免除保證人之賠償金額。

　　因此，於受僱人因職務上之行為而對僱用人負損害賠償責任，並經僱用人向受僱人行使權利者，僱用人通知義務之違反，僅成為法院斟酌保證人應負責任之事由，非謂僱用人不得向保證人請求代負責任。反之，如僱用人已盡其通知義務，縱使保證人終止契約，其終止效力亦僅向後發生，保證人仍應依人事保證契約就已生之損害代負責任，而無民法第756條之6規定之適用。

五、一般保證之準用

　　人事保證與一般保證不同，但保證之規定中性質相同者仍可適用於人事保證之法律關係上。故民法第756條之9規定，人事保證，除本節有規定者外，準用關於保證之規定。原則上人事保證得準用：(一)民法第742條之抗辯權；(二)民法第745條先訴抗辯權；(三)民法第748條保證連帶；(四)民法第749條承受權；(五)民法第751條保證責任因債權人拋棄擔保物權而減免；(六)民法第752條定期保證之免責。至於其他一般保證之規定，因人事保證之性質或解釋而無法準用。

第五篇

物　權

第一章　通　則

第一節　物權的意義與種類

一、物權的意義

　　物權的意義，直接涉及是否適用「法定主義」（民757）及專屬所在地法院管轄的規定（民訴10II），在法律上非常重要。例如甲住所在桃園，將其在高雄之A屋出租給乙，後來因乙得否占有使用A屋發生爭議，乙在桃園地方法院對甲起訴，關於桃園地方法院對本訴訟有無管轄權的問題，即與乙所主張的權利是否為物權有關：如為物權，應專屬高雄地方法院管轄，桃園地方法院即無管轄權；如非物權，桃園地方法院即有管轄權。

　　我國法律對物權的定義，並未設明文規定，一般認為物權是指直接支配特定物，而可以對任何人主張，並享受其利益的財產權。物權為支配權，物權人無須藉助他人的意思或行為，即得實現其權利的內容，例如所有人對其所有物，得自由使用、收益、處分之（民765）。此與債權之為請求權，債權人僅能請求債務人為一定的行為（民199），須待債務人的意思或行為的介入，方能實現其內容者不同。物權採「標的物特定原則」，其標的物須為特定物與獨立物，凡依社會觀念，未具體確定的物，或僅為某物之成分，不具獨立性者，均不能為物權的客體。但權利有時依法律規定，也可以作為物權的客體（民882、900）。某一權利究為物權或債權，應依其法律規定之體系及其性質判定，故前述例中乙就A屋之租賃權，乃是對甲之債權（民421），故非物權。

二、物權的種類

（一）物權法定主義

　　民法採「物權法定主義」，故第757條規定：「物權除依法律或習慣外，不得創設。」此項規定之目的，係在確保物權內容的明確，維持物權體系，保障交易安全，並為避免過度僵化，承認依習慣形成的新物權，以促進社會經濟的發展。本條所稱「法律」，包含民法及其他法律（如動產擔保交易法），但

不包括行政命令在內；「習慣」則是指具備慣行之事實及法的確信，而具有法律上效力的習慣法而言。此項規定具有強行法的性質，故當事人除法律規定或習慣法上已確立的物權之外，不得創設任何新的類型或內容的物權，法律行為如違反物權法定主義的本條規定，例如不動產質權在我國法律及習慣法上均未予承認，當事人設定不動產質權之行為，原則上應認為無效（民71），不能發生物權效力。

現行民法物權編依物權法定主義的精神，共規定所有權、地上權、農育權、不動產役權、抵押權、質權、典權及留置權等八種物權（永佃權章已刪除，但其規定依民法物權編施行法第13條之2第2項仍適用於既存之永佃權），並對占有（性質上屬於事實）設有專章規定。由於物權的類型與內容的創設自由受到法律的限制，如何在法律上提供足夠的物權類型供當事人選擇，以免破壞私法自治的制度，已成為重要課題。近年來，為配合社會經濟需要的物權，不但許多特別法紛紛制定或修正，民法物權編也分三次予以全面修正：民國96年3月完成抵押權、質權、留置權等章的修正，民國98年1月完成通則及所有權章的修正，民國99年2月完成地上權、永佃權（刪除第四章永佃權，增訂第四章之一農育權）、地役權（修正為不動產役權）、典權及占有等章的修正。

最高法院近年有就物權編未規定為物權的「讓與擔保」，承認其為習慣法形成之物權之見解，其理由論述如下：物權得依習慣而創設。於我國工商社會與一般民間習慣，常見債務人因擔保自己債務之未來之履行，與債權人約定將自己財產所有權移轉於債權人（受讓人），債務履行期屆至，如有不履行該擔保目的之債務時，經債權人實行清算後，除債務人清償該債務得向受讓人請求返還擔保物外，受讓人即確定取得擔保物之所有權。惟該擔保物價值高於應履行債務之價額者，債務人得向受讓人請求償還其差額。此類以擔保為目的而移轉擔保物所有權予債權人之擔保物權設定，即為學理所稱「讓與擔保」（下稱讓與擔保）。民間慣行之讓與擔保制度，物權法固無明文，惟我國判決先例已承認其有效性，復不違背公序良俗，於讓與人與受讓人內部間，本於契約自由，及物權法已有習慣物權不違背物權法定主義法文，執法者自無否定其有效性之正當事由（108台上2447、109台上3214）。

（二）物權的分類

1.所有權與定限物權

此項區分是以對於標的物的支配範圍爲標準。所有權是對其標的物爲全面支配的物權，又稱爲完全物權；定限物權是指僅能於特定限度內，對其標的物爲支配的物權。我國民法所稱的「其他物權」（民762、948）、「所有權以外之物權」（民763），或土地法所稱的「他項權利」（土地11），都是指定限物權而言。由於定限物權有限制所有權的作用，又稱爲限制物權，其效力可對抗所有權，例如土地所有人於設定地上權後，地上權人對於土地的用益權限，即得優先於所有人。「一物一權主義」強調所有權的客體必須爲獨立的一物，一物之上不能成立二個以上的所有權，但定限物權的數量並不受限制。

2.動產物權、不動產物權與權利物權

此項區分是以標的物的種類爲標準。物權存於動產之上者，稱爲動產物權，如動產所有權、動產質權及留置權；存於不動產之上者，稱爲不動產物權，如不動產所有權、地上權、農育權、不動產役權、不動產抵押權及典權；存於權利之上者，稱爲權利物權，如權利質權、權利抵押權。

3.用益物權與擔保物權

此項區分是以定限物權對標的物支配的內容爲標準。前者支配物的使用價值，其作用在使用收益，地上權、農育權、不動產役權、典權均屬之；後者支配物的交換價值，其作用在作爲債權的擔保，抵押權、質權、留置權均屬之。

4.主物權與從物權

此項區分是以物權能否獨立存在爲標準。前者不須從屬於其他權利，得獨立存在與處分，所有權、地上權、農育權、典權均屬之。擔保物權是從屬於債權而存在，不動產役權須從屬於需役不動產之所有權而存在，均屬於後者。

5.有期限物權與無期限物權

此項區分是以物權的存續，有無期間限制爲標準。前者在法律上有存續期間的限制，如農育權、典權、抵押權、質權、留置權皆是。後者無存續期間之限制，而能永久存續，主要爲所有權。永佃權原爲無期限之物權，但永佃權章在民國99年1月民法物權編修正時已被刪除，既存之永佃權雖仍繼續有效，但依民法物權編施行法第13條之2第1項規定，其存續期限縮短爲自修正施行日（民國99年8月3日）起20年，其性質已成爲有期限物權。

第二節 物權的效力

物權因其種類的不同，各有不同的特別效力，以下說明的是各種物權的共同效力：

（一）排他效力

指一標的物上如已有一物權存在，即不得再成立內容相同或相衝突的物權，也稱為物權的排他性。例如甲對A古劍有所有權，乙對A古劍即不可能也有所有權。但支配的內容如不一致，即使物權的名稱相同，仍不妨並存，例如甲可以其B地分別為乙、丙設定第一、第二次序的抵押權。

（二）優先效力

指物權優先於債權，或先成立之物權優先於後成立的物權，也稱為物權的優先性。例如甲將其A地出賣予乙，在未移轉登記以前，又將A地設定抵押權或移轉所有權予丙，此時乙對甲雖有成立在先的債權，但因丙所取得的是物權，乙即不得與之對抗。同一物上，如有二個以上不同內容的物權存在時，後成立之物權之行使，不得妨害先成立之物權，例如甲就其A地設定地上權予乙後，再設定抵押權予丙，即使後來丙實行抵押權，乙的地上權仍不因此而受影響。

（三）追及效力

指物權成立後，無論其標的物轉入何人之手，權利人均得追及物之所在地，直接支配其標的物，也稱為物權的追及性。例如甲為擔保乙的債權，將A地設定抵押權予乙後，將A地之所有權移轉予丙，乙於抵押債權清償期屆至，未獲清償時，即得對丙之A地查封拍賣，而受清償（民867）。

（四）物上請求權

指物權人於其物被侵害或有被侵害可能時，得請求回復物權圓滿狀態或防止侵害的權利。民法第767條第1項針對所有人，明文規定所有物返還請求權、所有權妨害除去請求權及防止妨害請求權，至於所有人以外的其他物權人，因準用其規定（民767II），亦有此等物上請求權。

第三節 物權的變動

一、物權變動的意義

是指物權的發生、變更及消滅而言。民法第758條第1項稱之為「取得、設定、喪失及變更」，一般簡稱為「得、喪、變更」。

（一）物權的發生

物權的發生，是指物權與特定的權利主體間的結合，包括狹義的物權取得與物權設定。物權的取得，可分為原始取得與繼受取得。原始取得，是指非依據他人既存的權利而取得物權，又稱為固有取得。例如甲在深山，以所有之意思，占有無主的珍貴蘭花，而依無主物先占的規定，取得其所有權（民802）。繼受取得，是指基於他人既存的權利而取得物權，又稱為傳來取得，其依繼受方法來區分，又可分為移轉繼受取得與創設繼受取得。前者是就他人物權，依其原狀移轉而取得之，例如甲因買賣、繼承，而取得乙之物權；後者是指於物權標的物上，創設限定物權而取得之，稱為設定取得或創設取得，例如地上權人乙就甲所有之土地，因設定而取得地上權是。可見物權設定就因設定行為而取得物權者而言，亦屬於廣義的物權取得。

（二）物權的消滅

物權的消滅，是指物權與其權利主體分離，也稱為物權的喪失，依其消滅的結果來區分，可分為物權的絕對消滅與物權的相對消滅。前者是指物權不僅與原權利主體分離，且客觀地失其存在，終局地歸於消滅，不再歸屬於另一主體，例如物權人因拋棄物權或其物權客體滅失，其物權因而消滅是；後者是指物權與原權利主體分離後，權利本身並未終局地消滅，而另歸屬於其他權利主體的情形，例如甲因死亡而喪失對遺產之所有權，或乙因讓與其A地所有權給丙，而喪失A地之所有權是。上例之甲、乙原有之所有權，均未終局消滅，而是分別由甲之繼承人及乙之受讓人丙繼受取得之。一般所稱的物權消滅，通常是指絕對消滅。

（三）物權的變更

狹義的物權變更，是指物權不失其同一性，但原有的內容發生變化。例如所有權的客體因附合而增加（房屋加蓋屋頂小閣樓），地上權存續期限有增長或縮短，典權的典價有增加或減少，均屬之。

二、物權變動的要件

（一）物權變動的原因

物權變動的原因可分爲法律行爲及法律的規定二種。前者是依當事人以物權的發生、變更或消滅爲目的的法律行爲，稱爲物權行爲，是物權變動的主要原因；後者是指法律行爲以外的法律事實，例如公用徵收（土地208）、拍賣抵押物（民876）、混同（民762）及取得時效（民768至772）等，依法律規定而發生物權變動。物權行爲無論單獨行爲（如拋棄）或物權契約，均應與僅生債權效力的債權行爲區別。例如甲與乙訂定土地買賣契約，甲同意將A地以1,000萬元出賣給乙，此時乙僅得對甲請求移轉土地所有權，並未取得A地所有權，乙須待甲、乙完成移轉A地所有權的行爲，始能取得A地所有權。在此例中，甲乙間的買賣契約是債權行爲，甲乙間移轉A地所有權移轉的行爲，是物權行爲。物權行爲具有獨立性與無因性，前者是指與債權行爲分離，獨立存在，後者是指物權行爲之是否有效，不受債權行爲效力的影響。

物權變動有「公示原則」與「公信原則」等二大原則，前者是指物權變動的情形，須有足以讓社會大眾辨識的外在表徵，後者是指對信賴該外在表徵而有所作爲的善意第三人，縱令其主觀所信賴者與客觀存在的權利歸屬並不一致，法律亦將保護其主觀之信賴。民法規定不動產物權變動的公示方法是登記（民758、759），動產是交付（民761），公信原則則表現在善意受讓的規定之中（土地43，民759-1 II、801、886、948）。

以下依變動之物權之種類，分別論述其要件，再說明混同與拋棄的問題。

（二）不動產物權變動的要件

1.因法律行爲而變動者

民法第758條第1項規定，不動產物權，依法律行爲而取得、設定、喪失及變更者，非經登記，不生效力。同條第2項規定，此等法律行爲，應以書面爲

之。故不動產物權行為，除當事人須具有使物權變動的意思表示、為物權的處分行為者應有處分權（民118）外，尚須具備下列要件：

(1) **須以書面為之**：所謂「書面」，係指不動產物權行為之書面，即表示欲取得、設定、喪失或變更某特定不動產物權之書面而言。如該行為為契約行為，須載明雙方當事人合意之意思表示，如為單獨行為，則僅須明示當事人一方之意思表示。其書面未合法成立者，不能發生物權變動的效力（院解3044）。如當事人訂有將設定或移轉不動產物權的契約（債權契約），嗣後卻拒絕作成物權行為的書面，實務上認為他方當事人，得以法院命其協同辦理物權登記的確定判決，補正其書面之欠缺（57台上1436）。當事人承諾將以不動產物權變動為目的，而為特定不動產物權行為的債權行為，亦宜以書面為之，以昭慎重，民法乃另於第166條之1第1項規定，「契約以負擔不動產物權之移轉、設定或變更之義務為標的者，應由公證人作成公證書。」但因該條未施行，故仍為不要式行為。

(2) **須辦理登記**：此項登記具有創設物權的效力，對於不動產物權的變動具有不可或缺的絕對必要性，故學理上稱之為「設權登記」與「絕對登記」。登記，是指將法定的內容，依土地法及土地登記規則，記入於主管機關所備的登記簿或電腦系統，以作為向社會大眾宣示的公示方法，俾昭公信。土地登記規則第6條規定，土地權利經登記機關依本規則登記於登記簿，並校對完竣，加蓋登簿及校對人員名章後，為登記完畢；土地登記以電腦處理者，經依系統規範登錄、校對，並異動地籍主檔完竣後，為登記完畢。若只聲請登記，而尚未載入登記簿，或僅為納稅名義人或建築執照上名義人之變更登記，均不能發生不動產物權變動的效力。

　　辦理完成的不動產物權登記，具有二項重要的效力：①權利推定力：不動產物權經登記者，推定登記權利人適法有此權利（民759-1I）。例如甲和乙通謀而就A地為虛偽的所有權移轉表示，而將甲的A地登記在乙的名下，則乙雖非A地真正的所有人，但仍被推定為所有人，故如A地為第三人丙無權占有，甲在未登記為所有人之前，仍不得向法院起訴請求丙返還A地。此項登記賦予乙的權利推定力，除不得援以對抗為其直接前手之真正權利人甲外，得對其他任何人主張之。為貫徹登記之效力，已登記之土地權利，除土地登記規則另有規定外，非經法院判決塗銷確定，登記機關不得為塗銷登記（土登7）。此項推定力，應依法定程序塗銷登記，始得推翻；②登記公信力：因信賴不動產登

記之善意第三人，已依法律行為為物權變動之登記者，其變動之效力，不因原登記物權之不實而受影響（民759-1II）。例如在前舉例中，甲之A地竟登記為乙所有，即該不動產物權之登記所表彰之物權與實際狀態不一致，如信賴不動產登記之善意第三人丁因信賴登記，而與乙為交易行為，無論是移轉A地之所有權或就A地設定抵押權或地上權，即依法律行為再為物權變動之登記時，為確保善意第三人丁之權益，以維護交易安全，即認為丁已取得各該權利（41台上323）。

2.非因法律行為而變動者

　　不動產物權因法律行為以外的其他原因，而發生變動者，民法第759條規定：「因繼承、強制執行、徵收、法院之判決或其他非因法律行為，於登記前已取得不動產物權者，應經登記，始得處分其物權。」本條例示的四種事由，其所導致的不動產物權變動，均是以法律的規定為依據，而不以登記為生效要件，其他不待登記，即可發生不動產物權變動的下列情形，亦屬於本條適用範圍：①因法律之規定而取得不動產物權者，例如因抵押物拍賣而取得地上權（民876）及因除斥期間屆滿而取得典物所有權（民923II）；②因法律事實而取得不動產物權者，例如自己出資建築房屋，與依法律行為而取得者有別，縱未登記，亦於建築完成時，取得建築物的所有權（41台上1039）。

　　本條例示的各種不動產物權變動事由，其物權變動的具體時點，均應依法律規定認定之。例如繼承是以繼承開始，即被繼承人死亡時，為遺產物權變動的時點（民1148）；強制執行是以法院發給權利移轉證書時，為物權變動時點（強執98）；公用徵收是以原所有人應受之補償發給完竣時為準（土地235前段）。值得注意的是，條文中所稱的法院判決，僅指依其判決之宣告，即可產生不動產物權變動，即具有形成力的形成判決而言（43台上1016），並不包括確認判決或給付判決在內。例如共有物的分割，裁判分割的形成判決確定後，即生共有關係終止及共有人各自取得分得部分所有權的效力（51台上2641），其物權的變動時點，乃是判決確定之時。

　　因上述原因而致不動產物權變動者，其生效固不以登記為要件，但登記仍為處分其物權的要件（民759後段），並非毫無意義。此項登記的作用，僅在將已發生的物權變動宣示於人，學理上乃稱之為宣示登記或相對登記。在登記前受法律限制者，係使物權變動的處分行為，故與他人訂立買賣、贈與或其他債權契約，並非不可（74台上2024）。

（三）動產物權變動的要件

動產物權的變動，依其原因不同可以分為二類：1.因法律行為而變動者；2.因法律規定而變動者。前者依民法第761條第1項前段規定：「動產物權之讓與，非將動產交付，不生效力。」可知除須當事人間有動產物權變動的意思表示外，尚須以「交付」為公示方法。後者在民法上未設一般性規定，須依各該法律規定的要件，例如民法第768條及第768條之1的時效取得、第802條的先占、第807條第1項的拾得遺失物、第812條至第814條的添附等，分別斷定之。

民法第761條適用於「動產物權之讓與」，故除法律有特別規定外，例如民用航空法、海商法對航空器、船舶物權行為的規定，動產擔保交易法對列舉的動產擔保交易的規定等，其餘無特別規定的動產，均應適用本條規定。道路交通管理處罰條例及道路交通安全規則規定的各類汽車，亦為動產，除動產擔保交易法規定的動產抵押之外，並無關於其動產物權行為的其他法律特別規定，故不能因道路交通安全規則設有公路監理機關之登記制度，而排除民法第761條規定之適用（70台上4771）。

民法第761條規定的交付，可區分為「現實交付」及「觀念交付」。前者是指動產物權的讓與人，將其對於動產之現實的管領力，直接移轉於受讓人，例如甲將所騎的自行車，交付乙占有使用是。後者雖未為現實交付，但為促進交易便捷，法律上仍變通以之代替現實交付，在觀念上已將其與現實交付同視。依民法第761條規定，觀念交付可分為下列三種情形：

1.簡易交付

是指如受讓人已占有動產，於讓與合意時，即生讓與動產物權的效力（民761I但書），以免泥於現實交付，而輾轉反覆交付，致生不便。例如甲將手機借予乙後，乙向甲買受該手機，因乙早已直接占有該手機，故於甲乙間成立讓與合意時，乙即成為該手機新的所有人。

2.占有改定

是指當事人讓與動產物權，而讓與人未為現實交付，仍繼續占有動產時，讓與人與受讓人間，得訂立契約，使受讓人因此取得間接占有，以代交付（民761II）。例如甲將汰換之鋼琴出售予乙，為在新琴未到前不中斷練琴，甲乃與乙訂立使用借貸契約，使甲繼續直接占有該琴，並使乙取得貸與人的間接占有人地位，以代現實交付（民941）。

3.指示交付

又稱為讓與返還請求權，是指當事人讓與動產物權，如其動產由第三人占有時，讓與人得以對於第三人之返還請求權，讓與給受讓人，以代交付（民761III）。例如甲將出租予乙使用的耕耘機出售予丙，因租期未滿暫時無法取回以為現實交付，此時甲即可將對乙的租賃物返還請求權，讓與給丙，以代交付。

（四）混　同

混同在債法上是指債權與債務同歸於一人，而使其債消滅的情形（民344）；在物權法的混同，則是指在同一物之上，原來歸屬於不同人的二個以上的權利，同歸於一人，而無繼續併存必要的法律事實，同時也是使物權消滅的法律上原因。物權的混同在民法上又分為下列二類：

1.所有權與其他物權混同

同一物之所有權及其他物權歸屬於一人者，其他物權因混同而消滅。但其他物權之存續，於所有人或第三人有法律上之利益者，不在此限（民762）。例如甲將其A地，分別為乙、丙設定抵押權及地上權，如後來乙或丙取得A地之所有權，則各該抵押權或地上權即因混同而消滅；但如A地仍有次序在乙之後的抵押權，或丙的地上權已設定抵押權給第三人丁，則為乙之利益，其抵押權應不消滅，為丁之利益，丙之地上權亦不因而消滅。

2.所有權以外的物權，與以該物權為標的物的權利混同

所有權以外之物權及以該物權為標的物之權利，歸屬於一人者，其權利因混同而消滅（民763I）。但該權利之存續於權利人或第三人有法律上之利益者，不在此限（民763II、762但書）。例如甲以其A地，為乙設定典權，乙將其典權分別為丙、丁設定第一次序及第二次序的抵押權，如後來由丁取得典權，丁的抵押權即因混同而消滅，但如丙取得典權，為保護丙原有依第一次序受償之法律上利益，丙的抵押權即例外不因混同而消滅。

（五）拋　棄

拋棄是指物權人不以其物權移轉於他人，而使其物權絕對歸於消滅的單獨行為（32上6036）。物權為財產權，本於私法自治的原則，除法律另有規定

（如民834 I但書）外，均得拋棄而消滅之（民764）。如拋棄者是不動產物權，也是一種依法律行為喪失不動產物權的情形，未經登記，仍不生物權消滅的法律效果（74台上2322）；拋棄對於不動產公同共有之權利者，亦屬依法律行為喪失不動產物權之一種，如未經依法登記，仍不生消滅其公同共有權利之效果，故若拋棄因繼承而取得之不動產之公同共有權利，則於其拋棄經依法登記前，尚不生權利消滅之效果（99台上628）。拋棄動產物權者，並應拋棄動產之占有（民764 III）。

　　物權人所欲拋棄的物權，有時乃是其他物權的標的物，並有第三人於該物權有其他法律上利益的情形。例如地上權人或典權人以其取得之地上權或典權為標的物，設定抵押權而向第三人借款；質權人或抵押權人以其質權或抵押權連同其所擔保之債權設定權利質權等是。此時如允許原物權人拋棄其地上權等，則所設定之其他物權將因為作為其標的物之物權消滅，而受影響，因而減損第三人之利益，對第三人保障欠周。故民法乃規定物權之拋棄，第三人有以該物權為標的物之其他物權或於該物權有其他法律上之利益者，非經該第三人同意，不得為之（民764 II）。

　　對於私人土地，所有人拋棄其所有權後，該土地究竟應成為無主的土地或為國家所有，解釋上可能會發生爭議，惟其屬於國家土地政策的問題。最高法院在實例中指出，按不動產所有權之拋棄，為無相對人之單獨行為，須有拋棄之意思表示，並向地政機關為所有權塗銷登記，始發生拋棄之效力。而私有土地所有權之拋棄，依土地登記規則第143條第1項、第3項規定，應申請塗銷登記，登記機關並應於辦理塗銷登記後，隨即為國有之登記。是拋棄私有土地所有權，經辦理塗銷登記，為國有登記，發生拋棄之效力，即由中華民國原始取得。如第三人於該私有土地上有以該所有權為標的物之其他物權，或於該所有權有其他法律上之利益（如承租權或使用權等）者，因拋棄私有土地所有權將影響或減損該第三人之利益，非經該第三人同意，不得為之，倘未經該第三人同意，該拋棄所有權之效力為何，法律並無明文規定。探究民法第764條第2項規定之規範目的，係在保護該第三人之利益，應僅該第三人得否認該拋棄所有權之效力，而應解釋為相對無效，尚非絕對無效，使任何人均得否認該拋棄所有權之效力，致該私有土地所有權因而回復為原所有權人（109台上918）。

第二章　所有權

第一節　通　則

一、所有權的意義

　　所有權在物權編並無立法定義，綜合民法第765條意旨觀察，是指在法令限制的範圍內，對於標的物爲永久、全面與整體支配的物權。所有人對於標的物的占有、管理、使用、收益及處分，並無預定的存續期間，也並不侷限於一定的內容，而爲渾然整體的單一權利。此外，所有權也具有彈力性，其內容得自由伸縮，例如就所有物設定農育權、典權或質權後，其全面支配所有物的權能，固將因受限制而大爲減縮，惟一旦所設定的定限物權消滅，則所有權當然立即回復全面支配的圓滿狀態。

二、所有權的權能

（一）積極的權能

　　是指所有人於法令限制之範圍內，得自由使用、收益、處分其所有物（民765前段）。占有雖非民法所明列的權能，但其乃所有人對所有物全面支配或概括管領所必須，故解釋上乃當然之權能。使用是指不毀損物體或變更其性質，而依其用法，以供生活上之需要，例如閱讀書籍、闢地建屋是。收益是指收取所有物的天然孳息或法定孳息，前者如收取五穀，後者如收取租金是。依民法第766條規定，物之成分及其天然孳息，於分離後，除法律另有規定（如民952）外，仍屬於原物之所有人。法定孳息的歸屬，則應依法律規定或契約約定定之（民70參照）。處分包括事實上處分與法律上處分二種，前者是指就標的物爲物質上的變形、改造、毀損或消滅等事實行爲，例如拆除房屋、製造果醬是；後者是指以法律行爲，使標的物的權利發生移轉、限制或消滅等變動，例如移轉所有權、設定地上權或拋棄物權。

（二）消極的權能

是指所有人於法令限制之範圍內，得排除他人之干涉（民765後段）。排除干涉的方法，是民法第767條第1項規定的物上請求權，茲依其規定的內容，分述如下：

1.所有物返還請求權

是指所有人對於無權占有或侵奪其所有物者，得請求返還其物的權利（民767I前段）。無權占有是指無占有的本權，而仍占有其物，例如甲借用乙的汽車，逾期未還，仍占有使用之。占有人如有占有權源，無論其權源為物權或債權，均屬有權占有，但如以債權為占有權源，僅於債權的相對效力範圍內，為有權占有。例如買賣契約僅有債之效力，不得以之對抗契約以外之第三人，如甲向乙買受A地，乙已交付A地給甲，惟在乙將A地之所有權移轉登記與甲以前，經執行法院查封拍賣，由丙標買而取得所有權，則丙基於所有權請求甲返還所有物，甲即不得以其與乙間之買賣關係，對抗丙（72台上938）。不動產之出賣人在不動產所有權移轉登記於買受人後，交付前，因利益依民法第373條尚歸出賣人享有，其占有該不動產，固不能認係無占有之正當權源；惟若出賣人將該不動產之占有移轉於第三人者，除第三人另有合法占有權源外，則不得以原出賣人之占有權源對抗買受人（100台上1442）。侵奪是指違反所有人的意思，而強行取得其物，例如甲對乙的汽車，無論以強盜、搶奪、竊盜或侵占之方法取得，均屬搶奪，此時乙均得主張所有物返還請求權。

2.所有權妨害除去請求權

是指所有人對於妨害其所有權者，得請求除去其妨害的權利（民767I中段）。妨害是指以占有以外的方法，侵害所有權或阻礙所有人圓滿行使其所有權的行為或事實，例如在他人土地上，未經許可，擅自建築房屋；以偽造的證件，主張自己是所有人；對於因承辦人員的疏失，登記在自己名下的他人不動產，主張是自己所有；自己土地上的樹木因狂風而倒落在他人土地上；無正當理由將戶籍登記在他人房屋所在地，拒不辦理遷出登記；或在他人土地上建築鹽田模型或堆置石塊等雜物（33上1015），所有人均得請求排除其妨害。

在實務上，有土地所有人請求地上物的事實上處分權人拆除該地上物，事實上處分權人援引國際公約關於適足居住權保障的規定，而為抗辯者。最高法院在實例中指出，公民與政治權利國際公約第17條、經濟社會文化權利國際公

約第11條第1項前段關於適足居住權之規定,具有國內法律之效力,本於基本人權保障之旨,在私有土地所有人依民法第767條規定訴請無權占有人拆屋還地訴訟中,該占有人可援引作為防禦方法,惟囿於我國就兩公約上述揭示適足居住權意旨,尚乏對私有土地所有人行使其所有權與適足居住權間相關法律之明確規定,法院僅得在個案中於現行法規範內衡酌保障無權占有人之適足居住權之適當方法,不得逕課私有土地所有人於訴請拆屋還地前應對無權占有人行通知、協商、補償、安置措施等義務,並以土地所有人未行上述法律未明文規定之義務,排斥其所有權之行使(109台上614)。換言之,如事實上處分權人之地上物占有系爭土地,係屬無權占有,土地所有人請求拆屋還地,無違誠信原則及濫用權利,即無違兩公約揭示適足居住權保障本旨。

3.防止妨害請求權

是指所有人對於有妨害其所有權之虞者,得請求防止其妨害的權利(民767I後段)。有妨害之虞,是指妨害雖未發生,但依一般社會觀念判斷,有可能發生妨害的情形,例如甲的房屋年久失修,已有向乙之土地傾斜的現象,隨時可能傾倒於乙之土地,乙即得請求甲為一定的補強或支撐,以免土地所有權將來受妨害。

上述三種權能的規定形式,均為所有人的「請求權」,但司法院大法官釋字第107號與第164號解釋,分別指出已登記的不動產的所有人,其所有物返還請求權及除去妨害請求權,均無民法第125條消滅時效規定的適用,而一般學理上認為該所有人的防止妨害請求權,雖不在解釋範圍內,亦不適用消滅時效的規定。

不過,對上述第107號與第164號解釋的適用,釋字第771號解釋又予以修正及限縮:繼承回復請求權與個別物上請求權係屬真正繼承人分別獨立而併存之權利,繼承回復請求權於時效完成後,真正繼承人不因此喪失其已合法取得之繼承權;其繼承財產如受侵害,真正繼承人仍得依民法相關規定排除侵害並請求返還;然為兼顧法安定性,真正繼承人依民法第767條規定行使物上請求權時,仍應有民法第125條等有關時效規定之適用。於此範圍內,本院釋字第107號及第164號解釋,應予補充。

根據釋字第771號解釋的意旨,繼承回復請求權於時效完成後,真正繼承人繼承之財產如受侵害,雖可依民法第767條規定行使物上請求權,然不論該繼承財產係動產、已登記或未登記之不動產,仍有民法第125條等有關時效規

定之適用。如已登記的不動產為遺產的一部分，繼承人本來得依民法第767條規定行使物上請求權，如15年間不行使其請求權，其物上請求權即罹於消滅時效（110台上229）；但如請求權未罹於消滅時效，繼承人請求確認對遺產有繼承權，就遺產中的已登記不動產，對侵害者主張排除侵害（塗銷不動產之繼承登記），並請求返還，即有理由（107台簡上54）。

所有人的物上請求權，使其得據以排除他人對其所有權之不法干涉侵害，其他物權亦應具有類似之權能，以排除他人對該物權之侵害。故民法第767條第2項乃規定：「前項規定，於所有權以外之物權，準用之。」故地上權人、農育權人、需役不動產所有人、質權人、典權人及留置權人等，均得因其物權而對他人之物為一定程度之占有，準用所有人的規定，而有物上請求權。

三、所有權與其他財產權的取得時效

取得時效是指無權利人繼續行使某種權利達一定期間，並符合一定要件，而依法律規定取得其權利的制度。取得時效是以占有為基礎，依法律之規定而取得物權，由於其並非法律行為，不以意思表示為必要，其主體僅須具有識別能力，不以有行為能力為必要。

我國民法規定取得時效的占有，須為以所有之意思、和平、公然、繼續之占有（民768至770）。法律上對占有人，亦推定其為以所有之意思、善意、和平、公然及無過失占有；經證明前後兩時為占有者，推定前後兩時之間，繼續占有（民944）。故主張取得時效者，除須證明前後兩時為占有外，其他占有情況無須證明。其中所謂以所有之意思而占有，即係占有人以與所有人對於所有物支配相同之意思，而支配標的物之占有，即自主占有之意（81台上285）。

（一）動產所有權的取得時效

依民法第768條規定，無權利人以所有之意思，10年間和平、公然、繼續占有他人之動產者，即取得其所有權。如無權利人占有之始為善意並無過失者，其因時效而取得所有權之期間，即縮短為5年（民768-1）。由於取得時效是在保護長期行使權利的事實，所生法律關係的安定，並避免舉證的困難，故取得占有的原因並無限制。例如甲將自乙處竊得的骨董，公然在家中客廳內擺置，如10年內乙均未請求返還，該骨董的所有權於10年期滿時，即歸屬於甲，

原所有人乙的所有權亦因而消滅。

　　動產之占有人，必須無任何法律權源而爲物之占有，始得因其以所有之意思繼續占有一定期間之狀態事實，依法律規定之時效，取得該占有物之所有權。倘物之占有人，係基於債權關係或物權關係而占有，自無適用時效取得之法律規定之餘地。蓋物之占有人，如出於一定之基礎權源，其對該物之占有，無論以行使何項權利之意思占有，其繼續一定期間之占有之事實狀態，仍應受其基礎權源法律關係之規範，不應適用時效取得之制度，而破壞原規範之法律效果（92台上2713）。

（二）不動產所有權的取得時效

　　占有人得因時效而取得其占有之不動產所有權者，僅限於未登記的不動產，即指自始未依我國土地法規登記於登記簿上者，例如土地迄未辦理所有權第一次登記，尚無從確認屬何人所有的情形，並不包括眞正權利人未列爲登記名義人的情形。其時效期間因占有人占有之始是否爲善意並無過失，而有不同：

1.占有之始非爲善意並無過失者

　　以所有之意思，20年間和平、公然、繼續占有他人未登記之不動產，得請求登記爲所有人（民769）。其適用對象，包括占有之始爲惡意，及占有之始爲善意，但有過失等二種情形。例如甲以所有的意思，占有乙所建築，未遷入居住亦未辦理登記的房屋，經過20年，即得經土地四鄰證明，聲請爲所有權的登記（土地54參照）。

2.占有之始爲善意並無過失者

　　以所有之意思，10年間和平、公然、繼續占有他人未登記之不動產，而其占有之始爲善意並無過失者，得請求登記爲所有人（民770）。例如甲向乙購買未經登記的房屋，直接登記甲爲原始起造人，並遷入居住，後來發現此項所有權讓與行爲無效，此時甲不知並無過失，故於經10年後，亦得再請求登記爲所有人。

（三）時效的中斷

　　取得時效的中斷，是指在取得時效進行中，有與取得時效要件相反的事實發生，使已經過的期間失其效力，而必須重新起算其期間。例如占有人不繼續占有，而將占有物交還所有人或拋棄其占有；占有人之占有被侵奪，而不能請

求回復；占有人承認原所有人的所有權，而自居於他主占有人的地位；占有人之占有變更爲非和平或非公然占有等事實，均足以中斷取得時效。故民法第771條乃規定：「占有人有下列情形之一者，其所有權之取得時效中斷：一、變爲不以所有之意思而占有。二、變爲非和平或非公然占有。三、自行中止占有。四、非基於自己之意思而喪失其占有。但依第九百四十九條或第九百六十二條規定，回復其占有者，不在此限。依第七百六十七條規定起訴請求占有人返還占有物者，占有人之所有權取得時效亦因而中斷。」

（四）取得時效的效力

取得時效完成後，在動產占有人，即取得其所有權（民768、768-1）；在不動產，實務上認爲占有人僅得請求登記爲所有人（民769、770），須待辦妥登記後，方能取得該不動產的所有權，且占有人於未爲登記前之占有，實務上認爲仍屬無權占有。惟無論如何，因取得時效完成而取得之利益，乃是基於法律規定而發生，並非不當得利，其所有權之取得乃是原始取得，原所有人之所有權及其他物上負擔，於占有人取得所有權時，均歸於消滅。取得時效所形成的法律關係並非抗辯權，無須當事人援用，法院即可依職權斟酌之（29渝上1003）。

（五）其他財產權的取得時效

民法第772條規定：「前五條之規定，於所有權以外財產權之取得，準用之。於已登記之不動產，亦同。」故所有權以外的其他財產權，例如地上權、不動產役權等，亦可依取得時效取得之。不動產限定物權的取得時效，因係以他人對標的物有所有權爲前提，其登記必須於所有權登記同時或以後爲之，如不動產未經辦理所有權登記，即無從爲定限物權之登記，故無論已否登記，均有其適用（60台上4195），此與不動產所有權取得時效的客體，以未登記的不動產者爲限，尚有不同。

「所有權以外財產權」，依本條規定可準用所有權取得時效的規定，但得否準用仍應依其性質而定。最高法院認爲，時效取得是以一定時間占有他人之物而取得物權、以尊重長期占有之既成秩序之制度，其與著作權法保障著作人著作權益，調和社會公共利益，促進國家文化發展之立法目的有別，因此著作權不在民法第772條準用之列（103台上5）。

第二節　不動產所有權

一、土地所有權的範圍

　　土地所有權是一立體的觀念，橫的範圍固應以登記者為準，縱的範圍雖原則上不限於地表，但民法基於權利社會化的原則，仍規定土地所有權，除法令有限制外，於其行使有利益之範圍，及於土地之上下。如他人之干涉，無礙其所有權之行使者，不得排除之（民773）。可見土地所有權應受土地法、礦業法及民法有關相鄰關係的規定等法令上限制，且其範圍亦須限定在行使有利益的範圍內，倘依現代科學技術、地理環境及一般社會觀念，認為無行使之利益時，即不得為所有權之主張。

二、土地的相鄰關係

　　相鄰關係是指相鄰不動產的權利人間之權利義務關係。法律之所以須就此為特別規定，乃因各相鄰不動產之所有人，如均互不相讓，彼此排除干涉，必將使不動產難盡其利；為消弭紛爭，調和鄰地利用，促進社會利益與國民經濟，乃規定權利人因不動產相鄰之故，即發生某種法律關係。

　　民法自第774條至第800條之1，均為不動產相鄰關係的規定（第799條、第800條與建築物區分所有權有關），其中關於所有人的規定（民774至800），於地上權人、農育權人、不動產役權人、典權人、承租人、其他土地、建築物或其他工作物利用人準用之（民800-1）。茲將其內容，綜合析述如下：

（一）鄰地損害的防免

1.經營工業等之防免損害

　　土地所有人經營事業或行使其所有權，應注意防免鄰地之損害（民774）。

2.氣響侵入的禁止

　　土地所有人於他人之土地、建築物或其他工作物有瓦斯、蒸氣、臭氣、煙氣、熱氣、灰屑、喧囂、振動及其他與此相類者侵入時，得禁止之。但其侵入輕微，或按土地形狀、地方習慣，認為相當者，不在此限（民793）。關於氣

響之侵入，按土地形狀，地方習慣可否認為相當，最高法院裁判實務認為應參酌主管機關依法所頒布之管制標準予以考量，俾與事業之經營獲得衡平，以發揮規範相鄰關係積極調節不動產利用之功能（99台上223）。

3.地基動搖或其他危害的防免

土地所有人開掘土地或為建築時，不得因此使鄰地之地基動搖或發生危險，或使鄰地之建築物或其他工作物受其損害（民794）。本規定係以保護相鄰關係中鄰地地基及工作物之安全維持社會之公共利益，避免他人遭受損害為目的之法律，土地所有人如有違反，自應按其規範旨趣，依民法第184條第2項規定，對被害人負侵權行為之損害賠償責任（100台上1012）。

4.工作物危險的預防

建築物或其他工作物之全部或一部，有傾倒之危險，致鄰地有受損害之虞者，鄰地所有人，得請求為必要之預防（民795）。

（二）用水關係

土地的所有權依前述既可及於土地之上下，自亦及於其上下之水，故水源地、井、溝渠及其他水流地之所有人，除法令另有規定或另有習慣者外，得自由使用其水（民781）。水源地或井之所有人，對於他人因工事杜絕、減少或污染其水者，得請求損害賠償。如其水為飲用或利用土地所必要者，並得請求回復原狀；其不能為全部回復者，仍應於可能範圍內回復之（民782I）。此等情形，損害非因故意或過失所致，或被害人有過失者，法院得減輕賠償金額或免除之（民782II）。惟土地所有人關於水之權利，仍受下列限制：

1. 自然流至之水為鄰地所必需者，土地所有人縱因其土地利用之必要，不得妨阻其全部（民775II）。

2. 土地所有人因其家用或利用土地所必要，非以過鉅之費用及勞力不能得水者，得支付償金，對鄰地所有人請求給與有餘之水（民783）。

（三）排水關係

1.自然排水

土地所有人不得妨阻由鄰地自然流至之水（民775I）。水流如因事變在鄰地阻塞，土地所有人得以自己之費用，為必要疏通之工事。但鄰地所有人受有利益者，應按其受益之程度，負擔相當之費用。上述費用之負擔，另有習慣

者，從其習慣（民778）。

2.人工排水

　　土地所有人原則上無使用鄰地之權利，故土地所有人不得設置屋簷、工作物或其他設備，使雨水或其他液體直注於相鄰之不動產（民777）。例外的是，土地所有人因使浸水之地乾涸，或排泄家用或其他用水，以至河渠或溝道，除法令另有規定或另有習慣者外，得使其水通過鄰地。但應擇於鄰地損害最少之處所及方法為之。鄰地所有人有異議時，有通過權之人或異議人得請求法院以判決定之。有通過權之人對於鄰地所受之損害，應支付償金。上述情形，如法令另有規定或另有習慣者；從其規定或習慣（民779）。如有工作物之設置時，土地因蓄水、排水或引水所設之工作物破潰、阻塞，致損害及於他人之土地或有致損害之虞者，土地所有人應以自己之費用，為必要之修繕、疏通或預防。但其費用之負擔，另有習慣者，從其習慣（民776）。此外，土地所有人因使其土地之水通過，得使用鄰地所有人所設置之工作物。但應按其受益之程度，負擔該工作物設置及保存之費用（民780）。

（四）水流的變更與設堰

1.水流變更權

　　水流地對岸之土地屬於他人時，水流地所有人不得變更其水流或寬度；兩岸之土地均屬於水流地所有人者，其所有人得變更其水流或寬度，但應留下游自然之水路。上述情形，法令另有規定或另有習慣者，從其規定或習慣（民784）。

2.堰之設置權與使用權

　　水流地所有人有設堰之必要者，得使其堰附著於對岸，但對於因此所生之損害，應支付償金；對岸地所有人於水流地之一部屬於其所有者，得使用前項之堰，但應按其受益之程度，負擔該堰設置及保存之費用。上述情形，法令另有規定或另有習慣者，從其規定或習慣（民785）。

（五）鄰地的使用

1.線管設置權

　　土地所有人非通過他人之土地，不能設置電線、水管、瓦斯管或其他管線，或雖能設置而需費過鉅者，得通過他人土地之上下而設置之。但應擇其損

害最少之處所及方法為之，並應支付償金（民786I）。他土地所有人對於損害最少之處所及方法有異議時，有設置權之人或異議人得請求法院以判決定之（民786IV準用民779IV）。設置電線、水管、瓦斯管或其他管線後，如情事有變更時，他土地所有人得請求變更其設置。變更設置之費用，由土地所有人負擔。但法令另有規定或另有習慣者，從其規定或習慣（民786II、III）。

2.袋地通行權

是指土地因與公路無適宜之聯絡，致不能為通常使用時，除因土地所有人之任意行為所生者外，土地所有人得通行周圍地以至公路的權利（民787I）。有通行權人應於通行必要之範圍內，擇其周圍地損害最少之處所及方法為之；對於通行地因此所受之損害，並應支付償金（民787II）。周圍地所有人有異議時，有通行權人或異議人得請求法院以判決定之（民787III準用民779IV）。有通行權人於必要時，得開設道路。但對於通行地因此所受之損害，應支付償金。此外，如致通行地損害過鉅者，通行地所有人得請求有通行權人以相當之價額購買通行地及因此形成之畸零地，其價額由當事人協議定之；不能協議者，得請求法院以判決定之（民788）。除上述之有償通行權外，尚有無償通行權，即指因土地一部之讓與或分割，而與公路無適宜之聯絡，致不能為通常使用者，土地所有人因至公路，僅得通行受讓人或讓與人或他分割人之所有地；數宗土地同屬於一人所有，讓與其一部或同時分別讓與數人，而與公路無適宜之聯絡，致不能為通常使用者，亦同；此等情形，有通行權人無須支付償金（民789）。

3.鄰地使用權

土地所有人因鄰地所有人在其地界或近旁，營造或修繕建築物或其他工作物有使用其土地之必要，應許鄰地所有人使用其土地。但因而受有損害者，得請求償金（民792）。

4.侵入地內的禁止與容忍

土地所有人基於所有權排除不法干涉的權能，原則上得禁止他人侵入其地內。但如有下列例外的情形，即須容忍之：(1)他人有通行權者；(2)依地方習慣，任他人入其未設圍障之田地、牧場、山林刈取雜草，採取枯枝、枯幹或採集野生物，或放牧牲畜者（民790）。此外，土地所有人遇他人之物品或動物偶至其地內者，亦應許該物品或動物占有人或所有人入其地內尋查取回。土地所有人如因此受有損害者，得請求賠償，於未受賠償前，並得留置其物品或動

物（民791）。

（六）越界的相鄰關係

1.越界建築

　　土地所有人建築房屋非因故意或重大過失逾越地界者，鄰地所有人如知其越界而不即提出異議，不得請求移去或變更其房屋（民796I本文）。蓋如土地所有人所建房屋的整體，有一部分逾越疆界，即予拆除，勢將損及全部建築物的經濟價值，故應適度限制其要件，以維護社會經濟。土地所有人所建築者如非房屋，但為具有與房屋價值相當之其他建築物，例如倉庫、立體停車場等，亦準用關於房屋之規定（民796-2）。如越界建築者非為房屋之整體的構成部分，而為加建之部分（67台上800）、牆垣、豬欄、狗舍或屋外之簡陋廚廁，其拆除原無礙於所建房屋之整體，即無本條之適用。如房屋無任何部分建在自己的土地上，而是全部建於他人土地上，即非越界建築，亦不適用本條規定（28渝上634）。至越界而占用的土地，究為鄰地的全部或一部，或是否已占用非直接相鄰的土地，均非所問（58台上120）。鄰地所有人於上述情形中，即不得請求移去或變更越界建築的房屋，此外，土地所有人建築房屋逾越地界，鄰地所有人請求移去或變更時，法院得斟酌公共利益及當事人利益，免為全部或一部之移去或變更。但土地所有人故意逾越地界者，不適用之（民796-1I）。在此等情形，土地所有人對於鄰地因此所受之損害，應支付償金（民796I但書），鄰地所有人亦得請求土地所有人，以相當之價額購買越界部分之土地及因此形成之畸零地，其價額由當事人協議定之；不能協議者，得請求法院以判決定之（民796II）。最高法院裁判實務上並曾認為，不知越界建築而得請求移去或變更建物之鄰地所有人，依衡平原則，亦得類推適用上述規定，請求土地所有人以相當之價額，購買越界部分之土地（83台上2701）。

2.竹木枝根及果實的越界

　　土地所有人遇鄰地植物之枝根，有逾越地界者，除於土地之利用無妨害者外，得向植物所有人，請求於相當期間內刈除之。植物所有人不於該期間內刈除者，土地所有人即得刈取越界之枝根，並得請求償還因此所生之費用（民797）。果實非因人力，而自落於鄰地者，視為屬於鄰地所有人。但鄰地為公用地者，不在此限（民798），即仍依天然孳息之規定決定之。

三、區分所有建築物

（一）區分所有建築物的意義

　　稱區分所有建築物者，謂數人區分一建築物而各專有其一部，就專有部分有單獨所有權，並就該建築物及其附屬物之共同部分共有之建築物（民799I）。前述區分的方式可為分層橫切，例如將四層的樓房區分為一至四層，亦可為同層縱切，例如將大樓之一層區分成四戶，或既分層又分戶的縱橫區分，只要各戶之所有權的客體，僅為建築物的一部分者，即屬其例。同一建築物屬於同一人所有，經區分為數專有部分登記所有權者，可謂「準區分所有」，亦準用民法第799條規定（民799-2）。此等情形，各區分所有人就建築物各有其專有部分，並就其共用部分按其應有部分有所有權，關係相當複雜，除本書之說明外，可再參考民國84年6月制定之「公寓大廈管理條例」之相關規定。

（二）各部分的性質及物權關係

　　區分所有之建築物，其各部分之所有權得專有或共有。專有部分是指區分所有建築物在構造上及使用上可獨立，且得單獨為所有權之標的者；共有部分是指區分所有建築物專有部分以外之其他部分及不屬於專有部分之附屬物（民799II）。建築物區分所有與共有之建築物之分管不同，因為前者係數人區分一建築物而各有專有部分，就專有部分有單獨所有權，並就該建築物及其附屬物之共同部分共有。基於所有權標的物獨立性之原則，其專有部分須具有構造上及使用上之獨立性，並以所有權客體之型態表現於外部。其中所謂構造上之獨立性，尤應具有與建築物其他部分或外界明確隔離之構造物存在，始足當之，市場之攤位如彼此之間無明確隔離之構造物，僅屬共有建築物之分管部分，並非專有部分（99台上1150）。

　　專有部分得經其所有人之同意，依規約之約定供區分所有建築物之所有人共同使用；共有部分除法律另有規定外，得經規約之約定供區分所有建築物之特定所有人使用（民799III）。區分所有人就區分所有建築物共有部分及基地之應有部分，依其專有部分面積與專有部分總面積之比例定之。但另有約定者，從其約定（民799IV）。專有部分與其所屬之共有部分及其基地之權利，

不得分離而爲移轉或設定負擔（民799V）。

（三）區分所有人的規約

區分所有人在許多方面有利害與共的關係，其間所訂定的規約，乃是許多權利義務的重要規範，例如區分所有建築物共有部分或依法約定爲供區分所有建築物之所有人共同使用之專有部分，其修繕費及其他負擔，由各所有人按其應有部分分擔之，但規約另有約定者，不在此限（民799-1Ｉ、II）。規約對於區分所有建築物及其基地之管理、使用等事項，固爲適當之規範，但爲避免某些區分所有人因此而受不公平待遇，故規約之內容依區分所有建築物之專有部分、共有部分及其基地之位置、面積、使用目的、利用狀況、區分所有人已否支付對價及其他情事，按其情形顯失公平者，不同意之區分所有人得於規約成立後3個月內，請求法院撤銷之（民799-1III）。此外，區分所有人因各專有該建築物之一部或共同居住其內，已形成一共同團體，故區分所有人間依規約所生之權利義務，繼受人應受拘束；其依其他約定所生之權利義務，特定繼受人對於約定之內容明知或可得而知者，亦同（民799-1IV）。

（四）正中宅門的使用

區分所有的建築物，其專有部分之所有人，有使用他專有部分所有人正中宅門之必要者，例如婚喪喜慶等情形，得使用之。但另有特約或另有習慣者，從其特約成習慣。因上述使用，致他專有部分之所有人受損害者，應支付償金（民800）。

四、違章建築物

違章建築物是未經依法審查許可並發給執照，而擅自建造的建築物，一般稱爲「違章建築」。違章建築得依違章建築處理辦法予以查報並拆除（建97-2），且因所有人無法提出使用執照，依土地登記規則第79條，違章建築不得辦理「建物所有權第一次登記」。

在民法上，只要是土地之定著物，即爲不動產，並得作爲所有權的客體，並不以已經登記或得辦理所有權第一次登記的不動產爲限。違章建築的所有權由其原始建造者依法取得（民759），但因其不能辦理所有權第一次登記，也

無法辦理其後的處分登記，形成所有人雖有所有權，但卻無法就其所有物進一步為處分的特殊情況。最高法院認為違章建築之讓與，雖因不能為移轉登記而不能為不動產所有權之讓與，但受讓人與讓與人間如無相反之約定，應認為讓與人已將該違章建築之「事實上處分權」讓與受讓人（67年度第2次民事庭庭長會議決定）。

第三節　動產所有權

　　前面通則部分已就動產物權（含所有權）因法律行為而變動的情形，有所說明，以下僅再就動產所有權因法律規定而變動的原因，分項析述之。

一、善意受讓

　　善意受讓是指動產讓與人與受讓人間，以移轉動產所有權為目的，由讓與人將動產交付於受讓人，如受讓人占有動產，而受關於占有規定的保護時（民948至951-1參照），縱讓與人無移轉所有權之權利，受讓人仍取得其所有權的制度（民801）。學理上也稱為善意取得或即時取得。例如甲將骨董寄放在乙處，乙竟宣稱該骨董為其己有，並出售予丙，此時乙無骨董之所有權或處分權，其處分行為原須經有權利人之承認，始生效力（民118），但法律為保護財產秩序中「動的安全」，促進交易活絡，乃從丙見該骨董是在乙占用使用中，得善意信賴乙為所有人之點著眼，認其善意受讓之情形應受保護，故規定丙仍取得骨董之所有權。

　　上述情形，法律之重點係在衡量動產所有人與善意受讓者間的利益，故在所有人出於自由之意思，將物之占有交付與背信之讓與人時，令所有人承擔因此而生的風險，使所有權歸屬於善意受讓人；反之，倘無權處分之讓與人之占有，並非基於所有人之自由意思而取得時，例如動產係因被竊盜、強盜、搶奪、遺失或其他非基於原占有人之意思而喪失其占有的情形，所有人既無過失，即不應苛令所有人承擔一切風險，原占有人自喪失占有之時起2年內，即得向占有人請求回復其物（民949）。餘請參照占有部分之說明。

二、先　占

　　先占是指以所有之意思，占有無主之動產，而取得其所有權的法律事實（民802）。例如在溪中撈蝦，或於垃圾堆中撿拾他人拋棄之廢棄動產，而取得其所有權之情形是。

　　現行法令對於具備上開要件，也有若干限制占有人取得所有權之規定，例如野生動物保育法第16條、文化資產保存法第76條是。

三、遺失物的拾得

（一）遺失物拾得的意義

　　遺失物的拾得是指發見他人遺失之物，而予以占有的法律事實。遺失物是指非基於原占有人的意思，而脫離其占有，現仍無人占有的動產。民法對於拾得遺失物的法律效果，設有明文規定，並規定拾得漂流物、沉沒物或其他因自然力而脫離他人占有之物者，準用關於拾得遺失物之規定（民810）。其中所謂漂流物，是指漂流水上的遺失物，沉沒品是指沉沒於水底的遺失物而言。

（二）遺失物拾得的效果

　　遺失物的拾得是取得動產所有權的一項原因，惟拾得人無法即時取得其所有權，須先履行法定程序，始能取得之。茲就拾得人的權利及義務，分別說明之。

1.拾得人的義務

(1) **通知、報告及交存**：拾得遺失物者應從速通知遺失人、所有人、其他有受領權之人或報告警察、自治機關。報告時，應將其物一併交存。但於機關、學校、團體或其他公共場所拾得者，亦得報告於各該場所之管理機關、團體或其負責人、管理人，並將其物交存（民803I）。對於財產價值輕微之遺失物，為避免投入之相關成本過鉅，宜適用下列簡易招領程序：遺失物價值在新臺幣500元以下者，除於機關、學校、團體或其他公共場所拾得者外，拾得人應從速通知遺失人、所有人或其他有受領權之人（民807-1I）。

上述受報告者，應從速於遺失物拾得地或其他適當處所，以公告、廣播或

其他適當方法招領之（民803II）。已為前述通知的拾得人或已為招領的公共場所之管理機關、團體或其負責人、管理人，如有受領權之人未於相當期間認領時，拾得人或招領人應將拾得物交存於警察或自治機關；警察或自治機關認原招領之處所或方法不適當時，得再為招領之（民804）。如拾得物易於腐壞或其保管需費過鉅者，招領人、警察或自治機關得為拍賣或逕以市價變賣之，保管其價金（民806）。

(2) **保管及返還拾得物**：遺失物自通知或最後招領之日起6個月內，有受領權之人認領時，拾得人、招領人、警察或自治機關，於通知、招領及保管之費用受償後，應將其物返還之（民805I）。

2.拾得人的權利

(1) **費用償還請求權**：所有人認領遺失物，請求返還時，拾得人依前述說明，得請求償還通知、報告及交存等費用（民805I）。

(2) **報酬請求權**：有受領權之人認領遺失物時，拾得人得請求報酬。但不得超過其物財產上價值十分之一（民國101年12月13日以後，前此為十分之三）；其不具有財產上價值者，拾得人亦得請求相當之報酬（民805II）。此項報酬請求權，因6個月間不行使而消滅（民805IV）。有受領權人依上述標準給付報酬，如將顯失公平者，得請求法院減少或免除其報酬（民805III）。不過，有下列情形之一者，不得請求此項報酬：①在公眾得出入之場所或供公眾往來之交通設備內，由其管理人或受僱人拾得遺失物；②拾得人未於7日內通知、報告或交存拾得物，或經查詢仍隱匿其拾得之事實；③有受領權之人為特殊境遇家庭、低收入戶、中低收入戶、依法接受急難救助、災害救助，或有其他急迫情事者（民805-1）。

(3) **遺失物留置權及取得權**：前述費用之支出者或得請求報酬之拾得人，在其費用或報酬未受清償前，就該遺失物有留置權；其權利人有數人時，遺失物占有人視為為全體權利人占有（民805V）。遺失物自通知或最後招領之日起逾6個月，未經有受領權之人認領者，由拾得人取得其所有權。警察或自治機關並應通知其領取遺失物或賣得之價金；其不能通知者，應公告之（民807I）。拾得人於受前項通知或公告後3個月內未領取者，其物或賣得之價金歸屬於保管地之地方自治團體（民807II）。遺失物價值在新臺幣500元以下者，該遺失物於下列期間未經有受領權之人認領者，由拾得人取得其所有權或變賣之價金：①自通知或招領之日起逾15日；②不能依簡易

招領程序辦理者，自拾得日起逾1個月（民807-1 II）。

四、埋藏物的發現

埋藏物的發現，是指發見埋藏物後予以占有，而取得其所有權的法律事實。民法第808條規定：「發見埋藏物而占有者，取得其所有權。但埋藏物係在他人所有之動產或不動產中發見者，該動產或不動產之所有人與發見人，各取得埋藏物之半。」可見埋藏物是指被埋藏於其他動產（包藏物）或不動產之中，而其所有人不明的動產。例如甲承攬乙舊屋之拆除工程，在其密壁中發現古幣一袋，應由甲乙各取得古幣的一半。惟發見的埋藏物，如足供學術、藝術、考古或歷史之資料，其所有權之歸屬即應依文化資產保存法等特別法之規定（民809）。

五、添　附

添附包括附合、混合及加工等三種法律事實，是動產所有權變動的原因之一，因其非法律行為，當事人因而取得所有權者，不以有完全行為能力為必要，亦無須具有取得所有權的意思。

（一）附　合

是指二個以上的物互相結合，而成為一個物。其情形可分為二種：
1. 動產與不動產附合，即動產與他人的不動產相結合，成為不動產的主要成分，此時由不動產所有人取得動產所有權（民811）。例如以磚、瓦、塑膠板等裝修他人之房屋後，磚、瓦、塑膠板即因附合而成為房屋之成分，無單獨所有權存在（56台上2346）。
最高法院裁判實務上認為，在原建築物之上構築「附屬建物」者，依民法第811條之規定，應由原建築所有人取得增建建物之所有權，原建築所有權範圍因而擴張。所謂附屬建物，係指依附於原建築以助其效用而未具獨立性之次要建築而言，諸如依附於原建築而增建之建物，缺乏構造上及使用上之獨立性（如由內部相通之頂樓或廚廁），或僅具構造上之獨立性，而無使用上之獨立性，並常助原建築之效用（如由外部進出之廚廁）等是。但於構造上

及使用上已具獨立性，而依附於原建築之增建建物（如可獨立出入之頂樓加蓋房屋），或未依附於原建築而興建之獨立建物，則均非附屬建物，原建築所有權範圍並不擴張及於該等建物（100台上4）。

2. 動產與動產附合，即動產與他人之動產附合，非毀損不能分離，或分離需費過鉅的情形，此時各動產所有人，按其動產附合時之價值，共有合成物。此項附合之動產，如有可視爲主物者，由主物所有人取得合成物的所有權（民812）。例如甲以乙的油漆，噴塗在自己的汽車，汽車可視爲主物，上漆後的汽車價值雖已增加，仍由甲取得所有權。

（二）混　合

是指動產與他人的動產混合，不能識別或識別需費過鉅的情形，例如甲的金塊與乙的銅塊熔合成爲一合金塊，或甲的胚芽米與乙的糙米已混成一袋混合米，皆屬之。此時，依法應準用前述動產附合的規定（民812、813）。

（三）加　工

是指對他人的動產者，施以勞力，使成爲新物的法律事實，例如在他人空白紙扇上題詩作畫，或雕刻他人木材爲木雕作品皆屬之。此時原則上加工物之所有權，屬於材料所有人，但因加工所增之價值，顯逾材料之價值者，其加工物之所有權屬於加工人（民814）。

（四）添附的效果

添附依前述說明，乃動產所有權變動的原因，就消滅的所有權言，其原有的標的物已不復獨立存在，故該動產上之其他權利，例如動產質權，亦同消滅（民815）。至於因添附的規定而受損害者，依民法第816條，則得依關於不當得利的規定，請求償還價額（民816）。最高法院裁判實務認爲本條係一闡釋性之條文，旨在揭櫫因添附喪失權利而受損害者，仍得依不當得利之法則向受利益者請求償金，故該條所謂「依不當得利之規定，請求償金」，係指法律構成要件之準用。易言之，此項償金請求權之成立，除因添附而受利益致他人受損害外，尚須具備不當得利之一般構成要件始有其適用（97台上418、97台上2422）。

第四節　共　有

　　共有即共同所有，是指一物之所有權，同時爲二人以上共同享有的狀態。我國民法將共有制度分爲分別共有與公同共有，再就所有權以外的財產權的共有，設有學理上所稱的準共有制度。

一、分別共有

（一）分別共有的意義

　　分別共有是指數人按其應有部分，對於一物，共同享有所有權的狀態，其權利人稱爲「共有人」（民817I）。應有部分是指共有人對共有物所有權，所得行使權利的比例，並非所有權的特定權能，也非指共有物的特定部分（57台上2387）。共有人的應有部分，應依共有發生的原因，即當事人之約定或法律之規定定之（29渝上102），通常是以分數表示之，例如甲、乙各出資300萬元、700萬元購買一筆土地，約定依出資比例共有該土地，則甲之應有部分爲3/10（十分之三），乙爲7/10（十分之七）。倘不能依上述方法決定，即應有部分不明時，依法推定各共有人的應有部分均等（民817II）。

（二）分別共有的效力

　　即各共有人間的權利義務關係，可分爲內部關係與外部關係等二部分。

1.內部關係

(1) 共有物的使用收益權

　　各共有人，除契約另有約定外，按其應有部分，對於共有物之全部，有使用收益之權（民818）。由於每一共有人均得對共有物之全部，爲使用收益故如共有物依其性質，可供二人以上同時使用，共有人自得共同使用收益之，例如數人共有之滑梯即可供數人同時溜滑玩耍，但如共有物的性質不能同時供數人使用時，其使用收益即須由共有人協議定之。關於共有物使用收益權能之基本分配，若共有人在此基礎上已有分管協議，法律自應尊重。縱使各共有人依該協議實際可爲使用或收益之範圍超過或小於應有部分，亦屬契約自由範圍。共有人如須對共有物的特定部分，爲使用收益，即涉及共有物的管理，宜依後述方法行之。

(2) 共有物的管理權

　　共有物的管理，性質上屬於共有物的事實上處分，故共有人均有權為之。民法為避免共有人意見不一致，而影響共有物管理的效率，規定共有物的管理，除契約另有約定外，應以共有人過半數及其應有部分合計過半數之同意行之。但其應有部分合計逾三分之二者，其人數不予計算（民820I）。所謂管理，包括共有物的保存行為及改良行為，前者是指以防止共有物的滅失、毀損或其他維持其價值的行為，例如換修門窗玻璃即屬之；後者是指為增加效用、提高價值，而變更共有物的行為，例如墾荒地為農田、房屋水泥外牆改黏花崗岩均屬之。共有人對共有物之特定部分之管理或占用收益，固須依前述方法決定，但如共有人間就共有物之全部劃定範圍，各自占用共有物之特定部分而為管理者，而訂定共有物之分管契約者，亦屬可行。共有土地之出租，乃典型之利用行為而屬民法第820條第1項規定管理權能之範圍，故共有土地已訂有分管契約者，共有人對各分管部分即有單獨使用、收益之權，其將分管部分出租他人，自無須得其餘共有人之同意（100台上1776）。共有物之簡易修繕及其他保存行為，並非管理行為，依法得由各共有人單獨為之（民820V）。

　　共有人雖得依上述方法決定共有物的管理，為避免少數共有人因而受有不利益，民法另外規定共有人依上述方法為管理之決定，有故意或重大過失，致共有人受損害者，對不同意之共有人連帶負賠償責任（民820IV）；如依此而定之管理顯失公平者，不同意之共有人得聲請法院以裁定變更之（民820II）。共有人依上述方法或法院裁定之管理，如因情事變更難以繼續時，法院得因任何共有人之聲請，以裁定變更之（民820III）。

　　共有物的使用或管理，係依上述方法決定者，對當時之全體共有人均有拘束力外，亦具有一定之物權效力：共有物為不動產者，共有人間關於共有物使用或管理之約定或上述決定，於登記後，對於應有部分之受讓人或取得物權之人，具有效力，其由法院裁定所定之管理，經登記後，亦同（民826-1I）；共有物為動產者，共有人間就共有物使用或管理之約定、決定或法院所為之裁定，對於應有部分之受讓人或取得物權之人，以受讓或取得時知悉其情事或可得而知者為限，亦具有效力（民826-1II）。

　　區分所有建築物的共有部分及其基地的管理，應遵守關於規約之規定。最高法院裁判實務認為，公寓大廈等集合住宅之買賣，建商與各承購戶約定，公寓大廈之共用部分或其基地之空地由特定共有人使用者，除別有規定外，應認

共有人間已合意成立分管契約（97台上909）；大樓建商與各承購戶，就屬地下室作為防空避難室兼停車場之管理範圍，訂有分管之約定，此應解該大樓共有人已默示同意成立分管契約（99台上1191）。區分所有人間依規約所生之權利義務，繼受人應受拘束；其依其他約定所生之權利義務，特定繼受人對於約定之內容明知或可得而知者，亦同（民799-1IV）；區分所有權之繼受人，應於繼受前向管理負責人或管理委員會請求閱覽或影印第35條所定文件，並應於繼受後遵守原區分所有權人依本條例或規約所定之一切權利義務事項（公寓大廈管理條例24I）。

　　共有人如未依上述方法管理共有物，擅就共有物的全部或一部任意占用收益，即屬侵害他共有人的所有權，他共有人得本於所有權請求除去其妨害或請求向全體共有人返還占用部分，並得依侵權行為之規定，行使其損害賠償請求權（81台上1818）。此外，共有物應有部分讓與時，為避免其他共有人因其讓與而受不利益，讓與人就共有物因使用、管理或其他情形所生之負擔，應由受讓人連帶負清償責任（民826-1III）。

(3) 應有部分的處分權

　　各共有人，得自由處分其應有部分（民819I）。換言之，共有人無須徵得他共有人之同意，即得讓與其應有部分。至於應有部分之設定抵押權，由於相對於法律所明文規定得自由為之的處分行為，乃屬低度行為，自亦得自由為之（釋141）。

(4) 共有物的處分權

　　共有物的處分、變更及設定負擔，應得分別共有人全體的同意（民819II）。因為共有人的應有部分，及於共有物的每一部分，而共有物的處分、變更及設定負擔的標的物，已涉及所有共有人的應有部分，故如共有人未經全體共有人的同意，專擅為之，對其他共有人即不生效力（40台上1479）。應注意的是，土地法為使地盡其利，促進國民經濟發展，第34條之1規定：「共有土地或建築改良物，其處分、變更及設定地上權、農育權、不動產役權或典權，應以共有人過半數及其應有部分合計過半數之同意行之，但其應有部分合計逾三分之二者，其人數不予計算」、「共有人出賣其應有部分時，他共有人得以同一價格共同或單獨優先承購」，此乃前述民法規定的特別規定，應優先適用之。共有建築物之分管與建築物區分所有不同，前者之建築物共有人，就該共有建築物之使用、收益或管理方法有約定者，即使各共有人各自管

理共有物之一部分（例如一攤位），仍有土地法第34條之1之適用，後者因並非共有之狀態，即無該條之適用（99台上1150）。

(5) 費用負擔的義務

共有物之管理費及其他負擔，除契約另有約定外，應由各共有人按其應有部分之比例分擔之。共有人中之一人，就共有物之負擔爲支付，而逾其所應分擔之部分者，對於其他共有人得按其各應分擔之部分，請求償還（民822）。

2.外部關係

共有的外部關係，是指各共有人就共有物，與第三人所生的權利義務關係。共有人既爲所有人，即應與所有人受同等之保護與限制，共有人全體與第三人之關係，與單獨所有人並無不同。民法就其中最主要者，即共有人對第三人之物權的請求權，規定各共有人對於第三人，得就共有物之全部，爲本於所有權之請求。但回復共有物之請求，僅得爲共有人全體之利益爲之（民821）。例如甲乙丙共有的土地，被丁擅自占用，堆放廢棄物，此時甲無須取得乙丙的同意，即可請求丁移去該廢棄物，並將土地交還給甲乙丙三人。如甲係以訴訟之方式，行使所有物返還請求權時，其聲明事項應求爲命被告將共有物返還「原告與其他全體共有人」，如僅請求向自己返還者，法院應將其訴駁回（37上6703、41台上611）。

（三）共有物的分割

共有關係的存在，對共有物的利用、改良及處分均有阻礙，所以民法乃規定共有物分割的制度，以使共有關係消滅，建立一個所有權爲一個所有人擁有的單獨所有的狀態，提高物的用益及處分的效率。

1.分割請求權

民法以共有爲所有權狀態的例外，不宜存續過久，故於第823條規定：「各共有人，除法令另有規定外，得隨時請求分割共有物。但因物之使用目的不能分割或契約訂有不分割之期限者，不在此限。」「前項約定不分割之期限，不得逾五年；逾五年者，縮短爲五年。但共有之不動產，其契約訂有管理之約定時，約定不分割之期限，不得逾三十年；逾三十年者，縮短爲三十年。」「前項情形，如有重大事由，共有人仍得隨時請求分割。」此項規定意旨，在消滅物之共有狀態，以利融通與增進經濟效益（81台上2688），所謂「因物之使用目的不能分割」，係指共有物繼續供他物之用，而爲其物之利用

所不可缺，或爲一權利之行使所不可缺者而言，例如界標、界牆、區分所有建築物之共同部分等是，至分割後土地是否與建物分離係分割之結果，與因物之使用目的不能分割，兩者內涵不同（97台上1593）。

共有人行使此項分割請求權，僅須以一方的意思表示，即可請求他共有人終止共有關係，故一般認爲此項權利爲形成權的一種，並非請求權，亦不適用消滅時效的規定（29渝上1529）。關於此項權利行使的禁止分割共有物的約定，亦具有一定之物權效力：不動產共有人間關於共有物禁止分割之約定，於登記後，對於應有部分之受讓人或取得物權之人，具有效力；動產共有人間就共有物爲禁止分割之約定，對於應有部分之受讓人或取得物權之人，以受讓或取得時知悉其情事或可得而知者爲限，亦具有效力；共有物應有部分讓與時，受讓人對讓與人就共有物禁止分割之約定所生之負擔，連帶負清償責任（民826-1）。

2.分割方法

(1) **協議分割**：共有物之分割，原則上依共有人協議之方法行之（民824I）。協議分割是以共有人全體同意之方法爲之，性質上屬於法律行爲，須有行爲能力者始得獨立爲之（40台上1563）。共有人如就分割方法已全體同意，即生協議分割之效力，不因共有人中一人或數人因協議分割取得之利益不等，而受影響（68台再44）。

(2) **裁判分割**：分割之方法不能協議決定，或於協議決定後因消滅時效完成經共有人拒絕履行者，法院得因任何共有人之請求，命爲下列之分配：①以原物分配於各共有人。但各共有人均受原物之分配顯有困難者，得將原物分配於部分共有人；②原物分配顯有困難時，得變賣共有物，以價金分配於各共有人；或以原物之一部分分配於各共有人，他部分變賣，以價金分配於各共有人（民824II）。共有物之原物分割，係各共有人就存在於共有物全部之應有部分互相移轉，使各共有人取得各自分得部分之單獨所有權（93台上1089）。法院命以變賣共有物爲分割時，除買受人爲共有人外，共有人有依相同條件優先承買之權，有二人以上願優先承買者，以抽籤定之（民824VII）。

法院命以原物爲分配時，尚有二點須予補充：①如共有人中有未受分配，或不能按其應有部分受分配者，得以金錢補償之（民824III），即以原物分割而應以金錢爲補償者，倘分得價值較高及分得價值較低之共有人均爲多數時，

該每一分得價值較高之共有人即應就其補償金額對於分得價值較低之共有人全體爲補償，並依各該短少部分之比例，定其給付金額（93台上1089）；如因共有人之利益或其他必要情形，亦得就共有物之一部分仍維持共有（民824IV）；②法院亦得命將數共有物合併分割：共有人相同之數不動產，除法令另有規定外，共有人得請求合併分割（民824VI）；共有人部分相同之相鄰數不動產，各該不動產均具應有部分之共有人，經各不動產應有部分過半數共有人之同意，得適用前項規定，請求合併分割。但法院認合併分割爲不適當者，仍分別分割之（民824IV）。

　　前述共有人向法院請求分割共有物，是以訴訟方式爲之，由同意分割的共有人全體共同起訴，並以反對分割的其他共有人全體爲共同被告。法院之分割是依職權爲之，除應斟酌各共有人之利害關係，及共有物之性質外，尚應斟酌其共有物之價格，其分配方法不受當事人主張之拘束（29渝上1792）。

3.分割的效力

(1) **單獨所有權的取得**：共有人自共有物分割之效力發生時起，取得分得部分之所有權（民824-1I）。關於分割之效力發生時點：①在協議分割，是以法律行爲使物權發生變動，在分割的共有物爲不動產時，因其分割非經登記，不生效力（民758），倘共有人訂立協議分割契約後，拒不辦理分割登記，他共有人僅得依約請求履行是項登記義務而已（59台上1198），故應以辦畢分割登記時，爲效力發生時；如爲動產，係指於交付時；②在裁判分割，因法院所爲的判決是形成判決，故於判決確定時即生分割效力，在分割的共有物爲不動產時，依民法第759條規定，不以登記爲生效要件，但應經登記，始得處分其物權（43台上1016）。

(2) **限定物權繼續存在**：共有物分割的效力，民法不採認定主義，而採移轉主義，即共有物分割後，共有人取得分得部分的單獨所有權，其效力係向後發生而非溯及既往。故共有物分割前，共有物上的其他物權負擔，固不受影響，如應有部分於分割前已有其他物權負擔，爲保護該物權人，該其他物權負擔原則上亦不因分割而受影響。故民法第824條之1第2項規定：「應有部分有抵押權或質權者，其權利不因共有物之分割而受影響。但有下列情形之一者，其權利移存於抵押人或出質人所分得之部分：一、權利人同意分割。二、權利人已參加共有物分割訴訟。三、權利人經共有人告知訴訟而未參加。」

共有人之中如有就其應有部分設定抵押權或質權的情形，在共有物的分割係採變賣而分配其價金的方法時，如該抵押權或質權不因變賣而受影響，勢必影響買受人之購買意願及價金之數額，惟如順利變賣，則各共有人分配的價金，自應依各應有部分的實際價值比例決定之。在買受人欲取得完整的所有權，該抵押權或質權無法存續時，為保護抵押權人或質權人的利益，民法第824條之1第3項乃規定：「前項但書情形，於以價金分配或以金錢補償者，準用第八百八十一條第一項、第二項或第八百九十九條第一項規定。」即由抵押人或出質人所受之價金分配或金錢補償，按各抵押權人或質權人之次序分配之，其次序相同者，按債權額比例分配之，並對該價金債權或金錢債權有權利質權。

(3) **瑕疵擔保責任及法定抵押權**：各共有人對於其他共有人因分割而取得之物，應按其應有部分，負與出賣人同一之擔保責任（民825），換言之，無論係協議分割或裁判分割，各共有人相互間於分割後，仍以其應有部分為度，負擔民法第349條至第360條規定的責任。民法就共有人分得物之擔保責任，係採移轉主義，即共有人間各就其應有部分相互移轉，其因分割而取得單獨所有權之效力係自分割完畢後發生，並不溯及既往。因此，原以共有土地之應有部分為標的所設定之抵押權，於共有物分割後，仍以應有部分之抵押權，存於各共有人分得部分土地上，亦即不獨原設定抵押之共有人其分得部分上有抵押權之存在，其他共有人分得部分亦有抵押權之存在（97台上875）。就共有之土地，於分割前就應有部分上成立之抵押權，於共有物分割後，除有土地登記規則第107條但書之情形，即先徵得抵押權人之同意，將其抵押權轉載於原設定人分割後取得之土地外，抵押權仍按原應有部分轉載於分割後各宗土地之上，抵押權人得就全部土地之應有部分行使其抵押權（98台上135）。

民法第825條所定之上述原則，於裁判分割亦適用之。故經判決分割共有物之各共有人，所負交付分得部分及辦理分割登記之義務，已為分割共有物確定判決所涵攝，他共有人於分割共有物判決確定後，既不得另行起訴請求交付分得部分或協同辦理分割登記，則以辦理分割登記為目的之其他行為，自亦不得再據以起訴請求。共有人依該條規定，就他共有人分得部分，固應負瑕疵擔保責任，惟瑕疵之有無，應以共有物分割時之現狀為準（99台上1657）。

爲保障因不動產之裁判分割而應受補償共有人之權益，民法第824條之1第4
項規定：「前條第三項之情形，如爲不動產分割者，應受補償之共有人，
就其補償金額，對於補償義務人所分得之不動產，有抵押權。」即應受補
償人對於補償義務人之補償金債權，就補償義務人分得之不動產，有法定
抵押權。此外，爲確保應受金錢補償之共有人之利益，並兼顧交易安全，
同條第5項規定：「前項抵押權應於辦理共有物分割登記時，一併登記，其
次序優先於第二項但書之抵押權。」如不動產分割，應受補償者有數人時，
應按受補償金額比例登記爲抵押權共有人。法院就多筆土地爲裁判分割時，
就各筆土地，分別爲原物分割，並命金錢補償時，應就各筆土地之金錢補償
分別諭知，以明法定抵押權所擔保債權之範圍，於辦理共有物分割登記時，
一併登記；不得就各筆土地之金錢補償互爲扣抵後，諭知一造應給付他造之
金額（100台上1055）。

(4) **證書的保存及使用**：共有物分割後，各分割人應保存其所得物之證書。共
有物分割後，關於共有物的證書，應歸取得最大部分之人保存之，無取得
最大部分者，由分割人協議定之，不能協議決定者，得聲請法院指定之。
各分割人，得隨時請求使用他分割人所保存的證書（民826）。

二、公同共有

（一）公同共有的意義

公同共有是指依一定原因成立一公同關係的數人，共同享有一物的所有權
的狀態，其權利人稱爲公同共有人。此項公同關係，無非係依法律規定、習慣
或法律行爲而成立（民827I）：依法律規定成立者，例如繼承人依民法第1151
條規定發生繼承的公同關係；依習慣成立者，例如同鄉會館（42台上1196）、
家產（93台上2214）；依法律行爲成立者，例如合夥人依合夥契約發生的公同
關係（民668），或夫妻因約定採取共同財產制，而訂定契約發生公同關係
（民1031）。依法律行爲成立公同關係者，並非得適用私法自治原則任意爲
之，當事人依法律行爲成立之公同關係，以有法律規定或習慣者爲限（民
827II）。

（二）公同共有人的權利義務

在內部關係方面，各公同共有人的權利，及於公同共有物的全部（民827III），與分別共有同。公同共有人的權利及義務，應依其公同關係所由成立之法律、法律行為或習慣定之（民828I）。關於公同共有物之管理、共有人對第三人之權利、共有物使用、管理、分割或禁止分割之約定對繼受人之效力等，與分別共有之情形類似，故應準用民法第820條、第821條及第826條之1規定（民828II）。在外部關係方面，公同共有物之處分及其他之權利行使，除法律另有規定外，應得公同共有人全體之同意（民828III）。公同共有債權人起訴請求債務人履行債務，係公同共有債權之權利行使，非屬回復公同共有債權之請求，尚無民法第821條規定之準用；而應依同法第831條準用第828條第3項規定，除法律另有規定外，須得其他公同共有人全體之同意，或由公同共有人全體為原告，其當事人之適格始無欠缺（最高法院104年度第3次民事庭會議）。公同共有不動產的處分，於土地法第34條之1第5項設有多數決的特別規定，適用上應注意及之。但此項處分是指物權行為而言，買賣並非處分行為，故公同共有人中之人，未得其他公同共有人之同意，出賣公同共有物，應認為僅對其他公同共有人不生效力，其買賣的債權契約在締約當事人間，仍非無效（33上2489、71台上5051）。

（三）公同共有物的分割

公同關係存續中，各公同共有人不得請求分割其公同共有物（民829）。不過在維繫其團體性的公同關係消滅後，自得請求分割。如法律另有得隨時請求分割的規定（如民1164），當依其規定為之，至公同共有物的分割方法及分割的效力，除應依公同關係所由生之法律之特別規定（如民1165）外，其餘均應準用關於共有物分割的規定（民830II）。

（四）公同共有的消滅

公同共有的消滅原因，除與一般與分別共有相同者外，尚有下列二種特殊消滅原因：1.公同關係的終止，例如合夥之解散（民692），夫妻合意廢止共同財產制契約（民1012），在公同共有遺產分割自由之原則下，民法第1164條規定之「得隨時請求分割」，應解為包含請求終止公同共有關係在內，俾繼承

人之公同共有關係歸於消滅而成爲分別共有（93台上2609）；2.公同共有物的讓與（民830I）。

三、準共有與準公同共有

　　關於分別共有或公同共有之規定，於所有權以外的其他財產權，由數人共有或公同共有者，準用之（民831）。例如數人共有一限定物權、著作權、礦業權或債權時，其共有狀態與所有權並無二致，故應準用其規定。

第三章 地上權

　　物權依其對於標的物的支配程度的不同，可分爲完全物權及定限物權，前者爲所有權，後者在民法上稱爲「其他物權」（民762）或「所有權以外之物權」（民763），並可依其支配內容的不同，再分爲以其抽象的交易價值作爲債權擔保的擔保物權，及以標的物的具體使用收益作爲支配內容的用益物權。用益物權之成立受物權法定主義的限制，其標的物依現行法僅以不動產爲限，其種類包括地上權、農育權、不動產役權及典權（已設定的永佃權繼續有效）。地上權是指以在他人土地之上下或其中之一定空間，有建築物或其他工作物爲目的，而使用其土地或一定空間的權利，民法將其分爲普通地上權及區分地上權，並分別予以規定。

第一節　普通地上權

一、普通地上權的意義

　　普通地上權是指以在他人土地之上下有建築物或其他工作物爲目的而使用其土地的權利（民832）。例如甲有區段甚佳之A地，不願出售，但願意由乙在A地上建築房屋長期使用，乙可考慮與甲就A地設定普通地上權。民法爲規定當事人於普通地上權設定後的權利義務，將例中享有對他人土地用益權的乙稱爲「地上權人」（普通地上權人），將土地所有權因此受限制的甲稱爲「土地所有人」。

二、普通地上權的取得

　　普通地上權人所使用者，應爲「他人」土地之上下。土地所有人本於所有權，已得對其土地之上下爲使用收益（民765），依法即不得對自己之土地設定普通地上權，土地所有人因繼受取得，而對自己土地有普通地上權者，該普通地上權原則上將因混同而消滅（民762）。但對土地僅有應有部分之共有人，對於共有之土地之全部或特定部分，仍不妨設定普通地上權（釋451），

即此時對於自己為共有人之土地，仍視為他人之土地。

　　設定普通地上權的目的，僅限於在他人土地之上下有建築物或其他工作物，如為其他目的，無論是為在他人土地之上下為農作、森林、養殖、畜牧、種植竹木或保育，均不得設定普通地上權，而應設定農育權。供普通地上權設定之土地，以適於建築房屋或設置其他工作物者為限，如土地依法不得供建築房屋或設置其他工作物之使用者，例如耕地，即不得就其設定普通地上權，其因時效取得地上權而請求登記者亦同（釋408）。

　　建築物一詞在民法上並無定義之規定，如將其解為民法第66條第1項之定著物，則是指非土地之構成部分，繼續附著於土地，而達一定經濟上目的，不易移動其所在之物而言，例如屋頂尚未完全完工之房屋，其已足避風雨，可達經濟上使用之目的者，即屬土地之定著物（最高法院63年度第6次民庭庭推總會議決議）。此外，建築物依建築法第4條的規定，是指定著於土地上或地面下具有頂蓋、樑柱或牆壁，供個人或公眾使用之構造物或雜項工作物。地上權人只要是以在他人土地上有建築物，無論該建築物是合法之建築物或違章建築，均可成立地上權（釋291）。工作物的範圍較大，包含建築物和其他在地表、土地上空與地下之一切設備。池坤、水圳、深水井、堤防等引水、防水或蓄水之建造物，橋樑、隧道、高架陸橋等交通設備，鐵塔、紀念碑、地窖、銅像等，均屬於工作物。

　　地上權人取得普通地上權的原因，主要是普通地上權的設定，此外，繼承、取得時效或其他法律之規定（如民876），也可以作為取得普通地上權的原因。地上權人在他人土地上有違章建築，並符合取得時效之要件，實務上認為仍不妨礙占有人之依時效而取得普通地上權（釋291）；共有人或公同共有人之一人或數人以在他人之土地上行使地上權之意思而占有共有或公同共有之土地者，亦得依時效而取得普通地上權（釋451）；惟占有土地屬農業發展條例第3條第11款所稱之耕地者，性質上既不適於設定普通地上權，亦不得依時效而取得普通地上權（釋408）。

（一）因法律行為而取得

　　因普通地上權的設定和受讓而取得普通地上權者，均屬此類，其合意固應以書面為之（民758 II），且應依法辦理土地權利變更登記（民758 I，土地73，土登33）。如於一宗土地內就其特定部分，申請設定普通地上權登記時，

依法並應提出位置圖（土登108I）。設定普通地上權時，原則上應由當事人為具體之意思表示，但在租用基地建築房屋的情形，立法者為使房屋的坐落權源，得以普通地上權補租賃權之不足，乃規定承租人於契約成立後，得請求出租人為普通地上權之登記（民422-1，土地102），此時似係認為租用基地建築房屋時，當事人間除有租賃契約之合意外，亦有設定普通地上權之合意。因房屋坐落於土地而有法定租賃關係者（民425-1），承租人於租賃關係成立後，亦得請求出租人為普通地上權之登記。國家如就私有土地以公共建設（例如大眾捷運、高速鐵路等）為目的而成立之普通地上權，未定有期限者，以該建設使用目的完畢時，視為地上權之存續期限（民833-2）。

（二）因法律行為以外之原因而取得

因法律行為以外之原因而取得普通地上權的情形，包括下列各項：

1. **時效取得**：普通地上權依民法第772條規定，亦得因時效而取得，但取得時效完成時，仍應向地政機關請求登記為地上權人（民772準用民769、770），地政機關則依內政部訂頒之「時效取得地上權登記審查要點」辦理。該要點係為施行民法規定而訂頒，不得增加法律未規定的限制，故共有人就共有土地、在他人土地上有違章建築者，均得因取得時效請求登記為普通地上權人（釋291、451）。

2. **繼承**：地上權人死亡時，其普通地上權即由繼承人共同承受（民1147、1148），但須經登記，始得處分（民759）。

3. **徵收**：國家因公益需要，除得與土地所有人設定普通地上權外，亦得實施普通地上權的徵收，惟目前之明文規定係以後述之區分地上權為主。

4. **法定地上權**：土地及其土地上之建築物，原來如同屬於一人所有，而無建築物之坐落權源問題，後來卻因故而不屬於同一人所有時，現行民法主要是以法定租賃關係（民425-1）和法定地上權，作為建築物之坐落權源。土地及其土地上之建築物，同屬於一人所有，因強制執行之拍賣，其土地與建築物之拍定人各異時，視為已有地上權之設定，其地租、期間及範圍由當事人協議定之；不能協議者，得請求法院以判決定之。其僅以土地或建築物為拍賣時，亦同（民838-1I）。此一規定與民法第876條下列規定相仿：「設定抵押權時，土地及其土地上之建築物，同屬於一人所有，而僅以土地或僅以建築物為抵押者，於抵押物拍賣時，視為已有地上權之設定，其地租、期間及

範圍由當事人協議定之。不能協議者，得聲請法院以判決定之。」「設定抵押權時，土地及其土地上之建築物，同屬於一人所有，而以土地及建築物為抵押者，如經拍賣，其土地與建築物之拍定人各異時，適用前項之規定。」請再參閱抵押權實行之相關部分之說明。

三、普通地上權的效力

（一）地上權人的權利

地上權人是指已取得普通地上權的人，其在法律上有下列權利：

1.使用收益權

地上權人應依設定之目的及約定之使用方法，為土地之使用收益；未約定使用方法者，應依土地之性質為之，並均應保持其得永續利用。前項約定之使用方法，非經登記，不得對抗第三人（民836-2）。在非依法律行為取得者，則宜依各該取得原因之內容（如取得時效時占有人的占有之範圍）定之。地上權人如不自己使用土地，而將土地出租或出借給第三人使用，由於對於土地所有人之權利並無影響，且在法律上亦無限制之規定，解釋上宜承認該租賃契約或使用借貸契約的效力，但其因此所發生的損害及其他風險，均應由地上權人承擔。

2.相鄰權及物上請求權

地上權人為占有、使用土地之當事人，就土地之相鄰關係言，可謂已部分取代土地所有人的地位，因此民法第774條以下關於不動產相鄰關係之規定，於地上權人，應準用之（民800-1）。地上權為物權，地上權人準用關於所有人物上請求權的規定（民767II），故地上權人對於無權占有或侵奪其標的物者，得請求返還之，對於妨害其地上權者，得請求除去之，有妨害其地上權之虞者，得請求防止之。

3.權利處分權

地上權人在他人土地上，有自己的建築物或其他工作物，如能連同地上權一並予以處分，在土地所有人擬保留所有權，並藉由他人之財力開發土地時，當可協議創造雙贏的條件，並提高普通地上權的設定率。普通地上權在現行民法上，乃是不具專屬性的財產權，並得為下列三種處分：

(1) **讓與**：地上權人得將其權利讓與他人或設定抵押權。但契約另有約定或另

有習慣者，不在此限（民838I）。此處關於普通地上權之可讓與性之規定，並非強制規定，故得以契約為不同之約定，但因其將改變普通地上權的性質，應以物權行為為之，故其契約約定，非經登記，不得對抗第三人（民838II）。此外，建築物或其他工作物通常不能脫離作為其土地使用關係的普通地上權而存在，兩者必須相互結合而具有處分上的一體性，故普通地上權與其建築物或其他工作物，不得分離而為讓與或設定其他權利（民838III）。

(2) **拋棄**：地上權為用益物權，為財產權的一種，故除法律另有規定外，地上權人得自由拋棄，使地上權歸於消滅（民764I）。地上權無支付地租之約定者，土地所有人並無因其存續而應受保護的利益，故地上權人得隨時拋棄其權利（民834）。但如地上權設定時，雙方當事人就地租的支付有所約定，為免土地所有人收取地租的期待利益，因地上權人拋棄權利而受不當影響，即應適度限制其拋棄。故民法第835條規定：「地上權定有期限，而有支付地租之約定者，地上權人得支付未到期之三年分地租後，拋棄其權利。」「地上權未定有期限，而有支付地租之約定者，地上權人拋棄權利時，應於一年前通知土地所有人，或支付未到期之一年分地租。」「因不可歸責於地上權人之事由，致土地不能達原來使用之目的時，地上權人於支付前二項地租二分之一後，得拋棄其權利；其因可歸責於土地所有人之事由，致土地不能達原來使用之目的時，地上權人亦得拋棄其權利，並免支付地租。」

(3) **設定抵押權**：普通地上權為具有交換價值的財產權，地上權人依法並得將其權利讓與他人或設定抵押權（民838I），此種抵押權是以普通地上權為標的的權利抵押權（民882）。如普通地上權因有特約或習慣，而依法不得讓與，自不得設定權利抵押權。因普通地上權之設定而在他人土地上有建築物，而地上權人僅以建築物設定抵押權者，其普通地上權即為抵押物存在所必要之權利，在其得讓與之情形下，依民法第877條之1規定，應於法院拍賣抵押物時，併付拍賣之，但抵押權人對於該權利賣得之價金，無優先受清償之權。

4.土地的優先購買權

地上權人因該普通地上權，而在他人土地上有房屋者，於地上權人出售該地上權及房屋時，土地所有人依土地法第104條第1項後段規定，有依同樣條件

優先購買之權，使地上權人之讓與不具絕對之自由。但有優先購買權的土地所有人，於接到出賣通知後10日內不表示者，其優先權視為放棄。出賣人未通知優先購買權人而與第三人訂立買賣契約者，其契約不得對抗優先購買權人（土104II）。

5.工作物取回權

地上權人因設定普通地上權，而在他人土地上有工作物時，其普通地上權乃是地上權人得占有及使用土地之權源，地上權人並因普通地上權的設定，而得對於工作物有其獨立的所有權。故民法第839條第1項規定地上權消滅時，地上權人得「取回」「其」工作物，但地上權人亦應回復土地原狀，以維持土地的價值。地上權人取回其工作物前，並應通知土地所有人（民839III）。

6.補償請求權

民法第840條第1項規定：「地上權人之工作物為建築物者，如地上權因存續期間屆滿而消滅，地上權人得於期間屆滿前，定一個月以上之期間，請求土地所有人按該建築物之時價為補償。但契約另有約定者，從其約定。」本條項本文之規定係以不拆除建築物，並使土地所有人取得建築物所有權為前提，故土地所有人並非依該建築物之時價予以購買，而是應按時價為「補償」。第1項之時價不能協議者，地上權人或土地所有人得聲請法院裁定之（民840III）。

地上權人的補償請求權的成立，依本條規定應具備下列要件：(1)須工作物為建築物，如為其他工作物，即無本條之適用；(2)須地上權因存續期間屆滿而消滅，如地上權是因其他原因而消滅，如地上權是因被終止、被拋棄或解除條件成就而消滅，即無本條之適用；(3)須無契約另行約定，否則，即應以其約定為準；(4)須地上權人於期間屆滿前，定1個月以上之期間請求；(5)須地上權人未拒絕延長地上權之請求，否則依本條第2項後段，即不得請求補償。

（二）土地所有人的權利

地上權人除有上述權利之外，亦因普通地上權而負擔若干義務，而其義務所對應者，即為土地所有人之下列權利：

1.地租請求權

地上權如有地租的約定，土地所有人即得向地上權人請求給付地租的權利。地租的給付內容、數額和方法，均以當事人的約定為準，故得給付金錢或

其他實物，也可以一次結清或分期支付。地租經約定後，依民法第837條規定，縱因不可抗力，妨礙其土地之利用，地上權人亦不得請求免除或減少租金。此一規定係為保障土地所有人的利益，而認為地上權人應承擔不可抗力之風險，但為維持公平，民法第835條之1乃規定：「地上權設定後，因土地價值之昇降，依原定地租給付顯失公平者，當事人得請求法院增減之。」「未定有地租之地上權，如因土地之負擔增加，非當時所得預料，仍無償使用顯失公平者，土地所有人得請求法院酌定其地租。」此外，地上權有地租之約定，其預付地租之事實須經登記，始能發生物權效力，故土地所有權讓與時，已預付之地租，非經登記，不得對抗第三人（民836-1），如已登記，土地及地上權之受讓人或其他第三人（例如抵押權人），當均受其拘束。

2.地上權終止權

地上權人積欠地租達2年之總額，除另有習慣外，土地所有人得定相當期限催告地上權人支付地租，如地上權人於期限內不為支付，土地所有人得終止地上權。地上權經設定抵押權者，並應同時將該催告之事實通知抵押權人（民836I）。此處的終止的要件，是多年來所積欠的額數達2年的總數，而非以連續2年未付地租為限。地租之約定經登記者，地上權讓與時，前地上權人積欠之地租應併同計算。受讓人就前地上權人積欠之地租，應與讓與人連帶負清償責任（民836II）。上述規定係在兼顧土地所有人及地上權人的利益，關於保護地上權人利益的部分，屬於強行規定，故當事人對於終止權行使的要件，僅可為較嚴格的約定，而不得放寬之。地上權人如未依設定之目的及約定之使用方法，為土地之使用收益；其未約定使用方法者，如未依土地之性質為之，或保持其得永續利用，經土地所有人阻止而仍繼續為之者，土地所有人得終止地上權。地上權經設定抵押權者，並應同時將該阻止之事實通知抵押權人（民836-3）。土地所有人終止地上權，應向地上權人以意思表示為之（民836III）。

3.土地返還請求權

普通地上權消滅時，地上權人得取回其工作物，但應回復土地原狀（民839I），並應返還土地於土地所有人。

4.工作物的取得及購買權

普通地上權消滅，而地上權人不於地上權消滅後1個月內取回其工作物者，工作物歸屬於土地所有人；其有礙於土地之利用者，土地所有人得請求回

復原狀（民839II）。土地及其地上權人的工作物，通常已有一定的調適關係，如能使其屬於同一人所有，即可節省「取回」及「回復」之勞費，並無使其分離的必要，故地上權人通知土地所有人其欲取回其工作物時，如土地所有人願以時價購買者，地上權人非有正當理由，不得拒絕（民839III）。

5.地上權延長請求權

地上權人之工作物爲建築物，而地上權因存續期間屆滿而消滅時，其避免建築物被拆除的方法，除將建築物所有權移轉給土地所有人外，尚可考慮爲建築物創設新的坐落權源。民法第840條第2項前段規定：「土地所有人拒絕地上權人前項補償之請求或於期間內不爲確答者，地上權之期間應酌量延長之。」土地所有人不願依裁定之時價補償者，適用前項規定（民840III）。此一規定係以不變動建築物所有權，而延長地上權期間的方式，維持原來的法律關係不變，並解決建築物的坐落權源問題。依此等規定延長期間者，其期間由土地所有人與地上權人協議定之；不能協議者，得請求法院斟酌建築物與土地使用之利益，以判決定之（民840IV）。前項期間屆滿後，除經土地所有人與地上權人協議者外，不適用第1項關於補償請求權及第2項關於延長地上權之規定（民840V）。

四、普通地上權的消滅

普通地上權訂有存續期限者，於其期限屆滿時即歸於消滅。地上權未定有期限者，爲發揮地上權的經濟效用，兼顧土地所有人與地上權人的利益，民法第833條之1乃規定，其存續期間逾20年或地上權成立之目的已不存在時，法院得因當事人之請求，斟酌地上權成立之目的、建築物或工作物之種類、性質及利用狀況等情形，定其存續期間或終止其地上權。本條規定對於本條增訂施行以前所成立的未定有期限地上權，亦得適用之（民法物權編施行法第13條之1）。國家就私有土地以公共建設（例如大眾捷運、高速鐵路等）爲目的而成立之地上權，未定有期限者，以該建設使用目的完畢時，視爲地上權之存續期限（民833-2）。

普通地上權消滅的其他原因，主要爲拋棄（民834、835）和終止（民836），如普通地上權的標的物（土地）因故滅失，普通地上權自應歸於消滅，但如僅係其土地上的建築物或工作物滅失，由於其雖係地上權的設定目

的，但非地上權的標的物，故普通地上權並不因其滅失而消滅（民841）。但民法第838條之1第1項規定之法定地上權，係爲維護土地上建築物之存在而設，則於該建築物滅失時，其法定地上權即應隨之消滅（民838-1 II），則屬例外。

<h1 style="text-align:center">第二節　區分地上權</h1>

一、區分地上權的意義

區分地上權是指在他人土地上下之一定空間範圍內設定的地上權（民841-1）。區分地上權的設計，是由於人類文明進步，科技與建築技術日新月異，土地的利用已不再侷限於地面，而逐漸向空中與地下發展，由平面化趨向於立體化，土地的分層利用已成爲現實的情況。爲承認土地所有人得將其土地區分爲數部分，而就各部分設定不同的地上權，或將其土地分層設定不同的地上權，乃規定區分地上權不須以土地的全部爲標的物，而僅以土地上下的一定空間範圍，作爲其標的物。例如甲有面積1,000平方公尺的A地，乙因車輛通行的必要，擬在A地的特定部分修築車行地下通道並取得該通道（工作物）之所有權，雙方即得僅就A地面積200平方公尺的特定部分，就其地下10公尺至20公尺的空間範圍內，設定區分地上權。區分地上權與普通地上權的最大區別，是在於其標的物爲他人土地上下之一定空間範圍，其餘與普通地上權並無差異，故除有特別規定外，前述關於普通地上權之規定，依其性質與區分地上權不相牴觸者，均得準用於區分地上權（民841-6）。

二、區分地上權的取得

區分地上權的取得，亦可分爲因法律行爲取得及因法律行爲以外的原因取得二類，與普通地上權大致相同，惟關於徵收則有若干特別規定。例如大眾捷運法第19條規定：「大眾捷運系統因工程上之必要，得穿越公、私有土地及其土地改良物之上空或地下。但應擇其對土地及其土地改良物之所有人、占有人或使用人損害最少之處所及方法爲之，並應支付相當之補償。」「前項須穿越私有土地及其土地改良物之上空或地下之情形，主管機關得就其需用之空間範

圍，在施工前，於土地登記簿註記，或與土地所有權人協議設定地上權，協議不成時，準用土地徵收條例規定徵收取得地上權。」土地徵收條例第57條規定：「需用土地人因興辦第三條規定之事業，需穿越私有土地之上空或地下，得就需用之空間範圍協議取得地上權，協議不成時，準用徵收規定取得地上權。但應擇其損害最少之處所及方法為之。」「前項土地因事業之興辦，致不能為相當之使用時，土地所有權人得自施工之日起至完工後一年內，請求需用土地人徵收土地所有權，需用土地人不得拒絕。」「前項土地所有權人原設定地上權取得之對價，應在徵收補償地價內扣除之。」「地上權徵收補償辦法，由中央目的事業主管機關會同中央主管機關定之。」

三、區分地上權的效力

區分地上權的效力與普通地上權基本上相同，但因區分地上權的標的物與土地的其他部分並非呈現平面相鄰關係，而是垂直鄰接狀態，乃須特別規定其問題之解決對策。民法第841條之2規定：「區分地上權人得與其設定之土地上下有使用、收益權利之人，約定相互間使用收益之限制。其約定未經土地所有人同意者，於使用收益權消滅時，土地所有人不受該約定之拘束。」「前項約定，非經登記，不得對抗第三人。」本條明定區分地上權人與就其設定範圍外上下四周之該土地享有使用、收益權利之人，得約定相互間使用收益之限制，例如限制土地所有人於地面上不得設置若干噸以上重量之工作物，或限制區分地上權人工作物之重量範圍等是。如土地所有人未參與約定亦未同意該約定，該約定對土地所有人應無拘束力，故如參與約定的其他使用權人的使用收益權消滅，無論其為區分地上權或普通地上權，其約定均不得拘束土地所有人。此項約定經登記者，即能發生得對抗第三人的物權效力，此時土地及地上權之受讓人或其他第三人（例如抵押權人），均應受其拘束。

區分地上權的標的物僅為土地上下的一定空間範圍，惟為充分利用土地之各部分，就同一空間範圍並非僅得設定一個用益物權，故土地所有人於同一土地設定一個區分地上權後，仍得再設定支配的範圍及於同一空間範圍的用益物權（包括區分地上權）。例如甲就屬於A地的一定空間範圍A1設定區分地上權給乙之後，仍得就A地之全部設定普通地上權給丙，此時同一土地（A地）上，即同時有區分地上權及其他用益物權（丙的普通地上權）同時存在。民法

對於此等用益物權的優先順序，並未規定區分地上權當然優先，而是應依設定時間之先後，定其優先效力，故第841條之5規定：「同一土地有區分地上權與以使用收益為目的之物權同時存在者，其後設定物權之權利行使，不得妨害先設定之物權。」因此，後設定之區分地上權或其他用益物權不得妨害先設定之其他用益物權或區分地上權之權利行使。但如區分地上權（或用益物權）是獲得先存在之用益物權（或區分地上權）人之同意而設定者，後設定之區分地上權（或用益物權）則得優先於先物權行使權利，蓋先物權人既已同意後物權之設定，先物權應因此而受限制。

四、區分地上權的消滅

區分地上權消滅的問題與普通地上權相似，普通地上權的規定基本上均可準用。但因區分地上權的標的物比較特殊，如其為第三人之權利標的或第三人就同一土地有使用收益權，則其延長可能影響該第三人之權利，自宜有兼顧該第三人權益的設計。故民法第841條之3規定：「法院依第八百四十條第四項定區分地上權之期間，足以影響第三人之權利者，應併斟酌該第三人之利益。」此外，如區分地上權的工作物為建築物，依規定以時價補償建築物或延長區分地上權的期間時，有時會影響第三人之權利，例如同意設定區分地上權之第三人或相鄰之區分地上權人，其權利可能因此而必須延長處於睡眠狀態或受限制的情況，對該第三人並不公平原則。故民法第841條之4規定：「區分地上權依第八百四十條規定，以時價補償或延長期間，足以影響第三人之權利時，應對該第三人為相當之補償。補償之數額以協議定之；不能協議時，得聲請法院裁定之。」

第四章　農育權及永佃權

第一節　農育權

一、農育權的意義

　　農育權是指在他人土地爲農作、森林、養殖、畜牧、種植竹木或保育的權利（民850-1I）。例如甲有A地，乙擬利用該地栽種甜玉米及花卉，即可考慮設定農育權，使乙取得使用A地之權。農育權是存在於他人土地的用益物權，且使用他人土地的目的，以現行農業發展條例第3條第12款所規定的上述內容爲限。其中所謂「農作」，包括花、草之栽培、菇菌之種植及園藝等，而「森林」是指森林法第3條第1項規定的林地及其群生竹、木的總稱。使用他人土地的內容，包括爲達成上開目的所設置、維持的相關農業設施。當事人之間關於上述目的的約定，乃是農育權內容的一部分，故地政機關於辦理農育權登記時，宜將該農育權的設定目的予以配合登記。

　　民法物權編原無農育權之規定，並於第四章規定永佃權，但因永佃權之設定造成土地所有人與使用人之永久分離，影響農地的合理利用，且實務上對於永佃權設定登記案件極少，部分又係基於保障抵押權或保障農地所有權移轉而設定，已扭曲永佃權之本旨，故民國99年1月物權編修正時乃將第四章整章刪除，並於第四章之一增訂「農育權」的規定，逐步將永佃權轉換爲農育權。民法物權編施行法第13條之2第1項規定，先前已發生的永佃權，其存續期限縮短爲自修正施行日（民國99年8月3日）起20年，此種永佃權存續期限屆滿時，同條第3項規定永佃權人得請求變更登記爲農育權，

　　農育權的期限如過於長久，將有害於公益，經斟酌農業發展、經濟利益及實務狀況等因素，民法乃規定「農育權之期限，不得逾二十年；逾二十年者，縮短爲二十年。但以造林、保育爲目的或法令另有規定者，不在此限。」（民850-1II）但書是著眼於以造林（人工營造林木、林木撫育等）或保育（主要對野生物或棲地所爲之保護、復育等）爲目的時，實務上常須逾20年始能達其目的，其他法令另有規定之情形，也有兼顧事實需求的必要。

農育權未定有期限時，除以造林、保育為目的者外，當事人得隨時終止之（民850-2I）。前項終止，應於6個月前通知他方當事人（民850-2II）。至於農育權以造林、保育為目的而未定有期限者，非有相當之存續期間，難達土地利用之目的，故土地所有人或農育權人得請求法院斟酌造林或保育之各種狀況而定農育權之存續期間；或於造林、保育之目的不存在時，法院得終止其農育權（民850-2III準用民833-1）。

二、農育權人的權利

農育權與地上權性質近似，均為使用他人土地的用益物權，民法乃設有農育權準用地上權相關條文的規定（民850-9），故農育權人有類似地上權人的下列權利：

（一）用益權

農育權以土地之農業生產或土地保育為其內容，一方面應物盡其用，他方面則應維護土地之本質，保持其生產力，俾得永續利用。土地之使用不得為使其不能回復原狀之變更、過度利用或戕害其自我更新能力，以避免自然資源之枯竭，例如某種殺蟲劑或除草劑之過度、連年使用，有害土地之自我更新能力時，即不得任意施用等，方符農育權以農業使用或保育為內容之本質。故農育權人應依設定之目的及約定之方法，為土地之使用收益；未約定使用方法者，應依土地之性質為之，並均應保持其生產力或得永續利用（民850-6I）。上述約定的使用方法，非經登記，不得對抗第三人（民850-9準用民836-2II）。

土地所有人設定農育權於農育權人，多著重於農育權人能有效使用其土地。如農育權人不自行使用土地或設置於土地上之農育工作物，而以之出租於他人，使農地利用關係複雜化，並與土地所有人同意設定農育權之原意不符。故農育權人不得將土地或農育工作物出租於他人（民850-5I）。但農育工作物之出租另有習慣者，例如倉庫之短期出租，從其習慣。

（二）處分權

農育權為不具專屬性的財產權，農育權人原則上得自由處分其權利，故民法第850條之3第1項規定：「農育權人得將其權利讓與他人或設定抵押權。但

契約另有約定或另有習慣者，不在此限。」此處設定的抵押權是權利抵押權（民882），目的是在擔保債務人履行其債務。惟契約另有約定或另有習慣者，則應從其約定或習慣，以示限制，爰增訂第1項。當事人以契約限制農育權人的處分權者，須將其約定登記者，方能構成農育權內容的限制，使其發生物權效力，並對抗第三人，故同條第2項規定：「前項約定，非經登記不得對抗第三人。」如其約定已經登記，則土地及農育權之受讓人或其他第三人（例如抵押權人），均當受其拘束。因農育權而設置於土地上之農育工作物，例如水塔、倉庫等，應與農育權相互結合，始能發揮其經濟作用，爲避免該權利與其農育工作物之使用割裂，同條第3項乃規定：「農育權與其農育工作物不得分離而爲讓與或設定其他權利。」故如農育權人保留其農育權，而單獨將倉庫或其他農育工作物讓與或設定典權給第三人，均屬無效。

（三）出產物及農育工作物取回權

土地上之出產物，爲農育權人花費勞力或資金之所得；農育工作物，如係農育權人因實現農育權而設置，皆宜於農育權消滅時由農育權人收回，始合乎情理。故農育權消滅時，農育權人得取回其土地上之出產物及農育工作物（民850-7I）。農育權消滅時，農育權人得取回其工作物，但應回復土地原狀；農育權人不於農育權消滅後1個月內取回其工作物者，工作物歸屬於土地所有人；其有礙於土地之利用者，土地所有人得請求回復原狀；農育權人取回其工作物前，應通知土地所有人；土地所有人願以時價購買者，農育權人非有正當理由，不得拒絕（民850-7II準用民839）。第1項之出產物未及收穫而土地所有人又不願以時價購買者，農育權人得請求延長農育權期間至出產物可收穫時爲止，土地所有人不得拒絕；但延長之期限，不得逾6個月（民850-7III）。

（四）土地改良費用返還請求權

農育權人除保持土地原有性質及效能外，得爲增加土地生產力或使用便利之特別改良；農育權人將前項特別改良事項及費用數額，以書面通知土地所有人，土地所有人於收受通知後不即爲反對之表示者，農育權人於農育權消滅時，得請求土地所有人返還特別改良費用，但以其現存之增價額爲限；前項請求權，因2年間不行使而消滅（民850-8）。此項費用之請求返還，須農育權人曾以書面將特別改良事項及費用數額通知土地所有人，土地所有人於收受通知

後不即爲反對之表示，且於農育權消滅時現存之增價額爲限，始得爲之，以兼顧雙方當事人權益之保障。

（五）終止權

農育權人於下列情形，得終止農育權：

1. **未定有期限**：農育權未定有期限時，除以造林、保育爲目的者外，當事人得隨時終止之（民850-2I）。
2. **收益減少或全無**：有約定支付地租之農育權，農育權人因不可抗力致收益減少或全無時，而不能依原約定目的使用者，當事人得終止之（民850-4II）。

（六）拋棄權

無約定支付地租之農育權，如因不可抗力致不能依原約定之目的使用時，農育權人得隨時拋棄其農育權，使其權利消滅（民850-9準用民834）。農育權定有期限，而有支付地租之約定者，農育權人得支付未到期之3年分地租後，拋棄其權利；農育權未定有期限，而有支付地租之約定者，農育權人拋棄權利時，應於1年前通知土地所有人，或支付未到期之1年分地租（民850-9準用民835）。

三、土地所有人的權利

（一）地租收取權

農育權經雙方爲支付地租之約定者，農育權人原則上即應遵守其約定，但如遭遇不可抗力，致其原約定目的之收益減少或全無時，例如耕作因天旱水災，致收益減少或全無，此種事實既非農育權人故意或過失所致，於有支付地租約定之農育權，若仍令其依原約定給付全額地租，有失公平。故農育權有支付地租之約定者，農育權人因不可抗力致收益減少或全無時，得請求減免其地租或變更原約定土地使用之目的（民850-4I）。例如原約定之目的爲養殖，嗣因缺水而不能養殖，農育權人即得請求變更原約定土地使用之目的爲畜牧，而繼續使用該土地以回復原來之收益。農育權人此種請求權，應屬形成權之性質（71台上2996），一經行使，即生減免地租或變更使用目的的效果。

農育權設定後，因土地價值之升降，依原定地租給付顯失公平者，當事人得請求法院增減之；未定有地租之農育權，如因土地之負擔增加，非當時所得預料，仍無償使用顯失公平者，土地所有人得請求法院酌定其地租（民850-9準用民835-1）。農育權人積欠地租達2年之總額，除另有習慣外，土地所有人得定相當期限催告農育權人支付地租，如農育權人於期限內不為支付，土地所有人得終止農育權。農育權經設定抵押權者，並應同時將該催告之事實通知抵押權人；地租之約定經登記者，農育權讓與時，前農育權人積欠之地租應併同計算。受讓人就前農育權人積欠之地租，應與讓與人連帶負清償責任；第1項終止，應向農育權人以意思表示為之（民850-9準用民836）。土地所有權讓與時，已預付之地租，非經登記，不得對抗第三人（民850-9準用民836-1）。

（二）終止權

土地所有人終止農育權的理由有四：

1. **未定有期限**：農育權未定有期限時，除以造林、保育為目的者外，當事人得隨時終止之（民850-2I）。
2. **收益減少或全無**：有約定支付地租之農育權，農育權人因不可抗力致收益減少或全無時，而不能依原約定目的使用者，當事人得終止之（民850-4II）。無約定支付地租之農育權，如因不可抗力致不能依原約定之目的使用時，土地所有人亦得終止農育權（民850-4III）。
3. **違法出租**：農育權人違反規定而將土地或農育工作物出租於他人者，土地所有人得終止農育權（民850-5II）。
4. **違法使用收益**：農育權人使用土地的方法違反規定，經土地所有人阻止而仍繼續為之者，土地所有人得終止農育權。農育權經設定抵押權者，並應同時將該阻止之事實通知抵押權人（民850-6II）。

第二節　永佃權

一、永佃權的意義

永佃權是指支付佃租，永久在他人土地上為耕作或牧畜之權（舊民842I）。例如甲支付租金於乙，以永久在乙的土地上耕作，而設定永佃權是。

此時權利人甲，稱爲永佃權人，供給土地的乙，稱爲土地所有人。民法未修正以前，永佃權與地上權均爲定限物權人用益土地的制度，彼此具有互補的功能，因此永佃權人用益土地的方法，只限於耕作或牧畜。耕作是指以定期收穫爲目的，施勞力或資本於土地，以栽培植物（院738參照）；牧畜通常是指飼養性畜及放牧而言。依舊法規定，依永佃權而使用他人土地，其期間必須爲永久，並須支付地租，故如永佃權之設定，定有期限，即與其內容相違，但依法視爲租賃，適用關於租賃的規定（舊民842II）。

　　目前土地所有人已不得設定永佃權，但民法物權編施行法第13條之2第2項規定對於已發生的永佃權，仍繼續適用已被刪除之永佃權條文，形成「已刪除、仍適用」的特殊情況，故仍有認識永佃權相關規定的必要。不過，依同條第1項規定，先前已發生的永佃權，其存續期限縮短爲自修正施行日（民國99年8月3日）起20年，其性質已成爲有期限物權。此種永佃權存續期限屆滿時，同條第3項規定永佃權人得請求變更登記爲農育權，故自民國119年8月3日起，我國法律上將不再有永佃權。

二、永佃權人的權利

　　永佃權是可以對抗第三人的物權，永佃權人基於此項物權，有下列各項權利：

（一）用益權

　　永佃權人得就設定永佃權之土地，依其設定之目的，爲使用收益。

（二）處分權

　　永佃權是具有任意處分的權能的財產權，並無專屬性，故永佃權人得將其權利讓與他人（舊民843）。此外，其他較低度的處分行爲，例如永佃權人以永佃權爲抵押權之標的物，而設定抵押權予第三人，亦得爲之（舊民882），但如以永佃權設定典權，則因違反物權法定主義，應屬無效（28渝上996）。

（三）取回權

　　永佃權消滅時，永佃權人對於該土地耕作牧畜所置之工作物，得取回之，

但應回復土地之原狀。若土地所有人願以時價購買者，永佃權人亦不得無故拒絕，以期雙方之便宜（舊民848、839）。

（四）相鄰權

永佃權人為占有、使用土地之當事人，就土地之相鄰關係言，可謂已部分取代土地所有人的地位，因此民法第774條以下關於土地所有人相鄰關係之規定，於永佃權人，應準用之（舊民850、民800-1）。

三、永佃權人的義務

（一）給付佃租的義務

永佃權人有支付佃租的義務，但如因不可抗力，致其收益減少或全無，永佃權人得請求減少或免除佃租（舊民844）。永佃權人積欠地租達2年之總額者，除另有習慣外，土地所有人得撤佃（舊民846）。

（二）返還土地的義務

永佃權消滅時，永佃權人即失去占有的權源，故應返還土地於其所有人。

四、永佃權的消滅

永佃權雖不因存續期間屆滿而消滅，但仍因下列原因而消滅：

（一）撤　佃

撤佃是法律行為的一種，應向永佃權人，以意思表示為之（舊民847），且非經登記，不生效力。依其原因之不同，可分為下列二種：

1. **因將土地出租而撤佃**：永佃權人依法不得將土地出租於他人，如有違反，而將土地基於租賃契約交與他人使用收益，土地所有人即得撤佃（舊民845，32上2305）。

2. **因積欠地租而撤佃**：永佃權人積欠地租達2年之總額者，除另有習慣外，土地所有人得撤佃（舊民846），蓋永佃權人已失其信用，並有害於土地所有人之利益也。

（二）拋　棄

　　永佃權人得拋棄永佃權，使其權利消滅（民764I），但非經登記，不生效力。永佃權人放棄其永佃權，應於3個月前向土地所有人以意思表示為之，非因不可抗力繼續1年不為耕作者，視為放棄永佃權（土地施30，土地115）。

（三）轉　換

　　依民法物權編施行法第13條之2第1項規定，先前已發生的永佃權，其存續期限縮短為自修正施行日（民國99年8月3日）起20年，此種永佃權存續期限將於民國119年8月2日屆滿，屆時永佃權人依同條第1項規定，得請求變更登記為農育權，其永佃權將因而消滅。

第五章　不動產役權

一、不動產役權的意義

　　不動產役權是指以他人不動產供自己不動產通行、汲水、採光、眺望、電信或其他以特定便宜之用為目的之權（民851）。例如甲的A地與乙的B地相鄰，甲在乙的B地開設道路，以供甲出入其A地時通行之用，即可設定通行B地的不動產役權。不動產役權並不僅限於土地之間的利用關係，如甲的C建築物坐落在乙的D建築物的正後方，亦可設定不動產役權，使D建築物不得加蓋，以遮擋C建築物高樓層部分的視野，並必須開放其正中宅門及通道且維持暢通，供甲穿越出入。此時甲稱為不動產役權人，其A地及C建築物稱為需役不動產，乙的B地及D建築物稱為供役不動產。甲的不動產因此受有便宜，乙的不動產所有權在不動產役權效力的範圍內，亦因而受到限制。

二、不動產役權的類型

　　就設定的目的言，常見的不動產役權主要有下列各種：(一)通行不動產役權，其設定的目的在通行供役不動產；(二)眺望不動產役權，其設定的目的在限制供役不動產的使用，以免擋住需役不動產的視線，而得在需役不動產眺望或觀光；(三)引水不動產役權，其設定的目的在使用供役不動產，以開鑿溝渠、鋪設管線，以引導水流。換言之，不動產役權是限制供役不動產所有人的權利，而使需役不動產所有人因而取得一種獨立的限定物權，其與土地之相鄰關係，僅為土地所有權內容所受的法律上限制者，並不相同（63台上2117）。

　　不動產役權係以他人之不動產承受一定負擔以提高自己不動產利用價值的物權，具有以有限成本實現提升不動產資源利用效率的重要社會功能，故民法乃例示不動產役權的便宜類型，以利社會運用並便於地政機關為便宜具體內容之登記。法文所稱「通行、汲水」係積極不動產役權便宜類型之例示，凡不動產役權人得於供役不動產為一定行為者，均屬之；至「採光、眺望」則為消極不動產役權便宜類型之例示，凡供役不動產所有人對需役不動產負有一定不作為之義務，均屬之。至「其他以特定便宜之用為目的」，則除上述二種類型以

外的其他類型，例如「電信」依其態樣可能是積極或消極，或二者兼具，均依其特定的目的定其便宜的具體內容。不動產役權便宜的具體內容屬不動產役權的核心部分，基於物權的公示原則以及爲保護交易安全，地政機關自應配合辦理登記。

上述不動產役權的原則性定義，在我國民法上並非絕對，因爲需役不動產依法並不限於「自己」所有，供役不動產也不限於「他人」所有。基於以使用收益爲目的之物權或租賃關係而使用需役不動產者，亦得爲該不動產設定不動產役權（民859-3I）。例如甲有A地，設定普通地上權給乙，A地與丙的B地相鄰，乙如因行使普通地上權而有必要在B地開設道路，以供人車出入A地之通行之用時，即可就B地設定不動產役權，其他基於以使用收益爲目的之物權或租賃關係而使用A地者，亦均得設定之。不動產役權，亦得就自己之不動產設定之（民859-3I）。例如建築商開發社區時，爲建立社區之特殊風貌，預先設計建築之風格，並完整規劃各項公共設施，即不妨設定自己不動產役權，限制自己土地在未來之使用方式。上述二種不動產役權與一般之不動產役權雖有差異，但仍具有相同的本質，故可準用第851條至第859條之2之規定（民859-5）。

三、不動產役權的特性

不動產役權有三項特性：

（一）從屬性

不動產役權從屬於需役不動產，乃從權利的一種，故不動產役權不得由需役不動產分離而爲讓與，或爲其他權利之標的物（民853）。需役不動產移轉或設定擔保物權時，除當事人另有約定外，不動產役權亦隨同移轉或爲該擔保物權之標的物。

（二）不可分性

需役不動產經分割者，其不動產役權爲各部分之利益仍爲存續。但不動產役權之行使，依其性質祇關於需役不動產之一部分者，僅就該部分仍爲存續（民856）。供役不動產經分割者，不動產役權就其各部分仍爲存續。但不動

產役權之行使，依其性質衹關於供役不動產之一部分者，僅對於該部分仍爲存續（民857）。例如需役不動產僅有一部分仰賴引水，或供役不動產僅一部分設有引水設施者，在供役不動產或需役不動產分割後，其他部分即脫離不動產役權之關係。

（三）兼容性（非獨占性）

爲使物盡其用，不動產役權通常不具獨占性，也不拘泥於用益物權的排他效力，即不動產所有人就其不動產得設定不動產役權及其他用益物權（包括不動產役權）。同一不動產上有不動產役權與以使用收益爲目的之物權同時存在者，其後設定物權之權利行使，不得妨害先設定之物權（民851-1）。即同一不動產上用益物權與不動產役權同時存在時，應依設定時間之先後，定其優先效力。又不動產役權（或用益物權）若係獲得先存在之用益物權（或不動產役權）人之同意而設定者，後設定之不動產役權（或用益物權）則得優先於先物權行使權利，蓋先物權既已同意後物權之設定，先物權應因此而受限制。

四、不動產役權的取得

不動產役權的取得原因，可分爲下列三項：

（一）法律行為

不動產役權因設定或移轉之法律行爲而取得者，非經登記，不生效力（民758I）。

（二）繼　承

不動產役權不具專屬性，得因不動產役權人死亡，而由其繼承人取得之，惟繼承人因繼承而取得不動產役權者，應經登記，始得處分其物權（民759）。

（三）時效取得

不動產役權以繼續並表見者爲限，得因時效而取得（民852I）。因爲非繼續或非表現的不動產役權，通常不具有權利存在的外觀，不易構成取得時效的

要件；且非繼續的不動產役權，其供役不動產所有人所受妨害甚微，常予以寬容，非表見之不動產役權，即使供役不動產之所有人多年未予拒絕，亦無推定其既已設定或讓與之基礎，均不宜因時效而取得。我國實務上認為，取得時效完成後，未依法請求登記為不動產役權人者，仍不得本於不動產役權的法律關係，而有所請求（60台上1677）。

不動產役權因時效而取得者，並不因需役不動產或供役不動產為數人共有，而有所差別。但需役不動產為共有者，共有人中一人之行為，或對於共有人中一人之行為，為他共有人之利益，亦生效力（民852Ⅱ）。例如數人共有需役不動產時，其中部分需役不動產共有人終止通行，只要仍有需役不動產共有人繼續通行，不動產役權的取得時效即不中斷。此外，為衡平保護供役不動產所有人的權利，向行使不動產役權取得時效之各共有人為中斷時效之行為者，對全體共有人發生效力（民852Ⅲ）。即如需役不動產為共有，其部分共有人因行使不動產役權，而其取得時效在進行中者，則供役不動產所有人為時效中斷之行為時，僅需對行使不動產役權，而使取得時效在進行中之各共有人為之，不需擴及未行使之其他共有人，其效果即可對全體共有人發生效力；準此，中斷時效若非對行使不動產役權時效取得之共有人為之，自不能對他共有人發生效力。

五、不動產役權的效力

（一）不動產役權人的權利義務

1. **供役不動產使用權**：不動產役權人應依設定之目的及約定之使用方法，為供役不動產之使用收益；未約定使用方法者，應依供役不動產之性質為之，並均應保持其得永續利用。前項約定之使用方法，非經登記，不得對抗第三人（民859-2準用民836-2）。

2. **必要行為權**：不動產役權人因行使或維持其權利，得為必要之附隨行為。但應擇於供役不動產損害最少之處所及方法為之（民854）。此必要行為非指行使不動產役權之行為，而是行使不動產役權以外的另一行為，如汲水不動產役權於必要時，得為埋設涵管的附隨行為，又如為通行供役不動產於必要時，得在其上為修築道路的附隨行為，但仍不得濫行使用此一權利，故應使

其所有人因此而受之損失，儘量減至最低。

3. **物上請求權**：不動產役權於其不動產役權之範圍內，得直接支配供役不動產，與所有人無異，故民法關於所有人物上請求權的規定，於不動產役權準用之（民767 II），即對於無權占有或侵奪其不動產役權者，得請求返還之，對於妨害其不動產役權者，得請求除去之，對於有妨害其不動產役權之虞者，得請求防止之。

4. **維持設置的義務**：不動產役權人因行使權利而為設置者，有維持其設置之義務；其設置由供役不動產所有人提供者，亦同（民855 I）。此項規定的目的，即在平衡不動產役權人與供役不動產所有人之利益。

5. **租金給付的義務**：不動產役權訂有租金者，不動產役權人即有給付之義務。不動產役權設定後，因供役不動產價值之升降，依原定地租給付顯失公平者，當事人得請求法院增減之。未定有地租之不動產役權，如因供役不動產之負擔增加，非當時所得預料，仍無償使用顯失公平者，供役不動產所有人得請求法院酌定其地租（民859-2準用民835-1）。供役不動產所有權讓與時，已預付之地租，非經登記，不得對抗第三人（民859-2準用民836-1）。

6. **役權變更請求權**：不動產役權人因行使不動產役權之處所或方法有變更之必要，而不甚妨礙供役不動產所有人權利之行使者，得以自己之費用，請求變更之（民855-1）。

7. **役權拋棄權**：不動產役權無支付地租之約定者，不動產役權人得隨時拋棄其權利（民859-2準用民834）。不動產役權定有期限，而有支付地租之約定者，不動產役權人得支付未到期之三年分地租後，拋棄其權利。不動產役權未定有期限，而有支付地租之約定者，不動產役權人拋棄權利時，應於1年前通知供役不動產所有人，或支付未到期之一年分地租。因不可歸責於不動產役權人之事由，致供役不動產不能達原來使用之目的時，不動產役權人於支付前二項地租二分之一後，得拋棄其權利；其因可歸責於供役不動產所有人之事由，致供役不動產不能達原來使用之目的時，不動產役權人亦得拋棄其權利，並免支付地租（民859-2準用民835）。

（二）　供役不動產所有人的權利義務

1. **租金收取權**：不動產役權訂有租金者，供役不動產所有人即得請求之。

2. **設置使用權**：供役不動產所有人於無礙不動產役權行使之範圍內，得使用不

動產役權人因行使權利而為之設置（民855II）。

3. **費用分擔之義務**：供役不動產所有人使用前述之設置時，應按其受益之程度，分擔維持其設置之費用（民855II），俾維持公平。

4. **役權變更請求權**：供役不動產所有人因行使不動產役權之處所或方法有變更之必要，而不甚妨礙不動產役權人權利之行使者，得以自己之費用，請求變更之（民855-1）。

5. **終止權**：不動產役權人積欠地租達2年之總額，除另有習慣外，供役不動產所有人得定相當期限催告不動產役權人支付地租，如不動產役權人於期限內不為支付，供役不動產所有人得終止不動產役權。不動產役權經設定抵押權者，並應同時將該催告之事實通知抵押權人。地租之約定經登記者，不動產役權讓與時，前不動產役權人積欠之地租應併同計算。受讓人就前不動產役權人積欠之地租，應與讓與人連帶負清償責任。第1項終止，應向不動產役權人以意思表示為之（民859-2準用民836）。不動產役權人違法使用供役不動產，經供役不動產所有人阻止而仍繼續為之者，供役不動產所有人得終止不動產役權。不動產役權經設定抵押權者，並應同時將該阻止之事實通知抵押權人（民859-2準用民836-3）。

六、不動產役權的消滅

　　不動產役權除依一般物權消滅的原因而消滅外，如不動產役權之全部或一部無存續之必要時，法院因供役不動產所有人之請求，得就其無存續必要之部分，宣告不動產役權消滅（民859I），以保護供役不動產所有人的權益。不動產役權原已支付對價者，不動產役權消滅時，不動產役權人得依不當得利之規定，向供役不動產所有人請求返還超過部分之對價。

　　不動產役權乃是為需役不動產而存在，故因需役不動產滅失或不堪使用而消滅（民859II）；基於以使用收益為目的之物權或租賃關係而使用需役不動產者，為該不動產設定之不動產役權，因以使用收益為目的之物權或租賃關係之消滅而消滅（民859-3II），因為此種不動產役權乃使用需役不動產者為自己之利益而設定，其設定無須得到需役不動產所有人之同意，故該不動產役權之存續應以其得使用需役不動產之權利存續為前提，故應隨原權利消滅而歸於消滅。例如乙對甲的A地有普通地上權，並因而對相鄰的丙的B地有不動產役

權，如乙的普通地上權消滅，則對B地的不動產役權亦歸於消滅。

　　不動產役權消滅時，不動產役權人得取回其所為之設置，但應回復土地原狀。不動產役權人不於不動產役權消滅後1個月內取回其設置者，設置歸屬於供役不動產所有人。其有礙於土地之利用者，供役不動產所有人得請求回復原狀。不動產役權人取回其設置前，應通知供役不動產所有人。供役不動產所有人願以時價購買者，不動產役權人非有正當理由，不得拒絕（民859-1準用民839）。

第六章　抵押權

第一節　普通抵押權

一、普通抵押權的意義

　　普通抵押權是指債權人對於債務人或第三人不移轉占有而供其債權擔保之不動產，得就該不動產賣得價金優先受償之權（民860）。例如甲向乙借款500萬元，並提供自有的A地，爲乙設定抵押權，以擔保此項債務的清償，此時就債的關係言，乙爲債權人，甲爲債務人，就物權的關係言，乙爲抵押權人，甲爲抵押人，抵押物爲A地。如A地爲第三人丙所有，則丙爲抵押人，學說上亦稱爲物上保證人。普通抵押權之外，尚有後述的最高限額抵押權和其他抵押權。

二、普通抵押權的特性

　　普通抵押權是典型的擔保物權，有下列三種爲擔保物權所共通的特性：

（一）從屬性

　　普通抵押權的目的是在擔保特定債權之清償，乃從屬於原債權（主債權）而存在（46台上1098），故其發生、移轉及消滅，均應從屬於原債權。茲分點論述如下：

1.發生上的從屬性

　　普通抵押權所擔保者，原則上應爲既已存在的債權，故被擔保之債權應先成立，始得爲其成立普通抵押權。如堅守此一原則，普通抵押權即不得爲設定之後始發生之債權而設定，惟爲使不動產所有人更能自由處分抵押物之價值，實務上乃從寬適用此一原則，認爲在當事人合意並經登記的情形下，只須將來實行抵押權，拍賣抵押物時，有被擔保之債權存在，即爲已足（47台上535、62台上776），民法並已增訂最高限額抵押權之規定（民881-1以下）。但如爲擔保已發生之債權而設定普通抵押權，於設定登記完畢後發現所擔保的債權，有不成立、無效、被撤銷或有其他使債權歸於消滅的情事時，該普通抵押權仍

因不具有發生的從屬性，而不生效力。

2.處分上的從屬性

抵押權不得由債權分離而為讓與，或為其他債權之擔保（民870）。違反此項禁止規定者，其抵押權之讓與或設定擔保，均屬無效（民71）。故債權人讓與其債權時，該債權的抵押權及其他從屬的權利，均隨同移轉於受讓人（民295）。此時抵押權之隨同債權移轉予受讓人，乃因法律規定當然發生，不因債權之讓與人於讓與債權時，未將抵押物列入債權擔保品一覽表，而使抵押權未隨同移轉（98台上1892）。此一原則不適用於最高限額抵押權，故最高限額抵押權所擔保之債權，於原債權確定前讓與他人者，其最高限額抵押權不隨同移轉（民881-6I）。

3.消滅上的從屬性

普通抵押權所擔保的債權，如原為有效，嗣因清償、提存、抵銷、免除等原因而全部消滅時，普通抵押權亦隨之消滅（民307）。但如係為擔保不特定之債權而設定之最高限額抵押權，只要其所擔保之原債權尚未確定，即使原受擔保之原債權均已消滅，最高限額抵押權仍不消滅，而應為將來繼續發生之債權而存在。

（二）不可分性

抵押權的目的，是在以抵押物的全部價值，擔保所有的抵押債權均可完全受清償，故抵押權的不可分性包括二項主要內容：

1. 抵押之不動產如經分割或讓與其一部，或擔保一債權之數不動產，而以其一讓與他人者，其抵押權不因此而受影響（民868）。例如甲向丙舉債，徵得乙之同意，以甲、乙共有之一筆A地，為丙設定抵押權，後來甲、乙將A地分割為A1及A2二筆土地，甲、乙分別取得A1地及A2地之單獨所有權，此時丙之抵押權仍在於甲、乙分割所取得的A1地及A2地，並非僅存於甲所分得之A1地。抵押之不動產讓與為數人所共有時，抵押權人對於受讓抵押物之各人之應有部分，仍得就全部債權行使權利，受讓抵押物應有部分之人，不得僅支付與受讓部分相當之金額，而免其責任（82台上3153）。

2. 抵押權所擔保的債權債務，於抵押權成立時即已確定，不因其後來支分的影響。故以抵押權擔保之債權，如經分割或讓與其一部，或其債務分割或承擔其一部者，其抵押權均不因此而受影響（民869）。例如甲向乙、丙共同舉

債借款200萬元，並以自有的A地，設定抵押權擔保該200萬元債權，後來如乙丙分割債權，各自取得100萬元債權，丙且讓與其中40萬元之債權與丁，則除當事人間另有特別之約定外，甲的土地仍擔保分割、讓與後的所有債權，包括乙的100萬元債權、丙的60萬債權及丁的40萬元債權。

（三）代位性

抵押權具有價值權的性質，係以其標的物的價值擔保抵押債權的清償。抵押物滅失之殘餘物，抵押物之成分非依物之通常用法而分離成為獨立之動產，均屬抵押物之變形物，如抵押權尚未消滅，自應為抵押權效力所及（民862-1I），實務上曾稱之為代位性或代物擔保性（59台上313）。抵押權除法律另有規定外，因抵押物滅失而消滅，但抵押人因滅失得受賠償或其他利益者，不在此限（民881I）。例如甲的房屋已設定抵押權與乙，後來該房屋被丙縱火燒燬，乙在抵押物已滅失的情形下，仍得就保險人的保險金，或丙的損害賠償額，主張優先受清償。

抵押物滅失後，如抵押人因滅失得受賠償或其他利益者，抵押權人所得行使之權利不當然消滅，惟其性質已轉換為動產質權或權利質權。故上述情形的抵押權人，得請求占有該殘餘物或動產，並依質權之規定，行使其權利（民862-1II）；抵押權人對於前述抵押人所得行使之賠償或其他請求權有權利質權，其次序與原抵押權同（民881II）。抵押物滅失時，負賠償或其他給付義務之給付義務人應向抵押權人給付，始為公允。給付義務人因故意或重大過失向抵押人為給付者，對於抵押權人不生效力（民881III）。易言之，抵押權人如請求給付，給付義務人仍負給付之義務。抵押物因毀損而得受之賠償或其他利益，亦係抵押權之物上代位物（民881IV）。

三、普通抵押權的取得

普通抵押權的取得，主要可分為下列二種：

（一）依法律行為而取得

包括抵押權的設定與抵押權的讓與等二種情形：

1.抵押權的設定

是最常見的取得抵押權的方式，因此而取得的抵押權，學說上稱為意定抵押權。抵押權的設定，須訂立書面，且非經登記，不生效力（民758）。但抵押權之目的不在占有抵押物，故其設定無須交付之。

抵押權乃為擔保特定債權而存在，且係就特定物設定之，抵押物與擔保債權應均屬構成抵押權內容之重要部分，是以抵押權需以登記方法加以公示者，不啻著重於標的物之特定（何一不動產有抵押權），尚包括所擔保債權之特定，必該債權「種類及金額」均特定，於確定抵押權人對抵押物所得支配交換價值之限度後，後次序抵押權之設定始不致陷於不安狀態，或阻礙抵押物交換價值之有效利用。因之，已構成抵押權重要內容一部之特定標的物及特定擔保債權「種類暨金額」（標的物及擔保債權均特定），俱應為抵押權登記事項之範圍，各該特定事項非經依法逐一登記後，不生物權之效力，此即為抵押權所揭櫫表裡有密切關係之「公示原則」與「特定原則」（99台上1470）。

2.抵押權的讓與

抵押權不具專屬性，亦得讓與，惟因具有從屬性，不得與其所擔保的債權分離，而單獨讓與（民870）。抵押權的讓與，須訂立書面，並經辦理登記後，始生效力（民758）。

（二）基於法律行為以外的原因而取得

1.繼承

抵押權不具專屬性，亦得為繼承的標的。故繼承人得依法於被繼承人死亡時，連同被繼承人的債權，取得抵押權（民1147、1148），但應經登記，始得再連同其債權而處分該抵押權（民759）。

2.基於法律規定而取得

因法律規定而取得的抵押權，例如共有之不動產分割時，應受補償之共有人，就其補償金額，對於補償義務人所分得之不動產，有抵押權（民824-1IV），即為法定抵押權；債權人讓與其債權時，該債權的抵押權依法隨同移轉於受讓人（民295），即為抵押權的法定移轉。此種法定抵押權之取得不以登記為必要，但應經登記，始得處分該抵押權（民759）。

四、普通抵押權的效力

（一）普通抵押權效力的範圍

1.所擔保債權的範圍

抵押權所擔保者，除契約另有約定者外，為原債權、利息、遲延利息、違約金及實行抵押權之費用（民861I）。立法意旨指出，抵押權僅擔保登記之債權額及利息為其原則，然保存不動產之費用，行使抵押權之費用，以及遲延利息（金錢債權因不履行而生之損失賠償是）無須登記，以其普通抵押權擔保其清償。實務上認為約定之利息，應經登記，始為抵押權擔保效力所及（100台上2198）。債權之登記，如抵押權所擔保之債權，因其種類及範圍因內容過於冗長，而以附件記載，作為登記簿之一部分者，無論其債權係記載於土地登記簿，或記載於聲請登記時提出之抵押權設定契約書，在司法實務上均認為係已登記之債權（98台上1594）。此外，為避免抵押權所擔保的債權範圍過廣，得優先受償之利息、遲延利息、1年或不及1年定期給付之違約金債權，以於抵押權人實行抵押權聲請強制執行前5年內發生及於強制執行程序中發生者為限（民861II）。

2.標的物的範圍

抵押權為直接支配物的物權，故標的物的範圍，原則上與該物的所有權所支配者相同，但為維持其價值權的特性，其效力除及於抵押物的本身外，亦及於下列各物及權利：

(1) **從物及從權利**：抵押權之效力，及於抵押物之從物及從權利（民862I）。例如以房屋設定抵押權時，房屋內之窗簾及房屋外加建之車庫或廚廁，均為抵押權的效力所及（從物）；以需役不動產設定抵押權時，其對供役不動產之不動產役權，亦為抵押權效力所及（從權利，民853）。第三人於抵押權設定前，就從物取得之權利，應優先於抵押權而受保護，故不受抵押權設定之影響（民862II）。以建築物為抵押者，其附加於該建築物而不具獨立性之部分，隨著抵押物範圍之擴張，亦為抵押權效力所及；其附加部分為獨立之物者，如係於抵押權設定前附加，即非為抵押權效力所及，如係於抵押權設定後附加，抵押權人於必要時，得於強制執行程序中聲請法院將其物與抵押物併付拍賣，但對於其物之賣得價金，無優先受清償之權

（民862III準用民877）。

(2) **殘餘物及分離成為獨立動產之抵押物成分**：抵押物滅失所生之殘餘物時，例如抵押之建築物因倒塌而成為之動產，或抵押物之成分非依物之通常用法而分離，其所成為之獨立之動產，例如從倒塌之抵押樓房殘留之鋼材，或自抵押建築物拆取之「交趾陶」，從經濟上言，均屬抵押物之變形物。此二類動產在抵押權仍存續的情形下，仍為抵押權效力所及（民862-1）。

(3) **抵押物扣押後分離之天然孳息**：抵押權之效力，及於抵押物扣押後自抵押物分離，而得由抵押人收取之天然孳息（民863）。抵押物未分離之天然孳息，乃抵押物之成分，當然為抵押權之效力所及，但如已分離，已非抵押物的成分，原則上即應許其所有人處分，以保護交易第三人的利益，故折衷如上。例如以土地設定抵押權時，土地所有人已於該土地上種植果樹，則土地被抵押權人聲請法院查封後，所收穫的水果，亦為抵押權的效力所及。抵押權設定後，於同一抵押物設定農育權或成立其他權利（例如租賃、使用借貸）時，其土地之天然孳息收取權人未必仍為抵押人（民70），則抵押物扣押後，由抵押物分離時，如抵押人無收取權者，抵押權之效力，自不及於該分離之天然孳息。至於在抵押權設定之前，抵押物上已設定農育權或成立其他權利者，其天然孳息即非抵押權效力所及。

(4) **抵押物扣押後得收取之法定孳息**：法定孳息是指租金等因法律關係所得的收益（民69II），抵押權之效力，及於抵押物扣押後抵押人就抵押物得收取之法定孳息。但抵押權人，非以扣押抵押物之事情，通知應清償法定孳息之義務人，不得與之對抗（民864）。蓋抵押權的目的不在占有抵押物，並為用益，故原則上其效力應不及於法定孳息，惟為鞏固抵押權之信用，亦須在兼顧義務人的利益的前提下，創設例外。例如抵押人甲將其已設定抵押權的A地，出租於他人丙，則在抵押之土地被抵押權人乙聲請法院查封前，抵押人甲所收取之租金之處分，即不受限制；但在其後甲所得收取之租金，即為抵押權效力所及，抵押權人乙得優先受清償，惟如抵押權人乙未將查封之事情通知承租人，致承租人丙仍將其租金交付與抵押人甲時，抵押權人乙不得主張其清償不生效力。本此意旨，抵押權人就抵押物扣押後，抵押人就抵押物得收取之法定孳息，固有優先受清償之權利，但非指抵押權人就該法定孳息當然有收取權（100台上877），即第三人所得收取之法定孳息，並非抵押權所及。

(5) **抵押人因滅失得受賠償或其他利益**：即抵押物的代位物，基於抵押權的物上代位性，一般亦認其為抵押權的效力所及，其內容包括侵權行為的損害賠償金、保險金、抵押物被徵收的補償金等（民881）。其詳請逕參照代位性部分之說明。

（二）抵押人的權利

抵押人仍為抵押物的所有人，且不移轉占有與抵押權人，故其對抵押物的使用、收益及處分，原則上不受抵押權設定的影響。

1.抵押物的使用及收益

抵押人原則上仍得為之，但抵押物扣押（查封）後，所收穫的天然孳息或所得收取之法定孳息，乃抵押權效力所及（民863、864）。

2.抵押物的處分

抵押物設定抵押權後，抵押人在不影響抵押物價值的前提下，仍得為事實上處分，例如在抵押的土地上耕作或建築房屋，並得為下列法律上處分：

(1) **設定數抵押權**：不動產所有人，因擔保債權，就同一不動產，得設定數抵押權，其數抵押權之次序，依登記之先後定之（民865）。

(2) **設定地上權與其他權利**：不動產所有人設定抵押權後，於同一不動產上，得設定地上權或其他以使用收益為目的之物權，或成立租賃關係。但其抵押權不因此而受影響（民866 I）。此乃因為地上權、農育權、不動產役權、典權等以使用收益為目的之物權或租賃關係，對標的物的支配係以占有、使用及收益為主要內容，原則上與抵押權並不發生互相排斥的作用。所謂抵押權不因此而受影響者，是指抵押人設定地上權或其他以使用收益為目的之物權，或成立租賃關係時，如有影響於抵押權，縱令地上權人或其他物權人或承租人不知先有抵押權之設定，對於抵押權人，亦不生效力，故抵押權人實行抵押權受有影響者，法院得除去該權利或終止該租賃關係後拍賣之（民866II）。例如抵押人甲於就抵押物A地設定抵押權給乙後，與第三人丙就A地訂定租賃契約，致A地的拍賣價格降低，無法清償所擔保的債權時，執行法院得因抵押權人的聲請或依職權，除去甲、丙間的租賃關係，依無租賃狀態，就A地予以強制執行（60台上4615、74台抗227）。又如所有人甲於設定抵押權給乙後，再與第三人丙就抵押物設定典

權，於實行抵押權時，因有典權存在，無人應買，或出價不足清償抵押債權時，執行法院即得除去典權負擔，重行估價拍賣（釋119）。不動產所有人，設定抵押權後，於同一不動產上，成立前述權利以外之債權，例如使用借貸關係，致抵押權人實行抵押權受有影響者，爲免其影響拍賣時應買者之意願，法院亦得除去該債權後拍賣之（民866III）。法院之除去上述權利而拍賣抵押物，既得依聲請，亦得依職權爲之。上述權利雖經除去，但在抵押之不動產上，仍有地上權等用益權人或經其同意使用之人之建築物者，必要時亦得將該建築物與抵押物併付拍賣（民877II）。

(3) **將不動產讓與他人**：不動產所有人設定抵押權後，得將不動產讓與他人。但其抵押權不因此而受影響（民867）。如抵押人甲就A地設定抵押權給乙後，抵押權未因清償或免除等原因而消滅，而甲將A地讓與給丙，抵押權人乙仍得追及其物，就抵押物A地之全部行使抵押權（74台抗431）。

（三）抵押權人的權利

1.次序權

　　不動產所有人，因擔保數債權，就同一不動產設定數抵押權時，各抵押權間即有受償先後的次序問題。原則上登記在先的抵押權，乃先次序的抵押權人，有較後次序抵押權人優先受償之權（民865），此項優先於後次序抵押權的利益，學說上稱爲抵押權人的次序權。

2.次序權的處分

　　抵押權人依其次序所能支配者係抵押物之交換價值，即抵押權人依其次序所得優先受償之分配額。同一抵押物有多數抵押權者，抵押權人得就其抵押權次序，予以讓與或拋棄（含相對拋棄及絕對拋棄），即調整其可優先受償之分配額之全部或一部，但其他抵押權人之利益不受影響。民法第870條之1第1項並就各項處分設有定義：(1)次序之讓與：爲特定抵押權人之利益，讓與其抵押權之次序；(2)次序之相對拋棄：爲特定後次序抵押權人之利益，拋棄其抵押權之次序；(3)次序之絕對拋棄：爲全體後次序抵押權人之利益，拋棄其抵押權之次序。爲便於理解，謹再舉例說明如下。

(1) **次序的讓與**

　　抵押權人可爲特定抵押權人之利益，讓與其抵押權之次序，即同一抵押物之先次序或同次序抵押權人，爲特定後次序或同次序抵押權人之利益，將其可

優先受償之分配額讓與該後次序或同次序抵押權人。所謂「特定抵押權人」，係指因調整可優先受償分配額而受利益之該抵押權人而言，不包括其他抵押權人在內。此時讓與人與受讓人仍保有原抵押權及次序，讓與人與受讓人仍依其原次序受分配，惟依其次序所能獲得分配之合計金額，由受讓人優先受償，如有剩餘，始由讓與人受償。例如債務人甲在其抵押物上分別有乙、丙、丁第一、二、三次序依次為180萬元、120萬元、60萬元之抵押權，乙將第一優先次序讓與丁，甲之抵押物拍賣所得價金為300萬元，則丁先分得60萬元，乙分得120萬元，丙仍為120萬元。又如甲之抵押物拍賣所得價金為280萬元，則丁先分得60萬元，乙分得120萬元，丙分得100萬元。

(2) 次序的相對拋棄

　　抵押權人得為特定後次序抵押權人之利益，拋棄其抵押權之次序，即拋棄其優先受償利益。此時各抵押權人之抵押權歸屬與次序並無變動，僅係拋棄抵押權次序之人，因拋棄次序之結果，與受拋棄利益之抵押權人成為同一次序，將其所得受分配之金額共同合計後，按各人債權額之比例分配之。例如前例，甲之抵押物拍賣所得價金為300萬元，乙將其第一次序之優先受償利益拋棄予丁，則乙、丁同列於第一、三次序，乙分得135萬元，丁分得45萬元，至丙則仍分得120萬元，不受影響。又如甲之抵押物拍賣所得價金為280萬元，則乙、丁所得分配之債權總額為180萬元（如乙未為拋棄，則乙之應受分配額為180萬元，丁之應受分配額為0元），乙拋棄後，依乙、丁之債權額比例分配（三比一），乙分得135萬元，丁分得45萬元，丙仍分得100萬元不受影響。

(3) 次序的絕對拋棄

　　抵押權人得為全體後次序抵押權人之利益，拋棄其抵押權之次序，非專為某一特定後次序抵押權人之利益，拋棄優先受償利益。此時後次序抵押權人之次序各依次序升進，而拋棄人退處於最後之地位，但於拋棄後新設定之抵押權，其次序仍列於拋棄者之後。如為普通債權，不論其發生在抵押權次序拋棄前或後，其次序本列於拋棄者之後，乃屬當然。例如前例，甲之抵押物拍賣所得價金為300萬元，乙絕對拋棄其抵押權之第一次序，則丙分得120萬元，丁分得60萬元、乙僅得120萬元。又如甲之抵押物拍賣所得價金為480萬元，戊之抵押權200萬元成立於乙絕對拋棄其抵押權次序之後，則丙分得120萬元，丁分得60萬元，乙可分得180萬元，戊分得120萬元。

3.次序權處分的效力

抵押權人之間可優先受償分配額之調整，已涉及抵押權內容之變更，故抵押權次序之讓與或拋棄，非經登記，不生效力，並應於登記前，通知債務人、抵押人及共同抵押人（民870-1II），以免債務人或抵押人不知有調整情形，而仍向原次序在先之抵押權人清償，致影響其權益。至於次序權處分之後，其效力內容可分下列三點說明。

(1) **實行抵押權的次序**：抵押權人間可優先受償分配額之調整，對各抵押權人之抵押權歸屬並無變動，僅係使因調整而受利益之抵押權人獲得優先分配利益而已。故因前述調整而受利益之抵押權人，亦得實行調整前次序在先之抵押權（民870-1III）。例如債務人甲在其抵押物上分別有乙、丙、丁第一、二、三次序之抵押權，乙將第一優先次序讓與丁，如乙、丁之抵押權均具備實行要件時，丁得實行乙之第一次序抵押權，聲請拍賣抵押物。

(2) **抵押權的部分消滅**：為同一債權之擔保，於數不動產上設定抵押權者，抵押權人本可就各個不動產賣得之價金，受債權全部或一部之清償。為避免其他共同抵押人增加負擔，並維持公平，除經該第三人即共同抵押人同意外，調整優先受償分配額時，其次序在先之抵押權所擔保之債權，如有第三人之不動產為同一債權之擔保者，在因調整後增加負擔之限度內，以該不動產為標的物之抵押權消滅（民870-1IV）。

(3) **保證人的部分免責**：抵押權所擔保之債權有保證人者，於保證人清償債務後，債權人對於債務人或抵押人之債權，當然移轉於保證人，該債權之抵押權亦隨同移轉。調整可優先受償分配額時，除經該保證人同意調整者外，其次序在先之抵押權所擔保之債權有保證人者，於因調整後所失優先受償之利益限度內，保證人免其責任（民870-2），以免因調整可優先受償分配額而使先次序或同次序之抵押權喪失優先受償利益，使該保證人代負履行債務之機會大增，對保證人有失公平。

4.抵押權的保全請求權

抵押權人為保全其抵押權，有二項請求權：

(1) 抵押物價值減少防止請求權

抵押人之行為，足使抵押物之價值減少者，抵押權人得請求停止其行為，如有急迫之情事，抵押權人得自為必要之處分。因此項請求或處分所生之費用，由抵押人負擔，此一債權的受償次序，優先於各抵押權所擔保之債權（民

871）。此乃因為抵押權所支配的，乃是抵押物於設定時的價值，故如抵押人後來的行為，有使抵押物價格減少之虞者，抵押權人為預防起見，有權為審判上或審判外之適當請求，於急迫時並得自行防禦，以保護其權利。由於所有就抵押物得受清償的債權人，不論其有無物上擔保，均因有抵押權的保全而受利益，故此項保全所生的費用，雖未登記，亦較所有債權人的債權，更優先受清償。

(2) 抵押物價值回復請求權

　　抵押物之價值因可歸責於抵押人之事由致減少時，抵押權人得定相當期限，請求抵押人回復抵押物之原狀，或提出與減少價額相當之擔保（民872I）。此乃抵押人設定抵押權後，抵押物的價值即受抵押權人支配，如抵押物因故減損、滅失時，其危險仍應由抵押人負擔，抵押人不得藉口抵押物現狀變更，而要求免責。抵押人不於前項所定期限內，履行抵押權人之請求時，抵押權人得定相當期限請求債務人提出與減少價額相當之擔保，屆期不提出者，抵押權人得請求清償其債權（民872II），即抵押人與債務人非同一人時，如抵押人不應抵押權人之請求，而增加擔保或回復原狀時，即喪失債務清償的期限利益。抵押人為債務人時，債務人既已受有提出與減少價額相當擔保之請求，抵押權人即得不再為前項請求，逕行請求清償其債權（民872III）。抵押物之價值因不可歸責於抵押人之事由致減少者，抵押權人僅得於抵押人因此所受利益之限度內，請求提出擔保（民872IV），即抵押權人得請求抵押人提出擔保之範圍，不以抵押人所受損害賠償為限，尚應包括不當得利、公法上損失補償等利益在內。

5.抵押權的處分權

　　抵押權因具有從屬性，抵押權人不得將其單獨讓與或設定負擔，但因其不具有專屬性，抵押權人仍得自由處分。故抵押權人得將其抵押權，與其所擔保的債權一併讓與第三人，或為擔保其他債權，而一併設定權利質權（民870）。此外，抵押權亦得拋棄而使其消滅（民764I），惟無論讓與、設定負擔或拋棄抵押權，均為不動產物權行為，非經登記，不生效力（民758I）。但普通抵押權為抵押債權的從權利，也可能因抵押債權的讓與或處分，而隨同移轉或被處分（民295I但），在此種情形下，普通抵押權係依法律規定而變動，該普通抵押權須經登記，始得再為處分（民759）。

6.抵押權的實行權

抵押權人，於債權已屆清償期，而未受清償者，得聲請法院，拍賣抵押物，就其賣得價金而受清償（民873）。抵押權人之實行抵押權，乃其權利，而非其義務，抵押權人是否行使此項權利，乃其自由，故抵押權人如要求現款清償，債務人並無強其以抵押物，供清償債務之權，亦不得以應先就抵押物行使權利爲抗辯，此項權利之得行使而未行使，亦不致因而喪失其債權。

五、普通抵押權的實行

抵押權人之實行普通抵押權，基於抵押權發生上的從屬性，必先有被擔保的債權存在，而後抵押權始得成立，故如抵押權確已成立，所擔保之債權亦已屆清償期，而未受清償，抵押權人即得實行其權利，即得聲請法院，拍賣抵押物，就其賣得價金而受清償（民873）。所謂清償期，是指應爲清償的時期而言，故除約定的清償期外，亦包括其他債務人應清償的時期，惟如依民法第315條規定，債權人得隨時請求清償，債務人亦得隨時爲清償者，須債權人請求清償，而債務人不爲之，始爲債權已屆清償期而未受清償的情形（院2187）。

實行抵押權的方法，依民法規定共有下列三種：(一)聲請法院拍賣抵押物；(二)訂立契約取得抵押物的所有權；(三)以其他方法處分抵押物。茲分述如下：

（一）聲請法院拍賣抵押物

1.聲請及其裁定

聲請法院拍賣抵押物，是抵押權人最常利用的實行抵押權的方法，其程序屬於非訟事件，法院僅從形式上審查是否符合實行抵押權的要件，如依抵押權人提出之他項權利證明書，已可認爲符合實行抵押權的要件，法院即應爲准許拍賣的裁定。至其抵押權或所擔保的債權是否確實存在，登記的債權清償期是否有變更，或爲拍賣程序基礎的私法上權利的瑕疵，例如是否得被撤銷，均應由爭執其權利的當事人提起訴訟，以資救濟，抵押權人並無於聲請拍賣抵押物以前，先行訴請確認其權利存在的義務（49台抗244）。

2.拍賣的標的物

抵押物拍賣時,拍賣的範圍應是抵押權效力所及的標的物及權利,包括從物、從權利,扣押後所收取之孳息等。土地所有人於設定抵押權後,在抵押之土地上營造建築物者,抵押權人於必要時,得於強制執行程序中聲請法院將其建築物與土地併付拍賣,但對於建築物之價金,無優先受清償之權(民877I)。此等建築物並非抵押權之效力所及,原不得因實行抵押權而予以拍賣,但因抵押之土地因該建築物的坐落,確已使拍賣之價格無法反映未營造建築物以前之土地之價值,倘欲貫徹抵押權之效力,勢須拆除建築物,其於社會經濟並非有利,故為保護抵押權人的利益,並兼顧社會經濟的維護,乃特別規定法院得將建築物與土地併付拍賣,以完全實現抵押之土地之價值,並規定抵押權對建築物的賣得價金,不得優先受清償,以保護建築物所有人之利益。

不動產抵押後,在該不動產上有用益物權人或經其同意使用之人之建築物者,雖得先依第866條第2項規定除去該權利人使用不動產之權利,惟為兼顧社會經濟及土地用益權人利益,亦準用第877條第1項之規定(民877II),即必要時得將該建築物併付拍賣,但建築物拍賣所得價金,抵押權人無優先受償權。惟此時抵押權人聲請將該建築物與抵押土地併付拍賣,係以民法第866條第2項及第3項所定情形,即抵押權人實行抵押權受有影響,執行法院因而除去該條所規定之權利或終止該租賃關係為前提(98台抗909)。

此外,由於土地與建築物固為各別之不動產,各得單獨為交易之標的,但建築物性質上不能與地上權、租賃權等土地使用權分離而存在,故以建築物設定抵押權者,於法院拍賣抵押物時,其抵押物存在所必要之權利得讓與者,應併付拍賣,但抵押權人對於該權利賣得之價金,無優先受清償之權(民877-1)。

3.拍賣的效果

抵押物因實行抵押權而拍賣後,將發生下列法律效果:

(1) 抵押權消滅

抵押權所支配者係抵押物之交換價值,此項價值已因抵押物之拍賣而具體化為一定價金,該價金並可由抵押權人依其優先次序分配完畢,是抵押權之內容已實現,該抵押權及其他抵押權自應歸於消滅。故抵押權人實行抵押權者,該不動產上之抵押權,因抵押物之拍賣而消滅(民873-2I)。抵押權人實行抵

押權時，抵押權所擔保之債權有未屆清償期者，於抵押物拍賣得受清償之範圍內，視為到期（民873-2 II），以貫徹上述原則，並兼顧債務人、執行債權人及抵押權人之利益，避免法律關係複雜，俾有助於拍賣之易於實施。拍賣之不動產上存在之抵押權，原則上因拍賣而消滅；但抵押權所擔保之債權未定清償期或清償期尚未屆至，而拍定人或承受抵押物之債權人聲明願在拍定或承受之抵押物價額範圍內清償債務，經抵押權人同意者，因其對當事人及拍定人俱屬有利，乃例外採承受主義，而不適用前述原則（民873-2 III）。此處所稱之「拍定人」，係專指依強制執行程序拍定抵押物之人；所稱之「承受抵押物之債權人」，係專指依強制執行程序拍賣抵押物，因無人應買或應買人所出之最高價未達拍賣最低價額，依強制執行法第91條第1項、第71條等規定承受抵押物之債權人而言。

(2) 賣得價金的分配

① 一般情形

抵押物賣得之價金，除法律另有規定，例如稅捐稽徵法第6條第2項、強制執行法第29條第2項、民法第870條之1、第871條第2項等規定外，按各抵押權成立之次序分配之，其次序相同者，依債權額比例分配之（民874）。

② 共同抵押權

為擔保同一債權，以數不動產為標的物，所設定的抵押權，稱為共同抵押權或總括抵押權。例如甲為擔保其欠乙的500萬元債務，提供自己所有的A、B二筆土地，為乙設定抵押權是。此種為同一債權之擔保，於數不動產上設定抵押權的情形，而未限定各個不動產所負擔之金額者，抵押權人得就各個不動產賣得之價金，受債權全部或一部之清償（民875）。蓋抵押權具有不可分性，此數不動產均為其效力所及，在未限定其各別所擔保的金額的情形下，抵押權人自得就其全部行使權利，而受清償。換言之，共同抵押權之數抵押物，均須擔保債權之全部，在債權未全部受償前，尚不生抵押權部分消滅之效力（52台上1693）。法定抵押權如有共同抵押的情形，亦得類推適用民法第875條規定（最高法院79年第5次民事庭會議決議）。

共同抵押權的數抵押物如均屬同一人所有，抵押權人就實行抵押權的標的物，有若干自由選擇之權（75台上1215），但仍受強制執行法第96條下列規定之限制：「供拍賣之數宗不動產，其中一宗或數宗之賣得價金，已足清償強制執行之債權額及債務人應負擔之費用時，其他部分應停止拍賣」（強執

96I）。共同抵押權的數抵押物非屬於同一人所有時，例如抵押物之中既有屬於債務人甲的A地，亦有爲第三人（物上保證人）丙所有的B地，抵押權人乙因實行其抵押權而拍賣抵押物時，就其賣得價金受償之順序，仍應符合下列原則：

A.先就債務人之抵押物賣得之價金受償：爲同一債權之擔保，於數不動產上設定抵押權，抵押物全部或部分同時拍賣時，拍賣之抵押物中有爲債務人所有者，抵押權人應先就該抵押物賣得之價金受償（民875-1）。此時抵押權人先就債務人所有而供擔保之該抵押物賣得之價金受償，既可減少物上保證人之求償問題，又不影響抵押權人之受償利益，故此一原則之適用，不限於未限定各個不動產所負擔之金額者；其已限定者，亦同。

B.各抵押物內部對分擔債權金額之合理計算：爲同一債權之擔保，於數不動產上設定抵押權者，各抵押物對債權分擔之金額，依下列規定計算之：(a)未限定各個不動產所負擔之金額時，依各抵押物價值之比例；(b)已限定各個不動產所負擔之金額時，依各抵押物所限定負擔金額之比例；(c)僅限定部分不動產所負擔之金額時，依各抵押物所限定負擔金額與未限定負擔金額之各抵押物價值之比例（民875-2I）。蓋共同抵押權之抵押物不屬同一人所有或抵押物上有後次序抵押權存在時，爲期平衡物上保證人與抵押物後次序抵押權人之權益，並利求償權或承受權之行使，宜合理計算各抵押物內部對債權分擔金額。計算前項第2款、第3款分擔金額時，各抵押物所限定負擔金額較抵押物價值爲高者，以抵押物之價值爲準（民875-2II）。

C.抵押物賣得價金超過所擔保之債權額時，各抵押物內部對分擔債權金額之合理計算：爲同一債權之擔保，於數不動產上設定抵押權者，在抵押物全部或部分同時拍賣，而其賣得價金超過所擔保之債權額時，經拍賣之各抵押物對債權分擔金額之計算，爲兼顧抵押權人之受償利益及各共同抵押人之利益，準用第875之2條規定（民875-2II）。例如甲對乙負有600萬元之債務，由丙、丁、戊分別提供其所有之A、B、C三筆土地設定抵押權於乙，共同擔保上開債權，而均未限定各個不動產所負擔之金額。嗣甲逾期未能清償，乙遂聲請對A、B二地同時拍賣，A地拍賣所得價金爲500萬元，B地拍賣所得價金爲300萬元，於此情形，A地、B地對債權分擔之金額，應準用第875之2條第1項第1款之規定計算之，故A地對債權之分擔金額爲375萬元（600×[500÷(500+300)]=375），B地對債權之分擔金額則225萬元（600×[300÷(500+300)]=225）。

拍賣抵押物之執行法院，自應按此金額清償擔保債權。又上例中，如分別限定A、B、C三筆土地所負擔之金額為300萬元、200萬元、100萬元，乙聲請對A、B二地同時拍賣，A地拍賣所得價金為500萬元，B地拍賣所得金為300萬元，於此情形，A地、B地對債權分擔之金額，則應準用第875條之2第1項第2款前段之規定計算之，故A地對債權之分擔金額為300萬元，B地對債權之分擔金額為200萬元。又上述第一例中，A、B抵押物賣得價金清償債權額均已逾其分擔額（第875條之2第1項第1款參照），此際丙、丁對C抵押物可行使後述第875條之4第1款所定之權利。

　　D.各抵押物異時拍賣時之求償或承受：於抵押物異時拍賣時，如抵押權人就其中某抵押物賣得價金受償之債權額超過其分擔額時，即生求償或承受問題，宜有公允明確之規定。民法第875條之4乃規定：「為同一債權之擔保，於數不動產上設定抵押權者，在各抵押物分別拍賣時，適用下列規定：一、經拍賣之抵押物為債務人以外之第三人所有，而抵押權人就該抵押物賣得價金受償之債權額超過其分擔額時，該抵押物所有人就超過分擔額之範圍內，得請求其餘未拍賣之其他第三人償還其供擔保抵押物應分擔之部分，並對該第三人之抵押物，以其分擔額為限，承受抵押權人之權利。但不得有害於該抵押權人之利益。二、經拍賣之抵押物為同一人所有，而抵押權人就該抵押物賣得價金受償之債權額超過其分擔額時，該抵押物之後次序抵押權人就超過分擔額之範圍內，對其餘未拍賣之同一人供擔保之抵押物，承受實行抵押權人之權利。但不得有害於該抵押權人之利益。」

(3) 法定地上權

　　土地與建築物為各別之不動產，各得單獨為交易之標的，且建築物性質上不能與土地使用權分離而存在，亦即使用建築物必須使用該建築物所坐落之基地（民425-1，48台上1457），故如土地及建築物原屬同一人所有，在利用上固無問題，但後來既將因抵押物拍賣而分離，自應於拍賣時，明定拍定人與土地所有人或建築物所有人間之法律關係，使建築物之所有人，仍得以其建築物之坐落，而繼續利用土地。故設定抵押權時，土地及其土地上之建築物，同屬於一人所有，而僅以土地或僅以建築物為抵押者，於抵押物拍賣時，視為已有地上權之設定，其地租、期間及範圍由當事人協議定之；不能協議者，得聲請法院以判決定之（民876I）。

　　設定抵押權時，土地及其土地上之建築物，同屬於一人所有，而以土地及

建築物為抵押者，如經拍賣，其土地與建築物之拍定人各異時，亦視為於抵押物拍賣時，已有地上權之設定，其地租、期間及範圍由當事人協議定之；不能協議者，得聲請法院以判決定之（民876II）。法院決定此等內容的判決，其性質為形成判決（105台上875）。

　　上述法定地上權之成立，須以該建築物於土地設定抵押權時，業已存在，並具相當之經濟價值為條件，故如房屋係建築於設定抵押權之後，即於抵押權設定時尚未存在，固不成立法定地上權；如在設定抵押權以前所建者，乃價值無幾之建築物，例如豬舍等，即使拆除，於社會經濟亦無甚影響，亦均不成立法定地上權（57台上1303）。此種法定地上權，係為維護土地上建築物之存在而設，則於該建築物滅失時，其法定地上權即應隨之消滅，不適用民法第841條其地上權仍不因而消滅之規定（85台上447）。

(4) 求償權的發生

　　在抵押物並非債務人所有的情形下，第三人（物上保證人）對債權人的責任，僅以供擔保的標的物為限，並無保證或其他債務責任，抵押權人並不得主張物上擔保人有代償債務之責任，但物上擔保人（設定人）及抵押權設定後取得抵押物之抵押物第三取得人，均屬民法第312條所定就債之履行，有利害關係之第三人，故有代位清償債務之權（民311II）。物上擔保人以自己之所有物，為債務人設定擔保，其法律上地位與保證人無異，對債務擔保之履行而言，均係以自己之財產清償債務人債務，並無二致，故民法第742條第1項「主債務人所有之抗辯，保證人得主張之」規定，於物上擔保人之情形，可類推適用之（98台上1044）。

　　為債務人設定抵押權的第三人（物上保證人）代為清償債務，或因抵押權人實行抵押權，致失抵押物之所有權時，為維持公平，該第三人（物上保證人）於其清償之限度內，承受債權人對於債務人之債權，但不得有害於債權人之利益（民879I）。此項承受之性質為法定之債權移轉，其效力與債權讓與相同，因第三人為債務人向抵押權人清償後，於其清償之限度內，即承受債權人之身分，倘該債權另有擔保物權，亦隨同移轉於該第三人（民295I、107台上768、104台上2312）。就債權人因實行抵押權所支出之執行費，因屬實施強制執行不可或缺之費用，如債權人未支付此項費用，強制執行將無從進行，其結果亦無執行金額可供分配，自亦一併自債權人承受（100台上602）。

　　債務人如有保證人時，物上保證人與保證人實質上均係以自己之財產擔保

他人之債務，物上保證人於代爲清償債務，或因抵押權人實行抵押權致失抵押物之所有權時，自得就超過其應分擔額之範圍內對保證人具有求償權與承受權，以符合物上保證人與保證人平等之原則。債務人如有保證人時，保證人應分擔之部分，依保證人應負之履行責任與抵押物之價值或限定之金額比例定之；抵押物之擔保債權額少於抵押物之價值者，應以該債權額爲準（民879II）。抵押物被拍賣時，抵押人就超過其分擔額之範圍，得請求保證人償還其應分擔部分（民879III）。同一人兼爲保證人與物上保證人時，並未明定應負擔保證人與物上保證人雙重責任，就物上保證人與保證人平等原則而言，應按抵押人及保證人之人數平均分擔主債務，同一人同時爲抵押人與連帶保證人者，最高法院裁判實務認爲，因連帶保證人係以其全部財產對債權人負人的無限責任，已包含爲同一債務設定抵押權之抵押物，僅須負單一之分擔責任，始爲公平（99台上1204、99台再59）。

　　例如甲對乙負有60萬元之債務，由丙爲全額清償之保證人，丁則提供其所有價值30萬元之土地一筆設定抵押權予乙。嗣甲逾期未能清償，乙遂聲請拍賣丁之土地而受償30萬元。依本條規定，乙對甲之原有債權中之30萬元部分，由丁承受；保證人丙就全部債務之應分擔部分爲40萬元（60×[60÷(30+60)]=40），丁就全部債務之應分擔部分則爲20萬元（60×[30÷(30+60)]=20），丁已清償30萬元，故僅得就超過自己分擔部分對丙求償10萬元。反之，如丁係以其所有價值70萬元之土地設定抵押權予乙，嗣乙聲請拍賣該土地而其60萬元債權全額受清償時，保證人丙之分擔額則爲30萬元（60×[60÷(60+60)]=30），丁得向丙求償30萬元。又前開物上保證人向保證人求償時，應視該保證之性質定之。如爲連帶保證或拋棄先訴抗辯權之保證人時，該物上保證人得直接向保證人求償；如爲普通保證人，因其有先訴抗辯權，如其主張先訴抗辯權時，該物上保證人則應先向債務人求償，於債務人不能償還時，始得向保證人求償。至於保證人對物上保證人之承受權部分，則係依民法第749條規定，其求償權則依其內部關係或類推適用民法第281條第1項規定定之。

（二）訂立契約取得抵押物的所有權

　　抵押權人於債權清償期屆滿後，除有害於其他抵押權人之利益者外，爲受清償，得訂立契約，取得抵押物之所有權（民878）。如在清償期屆至前，即

約定於債權已屆清償期，而未爲清償時，抵押物之所有權自動移屬於抵押權人者，乃是流抵契約，其約定雖屬有效，但非經登記，不得對抗第三人（民873-1I）。因爲流抵契約係以不動產所有權之移轉爲內容，故須經登記，始能成爲抵押權之物權內容，發生物權效力，而足以對抗第三人。因抵押權旨在擔保債權之優先受償，非使抵押權人因此獲得債權清償以外之利益，故爲流抵契約之約定時，抵押權人自負有清算義務。抵押權人請求抵押人爲抵押物所有權之移轉時，抵押物價值超過擔保債權部分，應返還抵押人；不足清償擔保債權者，仍得請求債務人清償（民873-1II）。上述抵押物價值估算之基準時點，爲抵押權人請求抵押人爲抵押物所有權之移轉時，計算抵押物之價值時，並應扣除增值稅負擔、前次序抵押權之擔保債權額及其他應負擔之相關費用等。於擔保債權清償期屆至後，抵押物所有權移轉於抵押權人前，抵押權及其擔保債權尚未消滅，故抵押人在抵押物所有權移轉於抵押權人前，得清償抵押權擔保之債權，以消滅該抵押權（民873-1III），並解免其移轉抵押物所有權之義務。

（三）以其他方法處分抵押物

抵押權人於債權清償期屆滿後，爲受清償，得訂立契約，用拍賣以外之方法處分抵押物，但有害於其他抵押權人之利益者，不在此限（民878）。換言之，債權之清償期屆至後，抵押權人即得與抵押人約定，授權抵押權人自行覓主變賣抵押物，或公開標售抵押物等，惟如在借款契約，即訂有屆期不償，抵押權人可將抵押物自行覓主變賣抵償之特約，實不啻將抵押物的所有權移屬於抵押權人，仍應類推適用民法第873條之1第1項之規定（40台上223），故非經登記，不得對抗第三人。

六、普通抵押權的消滅

抵押權之消滅，除有混同、拋棄等一般物權消滅的原因外，尚有下列各項：

（一）擔保債權消滅

擔保債權全部消滅時，基於普通抵押權的消滅上從屬性，普通抵押權亦隨之消滅。值得注意的是，消滅時效完成後，僅使債務人取得拒絕給付之抗辯

權，至債權人之請求權或債權並不因而消滅。故抵押債權如已罹於時效，亦僅係債務人及抵押人於債權人請求給付時得拒絕付款，然各該債權仍然存在，其以該等債權罹於時效，據以請求確認系爭抵押權擔保之債權不存在，即屬無據（110台上519）。

（二）免除保證人之保證責任

第三人為債務人設定抵押權時，如債權人免除保證人之保證責任者，於民法第879條第2項保證人應分擔部分之限度內，該部分抵押權消滅（民879-1）。

（三）除斥期間的經過

抵押權是物權，原則上不適用有關請求權消滅時效的規定，故以抵押權擔保的債權之請求權，雖罹於消滅時效，債權人仍得就其抵押物取償（民145）。但如抵押債權之消滅時效已完成，抵押權又長期不行使，亦不能使權利狀態永不確定，而有害社會秩序，故民法第880條乃規定：「抵押權擔保之債權，其請求權已因時效而消滅，如抵押權人，於消滅時效完成後，五年間不實行其抵押權者，其抵押權消滅。」本條並非謂有抵押權擔保之請求權，其時效期間較15年為長（53台上1391），而是規定抵押權因其所擔保債權之請求權之消滅時效完成及上開除斥期間之經過，即歸於消滅。故縱債務人於其後之訴訟中，就業經時效完成之請求權未為拒絕給付之抗辯，致受敗訴判決確定，對於已因除斥期間之經過而消滅之抵押權，亦不生影響（89台上1476）。

（四）抵押權的實行

抵押權人實行抵押權者，該不動產上之抵押權，因抵押物之拍賣而消滅（民873-2I），即無論其擔保之債權是否已受全部清償，抵押權均歸消滅。

（五）抵押物的滅失

物權以對標的物的支配為內容，故因標的物之滅失而消滅，抵押權亦為物權，原則上亦因抵押物之滅失而消滅。故抵押權除法律另有規定外，因抵押物滅失而消滅，但抵押人因滅失得受賠償或其他利益者，不在此限；抵押權人對

於前述抵押人所得行使之賠償或其他請求權有權利質權，其次序與原抵押權同（民881I、II）。此即前述抵押權的代位性問題，請逕參照之。

第二節　最高限額抵押權

一、最高限額抵押權的意義

稱最高限額抵押權者，謂債務人或第三人提供其不動產為擔保，就債權人對債務人一定範圍內之不特定債權，在最高限額內設定之抵押權（民881-1I）。例如甲以其所有之房屋一棟，為債務人乙提供擔保，與債權人丙設定最高限額抵押權1,000萬元，擔保乙因經銷產品契約對丙不斷發生、變化的貨款債務，並以自101年1月1日至107年12月31日止為債權債務的發生期間，則丙因設定而取得者，即是最高限額為1,000萬元的抵押權。本例中的最高限額1,000萬元，並非實際的債權數額，其實際的債權額，必待「確定」（結算）或至實行抵押權時，方能確定，若確定的實際債權額超過最高限額，超過部分並不在擔保範圍內，如實際債權額不及最高限額時，則以實際存在的債權額為其擔保範圍（62台上776）。「一定範圍」之定義，並不要求以單一法律關係所生或具有牽連關係之債務為限，擔保多數且特定範圍之法律關係亦屬合法。

民法第881條之1第2項係在96年9月28日施行，但在其施行以前，實務上早即肯定最高限額抵押權之設定及登記。依民法物權編施行法第17條規定，本條項於其施行前設定之最高限額抵押權，並不適用，故當時設定的概括最高限額抵押權，仍被認為有效。如當事人當時於設定契約書，約定系爭抵押權擔保範圍包括債權人對債務人過去及將來發生之債權，含債權人總、分行、各處之票據、借款、遠支、墊款、保證等及其他一切債權，其擔保債權的種類及範圍的約定，仍屬有效（110台上1090）。

最高限額抵押權亦為抵押權的一種，故其特有之原則外，亦適用普通抵押權的若干共通原則。民法關於普通抵押權已有詳盡之規定，故最高限額抵押權，除性質上不宜準用的第861條第2項、第870條之1、第870條之2，已有特別規定的第869條第1項、第870條、第880條之規定外，原則上均準用普通抵押權的規定（民881-17）。

二、最高限額抵押權擔保的債權

最高限額抵押權所擔保者雖爲不特定債權，但其實行時仍將以抵押物之賣得價金供特定債權之優先清償，爲使債權之範圍不致太廣，法律上仍有若干限制：

（一）債權發生的原因

最高限額抵押權之設定，其被擔保債權之資格，以由一定法律關係所生之債權或基於票據所生之權利爲限（民881-1 II）。由一定法律關係所生之債權，包含由買賣、侵權行爲等法律關係而發生者，除包括現有及將來可能發生之債權外，亦及於因繼續性法律關係所生之債權。當事人依第881條之1第2項規定限定一定法律關係後，凡由該法律關係所生債權，無論是直接所生，或與約定之法律關係有相當關聯之債權，或是該法律關係交易過程中，通常所生之債權，均爲擔保債權之範圍。例如約定擔保範圍係買賣關係所生債權，買賣價金乃直接自買賣關係所生，固屬擔保債權，其他如買賣標的物之登記費用、因價金而收受債務人所簽發或背書之票據所生之票款債權、買受人不履行債務所生之損害賠償請求權亦屬擔保債權，亦包括在內。

爲避免最高限額抵押權於債務人資力惡化或不能清償債務，而其債權額尚未達最高限額時，任意由第三人處受讓債務人之票據，將之列入擔保債權，以經由抵押權之實行，優先受償，而獲取不當利益，致妨害後次序抵押權人或一般債權人之權益，民法設有下列限制：基於票據所生之權利，除本於與債務人間依前項一定法律關係取得者外，如抵押權人係於債務人已停止支付、開始清算程序，或依破產法有和解、破產之聲請或有公司重整之聲請，而仍受讓票據者，不屬最高限額抵押權所擔保之債權；但抵押權人不知其情事而受讓者，不在此限（民881-1 III）。

（二）利息、遲延利息或違約金

最高限額抵押權人就已確定之原債權，僅得於其約定之最高限額範圍內，行使其權利（民881-2 I）。蓋最高限額抵押權所擔保之債權，其優先受償之範圍須受最高限額之限制，亦即須於最高限額抵押權所擔保之債權確定時，不逾

最高限額範圍內之擔保債權，始為抵押權效力所及。債權人自約定法律關係所生債權之利息、遲延利息與違約金，均屬法律關係過程中通常所生之債權，均在擔保債權範圍之內，並應受最高限額之限制。關於最高限額之約定額度，民法不採本金最高限額說，而採債權最高限額說，故原債權之利息、遲延利息、違約金，與原債權合計不逾最高限額範圍者，始得行使抵押權（民881-2II）。最高限額抵押權的最高限額所限定者，是所擔保的債權總額，故當事人雖以「本金最高限額若干元」的方式登記，其約定之利息、遲延利息及約定擔保範圍內之違約金等，亦為抵押權效力所及，但均受最高限額之限制。換言之，債權人的利息、遲延利息、違約金連同本金（原債權）合併計算，如超過最高限額，其超過部分並無優先受償之權（最高法院75年第10次民事庭會議決議）。

　　最高限額抵押權效力所及的利息、遲延利息或違約金，不以原債權已確定時所發生者為限，其於原債權確定後始發生，但在最高限額範圍內者，亦包括在內。實行抵押權之費用亦為抵押權效力所及（民881-17準用民861），不論債權人聲請法院拍賣抵押物（強執29），或用拍賣以外之方法處分抵押物受償（民878），因此所生之費用均得就變價所得之價金優先受償，惟不計入抵押權所擔保債權之最高限額。

（三）債權之範圍或其債務人的變更

　　普通抵押權的與被擔保債權密不可分，而有抵押物及擔保債權之不可分性（民868、869），但最高限額抵押權在原債權未確定之前，並不適用此一原則。最高限額抵押權人在原債權尚未確定前，其所支配之抵押物及其價值之範圍已確定，其所擔保之債權尚未確定，故如維持其對抵押物價值的支配，另行調整被擔保的債權的範圍或其債務人，對於後次序抵押權人或第三人之利益並無影響，應屬無妨。因此，「原債權確定前，抵押權人與抵押人得約定變更第881條之1第2項所定債權之範圍或其債務人。」「前項變更無須得後次序抵押權人或其他利害關係人同意。」（民881-3）此種變更，應屬最高限額抵押權內容之變更，非經登記，不生效力（民758I），在原債權經確定後，亦不得為上述變更。

三、最高限額抵押權的特性

（一）價值支配的有限性

　　最高限額抵押權亦為價值權，抵押權人所支配者亦為抵押物的交換價值，但不同於普通抵押權人者，係對於抵押物的交換價值的支配，最高限額抵押權人並未全面予以支配，而僅以約定的最高限額的限度之內，對抵押物的價值為有限的支配。例如抵押人甲之抵押物價值2,000萬元，但僅設定最高限額1,000萬元之抵押權給乙時，乙實行最高限額抵押權時，抵押物賣得2,000萬元，乙仍僅得於1,000萬元之限度內優先受清償。

（二）擔保債權的不特定性

　　最高限額抵押權所擔保的債權，不以設定時已發生者為限，將來才發生的債權，在約定的最高限額的範圍內，亦為抵押權效力所及。此與普通抵押權具有發生上的從屬性，其所擔保之債權，須為設定時即已發生者，有甚大差異。此外，最高限額抵押權亦不受普通抵押權的消滅上從屬性的限制，其存續期間內業已發生的債權，雖因清償或其他事由而減少或消滅，抵押權依然有效，嗣後在存續期間內陸續發生的債權，抵押權人仍得對抵押物行使權利（66台上1097），亦即存續期間內，債權額縱為零，其抵押權仍為擔保將來可能發生的債權，而繼續存在，並不消滅。

　　共同最高限額抵押權所擔保的債權，也具有上述不特定性。最高限額之抵押契約，定有存續期間者，訂立契約之目的，顯在擔保存續期間內所發生之債權，凡在存續期間所發生之債權，皆為抵押權效力所及，於存續期間屆滿前所發生之債權，債權人在約定限額範圍內，對於抵押物均享有抵押權，除債權人拋棄為其擔保之權利外，自不許抵押人於抵押權存續期間屆滿前，任意終止此種契約。縱令嗣後所擔保之債權並未發生，僅債權人不得就未發生之債權實行抵押權而已，非謂抵押人得於存續期間屆滿前終止契約而享有請求塗銷抵押權設定登記之權利。

　　如同一債務人提供二筆抵押物先後與債權人訂立最高限額抵押契約，除當事人有特約，對已發生及將來可能發生之債權，限定為其中某一筆抵押不動產所擔保者外，如該二件最高限額抵押契約均約定所擔保債權包括現在、過去及

將來發生之債權，則抵押權人自得就已發生之債權，同時或先後對該二筆抵押物實行抵押權，不因已對其中一筆抵押物拍賣不獲全部清償，而影響另筆抵押物之優先受償權利，亦即該二筆抵押物對最高限額抵押權人而言，具有共同擔保之性質（92台上925）。

最高限額抵押權所擔保之不特定債權，如其中一個或數個債權罹於時效消滅者，因有民法第145條第1項之規定，仍為最高限額抵押權擔保之範圍，該債權倘罹於時效消滅後5年間仍不實行時，因最高限額抵押權所擔保之債權尚有繼續發生之可能，故最高限額抵押權仍應繼續存在，即無民法第880條之適用。故民法明定最高限額抵押權所擔保之債權，其請求權已因時效而消滅，如抵押權人於消滅時效完成後，5年間不實行其抵押權者，該債權不再屬於最高限額抵押權擔保之範圍（民881-15）。

（三）緩和的從屬性

最高限額抵押權因擔保的債權並非特定，於原債權確定前，並不適用民法第870條關於普通抵押權處分上的從屬性的規定（75台上1011）。但最高限額抵押權所擔保的債權，係最高限額抵押權人對特定的債務人的債權，故在原債權確定前，最高限額抵押權之抵押權人讓與其債權或債務人為免責的債務承擔時，均將使該債權退出最高限額抵押權的擔保範圍之外。

最高限額抵押權所擔保之債權，於原債權確定前讓與他人者，其最高限額抵押權不隨同移轉。第三人為債務人清償債務者，亦同（民881-6I）。蓋最高限額抵押權人如僅將擔保債權範圍所生之各個特定債權讓與他人，該債權即脫離擔保之範圍，其最高限額抵押權自不隨同移轉於受讓人。第三人為債務人清償債務者，例如保證人依第749條為清償或第三人依第312條為清償後，承受債權人之債權時，其最高限額抵押權亦不隨同移轉。最高限額抵押權所擔保之債權，於原債權確定前經第三人承擔其債務，而債務人免其責任者，抵押權人就該承擔之部分，不得行使最高限額抵押權（民881-6II）。蓋基於免責的債務承擔的法理，該承擔部分即脫離擔保之範圍，其最高限額抵押權並不伴隨而往，抵押權人自不得行使最高限額抵押權。

最高限額抵押權之抵押權人或債務人為法人時，而在原債權確定之前與其他法人合併者，其權利義務固應由合併後存續或另立之法人概括承受，但是否視為前述之債權讓與或免責的債務承擔，而適用上述規定，仍非無疑問。民法

對此採折衷說，於第881條之7規定：「原債權確定前，最高限額抵押權之抵押權人或債務人為法人而有合併之情形者，抵押人得自知悉合併之日起十五日內，請求確定原債權。但自合併登記之日起已逾三十日，或抵押人為合併之當事人者，不在此限。」「有前項之請求者，原債權於合併時確定。」「合併後之法人，應於合併之日起十五日內通知抵押人，其未為通知致抵押人受損害者，應負賠償責任。」「前三項之規定，於第三百零六條或法人分割之情形，準用之。」

四、最高限額抵押權的處分

最高限額抵押權因擔保不特定的債權，於原債權確定前，尚非僅供特定債權之擔保，故就其所支配之抵押物交換價值，宜有相當的處分自由，但仍應受有限制。

（一）全部讓與、分割其一部讓與、使他人成為共有人

民法第881條之8規定：「原債權確定前，抵押權人經抵押人之同意，得將最高限額抵押權之全部或分割其一部讓與他人。」「原債權確定前，抵押權人經抵押人之同意，得使他人成為最高限額抵押權之共有人。」抵押權人於原債權確定前，經抵押人之同意，得依關於法律行為的規定（民758），獨立讓與最高限額抵押權，其方式有三：一為全部讓與他人，二為分割其一部讓與他人，三為得使他人成為該抵押權之共有人。例如抵押人甲提供其所有之不動產設定最高限額抵押權1,000萬元於抵押權人乙，嗣乙經甲同意將最高限額抵押權全部，或分割其一部即將最高限額抵押權400萬元單獨讓與第三人丙，乙、丙成為同一次序之抵押權人；抵押權人乙亦得使他人丙加入成為該抵押權之共有人，乙、丙共享最高限額抵押權之擔保，此時，乙丙共有抵押權呈現之型態有二，其一，丙係單純加入成為共有人；其二，丙係以受讓應有部分之方式成為共有人。嗣後各該當事人實行抵押權時，前者依第881條之9第1項本文處理；後者則按第881條之9第1項但書處理。另丙為免受讓之最高限額抵押權無擔保債權存在而歸於確定，丙可與甲依第881條之3之規定，為擔保債權範圍或債務人之變更，俾其最高限額抵押權得繼續存在。

（二）最高限額抵押權共有人處分其應有部分

最高限額抵押權是以抵押物最高限額內的交換價值，擔保抵押權人對特定的債務人基於一定法律關係所生的不特定債權，故並不完全適用普通抵押權的不可分性原則。在數人對於一個最高限額抵押權為準共有（民831）時，即最高限額抵押權為數人共有者，各共有人按其債權額比例分配其得優先受償之價金。但共有人於原債權確定前，另有約定者，從其約定（民881-9I）。故最高限額抵押權之各共有人間，其優先受償之內部關係，係按其債權額比例決定，但為使各共有人對抵押物交換價值之利用更具彈性，並調整其相互間之利害關係，共有人於原債權確定前，亦得於同一次序範圍內另行約定不同之債權額比例或優先受償之順序。各共有人按債權額分配之比例，性質上即為抵押權準共有人之應有部分，由於此項應有部分之具體內容，應於該最高限額抵押權之原債權確定時，始得確定，並受各共有人於確定時對債務人之抵押債權金額之多寡之影響，是否得自由處分，頗有疑問。民法對此採折衷說，規定：「共有人得依前項按債權額比例分配之權利，非經共有人全體之同意，不得處分。但已有應有部分之約定者，不在此限。」（民881-9II）。共有人若依第1項但書規定，已為應有部分之約定者，則其應有部分已屬固定，其處分即得回復自由處分的原則（民819I）。

五、最高限額抵押權的確定

（一）最高限額抵押權「確定」的意義

最高限額抵押權設定時，被擔保之債權為未確定的不特定債權，但於實行抵押權時，則須以抵押物的賣得價金，供已確定的特定債權的優先清償。其間必須有一制度，使最高限額抵押權所擔保的一定範圍內的不特定債權，因一定事由之發生，而歸於具體確定，並使最高限額抵押權的性質變更，而成為普通抵押權，該制度即為最高限額抵押權的「確定」。

（二）最高限額抵押權的「確定期日」

1. **約定的「確定期日」**：最高限額抵押權設定時，被擔保債權既未確定，於實行抵押權時，卻須先確定其擔保之債權，始能決定優先受償之範圍，故有定

確定期日之必要。該確定期日得由抵押權人與抵押人約定之，且在約定之確定期日之前，亦不妨另行約定其他確定期日，而變更其最高限額抵押權。最高限額抵押權之確定期日之變更，對抵押人及後次序抵押權人之利益，並非全無影響，故民法第881條之4規定：「最高限額抵押權得約定其所擔保原債權應確定之期日，並得於確定之期日前，約定變更之。」「前項確定之期日，自抵押權設定時起，不得逾三十年。逾三十年者，縮短為三十年。」「前項期限，當事人得更新之。」

2. **法定的「確定期日」**：由於最高限額抵押權的確定，乃是最高限額抵押權的實行的必要條件，故如當事人於設定最高限額抵押權時，未約定確定原債權之期日者，為免其原債權永無確定之日，自須在法律規定其確定期日。故民法第881條之5規定：「最高限額抵押權所擔保之原債權，未約定確定之期日者，抵押人或抵押權人得隨時請求確定其所擔保之原債權。」「前項情形，除抵押人與抵押權人另有約定外，自請求之日起，經十五日為其確定期日。」

（三）最高限額抵押權的「確定事由」

最高限額抵押權，於抵押權設定時，僅約定於一定金額之限度內擔保已發生及將來可能發生之債權而已，至於實際擔保之範圍如何，非待所擔保之原債權確定後不能判斷。關於最高限額抵押權所擔保的原債權的「確定事由」，民法第881條之4、第881條之5、第881條之7第1項至第3項、第881條之10及第881條之11但書均有規定，而民法第881條之12第1項更列舉七款概括性的規定，以下謹先依序說明各款規定，再說明其他確定事由：

1. **約定之原債權確定期日屆至者**：最高限額抵押權之當事人雙方約定原債權之確定期日者，於此時點屆至時，最高限額抵押權所擔保之原債權即基於當事人之意思而歸於確定。至於民法第881條之5規定的法定確定期日屆至時，原債權依該條規定亦當然確定。

2. **擔保債權之範圍變更或因其他事由，致原債權不繼續發生者**：最高限額抵押權擔保之債權，如其範圍變更或債務人之變更、當事人合意確定最高限額抵押權擔保之原債權等其他事由存在，足致原債權不繼續發生時，最高限額抵押權擔保債權之流動性即歸於停止，自當歸於確定。至所謂「原債權不繼續發生」，係指該等事由，已使原債權確定的不再繼續發生者而言，如僅一時

的不繼續發生，自不適用。

例如最高限額抵押權之抵押物所有權，由原抵押人移轉於現所有人，抵押權人與現所有人約定抵押權義務人及債務人變更爲現所有人並辦理登記時，此後現所有人對抵押權人之債務，固依其間之約定，爲該最高限額抵押權所擔保；至於其原來擔保之原債務亦因之確定，依民法第867條規定，其抵押權擔保法效並不因此而受影響，然抵押權所擔保之原債務，並不當然隨同移轉於不動產之現所有人，應視現所有人是否承擔該原債務而定；倘現所有人未承擔原債務，該債務仍由原債務人負擔，抵押權人僅可就抵押物追及行使抵押權而已，難謂現所有人爲該原債務之債務人（99台上152）。

3. **擔保債權所由發生之法律關係經終止或因其他事由而消滅者**：最高限額抵押權所擔保之債權，其所由發生的一定法律關係，如終止或因其他事由而消滅，則擔保之債權將不再繼續發生，原債權因而確定。

4. **債權人拒絕繼續發生債權，債務人請求確定者**：例如債權人已表示不再繼續貸放借款或不繼續供應承銷貨物時，原債權即可因債務人之請求確定而確定，此時除抵押人與抵押權人另有約定外，自請求之日起，經15日爲其確定期日（民881-12II準用民881-5II）。

5. **最高限額抵押權人聲請裁定拍賣抵押物，或依第873條之1之規定爲抵押物所有權移轉之請求時，或依第878條規定訂立契約者**：此時抵押權人已有終止與債務人間往來交易之意思，原債權乃因而確定。

6. **抵押物因他債權人聲請強制執行經法院查封，而爲最高限額抵押權人所知悉，或經執行法院通知最高限額抵押權人者，但抵押物之查封經撤銷時，不在此限**：抵押物因他債權人聲請強制執行而經法院查封，其所負擔保債權之數額，與抵押物拍賣後，究有多少價金可供清償執行債權有關，自有確定原債權之必要。確定之時點，以最高限額抵押權人知悉該事實（例如未經法院通知而由他債權人自行通知最高限額抵押權人是），或經執行法院通知最高限額抵押權人時爲準。如抵押物之查封經撤銷，即與根本未實行抵押權無異，即非原債權確定之事由，但於原債權確定後，已有第三人受讓擔保債權，或以該債權爲標的物設定權利者，縱使查封經撤銷，爲保護該第三人，仍應認爲原債權已確定（民881-12III）。

7. **債務人或抵押人經裁定宣告破產者，但其裁定經廢棄確定時，不在此限**：債務人或抵押人不能清償債務，經法院裁定宣告破產者，應即清理其債務，原

債權即應確定，但其裁定經廢棄確定時，即與未宣告破產同，即非原債權確定之事由。但於原債權確定後，已有第三人受讓擔保債權，或以該債權為標的物設定權利者，縱使其裁定經廢棄確定，為保護該第三人，仍應認為原債權已確定（民881-12III）。

8. **約定的「確定事由」**：最高限額抵押權之抵押權人、抵押人或債務人死亡，其繼承人承受被繼承人財產上之一切權利義務，其財產上之一切法律關係，皆因繼承之開始，當然移轉於繼承人（民1147、1148），最高限額抵押權亦然，故「最高限額抵押權不因抵押權人、抵押人或債務人死亡而受影響。但經約定為原債權確定之事由者，不在此限」（民881-11）。

9. **共同最高限額抵押權的確定事由**：為擔保同一範圍之內之不特定債權，於數不動產上設定之最高限額抵押權，乃共同最高限額抵押權。此時各個不動產所負擔之金額，其總和固然仍受最高限額之限制，其對外之連帶清償責任、拍賣順序及內部之分擔金額，亦宜準用共同普通抵押權之規定（民875至875-4），但如各不動產擔保之原債權確定之事由不同時，究應如何確定該共同最高限額抵押權所擔保之債權，仍有問題，故民法第881條之10規定：「為同一債權之擔保，於數不動產上設定最高限額抵押權者，如其擔保之原債權，僅其中一不動產發生確定事由時，各最高限額抵押權所擔保之原債權均歸於確定。」本條顯然係採「一部確定，即全部確定」之原則，其中所謂「同一債權」，主要是指最高限額所擔保之債權範圍（民881-1I、II）、債務人及最高限額均屬同一的情形，至於債務人相同，擔保之債權範圍僅部分相同時，是否為本條適用範圍，則有待澄清。

10. **法人之合併**：原債權確定前，最高限額抵押權之抵押權人或債務人為法人而有合併之情形者，抵押人得自知悉合併之日起15日內，請求確定原債權。但自合併登記之日起已逾30日，或抵押人為合併之當事人者，不在此限（民881-7I）。有前項之請求者，原債權於合併時確定（民881-7II）。抵押人請求確定原債權乃其權利，非其義務，自不得僅因為抵押權人之法人有合併而改變，肇致加重抵押人之責任，則就最高限額抵押權於確定前之擔保物權言，除該法人合併後當事人另有訂定變更擔保債權範圍之契約外，此擔保物權不應及於抵押人在該法人合併前另向抵押權人（例如合併後為消滅法人）以外之人（例如合併後為存續法人）所負未經設定物上擔保之債務，以保護抵押人之利益（96台上927）。

（四）最高限額抵押權「確定」的效果

最高限額抵押權所擔保的原債權確定之後，所擔保的債權不再是不特定債權，而是特定的債權，其與普通抵押權擔保特定債權的情形，即屬相當；原債權確定之後，原債權所生之利息、遲延利息與違約金，雖亦屬於抵押權擔保之債權，但僅以與原債權合計未超過最高限額的範圍內，得優先受清償，仍與普通抵押權不同。原債權確定所發生的法律效果，可分述如下：

1. **結算債權額及變更登記請求權**：最高限額抵押權所擔保之原債權於確定事由發生後，其所擔保者由不特定債權變為特定債權，但債權額尚未確定，仍應辦理結算，計算實際之債權額。因此，最高限額抵押權所擔保之原債權確定事由發生後，債務人或抵押人得請求抵押權人結算實際發生之債權額，並得就該金額請求變更為普通抵押權之登記，但不得逾原約定最高限額之範圍（民881-13）。

2. **擔保之債權確定**：最高限額抵押權所擔保之原債權確定後，除本節另有規定外，其擔保效力不及於繼續發生之債權或取得之票據上之權利（民881-14）。蓋最高限額抵押權所擔保之原債權一經確定，其所擔保債權之範圍亦告確定，其後繼續發生之債權或取得之票據上之權利，即不在擔保範圍之內。利息、遲延利息、違約金雖如於原債權確定後始發生，但在最高限額範圍內者，仍為抵押權效力所及（民881-2II）。

3. **抵押權塗銷請求權**：最高限額抵押權所擔保之原債權確定後，於實際債權額超過最高限額時，為債務人設定抵押權之第三人，或其他對該抵押權之存在有法律上利害關係之人，於清償最高限額為度之金額後，得請求塗銷其抵押權（民881-16）。蓋為債務人設定抵押權之第三人，例如物上保證人，或其他對該抵押權之存在有法律上利害關係之人，例如後次序抵押權人，於實際債權額超過最高限額時，均僅須清償最高限額為度之金額後，即得請求塗銷抵押權，如債權額低於登記之最高限額，則以清償該債權額即可。

六、最高限額抵押權的實行

最高限額抵押權的實行，原則上應準用關於實行普通抵押權的規定，但因其係擔保一定範圍內之不特定債權，亦有值得注意之處。例如法院對於最高限

額抵押權之實行要件，應進行形式上之審查，於認定有擔保債權存在，且已屆清償期而未受清償時，始得准予拍賣抵押物，其對於債權之是否符合擔保債權之資格，亦應一併爲形式上之審查，且只要所擔保之債權中，有任一債權已屆清償期而未受清償，即可聲請實行抵押權，而不以所有債權均已屆清償期而未受清償爲必要。此外，在最高限額抵押權，由於登記時無須先有債權之存在，法院無從依登記資料判斷債權之存否，抵押權人聲請拍賣抵押物後，如債務人或抵押人對於被擔保債權之存否有所爭執，應由抵押權人提起確認之訴，以保護其利益；在其獲得勝訴判決確定前，法院不得逕爲許可拍賣抵押物之裁定（最高法院80年第4次民事庭會議參照）。

第三節　其他抵押權

　　民法在本節之規定，主要爲權利抵押權及其他抵押權。一般認爲共同抵押權亦爲特別之抵押權，但因其規定於「普通抵押權」節中（民875以下），請逕參照本章第一節五(一) 3 (2) ②「共同抵押權」之說明。民法上的法定抵押權，亦包含在本節，其法律關係則應依其所由成立的規定決定（例如民824-1IV、V）。

一、權利抵押權

　　權利抵押權又稱爲準抵押權，是指非如一般抵押權以不動產爲標的物，而以地上權、農育權、永佃權、典權、採礦權、漁業權等權利爲標的物，所設定的抵押權。權利抵押權依法應準用普通抵押權及最高限額抵押權的規定（民883），其以不動產物權（地上權、農育權、永佃權、典權）爲標的物，而設定抵押權者，非經登記，不生效力，其優先次序應以抵押權成立的先後定之。應注意者，是依物權法定主義的原則，並非所有的財產權，均得作爲抵押權的標的物，故除上述以地上權、農育權、永佃權、典權（民882）、採礦權（礦業14II）與漁業權中之定置漁業權、區劃漁業權（漁業24、15）外，其他財產權如無其他法律的明文規定，尚不得設定權利抵押權。

二、承攬人的抵押權

　　承攬之工作為建築物或其他土地上之工作物，或為此等工作物之重大修繕者，承攬人得就承攬關係報酬額，對於其工作所附之定作人之不動產，請求定作人為抵押權之登記；或對於將來完成之定作人之不動產，請求預為抵押權之登記（民513 I）。此項抵押權為意定抵押權，故非經登記，不生效力（民758 I），而且承攬人於開始工作前，亦得請求預為抵押權之登記（民513 II），如承攬契約已經公證者，承攬人得單獨申請前述之抵押權登記（民513 III）。此一抵押權原則上準用普通抵押權及最高限額抵押權的規定（民883），但其就修繕報酬所登記之抵押權，由於定作人在未支付報酬以前，即已獲得因修繕所增加之價值，為維持公平，該抵押權於工作物因修繕所增加之價值限度內，優先於成立在先之抵押權（民513 IV）。其餘請逕參照債編承攬部分之說明。

第七章 質 權

　　質權是指債權人爲其債權之擔保，占有債務人或第三人之物或可讓與之財產權，於債權屆清償期而未受清償時，得就其賣得價金優先受清償的權利。各國關於質權的立法例，大概分爲三種：(一)不動產質權；(二)動產質權；(三)權利質權。我國因不動產質權於社會上向不習見，乃未規定之，而認爲質權是以動產或權利爲標的物的擔保物權，前者稱爲動產質權，後者稱爲權利質權。

第一節 動產質權

一、動產質權的意義

　　動產質權是指債權人對於債務人或第三人移轉占有而供其債權擔保之動產，得就該動產賣得價金優先受償之權（民884）。例如甲向乙借款50萬元，爲擔保此項借款的清償，甲乃提供家傳的骨董瓷瓶一個，交付乙保管，設定動產質權。屆期甲返還50萬元，乙須返還甲的骨董，如甲不能清償時，由乙拍賣甲的骨董，以賣得價金優先清償此項借款，如有剩餘，始由其他債權人分配。此時甲爲出質人，乙爲質權人。

二、動產質權的取得

　　動產質權的取得原因主要可分以下二類：

（一）依法律行爲取得

　　動產質權因法律行爲而取得者，可分爲下列情形：

1.質權的設定

　　是指債務人或第三人爲擔保債權，而將其動產以設定質權之意思，交付予債權人占有的行爲。質權之設定，因供擔保之動產移轉於債權人占有而生效力。爲保護第三人免受不測之損害，質權人不得使出質人或債務人代自己占有質物（民885），此時占有的誰屬，應視其事實上管領力屬於何方而定（院

1649）；惟占有改定及指示交付雖原亦爲占有移轉的一種方式，但因有前述之限制，民法第761條第2項及第3項的部分規定，即不得依民法第946條第2項規定，準用於質物之移轉占有。除上述普通動產質權外，債務人或第三人亦得提供其動產爲擔保，就債權人對債務人一定範圍內之不特定債權，在最高限額內，設定最高限額質權。最高限額質權之設定，除移轉動產之占有外，並應以書面爲之。最高限額質權並準用關於最高限額抵押權及普通動產質權之規定（民899-1）。

2. 質權與其所擔保之債權一併受讓

　　質權具有從屬性，不得與其所擔保之債權分開，而單獨讓與，但質權得與其所擔保之債權一併讓與。

（二）非因法律行爲而取得

　　主要可分爲三種情形：

1. **繼承**：質權不具有專屬性，故被繼承人死亡時，其對第三人之債權若有質權擔保，則債權連同擔保該債權之質權，依法即均移轉爲繼承人所有（民1148）。

2. **時效取得**：債權人若以行使質權之意思，10年間和平、公然、繼續占有債務人或第三人之動產，或5年間和平、公然、繼續占有債務人或第三人之動產，而其占有之始爲善意並無過失者，得因時效完成而取得質權（民772、768、768-1）。

3. **善意取得**：動產之受質人占有動產，而受關於占有規定之保護者，縱出質人無處分其質物之權利，受質人仍取得其質權（民886、948），此乃質權的善意取得。蓋此時出質人雖無處分權，但因質權人受領質物，確係善意，並無重大過失，且平穩、公然占有該質物，爲保護質權人及第三人之信賴，即應使其依占有之效力，而取得質權。

三、動產質權的效力

（一）動產質權所擔保債權的範圍

　　質權所擔保者爲原債權、利息、遲延利息、違約金、保存質物之費用、實行質權之費用及因質物隱有瑕疵而生之損害賠償。爲避免過度擴大出質人之負

擔，此處保存質物之費用，以避免質物價值減損所必要者爲限。但契約另有約定者，例如約定不包括質物之保管費用者，即不在此限（民887）。可見動產質權的效力，原則上與抵押權相同，但因質權人必須占有質物，對於質物隱有之瑕疵所生之損害賠償，例如因被占有之狗咬傷，感染狂犬病而生之損害賠償之債權，亦爲動產質權擔保之範圍。

（二）質權標的物的範圍

質權標的物之範圍與抵押權大致相同，除及於質物本身外，尚及於其從物、孳息及代位物，但從物以已交付者爲限，代位物則包括保險金、損害賠償金或質物被徵收之補償金等。

（三）質權人的權利

質權爲擔保物權之一，擔保物權需從屬於債權而存在，其成立以債權成立爲前提，並因債權之消滅而消滅，其所擔保之債權未受全部清償前，擔保權人得就擔保物之全部行使權利，擔保標的物縱經分割，各部分之擔保物，仍爲擔保全部債權而存在（99台上2201）。質權以占有質物爲要件，故質權人於其債權受清償前，得繼續占有其物。此外，質權人尚有下列權利：

1.孳息收取權

質權人得收取質物所生之孳息，但契約另有約定者，不在此限（民889）。質權人有收取質物所生孳息之權利者，應以對於自己財產同一之注意收取孳息，並爲計算。質權人收取之此項孳息，先抵充費用，次抵原債權之利息，次抵原債權。孳息如須變價始得抵充者，其變價方法準用實行質權之規定（民890）。

2.質物變賣權

質權存續期間中，因質物有腐壞之虞，或其價值顯有減少，足以害及質權人之權利者，質權人得拍賣質物，以其賣得價金，代充質物（民892I）。蓋質權具有價值權的性質，在上述情形中如不許質權人預行拍賣，不但害及自己之利益，亦將有損於出質人。此外，爲保障出質人之利益不因拍賣而受影響，如經出質人之請求，質權人應將價金提存於法院。質權人屆債權清償期而未受清償者，得就提存物實行其質權（民892II）。

3.轉質權

轉質是指質權人為擔保自己之債務,將質物交付於其債權人的行為。質權人於質權存續中,得以自己之責任,將質物轉質於第三人(民891),此種轉質稱為責任轉質。轉質是由質權人單獨為之,學說上有認為其乃單獨處分質權,可見質權具有一定程度的獨立性,其規定乃為質權人的利益而設,但因出質人仍有質物之所有權,故轉質不能害及出質人之利益,轉質所擔保的債權,其數額及清償期均不能超過原質權所擔保的債權的範圍,超過部分應歸於無效。此外,出質人因轉質所受不可抗力之損失,亦應負責(民891)。

(四)質權人的義務

1.保管質物

質權人應以善良管理人之注意,保管質物(民888)。此處所謂善良管理人之注意,是指依交易上一般觀念,認為有相當知識經驗及誠意之人所用之注意。

2.損害賠償

質權人因轉質而對於質物所生損害,縱屬不可抗力,亦應負責。

3.返還質物

動產質權所擔保之債權消滅時,質權人應將質物返還於有受領權之人(民896)。換言之,動產質權所擔保的債權未消滅時,出質人尚無返還質物請求權可言(33永上554)。所謂有受領權之人,是指出質人或其所指定之人而言(37上6843)。

四、質權的實行

質權的實行是指債權人為受清償,處分質物,就其價金優先受償的行為。實行的方法有下列各項:

(一)質權人自行變賣

質權人於債權已屆清償期,而未受清償者,得拍賣質物,就其賣得價金而受清償(民893I)。此處之拍賣質物及前述變賣質物,除聲請法院拍賣者外,

在拍賣法未公布施行前，得照市價變賣，並應經公證人或商業團體之證明（民物施19）。質權人應於拍賣前，通知出質人，但不能通知者，不在此限（民894）。拍賣質物乃質權人之權利，拍賣與否，係聽質權人之自由，並非謂屆期未受清償，即須拍賣質物（27渝上3102），亦無因拋棄質權，而債權亦歸於消滅之理（49台上2211）。

（二）聲請法院強制執行

質權人如不自行拍賣，而聲請法院拍賣者，則應先聲請法院爲許可強制執行之裁定，作爲執行名義（釋55）。

（三）訂立契約，取得質物所有權或以其他方法處分質物

民法第878條關於抵押權的規定，於動產質權準用之（民895）。故質權人於債權清償期屆滿後，爲受清償，得訂立契約，取得動產質物之所有權，或用拍賣以外的其他方法，例如由出質人委請質權人覓主出售質物等，處分質物。但如於清償期未屆至前，即約定於債權已屆清償期而未爲清償時，質物之所有權移屬於質權人者，則爲流質契約，其約定不得對抗善意第三人；質權人請求出質人爲質物所有權之移轉時，質物價值超過擔保債權部分，應返還出質人，不足清償擔保債權者，仍得請求債務人清償；出質人在質物所有權移轉於質權人前，得清償質權擔保之債權，以消滅該質權（民893II準用民873-1）。質權人係經許可以受質爲營業者，即營業質權人，僅得就質物行使其權利。出質人未於取贖期間屆滿後5日內取贖其質物時，質權人取得質物之所有權，其所擔保之債權同時消滅（民899-2I）。此種營業質雖爲動產質權之一種，但不適用最高限額質權、質權人之孳息收取權、轉質、質權之實行方法、質物之滅失及物上代位性等相關規定（民899-2II）。

五、動產質權的消滅

動產質權的消滅，除物權之共同消滅原因外，尚有下列各項：

（一）債權消滅

質權是擔保物權，原則上從屬於被擔保之債權而存在，若被擔保之債權因

清償、抵銷等原因消滅，則質權亦歸於消滅。

（二）返還質物

　　為使第三人免受不當損害，質權以質權人占有質物為成立及存續要件，質權人並不得使出質人或債務人代自己占有質物（民885 II），故動產質權，因質權人將質物返還於出質人或交付於債務人而消滅。返還或交付質物時，為質權繼續存在之保留者，其保留無效（民897）。

（三）喪失占有

　　質權人喪失其質物之占有，於2年內未請求返還者，其動產質權消滅（民898）。蓋質權人之物上請求權時效期間為2年，其質權固不因占有之一時喪失而消滅，但其時效完成後，質權存續的要件已有欠缺，若不使其質權消滅，即不足以保護第三人。

（四）質物滅失

　　質物乃動產質權的標的物，基於標的物特定原則，質物滅失時動產質權固應歸於消滅，但出質人因滅失得受賠償或其他利益者，基於擔保物權的代位擔保性的原則，質權乃移存於得受之賠償或其他利益上，而不失其存在（59台上313）。此時質權人對於出質人此項得行使之賠償或其他請求權仍有質權，其次序與原質權同。給付義務人因故意或重大過失向出質人為給付者，對於質權人不生效力，故在此種情形下，質權人得請求出質人交付其給付物或提存其給付之金錢。質物如僅受有毀損，動產質權自未消滅，質權人得受之賠償或其他利益，為保護質權人之利益，亦應為相同之處理（民899）。前述賠償，包括危險事故發生時的保險金請求權、侵權行為的損害賠償請求權、及質物被徵收時的補償金請求權。

第二節　權利質權

一、權利質權的意義

　　權利質權是指以可讓與之債權或其他權利為標的物之質權（民900）。例

如甲向乙借款50萬元，為擔保此項債務，乃提供自己對丙之80萬元貨款債權，設定債權質權。如甲屆期未能清償，乙即得依法對該貨款債權，實行質權。所謂「可讓與之債權」，是指債權依其性質得讓與、當事人無不得讓與之特約，且非禁止扣押之債權（民294I）。所謂「其他權利」，是指所有權及不動產用益物權以外之其他一切財產權，包括著作權、專利權及有價證券（例如票據、股票、債券、倉單、提單、載貨證券等）。

二、權利質權的取得

權利質權為擔保物權，亦具有從屬性，得與其所擔保的債權一併受讓或繼承，至於權利質權之設定，除依本節有特別規定者，例如民法第904條關於債權之規定、民法第908條關於有價證券之規定外，並應依關於其權利讓與之規定為之（民902）。

以債權為標的物之質權，其設定應以書面為之。該債權有證書者，出質人有交付之義務（民904）。此項書面之形式，法律並未規定一定之格式，由出質人與質權人同意將設定權利質權之意旨，載明於書面者，即為已足（64台上684）。當然，非經質權人或出質人將設定權利質權之事情，通知債務人者，不得對抗債務人（民297、902），其以合夥權利設定質權者，須得合夥人同意（民683）。

質權以未記載權利人之有價證券為標的物者，因交付其證券於質權人，而生設定質權之效力。以其他之有價證券為標的物者，並應依背書方法為之。此項背書，得記載設定質權之意旨（民908）。此項質權稱為有價證券質權，依此特別規定，即無須再以書面為之（29渝上364），其主要的標的物，雖為證券所表彰的權利，而非證券本身，但因證券本身與證券之權利，互相依附，不可分別，故立法上就無記名證券之質權，乃與以證券其物為標的物之質權（動產質權）同視，規定應交付其證券於質權人，以其他之有價證券為標的物者，應依背書方法為之，即以其入質情形於證券上記明，以鞏固其效力。以公司股票為例，其以無記名式股票設定質權者，因股票之交付而生質權之效果，其以記名式股票設定質權者，除交付股票外，並應依背書方式為之（56台抗444），且因適用民法第902條規定之故，公司法第165條第1項關於記名股票轉讓之規定亦有其適用，即非將質權人之本名或名稱記載於股票，並將質權人之

本名或名稱及住所記載於股東名簿，不得以其設質對抗公司（60台上4335）。

　　權利質權除因設定而成立者外，亦有依法律規定而發生者，例如抵押物滅失時，抵押權固然因而消滅，但抵押人因滅失得受賠償或其他利益者，抵押權人對於抵押人所得行使之賠償或其他請求權有權利質權，其次序與原抵押權同（民881）。

三、權利質權的效力

　　權利設定質權後，出質人即不得對該權利為任意處分，故為質權標的物之權利，非經質權人之同意，出質人不得以法律行為，例如免除債務或拋棄權利，使其消滅或變更（民903）。此外，權利質權除本節有規定外，準用關於動產質權之規定（民901）。故權利質權所擔保者為原債權、利息、遲延利息、違約金、為避免質物價值減損所必要之保存質物費用、實行質權之費用及因質物隱有瑕疵而生之損害賠償。但契約另有約定者，不在此限（民887）。

　　質權人得收取質物所生之孳息，但契約另有訂定者，不在此限（民889）。惟質權以有價證券為標的物者，其附屬於該證券之利息證券、定期金證券或其他附屬證券，以已交付於質權人者為限，亦為質權效力所及。附屬之證券，係於質權設定後發行者，除另有約定外，質權人得請求發行人或出質人交付之（民910）。以股票質權為例，公司分派之盈餘，包括由盈餘轉成之增資配股，係由各股份所生之法定孳息，如公司未發行附屬性證券，雖未交付，質權人亦得就此行使質權（最高法院63年第3次民庭庭推總會決議）。

四、權利質權的實行

（一）債權質權的實行

　　為質權標的物之債權，以金錢給付為內容，而其清償期先於其所擔保債權之清償期者，質權人得請求債務人提存之，並對提存物行使其質權；為質權標的物之債權，以金錢給付為內容，而其清償期後於其所擔保債權之清償期者，質權人於其清償期屆至時，得就擔保之債權額，為給付之請求（民905）。

　　為質權標的物之債權，以金錢以外之動產給付為內容者，於其清償期屆至時，質權人得請求債務人給付之，並對該給付物有質權（民906）。為質權標的

的物之債權，以不動產物權之設定或移轉為給付內容者，於其清償期屆至時，質權人得請求債務人將該不動產物權設定或移轉於出質人，並對該不動產物權有抵押權。此項抵押權應於不動產物權設定或移轉於出質人時，一併登記（民906-1）。

　　質權人於所擔保債權清償期屆至而未受清償時，質權人不但得依前三條之規定行使權利，亦得拍賣質權標的物之債權或訂立契約、用拍賣以外之方法實行質權，均由質權人自行斟酌選擇之（民893I、895、906-2）。為質權標的物之債權，如得因一定權利之行使而使其清償期屆至者，例如未定返還期限之消費借貸債權，貸與人依法須定1個月以上之相當期限催告，始得請求返還（民478），質權人於所擔保債權清償期屆至而未受清償時，亦得行使該權利（民906-3）。

　　債務人為前述之提存或給付時，質權人應通知出質人，但毋庸得其同意（民906-4）。為質權標的物之債權，其債務人受質權設定之通知者，如向出質人或質權人一方為清償時，應得他方之同意。他方不同意時，債務人應提存其為清償之給付物（民907）。為質權標的物之債權，其債務人於受質權設定之通知後，對出質人取得債權者，不得以該債權與為質權標的物之債權主張抵銷（民907-1）。

（二）有價證券質權之實行

　　質權以未記載權利人之有價證券、票據、或其他依背書而讓與之有價證券為標的物者，其所擔保之債權，縱未屆清償期，質權人仍得收取證券上應受之給付。如有使證券清償期屆至之必要者，並有為通知或依其他方法使其屆至之權利。債務人亦僅得向質權人為給付。此處收取之給付，其清償期先於其所擔保債權之清償期者，質權人得請求債務人提存之，並對提存物行使其質權，於其清償期屆至時，質權人得請求債務人給付之，並對該給付物有質權。以證券為標的物之質權，質權人於所擔保債權清償期屆至而未受清償時，質權人亦得拍賣質權標的物之債權或訂立契約、用拍賣以外之方法實行質權，如得因一定權利之行使而使其清償期屆至者，質權人於所擔保債權清償期屆至而未受清償時，亦得行使該權利（民909）。

第八章　典　權

一、典權的意義

　　典權是指支付典價在他人之不動產爲使用、收益，於他人不回贖時，取得該不動產所有權之權（民911）。例如甲就乙價值1,000萬元的土地，支付800萬元之典價於乙，設定期間20年的典權，乙將土地交付甲使用，典期屆滿，乙可備齊典價向甲回贖土地，如乙在典期屆滿後2年不以典價回贖時，甲就取得典物的所有權（民923）。其中甲爲典權人，乙爲出典人。上例中的乙將土地交付給甲占有，乃是用益物權以標的物爲使用收益的當然結果，並非典權的成立要件，而是典權效力的一部分。

　　典權是我國固有的習慣與制度，一方面使出典人能取得急需之款項，並同時保留自己現有產業的所有權，他方面使典權人僅用找貼之方法，即可取得所有權。對典權人而言，此乃僅次於所有權的一項物權，兼具擔保與買賣之效用，所以有稱出典爲典賣，以有別於買賣之爲絕賣者。但就性質而言，典權屬於用益物權，與臺灣地區在光復前所發生的不動產質權，性質上乃是擔保物權者，迥不相同（40台上1109）。

二、典權的取得

　　典權除因繼承而取得外，主要是因設定而取得，爲避免因典權存續期間漫無限制，而有害於社會上個人經濟之發展，故典權之約定期限，不得逾30年。逾30年者，縮短爲30年（民912）。典權未定期限者，亦僅得於出典後30年內存續（民924）。又因典價通常較典物之價額爲低，爲保護債務人之利益，典權之約定期限不滿15年者，不得附有到期不贖即作絕賣之條款（民913I），違反者，出典人仍得於典期屆滿後2年內回贖（34上188）。

　　同屬於一人所有之土地及其上的建築物，爲各別獨立之不動產，所有人得獨立處分，亦得就土地及建築物單獨或分別設定典權，此時建築物所有人與土地典權人、建築物典權人與土地所有人、建築物典權人與土地典權人間，關於土地之利用關係除當事人間有特別約定外，考量當事人及社會之經濟利益之維

護，民法第924條之2第1項乃規定：「土地及其土地上之建築物同屬一人所有，而僅以土地設定典權者，典權人與建築物所有人間，推定在典權或建築物存續中，有租賃關係存在；其僅以建築物設定典權者，典權人與土地所有人間，推定在典權存續中，有租賃關係存在；其分別設定典權者，典權人相互間，推定在典權均存續中，有租賃關係存在。」

依前述規定，如建築物與土地之所有人只出典土地，於典權存續中推定土地典權人與建築物所有人間有租賃關係，但若建築物先滅失時，租賃關係應歸於消滅；倘所有人只出典建築物，於典權存續中，推定建築物典權人與土地所有人間有租賃關係，若因建築物滅失而未重建致典權消滅者，租賃關係應歸於消滅；倘所有人將土地及建築物出典給不同人，於典權均存續中，建築物典權人與土地典權人間推定有租賃關係，如土地及建築物典權之一先消滅，則回歸適用本項前段或中段規定。在此等依規定成立法定租賃關係的情形中，其租金數額由當事人協議決定，當事人不能協議時，得請求法院以判決定之（民924-2II）。

三、典權的效力

（一）典權人的權利

1.用益權

典權為用益物權，典權人得就典物為使用收益。但為免自然資源枯竭，維護不動產之本質，使其得永續利用，典權人應依典物之性質為使用收益，並應保持其得永續利用（民917-1I）。典權人對典物之使用收益應依其性質為之，不得為性質之變更，就建築物之用益不得有不能回復其原狀之變更，土地尤不得過度利用，戕害其自我更新之能力，以保持典物得永續利用。

2.相鄰權

典權人占有出典人之不動產，而為使用收益，其法律上地位與所有人類似，故民法第774條至第800條之規定於典權人間或典權人與土地所有人間準用之（民800-1）。

3.轉典權

轉典是指典權人維持原典權之關係，而以轉典人之地位，再設定新典權，將典物交付轉典權人使用收益的行為。轉典權亦為物權，不僅對轉典權人存在，對出典人亦有效力（40台上1555）。典權存續中，除另有約定或另有習慣

外，典權人得將典物轉典於他人（民915I）。轉典行爲乃典權之再設定（81台上299），性質上屬於不動產物權行爲，故應以書面爲之（28渝上1078，民758II），且非經登記，不生效力（民758I）。土地及其土地上之建築物同屬一人所有，而爲同一人設定典權者，典權人就該典物不得分離而爲轉典（民915IV）。

　　典權定有期限者，其轉典或租賃之期限，不得逾原典權之期限，未定期限者，其轉典或租賃，不得定有期限（民915II）。換言之，轉典期限屆滿之時期，不得後於原典權期限屆滿之時期，如原典權人之期限經過一部分後轉典者，其轉典之期限不得逾原典權之殘餘期限，原典權之期限屆滿後轉典者，其轉典不得定有期限（32上3934）。

　　轉典之典價，不得超過原典價（民915III）。典權人對於典物因轉典所受之損害，應負賠償責任（民916）。

4.出租權

　　在典權存續中，除另有約定或另有習慣外，典權人得將典物出租於他人。典權定有期限者，租賃之期限不得逾原典權之期限，未定期限者，其租賃亦不得定有期限（民915I至III）。但典權人對於典物因出租所受之損害，對於出典人，應負賠償責任（民916）。準此，典物經出典人回贖後，承租人與典權人所訂之租約，對於出典人，即不得援用民法第425條規定，主張仍繼續存在（45台上841）。

5.讓與或處分權

　　典權爲不具專屬性的財產權，故典權人得將典權讓與他人或設定抵押權。典物爲土地，典權人在其上有建築物者，其典權與建築物，不得分離而爲讓與或其他處分（民917）。土地及其土地上之建築物同屬一人所有，而爲同一人設定典權者，典權人不得就其典權分離而爲處分（民915IV）。典權的讓與或處分均爲不動產物權行爲，故應以書面爲之（院解3044，民758II），且非經登記，不生效力（民758I）。典權讓與時，受讓人對於出典人，取得與典權人同一之權利；設定抵押權時，典權人乃是以典權爲抵押權之標的物，設定權利抵押權（民882）。

6.留買權

　　出典人將典物出賣於他人時，典權人有以相同條件留買之權（民919I）。此乃在保護出典人之中，兼顧典權人利益之設計，其中所稱留買，是指典權人

請求出典人訂定買賣契約之權利，僅限於典權存續中，出典人將典物之所有權讓與他人時，始能適用（29渝上2015）。留買權非僅具有債權的性質，其具有優先於任何人而購買之效果，出典人不得以任何理由拒絕出賣。爲兼顧出典人之利益，典權人聲明留買必須條件完全相同，故出典人將典物出賣於他人時，應以書面通知典權人，典權人於收受出賣通知後10日內不以書面表示依相同條件留買者，其留買權視爲拋棄（民919II）。出典人違反前述通知義務而將所有權移轉者，其移轉不得對抗典權人（民919III），故留買權具有物權之效力。

7.優先購買權

典權人於承典之基地建築房屋者，於基地出賣時，典權人有依同樣條件優先購買之權。前項優先購買權人，於接到通知後10日內不表示者，其優先權視爲放棄。出賣人未通知優先購買權人而與第三人訂立買賣契約者，其契約不得對抗優先購買權人（土地104）。

8.重建修繕權

典權存續中，典物因不可抗力致全部或一部滅失者，除經出典人同意外，典權人僅得於滅失時滅失部分之價值限度內爲重建或修繕。原典權對於重建之物，視爲繼續存在（民921）。因滅失而消滅之典權，應於重建之範圍內回復，即就重建之部分，典權人仍有典權，出典人亦仍有回贖權（院1994）。惟該部分重建後之價值低於滅失時之價值者，其消滅之典權及回贖權，僅於重建後之價值限度內回復，不能以該部分原有之典價爲典價（院2190）。

9.費用償還請求權

典權人因支付有益費用，使典物價值增加，或依第921條之規定，重建或修繕者，於典物回贖時，得於現存利益之限度內，請求償還（民927I）。立法意旨是認爲典權人支出此等費用，其數額多於典物回贖時現存之利益額時，不應責令出典人償還費用之金額，故典權人支出之費用如少於現存之利益，即不得按現存之利益額，求償其費用（32上2672）。此項費用償還請求權，不以支出費用先經出典人同意爲要件（39台上1052），亦不得以此項費用未償還，作爲拒絕出典人回贖典物的理由（32上3164）。

10.工作物取回權

典物上有工作物者，典權消滅時，典權人得取回其工作物。但應回復典物原狀。典權人不於典權消滅後1個月內取回其工作物者，工作物歸屬於出典人。其有礙於典物之利用者，出典人得請求回復原狀。典權人取回其工作物

前，應通知出典人。出典人願以時價購買者，典權人非有正當理由，不得拒絕（民927II準用民839）。

11.補償請求權或法定地上權

典物為土地，出典人同意典權人在其上營造建築物者，除另有約定外，於典物回贖時，應按該建築物之時價補償之。出典人不願補償者，於回贖時視為已有地上權之設定（民927III）。出典人願依前項規定為補償而就時價不能協議時，得聲請法院裁定之；其不願依裁定之時價補償者，於回贖時亦視為已有地上權之設定（民927IV）。前二項視為已有地上權設定之情形，其地租、期間及範圍，當事人不能協議時，得請求法院以判決定之（民927V）。如出典人未曾同意典權人營造建築物者，除另有約定外，於典物回贖時，出典人得請求典權人拆除並交還土地。

12.找貼權

出典人於典權存續中，表示讓與其典物之所有權於典權人者，典權人得按時價找貼取得典物所有權。此項找貼，以一次為限（民926）。

13.典物所有權取得權

典權的約定期限如滿15年以上，即得附有到期不贖即作絕賣的條款。典權附有絕賣條款者，出典人於典期屆滿不以原典價回贖時，典權人即取得典物所有權（民913II）。絕賣條款將使所有權發生變動，具有物權效力，非經登記，不得對抗第三人（民913III），即須經登記始得對抗土地及典權之受讓人或其他第三人（例如抵押權人）。

出典人於典期屆滿後，經過2年，不以原典價回贖者，典權人即取得典物所有權（民923II）。典權未定期限者，出典人得隨時以原典價回贖典物。但自出典後經過30年不回贖者，典權人即取得典物所有權（民924）。此時典權人取得典物所有權，是直接基於法律之規定而移轉，與依法律行為取得不動產物權者有別（院2399、院解3908）。如典物經轉典後，原典權人取得典物所有權，轉典權人之權利，仍有效存在。此時原典權人對於轉典權人而言，其地位與出典人無異，而轉典權人對於原典權人取得之權利，亦與典權人相同。從而出典人及原典權人均逾期不回贖時，轉典權人即取得典物之所有權（81台上299）。

土地及其土地上之建築物同屬一人所有，而僅以土地或建築物設定典權或就其分別設定典權者，如出典人未回贖其土地或建築物時，典權人依第913條第2項、第923條第2項、第924條規定取得典物所有權，致土地與建築物各異其

所有人時，爲使建築物對基地之使用關係單純及穩定，依法視爲已有地上權之設定。其地租、期間及範圍由當事人協議定之；不能協議者，得請求法院以判決定之；此種地上權，因建築物之滅失而消滅（民924-2Ⅲ準用民838-1）。

（二）典權人的義務

典權人依土地法相關規定，有繳納地價稅的義務，且因其可能此而取得土地所有權，亦有預繳土地增值稅的義務（土地172、183、186）。此外，依民法規定，尚有下列義務：

1.保管典物的義務

典權人應以善良管理人的注意，保管典物，但爲兼顧典權人的利益，亦不宜使其負與一般侵權行爲人相同的責任。故民法規定典權存續中，因典權人之過失，致典物全部或一部滅失者，典權人於典價額限度內，負其責任。但因故意或重大過失致滅失者，除將典價抵償損害外，如有不足，仍應賠償（民922）。因典物滅失受賠償而重建者，原典權對於重建之物，視爲繼續存在（民922-1）。

2.危險分擔的義務

典權存續中，典物因不可抗力致全部或一部滅失者，就其滅失之部分，典權與回贖權，均歸消滅（民920Ⅰ）。例如典物被敵機炸燬全部或一部者，就滅失部分之典權，即歸消滅，典權人不得向出典人請求返還該部分之典價（院2333），如典物因地震或海嘯而滅失時，亦同。前項情形，出典人就典物之餘存部分，爲回贖時，得由原典價扣除滅失部分之典價。其滅失部分之典價，依滅失時滅失部分之價值與滅失時典物之價值比例計算之（民920Ⅱ）。例如出典房屋一棟，典價爲90萬元，因不可抗力致房屋一部滅失，經估算滅失時房屋價值爲300萬元，該滅失部分爲180萬元時，滅失時滅失部分之典價爲54萬元（90×180/300），回贖金額爲36萬元（90-54）即出典人須按比例支付36萬元，始得回贖典物房屋餘存之部分。

（三）出典人的權利

1.典物讓與權

出典人設定典權後，得將典物讓與他人；但典權不因此而受影響（民

918）。因為出典人對於典物之使用收益，雖因設定典權而受有限制，但典物之所有權仍屬於出典人，仍得予以處分。此時由於典權的設定在典物所有權讓與之先，本於物權的追及效力，典權人對於受讓人，仍有同一之權利，故得就原典物行使權利，而原出典人之回贖權，亦一併移轉於受讓人（31上1655）。

2.抵押權設定權

　　出典人設定典權後，仍未喪失其所有權，故在不妨害典權的範圍內，仍得為他人設定抵押權（院192，釋139）。

3.典物回贖權

(1) 回贖權的意義

　　回贖權是指出典人於得回贖的期間內，提出原典價，向典權人表示回贖典物之意思，而使典權消滅的權利。回贖權是出典人的權利，出典人並無以原典價回贖典物的義務，典權人對於出典人亦無備價回贖的請求權（29渝上1006、33上6387）。此項權利性質屬於形成權，不適用消滅時效的規定，得行使回贖權的期間，應為除斥期間，而非時效期間（29渝上2034、31上1856），不適用停止時效的規定（院2145、2627）。

(2) 回贖的方法

　　回贖權是形成權，出典人回贖典物時，只須向典權人表示回贖之意思，並提出原典價即可。典權於意思表示生效時，即行消滅（39台上1318），縱典權人對於出典人提出之原典價拒絕收領，出典人亦未依法提存，於典權之消滅亦無影響（32上4090），但如出典人僅向典權人表示回贖之意思，而未提出典價，即無消滅典權的效力（30渝上371）。出典人之回贖，應於6個月前通知典權人（民925）。典權人對典物之使用收益違反規定者，經出典人阻止而仍繼續為之者，出典人得回贖其典物；典權經設定抵押權者，並應同時將該阻止之事實通知抵押權人（民917-1II）。

　　典權人如已將典物轉典予他人，其利害關係人除出典人及典權人之外，亦包括轉典權人，典物的回贖問題也比較複雜。出典人行使回贖權時，原應提出原典價為之，然轉典後，可能有多數轉典權存在，出典人如向典權人回贖，可能無法塗銷轉典權，如向最後轉典權人回贖，有可能須再次提出典價向典權人回贖。為避免增加出典人行使回贖權之負擔及資金風險之不利益，民法第924條之1第1項規定：「經轉典之典物，出典人向典權人為回贖之意思表示時，典權人不於相當期間向轉典權人回贖並塗銷轉典權登記者，出典人得於原典價範圍

內，以最後轉典價逐向最後轉典權人回贖典物。」即出典人回贖時，僅須先向典權人為回贖之意思表示，典權人即須於相當期間內，向其他轉典權人回贖，並塗銷轉典權，嗣出典人提出原典價回贖時，典權人始塗銷其典權。如典權人不於相當期間向轉典權人回贖並塗銷轉典權登記者，為保障出典人之利益，出典人即得提出於原典價範圍內之最後轉典價，逐向最後轉典權人回贖。

出典人回贖典物時，典權人就原典價內相當於轉典價數額之部分，自無受領權，出典人僅向典權人提出典價回贖者，不得以之對抗轉典權人（31上3043）。經轉典之典物，出典人依前述規定向最後轉典權人回贖時，原典權及全部轉典權均歸消滅。惟轉典價低於原典價或後轉典價低於前轉典價者轉典價低於原典價者，出典人向典權人為回贖之意思表示時，典權人或轉典權人得向出典人請求原典價與轉典價間之差額。出典人並得為各該請求權人提存其差額（民924-1II）。例如甲將土地一宗以1,000萬元出典於乙，乙以900萬元轉典於丙，丙復以800萬元轉典於丁。乙、丙、丁如仍有回贖權時，甲依前述規定以最後轉典價即800萬元向丁回贖者，乙之典權及丙、丁之轉典權均歸消滅，乙、丙就自己與後手間各100萬元之典價差額，均得向甲請求返還。出典人甲並得分別為乙、丙提存典價之差額各100萬元。

轉典為典權人之權利，非出典人所得過問，但如典權人預示拒絕塗銷轉典權登記；行蹤不明或有其他情形致出典人不能為回贖之意思表示者，為避免出典人因轉典而承擔過重的負擔及行使回贖權的困難，自宜比照前述情形處理。民法第924條之1第3項亦因此規定：「前二項規定，於下列情形亦適用之：一、典權人預示拒絕塗銷轉典權登記。二、典權人行蹤不明或有其他情形致出典人不能為回贖之意思表示。」

(3) 回贖的時期及不回贖的效果

典權定有期限者，於期限屆滿後，出典人得以原典價回贖典物。出典人於典期屆滿後，經過2年，不以原典價回贖者，典權人即取得典物所有權（民923）。典權未定期限者，出典人得隨時以原典價回贖典物。但自出典後經過30年不回贖者，典權人即取得典物所有權（民924）。此一部分與典權人典物所有權取得權有關，請參閱該部分之說明。

第九章　留置權

一、留置權的意義

留置權是指債權人占有他人之動產，而其債權之發生與該動產有牽連關係，於債權已屆清償期未受清償時，得留置該動產之權（民928I）。例如甲將電腦交由乙維修公司修理，費用5,000元，修畢後，於甲未清償修理費前，乙得拒絕返還電腦，而加以留置是。留置權是法定物權，除本章討論之一般留置權外，尚有依法律之特別規定而成立的特殊留置權，民法稱為「其他留置權」（民939）。

二、留置權的取得

留置權為擔保物權，但不能由法律行為而取得，其發生須備下列法定要件（民928）：

（一）須債權人占有他人之動產

留置權以占有屬於他人之動產為成立要件，但債權人因侵權行為或其他不法之原因而占有動產者，仍不發生留置權（民928II），例如竊賊為請求返還修理贓物所支出之費用，對贓物並無留置權。但如其他留置權有規定不以占有動產為發生要件者，則應依其規定（28渝上687）。

（二）須債權已屆清償期或債務人無支付能力

留置權是以督促債務人履行債務為目的，故須債權已至清償期而未受清償，始得留置其物，但債務人無支付能力時，債權人縱於其債權未屆清償期前，亦有留置權（民931I）。

（三）須債權之發生與該動產有牽連關係

牽連關係是指債權與該動產間的密切關係，包括債權係因就該動產為某事實行為而發生者，及債權與該動產之返還義務，係因同一法律關係或事實關係

而生者等二種情形。例如甲將冷氣機出賣予乙，並交付之，嗣後冷氣機因須修護而由甲卸下，運回占有，如乙買賣價金及修護費用均未清償，甲主張對冷氣機有留置權時，其與冷氣機之占有有牽連關係的債權，僅修護費用而已，原買賣契約之價金債權，與其占有之冷氣機，尚難認有牽連關係存在（62台上1186）。商人之間因交易頻繁，其留置權的範圍，當較一般為廣，故商人間因營業關係而占有之動產，與其因營業關係所生之債權，視為有牽連關係（民929）。例如顧客將洗衣物交付洗染業者洗染所生之債權，與該洗染業者因營業關係而占有之洗衣物，即被視為有牽連關係，以免除一一證明之困難。換言之，縱其債權與該動產之占有，係基於不同關係而發生，且無任何因果關係，亦無不可（60台上3669）。

（四）留置權之行使須不違背公序良俗

動產之留置，如違反公共秩序或善良風俗者，不得為之（民930前段）。例如以買賣價金未支付為理由，留置債務人祖先之遺像及牌位，即非妥當。

（五）動產之留置，須不與債務人所承擔之義務，或與債權人債務人間之約定相牴觸

如有上述牴觸，為保全交易上之信用，即不得留置之（民930後段）。前一種情形，例如物品運送人甲，負有於約定或其他相當期間內，將物品運送至目的地之義務，運送人甲即不得主張託運人乙之運費未付，而扣留其物，不為運送；甲將布匹交予乙縫製衣服，乙所負之義務，為將布匹縫成衣服，在未縫製完成前，縱乙對甲之債權已屆清償期而未受清償，亦不得對甲所交付之布匹主張留置權，否則，即與乙所承擔之義務相違。後一種情形，例如債務人乙將汽車交債權人甲修理，於交付時言明汽車修復後，須交由債務人乙試用數日，認為滿意，始給付修理費者，債權人甲於汽車修畢後，仍以債務人之修理費未付而留置汽車，即與債權人、債務人間之約定相牴觸。

三、留置權的效力

（一）效力的範圍

1.留置權擔保債權的範圍

此項範圍法律上未設明文規定，解釋上包括與被留置之動產有牽連關係之所有債權，例如原債權、利息、遲延利息、違約金、避免留置物價值減損所必要之保存費用、實行留置權之費用及因留置物隱有瑕疵而生之損害賠償等（民887參照）。

2.留置權及於標的物之範圍

留置權之效力除及於被留置之動產外，亦及於被留置的從物，以及被留置的動產及其從物的孳息。

（二）對留置權人的效力

1.標的物的留置

留置權的效用，在使債務人速為清償，且亦具有不可分性，故債權人於其債權未受全部清償前，得就留置物之全部，行使其留置權。但留置物為可分者，僅得依其債權與留置物價值之比例行使之（民932）。

2.留置物的保管與孳息收取

留置權與質權同為擔保物權，質權存續中質權人對質物之保管義務、使用或出租之限制、孳息收取權及有腐敗之虞時之變價權，在留置權均應準用（民933準用民888至890、892）。故留置權人應以盡善良管理人之注意，保管留置物；質權人得收取留置物所生之孳息者，應以對於自己財產同一之注意收取孳息，並為計算，質權人收取之此項孳息，先抵充費用，次抵原債權之利息，次抵原債權；留置權存續期間中，因留置物有腐壞之虞，或其價值顯有減少，足以害及留置權人之權利者，留置權人得拍賣留置物，以其賣得價金，代充留置物。

3.必要費用償還請求權

債權人因保管留置物所支出之必要費用，得向其物之所有人，請求償還（民934）。蓋動產之所以被留置，乃因債務人不為清償，且留置物仍為債務人所有，而必要費用亦為有利於留置物之費用，即有利於債務人之費用，故不應由留置權人負擔。

4.留置權的實行權

留置權的實行權是指留置權人得履行法定程序，拍賣留置物，以其價金受償的權利。債權人於其債權已屆清償期而未受清償者，得定1個月以上之相當期限，通知債務人，聲明如不於其期限內為清償時，即就其留置物取償；留置物為第三人所有或存有其他物權而為債權人所知者，應併通知之。債務人或留置物所有人不於前項期限內為清償者，債權人得準用關於實行質權之規定，就留置物賣得之價金優先受償，或取得其所有權。不能為前述之通知者，於債權清償期屆至後，經過6個月仍未受清償時，債權人亦得依關於實行質權之規定，拍賣留置物，或取得其所有權（民936）。

（三）對留置物所有人的效力

動產被債權人留置後，所有人即無法為使用收益，但其仍未喪失處分權，故仍得以讓與所有物返還請求權的方法（民761III），將留置物所有權讓與第三人。

（四）對留置物其他物權人的效力

留置物存有所有權以外之物權者，該物權人不得以之對抗善意之留置權人（民932-1）。例如留置物上存有質權時，留置權與質權之優先效力，本應依其成立之先後次序定之，惟留置權人在債權發生前已占有留置物，如其為善意者，應獲更周延之保障，故該留置權宜優先於其上之其他物權。

四、留置權的消滅

留置權除因實行而消滅外，尚有二項消滅的原因：

（一）債務人另提擔保

債務人或留置物所有人為債務之清償，已提出相當之擔保者，債權人之留置權消滅（民937I）。蓋此時債權人即已有所取償，留置權已無存在的必要，應使其消滅。

（二）占有的喪失

占有動產乃留置權的成立要件，若債權人喪失占有，留置權的成立要件已有欠缺，當然歸於消滅。留置權，因留置權人返還留置物於債務人而消滅，返還留置物時，為留置權繼續存在之保留者，其保留無效；留置權人喪失其留置物之占有，於2年內未請求返還者，其留置權消滅；留置權，因留置物滅失而消滅，如債務人因滅失得受賠償或其他利益者，留置權人對於債務人所得行使之賠償或其他請求權仍有質權，其次序與原留置權同（民937II準用民897至899）。

第十章 占 有

一、占有的意義

　　占有是指對於物，為事實上管領的法律狀態，對於物有事實上管領之力者，即為占有人（民940）。占有在我國民法上雖具有相當的效力（如民943、953），並受法律的保護，但其性質上仍非屬權利，而是一項法律事實或法律狀態（52台上311）。民法第767條之規定稱「無權占有」，而不稱「無占有權」，當可為佐證。占有並非法律行為，故占有人不必具有占有意思，無行為能力人亦不妨為占有人。茲將占有的意義，再分二點析述如下：

（一）占有是以動產或不動產為客體

　　占有的標的物以物為限，對於不須占有其物，即可行使權利的財產權，僅能成立準占有（民966）。占有的標的物，不以得為私權客體的物為限，也不必為獨立的物，對於物的一部或全部，均得為占有，例如建築物內的一個房間，雖不具獨立性，亦得為占有的標的物。

（二）占有是有事實上的管領力

　　占有僅須占有人對於物有事實上管領力，即為已足，至於物是否放置於一定處所，或是否標示為何人所有，均與占有之成立無關，此項管領力的有無，應依一般社會觀念決定，不以占有人與標的物有身體或物理上的接觸為必要。例如賽鴿雖飛行在外，終將歸來，即仍為其主人所占有；野獸中彈後，雖尚可暫時奔逃，解釋上應認為獵人已占有之。其他如甲將自己的汽車交給乙，由乙代覓停車位停放之，乙停妥後暫行保管鑰匙，準備隨時交還予甲，此時甲對於該汽車即具有事實上的管領力，為該汽車的占有人。

二、占有的種類

　　占有依其區分標準的不同，可作各種分類，茲擇要說明如下：

（一）有權占有與無權占有

此項區分的標準，是占有的本權之有無。前者是指依法具有某種占有的本權，例如所有權、租賃權、地上權等權利者；後者是指欠缺本權的占有，例如因竊盜或搶奪而占有贓物，或承租人於租賃契約終止後，仍繼續占有租賃物的情形。此二者區別的實益，是前者只要本權繼續存在，即可拒絕他人交付其占有物的請求，但後者在有權占有人請求交還其占有物時，即應返還之。

（二）善意占有與惡意占有

此二項占有均為無權占有，其區分的標準是占有人是否知悉其無占有的本權。前者是指占有人主觀上不知其無占有的本權，而實施占有；後者則是占有人明知其無占有的本權，卻占有標的物。占有究為善意或惡意的問題，須自占有人的主觀意思探求之，民法為求簡便，乃設推定占有為善意的規定（民944I），以保護占有人。善意占有人就其占有是否具有本權，本無查證之義務，惟若依客觀事實足認善意占有人嗣後已確知其係無占有本權者，例如所有人已向占有人提出權利證明文件或國家機關對其發出返還占有物之通知，此際，善意占有人應轉變為惡意占有人。故善意占有人自確知其無占有本權時起，為惡意占有人；善意占有人於本權訴訟敗訴時（即實體上判決確定時），自訴狀送達之日起，視為惡意占有人（民959）。此二者區別的實益，是在於物權取得時效的期間不同（民768至770）、得否受有關善意受讓的規定之保護不同（民801、886、948）、對善意受讓者得否請求回復其物不同（民951-1）、與回復請求人的法律關係不同（民952至958）。

（三）自主占有與他主占有

此項區分的標準，是占有人是否以所有的意思而占有。前者是指對於物，以所有的意思而占有；後者是指對於物，非以所有的意思而占有。例如所有人對所有物、侵占人對於因侵占而取得之物的占有，均屬自主占有；承租人對租賃物、地上權人對為地上權標的物的土地的占有，則是他主占有。此項區分的實益，是因時效取得所有權（民768至770）、先占（民802）均以自主占有為必要，且自主占有人的賠償責任較輕（民953），他主占有人的賠償責任較重（民956）。

　　占有人的占有究為自主占有或他主占有的問題，須自占有人的主觀意思探求之，其證明相當困難，民法乃設有推定占有人的占有為自主占有的規定（民944I），使占有人就此不必負舉證之責。占有的事實狀態並非當然一成不變，相關情形改變者，他主占有可能變更為自主占有，反之亦然。占有如依其所由發生的事實的性質，無所有的意思者，例如因使用借貸而占有他人之物，其占有人對於使其占有之人，自表示所有的意思時起，為以所有的意思而占有；其因新事實變為以所有的意思占有者，例如承租人向出租人買受租賃物，亦為以所有的意思而占有（民945I）。占有人的他主占有變為自主占有時，如使其占有之人非所有人，而占有人於為前項表示時已知占有物之所有人者，其表示並應向該所有人為之（民945II）。

　　占有人占有特定物的意思變更，並不限於他主占有變為自主占有，也有可能自主占有變為他主占有，或某種他主占有變為另外一種他主占有。前者例如以所有之意思占有，變為以地上權之意思占有；後者例如以地上權意思之占有，變為以租賃或農育權意思而占有。此等占有狀態的變更及占有人的通知義務，均應與他主占有變為自主占有時相同，故民法第945條第3項乃規定：「前二項規定，於占有人以所有之意思占有變為以其他意思而占有，或以其他意思之占有變為以不同之其他意思而占有者，準用之。」

（四）直接占有與間接占有

　　此項區分的標準，是標的物被占有的狀態是否直接。前者是指直接對於物有事實上的管領力者，後者是指自己不直接占有其物，而本於一定的法律關係，由他人代為管領，而對於直接占有人，享有返還請求權的情形。故地上權人、農育權人、典權人、質權人、承租人、受寄人，或基於其他類似之法律關係，對於他人之物為占有者，該他人為間接占有人（民941）。換言之，地上權人、農育權人、典權人、質權人、承租人、受寄人為直接占有人，地上權及農育權的標的物及典物的所有人、出質人、出租人、寄託人為間接占有人。應注意者，是從當事人間的內部關係，可認為一方當事人的占有，是受他方當事人的指示時（65台抗163），例如受僱人、學徒、家屬或基於其他類似之關係，受他人之指示而對於物有管領力者，只是占有人的輔助機關，並非直接占有人，故僅僱用人、師父及家長等指示其占有之人，始為占有人（民942）。

（五）單獨占有與共同占有

此項區分的標準，是占有人的人數。前者是指占有人僅有一人的情形，後者是指數人共同占有一物的情形。倘係共同占有，即數人共占有一物時，各占有人，就其占有物使用的範圍，不得互相請求占有之保護（民965）。

三、占有的取得

（一）原始取得

是指非基於他人的占有的移轉，而取得既存的占有的情形。例如對於遺失物的占有，無主物的先占均屬之。

（二）繼受取得

是指基於他人的移轉，而取得既存的占有的情形。占有的移轉及占有的繼承均屬之。占有之移轉是指占有的受讓人因法律行為而取得占有的情形，依法因占有物之交付，而生效力（民946 I），且因準用民法第761條之規定（民946 II），並非以現實交付為限，而包括簡易交付、占有改定及讓與返還請求權等觀念交付在內。占有的繼承，是指繼承人依法律規定（民1148），而取得被繼承人的占有的情形。惟只要是繼受取得占有，無論是占有的繼承人或受讓人，均得就自己的占有，或將自己的占有與其前占有人的占有合併，而為主張。但合併前占有人的占有而為主張者，並應承繼其瑕疵（民947）。而此處所稱的瑕疵，是指對於物的占有，以惡意、有過失、強暴、隱秘或不繼續之方式實施的狀態。例如甲將其對於他人之動產的占有，移轉予乙，乙繼續占有後，主張依時效而取得該動產的所有權時，如乙自行占有已達10年，自無問題（民768），惟如乙係主張其與甲之占有合併計算，已達10年時，如甲的占有具有隱秘、強暴等瑕疵時，均應一律承繼，而可能使取得時效因而中斷。

四、占有的效力

占有人除得本其占有的事實，依取得時效的規定（民768至772），取得動產物權或請求登記為不動產物權人的權利外，尚有以下之效力：

（一）推定的效力

1.占有事實的推定

占有人推定其為以所有之意思，善意、和平、公然及無過失占有；經證明前後兩時為占有者，推定前後兩時之間，繼續占有（民944）。依一般舉證責任分配原則，占有人不須就常態事實及消極事實，負舉證責任。占有人對於已被法律推定的占有的狀態，均無須負舉證責任，否認之人須提出反證始得推翻之。所謂「無過失」乃係就其善意占有已盡其注意義務，在「善意」已受推定之範圍內，進一步推定占有人為「無過失」，主張其為「有過失」者，應負舉證責任。

2.權利的推定

占有人於占有物上行使之權利，推定其適法有此權利（民943I）。換言之，占有人為有權占有之狀態，亦為法律所推定，例如占有人於標的物上行使所有權時，即推定其有所有權，於標的物上行使租賃權時，即推定其有租賃權。不過，對於已登記之不動產物權，其交易相對人所應信賴者，乃是地政機關的登記（民759-1），不能依憑不動產的現時占有狀態而為權利的推定。此外，根據債權（如租賃或借貸）或限制物權（如動產質權）等所有權以外之權利而占有他人之物者，例如甲將物交付乙占有，嗣甲以所有物返還請求權請求乙返還，乙認為其間有租賃關係存在，主張因租賃權而占有，依訴訟法上舉證責任分配之法則，亦宜認為乙對有權占有之事實應負舉證責任，因此在占有人與使其占有人間，不宜逕為權利適法之推定。故民法第943條第2項乃規定：「前項推定，於下列情形不適用之：一、占有已登記之不動產而行使物權。二、行使所有權以外之權利者，對使其占有之人。」

（二）善意取得權利的效力

以動產所有權，或其他物權之移轉或設定為目的，而善意受讓該動產之占有者，縱其讓與人無讓與之權利，其占有仍受法律之保護。但受讓人明知或因重大過失而不知讓與人無讓與之權利者，不在此限（民948I）。擬取得動產所有權或動產質權者，如其占有受法律規定之保護，即使該動產所有權之讓與人或擬將該動產出質之人，無讓與該動產所有權或將該動產出質之權利，仍可依法取得該動產之所有權或質權（民801、886參照）。此時該動產之所有人，不

得以讓與人或出質人無讓與或出質之權利，即其處分行為屬於無權處分為理由，而對善意（不知讓與人無讓與之權利）之受讓人，請求返還其物。此等原則之目的，係在維護財產交易之安全（動的安全），但如受讓人不知讓與人無讓與之權利係因重大過失所致者，因其本身具有疏失，應排除於保護範圍之外，以維護原有權利秩序的靜的安全。

動產權利善意取得的成立，除讓與人及受讓人須有移轉占有之合意外，讓與人並應將動產交付於受讓人。讓與人的交付是以現實交付、簡易交付（民761I）或指示交付（民761III）為之者，均立即喪失占有，此時發生善意取得的效果較無問題，但如以占有改定（民761II）的方式交付，因受讓人使讓與人仍繼續占有動產，其與原權利人信賴讓與人而使之占有動產相較，並無應犧牲原權利人而保護受讓人利益之理由，不宜立即發生善意取得的效果。故動產占有之受讓，係依第761條第2項規定為之者，以受讓人受現實交付且交付時善意為限，始受善意取得規定之保護（民948II）。

在受讓人與所有人或其他權利人之利益而言，上述之設計顯然係將讓與人無權處分的風險，歸由所有人或其他權利人負擔，故必須以所有人或其他權利人，有意思之介入為適用之條件。故如讓與人之取得占有，並非出於所有人或其他權利人有意思，例如標的物係因遺失、被盜或其他類似之原因，而脫離其占有時，即應適度保護原有之財產秩序（靜的安全），不宜再由所有人或其他權利人負擔無權處分的風險。

占有物如係盜贓、遺失物或其他非基於原占有人之意思而喪失其占有者，原占有人自喪失占有之時起2年以內，得向善意受讓之現占有人請求回復其物（民949I）。此處所稱其他非因權利人之意思而脫離占有之物，包括遺忘物、誤取物等。原占有人行使前項之回復請求權後，即形成善意取得的例外，此時宜強調財產權靜的安全的保障，溯及於其喪失占有時起，回復其原來之權利。故民法第949條第2項規定：「依前項規定回復其物者，自喪失其占有時起，回復其原來之權利。」

如就動產占有人取得占有之情形及標的物之性質觀察，有特別保護占有人之必要者，亦有必要減輕其對他人為無權處分的風險。故盜贓、遺失物或其他非基於原占有人之意思而喪失其占有之物，如現占有人由公開交易場所，或由販賣與其物同種之物之商人，以善意買得者，非償還其支出之價金，不得回復其物（民950）。盜贓、遺失物或其他非基於原占有人之意思而喪失其占有之

物，如係金錢或未記載權利人之有價證券，不得向其善意受讓之現占有人請求回復（民951）。

　　盜贓、遺失物或其他非基於原占有人之意思而喪失其占有之物，其回復請求權人並不以占有物之所有人為限，其他具有占有權源之人，例如物之承租人、借用人、受寄人或質權人等，亦有回復請求權，但如原占有人無占有之本權，且為惡意的無權占有時，即無使其回復原來的無權占有的必要。民法第951條之1乃規定：「第九百四十九條及第九百五十條規定，於原占有人為惡意占有者，不適用之。」故無占有之本權的原占有人，以其為善意占有人為限，始得請求回復其物。

（三）被請求回復時的效力

1.善意占有人
(1) 孳息收取權

　　善意占有人於推定其為適法所有之權利範圍內，得為占有物之使用、收益（民952）。善意占有人得就占有物為使用、收益者，不以所有權為限，地上權、農育權、典權、租賃權等，亦得為之，其歷來所收取之孳息，均無須返還。惟善意占有人的權利內容，有得為占有物之使用或收益者，有依其性質無使用收益權者（如質權，民889、890），後者並無適用本條之必要，即其善意占有人不得為占有物之使用及收益。

(2) 費用求償權

　　善意占有人因保存占有物所支出之必要費用，得向回復請求人請求償還。但已就占有物取得孳息者，不得請求償還通常必要費用（民954）。必要費用分為通常必要費用及特別必要費用兩種。前者例如占有物之維護費、飼養費或通常之修繕費；後者例如占有之建築物因風災或水災而毀損，所支出之重大修繕費用。就占有物取得孳息者，僅就通常必要費用不得請求償還，仍得請求償還特別必要費用。善意占有人，因改良占有物所支出之有益費用，於其占有物現存之增加價值限度內，得向回復請求人，請求償還（民955）。但超過物之保存、利用或改良之必要，而支出之費用，即奢侈費用，即不得請求償還（81台上2222）。

(3) 賠償義務

　　善意占有人就占有物之滅失或毀損，如係因可歸責於自己之事由所致者，

對於回復請求人僅以滅失或毀損所受之利益爲限，負賠償之責（民953）。善意占有人如因不可歸責於自己之事由，致占有物滅失或毀損者，對於回復請求人雖不負損害賠償責任，然善意占有人若因此受有利益者，仍應依不當得利之規定負返還之責。

2. 惡意占有人

(1) **孳息返還義務**：惡意占有人，負返還孳息之義務，其孳息如已消費，或因其過失而毀損，或怠於收取者，負償還其孳息價金之義務（民958）。

(2) **必要費用求償權**：惡意占有人，因保存占有物所支出之必要費用，對於回復請求人，得依關於無因管理之規定，請求償還（民957）。

(3) **賠償義務**：惡意占有人或無所有意思之占有人，就占有物之滅失或毀損，如係因可歸責於自己之事由所致者，對於回復請求人，負賠償之責（民956）。惡意或他主占有人因不可歸責於自己之事由，致占有物滅失或毀損者，對於回復請求人雖無損害賠償責任，但因占有物之滅失或毀損受有利益者，仍應依不當得利規定負返還之責。

五、占有的保護

（一）占有人的自力救濟權

占有人的自力救濟權，是爲保護占有人而設，故除占有人得自己行使外，依民法第942條所定，對於物有管領力之人，即輔助占有人，亦得行使之（民961）。其內容主要可分爲下列二項：

1. **占有人的自力防禦權**：占有人對於侵奪或妨害其占有之行爲，得以己力防禦之（民960I）。

2. **占有人的自力取回權**：占有物被侵奪者，如係不動產，占有人得於侵奪後，即時排除加害人而取回之。如係動產，占有人得就地或追蹤向加害人取回之（民960II）。

（二）占有人的物上請求權

占有人之占有被侵奪者，得請求返還其占有物。占有被妨害者，得請求除去其妨害；占有有被妨害之虞者，得請求防止其妨害（民962）。此項物上請求權，是爲完全保護占有而設，僅就占有物有事實上管領力之占有人，始得行

使之（42台上922），非占有人即使對占有物有合法之權源，亦不得行使之（64台上2026）。此項請求權，自侵奪或妨害占有，或危險發生後，1年間不行使而消滅（民963）。但實務上認為此項請求權，與其他實體上的權利不妨併存，故如占有人的物上請求權已罹於消滅時效，倘占有人仍有其他本權，仍得依其本權之法律關係，例如侵權行為的法律關係，請求回復原狀（53台上2636）。

數人共同占有一物，即共同占有之占有物受第三人侵害時，各占有人得就占有物之全部，行使第960條或第962條之權利（民963-1I）。例如甲、乙、丙共同占有A車，如丁侵奪A車被甲發現，為保障各共同占有人之權益，甲即得以己力防禦或取回，並得以自己的名義向丁請求返還A車。但甲依前項規定，取回或返還之占有物，仍為占有人全體占有（民963-1II），即甲、乙、丙的共同占有A車，並不因為甲以己力防禦、取回或單獨向丁請求返還，而有所改變，其所回復者仍是原來的共同占有。

六、占有的消滅

占有是對物有事實上的管領力的事實狀態，故如事實上的管領力喪失，占有即歸於消滅。占有消滅的原因，主要有二項：

（一）標的物的滅失

例如占有物已被消費或被以物理力毀滅，則原占有人的事實上管領力，亦無從實施。

（二）管領力的喪失

占有，因占有人喪失其對於物之事實上管領力而消滅。但其管領力僅一時不能實行管領力者，不在此限（民964），即其占有仍不消滅。例如占有人將占有移轉他人，原占有人的占有即歸於消滅，但如占有物為他人奪取，經追蹤取回，或土地被洪水淹沒數日後，洪水退去，土地再度露出，則占有人的事實上管領力僅一時不能行使，占有即未喪失。

七、準占有

　　準占有是指對不因物之占有而成立之財產權，行使其權利的事實狀態。行使其權利者稱為準占有人。民法占有章中關於占有之規定，於準占有得準用之（民966），即法律予以同等之保護。例如行使他人的債權、著作權或專利權者，即為該等財產權的準占有人。

第六篇

親　屬

第一章　通則

第一節　親屬之分類

一、血　親

（一）自然血親

具有血緣關係，出自同一祖先之親屬。無論父系或母系之親屬，只要具有血緣關係者，均為血親。具有血緣關係之兄弟姊妹，雖有全血緣（同父同母）與半血緣（同父異母、同母異父）之分，但皆為自然血親。惟，非婚生子女尚未經生父認領前，與生父縱有父子女之血緣關係，但在法律上並非血親；反之，被推定為婚生之子女，與推定之父（生母之夫）雖無父子女之血緣關係，但於婚生否認之訴判決確定前，仍為法律上之血親（民1063）。

（二）擬制血親

又稱法定血親，即原無血緣關係，但依法律規定而取得血親身分之親屬。一般係指養子女與養父母或養子女與養父母之血親而言，惟，被推定為婚生之子女與推定之父雖非真實之父子女關係，但於婚生否認之起訴期間過後（民1063III），則確定為法律上之父子女關係，此或可謂為收養關係以外之擬制血親。

二、姻　親

指因婚姻關係而發生之親屬。民法第969條規定：「稱姻親者，謂血親之配偶、配偶之血親、及配偶之血親之配偶。」可知，姻親有三種，茲分述如下：

（一）血親之配偶

例如兄弟之妻、姊妹之夫、子之妻、伯叔父之妻、母舅之妻、姑母之夫等。

（二）配偶之血親

例如夫或妻之父母、祖父母、兄弟姊妹、伯叔、母舅、姑姨等。

（三）配偶之血親之配偶

例如夫之兄弟之妻（妯娌）或妻之姊妹之夫（連襟）等。

民法為避免姻親範圍過大，因此將「血親之配偶之血親」排除於姻親範圍之外。

第二節　親系、輩分及親等

一、親　系

（一）血親之親系

依民法規定，有直系血親與旁系血親之分：

1. **直系血親**：指己身所從出或從己身所出之血親（民967I）。前者為直系血親尊親屬，例如父母、祖父母、曾祖父母、高祖父母等是。後者為直系血親卑親屬，例如子女、孫子女、曾孫子女、玄孫子女等是。

2. **旁系血親**：指非直系血親，而與己身出於同源之血親（民967II）。同輩之旁系血親，例如兄弟姊妹、堂兄弟姊妹、表兄弟姊妹等是。旁系血親尊親屬，例如伯父、舅父、叔公等是。旁系血親卑親屬，例如姪、甥、姪孫等是。

（二）姻親之親系

1. **血親之配偶**：從其配偶之親系（民970①）。例如己身與子女之配偶（媳婦或女婿）為直系姻親，己身與伯父、舅父之配偶（伯母、舅媽）為旁系姻親

2. **配偶之血親**：從其與配偶之親系（民970②）。例如就夫而言，岳父母為其直系姻親，就妻而言，翁姑為其直系姻親。夫之兄弟姊妹，為妻之旁系姻親。

3. **配偶之血親之配偶**：從其與配偶之親系（民970③）。例如就夫而言，妻之繼父母為直系姻親，就妻而言，夫之兄弟之妻，為其旁系姻親。

二、輩　分

我國素重倫理，講求尊卑有序，而此觀念亦反應於民法親屬編上。例如旁系姻親五親等以內輩分不相同者，不得結婚（民983I③）；旁系血親六親等以內，旁系姻親五親等以內而輩分不相當者，不得收養為養子女（民1073-1③）。扶養義務人與受扶養權利人之順序，亦有尊卑之分（民1115、1116），而受扶養之要件中，無謀生能力之限制，於直系血親尊親屬不適用之（民1117II）等，均顯示輩分之區別，在我國民法之重要性。

三、親　等

親等乃區別親屬關係親疏遠近之標準，茲就血親與姻親分述如下：

（一）血親之親等

血親親等之計算，直系血親，從己身上下數，以一世為一親等，旁系血親，從己身數至同源之直系血親，再由同源之直系血親，數至與之計算親等之血親，以其總世數為親等之總數（民968）。例如父母子女間為直系血親一親等，祖孫間為直系血親二親等；兄弟姊妹間為旁系血親二親等，表（堂）兄弟姊妹間為旁系血親四親等。

（二）姻親之親等

姻親親等之計算，依民法第970條之規定，血親之配偶，從其配偶之親等；配偶之血親與配偶之血親之配偶，從其與配偶之親等。例如，婆媳間為直系姻親一親等，弟與兄嫂間或兄與弟婦間，為旁系姻親二親等，連襟或妯娌間，亦為旁系姻親二親等。

第三節　親屬關係之發生與消滅

一、親屬關係之發生

（一）出　生

自然血親以出生爲發生親屬關係之主要原因（民1063、1065II）。

（二）認　領

非婚生子女與生母間之自然血親關係，因出生而發生，但其與生父間，須有待生父之認領，始生自然血親關係（民1065I）。

（三）收　養

養子女與養父母或養父母之親屬間之親屬關係，則以收養爲發生之原因（民1072、1077）。

（四）結　婚

姻親關係因結婚而發生（民969）。又，非婚生子女因生父與生母結婚，而被視爲婚生子女，與生父發生自然血親關係（民1064）。

二、親屬關係之消滅

（一）死　亡

人之權利能力終於死亡（民6），因此，親屬關係因死亡而消滅。因出生而發生之自然血親關係，唯有因死亡而消滅，因此，縱有脫離父子關係之協議，亦不生法律上之效力（41台上1151）。

（二）收養關係之終止與撤銷

擬制血親因收養關係之成立而發生，亦因收養關係之終止而消滅（民1080、1081）。又，收養關係經撤銷（民1079-5）時亦同。

（三）離婚與結婚之撤銷

　　姻親關係因結婚而發生，則離婚（民1049、1052）或結婚之撤銷（民989至997）爲姻親關係消滅之原因，乃當然之理，因此民法第971條規定：「姻親關係，因離婚而消滅；結婚經撤銷者亦同。」又，婚姻被視爲消滅（民988-1）時，亦應類推適用民法第971條，而爲姻親關係消滅原因之一。至於配偶一方死亡，生存配偶再婚時，其與死亡配偶之親屬間之姻親關係，仍然繼續存在。

第二章 婚 姻

第一節 婚 約

　　婚約並非結婚之要件，但我國民間習慣，在結婚之前多有訂定婚約，爲尊重傳統習慣，乃在民法上加以規定，以明確婚約當事人之權利義務關係。

一、婚約之要件

　　婚約乃是男女雙方以將來互相結婚爲目的所訂立之契約。民法不要求一定之方式，爲不要式行爲，惟仍定有實質要件，茲分述如下：

（一）應由男女當事人自行訂定

　　婚約既爲契約之一種，自應以當事人意思表示一致爲必要，且須自行訂定（民972）。本條係強制規定，由父母代爲訂定之婚約，當然無效，無待於解除（院2555，32上130），惟經當事人雙方承認，則爲新訂婚約（33上1723、37上8219）。

（二）須達法定訂婚年齡

　　爲避免身心尚未健全發達之少年男女，輕率訂婚，他日後悔，並革除早婚之弊，乃規定男女未滿17歲者，不得訂定婚約（民973）。違反此規定者，民法既未設有類似結婚撤銷（民989）之規定，因此應屬無效（32上1098，院2812）。

（三）未成年人訂婚應得法定代理人同意

　　未成年人血氣未定，思慮不周，輕率訂婚，恐生後悔，因此規定應得法定代理人之同意（民974），以保護未成年人之利益。如法定代理人令故意爲難，不予同意，法律上並未設有代替同意之方法，仍非得其同意不可（院解3399）。違背此規定者，婚約無效。

二、婚約之效力

（一）不發生身分關係

　　婚約為結婚之預約，既未結婚，婚約當事人當然未發生夫妻關係。民事訴訟法上雖有「未婚配偶」之用語（民訴32①、307I①），但民法上，尚不能取得任何身分。

（二）不得請求強迫履行

　　男女雙方雖以將來互為結婚為目的而訂立婚約，但結婚與當事人之人格有密切關係，因此民法規定婚約不得強迫履行（民975），以尊重當事人之自由意思。

（三）違反婚約應賠償損害

　　婚約不得強迫履行，自不得提起履行婚約之訴，惟婚約當事人之一方無正當理由而違反婚約者，他方得請求賠償因此所受之損害（院1135，27渝上695）。茲分述如下：

1. **財產上之損害賠償**：民法第978條規定，婚約當事人之一方，無第976條之理由而違反婚約者，對於他方因此所受之損害，應負賠償之責。此條之損害，專指財產上之損害，且限於積極損害。

2. **精神上之損害賠償**：無過失之受害人，若於精神上受到損害，亦得請求賠償相當之金額（民979I）。此種請求權，係為保護受害人之人格而設，因此專屬於受害人，除非已依契約承諾或已起訴而轉變為財產上之權利，否則不得讓與或繼承（同條II）。

　　違反婚約之損害賠償請求權，因2年間不行使而消滅（民979-2）。

三、婚約之解除

（一）合意解除

　　婚約既因男女當事人之合意而訂立，自亦得因合意而解除。

（二）法定解除

當事人之一方欲解除婚約，而他方不願解除時，須有法定解除之事由（民976I），始可解除。茲將法定解除事由，分述如下：

1. **婚約訂定後，再與他人訂定婚約或結婚**：若有此等情事，已可證明無結婚之誠意，故許他方得解除婚約。例如甲與乙訂婚後，再與丙訂婚，則乙得解除甲乙之婚約，不得解除甲丙之婚約，至於丙若不知甲已訂婚，則得以被詐欺為由，撤銷甲丙之婚約。

2. **故違結婚期約**：所謂故違者，係指對於約定之結婚時期，故意違背而言。

3. **生死不明已滿1年**：所謂生死不明，係指無從知悉其人尚生存或已死亡而言，若知其尚生存，但不知住於何處，則非生死不明。

4. **有重大不治之病**：重大不治之程度，須經醫學為客觀之判斷。至於病之種類，則在所不問。

5. **婚約訂定後與他人合意性交**：訂婚前之與他人合意性交或被強姦，則無本款之適用。

6. **婚約訂定後受徒刑之宣告**：訂婚前受徒刑之宣告時，非本款適用之範圍。至於訂婚前犯罪，訂婚後受徒刑之宣告，則得解除婚約。

7. **有其他重大事由**：此為概括之規定，是否為重大事由，應斟酌當事人之教育程度、地位、職業等，依社會一般觀念判斷之。例如，訂婚後，再刊登徵婚啟事等。

解除婚約，原則上應以意思表示向他方為之，惟如事實上不能向他方為解除之意思表示時，無須為意思表示，自得為解除時起，不受婚約拘束（民976II）。例如一方當事人生死不明已滿1年，則他方即可不受婚約之拘束。

（三）婚約解除之效力

1. **婚約消滅**：婚約解除後，婚約自始失其效力，雙方當事人自解除時起，不受婚約之拘束。

2. **損害賠償**：合意解除婚約時，除附有賠償損害金之條件者外，不得請求損害賠償（57台上428）。惟，單方解除婚約時，無過失之一方，得向有過失之他方請求賠償其因此所受之損害（民977I）。此之損害，係指財產上之損害，且限於積極損害。至於精神上之損害，無過失之一方亦得請求賠償。此

種精神上損害賠償請求權除已依契約承諾或已起訴者外，不得讓與或繼承（同條II、III），且因2年間不行使而消滅（民979-2）。

3. **訂婚贈與物之返還**：婚約當事人間，常有因訂定婚約而贈與財物之事情，若婚約無效、解除或撤銷時，為贈與之一方，得請求他方返還贈與物（民979-1），至於婚約當事人一方死亡時，則不生返還之問題（院838）。又，無過失之一方不得以贈與人關於婚約之解除有過失，而拒絕返還贈與物。此項贈與物之返還請求權，因2年間不行使而消滅（民979-2）。

第二節 結 婚

一、結婚之要件

男女雙方因結婚而發生夫妻關係，進而發生身分上或財產上之權利義務關係，且婚姻之成立，尚涉及子女之婚生性與其他親屬關係之發生，其影響不可謂為不大。因此，民法為慎重起見，乃規定實質要件與形式要件，茲分述之。

（一）實質要件

1. **須有結婚之合意**：結婚為身分上之契約，因此有當事人結婚意思之一致為必要。為結婚意思之人，須有能理解結婚之意義及其效果之能力，但不以有財產上之行為能力為必要。婚姻當事人之一方，於結婚時係在無意識或精神錯亂中者，因無結婚意思能力，婚姻本應屬無效，但民法規定，得於常態回復後6個月內，向法院請求撤銷（民996）。又，結婚意思須於意思自由之情況下為之，若被詐欺或被脅迫而結婚者，得於發現詐欺或脅迫終止後6個月內，向法院請求撤銷（民997）。

2. **須達法定結婚年齡**：民國19年制定之民法第980條規定，男未滿18歲，女未滿16歲者，不得結婚。此規定係為防止早婚，以維民族健康而設。民國110年1月民法親屬編修正時，立法者認為未成年人尤其少女結婚生育，對其健康會造成不利影響，同時妨礙其學業，導致其經濟自立也受到局限。不僅影響婦女本身，還限制其能力發展和獨立性，減少其就業機會，從而對家庭和社區皆造成不利影響。為保障兒童權益及男女平等，以符合「消除對婦女一切形式歧視公約」第15條、第16條之規定，乃將本條規定修正為男女未滿18

歲者，不得結婚。違反此規定者，當事人或其法定代理人，得向法院請求撤銷之；但當事人已達法定結婚年齡或已懷胎者，不得請求撤銷（民989）。起訴時尚未達法定結婚年齡，縱在訴訟繫屬中已達結婚年齡者，其已行使之撤銷權，亦不受影響（院2587）。因為成年年齡與結婚年齡均修正為18歲，因此已無未成年人結婚應得法定代理人同意之情形，有鑑於此，配合民法第980條之修正，而將民法第981條及第990條規定予以刪除。

3. **須不違反近親結婚之限制**：近親結婚，有害優生，有違倫常，因此民法規定近親不得結婚。其禁婚親屬之範圍如下：(1)直系血親及直系姻親；(2)六親等以內之旁系血親，但因收養而成立之四親等及六親等旁系血親，輩分相同者，不在此限；(3)五親等以內之旁系姻親，而輩分不相同者（民983 I）。由此可知，擬制血親間之結婚，亦受本條之限制，惟因收養而成立之四親等及六親等之旁系血親，輩分相同者，已無優生或倫常上之顧慮，乃准其結婚。又，前述直系血親及直系姻親結婚之限制，於因收養而成立之直系親屬間，在收養關係終止後，亦適用之（同條III）。亦即養父母子女於終止收養關係後，亦不得結婚，但二親等之養兄妹，於終止收養關係後，即可結婚。另外，基於倫常上之顧慮，直系姻親結婚之限制，於姻親關係消滅後，亦有適用（同條II）。至於旁系姻親於姻親關係消滅後，則無限制。至於兄亡而弟與兄嫂結婚，不在限制之列（院828）。違反本條規定者，結婚無效（民988②）。

4. **須無監護關係**：為保護受監護人之利益，民法乃規定監護人與受監護人，於監護關係存續中，不得結婚（民984前段）。又，經受監護人之父母之同意者，仍得結婚（同條但）。違反此規定而結婚者，受監護人或其最近親屬，得向法院請求撤銷，但結婚已逾1年者，不得請求撤銷（民991）。

5. **須非重婚或同時婚**：為貫徹一夫一妻制之原則。民法規定有配偶者，不得重婚；一人不得同時與二人以上結婚（民985）。民國74年6月4日以前重婚者，利害關係人得向法院請求撤銷（舊民992），同年6月5日以後重婚或同時婚者，婚姻無效（舊民988②）。又，大法官會議解釋認為，前婚姻關係已因確定判決而消滅，第三人本於善意且無過失，信賴該判決而與前婚姻之一方相婚者，雖該判決嗣後又經變更，致使婚姻成為重婚，依信賴保護原則，該後婚姻之效力，仍應予以維持（釋362）。惟其後又認為，婚姻涉及身分關係之變更，攸關公共利益，後婚姻之當事人就前婚姻關係消滅之信賴

應有較為嚴格之要求，僅重婚之相對人善意且無過失，尚不足以維持後婚姻之效力，須重婚之雙方當事人均為善意且無過失時，後婚姻之效力始能維持，就此，釋字第362號解釋相關部分，應予補充，並要求有關機關應就民法第988條之相關規定，儘速檢討修正（釋552）。為因應大法官之要求，民法乃規定重婚之雙方當事人，因善意且無過失信賴一方前婚姻消滅之兩願離婚登記或離婚確定判決而結婚者，後婚姻仍屬有效（民988③但書）。

6. **須非不能人道**：當事人之一方於結婚時不能人道而不能治者，他方得向法院請求撤銷之，但知悉其不能治之時起已逾3年者，不得請求撤銷（民995）。不能人道，係指不能性交，例如天閹（院839），至於無生殖能力或無受胎能力，則未必即為不能人道。

舊法規定因姦經判決離婚，或受刑之宣告者，不得與相姦者結婚（舊民986），違反本條規定者，前配偶得向法院請求撤銷該婚姻（舊民993）。但，禁止與相姦者結婚，不僅無法維護社會風化，反而助長私通野合，徒增社會問題，因此被加以刪除。又，舊法為避免子女血統之混亂，規定女子再婚期間之限制（舊民987、994），惟被以保障婦女基本權利為由，而遭刪除。

（二）形式要件

修正前之民法為尊重民間習俗，關於結婚之形式要件，係採儀式婚主義。亦即，結婚應有公開之儀式及二人以上之證人（舊民982I）。惟儀式婚主義公示效果薄弱，容易衍生重婚等問題，且公開儀式之認定常有爭執，進而影響婚姻法律效力；又現行離婚制度係採「登記主義」，造成未辦理結婚登記欲兩願離婚者必先補辦結婚登記，再同時辦理離婚登記之不合理現象。為此，我國民法乃改採「登記主義」，規定結婚應以書面為之，有二人以上證人之簽名，並應由雙方當事人向戶政機關為結婚之登記（民982）。惟將儀式婚主義改為登記婚主義，實為婚姻形式要件之重大變革，為讓行政機關妥為準備及宣傳，使民眾得以瞭解且不致使新法之適用產生混亂，乃規定民國96年5月4日修正之民法第982條之規定，自公布後1年實施（民親施4-1I）。此次民法親屬編之修正，於民國96年5月23日經總統公布，因此，登記婚主義應自民國97年5月23日起施行。違反婚姻形式要件之規定，婚姻無效（民988①）。

二、重婚例外有效之處理

（一）前婚姻視為消滅

於重婚之場合，由於後婚姻依民法第988條第3款但書規定而有效時，前婚姻仍為有效，前後婚姻關係同時存在將違反一夫一妻之婚姻制度，基於身分安定性之要求，認為以維持後婚姻為宜，乃規定前婚姻自後婚姻成立之日起視為消滅（民988-1I）。

（二）準用離婚之效力

前婚姻視為消滅之效力，除法律另有規定外，準用離婚之效力（民988-1II）。所謂「法律另有規定」，係指同條第2項但書、第3項至第6項，關於夫妻剩餘財產分配請求權之時效起算點，以及前婚配偶之損害賠償請求權等規定。詳言之，關於剩餘財產之分配已達成協議或已分配完成，則仍依原分配或協議定之，不得另行主張；若未為分配或協議者，自得請求剩餘分配，惟其剩餘財產差額之分配請求權，自請求權人知有剩餘財產之差額時起，2年間不行使而消滅，自撤銷兩願離婚登記或廢棄離婚判決確定時起逾5年者，亦同（民988-1III）。又前婚姻依同條第1項規定視為消滅者，無過失之前婚配偶得向他方請求賠償。前項情形，雖非財產上之損害，前婚配偶亦得請求賠償相當之金額。前項請求權，不得讓與或繼承，但已依契約承諾或已起訴者，不在此限（民988-1 IV、V、VI）。

三、結婚之無效及撤銷之效力

（一）撤銷之效力

撤銷本有溯及之效力，但為保護當事人及子女之權益，乃規定結婚撤銷之效力，不溯及既往（民998），使被撤銷之婚姻僅向將來消滅其效力。

（二）婚姻無效或撤銷之損害賠償

當事人之一方因結婚無效或被撤銷而受有損害時，得向有過失之他方請求財產上之損害賠償。若受害人無過失時，亦得向他方請求精神上之損害賠償，

惟此項請求權，非已因起訴或依契約承諾而轉為財產上之權利者外，不得讓與或繼承（民999）。

（三）離婚規定之準用

民法第1057條關於判決離婚時請求贍養費之規定及第1058條關於離婚後夫妻各自取回固有財產之規定，於結婚無效時準用之（民999-1 I）。民法第1055條關於父母離婚時決定子女親權人之規定、第1055條之1關於法院於酌定或改定子女親權人時所應注意事項之規定、第1055條之2關於法院選定父母以外之人為子女監護人之規定、第1057條及第1058條之規定，於結婚經撤銷時準用之（民999-1 II）。

第三節　婚姻之普通效力

婚姻關係發生後，夫妻間即產生種種權利義務關係，例如夫妻之稱姓、同居義務、日常家務代理、夫妻財產關係等，此即為婚姻之效力。依效力之性質，可分為身分上之效力（或稱之為普通效力）與財產上之效力。茲就身分上之效力說明之。

（一）夫妻之稱姓

舊法規定妻冠夫姓（舊民1000），有違男女平等原則，新法乃修訂為夫妻各保有其本姓，另為尊重當事人之意思，規定得書面約定以其本姓冠以配偶之姓，並向戶政機關登記（民1000 I）。又，冠姓之一方得隨時回復其本姓，但以一次為限（同條 II）。

（二）同居義務

夫妻互負同居之義務，但有不能同居之正當理由者，不在此限（民1001）。所謂不能同居之正當理由，包括不宜同居與不堪同居之情形，例如夫妻之一方罹患惡疾，有傳染他方之可能，或受他方配偶之虐待等，惟出家為僧為尼，則非不能同居之正當理由（院1878）。

（三）夫妻住所之決定

舊法規定妻以夫之住所爲住所，贅夫以妻之住所爲住所，但約定夫以妻之住所爲住所，或妻以贅夫之住所爲住所者，從其約定（舊民1002）。司法院大法官會議認爲本條但書規定，雖賦予夫妻雙方約定住所之機會，惟如夫或贅夫之妻拒絕爲約定或雙方協議不成時，即須以其一方之住所爲住所，此規定未能兼顧他方選擇住所及具體個案之特殊情況，與憲法上平等及比例原則尚有未符，應自本解釋公布之日起，至遲於屆滿1年時失其效力（釋452）。爲此，新法乃將舊法修正爲：「夫妻之住所，由雙方共同協議之；未爲協議或協議不成時，得聲請法院定之。法院爲前項裁定前，以夫妻共同戶籍地推定爲其住所」（民1002）。

（四）日常家務代理權

夫妻於日常家務，互爲代理人；夫妻之一方濫用此代理權時，他方得限制之，但不得對抗善意第三人（民1003）。所謂日常家務，例如一家食物、衣著之購買、親友之餽贈，報紙之訂購等均屬之。

（五）家庭生活費用之分擔

家庭生活費用乃維持圓滿婚姻生活基本需求之一，不應因夫妻婚後採行何種夫妻財產制而有不同，而且夫妻基於獨立、平等之人格，對於婚姻共同生活體之維持均有責任，爲貫徹憲法保障之男女平等原則，乃規定家庭生活費用除法律或契約另有約定外，由夫妻各依其經濟能力、家事勞動或其他情事分擔之（民1003-1 I）。惟在對外關係上，宜兼顧交易安全之保障，乃規定因前項費用所生之債務，由夫妻負連帶責任（同條II）。

（六）貞操義務

民法雖無直接明文規定夫妻互負貞操義務，但與配偶以外之人合意性交乃構成離婚原因之一（民1052I②），可知間接要求夫妻有守貞之義務。

第四節　夫妻財產制

　　我國古時並無如歐陸國家有一完整之夫妻財產制度，民國19年時，始仿瑞士民法，詳加規定，以規範夫妻間財產上之權利義務關係。民國74年時，有鑑於19年制定之夫妻財產制，無法配合時代潮流，乃基於男女平等原則而為大幅度之修正。但修正不夠澈底，且十餘年來，歷經社會變革，婦女運動蓬勃發展，婦女權益更加受到重視，因此於民國91年6月再度修正夫妻財產制之相關規定，期以更能符合男女平等原則。

一、通　則

（一）夫妻財產制之選定

　　夫妻得於結婚前或結婚後，以契約就本法所定之約定財產制中，選擇其一，為其夫妻財產制（民1004）。夫妻未以契約訂立夫妻財產制者，除本法另有規定（民1010）外，以通常法定財產制為其夫妻財產制（民1005）。可知我國夫妻財產制有法定與約定二種，而約定財產制又有共同財產制（民1031至1041）與分別財產制（民1044、1046）二種。當事人為約定時，僅能就此二種選擇其一，不許自由創設內容。

（二）夫妻財產制契約之訂立、變更及廢止

　　夫妻於婚姻關係存續中，得自由訂立夫妻財產制契約（民1004），亦得以契約廢除其財產契約，或改用他種約定財產制（民1012）。可知我國民法對於夫妻於訂立、變更或廢止夫妻財產制契約，有相當的自由。又，夫妻財產制契約之訂立、變更或廢止，對於夫妻財產關係之變化影響頗大，為求慎重起見，要求應以書面為之（民1007），且為免第三人因不知夫妻財產關係之變化而受不測之損害，乃規定非經登記不得以之對抗第三人（民1008）。此登記為對抗要件，非生效要件，且不影響依其他法律所為財產權登記之效力（同條II）。夫妻財產制契約之登記，依非訟事件法規定為之。上述有關訂約之方式及登記之規定，於有關夫妻財產之其他約定準用之（民1008-1）。所謂有關於夫妻財產之其他約定，例如自由處分金之協議（民1018-1）、共同財產分割數額之約定（民1039II、1040II）。

（三）非常法定財產制

　　無論夫妻以通常法定財產制或共同財產制為夫妻財產制，在一定情形下，經法院宣告而改用分別財產制，此即為非常法定財產制，又稱之為特別法定財產制。茲說明之：

　　夫妻之一方有下列各款之情形之一時，法院因他方之請求而宣告改用分別財產制，1.依法應給付家庭生活費用而不給付時；2.夫或妻之財產不足清償其債務時；3.依法應得他方同意所為之財產處分，他方無正當理由拒絕同意時；4.有管理權之一方對於共同財產之管理顯有不當，經他方請求改善而不改善時；5.因不當減少其婚後財產，而對他方剩餘財產分配請求權有侵害之虞時；6.有其他重大事由時（民1010I）。所謂其他重大事由，依立法理由謂：例如台商將財產移置大陸，致台灣之配偶或子女權益受影響時，即屬所稱重大事由之一。又夫妻之總財產不足清償總債務或夫妻難以維持共同生活，不同居已達6個月以上時，亦適用前項之規定（民1010II）。

　　法院宣告改用分別財產制者，應於裁判確定後囑託登記處登記之（非訟104II）。

二、通常法定財產制

　　夫妻未約定夫妻財產制者，除有特別情形外，以法定財產制為夫妻財產制（民1005），我國民法修正前仿瑞士民法，以聯合財產制為法定財產制，惟於聯合財產制中，妻無法管理自己之原有財產，有違男女平等之原則，因此乃將聯合財產制廢除，改以分別財產制和剩餘共同制之複合型態之夫妻財產制為夫妻法定財產制。茲就法定財產制之內容，分述如下：

（一）所有權之歸屬

　　現行法廢除修正前之「原有財產」與「特有財產」之分類概念，改以夫妻「婚前財產」與「婚後財產」取代之。詳言之，夫或妻之財產分為婚前財產與婚後財產，由夫妻各自所有，不能證明為婚前或婚後財產者，推定為婚後財產，不能證明為夫或妻所有之財產，推定為夫妻共有（民1017I）。可知，法定財產制以夫妻分別財產為原則，例外的屬於不明財產，推定為夫妻共有。

　　所謂婚前財產，顧名思義，係指夫妻結婚時所有之財產，惟夫妻以契約訂定夫妻財產制後，於婚姻關係存續中，改用法定財產制者，其改用前之財產，視爲婚前財產（民1017III），又，民國91年民法親屬編修正前適用聯合財產制之夫妻，其特有財產或結婚時之原有財產，於修正施行後，視爲夫或妻之婚前財產（民親施6-2前段）。所謂婚後財產，係指夫妻婚姻關係存續中，所取得之財產，惟不能證明爲婚前或婚後財產者，推定爲婚後財產，夫或妻婚前財產於婚姻關係存續中所生之孳息，視爲婚後財產（民1017II）。又於民國91年民法親屬編修正前適用聯合財產制之夫妻，其婚姻關係存續中取得之原有財產，於修正施行後，視爲婚後財產（民親施6-2後段）。

（二）夫妻財產之管理、使用、收益及處分

　　爲確保夫妻權益的平等，保障交易之安全並貫徹分別財產制之精神，乃規定夫或妻各自管理、使用、收益及處分其財產（民1018）。惟基於促使夫妻雙方經濟地位平等，重視夫妻共同生活和諧及肯定家事勞動價值之目的，並避免將來剩餘財產分配請求權之落空，對雙方財產狀況之了解仍有必要，乃規定夫妻就其婚後財產互負報告義務（民1022）。

（三）自由處分金

　　爲保障夫妻經濟自主及婚姻和諧，乃規定夫妻於家庭生活費用外，得協議一定數額之金錢，供夫或妻自由處分（民1018-1）。此自由處分金之協議，乃屬夫妻財產之協議，依法應以書面爲之，且非經登記不得以之對抗第三人（民1008-1）。又自由處分金之給與，實質上爲剩餘財產分配之預付，因此於法定財產制關係消滅時，應將自由處分金之數額加入他方之婚後財產，以計算雙方剩餘之差額，並自剩餘財產分配之數額中，將該自由處分金扣除，始爲具體的剩餘財產分配數額。

（四）剩餘財產分配請求權之保全

　　民法雖賦予夫或妻於法定財產制關係消滅時，剩餘較少之一方對剩餘較多之他方有剩餘財產分配請求權，惟如夫或妻之一方，於婚姻關係存續中，就其所有之婚後財產爲無償行爲，致有害及法定財產制關係消滅後他方之剩餘財產分配請求權時，宜有防止之道，乃參酌民法第244條第1項規定之精神，增訂本

條規定夫或妻於婚姻關係存續中，就其婚後財產所爲之無償行爲，有害及法定財產制關係消滅後他方之剩餘財產分配請求權者，他方得聲請法院撤銷之，但爲履行道德上義務所爲之相當贈與，不在此限（民1020-1）。惟夫或妻於婚姻關係存續中，就其婚後財產所爲之有償行爲，仍須顧慮到他方及受益人之利益，乃規定須以行爲時明知有損法定財產制關係消滅後他方之剩餘財產分配請求權者，以受益人受益時亦知此情事者爲限，他方得聲請撤銷之（民1020-1II）。又撤銷權如漫無時間限制，則既得權利將永遠處於不確定狀態，不但危及利害關係人權益，亦嚴重影響交易安全，爲避免夫或妻之一方濫用此撤銷權並使法律關係早日確定，乃明文規定，前條之撤銷權，自夫或妻之一方，知有撤銷原因時起，6個月間不行使或自行爲時起經過1年而消滅（民1020-2）。

（五）債務之清償責任及償還請求權

　　夫妻各自管理、使用、收益及處分自己之財產，則對各自之債務亦應自行負責，民法爲貫徹男女平等之原則及保護交易安全，乃明文規定，夫妻各自對其債務負清償之責（民1023I）。又夫妻於婚姻關係存續中，各自享有財產所有權，因此夫妻之一方，以自己之財產清償他方之債務時，雖於婚姻關係存續中，亦得請求償還（同條II）。

（六）剩餘財產之分配

1. **剩餘財產分配之標的**：法定財產制關係消滅時，夫或妻現存之婚後財產扣除婚姻關係存續中所負債務後，如有剩餘，其雙方剩餘財產之差額，應平均分配，但因繼承或其他無償取得之財產及慰撫金，不在此限（民1030-1I）。由此可知，夫妻之婚前財產、婚後無償取得之財產及慰撫金，不在剩餘分配之範圍內。所謂平均分配雙方剩餘財產之差額，係比較夫妻剩餘財產之多寡後，由剩餘較少之一方，向他方請求剩餘差額之一半，若夫妻之一方對於婚姻生活無貢獻或協力，或有其他情事，致平均分配有失公平者，法院得調整或免除其分配額（同條II）。法院爲前項裁判時，應綜合衡酌夫妻婚姻存續期間之家事勞動、子女照顧養育、對家庭付出之整體協力狀況、共同生活及分居期間之久暫、婚後財產取得時間、雙方之經濟能力等因素（同條III）。此項剩餘財產分配請求權，自請求權人知有剩餘財產之差額時起，2年間不行使而消滅，自法定財產制關係消滅時起，逾5年者亦同（同

條V）。又立法者認為剩餘財產分配請求權，係因夫妻之身分關係而生，具有一身專屬性，乃明文規定不得讓與或繼承，但已依契約承諾或已起訴者，不在此限（同條IV）。惟基於夫妻身分之關係所產生之請求權，未必即具有一身專屬性（例如民法第1056條第1項所定財產上之離婚損害），將剩餘財產分配請求權定位為一身專屬權，恐誤解此項請求權之性質，且對請求權人之債權人或繼承人不利，此項規定，是否妥當，不無疑問。

2. **現存婚後財產之範圍**：婚後財產範圍之確定，攸關夫妻雙方剩餘財產之多寡，夫妻婚前財產及債務與婚姻生活及婚姻貢獻無關，因此夫或妻之一方，以其婚後財產清償其婚前所負債務者，於法定財產制關係消滅時，應納入現存之婚後財產，若以其婚前財產清償婚姻關係存續中所負債務者，則應納入婚姻關係存續中所負債務計算（民1030-2I）。又，夫妻婚後無償取得之財產及慰撫金，不在剩餘財產分配之範圍內，因此以此等財產清償婚姻關係存續中所負債務者，亦應將之納入婚姻關係存續中所負債務計算，以示公平（同條II）。又夫或妻為減少他方對剩餘財產之分配，而於法定財產制關係消滅前5年內處分其婚後財產者，應將該財產追加計算，視為現存之婚後財產，但為履行道德上義務所為之相當贈與，不在此限（民1030-3I）。分配權利人於義務人不足清償其應得之分配額時，得就其不足額對受領之第三人於其所受利益內，請求返還，但受領為有償者，以顯不相當對價取得者為限（同條II）。此項對第三人之請求權，於知悉其分配權利受侵害時起，2年間不行使而消滅，自法定財產制關係消滅時起逾5年者亦同（同條III）。財產之價值計算，影響夫妻剩餘財產之分配計算，因此明定夫妻現存之婚後財產，其價值計算，以法定財產制關係消滅時為準，但夫妻因判決而離婚者，以起訴時為準。至於依民法第1030條之3所為追加之婚後財產，其價值計算，以處分時為準（民1030-4）。

三、約定財產制

我國民法上之約定財產制有共同財產制與分別財產制二種，茲分述之。

（一）共同財產制

夫妻之財產及所得除特有財產外，合併為共同財產，屬於夫妻公同共有

（民1031），此被稱之爲一般共同財產制。所謂特有財產係指1.專供夫或妻個人使用之物；2.夫或妻職務上必需之物；3.夫或妻所受之贈物，經贈與人以書面聲明爲其特有財產，而特有財產適用關於分別財產制之規定（民1031-1）。又夫妻得以契約訂定，僅以勞力所得爲限，爲共同財產（民1041I），此被稱爲勞力所得共同制。此茲所謂勞力所得，係指夫或妻於婚姻關係存續中取得之薪資、工資、紅利、獎金及其他與勞力所得有關之財產收入，勞力所得之孳息及代替利益亦同（同條II）。不能證明爲勞力所得或勞力所得以外財產者，推定爲勞力所得（同條III）。夫或妻勞力所得以外之財產，適用分別財產制之規定（同條IV）。又民法第1034條、第1038條及第1040條之規定，於勞力所得共同制準用之（同條V）。以下就共同財產制之內容說明如下：

1. **共同財產之管理**：民法爲貫徹男女平等之原則，乃規定共同財產由夫妻共同管理，但約定由一方管理者，從其約定（民1032I）。共同財產之管理費用，由共同財產負擔（同條II）。

2. **共同財產之使用、收益**：關於此點，並無明文規定，解釋上由夫妻共同使用，至於收益財歸屬共同財產，屬於夫妻公同共有。

3. **共同財產之處分**：夫妻之一方對於共同財產爲處分時，應得他方之同意，又此同意之欠缺不得對抗第三人，但第三人已知或可得而知其欠缺或依其情形可認爲該財產屬於共同財產者，不在此限（民1033）。

4. **債務之清償責任**：爲使夫或妻之債權人得自由選擇先就共同財產或債務人之夫或妻之特有財產請求清償以保障其權益，乃規定夫或妻結婚前或婚姻關係存續中所負之債務，應由共同財產並各就其特有財產負清償責任（民1034）。

5. **補償請求權**：共同財產所負之債務而以共同財產清償者，不生補償請求權，共同財產之債務以特有財產清償或特有財產之債務以共同財產清償者，有補償請求權，雖於婚姻關係存續中，亦得請求（民1038）。

6. **共同財產關係之消滅**：共同財產制關係消滅時，除法律另有規定外，夫妻各取回其訂定夫妻共同財產制契約時之財產，共同財產制關係存續中取得之共同財產，由夫妻各得其半數，但另有約定者，從其約定（民1040）。所謂法律另有規定，例如夫妻一方之死亡或離婚等情形。詳言之，夫妻之一方死亡時，共同財產之半數歸屬於死亡者之繼承人，其他半數歸屬於生存之他方，夫妻就財產分割之數額另有約定者，從其約定，而該生存之他方依法不得爲

繼承人時（民1145），其對於共同財產得請求之數額，不得超過離婚時所應得之數額（民1039）。

（二）分別財產制

分別財產制在我國夫妻財產制上具有雙重之地位，亦即一方面作為非常的法定財產制，另一方面又屬約定財產制之一種，任婚姻當事人自由選擇，茲就其內容分述如下：

1. **分別財產之所有權、管理權、用益權及處分權**：分別財產，夫妻各保有其財產之所有權，各自管理、使用、收益及處分（民1044）。
2. **債務之清償責任**：現行法定財產制於婚姻關係存續中，係以分別財產制為其基本架構，因此，分別財產制有關夫妻債務之清償，亦可適用於法定財產制之有關規定（民1046），亦即夫妻各自對其債務負清償之責，夫妻之一方以自己財產清償他方債務時，雖於婚姻關係存續中，亦得請求償還。

第五節　離　婚

我國民法關於離婚之型態有三種：一、兩願離婚；二、判決離婚；三、法院之調解或和解離婚。茲分述之：

一、兩願離婚

兩願離婚者，為經由夫妻雙方協議而以消滅婚姻關係為目的之契約，又稱協議離婚。

（一）兩願離婚之要件

1.實質要件

夫妻兩願離婚者，得自行離婚（民1049前）。既稱兩願，自應有離婚之合意為必要，且須當事人自行為之，由他人代為離婚之意思，其離婚無效（29渝上1904）。因為成年年齡與結婚年齡均修正為18歲，因此已無未成年人離婚之情形，有鑑於此，配合民法第980條之修正，而將民法第1049條但書予以刪

除。

2.形式要件

兩願離婚爲身分行爲，爲求愼重，乃規定應以書面爲之，有二人以上證人之簽名，並應向戶政機關爲離婚之登記（民1050）。

(1) **須有離婚書面及二人以上證人之簽名**：證人無須與當事人素相熟識（28上353），且其簽名不必與書面作成同時爲之（42台上1001），但須親見或知悉雙方當事人有離婚之眞意，始可爲證人（68台上3792）。

(2) **須向戶政機關爲離婚之登記**：規定此要件之目的，在使雙方當事人能有進一步冷靜思考之緩衝時間，同時使第三人對其身分關係更易於查考，以符合社會公益。

不具備兩願離婚之形式要件者，離婚無效（民73）。

二、判決離婚

夫妻無法達成協議，不能兩願離婚時，夫妻之一方得依法定離婚原因，請求法院判決離婚。茲將法定離婚原因分爲絕對離婚原因與相對離婚原因，敘述如下：

（一）絕對離婚原因

只要具有此等離婚原因，法院一定會下離婚判決。此等離婚原因有以下十個（民1052I）：

1. **重婚**：此限於重婚，不包括同時婚，蓋同時婚之數個婚姻皆爲無效（民988③），無從離婚。

2. **與配偶以外之人合意性交**：所謂合意性交，比通姦之概念較爲廣泛，尚包括同性間之性行爲在內。至於人工受精，非屬性交，不構成本款之離婚原因。

3. **夫妻之一方對他方爲不堪同居之虐待**：所謂不堪同居之虐待，係指與以身體上或精神上不可忍受之痛苦，致不堪繼續同居者而言（34上3968）。惟過當之行爲逾越維繫婚姻關係之存續所能忍受之範圍時，仍構成不堪同居之虐待（釋372）。依實務見解，關於身體上之虐待，若爲慣行毆打、或受傷較重（29渝上995）則構成離婚原因，但偶爾毆打，受傷較輕者（32上1906），則否。關於精神上之虐待，例如夫誣稱其妻與人通姦，夫誣稱其妻謀害本夫

（33上1201）、叛國附敵未反正前（院2823，45台上1433）、夫姦其生女（63台上1444）、夫命妻下跪，頭頂盆鍋（69台上669），均構成離婚原因。

4. **對他方之直系親屬為虐待，或夫妻一方之直系親屬對他方為虐待，致不堪為共同生活**：此之直系親屬，依判例認為包括血親及姻親（33上4279），但解釋上，應限於直系血親。至於夫之姊既非夫之直系親屬，縱有毆辱情事，亦不構成本款之離婚原因（49台上199）。

5. **惡意遺棄他方在繼續狀態中**：所謂惡意遺棄，包括無正當理由而不履行同居義務（釋18）、不支付家庭生活費用（39台上415）及不履行扶養義務（民1116-1）。

6. **意圖殺害他方**：所謂意圖殺害，只須證明有殺害之故意即可，不以有著手殺害為必要。

7. **不治之惡疾**：惡疾者，係指對於人之身體機能有礙，而為常情所厭惡之疾病，例如梅毒等。

8. **重大不治之精神病**：精神病係指精神失常而言，不包括聾、盲、啞（院1355）。至於精神病之發生，縱然是由於他方配偶之所致，亦構成本款之離婚原因（33上5777）。

9. **生死不明已逾3年**：所謂生死不明，係指夫妻之一方，於離家後，杳無音訊，既無從確知其生，亦無從確知其死亡狀態而言（62台上845）。至於僅因戰事交通阻隔，一時無從探悉其行止，顯然與本款之生死不明不同，不得據以請求法院判決離婚。

10. **因故意犯罪，經判處有期徒刑逾6個月確定**：修正前之本款規定中，有因犯不名譽之罪被處徒刑，他方得請求判決離婚，惟所謂不名譽之罪，概念不夠明確，判斷上易生爭執，且因犯罪被處徒刑本來即屬不名譽，為避免適用上之困擾及概念上之矛盾，而將「因犯不名譽之罪被處徒刑者」予以刪除。又須注意者，「逾6個月」與「6個月以上」在意義上尚有差別，若經法院判處6個月之有期徒刑，則因未逾6個月，尚未構成離婚原因。

（二）相對離婚原因

有上述十個離婚原因以外之重大事由，而難以維持婚姻者，夫妻之一方亦得請求離婚（民1052II前段）。婚姻是否破裂至難以維持之程度，應由法院裁

量、判斷之，因此，稱之爲相對離婚原因。惟難以維持婚姻之重大事由應由夫妻之一方負責者，僅他方得請求離婚（同條II但書）。

（三）離婚請求權之消滅

1. **同意**：夫妻之一方於事前同意他方重婚或通姦者，不得請求離婚（民1053）。
2. **宥恕**：夫妻之一方對於他方之重婚或通姦，於事後宥恕者，不得請求離婚（民1053）。
3. **除斥期間之經過**：由於他方之重婚或通姦而有離婚請求權之一方，自知悉後已逾6個月或自其情事發生後已逾2年者，不得請求離婚（民1053）。判例認爲夫之納妾爲與妾連續通姦之預備行爲，夫連續與妾通姦，妻之離婚請求權亦陸續發生，故妻自知悉其夫與妾最後之通姦情事起，未逾6個月者，即可請求離婚（29渝上172）。又，基於民法第1052條第1項第6款（意圖殺害他方）或第10款（被處徒刑），而有離婚請求權之一方，自知悉後已逾1年或自其情事發生後已逾5年者，不得請求離婚（民1054）。

三、法院之調解或和解離婚

由於修正前之民法並無調解離婚制度，致使在法院調解成立之離婚，仍須再至戶政機關辦理兩願離婚登記後，再向法院撤回離婚之訴，不僅擾民，也耗費法院之資源，爲符合民情及國際潮流，乃增訂民法第1052條之1，規定離婚經法院調解或法院和解成立者，婚姻關係消滅，法院應依職權通知該管戶政機關。依此規定，經法院調解成立或和解成立之離婚，不待爲離婚之登記，其婚姻關係即已消滅。

四、離婚之效力

（一）身分上之效力

1. **身分關係之消滅**：夫妻離婚後，婚姻關係消滅，因婚姻關係所生之身分關係，如夫妻關係、姻親關係，自亦隨離婚而消滅。
2. **子女親權人之決定、改定及會面交往：**

(1) **子女親權人之決定或改定**：夫妻離婚者，對於未成年子女權利義務之行使或負擔，依協議由一方或雙方共同任之。未為協議或協議不成者，法院得依夫妻之一方、主管機關、社會福利機構或其他利害關係人之請求或依職權酌定之（民1055I）。可知，父母離婚後，亦可透過協議而共同行使親權，此項規定可鼓勵父母於離婚後，仍應考量子女之最佳利益予以保護。所謂「主管機關」，係指兒童及少年福利與權益保障法第6條所定之主管機關而言。父母之協議不利於子女者，法院得依主管機關、社會福利機構或其他利害關係人之請求或依職權為子女之利益改定之（同條II）。又，行使、負擔權利義務之一方未盡保護教養之義務或對未成年子女有不利之情事者，他方、未成年子女、主管機關、社會福利機構或其他利害關係人得為子女之利益，請求法院改定之（同條III）。前三項情形，法院得依請求或依職權，為子女之利益酌定權利義務行使負擔之內容及方法（同條IV）。父母均不適合行使權利時，法院應依子女之最佳利益，選定適當之人為子女之監護人，並指定監護之方法，命其父母負擔扶養費用及其方式（民1055-2）。由父母協議或法院酌定父母之一方任親權人時，不任親權人之一方，其親權並未喪失，僅止於一時的停止狀態，如任親權人之一方死亡時，對於該未成年子女權利義務之行使或負擔，當然由生存之他方任之（62台上1398）。

(2) **會面交往**：為兼顧未任權利義務行使或負擔之一方與未成年子女之親子關係，法院得依請求或依職權酌定其會面交往之方式及期間。但其會面交往，有妨害子女之利益時，法院得依請求或依職權變更之（民1055V）。

(3) **法院處理子女親權事件之注意事項**：法院於酌定、改定子女之親權人、酌定會面交往之方式及期間，或選定父母以外之第三人為子女之監護人時，應本於職權審酌一切情狀而為認定。詳言之，法院為上述事件之裁判時，應依子女之最佳利益，審酌一切情狀，尤應注意下列事項：①子女之年齡、性別、人數及健康情形；②子女之意願及人格發展之需要；③父母之年齡、職業、品行、健康情形、經濟能力及生活狀況；④父母保護教養子女之意願及態度；⑤父母子女間或未成年子女與其他共同生活之人間之感情狀況；⑥父母之一方是否有妨礙他方對未成年子女權利義務行使負擔之行為；⑦各族群之傳統習俗、文化及價值觀。法院為子女最佳利益之審酌時，除得參考社工人員之訪視報告或家事調查官之調查報告外，並得依囑

託警察機關、稅捐機關、金融機構、學校及其他有關機關、團體或具有相關專業知識之適當人士就特定事項調查之結果認定之（民1055-1）。

（二）財產上之效力

1. **損害賠償**：夫妻之一方，因判決離婚而受有損害者，得向有過失之他方，請求賠償；前項情形，雖非財產上之損害，無過失之受害人亦得請求賠償相當之金額；此精神上之損害賠償請求權，除已依契約承諾或已起訴者外，不得讓與或繼承（民1056）。損害賠償有財產上與精神上二種，前者請求人縱有過失，亦得向有過失之他方請求，後者限於請求人無過失者為限。又，本條規定之損害，係指離婚損害（因離婚而受損害），而非指離因損害（困通姦、虐待等離婚原因而受損害），前者須有判決離婚始可請求賠償（39台上920），後者於婚姻關係存續中亦得請求賠償。

2. **贍養費之給與**：夫妻無過失之一方，因判決離婚而陷於生活困難者，他方縱無過失，亦應給與相當之贍養費（民1057）。此條規定限於判決離婚時，始可請求，兩願離婚時，則不得依本條規定，請求給付贍養費（28上487）。又，請求人須無過失，且陷於生活困難，始可請求。至於被請求人縱然無過失，亦應給與贍養費，惟其自身亦陷於生活困難，則毋庸給與。

3. **財產分割**：夫妻離婚時，除採用分別財產制者外，各取回其結婚或變更夫妻財產制時之財產，如有剩餘，依其夫妻財產制之規定分配之（民1058），由此可知，夫妻離婚時之財產分割，限於法定財產制與共同財產制。採法定財產制之夫妻離婚時，各取回其財產外，尚須依民法第1030條之1計算雙方之剩餘財產，以為剩餘之分配。

第三章　父母子女

　　本章係規定父母子女關係如何發生及發生以後之父母子女間之權利義務關係。母子關係，因分娩而發生，父子關係，則較複雜。婚生子女因婚生推定而發生，非婚生子女則須經生父認領或生父與生母結婚而與生父發生親子關係。又，雖無自然血緣之關係，但亦可透過收養，經由法律擬制，而形成養父母子女關係。茲分述如下：

一、婚生子女

　　婚生子女者，謂由婚姻關係受胎而生之子女（民1061）。民法第1062條規定，從子女出生回溯第181日起至第302日止爲受胎期間。再依第1063條第1項規定，妻之受胎，係在婚姻關係存續中者，推定其所生子女爲婚生子女。由此可知，婚姻關係發生後之181日以後所生之子女，或婚姻關係消滅後之302日內所生之子女，均推定爲婚生子女。受胎期間，係根據醫學研究之結果，認爲自受胎至分娩爲止，通常不少於181日，不多於302日。惟若能證明受胎回溯在第302日以前者，以其期間爲受胎期間，至於懷胎不足181日之情形，亦有可能，故若能證明時，亦以其爲受胎期間（民1062II）。

　　於婚姻關係存續中受胎所生之子女，雖推定爲婚生子女，但夫妻之一方或子女能證明子女非爲婚生子女者，得提起否認之訴（民1063II）。此項否認之訴，夫妻之一方自知悉該子女非爲婚生子女，或子女自知悉其非爲婚生子女之時起2年內爲之。但子女於未成年時知悉者，仍得於成年後2年內爲之（民1063III）。又夫妻已逾民國96年5月4日修正前之民法第1063條第2項規定所定期間，而不得提起否認之訴者，得於修正施行後2年內提起之（民親施8-1）。民法所定否認之訴之原告適格，於法定起訴期間經過後，不得再提婚生否認之訴，此時，婚生推定已轉變爲「視爲」之效果，亦即，縱然能證明該子女非自夫受胎，亦無法推翻該婚生推定，就某種意義而言，亦可謂爲收養以外之另一種擬制血親關係。又，夫妻之一方或子女於法定起訴期間內或期間開始前死亡者，繼承權被侵害之人，得於被繼承人死亡時起，1年內提起否認之訴；如夫妻之一方或子女於提起否認之訴後死亡者，繼承權被侵害之人得於知悉原告死

亡時起10日內聲明承受其訴訟。但於原告死亡後已逾2年者，不得為之（家事64）。

二、非婚生子女

由民法第1061條規定之反面解釋，非由婚姻關係受胎而生之子女，為非婚生子女。非婚生子女與其生母之關係，可由分娩之事實而確定，但其與生父之法律上之父子女關係，須有待生父之認領或生父與生母結婚，始能發生。

（一）認　領

認領有任意認領與強制認領二種，茲分述如下：

1. **任意認領**：非婚生子女經生父認領者，視為婚生子女，其經生父撫育者，視為認領（民1065 I）；至於非婚生子女與其生母之關係，視為婚生子女，無須認領（同條 II）。可知，只有生父始有認領之權。既稱「生父」，自須與非婚生子女有事實上之血統聯絡為必要，認領人若非生父，則認領無效（86台上1908）。被認領人須為非婚生子女，若被推定為婚生子女，則須待婚生否認之訴受判決確定而推翻推定後，生父始得為認領。亂倫子，雖無法準正，但得為認領之客體（院解3181、3329）。胎兒以將來非死產者為限，關於其個人利益之保護，視為既已出生（民7），因此對於胎兒，亦得為認領（院735，44台上1167）。

   認領雖為身分行為，但法律上不要求任何方式，口頭或書面均無不可。因此，將認領之意思表達於遺囑上，並無不可，惟不待立遺囑人死亡即已生認領之效力，且不因遺囑欠缺法定方式而受影響。

   非婚生子女或其生母，對於生父之認領，得否認之（民1066）。此認領之否認，與主張認領無效不同，前者，只限於非婚生子女與生母始得為之，後者，認領人、被認領人、生母及其他利害關係人均得舉證主張之。認領為單獨行為，生父為認領時，不必得非婚生子女或生母之同意，而法律上亦未要求生父對有無父子女之血統關係負舉證責任，本條規定即在藉非婚生子女與生母之否認，以令生父負證明責任。亦即，生父之認領被否認後，須提起確認父子女關係存在之訴，主張其為生父，並證明之。

   生父認領非婚生子女後，不得撤銷其認領（民1070）。生父被脅迫而認領自

己血統之非婚生子女時，亦不得以認領之意思表示有瑕疵而主張撤銷認領。本條規定為保護非婚生子女之利益，使脅迫行為正當化，排除民法總則之適用，作為親屬法上之特別規定，有其特殊之意義。反之被脅迫或被詐欺而認領非自己血統之非婚生子女，則認領不待撤銷，當然無效。惟民國96年民法親屬編修正時，增訂民法第1070條但書，規定有事實足認其非生父者，不在此限。此項但書規定應屬錯誤之立法。新制定之家事事件法並無有關撤銷認領之訴之規定。

2. **強制認領**：生父不為認領時，民法規定有事實足認其為非婚生子女之生父者，非婚生子女或其生母或其他法定代理人，得向生父提起認領之訴（民1067I）。此即為強制認領。茲分述如下：

   (1) 強制認領之方法：由民法規定可知，強制認領須以訴為之。現行法既已承認死後認領，則其訴之性質應屬形成訴訟。

   (2) 認領訴訟之當事人：訴之原告適格為非婚生子女本人或其生母或其他法定代理人。被告適格原則上為非婚生子女之生父。此次民法修正時，為保護子女之權益及血統之真實，並配合我國國情及生父之繼承人較能了解與辨別相關書證之真實性，乃增訂生父死亡時，得向生父之繼承人提起認領之訴；無繼承人者，得向社會福利主管機關為之（民1067II）。

3. **認領之效力**：非婚生子女經生父認領後，溯及於出生時，視為婚生子女，但第三人已取得之權利，不因此而受影響（民1069）。所謂第三人已取得之權利，例如，生母將非婚生子女出養後，生父始為認領，該認領行為，固使非婚生子女與生父發生自然血親關係，但不影響養父母之權利。又，非婚生子女經生父認領後，關於未成年子女權利義務之行使或負擔，準用第1055條、第1055條之1及第1055條之2之規定（民1069-1）。解釋上，不應僅限於關於子女權利義務之行使或負擔，即會面交往之規定，亦在準用之列。

（二）準　正

非婚生子女，因其生父與生母結婚，而視為婚生子女（民1064）。此即所謂之「準正」。生母結婚之對象，須為生父，始可準正，若非生父，則非婚生子女與生母之夫，僅生直系姻親關係。準正之效力自何時發生，法無明文，宜類推認領之有關規定（民1069），溯及出生時發生效力。

三、養子女

　　法定擬制血親關係，因收養之成立而發生，亦即收養他人之子女為子女時，其收養者為養父或養母，被收養者為養子或養女（民1072）。

（一）收養之成立

　　收養之要件有實質要件與形式要件，茲分述如下：

1.實質要件

(1) **須有收養之合意**：收養為雙方當事人以發生親子關係為目的之身分契約，自須以當事人間有收養意思之合致為必要，若僅有養育之事實，而無以之為子女之意思，則仍未發生收養關係。又收養他人之子女為子女，唯本人始得為之，若其人業已死亡，則不得由其配偶、父母或以遺囑委託他人代為收養（26上486、32永上284、33上641）。

(2) **須相差20歲以上**：收養者之年齡，應長於被收養者20歲以上。惟為考慮夫妻共同收養或夫妻之一方收養他方子女時，應有彈性，以符實際需要（釋502），因此，規定夫妻共同收養時，夫妻之一方長於被收養者20歲以上，而他方僅長於被收養者16歲以上，亦得收養。又，夫妻之一方收養他方之子女時，應長於被收養者16歲以上（民1073）。違反本條規定者，收養為無效（民1079-4）。

(3) **親屬間收養須輩分相當**：下列親屬不得收養為養子女：①直系血親；②直系姻親，但收養他方之子女者，不在此限；③旁系血親六親等以內、旁系姻親五親等以內，輩分不相當者（民1073-1）。所謂輩分相當，並非輩分相同，係指長輩收養晚輩，而其輩分差距為一輩分。例如兄姊不得收養弟妹，叔公不得收養侄孫。違反本條規定，收養無效（民1079-4）。

(4) **有配偶者須與配偶共同收養**：夫妻收養子女時，應共同為之，但夫妻之一方收養他方子女、夫妻之一方不能為意思表示或生死不明已逾3年者，得單獨收養（民1074）。夫妻之一方單獨收養時，其效力不及於他方。違反本條規定者，收養者之配偶得請求法院撤銷，但自知悉其事實之日起，已逾6個月，或自法院認可之日起已逾1年者，不得請求撤銷（民1079-5I）。

(5) **不得同時為二人之養子女**：除為夫妻共同收養之子女外，不得同時為二人之養子女（民1075）。違反本條規定者，收養無效（民1079-4）。

(6) **有配偶者被收養時應得其配偶之同意**：夫妻之一方被收養時，應得他方之同意。但他方不能爲意思表示或生死不明已逾3年者，不在此限（民1076）。違反本條規定時，被收養者之配偶自知悉其事實之日起已逾6個月，或自法院認可之日起已逾1年者，不得請求撤銷（民1079-5II）。

(7) **子女被收養時，應得其父母之同意**：按收養關係成立後，養子女與本生父母之權利義務於收養關係存續中停止之，影響當事人權益甚鉅，因此明訂子女被收養時，應得其父母之同意。惟：①父母之一方或雙方對子女未盡保護教養義務或有其他顯然不利子女之情事而拒絕同意；②父母之一方或雙方事實上不能爲意思表示時，不必得父母之同意（民1076-1I）。父母之同意應作成書面並經公證，但已向法院聲請收養認可者，得以言詞向法院表示並記明筆錄代之。又，基於身分行爲安定性之考量，父母同意權之行使，不得附條件或期限（民1076-1II、III）。違反本條規定者，收養無效（民1079-4）。

(8) **未成年人被收養時，應由法定代理人代爲或得其同意**：被收養者未滿7歲時，應由其法定代理人代爲並代受意思表示（民1076-2I）。此規定爲身分行爲不得代理之例外。未滿7歲之未成年人，無身分行爲能力，不得自行爲收養行爲，故未經法定代理人代理，則收養無效（民1079-4）。又，滿7歲以上之未成年人，雖得自爲被收養之意思，但爲保護其利益，乃規定其被收養時，應得法定代理人之同意（民1076-2II）。違反此規定者，法定代理人得自知悉其事實之日起6個月內，或自法院認可之日起1年內，請求法院撤銷之（民1079-5II）。又，被收養者之父母，已依法以法定代理人之身分代爲並代受意思表示或爲同意時，得免依民法第1076條之1規定爲同意（民1076-2III）。

2.形式要件

(1) **原則上應作成書面**：收養爲身分行爲，爲求愼重，乃規定收養應以書面爲之（民1079I）。

(2) **應聲請法院認可**：爲保護養子女之利益，規定收養子女應聲請法院認可（民1079I）。法院爲未成年人被收養之認可時，應依養子女最佳利益爲之（民1079-1）。收養有無效、得撤銷之原因或違反其他法律規定者，法院應不予認可（民1079II）。被收養者爲成年人而有下列各款情形之一者，法院應不予收養之認可：①意圖以收養免除法定義務；②依其情形，足認

收養於其本生父母不利；③有其他重大事由，足認違反收養目的（民1079-2）。

3.收養之無效及撤銷

收養子女，違反第1073條、第1073條之1、第1075條、第1076條之1、第1076條之2第1項或第1079條第1項之規定者，無效（民1079-4）。收養子女違反第1074條、第1076條或第1076條之2第2項規定者，縱經法院認可，配偶或法定代理人仍得請求法院撤銷之。收養經撤銷後，一方因而陷於生活困難者，得請求他方給予相當之金額，但其請求顯失公平者，得減輕或免除之。養子女及收養效力所及之直系血親卑親屬自收養被撤銷時起，回復其本姓，並回復其與本生父母及其親屬間之權利義務（民1079-5III準用民1082及1083）。

4.收養之效力

(1) **發生收養效力之時點**：收養自法院認可裁定確定時，溯及於收養契約成立時發生效力。但第三人已取得之權利，不受影響（民1079-3）。例如，本生父母於收養契約成立後法院裁定認可前，以法定代理人之身分代理子女為法律行為時，不因收養溯及於收養契約成立時發生效力而成為無權代理。

(2) **養子女與養父母及其親屬間**：養子女與養父母及其親屬間之關係，除法律另有規定外，與婚生子女同（民1077I）。亦即，養子女取得養父母之婚生子女之地位，而與養父母間發生直系血親關係，從而與養父母之親屬（配偶之血親除外）間亦生親屬關係。對於未成年子女之權利義務，由養父母行使並負擔之。所謂法律另有規定，係指民法第1078條關於養子女稱姓之規定。

(3) **養子女之直系血親卑親屬與養父母間**：養子女於收養認可時，已有直系血親卑親屬者，收養之效力僅及於其未成年之直系血親卑親屬。但收養認可前，其已成年之直系血親卑親屬表示同意者，不在此限（民1077IV）。養子女之已成年之直系血親卑親屬，須於收養認可前表示同意，若於收養認可後為同意時，與養父母間仍不生祖孫關係。此同意應作成書面並經公證，但已向法院聲請認可者，得以言詞向法院表示並記明筆錄代之。又，此項同意不得附條件或期限（民1077V準用民1076-1II、III）。

(4) **養子女與本生父母及其親屬間**：收養關係成立後，養子女與本生父母及其親屬間之權利義務，例如親權之行使、扶養義務、繼承權等，均處於停止

狀態中。但夫妻之一方收養他方之子女時，他方與其子女之權利義務不因收養而受影響（民1077II）。又收養者收養子女後，與養子女之本生父或母結婚時，養子女回復與本生父或母及其親屬間之權利義務，但第三人已取得之權利，不受影響（民1077III）。至於自然血親關係仍繼續存在（釋28）。

（二）收養之終止

終止收養有生前終止與死後終止，生前終止又可分為合意終止與宣告終止兩種，茲分述如下：

1.合意終止

養父母與養子女之關係，得由雙方合意終止之（民1080I）。養子女未滿7歲者，其終止收養關係之意思表示，由收養終止後為其法定代理人之人代為之（同條V）。養子女為滿7歲以上之未成年人者，其終止收養關係，應得收養終止後為其法定代理人之人之同意（同條VI）。夫妻共同收養子女者，原則上其合意終止收養應共同為之，但夫妻已離婚、夫妻之一方於收養後死亡、夫妻之一方不能為意思表示或生死不明已逾3年者，得單獨終止收養，其效力不及於他方（同條VII、VIII）。又為求慎重，民法要求合意終止須以書面為之。為保護養子女之利益，並規定養子女為未成年人者，並應向法院聲請認可（同條II）。合意終止收養違反第1080條第2項及第5項之規定者，其收養為無效（民1080-2）；違反第1080條第7項之規定者，終止收養者之配偶得請求法院撤銷之，但自知悉其事實之日起，已逾6個月，或自法院認可之日起已逾1年者，不得請求撤銷；違反第1080條第6項之規定者，收養終止後被收養者之法定代理人得請求法院撤銷之，但自知悉其事實之日起，已逾6個月，或自法院認可之日起已逾1年者，不得請求撤銷（民1080-3）。

2.宣告終止

養父母、養子女之一方，有法定終止收養原因時，法院得依他方、主管機關或利害關係人之請求，宣告終止其收養關係（民1081）。茲將宣告終止收養原因分述如下：

(1) **對於他方為虐待或重大侮辱**：例如養子無故將其養母鎖在門內1日，即係對養母為虐待（29渝上2027）。

(2) **遺棄他方**：所謂遺棄，係指不履行扶養義務而言（33上5296）。

(3) **因故意犯罪，受2年有期徒刑以上之刑之裁判確定而未受緩刑宣告**：蓋過失犯之非難性低，受緩刑宣告者，尚不致因罪刑之執行而影響收養關係之生活照顧義務，因此，不構成終止收養之原因。

(4) **有其他重大事由難以維持收養關係**：此為相對的終止收養原因，是否為重大事由，由法院依社會一般觀念，就具體之情形而為判斷。例如養子誣告養父（28渝上843）、養子吸食鴉片（31上1369）、養父母誘使未成年之養女暗操淫業（48台上1669）等。至於養子告養母犯傷害及遺棄罪，苟非意圖使養母受刑事處分而為虛偽之告訴，則非屬本款之重大事由（33上3997）。

3.死後終止

養父母死亡後，養子女得聲請法院許可終止收養（民1080-1I）。此終止之許可，法院以裁定為之，又稱為裁定終止。夫妻共同收養之場合，養父母之一方死亡時，養子女即得聲請許可終止。許可之聲請，養子女未滿7歲者，由收養關係終止後為其法定代理人之人代為之；養子女為滿7歲以上之未成年人者，應得收養終止後為其法定代理人之人之同意（民1080-1II、III）。法院認終止收養顯失公平者，得不許可之（民1080-1IV）。又，依大法官釋字58號解釋謂，養女既經養親主持與其婚生子正式結婚，則收養關係之雙方同意變更身分已具協議終止收養之實質要件，縱其養親未訂立書面，旋即死亡，以致無法訂立書面，則該養女仍得依民法第1081條所定其他重大事由，聲請法院為終止收養之裁定，以資救濟。

4.終止收養之效力

(1) **養子女與養父母間**：養子女為未成年人者，終止收養自法院認可裁定確定時發生效力（民1080IV）。收養關係因終止收養而消滅，從而因收養之成立而生之身分關係、權利義務關係亦隨之而消滅。又，養子女於收養關係存續中所生之子女，與養方之親屬關係，亦應消滅（33上5318）。又，收養關係終止時，因而陷於生活困難者，得請求他方給與相當之金額。但其請求顯失公平者，得減輕或免除之（民1082）。

(2) **養子女及收養效力所及之直系血親卑親屬與本生父母及其親屬間**：養子女及收養效力所及之直系血親卑親屬，自收養關係終止時起，回復其本姓，並回復其與本生父母及其親屬間之權利義務。但第三人已取得之權利，不

因此而受影響（民1083）。例如，本生父母死亡時，其遺產已由本生家之兄弟姐妹繼承者，不因養子女之終止收養而受影響，即養子女不得主張其對本生父母有繼承權，並要求分配遺產。惟收養關係之終止係向將來消滅，並無溯及既往之效力，因此，但書規定僅止於注意之規定。

四、父母子女間之權利義務關係

（一）子女之稱姓

1. **婚生子女之稱姓**：姓氏屬姓名權而為人格權之一種，具有社會人格之可辨識性，惟尚具有家族制度之表徵，為確保子女姓氏之權利，因此明文規定父母於子女出生登記前，應以書面約定子女從父姓或從母姓。未約定或約定不成者，於戶政事務所抽籤決定（民1059I）。惟為因應情事變更，乃規定子女經出生登記後，於未成年前，得由父母以書面約定變更為父姓或母姓。子女已成年者，得變更為父姓或母姓（同條II、III）。另為顧及身分安定及交易安全，不許子女任意變更姓氏，因此規定前二項之變更，各以一次為限（同條IV）。又為確保子女之權益，規定有下列各款情形之一，法院得依父母之一方或子女之請求，為子女之利益宣告變更子女之姓氏為父姓或母姓：(1)父母離婚；(2)父母之一方或雙方死亡；(3)父母之一方或雙方生死不明滿3年；(4)父母之一方顯有未盡保護或教養義務之情事（民1059V）。

2. **非婚生子女之稱姓**：非婚生子女尚未經生父認領前，與生父並無發生法律上之父子女關係，而非婚生子女與其生母之關係視為婚生子女，無須認領（民1065II），因此，民法規定非婚生子女從母姓。經生父認領者，適用民法第1059條第2項至第4項之規定（民1059-1I）。至於非婚生子女經生父認領，宜使其有變更姓氏之機會，乃規定父母之一方或雙方死亡、生死不明滿3年、子女之姓氏與任權利義務之行使或負擔之父或母不一致、父母之一方顯有未盡保護或教養義務之情事等情形，法院得依父母之一方或子女之請求，為子女之利益宣告變更子女之姓氏為父姓或母姓（民1059-1II）。

3. **養子女之稱姓**：收養關係成立後，收養者與被收養者發生法律上之父母子女關係，因此養子女從收養者之姓，乃理所當然。又，養子女實際上有維持原來姓氏之必要，且收養者亦同意養子女維持原來之姓氏而為收養時，則基於子女利益之原則，養子女亦得維持原來之姓氏。若夫妻共同收養子女時，於

收養登記前，應以書面約定養子女從養父姓、養母姓或維持原來之姓（民1078I、II）。又，養子女之姓氏於收養登記後即已確定，惟爲因應情事變更，有需要允許養子女變更姓氏，因此，規定民法第1059條第2項至第5項之規定，於收養之情形準用之（民1078III）。又，法院依民法第1059條第5項、第1059條之1第2項之規定，爲變更子女姓氏之裁判時，準用民法第1055條之1的規定（民1083-1）。

（二）親權之內容

父母子女關係發生後，父母子女間之權利義務關係隨之而生。在子女方面，民法規定子女應孝敬父母（民1084I）。在父母方面，民法規定父母對於未成年子女，有保護及教養之權利與義務（民1084II）。後者即爲親權之規定。茲就親權之具體內容分述之：

1. **未成年子女住所指定權**：未成年子女以其父母之住所爲住所（民1060）。此即爲父母對於未成年子女住所指定權之規定，惟父母子女並未如夫妻之有同居之義務，因此，縱然子女不服從父母之住所指定權，父母亦不得提起請求子女同居之訴（52台上3346）。

2. **懲戒權**：父母得於必要範圍內懲戒其子女（民1085）。懲戒非目的，僅爲保護教養子女之輔助手段而已。

3. **法定代理權**：父母爲其未成年子女之法定代理人（民1086I）。父母本於法定代理人之身分，對於未成年子女有法律行爲之同意權（民974、1076-2II、1080VI）、允許權（民77、84、85）、承認權（民79）及代理權（民76、1076-2I、1080V）。父母之行爲與未成年子女之利益相反，依法不得代理時，法院得依父母、未成年子女、主管機關、社會福利機構或其他利害關係人之聲請或依職權，爲子女選任特別代理人（民1086II）。例如，父死亡時，母與未滿7歲之子女共同繼承父之遺產，母不得代理其未滿7歲之子女與自己訂立遺產分割之協議，於此情形，法院得依聲請或依職權，爲子女選任特別代理人。

4. **未成年子女特有財產之管理、用益、處分權**：所謂特有財產，係指未成年子女因繼承、贈與或其他無償取得之財產而言（民1087）。該特有財產由父母共同管理（民1088I）。父母對子女之特有財產有使用、收益之權利，但非

為子女之利益，不得處分之（民1088II）。此為父母子女間內部財產關係之規定，至於父母非為子女之利益所為處分行為對外效力如何，非屬本條規定之範圍。

（三）親權之行使

親權，於婚姻關係存續中，原則上由父母共同行使。因此，民法規定對於未成年子女之權利義務，由父母共同行使或負擔之。父母之一方不能行使權利時，由他方行使之，父母不能共同負擔義務時，由有能力者負擔之（民1089I）。所謂不能，單指法律上之不能（例如受停止親權之宣告）及事實上之不能（例如在監受長期徒刑之執行、精神錯亂、重病、生死不明等）而言，至於行使有困難（例如自己上班工作無暇管教，子女尚幼須僱請傭人照顧等），則非不能行使（62台上415）。

舊法規定父母對於權利之行使意思不一致時，由父行使之，惟此規定被大法官會議認為與憲法第7條人民無分男女在法律上一律平等，及憲法增修條文第9條第5項消除性別歧視之意旨不符，應予檢討修正，並應自本解釋公布之日起，至遲於屆滿2年時，失其效力（釋365）。為此，新法乃將舊法之該規定修正為：「父母對於未成年子女重大事項權利之行使意思不一致時，得請求法院依子女之最佳利益酌定之」（民1089II）。所謂「重大事項」，究指何種情形，見人見智，應由法院就具體情形個別認定，但因個人價值觀之不同，其認定標準自然有異，適用時恐生爭議。又，法院為前項裁判前，應聽取未成年子女、主管機關或社會福利機構之意見（同條III）。

父母若不繼續共同生活達一定期間以上時，無法共同行使親權，因此，民法規定父母不繼續共同生活達6個月以上時，關於未成年子女權利義務之行使或負擔，準用第1055條、第1055條之1及第1055條之2之規定。但父母有不能同居之正當理由或法律另有規定者，不在此限（民1089-1）。所謂法律另有規定，係指家庭暴力防治法第13條第2項第3款，法院命遷出住居所而未能同居之情形。

（四）親權之停止

父母之一方濫用其對於子女之權利時，法院得依他方、未成年子女、主管

機關、社會福利機構或其他利害關係人之請求或依職權，為子女之利益，宣告停止其權利之全部或一部（民1090）。所謂濫用權利，例如懲戒子女過當或非為子女之利益而處分子女之特有財產等。

第四章 監　護

　　民法爲保護受監護宣告之人或無法受到父母保護教養之未成年人，而設有監護制度，前者爲民法總則規定之延伸，後者爲親權之延長。茲將未成年人之監護與成年人之監護分述之。

第一節　未成年人之監護

一、設置監護人之原因

　　未成年人無父母，或父母均不能行使、負擔對於其未成年子女之權利義務時，應置監護人（民1091）。亦即父母俱亡，或父母雖然健在，但不能行使親權時，爲保護行爲能力不足之未成年人，乃設置監護人。又，父母對其未成年之子女，得因特定事項，於一定期限內，以書面委託他人行使監護之職務（民1092），此即爲委託監護。嚴格言之，委託監護並非親權之延長，父母仍然爲未成年子女之親權人，因此，父母本於親權人之身分，隨時得終止委託監護（28渝上1718）。

二、監護人之確定

　　監護人之產生方法如下：

（一）遺囑指定

　　最後行使負擔對於未成年子女之權利義務之父或母，得以遺囑指定監護人（民1093I）。此種指定，須以遺囑爲之，遺囑無效者，指定亦爲無效（院1650）。遺囑指定之監護人，應於知悉其爲監護人後15日內，將姓名、住所報告法院，於該期限內，監護人未向法院報告者，視爲拒絕就職（民1093II、III）。

（二）依法律規定

父母均不能行使、負擔對於未成年子女之權利、義務，或父母死亡而無遺囑指定監護人，或遺囑指定之監護人拒絕就職時，依下列順序定其監護人：1.與未成年人同居之祖父母；2.與未成年人同居之兄姊；3.不與未成年人同居之祖父母（民1094I）。

（三）由法院選定或改定

最後行使負擔對於未成年子女之權利義務之父或母，未以遺囑指定監護人，又無法定監護人時，法院得依未成年子女四親等內之親屬、檢察官、主管機關或其他利害關係人之聲請，爲未成年子女之最佳利益，就其三親等旁系血親尊親屬、主管機關、社會福利機構或其他適當之人選定爲監護人，並得指定監護之方法（民1094III）。

又，法院於選定監護人前，有待主管機關及社會福利機構之調查報告，需要一段時間，爲避免未成年人無監護人之情形發生，乃規定未成年人無指定監護人或法定監護人，於法院依法爲其選定監護人確定前，由當地社會福利主管機關爲其監護人（民1094V）。

於監護人死亡、經法院許可辭任受監護或輔助之宣告、受破產宣告尚未復權或失蹤時，受監護人無民法第1094條第1項之監護人，而有另行選定監護人之必要者，法院得依受監護人四親等內之親屬、檢察官、主管機關或其他利害關係人之聲請，或依職權另行選定適當之監護人。於法院另行選定監護人確定前，爲免發生無人執行監護職務之情形，因此，規定由當地社會福利主管機關爲其監護人（民1106）。

由事實足認監護人不符受監護人之最佳利益，或顯不適任之情形者，法院得依四親等內之親屬、檢察官、主管機關或其他利害關係人之聲請，改定適當之監護人；法院於改定監護人確定前，得先行宣告停止原監護人之監護權，並由當地社會福利主管機關爲其監護人（民1106-1）。本條所稱「顯不適任之情事」，包括監護人年老體衰，不堪負荷監護職務，或監護人長期滯留國外，不履行監護職務等情形，惟仍應由法院就具體個案審酌認定。

法院於選定或改定監護人時，應依受監護人之最佳利益，審酌一切情狀，尤應注意下列事項：1.受監護人之年齡、性別、意願、健康情形，及人格發展

需要；2.監護人之年齡、職業、品行、意願、態度、健康情形、經濟能力、生活狀況及有無犯罪前科紀錄；3.監護人與受監護人間，或受監護人與其他共同生活之人間之情感及利害關係；4.法人為監護人時，其事業之種類與內容，法人及其代表人與受監護人之利害關係（民1094-1）。

三、監護人之職務

（一）保護教養

除另有規定外，監護人於保護增進受監護人利益之範圍內，行使負擔父母對於未成年子女之權利義務。但由父母暫時委託者，以所託之職務為限（民1097I）。所謂另有規定，係指民法第1099條至第1109條（第1106條及第1106條之1除外）有關監護人財產管理之特別規定。監護人有數人，對於受監護人重大事項權利之行使意思不一致時，得聲請法院依受監護人之最佳利益，酌定由其中一人行使之。法院為前項裁判前，應聽取受監護人、主管機關或社會福利機構之意見（民1097II、III）。

（二）法定代理

監護人於監護權限內為受監護人之法定代理人（民1098I）。監護人之行為與受監護人之利益相反，或依法不得代理時，法院得依監護人、受監護人、主管機關、社會福利機構或其他利害關係人之聲請，或依職權為受監護人選任特別代理人（民1098II）。

（三）管理受監護人之財產

監護人畢竟與未成年人子女之父母有別，因此民法就監護人之管理受監護人之財產，設有特別規定，茲分述之：

1.開具財產清冊

以遺囑指定監護人時，其遺囑未指定會同開具財產清冊之人者，受指定之監護人應聲請當地直轄市、縣（市）政府指派人員，會同開具財產清冊（民1093II）。法院依法選定監護人，或另行選定，或改定監護人時，應同時指定會同開具財產清冊之人（民1094IV）。監護開始時，監護人對於受監護人之財產，應依規定會同遺囑指定、當地直轄市、縣（市）政府指派或法院指定之

人，於2個月內開具財產清冊，並陳報法院（民1099Ⅰ）。規定2個月之期間，係為儘速釐清法律關係，惟若財產過於複雜，無法於2個月內開具財產清冊時，法院得依監護人之聲請，於必要時延長之（民1099Ⅱ）。

2.財產管理

受監護人之財產，由監護人管理，執行監護職務之必要費用，由受監護人之財產負擔（民1103Ⅰ）。惟於財產清冊開具完成，並陳報法院前，監護人對於受監護人之財產，僅得為管理上必要之行為（民1099-1）。

3.使用、代為或同意處分財產之限制

監護人對於受監護人之財產，非為受監護人之利益，不得使用、代為或同意處分（民1101Ⅱ）。又，監護人代理受監護人購置，或處分不動產，代理受監護人就供其居住之建築物，或其基地出租供他人使用，或終止租賃等行為，影響受監護人之利益極大，因此，非經法院許可，不生效力（民1101Ⅱ）。

4.以受監護人財產投資之限制

監護人不得以受監護人之財產為投資，但購買公債、國庫券、中央銀行儲蓄卷、金融債券、可轉讓定期存單、金融機構承兌匯票，或保證商業本票，不在此限（民1101Ⅲ）。蓋此等有價證券，係由政府發行，或由金融機構擔保，或自負付款之責，其安全性與存放金融機構無異，因此，例外准許為之。

5.受讓財產之禁止

監護人不得受讓受監護人之財產（民1102）。

6.報告財產狀況

法院於必要時，得命監護人提出監護事務之報告、財產清冊或結算書，檢查監護事務或受監護人之財產狀況（民1103Ⅱ）。

7.報酬請求權

監護人得請求報酬，其數額由法院按其勞力及受監護人之資力酌定之（民1104）。

8.注意義務及損害賠償責任

監護人應以善良管理人之注意，執行監護之職務（民1100）。監護人於執行監護職務時，因故意或過失，致生損害於受監護人者，應負賠償之責，此項賠償請求權，自監護關係消滅之日起，5年間不行使而消滅，如有新監護人者，其期間自監護人就職之日起算（民1109）。

四、監護人之辭任及其消極資格

（一）監護人之辭任

監護職務涉及公益，因此民法規定，監護人應限於有正當理由，並經法院許可，始可辭任其職務（民1095）。所謂正當理由，應以監護人能否勝任監護職務以爲斷，例如，監護人身罹重病、殘廢、年老體衰、出使國外或子女眾多不能聘僱等，均屬之。

（二）監護人之消極資格

未成年人、受監護或輔助宣告尙未撤銷之人、受破產宣告尙未復權之人、失蹤人，不得爲監護人（民1096）。蓋，監護人職務繁重，需有充分能力始能勝任，若受監護或輔助宣告尙未撤銷者，其自己之行爲尙需經他人之同意，自不得擔任監護人。

五、監護關係之終止

受監護人成年，或父母親權回復時，監護關係即爲終止。監護人死亡，經法院許可辭任，受破產宣告尙未復權或失蹤，爲監護關係終止之原因，法院依法應另行選定監護人。再者，有事實足認監護人不符受監護人之最佳利益，或顯不適任之情事者，法院亦得改定適當之監護人（民1106-1）。一旦改定監護人後，原監護關係即行終止。至於受監護人死亡時，監護關係當然消滅，自不待言。

監護人變更時，原監護人應即將受監護人之財產移交於新監護人，受監護之原因消滅時，原監護人應即將受監護人之財產交還於受監護人，如受監護人死亡時，交還於其繼承人（民1107I、II）。原監護人應於監護關係終止時起2個月內，爲受監護人之財產之結算，作成結算書，送交新監護人、受監護人或其繼承人。新監護人、受監護人或其繼承人對結算書尙未承認前，原監護人不得免其責任（民1107III、IV）。又，監護人死亡時，由其繼承人爲財產之結算，作成結算書，並移交給新監護人，其無繼承人或繼承人有無不明者，由新監護人逕行辦理結算，連同依第1099條規定開具之財產清冊陳報法院（民1108）。

第二節　成年人之監護

一、設置監護人之原因

受監護宣告之人，爲無行爲能力人（民15），無行爲能力人所爲之意思表示無效（民75），而其意思表示應由法定代理人代爲之（民76）。爲保護受監護宣告之人之利益，應設置監護人（民1110）。未成年人依第14條受監護之宣告者，適用本章第二節成年人監護之規定（民1109-2）。

二、監護人之確定

法院爲監護之宣告時，應依職權就配偶、四親等內之親屬、最近1年有同居事實之其他親屬、主管機關、社會福利機構或其他適當之人，選定一人或數人爲監護人，並同時指定會同開具財產清冊之人（民1111I）。法院於前項選定及指定前，得命主管機關或社會福利機構進行訪視，提出調查報告及建議，監護之聲請人或利害關係人，亦得提出相關資料或證據，供法院斟酌（民1111II）。

法院選定監護人時，應依受監護宣告之人之最佳利益，優先考量受監護宣告之人之意見，審酌一切情狀，並注意下列事項：(一)受監護宣告之人之身心狀態與生活及財產狀況；(二)受監護宣告之人之配偶、子女與其他共同生活之人間之情感狀況；(三)監護人之職業、經歷、意見及其與受監護宣告之人之利害關係；(四)法人爲監護人時，其事業之種類與內容，法人及其代表人與受監護宣告之人之關係（民1111-1）。

法院選定數人爲監護人時，得依職權指定其共同或分別執行職務之範圍（民1112-1I）。如法院未依職權指定監護人之執行職務之範圍，則其代理行爲應共同爲之（民168）。至於法院指定執行職務之範圍後，若有實際需要，亦得應監護人、受監護人、第14條第1項聲請權人之聲請，撤銷或變更所爲之指定（民1112-1II）。

三、囑託登記

　　為使監護登記之資料完整，以確保交易之安全，民法規定，法院為監護之宣告、撤銷監護之宣告、選定監護人、許可監護人辭任，及另行選定或改定監護人時，應依職權囑託該管戶政機關登記（民1112-2）。

四、監護人之消極資格

　　照護受監護宣告之人之法人或機構，及其代表人或負責人，或與該法人或機構有僱傭、委任或其他類似關係之人，不得為該受監護宣告之人之監護人。但為該受監護宣告之人之配偶、四親等內之血親或二親等內之姻親者，不在此限（民1111-2）。

五、監護人之職務

　　監護人於執行有關監護人之生活、護養療治及財產管理之職務時，應尊重受監護人之意思，並考量其身心狀態及生活狀況（民1112）。

六、監護關係之終止

　　受監護之原因消滅時，法院應聲請而撤銷其宣告（民14II）。監護之宣告一旦撤銷後，監護關係即為終止。又，受監護之原因消滅，而仍有輔助之必要時，法院依民法第15條之1第1項之規定，變更為輔助之宣告（民14IV），則法院所為原監護之宣告，因輔助之宣告而失其效力，此亦為監護關係終止之原因。其他如監護人之另行選定或改定，均屬之。

七、未成年人監護規定之準用

　　成年人之監護除本節有規定者外，準用關於未成年人監護之規定（民1113）。亦即民法第1095條至第1109條之規定均在準用之範圍內。

第三節　輔助

一、輔助之開始

　　輔助宣告適用之對象，為成年人及未成年人已結婚者，至於未成年人未結婚者，僅有限制行為能力或無行為能力，無受輔助宣告之實益，亦即僅有完全行為能力人，始能成為受輔助宣告之對象。受輔助宣告之人雖有完全行為能力，但畢竟仍有精神障礙，其辨識能力顯有不足，因此民法規定，受輔助宣告之人應置輔助人（民1113-1），以保護受輔助宣告之人之利益。

二、有關輔助人之選定及輔助職務之準用

　　為避免重複規定，以求立法簡潔，民法乃列舉輔助人及有關輔助職務，得準用未成年人監護與成年人監護之相關規定（民1113-1 II）。亦即有關輔助人之選定（民1111、1112-1）、輔助人之另行選定與改定（民1106、1106-1）、輔助人之辭任與消極資格（民1095、1096、1111-2）、利益相反時之選任特別輔助人（民1098 II）、輔助人之職務（民1102、1103 II）、報酬請求權（民1104）、輔助人之注意義務及損害賠償責任（民1100、1109）、選定輔助人時之注意事項（民1112-1）及囑託登記（民1112-2）等相關規定，均在準用之列。

　　受輔助宣告之人既為完全行為能力之人，則無準用民法第1097條及1098條第1項規定之餘地，又，輔助人自行管理財產，因此無民法第1099條、第1099條之1及第1103條第1項準用之必要。再者，由於輔助人並無管理受監護人之財產，因此，於輔助關係終止時，亦無為財產移交與製作結算書之必要，亦即無準用民法第1107條及第1108條規定之餘地。

第四節　成年人之意定監護

一、意定監護契約之定義

　　所謂意定監護契約，係指本人與受任人約定，於本人受監護宣告時，受任人允爲擔任監護人之契約（民1113-2I）。

　　受任人不限於一人，數人亦可。受任人爲數人時，原則上應共同執行職務，惟意定監護契約中另有約定數受任人分別執行職務者，自應從其約定（民1113-2II）。

二、意定監護契約之成立與生效

　　意定監護契約涉及本人喪失意思能力後之監護事務，影響本人權益甚鉅，因此規定意定監護契約之訂立或變更，應由公證人作成公證證書始爲成立（民1113-3I前段）。此項公證，應有本人及受任人在場，向公證人表明其合意，始得爲之（民1113-3II）。

　　又，法院爲監護之宣告時，應以意定監護契約所定之受任人爲監護人，因此有必要讓法院知悉有意定監護契約之存在。有鑑於此，民法規定公證人作成公證證書後7日內，以書面通知本人住所地之法院（民1113-3I後段）。惟此項通知及期間之規定，僅爲訓示規定，縱然公證人漏未通知或遲誤7日期間始通知法院，並不影響意定監護契約之成立。

　　意定監護契約於訂立時並未立即生效，須於本人受監護宣告時，始生效力（民1113-3III）。由此可知，其爲以本人受監護宣告爲停止條件之特殊委任契約。

三、監護人之選定、另行選定或改定

（一）選定

　　爲尊重本人之意思自主，基於意定監護優先原則，民法規定法院爲監護之宣告時，受監護宣告之人已訂有意定監護契約者，應以意定監護契約所定之受

任人爲監護人，同時指定會同開具財產清冊之人。其意定監護契約已載明會同開具財產清冊之人者，法院應依契約所定者指定之。但意定監護契約未載明會同開具財產清冊之人或所載明之人顯不利本人利益者，法院得依職權指定之（民1113-4I）。

又爲保護本人之權益，法院爲監護之宣告時，有事實足認意定監護受任人不利於本人或顯不適任之情事者，例外的允許法院不受意定監護契約之限制，得依職權就第1111條第1項所定之人選定爲監護人（民1113-4II）。

（二）另行選定或改定

數意定監護人可能共同執行職務，亦可能分別執行職務，若執行職務之監護人中之一人或數人（非全體）有第1106條第1項之情形者，無須另行選定，由其他監護人執行職務即可（民1113-6III）。執行職務之監護人中之一人或數人有第1106條之1第1項之情形者，法院得依第14條第1項所定聲請權人之聲請或依職權解任之，由其他監護人執行職務（民1113-6IV）。惟若共同執行職務之監護人全體有第1106條第1項或第1106條之1第1項之情形者，法院得依第14條第1項所定聲請權人之聲請或依職權，就第1111條第1項所列之人另行選定或改定爲監護人（民1113-6I）。至於數意定監護人分別執行職務時，則須執行同一職務之監護人全體均有第1106條第1項或第1106條之1第1項之情形，法院始得依聲請或依職權另行選定或改定全體監護人。但執行其他職務之監護人無不適任之情形者，法院應優先選定或改定其爲監護人（民1113-6II）。

四、意定監護契約之撤回與終止

（一）撤回

1.任意撤回

意定監護契約係以法院之監護宣告爲停止條件之特殊委任契約，於法院爲宣告前，契約尚未生效，依委任契約之一般原則，尊重當事人之意思，本人或受任人的隨時撤回之（民1113-5I）。契約經一部撤回者，視爲全部撤回（民1113-5II後段）。

爲確保當事人之權益，意定監護契約之撤回，應以書面向他方爲之，並由公證人作成公證書後，始生撤回之效力（民1113-5II前段）。又爲避免法院不

知意定監護契約已經撤回，而選任受任人爲監護人之情形發生，乃規定公證人作成公證書後七日內，以書面通知本人住所地之法院（民1113-5II中段）。

2.法定撤回

本人與某一受任人訂立意定監護契約後，又與另一受任人訂立意定監護契約而發生重複訂約之情形，爲避免不必要之爭執，乃參考遺囑之法定撤回之規定，明定前後意定監護契約有相牴觸者，視爲本人撤回前意定監護契約（民1113-8）。

（二）終止

本人於受監護宣告後，有正當理由者，得聲請法院許可終止意定監護契約（民1113-5III前段）。法院許可終止意定監護契約後，應就第1111條第1項所列之人另行選定監護人（民1113-5IV）。至於受任人，無從向無行爲能力之本人爲終止契約之意思表示，但如有正當理由者，得聲請法院許可辭任其職務（民1113-5III後段）。

五、報酬及排除代爲處分限制之約定

（一）報酬之約定

意定監護契約已約定報酬或約定不給付報酬者，從其約定；未約定者，監護人得請求法院按其勞力及受監護人之資力酌定之（民1113-7）。

（二）排除代爲處分限制之約定

意定監護契約約定受任人執行監護職務不受第1101第2項、第3項規定限制者，從其約定（民1113-9）。亦即，本人於意定監護契約已特別約定受任人代理受監護人購置、處分不動產或得以受監護人財產爲投資者，應落實當事人意思自主原則，允許當事人得約定排除第1101條第2項及第3項規定之適用。

六、監護相關規定之準用

成年人之意定監護與成年人之法定監護，同屬監護制度之一環。爲避免條文之重複規定，以求立法簡潔，乃規定意定監護，除本節有規定者外，準用關

於成年人監護之規定（民1113-10）。又，準用第1113條之結果，再準用未成年人監護之規定。舉凡監護之囑託登記、監護人之消極資格、監護人之職務、監護人之注意義務、監護人之損害賠償責任及監護關係終了後監護人之移交與結算義務等，均在準用之範圍內。

第五章 扶 養

　　國家對人民之生存權應予保障（憲15），對於老弱殘廢、無力生活及受非常災害者，應予以適當的扶助與救濟（憲155）。惟國家社會保障制度未完備之前，不得不將公的扶助義務轉嫁給私人扶養，此爲私人扶養制之產生原因。

一、發生扶養之要件

（一）須有一定之親屬、家屬或配偶關係

　　下列之人其相互間，負扶養義務（民1114、1116-1）：

1. **直系血親**：養子女與其本生父母，於收養關係終止前，不負扶養義務。又，最高法院判例曾謂，離婚後之監護，當然包括扶養在內，而今任親權人之一方單獨負扶養義務，惟此判例頗受學者之批判，爲杜爭議，乃增設條文，明定父母對於未成年子女之扶養義務，不因結婚經撤銷或離婚而受影響（民1116-2）。至於子女，則不問成年與否（56台上795）。

2. **夫妻之一方與他方之父母同居者**：例如子婦與翁姑間，或女婿與岳父母間，惟須以同居爲必要，若廢止同居，則不問原因何在，均不生扶養義務（31上579）。

3. **兄弟姊妹**：無論是同父同母、同父異母、同母異父，均包括在內。

4. **家長與家屬**：例如夫妾之間，同居一家共同生活，自互負扶養義務。

5. **夫妻**：夫妻互負扶養之義務，乃理所當然，舊法並未明定，惟實務上著有判例（43台上787），民法親屬編修正時，乃將之明定。

（二）扶養權利人須不能維持生活且無謀生能力

　　扶養乃是經濟上扶助，故受扶養權利人，以不能維持生活而無謀生能力者爲限（民1117I）。惟顧及倫常，乃規定無謀生能力之限制，於直系血親尊親屬，不適用之（同條II）。

（三）扶養義務人須有扶養能力

　　因負擔扶養義務而不能維持自己生活者，免除其義務，但受扶養權利人爲

直系血親尊親屬或配偶時，減輕其義務（民1118）。

二、扶養之順序

（一）扶養義務人之順序

負扶養義務人有數人時，應依下列順序定其履行義務之人：1.直系血親卑親屬；2.直系血親尊親屬；3.家長；4.兄弟姊妹；5.家屬；6.子婦、女婿；7.夫妻之父母（民1115I）。夫妻間扶養義務的順序與直系血親卑親屬同（民1116-1）。負扶養義務人同為直系血親尊親屬或卑親屬者，以親等近者為先（民1115II）。負扶養義務人有數人而其親等同一時，應各依其經濟能力，分擔義務（同條III）。

（二）扶養權利人之順序

受扶養權利人有數人，而負扶養義務人之經濟能力不足扶養其全體時，依下列順序定其受扶養之人：1.直系血親尊親屬；2.直系血親卑親屬；3.家屬；4.兄弟姊妹；5.家長；6.夫妻之父母；7.子婦、女婿（民1116I）。夫妻間受扶養權利之順序與直系血親尊親屬同（民1116-1）。同為直系血親尊親屬或卑親屬者，以親等近者為先（民1116II）。受扶養權利人有數人而其親等同一時，應按其需要之狀況，酌為扶養（同條III）。

三、扶養之程序、方法及其變更

扶養之程度，應按受扶養權利人之需要，以負扶養義務人之經濟能力及身分定之（民1119）。扶養之方法，由當事人協議定之，不能協議時，由親屬會議定之。但扶養費之給付，當事人不能協議時，由法院定之（民1120）。扶養之程度及方法，當事人得因情事之變更，請求變更之（民1121），惟其變更之標準，應仍以請求變更時受扶養權利人之需要，與負扶養義務人之經濟能力及身分為衡。

四、經法院裁判減輕或免除扶養義務

　　受扶養權利人曾對負扶養義務人，其配偶或直系血親故意爲虐待，重大侮辱或其他身體、精神上之不法侵害行爲，或對負扶養義務人無正當理由而未盡扶養義務時，若由負扶養義務人負擔扶養義務顯失公平者，負扶養義務人得請求法院減輕其扶養義務。若屬情節重大者，法院得免除其扶養義務。惟受扶養權利人爲負扶養義務人之未成年直系血親卑親屬者，則不適用之（民1118-1）。

第六章　家

一、家之意義

　　稱家者，謂永久共同生活為目的而同居之親屬團體（民1122）。兄弟數人業已分家，雖仍同門居住，亦不得謂之一家（院848）。

二、家長與家屬

　　家置家長；同家之人，除家長外，均為家屬；雖非親屬而以永久共同生活為目的而同居一家者，視為家屬（民1123）。可知，只須永久共同生活為目的而同居一家之家長以外之人，不問有無親屬關係，均為家屬。家長由親屬會議推定之，無推定時，以家中之最尊輩者為之；尊輩同者，以年長者為之（民1124）。

三、家務之管理

　　家務由家長管理，但家長得以家務之一部，委託家屬管理（民1125）。若家中最尊或最長者，不能或不願管理家務時，由其指定家屬一人代理之（民1124）。家長管理家務，應注意於家屬全體之利益（民1126）。

四、家屬之由家分離

　　家屬已成年者，得請求由家分離（民1127），不必別有正當理由（31上1494）。家長對於已成年之家屬，得令其由家分離，但以有正當理由時為限（民1128）。妾與家長之關係，不適用民法第1127條及第1128條之規定，妾不願為妾時，自得自由脫離（院1935）。

第七章　親屬會議

　　親屬會議，非常設組織，而是爲處理親屬間之法定事項，而由一定之親屬所組織而成。

（一）親屬會議之召集

　　親屬會議由當事人、法定代理人或其他利害關係人召集之（民1129）。

（二）親屬會議之組織

　　親屬會議以會員5人組織之（民1130）。監護人、未成年人及受監護宣告之人，不得爲親屬會議會員（民1133）。

　　親屬會議會員，應就未成年人、受監護宣告之人或被繼承人之下列親屬與順序定之：1.直系血親尊親屬；2.三親等內旁系血親尊親屬；3.四親等內之同輩血親（民1131I）。前項同一順序之人，以親等近者爲先；親等同者，以同居親屬爲先，無同居親屬者，以年長者爲先，依前二項順序所定之親屬會議會員，不能出席會議或難於出席時，由次順序之親屬充任之（同條II、III）。

（三）親屬會議不能召開時之處理

　　依法應經親屬會議處理之事項，而有以下情形之一者，得由有召集權人或利害關係人聲請法院處理之：1.無前條規定之親屬或親屬不足法定人數；2.親屬會議不能或難以召開；3.親屬會議召開而不爲或不能決議（民1132）。

（四）會員之辭任

　　依法應爲親屬會議會員之人，非有正當理由，不得辭其職務（民1134）。此之所謂依法應爲親屬會議會員之人，係指依法律規定之會員。至於法院所指定之會員，則非有下列情形之一者，不得辭任：1.滿70歲者；2.因身心障礙、疾病不能執行職務者；3.住所或居所與法院所在地隔離，不便執行職務者；4.有其他重大事由者（家事183準用同法122）。

（五）親屬會議之開會及決議

　　親屬會議，非有三人以上之出席不得開會，非有出席會員過半數之同意，不得為決議（民1135）。會員於所議事件有個人利害關係者，不得加入決議（民1136）。民法第1129條所定有召集權之人，對於親屬會議之決議有不服者，得於3個月內向法院聲訴（民1137）。所謂向法院聲訴，係指提起不服之訴而言。

第七篇

繼承

人之權利能力終於死亡，若無繼承制度，則其財產將成為無主物，影響社會秩序至鉅。為迴避無主物之產生，有必要在人死亡時，決定其財產之歸屬。此即為近代繼承制度存在之根本理由，我國民法第1147條規定，繼承因被繼承人死亡而開始，採當然繼承主義，其理由亦在此。關於繼承法上之具體內容，分述如下。

第一章　遺產繼承人

一、法定繼承人

配偶相互間有繼承遺產之權利，但不在法定順序之內，乃立於特殊之地位。除配偶外，遺產繼承人，應依下列順序定之（民1138）：

（一）直系血親卑親屬

子女、孫子女、曾孫子女、玄孫子女均包括在內，惟以親等近者為先（民1139）。亦即子女與孫子女雖同為第一順序之繼承人，但由於子女之親等較孫子女為近，故以子女優先繼承。惟被繼承人之直系血親卑親屬，於繼承開始前死亡，或喪失繼承權者，由其直系血親卑親屬代位繼承其應繼分（民1140），此即為代位繼承之規定。換言之，子輩早於被繼承人而死或有喪失繼承權之情事者，孫輩本於第一順序繼承人之身分，繼承被繼承人之遺產，惟其應繼分，從子輩之應繼分。

（二）父　母

第二順序繼承人為被繼承人之父母。被繼承人為養子女時，其養父母有繼承權，但其本生父母則無（民1077II）。

（三）兄弟姊妹

所謂兄弟姊妹，包括同父同母、同父異母、同母異父之兄弟姊妹（院898、735）。養子女與養父母之親生子女間，亦為兄弟姊妹，其相互間自有繼

承權（院2037）。

（四）祖父母

　　所謂祖父母，包括父系之祖父母及母系之祖父母（院898）。養子女之養父母之父母，亦為養子女之第四順序之繼承人（院2560）。

二、應繼分

　　應繼分，係指共同繼承人就遺產所得繼承之比率。法律就共同繼承人之應繼分設有明文，此稱為法定應繼分；惟允許被繼承人得變更法定應繼分而另外指定，此稱為指定應繼分。茲分述之。

（一）法定應繼分

1. **配偶應繼分**：民法關於配偶應繼分，規定如下（民1144）：
   (1) 與被繼承人之直系血親卑親屬同為繼承時，其應繼分與他繼承人平均。亦即配偶之應繼分，隨著直系血親卑親屬之人數之多寡，而有不同。
   (2) 與被繼承人之父母或兄弟姊妹同為繼承時，配偶應繼分為遺產之二分之一。其他二分之一，由第二或第三順序之繼承人繼承。此時，配偶應繼分為固定的。
   (3) 與被繼承人之祖父母同為繼承時，配偶應繼分為三分之二。
   (4) 無血親繼承人時，配偶應繼分為遺產之全部。
   被繼承人於民法修正前重婚，後婚未被撤銷而死亡時，其有二合法配偶之存在，此時二配偶平均分配配偶應繼分之二分之一（院1985、院解3762）。
2. **血親之應繼分**：同一順序之繼承人有數人時，按人數平均繼承，但法律另有規定者，不在此限（民1141）。所謂「法律另有規定」，係指修正前之第1142條之規定。亦即依該規定，養子女之應繼分，為婚生子女之二分之一，但養父母無直系血親卑親屬為繼承人時，其應繼分與婚生子女同。惟該規定，因違反養子女與婚生子女平等原則，已被刪除。至於，血親繼承人與配偶共同繼承時，依民法第1144條處理，自不待言（院解3762）。

（二）指定應繼分

被繼承人於不違反特留分之規定之範圍內，得以遺囑自由處分遺產（民1187）。此之所謂自由處分遺產，包括指定應繼分，惟須以遺囑為之，否則不生指定之效力。

三、繼承能力

繼承人須於繼承開始時尚生存者，始有繼承能力。此即為繼承法上之同時存在原則。換言之，繼承能力以有權利能力為前提，人之死亡，權利能力喪失，自無繼承能力，若於繼承開始時尚生存者，雖於被繼承人死亡後即行夭亡，仍不失其繼承人之資格（29渝上454）。若為同時死亡，依同時存在原則，其相互間無繼承能力。胎兒以將來非死產者為限，關於其個人利益之保護，視為既已出生（民7），胎兒既有權利能力，自有繼承能力。至於法人無繼承能力，自不待言。

四、繼承權之喪失

繼承人為法定之不法行為或不道德行為時，會因此而喪失繼承權。繼承權之喪失，依法定之原因，可分為當然失權與表示失權，當然失權，又可分為絕對失權與相對失權，茲分述如下：

（一）當然失權

當然失權者，係指繼承人具有法定之失權原因，不待被繼承人為任何表示，即當然喪失繼承權而言。又可分為絕對失權與相對失權。

1. **絕對失權**：繼承人故意致被繼承人或應繼承人於死，或雖未致死，因而受刑之宣告者（民1145I①），喪失繼承權。此種失權，不因被繼承人之宥恕而回復繼承權，故稱之為絕對失權。由此規定可知：(1)繼承人須有致死之故意，過失致死不包括在內；(2)須受刑之宣告，無論致死或雖未致死，均須受刑之宣告。

2. **相對失權**：相對失權之事由有三：(1)以詐欺或脅迫，使被繼承人為關於繼

承之遺囑，或使其撤回或變更之者（同條I②）；(2)以詐欺或脅迫妨害被繼承人為關於繼承之遺囑，或妨害其撤回或變更之者（同條I③）；(3)偽造、變更、隱匿或湮滅被繼承人關於繼承之遺囑（同條I④）。由此等事由所生之失權，如經被繼承人宥恕者，其繼承權不喪失（同條II），故稱之為相對失權。

（二）表示失權

繼承人對於被繼承人有重大之虐待或侮辱情事，經被繼承人表示其不得繼承者（同條I⑤），喪失繼承權。若未經表示，縱有虐待或侮辱情事，亦不當然失權，故稱之為表示失權。所謂重大之虐待，係指以身體上或精神上之痛苦加諸於被繼承人而言（74台上1870）。繼承權因被繼承人之表示而喪失，自亦得因被繼承人之表示而回復。

五、繼承回復請求權

繼承權被侵害者，被害人或其法定代理人得請求回復之（民1146I）。所謂繼承權被侵害，係指其繼承人之身分被否定，且其遺產被他人概括占有之情形而言。所謂請求回復者，係指請求返還遺產標的物，至於繼承人之地位，不因被否定而喪失，因此不待回復，當然存在。

繼承回復請求權，由被害人或法定代理人行使，其相對人則限於與被害人爭執繼承資格之人（53台上1928）。

繼承回復請求權，自知悉被侵害之時起，2年間不行使而消滅，自繼承開始時起，逾10年者亦同（同條II），此為繼承回復請求權消滅時效之規定。此項消滅時效完成後，非經回復義務人以此為抗辯，法院不得據以裁判（29渝上867）。故表見繼承人於消滅時效完成後，返還其所占有之遺產標的物於真正繼承人後，不得以不知時效為理由，請求返還（民144II）。

第二章　遺產之繼承

第一節　效　力

繼承，因被繼承人死亡而開始（民1147）。繼承人自繼承開始時，除本法另有規定外，承受被繼承人財產上之一切權利義務，但權利義務專屬於被繼承人本身者，不在此限（民1148I）。所謂本法另有規定，係指拋棄繼承（民1174至1176-1）。

一、繼承之標的

被繼承人生前一身專屬權利義務以外之財產上一切權利義務，皆為繼承之標的。權利方面，物權、債權、無體財產權、形成權、請求權等，甚至占有（民947II），皆可繼承。遺產中之動產不必受交付，不動產不必為登記，繼承人即當然取得所有權。義務方面，無論為私法上或公法上債務，非一身專屬者，皆為繼承之對象。惟完納罰金義務，基於刑罰止於一身之原則，僅就受刑人遺產執行（刑訴470III）。所謂一身專屬之權利義務，例如非財產上之損害賠償請求權（民195、979、999、1056），以特定身分為基礎之請求權（扶養請求權、贍養費請求權），或以特別信任關係為前提所生之權利義務（基於委任、僱傭而生之權利義務、身分保證、職務保證等）。

二、繼承之費用

關於遺產管理、分割及執行遺囑之費用，由遺產中支付之，但因繼承人之過失而支付者，不在此限（民1150）。遺產管理費用包括保管費用、訴訟費用、清算費用及喪葬費用。遺產分割費用，例如裁判分割所稱之費用。遺囑執行費用，例如遺囑之提示、開視之費用及遺囑執行人之報酬。

三、遺產酌給請求權

被繼承人生前繼續扶養之人,應由親屬會議,依其所受扶養程度及其他關係,酌給遺產(民1149)。此規定之意旨在於避免被繼承人生前所扶養之人因被繼承人之死亡而陷於生活困難之窘境,含有濃厚死後扶養之思想。由此規定可知,請求酌給遺產之人,須為被繼承人生前繼續扶養之人,且須以不能維持生活而無謀生能力為限。因此,若被繼承人已以遺囑,依其生前繼續扶養之人所受扶養之程度及其他關係,遺贈相當財產者,毋庸再由親屬會議酌給遺產(26渝上59)。對親屬會議所為酌給之決議有不服時,受酌給人得依民法第1137條規定,向法院聲訴,法院若認親屬會議之決議未允洽時,自可斟酌情形逕予核定(37上7137、40台上937、48台上1532)。

四、共同繼承

(一)遺產之公同共有

繼承人有數人時,在分割遺產前,各繼承人對於遺產全部為公同共有(民1151)。此之遺產,係指積極財產而言,債務不包括在內。遺產,原則上由全體共同繼承人共同管理,但得由繼承人中互推一人管理之(民1152)。

(二)債務之連帶責任

繼承人對於被繼承人之債務,以因繼承所得遺產為限,負連帶責任(民1153 I)。因此,債權人得對共同繼承人中之一人或數人,或其全體,同時或先後請求全部或一部之給付(民273 I)。至於內部關係上,繼承人相互間,對於被繼承人之債務,除法律另有規定或另有約定外,按其應繼分比例負擔之(民1153 II)。又,遺產分割後,其未清償之被繼承人之債務,移歸一定之人承受,或劃歸各繼承人分擔,如經債權人同意者,各繼承人免除連帶責任(民1171 I)。繼承人之連帶責任,自遺產分割時起,如債權清償期在遺產分割後者,自清償期屆滿時起,經過5年而免除(同條 II)。

第二節　概括繼承有限責任

一、概括繼承有限責任之意義

　　繼承人自繼承開始時，除本法另有規定外，承受被繼承人財產上之一切權利義務，但權利、義務專屬於被繼承人本身者，不在此限（民1148I）。所謂本法另有規定，係指拋棄繼承（民1174至1176-1）而言。民法為避免繼承人因概括承受被繼承人之生前債務而桎梏終生，乃規定繼承人對於被繼承人之債務，僅以因繼承所得遺產為限，負清償責任（民1148II）。由第1148條規定內容可知，第1項為概括繼承之原則，第2項為有限責任之規定，由此二項規定而形成以「概括繼承有限責任」為原則之繼承制度。依此規定可知，繼承人依法繼承被繼承人之全部債務，惟對於債務之清償，僅以因繼承所得遺產為限，負有限責任。亦即，繼承人依法取得拒絕以自己固有財產償還被繼承人債務之抗辯權，惟其債務人之身分，並不因此而有所改變。繼承人如以其固有財產清償繼承債務時，該債權人於其債權範圍內受清償，並非無法律上之原因，故無不當得利之可言，繼承人自不得再向債權人請求返還。

二、所得遺產之擬制

　　於採繼承人負有限責任之情形下，被繼承人生前將其財產移轉所有權於繼承人，使其財產減少，勢必影響被繼承人債權人之權利，因此，民法規定繼承人於繼承開始前2年內，從被繼承人受有財產之贈與者，該財產視為其所得遺產。該贈與之財產如已移轉或滅失，其價額依贈與時之價值計算（民1148-1）。本條所謂已移轉，係指被繼承人生前已將該贈與財產移轉所有權於繼承人而言，若訂立贈與契約後，尚未移轉所有權之前死亡時，該贈與之標的物仍屬遺產，自無將其視為所得遺產之必要。由於贈與財產已移轉於繼承人，或已由繼承人再轉讓予第三人，因此，無法將該贈與財產取回，由此可知，所謂視為所得遺產，並非現物返還，而為充當計算。

三、繼承人對於被繼承人之權利義務不消滅

繼承人對於被繼承人有債權時，若因繼承而混同，則無異以自己之固有財產償還被繼承人之債務，反之，被繼承人對繼承人有債權時，該債權亦屬遺產之一部，如因繼承而消滅，等於縮小遺產之範圍，從而害及被繼承人之債權人之權益，因此，民法規定繼承人對於被繼承人之權利義務不因繼承而消滅（民1154）。本條所謂權利，不問債權或物權，均包括在內，因此，繼承人對被繼承人有債權時，其亦得本於債權人之身分，與其他繼承債權人依債權數額比例，由遺產獲得償還，若對遺產有抵押權，則亦得優先獲清償（民1159I）。

四、遺產之清算

（一）繼承人提出遺產清冊時之清算程序

1.遺產清冊之提出

繼承人於知悉其得繼承之時起3個月內，開具遺產清冊陳報法院（民1156I）。惟若遺產散在各地，要在3個月內調查清楚，一一列冊，並非易事，因此，規定此3個月期間，法院因繼承人之聲請，認為必要時，得延展之（民1156II）。又，繼承人有數人時，不必共同開具遺產清冊，亦無分別開具遺產清冊之必要，只需繼承人中之一人，已依第1項開具遺產清冊陳報法院者，其他繼承人視為已陳報（民1156III）。除繼承人主動提出遺產清冊外，債權人亦得向法院聲請，命繼承人於3個月內提出遺產清冊（民1156-1I）。又法院得於知悉債權人以訴訟程序或以非訟程序向繼承人請求償還債務時，得依職權命繼承人於3個月內提出遺產清冊（民1156II），以求盡量透過清算程序，一次解決紛爭。無論為債權人之聲請，或法院依職權命繼承人開具遺產清冊，該3個月之期間，法院因繼承人之聲請，認有必要時，得延展之，且法院已命繼承人中之一人開具遺產清冊陳報時，其他繼承人視為已陳報（民1156-1III）。

2.公示催告

被繼承人生前負有多少債務，繼承人未必知悉，且債權人未必知悉被繼承人已死亡，因此有必要由法院公示催告，以利遺產清算程序之進行，繼承人開具遺產清冊陳報法院時，法院應依公示催告程序公告，命被繼承人之債權人，於一定期限內報明其債權，此一定期限不得在3個月以下（民1157）。繼承人

開具遺產清冊陳報法院後，法院即有公告之義務，縱其遺產清冊內僅為債務，尚不敷程序上之費用，亦不得以無從宣告破產為理由而不為公告（院1868）。

3.清償債務及交付遺贈

在法院所定一定期限屆滿後，繼承人對於在該一定期限內報明之債權，及繼承人所已知之債權，均應按其數額，比例計算，以遺產分別償還，但不得害及有優先權人之利益（民1159 I）。有優先權之債權，例如對於遺產有留置權、質權、抵押權之債權，此時該債權得優先受清償。繼承人對於繼承開始時未屆清償期之債權，亦應依第1項之規定予以清償，前項未屆清償期之債權，於繼承開始時，視為已到期，未附有利息者，其債權額應扣除自第1157條所訂之一定期限屆滿時起，至到期時之法定利息（民1159 II、III）。為求公平起見，繼承人於法院所定期限內，不得對於繼承人之任何債權人償還債務（民1158）。又，遺贈乃是無償給與財產上利益之行為，因此，繼承人須依法償還債務後，始得交付遺贈（民1160）。被繼承人之債權人不於法院所定期限內報明債權，又為繼承人所不知者，僅得就剩餘財產行使其權利（民1162）。所謂剩餘財產，係指償還已報明或繼承人所知之債務，及交付遺贈後之剩餘財產而言。

4.繼承人之賠償責任及不當受領人之返還義務

繼承人於法院所定期限內清償債務，或不按比例償還債務，或償還債務前交付遺贈，而致被繼承人之債權人受有損害者，應負賠償之責（民1161 I）。受有損害之債權人，對於不當受領之債權人或受遺贈人，得請求返還其不當受領之數額（民1161 II）。由此規定可知，受害人得對於繼承人，請求損害賠償，亦得向不當受領人請求返還不當受領之數額，二者擇一行使，由一方獲清償時，他方之債務，因目的之達到而消滅。又，繼承人對債權人賠償其損害後，不得再對不當受領之債權人或受遺贈人，請求返還其不當受領之數額（民1161 III）。

（二）繼承人未提出遺產清冊時之清算程序

1.繼承人之法定義務

繼承人縱未提出遺產清冊陳報法院，亦不因此而喪失有限責任之權益，惟在遺產不足清償被繼承人債務之情形下，應保障債權人之公平受償，而債權人之此種權益，不應因繼承人未提出遺產清冊而受影響，因此，參考民法第1159條

及第1160條規定之精神,規定繼承人未依第1156條、第1156條之1開具遺產清冊陳報法院者,對於被繼承人債權人之全部債權,仍應按其數額比例計算,以遺產分別償還,但不得害及有優先權人之利益;前項繼承人非依前項規定償還債務後,不得對受遺贈人交付遺贈;繼承人對於繼承開始時未屆清償期之債權,亦應依第1項規定予以清償,前項未屆清償期之債權,於繼承開始時,視為已到期,其無利息者,其債權額應扣除自清償時起,至到期時止之法定利息(民1162-1)。

2.繼承人違反法定義務時之責任

繼承人違反第1162條之1規定者,被繼承人之債權人得就應受清償而未受償之部分,對該繼承人行使權利;繼承人對於前項債權人應受清償而未受償部分之清償責任,不以所得遺產為限,但繼承人為無行為能力人或限制行為能力人時,不在此限(民1162-2I、II)。繼承人違反第1162條之1規定,致被繼承人之債權人受有損害者,亦應負賠償之責,前項受有損害之人,對於不當受領之債權人或受遺贈人,得請求返還其不當受領之數額,繼承人對於不當受領之債權人或受遺贈人,不得請求返還不當受領之數額(民1162-2III至V)。本條第1項所定債權人應受清償而未受償之部分,與第3項所定債權人所受之損害,應屬同一,本條卻將其分列二項分別規定,實為不妥。

五、不得享有限定責任權益之情形

繼承人有下列情形之一者,不得享有民法第1148條第2項所定之利益:(一)隱匿遺產情節重大;(二)在遺產清冊為虛偽之記載情節重大;(三)意圖詐害被繼承人之債權人之權利,而為遺產之處分(民1163)。採概括繼承有限責任,乃為保護繼承人而設之制度,今繼承人有上述不正行為時,應剝奪其有限責任之利益,或拋棄繼承之權利,以為制裁,因此,乃有本條規定之設置,本條僅規定不得主張民法第1148條第2項所定之利益,但解釋上,尚包括不得為拋棄繼承。蓋,若允許不正行為之繼承人得藉拋棄繼承,以免負清償被繼承人債務之責任,則將失去制裁不正行為人之立法意旨。

第三節 遺產之分割

一、遺產分割之意義

遺產之內容有不動產、動產、債權或無體財產權等，若單獨繼承時，則無所謂分割遺產，但繼承人有數人時，則有必要將遺產分配於各繼承人，此即所謂遺產之分割。

二、遺產分割請求權

遺產未分割前，屬於共同繼承人之公同共有，依民法第829條規定，公同關係存續中，各公同共有人，不得請求分割其公同共有物。惟遺產之為公同共有，係基於被繼承人死亡而形成，若長期不分割，不僅有害經濟之流通，且有害及繼承人或其債權人之利益，因此民法規定，繼承人得隨時請求分割遺產（民1164）。繼承人中有人反對分割時，其他繼承人仍得主張分割請求權，此權利為形成權，民法無除斥期間之規定，故不因時間之經過而消滅。

三、分割之限制

繼承人雖得隨時請求分割遺產，但法律另有規定，或契約另有訂定者，不在此限（民1164）。茲將分割之限制，分述如下：

（一）不分割之契約

共同繼承人得訂立不分割契約，以繼續維持公同共有關係。惟不分割之約定期間過長時，有礙經濟流通，故應類推適用民法第1165條第2項規定，約定不分割之期間以10年為限。

（二）禁止分割之遺囑

民法第1164條但書所謂之「法律另有規定」，係指第1165條第2項而言。被繼承人若欲得全遺產整體性，而禁止分割遺產時，自應尊重其意思，惟須以遺囑方式為之，以求慎重。又，其禁止分割之效力，以10年為限（民

1165II）。若所定禁止之期間超過10年時，其超過10年之部分無效，縮短爲10年。

（三）須保留胎兒之應繼分

如前所述，胎兒亦有繼承能力，爲避免胎兒之繼承權受到侵害，乃規定胎兒爲繼承人時，非保留其應繼分，他繼承人不得分割遺產（民1166I）。一般而言，胎兒爲繼承人時，被繼承人多爲胎兒之父，因此規定胎兒關於遺產之分割，以其母爲代理人（同條II）。惟胎兒之母亦同爲繼承人時，其母代理胎兒爲遺產分割，乃爲自己代理（民106），此時，宜由法院選任特別代理人（民1086II），以保護胎兒之利益。繼承人未保留胎兒應繼分而爲分割時，其分割無效。

四、分割之方法

遺產分割之方法，有依遺囑指定、協議分割與裁判分割等三種，茲分述如下：

（一）依遺囑指定

爲尊重被繼承人之意思，被繼承人之遺囑，定有分割遺產之方法，或託他人代定者，從其所定（民1165I）。遺囑指定分割方法有時亦含有指定應繼分之意，但不得侵害繼承人之特留分（民1187）。亦即，分割遺產之遺囑，以不違背特留分之規定爲限，應尊重遺囑人之意思，則分割分法雖顯有厚男薄女之意思，但除違背特留分之規定外，於繼承開始時即應從其所定（院741）。

（二）協議分割

被繼承人未以遺囑指定遺產分割之方法，或未委託他人代爲指定時，共同繼承人得協議分割遺產（民830II、824I）。

（三）裁判分割

共同繼承人協議不成或協議不能時，繼承人得請求法院以判決定分割之方法（民830II、824II）。

五、分割之實行

民法為維持共同繼承人之公平，特設扣還及扣除兩規定，茲分述之：

（一）繼承人對被繼承人負有債務時之扣還

於單獨繼承時，債權債務同歸於一人時，因混同而消滅（民344），惟共同繼承時，則遺產具有獨立性，不因繼承而生混同之結果。為顧及其他繼承人之利益，乃規定繼承人中如有對於被繼承人負有債務者，於遺產分割時，應按其債務數額，由該繼承人之應繼分內扣還（民1172）。例如甲乙夫妻有子丙、丁二人，丙對甲負有60萬元之債務，甲死亡時，留有現金180萬元，則甲之遺產為180萬元之現金及60萬元之債權，共計240萬元，乙、丙、丁之法定應繼分為80萬元。分割遺產時，依法丙之60萬債務，應由其應繼分內扣還，分割結果，丙得20萬元，乙、丁各得80萬元。若債務超過應繼分時，仍應償還其超過之數額，若該繼承人拋棄繼承，則無應繼分得以扣還，自應償還債務之全部。

（二）生前特種贈與之扣除（歸扣）

繼承人中有在繼承開始前因結婚、分居或營業，已從被繼承人受有財產之贈與者，應將該贈與價額加入繼承開始時被繼承人所有之財產中，為應繼財產。此贈與價額，應於遺產分割時，由該繼承人之應繼分扣除，但被繼承人於贈與時有反對之意思表示者，不在此限（民1173I、II）。繼承人因結婚、分居或營業而受贈與，此稱之為特種贈與。一般而言，被繼承人對繼承人為此等特種贈與時，並無使受贈人特受利益之意思，不過遇此等事由，就其日後終應繼承之財產預行撥給而已，可知，特種贈與實為應繼分之前付，於分割遺產時，自應由應繼分內扣除。例如甲乙夫妻有子女丙、丁二人，甲生前曾因丙結婚給與30萬元，甲死亡時，留有財產120萬元，則分割遺產時，甲之遺產120萬元再加上丙之30萬之特種贈與，共計150萬元，此為應繼財產。再依法定應繼分比率，乙、丙、丁之法定應繼分額為50萬元。依法丙之特種贈與應自其應繼分內扣除，則分割結果，丙得20萬元，乙、丁各得50萬元。特種贈與僅限於結婚、分居或營業，為列舉的原因，如因出國旅行等之贈與，則不包括在內（院743）。至於贈與價額，依贈與時之價值計算（同條III）。

六、分割之效力

遺產，分割前，爲共同繼承人之公同共有，分割後，各個繼承人就其所分得之財產，成爲單獨權利人，爲顧及分割之公平，民法乃規定共同繼承人相互間，應負擔保責任，茲分述如下：

(一) 負與出賣人同一之擔保責任

遺產分割後，各繼承人按其所得部分，對於他繼承人因分割而得之遺產，負與出賣人同一之擔保責任（民1168）。此擔保責任，包括權利瑕疵擔保責任（民349、350）與物之瑕疵擔保責任（民354）。瑕疵之原因，須於分割時業已存在，於分割後所生之瑕疵，則不在擔保責任之範圍內。

(二) 對於債務人資力之擔保責任

於買賣債權時，通常買受人有承擔危險之意思，因此，債權出賣人除另有約定外，就債務人之資力不負擔保責任（民352）。惟，遺產分割之場合，分得債權之人，若無法獲完全之清償，則有失公平，因此規定遺產分割，各繼承人按其所得部分，對於他繼承人因分割而得之債權，就遺產分割時債務人之支付能力，負擔保之責；若爲附停止條件或未屆清償期之債權，則各繼承人應就清償時債務之支付能力，負擔保之責（民1169）。

(三) 繼承人不能償還部分之分擔

負擔保責任之繼承人中，有無支付能力不能償還其分擔額者，其不能償還之部分，由有請求權之繼承人與他繼承人，按其所得部分，比例分擔之（民1170前段）。此規定在避免有請求權之繼承人因無法從負擔保責任之繼承人獲得償還而受不利益，若不能償還，係由有請求權人之過失所致者，不得對於他繼承人，請求分擔（同條但書）。

第四節　繼承之拋棄

一、拋棄繼承之意義

　　於當然繼承主義之下，繼承人不待任何表示，當然承受被繼承人一切財產上之權利義務（民1147、1148）。惟為尊重繼承人之人格自由，允許其得拋棄繼承權（民1174I）。所謂拋棄繼承，係指繼承人否認自己開始繼承效力之意思表示，即否認因繼承開始當然為繼承人之全部繼承效力之行為，與拋棄因繼承所取得之財產，性質不同（65台上1563）。亦即前者為身分行為，後者為財產行為。拋棄繼承，不得附條件或期限，亦不得為部分之拋棄（67台上3448、67台上3788）。

二、拋棄繼承之方式

　　繼承權之拋棄，應於知悉其得繼承之時起3個月內，以書面向法院為之。拋棄繼承後，應以書面通知因其拋棄而應為繼承之人，但不能通知者，不在此限（民1174II、III）。所謂知悉其得繼承，係指知悉繼承已開始，且知自己為繼承人而言，若僅知被繼承人已死亡，而不知自己為繼承人時，則3個月之期間不開始起算。拋棄繼承係在繼承開始後為之，若繼承開始前預為繼承權之拋棄，則其拋棄為無效。拋棄繼承為要式行為，須以書面向法院為之，不依此方法為之，其拋棄為無效（民73）。先順序之繼承人均拋棄繼承者，由次順序之繼承人繼承（民1176VI），若次順序之繼承人不知得為繼承，則無從決定是否拋棄繼承或限定繼承，因此課以拋棄繼承人須以書面通知因其拋棄而應為繼承之人，以利繼承關係之早日確定。惟此僅為訓示規定而已，非拋棄繼承之形式要件。

三、拋棄繼承之效力

（一）溯及效力

　　繼承之拋棄，溯及於繼承開始時發生效力（民1175）。亦即繼承權一旦拋棄後，即自始立於與繼承無關之地位，於法律上，自始不存在此繼承人。

（二）對於拋棄繼承人之效力

繼承人拋棄繼承後，即自始脫離繼承關係，本無管理遺產之權利義務，惟為避免遺產之過失、毀損。乃規定拋棄繼承權者，就其所管理之遺產，於其繼承人或遺產管理人開始管理前，應與處理自己事務為同一之注意，繼續管理之（民1176-1）。

（三）對於其他繼承人之效力

1. 第一順序之繼承人中有拋棄繼承權者，其應繼分歸屬於其他同為繼承之人（民1176I）。所謂同為繼承之人，包括配偶在內，因此配偶與第一順序之數繼承人共同繼承時，拋棄繼承人之應繼分由配偶與其他繼承人平均分受之。

2. 第二順序至第四順序之繼承人中，有拋棄繼承權者，其應繼分歸於其他同一順序之繼承人（同條II）。配偶無所謂之順序，非屬其他同一順序之繼承人，因此於此場合，配偶之應繼分為固定，不因其他共同繼承人之拋棄繼承而有變化。

3. 與配偶同為繼承之同一順序繼承人均拋棄繼承權，而無後順序之繼承人時，其應繼分歸屬於配偶（同條III）。配偶單獨繼承時，繼承全部遺產，乃當然之理。

4. 配偶拋棄繼承權者，其應繼分歸屬於與其同為繼承之人（同條IV）。配偶拋棄繼承權時，已無配偶應繼分，自應由血親繼承人繼承。

5. 第一順序之繼承人，其親等近者均拋棄繼承權者，由次親等之直系血親卑親屬繼承（同條V）。第一順序之繼承人親等近者均拋棄繼承權時，依民法第1175條之規定，溯及繼承開始時，以定其繼承人，如有次親等之直系血親卑親屬時，依民法第1139條規定，自應由次親等之直系血親卑親屬取得繼承權。

6. 先順序繼承人均拋棄繼承權時，由次順序之繼承人繼承。其次順序繼承人有無不明或第四順序之繼承人均拋棄繼承權者，準用關於無人承認繼承之規定（同條VI）。

7. 因他人拋棄繼承而應為繼承之人，為拋棄繼承時，應於知悉其得繼承之日起3個月內為之（同條VII）。因他人之拋棄繼承而應為繼承之人，亦應有拋棄

繼承之選擇，爲使法律關係早日確定，以保護債權人之權益，乃規定應自知悉其得繼承之日起，3個月內爲之。

<h2 align="center">第五節　無人承認之繼承</h2>

一、無人承認繼承之意義

所謂無人承認繼承，係指繼承開始時，繼承人之有無不明（民1177前）。我國關於身分關係之發生，不以戶籍登記爲必要，因此，繼承人有無不明之情形，或常有之。惟，有無不明與生死不明不同，若有繼承人而其生死不明，則非此之所謂無人承認繼承。

二、遺產管理人之選任與繼承人之搜索

（一）遺產管理人之選任

繼承開始時，繼承人有無不明時，其繼承關係無法確定，對利害關係人影響至鉅，宜有儘速選任遺產管理人之必要。因此，民法規定，應由親屬會議於1個月內選定遺產管理人，並將繼承開始及選定遺產管理人之事由，向法院報明（民1177）。又，無親屬會議或親屬會議未於1個月內選定遺產管理人者，利害關係人或檢察官，得聲請法院選任遺產管理人（民1178II）。在遺產管理人選定前，若無保存遺產之適當處置，恐被繼承人之遺產易致散失，因而影響被繼承人債權人及社會經濟之利益，因此規定，繼承開始時繼承人之有無不明者，在遺產管理人選定前，法院得因利害關係人或檢察官之聲請，爲保存遺產之必要處置（民1178-1）。

（二）繼承人之搜索

親屬會議依法向法院報明或法院選任遺產管理人後，法院應依公示催告程序，定6個月以上之期限，公告繼承人，命其於期限內承認繼承（民1178）。

三、遺產管理人之職務

　　遺產管理人之職務如下：

1. 應於就職後3個月編制遺產清冊（民1179I①、II前段）。

2. 為保存遺產之必要處置（同條I①）。

3. 聲請催告命被繼承人之債權人及受遺贈人報明債權：遺產管理人應聲請法院依公示催告程序，限定1年以上之期間，公告被繼承人之債權人及受遺贈人，命其於該期間內報明債權，及為願受遺贈與否之聲明，被繼承人之債權人及受遺贈人為管理人所已知者，應分別通知之（同條I③）。

4. 清償債權或交付遺贈物（同條I④）：清償債權後，始得為遺贈物之交付。為清償債權或交付遺贈物之必要，管理人經親屬會議之同意得變賣遺產（同條II後段）。遺產管理人於公告期間內，不得清償債權或交付遺贈物（民1181）。又，有優先債權者，應優先受清償，債務超過遺產而有多數債權人時，應按其數額比例計算，分別償還。被繼承人之債權人或受遺贈人未於公告期間報明債權或聲明接受遺贈者，僅得就剩餘財產行使其權利（民1182）。

5. 遺產之移交：有繼承人承認繼承或遺產歸屬國庫時，應為遺產之移交（民1179I⑤）。有繼承人承認繼承時，遺產應歸屬於繼承人，遺產管理人自有移交遺產之必要。同時，遺產管理人於繼承人承認繼承前所為之職務之行為，視為繼承人之代理（民1184）。若無繼承人承認繼承時，則應將剩餘財產移交國庫。

6. 遺產狀況之報告及說明：遺產管理人，因親屬會議、被繼承人之債權人或受遺贈人之請求，應報告或說明遺產之狀況（民1180）。

7. 遺產管理人之報酬請求權：遺產管理人得請求報酬，其數額由法院按其與被繼承人之關係、管理事務之繁簡及其他情形，就遺產酌定之。必要時，法院得命聲請人先行墊付報酬（民1183）。遺產管理人既可請求報酬，則關於其職務之執行，應負善良管理人之注意義務。

四、剩餘財產之歸屬

　　法院公示催告所定期限屆滿，而無繼承人承認繼承時，其遺產於清償債權，並交付遺贈物後，如有剩餘，歸屬國庫（民1185）。

第三章　遺　囑

第一節　通　則

一、遺囑之意義及內容

遺囑，係遺囑人死亡時始發生法律上效力之單獨行為。為確保遺囑人之眞意，法律要求立遺囑時，須依法定方式為之，因此，遺囑為要式行為。又，遺囑之內容，須具有法律上之意義，若要求繼承人日行一善，則非法律上之遺囑。得為遺囑之內容者，不以法律明定者為限，例如：(一)監護人之指定；(二)遺產分割方法之指定；(三)遺產分割之禁止；(四)遺贈；(五)遺囑之撤回；(六)遺囑執行人之指定；(七)應繼分之指定；(八)繼承權喪失之表示或宥恕；(九)歸扣之免除；(十)受遺贈權喪失之表示或宥恕等。又，遺囑人得以遺囑自由處分遺產，但不得侵害繼承人之特留分（民1187）。

二、遺囑能力

遺囑須依立遺囑人之意思而為之，自應尊重其自由之意思，因此遺囑須由立遺囑人親自為之，不得由他人代理。無行為能力人，不得為遺囑，限制行為能力人，無須經法定代理人之允許，得為遺囑，但未滿16歲者，不得為遺囑（民1186）。可知，16歲以上而未受監護宣告者，始有遺囑能力。至於遺囑能力之有無，係以立遺囑時為準，立遺囑時為受監護宣告之人，縱其後撤銷監護之宣告，該遺囑仍為無效，反之，立遺囑後，始受監護宣告者，其遺囑不會因此而無效。

第二節　遺囑之方式

一、遺囑之方式

我國民法就遺囑方式規定五種，有：(一)自書遺囑；(二)公證遺囑；(三)密

封遺囑；(四)代筆遺囑；(五)口授遺囑（民1189）。茲分述如下：

（一）自書遺囑

自書遺囑者，應自書遺囑全文，記明年、月、日，並親自簽名。如有增減、塗改，應註明增減、塗改之處所及字數，另行簽名（民1190）。記明年、月、日，係在判斷立遺囑時有無遺囑能力及有數遺囑時之先後，若未記明，遺囑無效。又，須親自簽名，不得以印章代之（28渝上2293）。

（二）公證遺囑

公證遺囑，應指定二人以上之見證人。在公證人前口述遺囑意旨，由公證人筆記、宣讀、講解，經遺囑人認可後，記明年、月、日，由公證人、見證人及遺囑人同行簽名，遺囑人不能簽名者，由公證人將其事由記明，使按指印代之。前項所定公證人之職務，在無公證人之地，得由法院書記官行之，僑民在中華民國領事駐在地為遺囑時，得由領事行之（民1191）。不能口述者，無法為公證遺囑。

（三）密封遺囑

遺囑人應於遺囑上簽名後，將其密封，於封縫處簽名，指定二人以上之見證人，向公證人提出，陳述其為自己之遺囑，如非本人自寫，並陳述繕寫人之姓名、住所，由公證人於封面記明該遺囑提出之年、月、日及遺囑人所為之陳述，與遺囑人及見證人同行簽名（民1192I）。又，所定公證人之職務，在無公證人之地，得由法院書記官行之，僑民在中華民國領事駐地為遺囑時，得由領事行之（同條II準用民1191II）。密封遺囑不具備法定方式時，雖為無效，但若具備自書遺囑之法定方式者。得由無效之密封遺囑轉換為有效之自書遺囑（民1193）。

（四）代筆遺囑

此為我國特有之遺囑方式。代筆遺囑，須由遺囑人指定三人以上之見證人，由遺囑人口述遺囑意旨，使見證人中之一人筆記、宣讀、講解、經遺囑人認可後，記明年、月、日及代筆人之姓名，由見證人全體及遺囑人同行簽名，遺囑人不能簽名者，應按指印代之（民1194）。由於遺囑人須為口述，因此啞

者不能爲代筆遺囑。

（五）口授遺囑

此爲特別方式之遺囑，須遺囑人因生命危急，或其他特殊情形，不能依其他方式爲遺囑時，始得爲口授遺囑。所謂其他特殊情形，例如交通斷絕或戰爭等。又，口授遺囑又有筆記口授及錄音口授二種，茲分述之：

1. **筆記口授遺囑**：由遺囑人二人以上之見證人，並口授遺囑意旨，由見證人中之一人，將該遺囑意旨，據實作成筆記，並記明年、月、日，與其他見證人同行簽名（民1195①）。

2. **錄音口授遺囑**：由遺囑人指定二人以上之見證人，並口述遺囑意旨、遺囑人姓名及年、月、日，由見證人全體口述遺囑之爲眞正及見證人姓名，全部予以錄音，將錄音帶當場密封，並記明年、月、日，由見證人全體在封縫處同行簽名（同條②）。

口授遺囑係遺囑人於緊急之情況下所爲之不得已之遺囑方式，是否爲遺囑人之眞意，尚有疑問，因此規定，口授遺囑自遺囑人能依其他方式爲遺囑之時起，經過3個月而失其效力（民1196）。若遺囑人死亡時，應由見證人中之一人或利害關係人，於遺囑人死亡後3個月內，提經親屬會議認定其爲眞僞。對於親屬會議之認定如有異議，得聲請法院判定之（民1197）。認定，爲口授遺囑之有效要件，非經認定之口授遺囑，不生效力。

二、遺囑見證人之資格

公證遺囑、密封遺囑、代筆遺囑或口授遺囑，均須有見證人，以證明遺囑係出自遺囑人之眞意，因此對見證人之資格應加限制。依民法規定，下列之人，不得爲遺囑之見證人：(一)未成年人；(二)受監護或輔助宣告之人；(三)繼承人及其配偶或其直系血親；(四)受遺贈人及其配偶或其直系血親；(五)爲公證人或代行公證職務人之同居人、助理人或受僱人（民1198）。此等人或因年齡太小，或精神狀態異常、或有利害關係而難期公允，因此限制其見證人之資格。

第三節　遺囑之效力

一、遺囑之生效時期

遺囑，自遺囑人死亡時發生效力（民1199）。惟遺囑不合法時，自始無效，例如遺囑人無遺囑能力、遺囑之內容違反強制規定或禁止規定或違反公序良俗、遺囑不具備法定方式等，不因遺囑人死亡而發生效力。又縱為合法之遺囑，但因某種事由而致不能生效者，亦有之，例如：(一)附解除條件之遺囑，於遺囑人死亡前，其條件業已成就；(二)附停止條件遺贈之受遺贈人，於條件成就前業已死亡；(三)受遺贈人於遺囑成立後，喪失受遺贈權（民1188）；(四)受遺贈人先於遺囑人死亡（民1201）；(五)繼承開始時，遺贈標的物已不屬於遺產（民1202）。

二、遺　贈

（一）遺贈之意義

遺贈者，係遺囑人以遺囑無償給與他人財產上利益之行為。遺贈為無償行為，此點與贈與相類似，惟二者仍有不同，亦即：1.遺贈為單獨行為，贈與為契約；2.遺贈為遺囑人處分其死後財產之行為，為死後行為，贈與為贈與人處分其生前財產之行為，乃生前行為；3.遺囑不得侵害特留分，贈與則無此限制（院1578）；4.遺贈須依遺囑方式為之，乃要式行為，贈與無須依一定之方式，為不要式行為。

（二）遺贈之要件

1. 遺贈人立遺囑時，須有遺囑能力（民1186）。
2. 遺囑須具備法定之方式（民1189）。
3. 受遺贈人於遺贈發生效力時尚生存（民1201）。
4. 遺贈之財產於遺囑人死亡時屬於遺產：遺囑人以一定之財產為遺贈，而其財產在繼承開始時，有一部分不屬於遺產者，其一部分遺贈為無效。全部不屬於遺產者，全部遺贈為無效（民1202），但遺囑另有意思表示者，從其意思。

5. 受遺贈人未喪失受遺贈權：民法第1145條關於喪失繼承權之規定，於受遺贈人準用之（民1188）。亦即受遺贈人對於遺贈人有重大之不法或不道德之行為或以詐欺脅迫等不正當方法使遺贈人為遺囑、或變造遺囑者，均會喪失受遺贈權。惟除民法第1145條第1項第1款為絕對失權外，其餘各款事由，得因遺贈人之宥恕而不喪失受遺贈權。

6. 遺贈須不違反關於特留分之規定：侵害特留分之部分遺贈為無效，繼承人得行使扣減權（民1225）。

（三）遺贈之種類

1. **附條件或附期限之遺贈**：遺囑所定遺贈，附停止條件者，自條件成就時，發生效力（民1200）。若停止條件於遺囑人死亡以前已成就者，仍自遺囑人死亡時發生效力。附始期之遺贈，於始期屆至時，發生效力。附解除條件之遺贈，遺囑人死亡前已成就者，遺贈無效，不成就已確定者，為無條件。

2. **代替遺贈**：遺囑人因遺贈物滅失、毀損、變造或喪失物之占有，而對於他人取得權利時，推定以其權利為遺贈。因遺贈物與他物附合或混合而對於所附合或混合之物，取得權利時亦同（民1203）。

3. **用益遺贈**：遺囑人得以遺產之使用收益為遺贈，使受遺贈人僅取得遺產之使用收益權。此種遺贈若未定返還期限，並不能依遺贈之性質定其期限者，以受遺贈人之終身為其期限（民1204）。

4. **附負擔之遺贈**：遺囑人課以受遺贈人履行一定義務之遺贈。負擔之內容，不以有經濟上之利益為必要，但須為法律上之義務。例如令受遺贈人照顧其子女、或為其誦經超渡、打掃墳墓等屬之，若令受遺贈人日行一善，則屬道德上之訓示，非此之負擔。遺贈附有義務者，受遺贈人，以其所受利益為限，負履行之責（民1205），以避免受遺贈人受過分之負擔。

（四）遺贈之承認及拋棄

遺贈於遺囑人死亡時，發生效力，惟受遺贈人不願接受遺贈時，亦應尊重其意思，因此規定受遺贈人在遺囑人死亡後，得拋棄遺贈，而遺贈之拋棄，溯及遺囑人死亡時發生效力（民1206）。又，為使遺贈之法律關係早日確定，民法規定繼承人或其他利害關係人，得定相當期限，請求受遺贈人於期限內為承認遺贈與否之表示，期限屆滿尚無表示者，視為承認遺贈（民1207）。其他利

害關係人，例如遺囑執行人、遺贈義務人之債權人、遺產管理人等，一旦視爲承認遺贈，則不得再爲拋棄遺贈。遺贈無效或拋棄時，其遺贈之財產仍屬於遺產（民1208）。

第四節　遺囑之執行

一、遺囑執行之意義

遺產之執行，乃遺囑生效後，法律實現遺囑內容所必要之行爲。遺囑內容有非執行不能達到目的者，例如遺贈、遺產分割之實行及以遺囑爲捐助行爲（民60），亦有不須執行，即可實現者，例如應繼分之指定、遺產分割方法之指定、遺產分割之禁止、監護人之指定等。遺囑之執行，本由繼承人爲之，惟遺囑之內容與繼承人之利益相衝突時，由繼承人執行，恐有不妥，因此設遺囑執行人之規定，以期遺囑執行之公平與確實。

二、遺囑執行人之產生方法

（一）以遺囑指定

遺囑人得以遺囑指定遺囑執行人，或委託他人指定之，受委託者，應即指定遺囑執行人，並通知繼承人（民1209）。

（二）由親屬會議選定

遺囑未指定遺囑執行人，並未委託他人指定者，得由親屬會議選定之（民1211前段）。惟並不限於上述二種情形，即所指定之遺囑執行人不具法定資格或不願就任或不能就任，或受委託之人未爲指定時，親屬會議亦得選任之。

（三）由法院指定

不能由親屬會議選定時，得由利害關係人聲請法院指定之（民1211後段）。遺囑人無指定遺囑執行人時，利害關係人不得逕向法院聲請指定，須親屬會議不能選定時，始得聲請。所謂利害關係人，係指繼承人、被繼承人之債

權人、受遺贈人等。又依民法第60條第3項規定，以遺囑捐助設立財團法人者，如無遺囑執行人時，法院得依主管機關、檢察官或利害關係人之聲請，指定遺囑執行人。

三、遺囑執行人之資格

未成年人、受監護或輔助宣告之人，不得為遺囑執行人（民1210）。條文不稱無行為能力人，而稱未成年人或受監護或輔助宣告之人，是關於未成年人，顯係專就年齡上加以限制，故未成年人雖因結婚而有行為能力，仍不得為遺囑執行人（院1628）。又，遺囑執行人，除本條所定未成年人及受監護或輔助宣告之人外，無其他之限制（院解3120）。

四、遺囑執行人之職務

（一）編製遺產清冊

遺囑執行人就職後，於遺囑有關之財產，如有編製清冊之必要時，應即編製遺產清冊，交付繼承人（民1214）。關於身分事項，例如指定監護人，或與遺囑無關係之遺產，則無編製遺產清冊之必要。

（二）管理遺產並為執行上必要之行為

遺囑執行人有管理遺產並為執行上必要行為之職務，其職務上所為之行為，視為繼承人之代理（民1215）。因此，當事人死亡，其訴訟程序由遺囑執行人承受之（46台上236）。又，繼承人於遺囑執行人執行職務中，不得處分與遺囑有關之遺產，並不得妨礙其職務之執行（民1216）。

（三）共同遺囑執行人執行職務之方法

遺囑執行人有數人時，其執行職務以過半數決定，但遺囑另有意思表示者，從其意思（民1217）。

（四）遺囑執行人之解任

遺囑執行人怠於執行職務，或有其他重大事由時，利害關係人得請求親屬

會議改選他人。其由法院指定者，得聲請法院另行指定（民1218）。所謂怠於執行職務，例如有編製清冊之必要，而不編製。其他重大事由，例如遺囑執行人生重病無法執行職務、失蹤或入監服刑等。

五、遺囑之交付與開視

（一）遺囑之交付

民國103年民法繼承編修正前之民法第1212條規定，遺囑保管人知有繼承開始之事實時，應即將遺囑提示於親屬會議；無保管人而由繼承人發現者亦同。惟，立法者認為，遺囑保管人有無提示，並不影響遺囑之真偽及其效力，且現今社會親屬會議召開不易，且功能式微，故提示制度並未被廣泛運用。為使繼承人及利害關係人得以知悉遺囑之存在，乃將該規定修正為，遺囑保管人知有繼承開始之事實時，應即將遺囑交付遺囑執行人，並以適當方法通知已知之繼承人；無遺囑執行人者，應通知已知之繼承人、債權人、受遺贈人及其他利害關係人。無保管人而由繼承人發現遺囑者，亦同。本條所定遺囑保管人之交付或通知義務，與修正前之提示義務同樣僅止於注意的規定，遺囑保管人或繼承人縱未交付或通知，並不影響遺囑之效力。

（二）遺囑之開視

有封緘之遺囑，非在親屬會議當場或法院公證處，不得開視；遺囑開視時，應製作紀錄，記明遺囑之封緘有無毀損情形，或其他特別情事，並由在場之人同行簽名（民1213）。有封緘之遺囑不限於密封遺囑，其他如自書遺囑、代筆遺囑、口授遺囑亦均得以封緘。遺囑之開視，亦非遺囑之有效要件，縱未依法開視，亦不影響遺囑之效力。

六、遺囑執行人之報酬請求權

關於遺囑執行人之報酬請求權，民法本無明文規定，就比較法觀之，外國立法例大多明文規定遺囑執行人得請求相當之報酬（德民法2221，瑞民法517，日民法1018），此等外國立法例之規定，亦可供我國解釋上或立法上之參考。再就遺囑執行人之職務觀之，其主要任務為管理遺產，並為執行上必要行為之職務，而遺囑執行人因執行職務所為之行為，視為繼承人之代理（民

1215），與遺產管理人之職務、權限、地位相類似（民1179、1184），而依民法第1183條規定，遺產管理人得請求報酬，其數額由法院按其與被繼承人之關係、管理事務之繁簡及其他情形，就遺產酌定之，而關於遺囑執行人之報酬請求權，亦應予以明定，較為妥當。因此，於民國104年民法繼承編修正時，增訂民法第1211條之1規定，除遺囑人另有指定外，遺囑執行人就其職務之執行，得請求相當之報酬，其數額由繼承人與遺囑執行人協議定之；不能協議時，由法院酌定之。

第五節　遺囑之撤回

一、遺囑撤回之意義

遺囑於遺囑人死亡前，尚未發生效力（民1199），而遺囑制度之目的，本在尊重遺囑人之意思，今遺囑人不願實現遺囑之內容時，自應許其撤回其遺囑。

二、遺囑撤回之方法

（一）明示撤回

遺囑人得隨時依遺囑之方式，撤回遺囑之全部或一部（民1219）。為確保遺囑人之真意，民法要求撤回遺囑時，須依遺囑方式為之。至於以何種方式之遺囑撤回，則非所問。

（二）法定撤回

係指因有一定事實之存在，而由法律視為撤回之謂。依法可分為三種，茲分述之：

1. **前後遺囑相牴觸**：前後遺囑有相牴觸者，其牴觸之部分，視為撤回（民1220）。遺囑之前後，依日期之先後決定之。
2. **遺囑與行為相牴觸**：遺囑人於為遺囑後所為之行為與遺囑有相牴觸者，其牴觸部分，遺囑視為撤回（民1221）。
3. **遺囑之廢棄**：遺囑人故意破毀或塗銷遺囑，或在遺囑上記明廢棄之意思者，

其遺囑視爲撤回（民1222）。

第六節　特留分

（一）特留分之意義

特留分者，乃爲保護法定繼承人而特別爲其保留一定比例之財產，亦可謂法定繼承人之最低限度之應繼分也。因此，特留分權僅繼承人始得享有。喪失繼承權者或拋棄繼承權者，無特留分之可言。爲尊重遺囑人之意思，也爲保障繼承人之生活，民法規定遺囑人於不違反關於特留分規定之範圍內，得以遺囑自由處分遺產（民1187）。可知，侵害特留分之行爲，以死後處分爲限（院743、1578、2364）。

（二）特留分之比例

繼承人之特留分，依法律規定，直系血親卑親屬、父母或配偶之特留分，爲其應繼分之二分之一，兄弟姊妹及祖父母之特留分，爲其應繼分之三分之一（民1223）。

（三）特留分之計算

特留分，由依第1173條算定之應繼財產中，除去債務額，算定之（民1224）。故繼承人中有特種贈與時，須先依第1173條規定，加入繼承開始時之財產中，爲應繼財產，除去債務額，再依法定比例計算之。

（四）扣減權之行使

應得特留分之人，如因被繼承人所爲之遺贈，致其應得之數不足者，得按其不足之數由遺贈財產扣減之。受遺贈人有數人時，應按其所得遺贈價額比例扣減（民1225）。侵害特留分之行爲，不限於遺贈，如應繼分之指定若有侵害特留分時，亦應類推本條規定，由特留分被侵害之繼承人，行使扣減權。

國家圖書館出版品預行編目資料

民法概要／詹森林，馮震宇，林誠二，陳榮
傳，林秀雄等著. -- 18版. -- 臺北市：五
南圖書出版股份有限公司，2024.07
　　面；　　公分.
　　ISBN 978-626-393-474-0（平裝）

1.CST: 民法

584　　　　　　　　　113008792

1S02

民法概要

作　　者 ─ 詹森林　馮震宇　林誠二
　　　　　　陳榮傳(264)　林秀雄(121.2)

企劃主編 ─ 劉靜芬

責任編輯 ─ 呂伊真

封面設計 ─ 封怡彤

出 版 者 ─ 五南圖書出版股份有限公司

發 行 人 ─ 楊榮川

總 經 理 ─ 楊士清

總 編 輯 ─ 楊秀麗

地　　址：106臺北市大安區和平東路二段339號4樓

電　　話：(02)2705-5066

網　　址：https://www.wunan.com.tw

電子郵件：wunan@wunan.com.tw

劃撥帳號：01068953

戶　　名：五南圖書出版股份有限公司

法律顧問　林勝安律師

出版日期　1996年 9 月　初 版一刷
　　　　　2019年 9 月十四版一刷（共二刷）
　　　　　2020年 8 月十五版一刷
　　　　　2021年 8 月十六版一刷（共二刷）
　　　　　2022年 8 月十七版一刷（共二刷）
　　　　　2024年 7 月十八版一刷

定　　價　新臺幣700元

經典永恆・名著常在

五十週年的獻禮——經典名著文庫

五南，五十年了，半個世紀，人生旅程的一大半，走過來了。

思索著，邁向百年的未來歷程，能為知識界、文化學術界作些什麼？

在速食文化的生態下，有什麼值得讓人雋永品味的？

歷代經典・當今名著，經過時間的洗禮，千錘百鍊，流傳至今，光芒耀人；

不僅使我們能領悟前人的智慧，同時也增深加廣我們思考的深度與視野。

我們決心投入巨資，有計畫的系統梳選，成立「經典名著文庫」，

希望收入古今中外思想性的、充滿睿智與獨見的經典、名著。

這是一項理想性的、永續性的巨大出版工程。

不在意讀者的眾寡，只考慮它的學術價值，力求完整展現先哲思想的軌跡；

為知識界開啟一片智慧之窗，營造一座百花綻放的世界文明公園，

任君遨遊、取菁吸蜜、嘉惠學子！